知识产权法律及政策汇编

中国科学院科技促进发展局◎组织编写

梁 栋 张 娴◎主 编

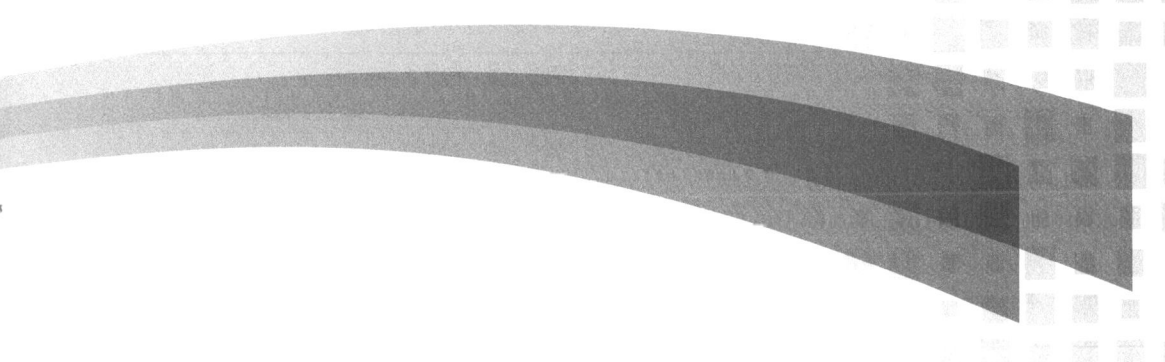

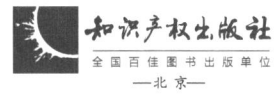

全国百佳图书出版单位

—北 京—

图书在版编目（CIP）数据

知识产权法律及政策汇编/中国科学院科技促进发展局组织编写；梁栋，张娴主编.—北京：知识产权出版社，2023.5
ISBN 978-7-5130-8737-7

Ⅰ.①知… Ⅱ.①中…②梁…③张… Ⅲ.①知识产权法—汇编—中国 Ⅳ.① D923.409

中国国家版本馆 CIP 数据核字（2023）第 071735 号

内容提要

本书立足科研机构科技创新过程中的知识产权管理与运营实践需求，遴选我国现行有效的重要知识产权法律法规和相关国家政策汇编而成。全书在遴选过程中对相关内容作了合理取舍，针对性强、实用性高，希望能为广大知识产权和科技成果转化工作从业者更加便利地学习和运用知识产权法律法规，更加高效地开展科技成果转移转化工作提供支持与帮助。

本书适合从事知识产权管理与运营及科技成果转移转化的相关工作人员参考阅读。

责任编辑：尹 娟　　　　　　　　　　　　　　责任印制：孙婷婷

知识产权法律及政策汇编
ZHISHI CHANQUAN FALÜ JI ZHENGCE HUIBIAN

中国科学院科技促进发展局　组织编写
梁　栋　张　娴　主编

出版发行：知识产权出版社有限责任公司		网　址：http://www.ipph.cn
电　话：010-82004826			http://www.laichushu.com
社　址：北京市海淀区气象路 50 号院		邮　编：100081
责编电话：010-82000860 转 8702		责编邮箱：yinjuan@cnipr.com
发行电话：010-82000860 转 8101		发行传真：010-82000893
印　刷：北京建宏印刷有限公司		经　销：新华书店、各大网上书店及相关专业书店
开　本：720mm×1000mm　1/16		印　张：33
版　次：2023 年 5 月第 1 版		印　次：2023 年 5 月第 1 次印刷
字　数：722 千字		定　价：128.00 元

ISBN 978-7-5130-8737-7

出版权专有　侵权必究

如有印装质量问题，本社负责调换。

编 委 会

顾　问：文亚武　斌　曲建升　邓　勇　李顺德
　　　　肖尤丹　潘成利　周俊旭　邱显杰　崔　勇
主　编：梁　栋　张　娴
委　员：许　轶　朱月仙　董金凤　陈思宇

序 言

党的二十大报告指出,坚持创新在我国现代化建设全局中的核心地位,加快实施创新驱动发展战略。创新驱动发展战略的核心是科技创新,保护知识产权就是保护科技创新。党的十八大以来,习近平总书记多次对知识产权工作作出重要指示,国务院部署实施了一系列知识产权重大战略,国家知识产权局及有关部委出台了一系列政策举措,为推动我国知识产权的发展提供了有力的法律保障,创造了良好的政策环境。近些年,国际形势错综复杂、国际竞争日趋激烈,知识产权成为大国角力的重要手段,提升我国知识产权全球治理能力,健全知识产权法治体系,营造良好的国际营商环境,成为引领高质量发展的迫切需求,为满足新形势下新要求,知识产权法律制度中不同位阶的法律规范正在加快修改与制定。

知识产权与科技创新融合共生,知识产权的创造、运用、保护、管理和服务贯穿科技创新全链条。对于在科研机构从事知识产权工作辅助科技创新的广大同仁来说,了解和掌握知识产权相关法律制度和国家政策,保持对现行有效的相关法律制度和政策发展的敏锐感和熟练度,更有利于顺利开展工作。加之近年来相关法律规范和政策的密集颁布与频繁修改,编制一部面向科技创新和高质量发展需求,具有一定针对性、实用性,又具有一定时效性、便利性的知识产权法律规范和相关政策的工具书,显得十分的必要与迫切。

本书立足科研机构科技创新过程中的知识产权管理与运营实践需求,遴选现行有效的重要知识产权法律规范和相关政策汇编而成。全书共分为四个部分:第一部分法律法规包括知识产权主要法律及行政法规;第二部分国家政策和部门规章包括国家知识产权主要发展战略政策及重要部门行政规章;第三部分包括部分重要司法解释、相关标准规范及评估指导意见;第四部分相关立法摘录了《民法典》等与知识产权有较高关联度的重要内容。全书编选用心、构思得当,既系统性梳理了我国科技创新相关知识产权立法成果,又因循科研机构相关工作需求重点进行了合理取舍;既包括了主要知识产权法律

知识产权法律及政策汇编

规范，又包含了现行国家重点政策和发展战略，并对部分具有统领或支撑作用的法律规范的重点内容进行了摘录。全书选编既避免了重点内容的遗漏，又防止了过度冗余与繁杂庞大，针对性强、实用性高，可为广大从事知识产权工作的同仁提供速用速查的"案头书"，省却翻检之劳，一册在手，即可基本满足日常工作需求。

本书由中国科学院科技促进发展局和成都文献情报中心倾力打造，作者团队长期从事知识产权管理运营相关工作，本书正是他们基于长期工作实践经验的精心总结。希望作者团队再接再厉、继续探索，开展更多有意义的总结分享与研究工作。相信本书的出版发行能够为广大知识产权从业者更加便利地学习和运用知识产权法律制度提供支持与帮助，为广大知识产权管理与运营工作者提供有益参考，助力科技创新与高质量发展。

李顺德

目 录
CONTENTS

第一部分：法律法规

中华人民共和国科学技术进步法（2021年修订） ... 3
中华人民共和国促进科技成果转化法（2015年修正） ... 18
中华人民共和国反不正当竞争法（2019年修正） ... 25
中华人民共和国专利法（2020年修正） ... 30
中华人民共和国专利法实施细则（2010年修订） ... 41
国防专利条例（2004年国务院、中央军事委员会令第418号） ... 62
中华人民共和国商标法（2019年修正） ... 67
中华人民共和国商标法实施条例（2014年修订） ... 78
中华人民共和国著作权法（2020年修正） ... 91
中华人民共和国著作权法实施条例（2013年修订） ... 102
计算机软件保护条例（2013年修订） ... 106
信息网络传播权保护条例（2013年修订） ... 111
集成电路布图设计保护条例（2001年国务院令第300号） ... 116
中华人民共和国植物新品种保护条例（2014年修订） ... 120
中药品种保护条例（2018年修订） ... 125
中华人民共和国技术进出口管理条例（2020年修订） ... 128
国有资产评估管理办法（2020年修订） ... 133
行政事业性国有资产管理条例（2021年国务院令第738号） ... 137

第二部分：国家政策和部门规章

中共中央　国务院印发《知识产权强国建设纲要（2021—2035年）》	145
国务院关于印发"十四五"国家知识产权保护和运用规划的通知（国发〔2021〕20号）	151
国务院知识产权战略实施工作部际联席会议办公室关于印发《知识产权强国建设纲要和"十四五"规划实施年度推进计划》的通知（国知战联办〔2021〕16号）	169
国家知识产权局关于印发《知识产权人才"十四五"规划》的通知（国知发人字〔2021〕38号）	178
国家知识产权局关于印发知识产权公共服务"十四五"规划的通知（国知发服字〔2021〕39号）	184
国务院办公厅关于印发《知识产权对外转让有关工作办法（试行）》的通知（国办发〔2018〕19号）	195
国务院办公厅关于印发科学数据管理办法的通知（国办发〔2018〕17号）	197
中共中央　国务院关于构建数据基础制度更好发挥数据要素作用的意见（2022年12月2日）	201
科技部　发展改革委　财政部　知识产权局关于印发《国家科技重大专项知识产权管理暂行规定》的通知（国科发专〔2010〕264号）	207
科技部关于印发《关于国际科技合作项目知识产权管理的暂行规定》的通知（国科发外字〔2006〕479号）	214
展会知识产权保护办法（商务部、国家工商总局、国家版权局、国家知识产权局令2006年第1号）	218
国家知识产权局关于印发《展会知识产权保护指引》的通知（国知发保字〔2022〕30号）	222
专利实施许可合同备案办法（2011年国家知识产权局令第62号）	225
专利实施强制许可办法（2012年国家知识产权局令第64号）	228
国家知识产权局行政复议规程（2012年国家知识产权局令第66号）	234
专利优先审查管理办法（2017年国家知识产权局令第76号）	238
集成电路布图设计保护条例实施细则（2001年国家知识产权局令第11号）	241
集成电路布图设计行政执法办法（2001年国家知识产权局令第17号）	249

目 录

互联网域名管理办法（2017年工业和信息化部令第43号）……………………253

农业化学物质产品行政保护条例（2020年修订）…………………………………261

关于规范申请专利行为的办法（2021年国家知识产权局公告第411号）……264

中国银保监会　国家知识产权局　国家版权局关于进一步加强知识产权质押融资
　　工作的通知（银保监发〔2019〕34号）……………………………………266

专利权质押登记办法（2021年国家知识产权局公告第461号）………………269

国家知识产权局关于印发《专利申请集中审查管理办法（试行）》的通知
　　（国知发法字〔2019〕47号）……………………………………………272

国家知识产权局印发《关于新形势下加快建设知识产权信息公共服务体系的若干
　　意见》的通知（国知发服字〔2019〕46号）……………………………274

国家知识产权局办公室关于印发《技术与创新支持中心（TISC）建设实施办法》的
　　通知（国知办发服字〔2019〕27号）……………………………………280

国家知识产权局办公室关于印发《知识产权信息公共服务工作指引》的通知
　　（国知办发服字〔2020〕43号）……………………………………………284

国家知识产权局关于促进和规范知识产权运营工作的通知
　　（国知发运字〔2021〕22号）………………………………………………288

教育部　国家知识产权局　科技部关于提升高等学校专利质量促进转化运用的
　　若干意见（教科技〔2020〕1号）…………………………………………293

国家知识产权局　中国科学院　中国工程院　中国科学技术协会关于推动科研
　　组织知识产权高质量发展的指导意见（国知发运字〔2021〕7号）…………297

国家知识产权局关于印发《推动知识产权高质量发展年度工作指引（2023）》的
　　通知（国知发运字〔2023〕7号）…………………………………………302

国家知识产权局办公室关于规范知识产权管理体系贯标认证工作的通知
　　（国知办发运字〔2019〕34号）……………………………………………307

国家知识产权局办公室关于加强专利导航工作的通知
　　（国知办发运字〔2021〕30号）……………………………………………310

国家知识产权局办公室　教育部办公厅　科技部办公厅关于印发《产学研合作协议
　　知识产权相关条款制定指引（试行）》的通知（国知办发运字〔2021〕41号）……313

药品注册管理办法（2020年国家市场监督管理总局令第27号）………………325

国家药监局　国家知识产权局关于发布《药品专利纠纷早期解决机制实施
　　办法（试行）》的公告（国家药监局、国家知识产权局公告2021年第89号）……343

中国科学院关于印发《中国科学院院属单位知识产权管理办法》的通知
（科发促字〔2020〕31号）··349

中国科学院关于进一步加强院属单位知识产权保护工作的通知
（科发函字〔2021〕363号）··354

中国科学院关于印发《中国科学院战略性先导科技专项管理办法》的通知
（科发规字〔2022〕29号）···356

中国科学院科技促进发展局关于规范科技成果转化过程中使用中国科学院及
院属单位品牌的通知（科发促函字〔2023〕3号）·································358

第三部分：其他规范性文件

最高人民法院关于审理专利授权确权行政案件适用法律若干问题的规定（一）
（法释〔2020〕8号）··363

最高人民法院关于审理专利纠纷案件适用法律问题的若干规定（2020年修正）······368

最高人民法院关于审理侵犯专利权纠纷案件应用法律若干问题的解释
（法释〔2009〕21号）··372

最高人民法院关于审理侵犯专利权纠纷案件应用法律若干问题的解释（二）
（2020年修正）···375

知识产权认证管理办法（国家认证认可监督管理委员会、国家知识产权局公告
2018年第5号）···380

企业知识产权管理规范（GB/T 29490—2013）··384

科研组织知识产权管理规范（GB/T 33250—2016）····································393

高等学校知识产权管理规范（GB/T 33251—2016）····································401

装备承制单位知识产权管理要求（GJB 9158—2017）··································409

《专利导航指南》系列国家标准（摘录）（GB/T 39551—2020）························420

财政部关于印发《资产评估基本准则》的通知（财资〔2017〕43号）····················434

中评协关于印发《资产评估执业准则——无形资产》的通知
（中评协〔2017〕37号）··438

中评协关于印发修订《知识产权资产评估指南》的通知（中评协〔2017〕44号）·····442

中评协关于印发修订《专利资产评估指导意见》的通知（中评协〔2017〕49号）·····450

中评协关于印发修订《著作权资产评估指导意见》的通知（中评协〔2017〕50号）··455

中评协关于印发修订《商标资产评估指导意见》的通知（中评协〔2017〕51号）·····460

目 录

第四部分：相关立法（摘录）

中华人民共和国民法典（摘录）··467

中华人民共和国公司法（摘录）（2018年修正）·························502

中华人民共和国对外贸易法（摘录）（2022年修正）·····················503

中华人民共和国电子签名法（2019年修正）·······························504

中华人民共和国刑法（摘录）（2020年修正）·····························509

全国人民代表大会常务委员会关于维护互联网安全的决定（2011年修订）············511

致　谢···513

第一部分

法律法规

中华人民共和国科学技术进步法

（2021年修订）

（1993年7月2日第八届全国人民代表大会常务委员会第二次会议通过 2007年12月29日第十届全国人民代表大会常务委员会第三十一次会议第一次修订 2021年12月24日第十三届全国人民代表大会常务委员会第三十二次会议第二次修订）

目 录

第一章　总　则
第二章　基础研究
第三章　应用研究与成果转化
第四章　企业科技创新
第五章　科学技术研究开发机构
第六章　科学技术人员
第七章　区域科技创新
第八章　国际科学技术合作
第九章　保障措施
第十章　监督管理
第十一章　法律责任
第十二章　附　则

第一章　总　则

第一条　为了全面促进科学技术进步，发挥科学技术第一生产力、创新第一动力、人才第一资源的作用，促进科技成果向现实生产力转化，推动科技创新支撑和引领经济社会发展，全面建设社会主义现代化国家，根据宪法，制定本法。

第二条　坚持中国共产党对科学技术事业的全面领导。

国家坚持新发展理念，坚持科技创新在国家现代化建设全局中的核心地位，把科技自立自强作为国家发展的战略支撑，实施科教兴国战略、人才强国战略和创新驱动发展战略，走中国特色自主创新道路，建设科技强国。

第三条　科学技术进步工作应当面向世界科技前沿、面向经济主战场、面向国家重大需求、面向人民生命健康，为促进经济社会发展、维护国家安全和推动人类可持续发展服务。

国家鼓励科学技术研究开发，推动应用科学技术改造提升传统产业、发展高新技术产业和社会事业，支撑实现碳达峰碳中和目标，催生新发展动能，实现高质量发展。

第四条　国家完善高效、协同、开放的国家创新体系，统筹科技创新与制度创新，健全社会主义市场经济条件下新型举国体制，充分发挥市场配置创新资源的决定性作用，更好发挥政府作用，优化科技资源配置，提高资源利用效率，促进各类创新主体紧密合作、创新要素有序流动、创新生态持续优化，提升体系化能力和重点突破能力，增强创新体系整体效能。

国家构建和强化以国家实验室、国家科学技术研究开发机构、高水平研究型大学、科技领军企业为重要组成部分的国家战略科技力量，在关键领域和重点方向上发挥战略支撑引领作用和重大原始创新效能，服务国家重大战略需要。

第五条 国家统筹发展和安全，提高科技安全治理能力，健全预防和化解科技安全风险的制度机制，加强科学技术研究、开发与应用活动的安全管理，支持国家安全领域科技创新，增强科技创新支撑国家安全的能力和水平。

第六条 国家鼓励科学技术研究开发与高等教育、产业发展相结合，鼓励学科交叉融合和相互促进。

国家加强跨地区、跨行业和跨领域的科学技术合作，扶持革命老区、民族地区、边远地区、欠发达地区的科学技术进步。

国家加强军用与民用科学技术协调发展，促进军用与民用科学技术资源、技术开发需求的互通交流和技术双向转移，发展军民两用技术。

第七条 国家遵循科学技术活动服务国家目标与鼓励自由探索相结合的原则，超前部署重大基础研究、有重大产业应用前景的前沿技术研究和社会公益性技术研究，支持基础研究、前沿技术研究和社会公益性技术研究持续、稳定发展，加强原始创新和关键核心技术攻关，加快实现高水平科技自立自强。

第八条 国家保障开展科学技术研究开发的自由，鼓励科学探索和技术创新，保护科学技术人员自由探索等合法权益。

科学技术研究开发机构、高等学校、企业事业单位和公民有权自主选择课题，探索未知科学领域，从事基础研究、前沿技术研究和社会公益性技术研究。

第九条 学校及其他教育机构应当坚持理论联系实际，注重培养受教育者的独立思考能力、实践能力、创新能力和批判性思维，以及追求真理、崇尚创新、实事求是的科学精神。

国家发挥高等学校在科学技术研究中的重要作用，鼓励高等学校开展科学研究、技术开发和社会服务，培养具有社会责任感、创新精神和实践能力的高级专门人才。

第十条 科学技术人员是社会主义现代化建设事业的重要人才力量，应当受到全社会的尊重。

国家坚持人才引领发展的战略地位，深化人才发展体制机制改革，全方位培养、引进、用好人才，营造符合科技创新规律和人才成长规律的环境，充分发挥人才第一资源作用。

第十一条 国家营造有利于科技创新的社会环境，鼓励机关、群团组织、企业事业单位、社会组织和公民参与和支持科学技术进步活动。

全社会都应当尊重劳动、尊重知识、尊重人才、尊重创造，形成崇尚科学的风尚。

第十二条 国家发展科学技术普及事业，普及科学技术知识，加强科学技术普及基础设施和能力建设，提高全体公民特别是青少年的科学文化素质。

科学技术普及是全社会的共同责任。国家建立健全科学技术普及激励机制，鼓励科学技术研究开发机构、高等学校、企业事业单位、社会组织、科学技术人员等积极参与和支持科学技术普及活动。

第十三条 国家制定和实施知识产权战略，建立和完善知识产权制度，营造尊重知识产权的社会环境，保护知识产权，激励自主创新。

企业事业单位、社会组织和科学技术人员应当增强知识产权意识，增强自主创新能力，提高创造、运用、保护、管理和服务知识产权的能力，提高知识产权质量。

第十四条 国家建立和完善有利于创新的科学技术评价制度。

科学技术评价应当坚持公开、公平、公正的原则，以科技创新质量、贡献、绩效为导向，根据不同科学技术活动的特点，实行分类评价。

第十五条 国务院领导全国科学技术进步工作，制定中长期科学和技术发展规划、科技创新规划，确定国家科学技术重大项目、与科学技术密切相关的重大项目。中长期科学和技术发展规划、科技创新规划应当明确指导方针，发挥战略导向作用，引导和统筹科技发展布局、资源配置和政策制定。

县级以上人民政府应当将科学技术进步工作纳入国民经济和社会发展规划，保障科学技术进步与经济建设和社会发展相协调。

地方各级人民政府应当采取有效措施，加强对科学技术进步工作的组织和管理，优化科学技术发展环境，推进科学技术进步。

第十六条 国务院科学技术行政部门负责全国科学技术进步工作的宏观管理、统筹协调、服务保障和监督实施；国务院其他有关部门在各自的职责范围内，负责有关的科学技术进步工作。

县级以上地方人民政府科学技术行政部门负责本行政区域的科学技术进步工作；县级以上地方人民政府其他有关部门在各自的职责范围内，负责有关的科学技术进步工作。

第十七条 国家建立科学技术进步工作协调机制，研究科学技术进步工作中的重大问题，协调国家科学技术计划项目的设立及相互衔接，协调科学技术资源配置、科学技术研究开发机构的整合以及科学技术研究开发与高等教育、产业发展相结合等重大事项。

第十八条 每年5月30日为全国科技工作者日。

国家建立和完善科学技术奖励制度，设立国家最高科学技术奖等奖项，对在科学技术进步活动中做出重要贡献的组织和个人给予奖励。具体办法由国务院规定。

国家鼓励国内外的组织或者个人设立科学技术奖项，对科学技术进步活动中做出贡献的组织和个人给予奖励。

第二章 基础研究

第十九条 国家加强基础研究能力建设，尊重科学发展规律和人才成长规律，强化项目、人才、基地系统布局，为基础研究发展提供良好的物质条件和有力的制度保障。

国家加强规划和部署，推动基础研究自由探索和目标导向有机结合，围绕科学技术前沿、经济社会发展、国家安全重大需求和人民生命健康，聚焦重大关键技术问题，加强新兴和战略产业等领域基础研究，提升科学技术的源头供给能力。

国家鼓励科学技术研究开发机构、高

等学校、企业等发挥自身优势，加强基础研究，推动原始创新。

第二十条 国家财政建立稳定支持基础研究的投入机制。

国家鼓励有条件的地方人民政府结合本地区经济社会发展需要，合理确定基础研究财政投入，加强对基础研究的支持。

国家引导企业加大基础研究投入，鼓励社会力量通过捐赠、设立基金等方式多渠道投入基础研究，给予财政、金融、税收等政策支持。

逐步提高基础研究经费在全社会科学技术研究开发经费总额中的比例，与创新型国家和科技强国建设要求相适应。

第二十一条 国家设立自然科学基金，资助基础研究，支持人才培养和团队建设。确定国家自然科学基金资助项目，应当坚持宏观引导、自主申请、平等竞争、同行评审、择优支持的原则。

有条件的地方人民政府结合本地区经济社会实际情况和发展需要，可以设立自然科学基金，支持基础研究。

第二十二条 国家完善学科布局和知识体系建设，推进学科交叉融合，促进基础研究与应用研究协调发展。

第二十三条 国家加大基础研究人才培养力度，强化对基础研究人才的稳定支持，提高基础研究人才队伍质量和水平。

国家建立满足基础研究需要的资源配置机制，建立与基础研究相适应的评价体系和激励机制，营造潜心基础研究的良好环境，鼓励和吸引优秀科学技术人员投身基础研究。

第二十四条 国家强化基础研究基地建设。

国家完善基础研究的基础条件建设，推进开放共享。

第二十五条 国家支持高等学校加强基础学科建设和基础研究人才培养，增强基础研究自主布局能力，推动高等学校基础研究高质量发展。

第三章 应用研究与成果转化

第二十六条 国家鼓励以应用研究带动基础研究，促进基础研究与应用研究、成果转化融通发展。

国家完善共性基础技术供给体系，促进创新链产业链深度融合，保障产业链供应链安全。

第二十七条 国家建立和完善科研攻关协调机制，围绕经济社会发展、国家安全重大需求和人民生命健康，加强重点领域项目、人才、基地、资金一体化配置，推动产学研紧密合作，推动关键核心技术自主可控。

第二十八条 国家完善关键核心技术攻关举国体制，组织实施体现国家战略需求的科学技术重大任务，系统布局具有前瞻性、战略性的科学技术重大项目，超前部署关键核心技术研发。

第二十九条 国家加强面向产业发展需求的共性技术平台和科学技术研究开发机构建设，鼓励地方围绕发展需求建设应用研究科学技术研究开发机构。

国家鼓励科学技术研究开发机构、高等学校加强共性基础技术研究，鼓励以企业为主导，开展面向市场和产业化应用的研究开发活动。

第三十条 国家加强科技成果中试、工程化和产业化开发及应用，加快科技成果转化为现实生产力。

利用财政性资金设立的科学技术研

究开发机构和高等学校,应当积极促进科技成果转化,加强技术转移机构和人才队伍建设,建立和完善促进科技成果转化制度。

第三十一条 国家鼓励企业、科学技术研究开发机构、高等学校和其他组织建立优势互补、分工明确、成果共享、风险共担的合作机制,按照市场机制联合组建研究开发平台、技术创新联盟、创新联合体等,协同推进研究开发与科技成果转化,提高科技成果转移转化成效。

第三十二条 利用财政性资金设立的科学技术计划项目所形成的科技成果,在不损害国家安全、国家利益和重大社会公共利益的前提下,授权项目承担者依法取得相关知识产权,项目承担者可以依法自行投资实施转化、向他人转让、联合他人共同实施转化、许可他人使用或者作价投资等。

项目承担者应当依法实施前款规定的知识产权,同时采取保护措施,并就实施和保护情况向项目管理机构提交年度报告;在合理期限内没有实施且无正当理由的,国家可以无偿实施,也可以许可他人有偿实施或者无偿实施。

项目承担者依法取得的本条第一款规定的知识产权,为了国家安全、国家利益和重大社会公共利益的需要,国家可以无偿实施,也可以许可他人有偿实施或者无偿实施。

项目承担者因实施本条第一款规定的知识产权所产生的利益分配,依照有关法律法规规定执行;法律法规没有规定的,按照约定执行。

第三十三条 国家实行以增加知识价值为导向的分配政策,按照国家有关规定推进知识产权归属和权益分配机制改革,探索赋予科学技术人员职务科技成果所有权或者长期使用权制度。

第三十四条 国家鼓励利用财政性资金设立的科学技术计划项目所形成的知识产权首先在境内使用。

前款规定的知识产权向境外的组织或者个人转让,或者许可境外的组织或者个人独占实施的,应当经项目管理机构批准;法律、行政法规对批准机构另有规定的,依照其规定。

第三十五条 国家鼓励新技术应用,按照包容审慎原则,推动开展新技术、新产品、新服务、新模式应用试验,为新技术、新产品应用创造条件。

第三十六条 国家鼓励和支持农业科学技术的应用研究,传播和普及农业科学技术知识,加快农业科技成果转化和产业化,促进农业科学技术进步,利用农业科学技术引领乡村振兴和农业农村现代化。

县级以上人民政府应当采取措施,支持公益性农业科学技术研究开发机构和农业技术推广机构进行农业新品种、新技术的研究开发、应用和推广。

地方各级人民政府应当鼓励和引导农业科学技术服务机构、科技特派员和农村群众性科学技术组织为种植业、林业、畜牧业、渔业等的发展提供科学技术服务,为农民提供科学技术培训和指导。

第三十七条 国家推动科学技术研究开发与产品、服务标准制定相结合,科学技术研究开发与产品设计、制造相结合;引导科学技术研究开发机构、高等学校、企业和社会组织共同推进国家重大技术创新产品、服务标准的研究、制定和依法采用,参与国际标准制定。

第三十八条　国家培育和发展统一开放、互联互通、竞争有序的技术市场，鼓励创办从事技术评估、技术经纪和创新创业服务等活动的中介服务机构，引导建立社会化、专业化、网络化、信息化和智能化的技术交易服务体系和创新创业服务体系，推动科技成果的应用和推广。

技术交易活动应当遵循自愿平等、互利有偿和诚实信用的原则。

第四章　企业科技创新

第三十九条　国家建立以企业为主体，以市场为导向，企业同科学技术研究开发机构、高等学校紧密合作的技术创新体系，引导和扶持企业技术创新活动，支持企业牵头国家科技攻关任务，发挥企业在技术创新中的主体作用，推动企业成为技术创新决策、科研投入、组织科研和成果转化的主体，促进各类创新要素向企业集聚，提高企业技术创新能力。

国家培育具有影响力和竞争力的科技领军企业，充分发挥科技领军企业的创新带动作用。

第四十条　国家鼓励企业开展下列活动：

（一）设立内部科学技术研究开发机构；

（二）同其他企业或者科学技术研究开发机构、高等学校开展合作研究，联合建立科学技术研究开发机构和平台，设立科技企业孵化机构和创新创业平台，或者以委托等方式开展科学技术研究开发；

（三）培养、吸引和使用科学技术人员；

（四）同科学技术研究开发机构、高等学校、职业院校或者培训机构联合培养专业技术人才和高技能人才，吸引高等学校毕业生到企业工作；

（五）设立博士后工作站或者流动站；

（六）结合技术创新和职工技能培训，开展科学技术普及活动，设立向公众开放的普及科学技术的场馆或者设施。

第四十一条　国家鼓励企业加强原始创新，开展技术合作与交流，增加研究开发和技术创新的投入，自主确立研究开发课题，开展技术创新活动。

国家鼓励企业对引进技术进行消化、吸收和再创新。

企业开发新技术、新产品、新工艺发生的研究开发费用可以按照国家有关规定，税前列支并加计扣除，企业科学技术研究开发仪器、设备可以加速折旧。

第四十二条　国家完善多层次资本市场，建立健全促进科技创新的机制，支持符合条件的科技型企业利用资本市场推动自身发展。

国家加强引导和政策扶持，多渠道拓宽创业投资资金来源，对企业的创业发展给予支持。

国家完善科技型企业上市融资制度，畅通科技型企业国内上市融资渠道，发挥资本市场服务科技创新的融资功能。

第四十三条　下列企业按照国家有关规定享受税收优惠：

（一）从事高新技术产品研究开发、生产的企业；

（二）科技型中小企业；

（三）投资初创科技型企业的创业投资企业；

（四）法律、行政法规规定的与科学技术进步有关的其他企业。

第四十四条　国家对公共研究开发平

台和科学技术中介、创新创业服务机构的建设和运营给予支持。

公共研究开发平台和科学技术中介、创新创业服务机构应当为中小企业的技术创新提供服务。

第四十五条 国家保护企业研究开发所取得的知识产权。企业应当不断提高知识产权质量和效益，增强自主创新能力和市场竞争能力。

第四十六条 国有企业应当建立健全有利于技术创新的研究开发投入制度、分配制度和考核评价制度，完善激励约束机制。

国有企业负责人对企业的技术进步负责。对国有企业负责人的业绩考核，应当将企业的创新投入、创新能力建设、创新成效等情况纳入考核范围。

第四十七条 县级以上地方人民政府及其有关部门应当创造公平竞争的市场环境，推动企业技术进步。

国务院有关部门和省级人民政府应当通过制定产业、财政、金融、能源、环境保护和应对气候变化等政策，引导、促使企业研究开发新技术、新产品、新工艺，进行技术改造和设备更新，淘汰技术落后的设备、工艺，停止生产技术落后的产品。

第五章 科学技术研究开发机构

第四十八条 国家统筹规划科学技术研究开发机构布局，建立和完善科学技术研究开发体系。

国家在事关国家安全和经济社会发展全局的重大科技创新领域建设国家实验室，建立健全以国家实验室为引领、全国重点实验室为支撑的实验室体系，完善稳定支持机制。

利用财政性资金设立的科学技术研究开发机构，应当坚持以国家战略需求为导向，提供公共科技供给和应急科技支撑。

第四十九条 自然人、法人和非法人组织有权依法设立科学技术研究开发机构。境外的组织或者个人可以在中国境内依法独立设立科学技术研究开发机构，也可以与中国境内的组织或者个人联合设立科学技术研究开发机构。

从事基础研究、前沿技术研究、社会公益性技术研究的科学技术研究开发机构，可以利用财政性资金设立。利用财政性资金设立科学技术研究开发机构，应当优化配置，防止重复设置。

科学技术研究开发机构、高等学校可以设立博士后流动站或者工作站。科学技术研究开发机构可以依法在国外设立分支机构。

第五十条 科学技术研究开发机构享有下列权利：

（一）依法组织或者参加学术活动；

（二）按照国家有关规定，自主确定科学技术研究开发方向和项目，自主决定经费使用、机构设置、绩效考核及薪酬分配、职称评审、科技成果转化及收益分配、岗位设置、人员聘用及合理流动等内部管理事务；

（三）与其他科学技术研究开发机构、高等学校和企业联合开展科学技术研究开发、技术咨询、技术服务等活动；

（四）获得社会捐赠和资助；

（五）法律、行政法规规定的其他权利。

第五十一条 科学技术研究开发机构应当依法制定章程，按照章程规定的职能定位和业务范围开展科学技术研究开发活动；加强科研作风学风建设，建立和完善科研诚信、科技伦理管理制度，遵守科学研究活动管理规范；不得组织、参加、支持迷信活动。

利用财政性资金设立的科学技术研究开发机构开展科学技术研究开发活动，应当为国家目标和社会公共利益服务；有条件的，应当向公众开放普及科学技术的场馆或者设施，组织开展科学技术普及活动。

第五十二条 利用财政性资金设立的科学技术研究开发机构，应当建立职责明确、评价科学、开放有序、管理规范的现代院所制度，实行院长或者所长负责制，建立科学技术委员会咨询制和职工代表大会监督制等制度，并吸收外部专家参与管理、接受社会监督；院长或者所长的聘用引入竞争机制。

第五十三条 国家完善利用财政性资金设立的科学技术研究开发机构的评估制度，评估结果作为机构设立、支持、调整、终止的依据。

第五十四条 利用财政性资金设立的科学技术研究开发机构，应当建立健全科学技术资源开放共享机制，促进科学技术资源的有效利用。

国家鼓励社会力量设立的科学技术研究开发机构，在合理范围内实行科学技术资源开放共享。

第五十五条 国家鼓励企业和其他社会力量自行创办科学技术研究开发机构，保障其合法权益。

社会力量设立的科学技术研究开发机构有权按照国家有关规定，平等竞争和参与实施利用财政性资金设立的科学技术计划项目。

国家完善对社会力量设立的非营利性科学技术研究开发机构税收优惠制度。

第五十六条 国家支持发展新型研究开发机构等新型创新主体，完善投入主体多元化、管理制度现代化、运行机制市场化、用人机制灵活化的发展模式，引导新型创新主体聚焦科学研究、技术创新和研发服务。

第六章 科学技术人员

第五十七条 国家营造尊重人才、爱护人才的社会环境，公正平等、竞争择优的制度环境，待遇适当、保障有力的生活环境，为科学技术人员潜心科研创造良好条件。

国家采取多种措施，提高科学技术人员的社会地位，培养和造就专门的科学技术人才，保障科学技术人员投入科技创新和研究开发活动，充分发挥科学技术人员的作用。禁止以任何方式和手段不公正对待科学技术人员及其科技成果。

第五十八条 国家加快战略人才力量建设，优化科学技术人才队伍结构，完善战略科学家、科技领军人才等创新人才和团队的培养、发现、引进、使用、评价机制，实施人才梯队、科研条件、管理机制等配套政策。

第五十九条 国家完善创新人才教育培养机制，在基础教育中加强科学兴趣培养，在职业教育中加强技术技能人才培养，强化高等教育资源配置与科学技术领域创新人才培养的结合，加强完善战略性科学技术人才储备。

第六十条 各级人民政府、企业事业单位和社会组织应当采取措施，完善体现知识、技术等创新要素价值的收益分配机制，优化收入结构，建立工资稳定增长机制，提高科学技术人员的工资水平；对有突出贡献的科学技术人员给予优厚待遇和荣誉激励。

利用财政性资金设立的科学技术研究开发机构和高等学校的科学技术人员，在履行岗位职责、完成本职工作、不发生利益冲突的前提下，经所在单位同意，可以从事兼职工作获得合法收入。技术开发、技术咨询、技术服务等活动的奖酬金提取，按照科技成果转化有关规定执行。

国家鼓励科学技术研究开发机构、高等学校、企业等采取股权、期权、分红等方式激励科学技术人员。

第六十一条 各级人民政府和企业事业单位应当保障科学技术人员接受继续教育的权利，并为科学技术人员的合理、畅通、有序流动创造环境和条件，发挥其专长。

第六十二条 科学技术人员可以根据其学术水平和业务能力选择工作单位、竞聘相应的岗位，取得相应的职务或者职称。

科学技术人员应当信守工作承诺，履行岗位责任，完成职务或者职称相应工作。

第六十三条 国家实行科学技术人员分类评价制度，对从事不同科学技术活动的人员实行不同的评价标准和方式，突出创新价值、能力、贡献导向，合理确定薪酬待遇、配置学术资源、设置评价周期，形成有利于科学技术人员潜心研究和创新的人才评价体系，激发科学技术人员创新活力。

第六十四条 科学技术行政等有关部门和企业事业单位应当完善科学技术人员管理制度，增强服务意识和保障能力，简化管理流程，避免重复性检查和评估，减轻科学技术人员项目申报、材料报送、经费报销等方面的负担，保障科学技术人员科研时间。

第六十五条 科学技术人员在艰苦、边远地区或者恶劣、危险环境中工作，所在单位应当按照国家有关规定给予补贴，提供其岗位或者工作场所应有的职业健康卫生保护和安全保障，为其接受继续教育、业务培训等提供便利条件。

第六十六条 青年科学技术人员、少数民族科学技术人员、女性科学技术人员等在竞聘专业技术职务、参与科学技术评价、承担科学技术研究开发项目、接受继续教育等方面享有平等权利。鼓励老年科学技术人员在科学技术进步中发挥积极作用。

各级人民政府和企业事业单位应当为青年科学技术人员成长创造环境和条件，鼓励青年科学技术人员在科技领域勇于探索、敢于尝试，充分发挥青年科学技术人员的作用。发现、培养和使用青年科学技术人员的情况，应当作为评价科学技术进步工作的重要内容。

各级人民政府和企业事业单位应当完善女性科学技术人员培养、评价和激励机制，关心孕哺期女性科学技术人员，鼓励和支持女性科学技术人员在科学技术进步中发挥更大作用。

第六十七条 科学技术人员应当大力弘扬爱国、创新、求实、奉献、协同、育人的科学家精神，坚守工匠精神，在各类科学技术活动中遵守学术和伦理规范，恪守职业道德，诚实守信；不得在科学技术活动中弄虚作假，不得参加、支持迷信活动。

第六十八条 国家鼓励科学技术人员自由探索、勇于承担风险，营造鼓励创新、宽容失败的良好氛围。原始记录等能够证明承担探索性强、风险高的科学技术研究开发项目的科学技术人员已经履行了勤勉尽责义务仍不能完成该项目的，予以免责。

第六十九条 科研诚信记录作为对科学技术人员聘任专业技术职务或者职称、审批科学技术人员申请科学技术研究开发项目、授予科学技术奖励等的重要依据。

第七十条 科学技术人员有依法创办或者参加科学技术社会团体的权利。

科学技术协会和科学技术社会团体按照章程在促进学术交流、推进学科建设、推动科技创新、开展科学技术普及活动、培养专门人才、开展咨询服务、加强科学技术人员自律和维护科学技术人员合法权益等方面发挥作用。

科学技术协会和科学技术社会团体的合法权益受法律保护。

第七章 区域科技创新

第七十一条 国家统筹科学技术资源区域空间布局，推动中央科学技术资源与地方发展需求紧密衔接，采取多种方式支持区域科技创新。

第七十二条 县级以上地方人民政府应当支持科学技术研究和应用，为促进科技成果转化创造条件，为推动区域创新发展提供良好的创新环境。

第七十三条 县级以上人民政府及其有关部门制定的与产业发展相关的科学技术计划，应当体现产业发展的需求。

县级以上人民政府及其有关部门确定科学技术计划项目，应当鼓励企业平等竞争和参与实施；对符合产业发展需求、具有明确市场应用前景的项目，应当鼓励企业联合科学技术研究开发机构、高等学校共同实施。

地方重大科学技术计划实施应当与国家科学技术重大任务部署相衔接。

第七十四条 国务院可以根据需要批准建立国家高新技术产业开发区、国家自主创新示范区等科技园区，并对科技园区的建设、发展给予引导和扶持，使其形成特色和优势，发挥集聚和示范带动效应。

第七十五条 国家鼓励有条件的县级以上地方人民政府根据国家发展战略和地方发展需要，建设重大科技创新基地与平台，培育创新创业载体，打造区域科技创新高地。

国家支持有条件的地方建设科技创新中心和综合性科学中心，发挥辐射带动、深化创新改革和参与全球科技合作作用。

第七十六条 国家建立区域科技创新合作机制和协同互助机制，鼓励地方各级人民政府及其有关部门开展跨区域创新合作，促进各类创新要素合理流动和高效集聚。

第七十七条 国家重大战略区域可以依托区域创新平台，构建利益分享机制，促进人才、技术、资金等要素自由流动，推动科学仪器设备、科技基础设施、科学工程和科技信息资源等开放共享，提高科技成果区域转化效率。

第七十八条 国家鼓励地方积极探索区域科技创新模式，尊重区域科技创新集聚规律，因地制宜选择具有区域特色的科技创新发展路径。

第八章　国际科学技术合作

第七十九条　国家促进开放包容、互惠共享的国际科学技术合作与交流，支撑构建人类命运共同体。

第八十条　中华人民共和国政府发展同外国政府、国际组织之间的科学技术合作与交流。

国家鼓励科学技术研究开发机构、高等学校、科学技术社会团体、企业和科学技术人员等各类创新主体开展国际科学技术合作与交流，积极参与科学研究活动，促进国际科学技术资源开放流动，形成高水平的科技开放合作格局，推动世界科学技术进步。

第八十一条　国家鼓励企业事业单位、社会组织通过多种途径建设国际科技创新合作平台，提供国际科技创新合作服务。

鼓励企业事业单位、社会组织和科学技术人员参与和发起国际科学技术组织，增进国际科学技术合作与交流。

第八十二条　国家采取多种方式支持国内外优秀科学技术人才合作研发，应对人类面临的共同挑战，探索科学前沿。

国家支持科学技术研究开发机构、高等学校、企业和科学技术人员积极参与和发起组织实施国际大科学计划和大科学工程。

国家完善国际科学技术研究合作中的知识产权保护与科技伦理、安全审查机制。

第八十三条　国家扩大科学技术计划对外开放合作，鼓励在华外资企业、外籍科学技术人员等承担和参与科学技术计划项目，完善境外科学技术人员参与国家科学技术计划项目的机制。

第八十四条　国家完善相关社会服务和保障措施，鼓励在国外工作的科学技术人员回国，吸引外籍科学技术人员到中国从事科学技术研究开发工作。

科学技术研究开发机构及其他科学技术组织可以根据发展需要，聘用境外科学技术人员。利用财政性资金设立的科学技术研究开发机构、高等学校聘用境外科学技术人员从事科学技术研究开发工作的，应当为其工作和生活提供方便。

外籍杰出科学技术人员到中国从事科学技术研究开发工作的，按照国家有关规定，可以优先获得在华永久居留权或者取得中国国籍。

第九章　保障措施

第八十五条　国家加大财政性资金投入，并制定产业、金融、税收、政府采购等政策，鼓励、引导社会资金投入，推动全社会科学技术研究开发经费持续稳定增长。

第八十六条　国家逐步提高科学技术经费投入的总体水平；国家财政用于科学技术经费的增长幅度，应当高于国家财政经常性收入的增长幅度。全社会科学技术研究开发经费应当占国内生产总值适当的比例，并逐步提高。

第八十七条　财政性科学技术资金应当主要用于下列事项的投入：

（一）科学技术基础条件与设施建设；

（二）基础研究和前沿交叉学科研究；

（三）对经济建设和社会发展具有战略性、基础性、前瞻性作用的前沿技术研究、社会公益性技术研究和重大共性关键技术研究；

（四）重大共性关键技术应用和高新技术产业化示范；

（五）关系生态环境和人民生命健康的科学技术研究开发和成果的应用、推广；

（六）农业新品种、新技术的研究开发和农业科技成果的应用、推广；

（七）科学技术人员的培养、吸引和使用；

（八）科学技术普及。

对利用财政性资金设立的科学技术研究开发机构，国家在经费、实验手段等方面给予支持。

第八十八条 设立国家科学技术计划，应当按照国家需求，聚焦国家重大战略任务，遵循科学研究、技术创新和成果转化规律。

国家建立科学技术计划协调机制和绩效评估制度，加强专业化管理。

第八十九条 国家设立基金，资助中小企业开展技术创新，推动科技成果转化与应用。

国家在必要时可以设立支持基础研究、社会公益性技术研究、国际联合研究等方面的其他非营利性基金，资助科学技术进步活动。

第九十条 从事下列活动的，按照国家有关规定享受税收优惠：

（一）技术开发、技术转让、技术许可、技术咨询、技术服务；

（二）进口国内不能生产或者性能不能满足需要的科学研究、技术开发或者科学技术普及的用品；

（三）为实施国家重大科学技术专项、国家科学技术计划重大项目，进口国内不能生产的关键设备、原材料或者零部件；

（四）科学技术普及场馆、基地等开展面向公众开放的科学技术普及活动；

（五）捐赠资助开展科学技术活动；

（六）法律、国家有关规定规定的其他科学研究、技术开发与科学技术应用活动。

第九十一条 对境内自然人、法人和非法人组织的科技创新产品、服务，在功能、质量等指标能够满足政府采购需求的条件下，政府采购应当购买；首次投放市场的，政府采购应当率先购买，不得以商业业绩为由予以限制。

政府采购的产品尚待研究开发的，通过订购方式实施。采购人应当优先采用竞争性方式确定科学技术研究开发机构、高等学校或者企业进行研究开发，产品研发合格后按约定采购。

第九十二条 国家鼓励金融机构开展知识产权质押融资业务，鼓励和引导金融机构在信贷、投资等方面支持科学技术应用和高新技术产业发展，鼓励保险机构根据高新技术产业发展的需要开发保险品种，促进新技术应用。

第九十三条 国家遵循统筹规划、优化配置的原则，整合和设置国家科学技术研究实验基地。

国家鼓励设置综合性科学技术实验服务单位，为科学技术研究开发机构、高等学校、企业和科学技术人员提供或者委托他人提供科学技术实验服务。

第九十四条 国家根据科学技术进步的需要，按照统筹规划、突出共享、优化配置、综合集成、政府主导、多方共建的原则，统筹购置大型科学仪器、设备，并开展对以财政性资金为主购置的大型科学仪器、设备的联合评议工作。

第九十五条 国家加强学术期刊建设，完善科研论文和科学技术信息交流机制，推动开放科学的发展，促进科学技术交流和传播。

第九十六条 国家鼓励国内外的组织或者个人捐赠财产、设立科学技术基金，资助科学技术研究开发和科学技术普及。

第九十七条 利用财政性资金设立的科学技术研究开发机构、高等学校和企业，在推进科技管理改革、开展科学技术研究开发、实施科技成果转化活动过程中，相关负责人锐意创新探索，出现决策失误、偏差，但尽到合理注意义务和监督管理职责，未牟取非法利益的，免除其决策责任。

第十章　监督管理

第九十八条 国家加强科技法治化建设和科研作风学风建设，建立和完善科研诚信制度和科技监督体系，健全科技伦理治理体制，营造良好科技创新环境。

第九十九条 国家完善科学技术决策的规则和程序，建立规范的咨询和决策机制，推进决策的科学化、民主化和法治化。

国家改革完善重大科学技术决策咨询制度。制定科学技术发展规划和重大政策，确定科学技术重大项目、与科学技术密切相关的重大项目，应当充分听取科学技术人员的意见，发挥智库作用，扩大公众参与，开展科学评估，实行科学决策。

第一百条 国家加强财政性科学技术资金绩效管理，提高资金配置效率和使用效益。财政性科学技术资金的管理和使用情况，应当接受审计机关、财政部门的监督检查。

科学技术行政等有关部门应当加强对利用财政性资金设立的科学技术计划实施情况的监督，强化科研项目资金协调、评估、监管。

任何组织和个人不得虚报、冒领、贪污、挪用、截留财政性科学技术资金。

第一百零一条 国家建立科学技术计划项目分类管理机制，强化对项目实效的考核评价。利用财政性资金设立的科学技术计划项目，应当坚持问题导向、目标导向、需求导向进行立项，按照国家有关规定择优确定项目承担者。

国家建立科技管理信息系统，建立评审专家库，健全科学技术计划项目的专家评审制度和评审专家的遴选、回避、保密、问责制度。

第一百零二条 国务院科学技术行政部门应当会同国务院有关主管部门，建立科学技术研究基地、科学仪器设备等资产和科学技术文献、科学技术数据、科学技术自然资源、科学技术普及资源等科学技术资源的信息系统和资源库，及时向社会公布科学技术资源的分布、使用情况。

科学技术资源的管理单位应当向社会公布所管理的科学技术资源的共享使用制度和使用情况，并根据使用制度安排使用；法律、行政法规规定应当保密的，依照其规定。

科学技术资源的管理单位不得侵犯科学技术资源使用者的知识产权，并应当按照国家有关规定确定收费标准。管理单位和使用者之间的其他权利义务关系由双方约定。

第一百零三条 国家建立科技伦理委员会，完善科技伦理制度规范，加强科技伦理教育和研究，健全审查、评估、监管体系。

科学技术研究开发机构、高等学校、企业事业单位等应当履行科技伦理管理主体责任，按照国家有关规定建立健全科技伦理审查机制，对科学技术活动开展科技伦理审查。

第一百零四条 国家加强科研诚信建设，建立科学技术项目诚信档案及科研诚信管理信息系统，坚持预防与惩治并举、自律与监督并重，完善对失信行为的预防、调查、处理机制。

县级以上地方人民政府和相关行业主管部门采取各种措施加强科研诚信建设，企业事业单位和社会组织应当履行科研诚信管理的主体责任。

任何组织和个人不得虚构、伪造科研成果，不得发布、传播虚假科研成果，不得从事学术论文及其实验研究数据、科学技术计划项目申报验收材料等的买卖、代写、代投服务。

第一百零五条 国家建立健全科学技术统计调查制度和国家创新调查制度，掌握国家科学技术活动基本情况，监测和评价国家创新能力。

国家建立健全科技报告制度，财政性资金资助的科学技术计划项目的承担者应当按照规定及时提交报告。

第一百零六条 国家实行科学技术保密制度，加强科学技术保密能力建设，保护涉及国家安全和利益的科学技术秘密。

国家依法实行重要的生物种质资源、遗传资源、数据资源等科学技术资源和关键核心技术出境管理制度。

第一百零七条 禁止危害国家安全、损害社会公共利益、危害人体健康、违背科研诚信和科技伦理的科学技术研究开发和应用活动。

从事科学技术活动，应当遵守科学技术活动管理规范。对严重违反科学技术活动管理规范的组织和个人，由科学技术行政等有关部门记入科研诚信严重失信行为数据库。

第十一章 法律责任

第一百零八条 违反本法规定，科学技术行政等有关部门及其工作人员，以及其他依法履行公职的人员滥用职权、玩忽职守、徇私舞弊的，对直接负责的主管人员和其他直接责任人员依法给予处分。

第一百零九条 违反本法规定，滥用职权阻挠、限制、压制科学技术研究开发活动，或者利用职权打压、排挤、刁难科学技术人员的，对直接负责的主管人员和其他直接责任人员依法给予处分。

第一百一十条 违反本法规定，虚报、冒领、贪污、挪用、截留用于科学技术进步的财政性资金或者社会捐赠资金的，由有关主管部门责令改正，追回有关财政性资金，责令退还捐赠资金，给予警告或者通报批评，并可以暂停拨款，终止或者撤销相关科学技术活动；情节严重的，依法处以罚款，禁止一定期限内承担或者参与财政性资金支持的科学技术活动；对直接负责的主管人员和其他直接责任人员依法给予行政处罚和处分。

第一百一十一条 违反本法规定，利用财政性资金和国有资本购置大型科学仪器、设备后，不履行大型科学仪器、设备等科学技术资源共享使用义务的，由有关主管部门责令改正，给予警告或者通报批评，对直接负责的主管人员和其他直接责任人员依法给予处分。

第一百一十二条 违反本法规定，进行危害国家安全、损害社会公共利益、危害人体健康、违背科研诚信和科技伦理的科学技术研究开发和应用活动的，由科学技术人员所在单位或者有关主管部门责令改正；获得用于科学技术进步的财政性资金或者有违法所得的，由有关主管部门终止或者撤销相关科学技术活动，追回财政性资金，没收违法所得；情节严重的，由有关主管部门向社会公布其违法行为，依法给予行政处罚和处分，禁止一定期限内承担或者参与财政性资金支持的科学技术活动、申请相关科学技术活动行政许可；对直接负责的主管人员和其他直接责任人员依法给予行政处罚和处分。

违反本法规定，虚构、伪造科研成果，发布、传播虚假科研成果，或者从事学术论文及其实验研究数据、科学技术计划项目申报验收材料等的买卖、代写、代投服务的，由有关主管部门给予警告或者通报批评，处以罚款；有违法所得的，没收违法所得；情节严重的，吊销许可证件。

第一百一十三条 违反本法规定，从事科学技术活动违反科学技术活动管理规范的，由有关主管部门责令限期改正，并可以追回有关财政性资金，给予警告或者通报批评，暂停拨款、终止或者撤销相关财政性资金支持的科学技术活动；情节严重的，禁止一定期限内承担或者参与财政性资金支持的科学技术活动，取消一定期限内财政性资金支持的科学技术活动管理资格；对直接负责的主管人员和其他直接责任人员依法给予处分。

第一百一十四条 违反本法规定，骗取国家科学技术奖励的，由主管部门依法撤销奖励，追回奖章、证书和奖金等，并依法给予处分。

违反本法规定，提名单位或者个人提供虚假数据、材料，协助他人骗取国家科学技术奖励的，由主管部门给予通报批评；情节严重的，暂停或者取消其提名资格，并依法给予处分。

第一百一十五条 违反本法规定的行为，本法未作行政处罚规定，其他有关法律、行政法规有规定的，依照其规定；造成财产损失或者其他损害的，依法承担民事责任；构成违反治安管理行为的，依法给予治安管理处罚；构成犯罪的，依法追究刑事责任。

第十二章 附　则

第一百一十六条 涉及国防科学技术进步的其他有关事项，由国务院、中央军事委员会规定。

第一百一十七条 本法自2022年1月1日起施行。

中华人民共和国促进科技成果转化法

（2015年修正）

（1996年5月15日第八届全国人民代表大会常务委员会第十九次会议通过 根据2015年8月29日第十二届全国人民代表大会常务委员会第十六次会议《关于修改〈中华人民共和国促进科技成果转化法〉的决定》修正）

目 录

第一章 总 则
第二章 组织实施
第三章 保障措施
第四章 技术权益
第五章 法律责任
第六章 附 则

第一章 总 则

第一条 为了促进科技成果转化为现实生产力，规范科技成果转化活动，加速科学技术进步，推动经济建设和社会发展，制定本法。

第二条 本法所称科技成果，是指通过科学研究与技术开发所产生的具有实用价值的成果。职务科技成果，是指执行研究开发机构、高等院校和企业等单位的工作任务，或者主要是利用上述单位的物质技术条件所完成的科技成果。

本法所称科技成果转化，是指为提高生产力水平而对科技成果所进行的后续试验、开发、应用、推广直至形成新技术、新工艺、新材料、新产品，发展新产业等活动。

第三条 科技成果转化活动应当有利于加快实施创新驱动发展战略，促进科技与经济的结合，有利于提高经济效益、社会效益和保护环境、合理利用资源，有利于促进经济建设、社会发展和维护国家安全。

科技成果转化活动应当尊重市场规律，发挥企业的主体作用，遵循自愿、互利、公平、诚实信用的原则，依照法律法规规定和合同约定，享有权益，承担风险。科技成果转化活动中的知识产权受法律保护。

科技成果转化活动应当遵守法律法规，维护国家利益，不得损害社会公共利益和他人合法权益。

第四条 国家对科技成果转化合理安排财政资金投入，引导社会资金投入，推动科技成果转化资金投入的多元化。

第五条 国务院和地方各级人民政府应当加强科技、财政、投资、税收、人才、产业、金融、政府采购、军民融合等政策协同，为科技成果转化创造良好环境。

地方各级人民政府根据本法规定的原则，结合本地实际，可以采取更加有利于促进科技成果转化的措施。

第六条 国家鼓励科技成果首先在中国境内实施。中国单位或者个人向境外的组织、个人转让或者许可其实施科技成果的，应当遵守相关法律、行政法规以及国家有关规定。

第七条 国家为了国家安全、国家利益和重大社会公共利益的需要，可以依法组织实施或者许可他人实施相关科技成果。

第八条 国务院科学技术行政部门、经济综合管理部门和其他有关行政部门依照国务院规定的职责，管理、指导和协调科技成果转化工作。

地方各级人民政府负责管理、指导和协调本行政区域内的科技成果转化工作。

第二章 组织实施

第九条 国务院和地方各级人民政府应当将科技成果的转化纳入国民经济和社会发展计划，并组织协调实施有关科技成果的转化。

第十条 利用财政资金设立应用类科技项目和其他相关科技项目，有关行政部门、管理机构应当改进和完善科研组织管理方式，在制定相关科技规划、计划和编制项目指南时应当听取相关行业、企业的意见；在组织实施应用类科技项目时，应当明确项目承担者的科技成果转化义务，加强知识产权管理，并将科技成果转化和知识产权创造、运用作为立项和验收的重要内容和依据。

第十一条 国家建立、完善科技报告制度和科技成果信息系统，向社会公布科技项目实施情况以及科技成果和相关知识产权信息，提供科技成果信息查询、筛选等公益服务。公布有关信息不得泄露国家秘密和商业秘密。对不予公布的信息，有关部门应当及时告知相关科技项目承担者。

利用财政资金设立的科技项目的承担者应当按照规定及时提交相关科技报告，并将科技成果和相关知识产权信息汇交到科技成果信息系统。

国家鼓励利用非财政资金设立的科技项目的承担者提交相关科技报告，将科技成果和相关知识产权信息汇交到科技成果信息系统，县级以上人民政府负责相关工作的部门应当为其提供方便。

第十二条 对下列科技成果转化项目，国家通过政府采购、研究开发资助、发布产业技术指导目录、示范推广等方式予以支持：

（一）能够显著提高产业技术水平、经济效益或者能够形成促进社会经济健康发展的新产业的；

（二）能够显著提高国家安全能力和公共安全水平的；

（三）能够合理开发和利用资源、节约能源、降低消耗以及防治环境污染、保护生态、提高应对气候变化和防灾减灾能力的；

（四）能够改善民生和提高公共健康水平的；

（五）能够促进现代农业或者农村经济发展的；

（六）能够加快民族地区、边远地区、贫困地区社会经济发展的。

第十三条 国家通过制定政策措施，提倡和鼓励采用先进技术、工艺和装备，不断改进、限制使用或者淘汰落后技术、工艺和装备。

第十四条 国家加强标准制定工作，对新技术、新工艺、新材料、新产品依法及时制定国家标准、行业标准，积极参与国际标准的制定，推动先进适用技术推广和应用。

国家建立有效的军民科技成果相互转化体系，完善国防科技协同创新体制机制。军品科研生产应当依法优先采用先进适用的民用标准，推动军用、民用技术相互转移、转化。

第十五条 各级人民政府组织实施的重点科技成果转化项目，可以由有关部门组织采用公开招标的方式实施转化。有关部门应当对中标单位提供招标时确定的资助或者其他条件。

第十六条 科技成果持有者可以采用下列方式进行科技成果转化：

（一）自行投资实施转化；

（二）向他人转让该科技成果；

（三）许可他人使用该科技成果；

（四）以该科技成果作为合作条件，与他人共同实施转化；

（五）以该科技成果作价投资，折算股份或者出资比例；

（六）其他协商确定的方式。

第十七条 国家鼓励研究开发机构、高等院校采取转让、许可或者作价投资等方式，向企业或者其他组织转移科技成果。

国家设立的研究开发机构、高等院校应当加强对科技成果转化的管理、组织和协调，促进科技成果转化队伍建设，优化科技成果转化流程，通过本单位负责技术转移工作的机构或者委托独立的科技成果转化服务机构开展技术转移。

第十八条 国家设立的研究开发机构、高等院校对其持有的科技成果，可以自主决定转让、许可或者作价投资，但应当通过协议定价、在技术交易市场挂牌交易、拍卖等方式确定价格。通过协议定价的，应当在本单位公示科技成果名称和拟交易价格。

第十九条 国家设立的研究开发机构、高等院校所取得的职务科技成果，完成人和参加人在不变更职务科技成果权属的前提下，可以根据与本单位的协议进行该项科技成果的转化，并享有协议规定的权益。该单位对上述科技成果转化活动应当予以支持。

科技成果完成人或者课题负责人，不得阻碍职务科技成果的转化，不得将职务科技成果及其技术资料和数据占为己有，侵犯单位的合法权益。

第二十条 研究开发机构、高等院校的主管部门以及财政、科学技术等相关行政部门应当建立有利于促进科技成果转化的绩效考核评价体系，将科技成果转化情况作为对相关单位及人员评价、科研资金支持的重要内容和依据之一，并对科技成果转化绩效突出的相关单位及人员加大科研资金支持。

国家设立的研究开发机构、高等院校应当建立符合科技成果转化工作特点的职称评定、岗位管理和考核评价制度，完善收入分配激励约束机制。

第二十一条 国家设立的研究开发机构、高等院校应当向其主管部门提交科技成果转化情况年度报告，说明本单位依法取得的科技成果数量、实施转化情况以及相关收入分配情况，该主管部门应当按照规定将科技成果转化情况年度报告报送财政、科学技术等相关行政部门。

第二十二条 企业为采用新技术、新工艺、新材料和生产新产品，可以自行发布信息或者委托科技中介服务机构征集其所需的科技成果，或者征寻科技成果转化的合作者。

县级以上地方各级人民政府科学技术行政部门和其他有关部门应当根据职责分工，为企业获取所需的科技成果提供帮助和支持。

第二十三条 企业依法有权独立或者与境内外企业、事业单位和其他合作者联合实施科技成果转化。

企业可以通过公平竞争，独立或者与其他单位联合承担政府组织实施的科技研究开发和科技成果转化项目。

第二十四条 对利用财政资金设立的具有市场应用前景、产业目标明确的科技项目，政府有关部门、管理机构应当发挥企业在研究开发方向选择、项目实施和成果应用中的主导作用，鼓励企业、研究开发机构、高等院校及其他组织共同实施。

第二十五条 国家鼓励研究开发机构、高等院校与企业相结合，联合实施科技成果转化。

研究开发机构、高等院校可以参与政府有关部门或者企业实施科技成果转化的招标投标活动。

第二十六条 国家鼓励企业与研究开发机构、高等院校及其他组织采取联合建立研究开发平台、技术转移机构或者技术创新联盟等产学研合作方式，共同开展研究开发、成果应用与推广、标准研究与制定等活动。

合作各方应当签订协议，依法约定合作的组织形式、任务分工、资金投入、知识产权归属、权益分配、风险分担和违约责任等事项。

第二十七条 国家鼓励研究开发机构、高等院校与企业及其他组织开展科技人员交流，根据专业特点、行业领域技术发展需要，聘请企业及其他组织的科技人员兼职从事教学和科研工作，支持本单位的科技人员到企业及其他组织从事科技成果转化活动。

第二十八条 国家支持企业与研究开发机构、高等院校、职业院校及培训机构联合建立学生实习实践培训基地和研究生科研实践工作机构，共同培养专业技术人才和高技能人才。

第二十九条 国家鼓励农业科研机构、农业试验示范单位独立或者与其他单位合作实施农业科技成果转化。

第三十条 国家培育和发展技术市场，鼓励创办科技中介服务机构，为技术交易提供交易场所、信息平台以及信息检索、加工与分析、评估、经纪等服务。

科技中介服务机构提供服务，应当遵循公正、客观的原则，不得提供虚假的信息和证明，对其在服务过程中知悉的国家秘密和当事人的商业秘密负有保密义务。

第三十一条 国家支持根据产业和区域发展需要建设公共研究开发平台，为科技成果转化提供技术集成、共性技术研究开发、中间试验和工业性试验、科技成果系统化和工程化开发、技术推广与示范等服务。

第三十二条 国家支持科技企业孵化器、大学科技园等科技企业孵化机构发展，为初创期科技型中小企业提供孵化场地、创业辅导、研究开发与管理咨询等服务。

第三章　保障措施

第三十三条　科技成果转化财政经费，主要用于科技成果转化的引导资金、贷款贴息、补助资金和风险投资以及其他促进科技成果转化的资金用途。

第三十四条　国家依照有关税收法律、行政法规规定对科技成果转化活动实行税收优惠。

第三十五条　国家鼓励银行业金融机构在组织形式、管理机制、金融产品和服务等方面进行创新，鼓励开展知识产权质押贷款、股权质押贷款等贷款业务，为科技成果转化提供金融支持。

国家鼓励政策性金融机构采取措施，加大对科技成果转化的金融支持。

第三十六条　国家鼓励保险机构开发符合科技成果转化特点的保险品种，为科技成果转化提供保险服务。

第三十七条　国家完善多层次资本市场，支持企业通过股权交易、依法发行股票和债券等直接融资方式为科技成果转化项目进行融资。

第三十八条　国家鼓励创业投资机构投资科技成果转化项目。

国家设立的创业投资引导基金，应当引导和支持创业投资机构投资初创期科技型中小企业。

第三十九条　国家鼓励设立科技成果转化基金或者风险基金，其资金来源由国家、地方、企业、事业单位以及其他组织或者个人提供，用于支持高投入、高风险、高产出的科技成果的转化，加速重大科技成果的产业化。

科技成果转化基金和风险基金的设立及其资金使用，依照国家有关规定执行。

第四章　技术权益

第四十条　科技成果完成单位与其他单位合作进行科技成果转化的，应当依法由合同约定该科技成果有关权益的归属。合同未作约定的，按照下列原则办理：

（一）在合作转化中无新的发明创造的，该科技成果的权益，归该科技成果完成单位；

（二）在合作转化中产生新的发明创造的，该新发明创造的权益归合作各方共有；

（三）对合作转化中产生的科技成果，各方都有实施该项科技成果的权利，转让该科技成果应经合作各方同意。

第四十一条　科技成果完成单位与其他单位合作进行科技成果转化的，合作各方应当就保守技术秘密达成协议；当事人不得违反协议或者违反权利人有关保守技术秘密的要求，披露、允许他人使用该技术。

第四十二条　企业、事业单位应当建立健全技术秘密保护制度，保护本单位的技术秘密。职工应当遵守本单位的技术秘密保护制度。

企业、事业单位可以与参加科技成果转化的有关人员签订在职期间或者离职、离休、退休后一定期限内保守本单位技术秘密的协议；有关人员不得违反协议约定，泄露本单位的技术秘密和从事与原单位相同的科技成果转化活动。

职工不得将职务科技成果擅自转让或者变相转让。

第四十三条　国家设立的研究开发机构、高等院校转化科技成果所获得的收入全部留归本单位,在对完成、转化职务科技成果做出重要贡献的人员给予奖励和报酬后,主要用于科学技术研究开发与成果转化等相关工作。

第四十四条 职务科技成果转化后,由科技成果完成单位对完成、转化该项科技成果做出重要贡献的人员给予奖励和报酬。

科技成果完成单位可以规定或者与科技人员约定奖励和报酬的方式、数额和时限。单位制定相关规定,应当充分听取本单位科技人员的意见,并在本单位公开相关规定。

第四十五条 科技成果完成单位未规定、也未与科技人员约定奖励和报酬的方式和数额的,按照下列标准对完成、转化职务科技成果做出重要贡献的人员给予奖励和报酬:

(一)将该项职务科技成果转让、许可给他人实施的,从该项科技成果转让净收入或者许可净收入中提取不低于百分之五十的比例;

(二)利用该项职务科技成果作价投资的,从该项科技成果形成的股份或者出资比例中提取不低于百分之五十的比例;

(三)将该项职务科技成果自行实施或者与他人合作实施的,应当在实施转化成功投产后连续三至五年,每年从实施该项科技成果的营业利润中提取不低于百分之五的比例。

国家设立的研究开发机构、高等院校规定或者与科技人员约定奖励和报酬的方式和数额应当符合前款第一项至第三项规定的标准。

国有企业、事业单位依照本法规定对完成、转化职务科技成果做出重要贡献的人员给予奖励和报酬的支出计入当年本单位工资总额,但不受当年本单位工资总额限制、不纳入本单位工资总额基数。

第五章 法律责任

第四十六条 利用财政资金设立的科技项目的承担者未依照本法规定提交科技报告、汇交科技成果和相关知识产权信息的,由组织实施项目的政府有关部门、管理机构责令改正;情节严重的,予以通报批评,禁止其在一定期限内承担利用财政资金设立的科技项目。

国家设立的研究开发机构、高等院校未依照本法规定提交科技成果转化情况年度报告的,由其主管部门责令改正;情节严重的,予以通报批评。

第四十七条 违反本法规定,在科技成果转化活动中弄虚作假,采取欺骗手段,骗取奖励和荣誉称号、诈骗钱财、非法牟利的,由政府有关部门依照管理职责责令改正,取消该奖励和荣誉称号,没收违法所得,并处以罚款。给他人造成经济损失的,依法承担民事赔偿责任。构成犯罪的,依法追究刑事责任。

第四十八条 科技服务机构及其从业人员违反本法规定,故意提供虚假的信息、实验结果或者评估意见等欺骗当事人,或者与当事人一方串通欺骗另一方当事人的,由政府有关部门依照管理职责责令改正,没收违法所得,并处以罚款;情节严重的,由工商行政管理部门依法吊销营业执照。给他人造成经济损失的,依法承担民事赔偿责任;构成犯罪的,依法追究刑事责任。

科技中介服务机构及其从业人员违反本法规定泄露国家秘密或者当事人的商业

秘密的，依照有关法律、行政法规的规定承担相应的法律责任。

第四十九条 科学技术行政部门和其他有关部门及其工作人员在科技成果转化中滥用职权、玩忽职守、徇私舞弊的，由任免机关或者监察机关对直接负责的主管人员和其他直接责任人员依法给予处分；构成犯罪的，依法追究刑事责任。

第五十条 违反本法规定，以唆使窃取、利诱胁迫等手段侵占他人的科技成果，侵犯他人合法权益的，依法承担民事赔偿责任，可以处以罚款；构成犯罪的，依法追究刑事责任。

第五十一条 违反本法规定，职工未经单位允许，泄露本单位的技术秘密，或者擅自转让、变相转让职务科技成果的，参加科技成果转化的有关人员违反与本单位的协议，在离职、离休、退休后约定的期限内从事与原单位相同的科技成果转化活动，给本单位造成经济损失的，依法承担民事赔偿责任；构成犯罪的，依法追究刑事责任。

第六章 附 则

第五十二条 本法自1996年10月1日起施行。

中华人民共和国反不正当竞争法

（2019年修正）

（1993年9月2日第八届全国人民代表大会常务委员会第三次会议通过 2017年11月4日第十二届全国人民代表大会常务委员会第三十次会议修订 根据2019年4月23日第十三届全国人民代表大会常务委员会第十次会议《关于修改〈中华人民共和国建筑法〉等八部法律的决定》修正）

目 录

第一章 总 则
第二章 不正当竞争行为
第三章 对涉嫌不正当竞争行为的调查
第四章 法律责任
第五章 附 则

第一章 总 则

第一条 为了促进社会主义市场经济健康发展，鼓励和保护公平竞争，制止不正当竞争行为，保护经营者和消费者的合法权益，制定本法。

第二条 经营者在生产经营活动中，应当遵循自愿、平等、公平、诚信的原则，遵守法律和商业道德。

本法所称的不正当竞争行为，是指经营者在生产经营活动中，违反本法规定，扰乱市场竞争秩序，损害其他经营者或者消费者的合法权益的行为。

本法所称的经营者，是指从事商品生产、经营或者提供服务（以下所称商品包括服务）的自然人、法人和非法人组织。

第三条 各级人民政府应当采取措施，制止不正当竞争行为，为公平竞争创造良好的环境和条件。

国务院建立反不正当竞争工作协调机制，研究决定反不正当竞争重大政策，协调处理维护市场竞争秩序的重大问题。

第四条 县级以上人民政府履行工商行政管理职责的部门对不正当竞争行为进行查处；法律、行政法规规定由其他部门查处的，依照其规定。

第五条 国家鼓励、支持和保护一切组织和个人对不正当竞争行为进行社会监督。

国家机关及其工作人员不得支持、包庇不正当竞争行为。

行业组织应当加强行业自律，引导、规范会员依法竞争，维护市场竞争秩序。

第二章 不正当竞争行为

第六条 经营者不得实施下列混淆行为，引人误认为是他人商品或者与他人存在特定联系：

（一）擅自使用与他人有一定影响的商品名称、包装、装潢等相同或者近似的标识；

（二）擅自使用他人有一定影响的企业名称（包括简称、字号等）、社会组织名称（包括简称等）、姓名（包括笔名、艺名、译名等）；

（三）擅自使用他人有一定影响的域名主体部分、网站名称、网页等；

（四）其他足以引人误认为是他人商品或者与他人存在特定联系的混淆行为。

第七条 经营者不得采用财物或者其他手段贿赂下列单位或者个人，以谋取交易机会或者竞争优势：

（一）交易相对方的工作人员；

（二）受交易相对方委托办理相关事务的单位或者个人；

（三）利用职权或者影响力影响交易的单位或者个人。

经营者在交易活动中，可以以明示方式向交易相对方支付折扣，或者向中间人支付佣金。经营者向交易相对方支付折扣、向中间人支付佣金的，应当如实入账。接受折扣、佣金的经营者也应当如实入账。

经营者的工作人员进行贿赂的，应当认定为经营者的行为；但是，经营者有证据证明该工作人员的行为与为经营者谋取交易机会或者竞争优势无关的除外。

第八条 经营者不得对其商品的性能、功能、质量、销售状况、用户评价、曾获荣誉等作虚假或者引人误解的商业宣传，欺骗、误导消费者。

经营者不得通过组织虚假交易等方式，帮助其他经营者进行虚假或者引人误解的商业宣传。

第九条 经营者不得实施下列侵犯商业秘密的行为：

（一）以盗窃、贿赂、欺诈、胁迫、电子侵入或者其他不正当手段获取权利人的商业秘密；

（二）披露、使用或者允许他人使用以前项手段获取的权利人的商业秘密；

（三）违反保密义务或者违反权利人有关保守商业秘密的要求，披露、使用或者允许他人使用其所掌握的商业秘密；

（四）教唆、引诱、帮助他人违反保密义务或者违反权利人有关保守商业秘密的要求，获取、披露、使用或者允许他人使用权利人的商业秘密。

经营者以外的其他自然人、法人和非法人组织实施前款所列违法行为的，视为侵犯商业秘密。

第三人明知或者应知商业秘密权利人的员工、前员工或者其他单位、个人实施本条第一款所列违法行为，仍获取、披露、使用或者允许他人使用该商业秘密的，视为侵犯商业秘密。

本法所称的商业秘密，是指不为公众所知悉、具有商业价值并经权利人采取相应保密措施的技术信息、经营信息等商业信息。

第十条 经营者进行有奖销售不得存在下列情形：

（一）所设奖的种类、兑奖条件、奖金金额或者奖品等有奖销售信息不明确，影响兑奖；

（二）采用谎称有奖或者故意让内定人员中奖的欺骗方式进行有奖销售；

（三）抽奖式的有奖销售，最高奖的金额超过五万元。

第十一条 经营者不得编造、传播虚假信息或者误导性信息，损害竞争对手的商业信誉、商品声誉。

第十二条 经营者利用网络从事生产经营活动，应当遵守本法的各项规定。

经营者不得利用技术手段，通过影响用户选择或者其他方式，实施下列妨碍、破坏其他经营者合法提供的网络产品或者服务正常运行的行为：

（一）未经其他经营者同意，在其合法提供的网络产品或者服务中，插入链接、强制进行目标跳转；

（二）误导、欺骗、强迫用户修改、关闭、卸载其他经营者合法提供的网络产品或者服务；

（三）恶意对其他经营者合法提供的网络产品或者服务实施不兼容；

（四）其他妨碍、破坏其他经营者合法提供的网络产品或者服务正常运行的行为。

第三章 对涉嫌不正当竞争行为的调查

第十三条 监督检查部门调查涉嫌不正当竞争行为，可以采取下列措施：

（一）进入涉嫌不正当竞争行为的经营场所进行检查；

（二）询问被调查的经营者、利害关系人及其他有关单位、个人，要求其说明有关情况或者提供与被调查行为有关的其他资料；

（三）查询、复制与涉嫌不正当竞争行为有关的协议、账簿、单据、文件、记录、业务函电和其他资料；

（四）查封、扣押与涉嫌不正当竞争行为有关的财物；

（五）查询涉嫌不正当竞争行为的经营者的银行账户。

采取前款规定的措施，应当向监督检查部门主要负责人书面报告，并经批准。采取前款第四项、第五项规定的措施，应当向设区的市级以上人民政府监督检查部门主要负责人书面报告，并经批准。

监督检查部门调查涉嫌不正当竞争行为，应当遵守《中华人民共和国行政强制法》和其他有关法律、行政法规的规定，并应当将查处结果及时向社会公开。

第十四条 监督检查部门调查涉嫌不正当竞争行为，被调查的经营者、利害关系人及其他有关单位、个人应当如实提供有关资料或者情况。

第十五条 监督检查部门及其工作人员对调查过程中知悉的商业秘密负有保密义务。

第十六条 对涉嫌不正当竞争行为，任何单位和个人有权向监督检查部门举报，监督检查部门接到举报后应当依法及时处理。

监督检查部门应当向社会公开受理举报的电话、信箱或者电子邮件地址，并为举报人保密。对实名举报并提供相关事实和证据的，监督检查部门应当将处理结果告知举报人。

第四章 法律责任

第十七条 经营者违反本法规定，给他人造成损害的，应当依法承担民事责任。

经营者的合法权益受到不正当竞争行为损害的，可以向人民法院提起诉讼。

因不正当竞争行为受到损害的经营者的赔偿数额，按照其因被侵权所受到的实际损失确定；实际损失难以计算的，按照侵权人因侵权所获得的利益确定。经营者恶意实施侵犯商业秘密行为，情节严重的，可以在按照上述方法确定数额的一倍以上五倍以下确定赔偿数额。赔偿数额还应当包括经营者为制止侵权行为所支付的合理开支。

经营者违反本法第六条、第九条规定，权利人因被侵权所受到的实际损失、侵权人因侵权所获得的利益难以确定的，由人民法院根据侵权行为的情节判决给予权利人五百万元以下的赔偿。

第十八条 经营者违反本法第六条规定实施混淆行为的，由监督检查部门责令停止违法行为，没收违法商品。违法经营额五万元以上的，可以并处违法经营额五倍以下的罚款；没有违法经营额或者违法经营额不足五万元的，可以并处二十五万元以下的罚款。情节严重的，吊销营业执照。

经营者登记的企业名称违反本法第六条规定的，应当及时办理名称变更登记；名称变更前，由原企业登记机关以统一社会信用代码代替其名称。

第十九条 经营者违反本法第七条规定贿赂他人的，由监督检查部门没收违法所得，处十万元以上三百万元以下的罚款。情节严重的，吊销营业执照。

第二十条 经营者违反本法第八条规定对其商品作虚假或者引人误解的商业宣传，或者通过组织虚假交易等方式帮助其他经营者进行虚假或者引人误解的商业宣传的，由监督检查部门责令停止违法行为，处二十万元以上一百万元以下的罚款；情节严重的，处一百万元以上二百万元以下的罚款，可以吊销营业执照。

经营者违反本法第八条规定，属于发布虚假广告的，依照《中华人民共和国广告法》的规定处罚。

第二十一条 经营者以及其他自然人、法人和非法人组织违反本法第九条规定侵犯商业秘密的，由监督检查部门责令停止违法行为，没收违法所得，处十万元以上一百万元以下的罚款；情节严重的，处五十万元以上五百万元以下的罚款。

第二十二条 经营者违反本法第十条规定进行有奖销售的，由监督检查部门责令停止违法行为，处五万元以上五十万元以下的罚款。

第二十三条 经营者违反本法第十一条规定损害竞争对手商业信誉、商品声誉的，由监督检查部门责令停止违法行为、消除影响，处十万元以上五十万元以下的罚款；情节严重的，处五十万元以上三百万元以下的罚款。

第二十四条 经营者违反本法第十二条规定妨碍、破坏其他经营者合法提供的网络产品或者服务正常运行的，由监督检查部门责令停止违法行为，处十万元以上五十万元以下的罚款；情节严重的，处五十万元以上三百万元以下的罚款。

第二十五条 经营者违反本法规定从事不正当竞争，有主动消除或者减轻违法行为危害后果等法定情形的，依法从轻或者减轻行政处罚；违法行为轻微并及时纠正，没有造成危害后果的，不予行政处罚。

第二十六条 经营者违反本法规定从事不正当竞争，受到行政处罚的，由监督检查部门记入信用记录，并依照有关法律、行政法规的规定予以公示。

第二十七条 经营者违反本法规定，应当承担民事责任、行政责任和刑事责任,其财产不足以支付的,优先用于承担民事责任。

第二十八条 妨害监督检查部门依照本法履行职责,拒绝、阻碍调查的,由监督检查部门责令改正,对个人可以处五千元以下的罚款,对单位可以处五万元以下的罚款,并可以由公安机关依法给予治安管理处罚。

第二十九条 当事人对监督检查部门作出的决定不服的,可以依法申请行政复议或者提起行政诉讼。

第三十条 监督检查部门的工作人员滥用职权、玩忽职守、徇私舞弊或者泄露调查过程中知悉的商业秘密的,依法给予处分。

第三十一条 违反本法规定,构成犯罪的,依法追究刑事责任。

第三十二条 在侵犯商业秘密的民事审判程序中,商业秘密权利人提供初步证据,证明其已经对所主张的商业秘密采取保密措施,且合理表明商业秘密被侵犯,涉嫌侵权人应当证明权利人所主张的商业秘密不属于本法规定的商业秘密。

商业秘密权利人提供初步证据合理表明商业秘密被侵犯,且提供以下证据之一的,涉嫌侵权人应当证明其不存在侵犯商业秘密的行为:

(一)有证据表明涉嫌侵权人有渠道或者机会获取商业秘密,且其使用的信息与该商业秘密实质上相同;

(二)有证据表明商业秘密已经被涉嫌侵权人披露、使用或者有被披露、使用的风险;

(三)有其他证据表明商业秘密被涉嫌侵权人侵犯。

第五章 附 则

第三十三条 本法自 2018 年 1 月 1 日起施行。

中华人民共和国专利法

（2020年修正）

（1984年3月12日第六届全国人民代表大会常务委员会第四次会议通过　根据1992年9月4日第七届全国人民代表大会常务委员会第二十七次会议《关于修改〈中华人民共和国专利法〉的决定》第一次修正　根据2000年8月25日第九届全国人民代表大会常务委员会第十七次会议《关于修改〈中华人民共和国专利法〉的决定》第二次修正　根据2008年12月27日第十一届全国人民代表大会常务委员会第六次会议《关于修改〈中华人民共和国专利法〉的决定》第三次修正　根据2020年10月17日第十三届全国人民代表大会常务委员会第二十二次会议《关于修改〈中华人民共和国专利法〉的决定》第四次修正）

目　录

第一章　总　则
第二章　授予专利权的条件
第三章　专利的申请
第四章　专利申请的审查和批准
第五章　专利权的期限、终止和无效
第六章　专利实施的特别许可
第七章　专利权的保护
第八章　附　则

第一章　总　则

第一条　为了保护专利权人的合法权益，鼓励发明创造，推动发明创造的应用，提高创新能力，促进科学技术进步和经济社会发展，制定本法。

第二条　本法所称的发明创造是指发明、实用新型和外观设计。

发明，是指对产品、方法或者其改进所提出的新的技术方案。

实用新型，是指对产品的形状、构造或者其结合所提出的适于实用的新的技术方案。

外观设计，是指对产品的整体或者局部的形状、图案或者其结合以及色彩与形状、图案的结合所作出的富有美感并适于工业应用的新设计。

第三条　国务院专利行政部门负责管理全国的专利工作；统一受理和审查专利申请，依法授予专利权。

省、自治区、直辖市人民政府管理专利工作的部门负责本行政区域内的专利管理工作。

第四条　申请专利的发明创造涉及国家安全或者重大利益需要保密的，按照国家有关规定办理。

第五条　对违反法律、社会公德或者妨害公共利益的发明创造，不授予专利权。

对违反法律、行政法规的规定获取或者利用遗传资源，并依赖该遗传资源完成的发明创造，不授予专利权。

第六条 执行本单位的任务或者主要是利用本单位的物质技术条件所完成的发明创造为职务发明创造。职务发明创造申请专利的权利属于该单位，申请被批准后，该单位为专利权人。该单位可以依法处置其职务发明创造申请专利的权利和专利权，促进相关发明创造的实施和运用。

非职务发明创造，申请专利的权利属于发明人或者设计人；申请被批准后，该发明人或者设计人为专利权人。

利用本单位的物质技术条件所完成的发明创造，单位与发明人或者设计人订有合同，对申请专利的权利和专利权的归属作出约定的，从其约定。

第七条 对发明人或者设计人的非职务发明创造专利申请，任何单位或者个人不得压制。

第八条 两个以上单位或者个人合作完成的发明创造、一个单位或者个人接受其他单位或者个人委托所完成的发明创造，除另有协议的以外，申请专利的权利属于完成或者共同完成的单位或者个人；申请被批准后，申请的单位或者个人为专利权人。

第九条 同样的发明创造只能授予一项专利权。但是，同一申请人同日对同样的发明创造既申请实用新型专利又申请发明专利，先获得的实用新型专利权尚未终止，且申请人声明放弃该实用新型专利权的，可以授予发明专利权。

两个以上的申请人分别就同样的发明创造申请专利的，专利权授予最先申请的人。

第十条 专利申请权和专利权可以转让。

中国单位或者个人向外国人、外国企业或者外国其他组织转让专利申请权或者专利权的，应当依照有关法律、行政法规的规定办理手续。

转让专利申请权或者专利权的，当事人应当订立书面合同，并向国务院专利行政部门登记，由国务院专利行政部门予以公告。专利申请权或者专利权的转让自登记之日起生效。

第十一条 发明和实用新型专利权被授予后，除本法另有规定的以外，任何单位或者个人未经专利权人许可，都不得实施其专利，即不得为生产经营目的制造、使用、许诺销售、销售、进口其专利产品，或者使用其专利方法以及使用、许诺销售、销售、进口依照该专利方法直接获得的产品。

外观设计专利权被授予后，任何单位或者个人未经专利权人许可，都不得实施其专利，即不得为生产经营目的制造、许诺销售、销售、进口其外观设计专利产品。

第十二条 任何单位或者个人实施他人专利的，应当与专利权人订立实施许可合同，向专利权人支付专利使用费。被许可人无权允许合同规定以外的任何单位或者个人实施该专利。

第十三条 发明专利申请公布后，申请人可以要求实施其发明的单位或者个人支付适当的费用。

第十四条 专利申请权或者专利权的共有人对权利的行使有约定的，从其约定。没有约定的，共有人可以单独实施或者以普通许可方式许可他人实施该专利；许可他人实施该专利的，收取的使用费应当在共有人之间分配。

除前款规定的情形外，行使共有的专利申请权或者专利权应当取得全体共有人的同意。

第十五条 被授予专利权的单位应当对职务发明创造的发明人或者设计人给予奖励；发明创造专利实施后，根据其推广应用的范围和取得的经济效益，对发明人或者设计人给予合理的报酬。

国家鼓励被授予专利权的单位实行产权激励，采取股权、期权、分红等方式，使发明人或者设计人合理分享创新收益。

第十六条 发明人或者设计人有权在专利文件中写明自己是发明人或者设计人。

专利权人有权在其专利产品或者该产品的包装上标明专利标识。

第十七条 在中国没有经常居所或者营业所的外国人、外国企业或者外国其他组织在中国申请专利的，依照其所属国同中国签订的协议或者共同参加的国际条约，或者依照互惠原则，根据本法办理。

第十八条 在中国没有经常居所或者营业所的外国人、外国企业或者外国其他组织在中国申请专利和办理其他专利事务的，应当委托依法设立的专利代理机构办理。

中国单位或者个人在国内申请专利和办理其他专利事务的，可以委托依法设立的专利代理机构办理。

专利代理机构应当遵守法律、行政法规，按照被代理人的委托办理专利申请或者其他专利事务；对被代理人发明创造的内容，除专利申请已经公布或者公告的以外，负有保密责任。专利代理机构的具体管理办法由国务院规定。

第十九条 任何单位或者个人将在中国完成的发明或者实用新型向外国申请专利的，应当事先报经国务院专利行政部门进行保密审查。保密审查的程序、期限等按照国务院的规定执行。

中国单位或者个人可以根据中华人民共和国参加的有关国际条约提出专利国际申请。申请人提出专利国际申请的，应当遵守前款规定。

国务院专利行政部门依照中华人民共和国参加的有关国际条约、本法和国务院有关规定处理专利国际申请。

对违反本条第一款规定向外国申请专利的发明或者实用新型，在中国申请专利的，不授予专利权。

第二十条 申请专利和行使专利权应当遵循诚实信用原则。不得滥用专利权损害公共利益或者他人合法权益。

滥用专利权，排除或者限制竞争，构成垄断行为的，依照《中华人民共和国反垄断法》处理。

第二十一条 国务院专利行政部门应当按照客观、公正、准确、及时的要求，依法处理有关专利的申请和请求。

国务院专利行政部门应当加强专利信息公共服务体系建设，完整、准确、及时发布专利信息，提供专利基础数据，定期出版专利公报，促进专利信息传播与利用。

在专利申请公布或者公告前，国务院专利行政部门的工作人员及有关人员对其内容负有保密责任。

第二章 授予专利权的条件

第二十二条 授予专利权的发明和

实用新型，应当具备新颖性、创造性和实用性。

新颖性，是指该发明或者实用新型不属于现有技术；也没有任何单位或者个人就同样的发明或者实用新型在申请日以前向国务院专利行政部门提出过申请，并记载在申请日以后公布的专利申请文件或者公告的专利文件中。

创造性，是指与现有技术相比，该发明具有突出的实质性特点和显著的进步，该实用新型具有实质性特点和进步。

实用性，是指该发明或者实用新型能够制造或者使用，并且能够产生积极效果。

本法所称现有技术，是指申请日以前在国内外为公众所知的技术。

第二十三条 授予专利权的外观设计，应当不属于现有设计；也没有任何单位或者个人就同样的外观设计在申请日以前向国务院专利行政部门提出过申请，并记载在申请日以后公告的专利文件中。

授予专利权的外观设计与现有设计或者现有设计特征的组合相比，应当具有明显区别。

授予专利权的外观设计不得与他人在申请日以前已经取得的合法权利相冲突。

本法所称现有设计，是指申请日以前在国内外为公众所知的设计。

第二十四条 申请专利的发明创造在申请日以前六个月内，有下列情形之一的，不丧失新颖性：

（一）在国家出现紧急状态或者非常情况时，为公共利益目的首次公开的；

（二）在中国政府主办或者承认的国际展览会上首次展出的；

（三）在规定的学术会议或者技术会议上首次发表的；

（四）他人未经申请人同意而泄露其内容的。

第二十五条 对下列各项，不授予专利权：

（一）科学发现；

（二）智力活动的规则和方法；

（三）疾病的诊断和治疗方法；

（四）动物和植物品种；

（五）原子核变换方法以及用原子核变换方法获得的物质；

（六）对平面印刷品的图案、色彩或者二者的结合作出的主要起标识作用的设计。

对前款第（四）项所列产品的生产方法，可以依照本法规定授予专利权。

第三章 专利的申请

第二十六条 申请发明或者实用新型专利的，应当提交请求书、说明书及其摘要和权利要求书等文件。

请求书应当写明发明或者实用新型的名称，发明人的姓名，申请人姓名或者名称、地址，以及其他事项。

说明书应当对发明或者实用新型作出清楚、完整的说明，以所属技术领域的技术人员能够实现为准；必要的时候，应当有附图。摘要应当简要说明发明或者实用新型的技术要点。

权利要求书应当以说明书为依据，清楚、简要地限定要求专利保护的范围。

依赖遗传资源完成的发明创造，申请人应当在专利申请文件中说明该遗传资源的直接来源和原始来源；申请人无法说明原始来源的，应当陈述理由。

第二十七条 申请外观设计专利的，

应当提交请求书、该外观设计的图片或者照片以及对该外观设计的简要说明等文件。

申请人提交的有关图片或者照片应当清楚地显示要求专利保护的产品的外观设计。

第二十八条 国务院专利行政部门收到专利申请文件之日为申请日。如果申请文件是邮寄的，以寄出的邮戳日为申请日。

第二十九条 申请人自发明或者实用新型在外国第一次提出专利申请之日起十二个月内，或者自外观设计在外国第一次提出专利申请之日起六个月内，又在中国就相同主题提出专利申请的，依照该外国同中国签订的协议或者共同参加的国际条约，或者依照相互承认优先权的原则，可以享有优先权。

申请人自发明或者实用新型在中国第一次提出专利申请之日起十二个月内，或者自外观设计在中国第一次提出专利申请之日起六个月内，又向国务院专利行政部门就相同主题提出专利申请的，可以享有优先权。

第三十条 申请人要求发明、实用新型专利优先权的，应当在申请的时候提出书面声明，并且在第一次提出申请之日起十六个月内，提交第一次提出的专利申请文件的副本。

申请人要求外观设计专利优先权的，应当在申请的时候提出书面声明，并且在三个月内提交第一次提出的专利申请文件的副本。

申请人未提出书面声明或者逾期未提交专利申请文件副本的，视为未要求优先权。

第三十一条 一件发明或者实用新型专利申请应当限于一项发明或者实用新型。属于一个总的发明构思的两项以上的发明或者实用新型，可以作为一件申请提出。

一件外观设计专利申请应当限于一项外观设计。同一产品两项以上的相似外观设计，或者用于同一类别并且成套出售或者使用的产品的两项以上外观设计，可以作为一件申请提出。

第三十二条 申请人可以在被授予专利权之前随时撤回其专利申请。

第三十三条 申请人可以对其专利申请文件进行修改，但是，对发明和实用新型专利申请文件的修改不得超出原说明书和权利要求书记载的范围，对外观设计专利申请文件的修改不得超出原图片或者照片表示的范围。

第四章 专利申请的审查和批准

第三十四条 国务院专利行政部门收到发明专利申请后，经初步审查认为符合本法要求的，自申请日起满十八个月，即行公布。国务院专利行政部门可以根据申请人的请求早日公布其申请。

第三十五条 发明专利申请自申请日起三年内，国务院专利行政部门可以根据申请人随时提出的请求，对其申请进行实质审查；申请人无正当理由逾期不请求实质审查的，该申请即被视为撤回。

国务院专利行政部门认为必要的时候，可以自行对发明专利申请进行实质审查。

第三十六条 发明专利的申请人请求实质审查的时候，应当提交在申请日前与其发明有关的参考资料。

发明专利已经在外国提出过申请的，国务院专利行政部门可以要求申请人在指定期限内提交该国为审查其申请进行检索的资料或者审查结果的资料；无正当理由逾期不提交的，该申请即被视为撤回。

第三十七条 国务院专利行政部门对发明专利申请进行实质审查后，认为不符合本法规定的，应当通知申请人，要求其在指定的期限内陈述意见，或者对其申请进行修改；无正当理由逾期不答复的，该申请即被视为撤回。

第三十八条 发明专利申请经申请人陈述意见或者进行修改后，国务院专利行政部门仍然认为不符合本法规定的，应当予以驳回。

第三十九条 发明专利申请经实质审查没有发现驳回理由的，由国务院专利行政部门作出授予发明专利权的决定，发给发明专利证书，同时予以登记和公告。发明专利权自公告之日起生效。

第四十条 实用新型和外观设计专利申请经初步审查没有发现驳回理由的，由国务院专利行政部门作出授予实用新型专利权或者外观设计专利权的决定，发给相应的专利证书，同时予以登记和公告。实用新型专利权和外观设计专利权自公告之日起生效。

第四十一条 专利申请人对国务院专利行政部门驳回申请的决定不服的，可以自收到通知之日起三个月内向国务院专利行政部门请求复审。国务院专利行政部门复审后，作出决定，并通知专利申请人。

专利申请人对国务院专利行政部门的复审决定不服的，可以自收到通知之日起三个月内向人民法院起诉。

第五章 专利权的期限、终止和无效

第四十二条 发明专利权的期限为二十年，实用新型专利权的期限为十年，外观设计专利权的期限为十五年，均自申请日起计算。

自发明专利申请日起满四年，且自实质审查请求之日起满三年后授予发明专利权的，国务院专利行政部门应专利权人的请求，就发明专利在授权过程中的不合理延迟给予专利权期限补偿，但由申请人引起的不合理延迟除外。

为补偿新药上市审评审批占用的时间，对在中国获得上市许可的新药相关发明专利，国务院专利行政部门应专利权人的请求给予专利权期限补偿。补偿期限不超过五年，新药批准上市后总有效专利权期限不超过十四年。

第四十三条 专利权人应当自被授予专利权的当年开始缴纳年费。

第四十四条 有下列情形之一的，专利权在期限届满前终止：

（一）没有按照规定缴纳年费的；

（二）专利权人以书面声明放弃其专利权的。

专利权在期限届满前终止的，由国务院专利行政部门登记和公告。

第四十五条 自国务院专利行政部门公告授予专利权之日起，任何单位或者个人认为该专利权的授予不符合本法有关规定的，可以请求国务院专利行政部门宣告该专利权无效。

第四十六条 国务院专利行政部门对宣告专利权无效的请求应当及时审查和作出决定，并通知请求人和专利权人。宣告专利权无效的决定，由国务院专利行政部门登记和公告。

对国务院专利行政部门宣告专利权无效或者维持专利权的决定不服的，可以自收到通知之日起三个月内向人民法院起诉。人民法院应当通知无效宣告请求程序的对方当事人作为第三人参加诉讼。

第四十七条 宣告无效的专利权视为自始即不存在。

宣告专利权无效的决定，对在宣告专利权无效前人民法院作出并已执行的专利侵权的判决、调解书，已经履行或者强制执行的专利侵权纠纷处理决定，以及已经履行的专利实施许可合同和专利权转让合同，不具有追溯力。但是因专利权人的恶意给他人造成的损失，应当给予赔偿。

依照前款规定不返还专利侵权赔偿金、专利使用费、专利权转让费，明显违反公平原则的，应当全部或者部分返还。

第六章 专利实施的特别许可

第四十八条 国务院专利行政部门、地方人民政府管理专利工作的部门应当会同同级相关部门采取措施，加强专利公共服务，促进专利实施和运用。

第四十九条 国有企业事业单位的发明专利，对国家利益或者公共利益具有重大意义的，国务院有关主管部门和省、自治区、直辖市人民政府报经国务院批准，可以决定在批准的范围内推广应用，允许指定的单位实施，由实施单位按照国家规定向专利权人支付使用费。

第五十条 专利权人自愿以书面方式向国务院专利行政部门声明愿意许可任何单位或者个人实施其专利，并明确许可使用费支付方式、标准的，由国务院专利行政部门予以公告，实行开放许可。就实用新型、外观设计专利提出开放许可声明的，应当提供专利权评价报告。

专利权人撤回开放许可声明的，应当以书面方式提出，并由国务院专利行政部门予以公告。开放许可声明被公告撤回的，不影响在先给予的开放许可的效力。

第五十一条 任何单位或者个人有意愿实施开放许可的专利的，以书面方式通知专利权人，并依照公告的许可使用费支付方式、标准支付许可使用费后，即获得专利实施许可。

开放许可实施期间，对专利权人缴纳专利年费相应给予减免。

实行开放许可的专利权人可以与被许可人就许可使用费进行协商后给予普通许可，但不得就该专利给予独占或者排他许可。

第五十二条 当事人就实施开放许可发生纠纷的，由当事人协商解决；不愿协商或者协商不成的，可以请求国务院专利行政部门进行调解，也可以向人民法院起诉。

第五十三条 有下列情形之一的，国务院专利行政部门根据具备实施条件的单位或者个人的申请，可以给予实施发明专利或者实用新型专利的强制许可：

（一）专利权人自专利权被授予之日起满三年，且自提出专利申请之日起满四年，无正当理由未实施或者未充分实施其专利的；

（二）专利权人行使专利权的行为被依法认定为垄断行为，为消除或者减少该行为对竞争产生的不利影响的。

第五十四条 在国家出现紧急状态或者非常情况时，或者为了公共利益的目的，国务院专利行政部门可以给予实施发明专利或者实用新型专利的强制许可。

第五十五条 为了公共健康目的，对取得专利权的药品，国务院专利行政部门可以给予制造并将其出口到符合中华人民共和国参加的有关国际条约规定的国家或者地区的强制许可。

第五十六条 一项取得专利权的发明或者实用新型比前已经取得专利权的发明或者实用新型具有显著经济意义的重大技术进步，其实施又有赖于前一发明或者实用新型的实施的，国务院专利行政部门根据后一专利权人的申请，可以给予实施前一发明或者实用新型的强制许可。

在依照前款规定给予实施强制许可的情形下，国务院专利行政部门根据前一专利权人的申请，也可以给予实施后一发明或者实用新型的强制许可。

第五十七条 强制许可涉及的发明创造为半导体技术的，其实施限于公共利益的目的和本法第五十三条第（二）项规定的情形。

第五十八条 除依照本法第五十三条第（二）项、第五十五条规定给予的强制许可外，强制许可的实施应当主要为了供应国内市场。

第五十九条 依照本法第五十三条第（一）项、第五十六条规定申请强制许可的单位或者个人应当提供证据，证明其以合理的条件请求专利权人许可其实施专利，但未能在合理的时间内获得许可。

第六十条 国务院专利行政部门作出的给予实施强制许可的决定，应当及时通知专利权人，并予以登记和公告。

给予实施强制许可的决定，应当根据强制许可的理由规定实施的范围和时间。强制许可的理由消除并不再发生时，国务院专利行政部门应当根据专利权人的请求，经审查后作出终止实施强制许可的决定。

第六十一条 取得实施强制许可的单位或者个人不享有独占的实施权，并且无权允许他人实施。

第六十二条 取得实施强制许可的单位或者个人应当付给专利权人合理的使用费，或者依照中华人民共和国参加的有关国际条约的规定处理使用费问题。付给使用费的，其数额由双方协商；双方不能达成协议的，由国务院专利行政部门裁决。

第六十三条 专利权人对国务院专利行政部门关于实施强制许可的决定不服的，专利权人和取得实施强制许可的单位或者个人对国务院专利行政部门关于实施强制许可的使用费的裁决不服的，可以自收到通知之日起三个月内向人民法院起诉。

第七章　专利权的保护

第六十四条 发明或者实用新型专利权的保护范围以其权利要求的内容为准，说明书及附图可以用于解释权利要求的内容。

外观设计专利权的保护范围以表示在图片或者照片中的该产品的外观设计为准，简要说明可以用于解释图片或者照片所表示的该产品的外观设计。

第六十五条 未经专利权人许可，实施其专利，即侵犯其专利权，引起纠纷的，由当事人协商解决；不愿协商或者协商不成的，专利权人或者利害关系人可以向人民法院起诉，也可以请求管理专利工作的部门处理。管理专利工作的部门处理时，认定侵权行为成立的，可以责令侵权人立即停止侵权行为，当事人不服的，可以自收到处理通知之日起十五日内依照《中华人民共和国行政诉讼法》向人民法院起诉；侵权人期满不起诉又不停止侵权行为的，管理专利工作的部门可以申请人民法院强制执行。进行处理的管理专利工作的部门应当事人的请求，可以就侵犯专利权的赔偿数额进行调解；调解不成的，当事人可以依照《中华人民共和国民事诉讼法》向人民法院起诉。

第六十六条 专利侵权纠纷涉及新产品制造方法的发明专利的，制造同样产品的单位或者个人应当提供其产品制造方法不同于专利方法的证明。

专利侵权纠纷涉及实用新型专利或者外观设计专利的，人民法院或者管理专利工作的部门可以要求专利权人或者利害关系人出具由国务院专利行政部门对相关实用新型或者外观设计进行检索、分析和评价后作出的专利权评价报告，作为审理、处理专利侵权纠纷的证据；专利权人、利害关系人或者被控侵权人也可以主动出具专利权评价报告。

第六十七条 在专利侵权纠纷中，被控侵权人有证据证明其实施的技术或者设计属于现有技术或者现有设计的，不构成侵犯专利权。

第六十八条 假冒专利的，除依法承担民事责任外，由负责专利执法的部门责令改正并予公告，没收违法所得，可以处违法所得五倍以下的罚款；没有违法所得或者违法所得在五万元以下的，可以处二十五万元以下的罚款；构成犯罪的，依法追究刑事责任。

第六十九条 负责专利执法的部门根据已经取得的证据，对涉嫌假冒专利行为进行查处时，有权采取下列措施：

（一）询问有关当事人，调查与涉嫌违法行为有关的情况；

（二）对当事人涉嫌违法行为的场所实施现场检查；

（三）查阅、复制与涉嫌违法行为有关的合同、发票、账簿以及其他有关资料；

（四）检查与涉嫌违法行为有关的产品；

（五）对有证据证明是假冒专利的产品，可以查封或者扣押。

管理专利工作的部门应专利权人或者利害关系人的请求处理专利侵权纠纷时，可以采取前款第（一）项、第（二）项、第（四）项所列措施。

负责专利执法的部门、管理专利工作的部门依法行使前两款规定的职权时，当事人应当予以协助、配合，不得拒绝、阻挠。

第七十条 国务院专利行政部门可以应专利权人或者利害关系人的请求处理在全国有重大影响的专利侵权纠纷。

地方人民政府管理专利工作的部门应专利权人或者利害关系人请求处理专利侵权纠纷，对在本行政区域内侵犯其同一专利权的案件可以合并处理；对跨区域侵犯其同一专利权的案件可以请求上级地方人民政府管理专利工作的部门处理。

第七十一条 侵犯专利权的赔偿数额按照权利人因被侵权所受到的实际损失或者侵权人因侵权所获得的利益确定；权利人的损失或者侵权人获得的利益难以确定的，参照该专利许可使用费的倍数合理确定。对故意侵犯专利权，情节严重的，可以在按照上述方法确定数额的一倍以上五倍以下确定赔偿数额。

权利人的损失、侵权人获得的利益和专利许可使用费均难以确定的,人民法院可以根据专利权的类型、侵权行为的性质和情节等因素,确定给予三万元以上五百万元以下的赔偿。

赔偿数额还应当包括权利人为制止侵权行为所支付的合理开支。

人民法院为确定赔偿数额,在权利人已经尽力举证,而与侵权行为相关的账簿、资料主要由侵权人掌握的情况下,可以责令侵权人提供与侵权行为相关的账簿、资料;侵权人不提供或者提供虚假的账簿、资料的,人民法院可以参考权利人的主张和提供的证据判定赔偿数额。

第七十二条 专利权人或者利害关系人有证据证明他人正在实施或者即将实施侵犯专利权、妨碍其实现权利的行为,如不及时制止将会使其合法权益受到难以弥补的损害的,可以在起诉前依法向人民法院申请采取财产保全、责令作出一定行为或者禁止作出一定行为的措施。

第七十三条 为了制止专利侵权行为,在证据可能灭失或者以后难以取得的情况下,专利权人或者利害关系人可以在起诉前依法向人民法院申请保全证据。

第七十四条 侵犯专利权的诉讼时效为三年,自专利权人或者利害关系人知道或者应当知道侵权行为以及侵权人之日起计算。

发明专利申请公布后至专利权授予前使用该发明未支付适当使用费的,专利权人要求支付使用费的诉讼时效为三年,自专利权人知道或者应当知道他人使用其发明之日起计算,但是,专利权人于专利权授予之日前即已知道或者应当知道的,自专利权授予之日起计算。

第七十五条 有下列情形之一的,不视为侵犯专利权:

(一)专利产品或者依照专利方法直接获得的产品,由专利权人或者经其许可的单位、个人售出后,使用、许诺销售、销售、进口该产品的;

(二)在专利申请日前已经制造相同产品、使用相同方法或者已经作好制造、使用的必要准备,并且仅在原有范围内继续制造、使用的;

(三)临时通过中国领陆、领水、领空的外国运输工具,依照其所属国同中国签订的协议或者共同参加的国际条约,或者依照互惠原则,为运输工具自身需要而在其装置和设备中使用有关专利的;

(四)专为科学研究和实验而使用有关专利的;

(五)为提供行政审批所需要的信息,制造、使用、进口专利药品或者专利医疗器械的,以及专门为其制造、进口专利药品或者专利医疗器械的。

第七十六条 药品上市审评审批过程中,药品上市许可申请人与有关专利权人或者利害关系人,因申请注册的药品相关的专利权产生纠纷的,相关当事人可以向人民法院起诉,请求就申请注册的药品相关技术方案是否落入他人药品专利权保护范围作出判决。国务院药品监督管理部门在规定的期限内,可以根据人民法院生效裁判作出是否暂停批准相关药品上市的决定。

药品上市许可申请人与有关专利权人或者利害关系人也可以就申请注册的药品相关的专利权纠纷,向国务院专利行政部门请求行政裁决。

国务院药品监督管理部门会同国务院专利行政部门制定药品上市许可审批与药品上市许可申请阶段专利权纠纷解决的具体衔接办法，报国务院同意后实施。

第七十七条 为生产经营目的使用、许诺销售或者销售不知道是未经专利权人许可而制造并售出的专利侵权产品，能证明该产品合法来源的，不承担赔偿责任。

第七十八条 违反本法第十九条规定向外国申请专利，泄露国家秘密的，由所在单位或者上级主管机关给予行政处分；构成犯罪的，依法追究刑事责任。

第七十九条 管理专利工作的部门不得参与向社会推荐专利产品等经营活动。

管理专利工作的部门违反前款规定的，由其上级机关或者监察机关责令改正，消除影响，有违法收入的予以没收；情节严重的，对直接负责的主管人员和其他直接责任人员依法给予处分。

第八十条 从事专利管理工作的国家机关工作人员以及其他有关国家机关工作人员玩忽职守、滥用职权、徇私舞弊，构成犯罪的，依法追究刑事责任；尚不构成犯罪的，依法给予处分。

第八章 附 则

第八十一条 向国务院专利行政部门申请专利和办理其他手续，应当按照规定缴纳费用。

第八十二条 本法自1985年4月1日起施行。

中华人民共和国专利法实施细则

（2010年修订）

（2001年6月15日中华人民共和国国务院令第306号公布　根据2002年12月28日《国务院关于修改〈中华人民共和国专利法实施细则〉的决定》第一次修订　根据2010年1月9日《国务院关于修改〈中华人民共和国专利法实施细则〉的决定》第二次修订）

第一章　总　则

第一条　根据《中华人民共和国专利法》（以下简称专利法），制定本细则。

第二条　专利法和本细则规定的各种手续，应当以书面形式或者国务院专利行政部门规定的其他形式办理。

第三条　依照专利法和本细则规定提交的各种文件应当使用中文；国家有统一规定的科技术语的，应当采用规范词；外国人名、地名和科技术语没有统一中文译文的，应当注明原文。

依照专利法和本细则规定提交的各种证件和证明文件是外文的，国务院专利行政部门认为必要时，可以要求当事人在指定期限内附送中文译文；期满未附送的，视为未提交该证件和证明文件。

第四条　向国务院专利行政部门邮寄的各种文件，以寄出的邮戳日为递交日；邮戳日不清晰的，除当事人能够提出证明外，以国务院专利行政部门收到日为递交日。

国务院专利行政部门的各种文件，可以通过邮寄、直接送交或者其他方式送达当事人。当事人委托专利代理机构的，文件送交专利代理机构；未委托专利代理机构的，文件送交请求书中指明的联系人。

国务院专利行政部门邮寄的各种文件，自文件发出之日起满15日，推定为当事人收到文件之日。

根据国务院专利行政部门规定应当直接送交的文件，以交付日为送达日。

文件送交地址不清，无法邮寄的，可以通过公告的方式送达当事人。自公告之日起满1个月，该文件视为已经送达。

第五条　专利法和本细则规定的各种期限的第一日不计算在期限内。期限以年或者月计算的，以其最后一月的相应日为期限届满日；该月无相应日的，以该月最后一日为期限届满日；期限届满日是法定休假日的，以休假日后的第一个工作日为期限届满日。

第六条　当事人因不可抗拒的事由而延误专利法或者本细则规定的期限或者国务院专利行政部门指定的期限，导致其权利丧失的，自障碍消除之日起2个月内，最迟自期限届满之日起2年内，可以向国务院专利行政部门请求恢复权利。

除前款规定的情形外，当事人因其他正当理由延误专利法或者本细则规定的期限或者国务院专利行政部门指定的期限，导致其权利丧失的，可以自收到国务院专利行政部门的通知之日起 2 个月内向国务院专利行政部门请求恢复权利。

当事人依照本条第一款或者第二款的规定请求恢复权利的，应当提交恢复权利请求书，说明理由，必要时附具有关证明文件，并办理权利丧失前应当办理的相应手续；依照本条第二款的规定请求恢复权利的，还应当缴纳恢复权利请求费。

当事人请求延长国务院专利行政部门指定的期限的，应当在期限届满前，向国务院专利行政部门说明理由并办理有关手续。

本条第一款和第二款的规定不适用专利法第二十四条、第二十九条、第四十二条、第六十八条规定的期限。

第七条 专利申请涉及国防利益需要保密的，由国防专利机构受理并进行审查；国务院专利行政部门受理的专利申请涉及国防利益需要保密的，应当及时移交国防专利机构进行审查。经国防专利机构审查没有发现驳回理由的，由国务院专利行政部门作出授予国防专利权的决定。

国务院专利行政部门认为其受理的发明或者实用新型专利申请涉及国防利益以外的国家安全或者重大利益需要保密的，应当及时作出按照保密专利申请处理的决定，并通知申请人。保密专利申请的审查、复审以及保密专利权无效宣告的特殊程序，由国务院专利行政部门规定。

第八条 专利法第二十条所称在中国完成的发明或者实用新型，是指技术方案的实质性内容在中国境内完成的发明或者实用新型。

任何单位或者个人将在中国完成的发明或者实用新型向外国申请专利的，应当按照下列方式之一请求国务院专利行政部门进行保密审查：

（一）直接向外国申请专利或者向有关国外机构提交专利国际申请的，应当事先向国务院专利行政部门提出请求，并详细说明其技术方案；

（二）向国务院专利行政部门申请专利后拟向外国申请专利或者向有关国外机构提交专利国际申请的，应当在向外国申请专利或者向有关国外机构提交专利国际申请前向国务院专利行政部门提出请求。

向国务院专利行政部门提交专利国际申请的，视为同时提出了保密审查请求。

第九条 国务院专利行政部门收到依照本细则第八条规定递交的请求后，经过审查认为该发明或者实用新型可能涉及国家安全或者重大利益需要保密的，应当及时向申请人发出保密审查通知；申请人未在其请求递交日起 4 个月内收到保密审查通知的，可以就该发明或者实用新型向外国申请专利或者向有关国外机构提交专利国际申请。

国务院专利行政部门依照前款规定通知进行保密审查的，应当及时作出是否需要保密的决定，并通知申请人。申请人未在其请求递交日起 6 个月内收到需要保密的决定的，可以就该发明或者实用新型向外国申请专利或者向有关国外机构提交专利国际申请。

第十条 专利法第五条所称违反法律的发明创造，不包括仅其实施为法律所禁止的发明创造。

第十一条 除专利法第二十八条和第

四十二条规定的情形外,专利法所称申请日,有优先权的,指优先权日。

本细则所称申请日,除另有规定的外,是指专利法第二十八条规定的申请日。

第十二条 专利法第六条所称执行本单位的任务所完成的职务发明创造,是指:

(一)在本职工作中作出的发明创造;

(二)履行本单位交付的本职工作之外的任务所作出的发明创造;

(三)退休、调离原单位后或者劳动、人事关系终止后1年内作出的,与其在原单位承担的本职工作或者原单位分配的任务有关的发明创造。

专利法第六条所称本单位,包括临时工作单位;专利法第六条所称本单位的物质技术条件,是指本单位的资金、设备、零部件、原材料或者不对外公开的技术资料等。

第十三条 专利法所称发明人或者设计人,是指对发明创造的实质性特点作出创造性贡献的人。在完成发明创造过程中,只负责组织工作的人、为物质技术条件的利用提供方便的人或者从事其他辅助工作的人,不是发明人或者设计人。

第十四条 除依照专利法第十条规定转让专利权外,专利权因其他事由发生转移的,当事人应当凭有关证明文件或者法律文书向国务院专利行政部门办理专利权转移手续。

专利权人与他人订立的专利实施许可合同,应当自合同生效之日起3个月内向国务院专利行政部门备案。

以专利权出质的,由出质人和质权人共同向国务院专利行政部门办理出质登记。

第二章 专利的申请

第十五条 以书面形式申请专利的,应当向国务院专利行政部门提交申请文件一式两份。

以国务院专利行政部门规定的其他形式申请专利的,应当符合规定的要求。

申请人委托专利代理机构向国务院专利行政部门申请专利和办理其他专利事务的,应当同时提交委托书,写明委托权限。

申请人有2人以上且未委托专利代理机构的,除请求书中另有声明的外,以请求书中指明的第一申请人为代表人。

第十六条 发明、实用新型或者外观设计专利申请的请求书应当写明下列事项:

(一)发明、实用新型或者外观设计的名称;

(二)申请人是中国单位或者个人的,其名称或者姓名、地址、邮政编码、组织机构代码或者居民身份证件号码;申请人是外国人、外国企业或者外国其他组织的,其姓名或者名称、国籍或者注册的国家或者地区;

(三)发明人或者设计人的姓名;

(四)申请人委托专利代理机构的,受托机构的名称、机构代码以及该机构指定的专利代理人的姓名、执业证号码、联系电话;

(五)要求优先权的,申请人第一次提出专利申请(以下简称在先申请)的申请日、申请号以及原受理机构的名称;

(六)申请人或者专利代理机构的签字或者盖章;

（七）申请文件清单；

（八）附加文件清单；

（九）其他需要写明的有关事项。

第十七条 发明或者实用新型专利申请的说明书应当写明发明或者实用新型的名称，该名称应当与请求书中的名称一致。说明书应当包括下列内容：

（一）技术领域：写明要求保护的技术方案所属的技术领域；

（二）背景技术：写明对发明或者实用新型的理解、检索、审查有用的背景技术；有可能的，并引证反映这些背景技术的文件；

（三）发明内容：写明发明或者实用新型所要解决的技术问题以及解决其技术问题采用的技术方案，并对照现有技术写明发明或者实用新型的有益效果；

（四）附图说明：说明书有附图的，对各幅附图作简略说明；

（五）具体实施方式：详细写明申请人认为实现发明或者实用新型的优选方式；必要时，举例说明；有附图的，对照附图。

发明或者实用新型专利申请人应当按照前款规定的方式和顺序撰写说明书，并在说明书每一部分前面写明标题，除非其发明或者实用新型的性质用其他方式或者顺序撰写能节约说明书的篇幅并使他人能够准确理解其发明或者实用新型。

发明或者实用新型说明书应当用词规范、语句清楚，并不得使用"如权利要求……所述的……"一类的引用语，也不得使用商业性宣传用语。

发明专利申请包含一个或者多个核苷酸或者氨基酸序列的，说明书应当包括符合国务院专利行政部门规定的序列表。申请人应当将该序列表作为说明书的一个单独部分提交，并按照国务院专利行政部门的规定提交该序列表的计算机可读形式的副本。

实用新型专利申请说明书应当有表示要求保护的产品的形状、构造或者其结合的附图。

第十八条 发明或者实用新型的几幅附图应当按照"图1，图2，……"顺序编号排列。

发明或者实用新型说明书文字部分中未提及的附图标记不得在附图中出现，附图中未出现的附图标记不得在说明书文字部分中提及。申请文件中表示同一组成部分的附图标记应当一致。

附图中除必需的词语外，不应当含有其他注释。

第十九条 权利要求书应当记载发明或者实用新型的技术特征。

权利要求书有几项权利要求的，应当用阿拉伯数字顺序编号。

权利要求书中使用的科技术语应当与说明书中使用的科技术语一致，可以有化学式或者数学式，但是不得有插图。除绝对必要的外，不得使用"如说明书……部分所述"或者"如图……所示"的用语。

权利要求中的技术特征可以引用说明书附图中相应的标记，该标记应当放在相应的技术特征后并置于括号内，便于理解权利要求。附图标记不得解释为对权利要求的限制。

第二十条 权利要求书应当有独立权利要求，也可以有从属权利要求。

独立权利要求应当从整体上反映发明或者实用新型的技术方案，记载解决技术问题的必要技术特征。

从属权利要求应当用附加的技术特征，对引用的权利要求作进一步限定。

第二十一条 发明或者实用新型的独立权利要求应当包括前序部分和特征部分，按照下列规定撰写：

（一）前序部分：写明要求保护的发明或者实用新型技术方案的主题名称和发明或者实用新型主题与最接近的现有技术共有的必要技术特征；

（二）特征部分：使用"其特征是……"或者类似的用语，写明发明或者实用新型区别于最接近的现有技术的技术特征。这些特征和前序部分写明的特征合在一起，限定发明或者实用新型要求保护的范围。

发明或者实用新型的性质不适于用前款方式表达的，独立权利要求可以用其他方式撰写。

一项发明或者实用新型应当只有一个独立权利要求，并写在同一发明或者实用新型的从属权利要求之前。

第二十二条 发明或者实用新型的从属权利要求应当包括引用部分和限定部分，按照下列规定撰写：

（一）引用部分：写明引用的权利要求的编号及其主题名称；

（二）限定部分：写明发明或者实用新型附加的技术特征。

从属权利要求只能引用在前的权利要求。引用两项以上权利要求的多项从属权利要求，只能以择一方式引用在前的权利要求，并不得作为另一项多项从属权利要求的基础。

第二十三条 说明书摘要应当写明发明或者实用新型专利申请所公开内容的概要，即写明发明或者实用新型的名称和所属技术领域，并清楚地反映所要解决的技术问题、解决该问题的技术方案的要点以及主要用途。

说明书摘要可以包含最能说明发明的化学式；有附图的专利申请，还应当提供一幅最能说明该发明或者实用新型技术特征的附图。附图的大小及清晰度应当保证在该图缩小到4厘米×6厘米时，仍能清晰地分辨出图中的各个细节。摘要文字部分不得超过300个字。摘要中不得使用商业性宣传用语。

第二十四条 申请专利的发明涉及新的生物材料，该生物材料公众不能得到，并且对该生物材料的说明不足以使所属领域的技术人员实施其发明的，除应当符合专利法和本细则的有关规定外，申请人还应当办理下列手续：

（一）在申请日前或者最迟在申请日（有优先权的，指优先权日），将该生物材料的样品提交国务院专利行政部门认可的保藏单位保藏，并在申请时或者最迟自申请日起4个月内提交保藏单位出具的保藏证明和存活证明；期满未提交证明的，该样品视为未提交保藏；

（二）在申请文件中，提供有关该生物材料特征的资料；

（三）涉及生物材料样品保藏的专利申请应当在请求书和说明书中写明该生物材料的分类命名（注明拉丁文名称）、保藏该生物材料样品的单位名称、地址、保藏日期和保藏编号；申请时未写明的，应当自申请日起4个月内补正；期满未补正的，视为未提交保藏。

第二十五条 发明专利申请人依照本细则第二十四条的规定保藏生物材料样品的，在发明专利申请公布后，任何单位或者个人需要将该专利申请所涉及的生物材料作为实验目的使用的，应当向国务院专利行政部门提出请求，并写明下列事项：

（一）请求人的姓名或者名称和地址；

（二）不向其他任何人提供该生物材料的保证；

（三）在授予专利权前，只作为实验目的使用的保证。

第二十六条 专利法所称遗传资源，是指取自人体、动物、植物或者微生物等含有遗传功能单位并具有实际或者潜在价值的材料；专利法所称依赖遗传资源完成的发明创造，是指利用了遗传资源的遗传功能完成的发明创造。

就依赖遗传资源完成的发明创造申请专利的，申请人应当在请求书中予以说明，并填写国务院专利行政部门制定的表格。

第二十七条 申请人请求保护色彩的，应当提交彩色图片或者照片。

申请人应当就每件外观设计产品所需要保护的内容提交有关图片或者照片。

第二十八条 外观设计的简要说明应当写明外观设计产品的名称、用途，外观设计的设计要点，并指定一幅最能表明设计要点的图片或者照片。省略视图或者请求保护色彩的，应当在简要说明中写明。

对同一产品的多项相似外观设计提出一件外观设计专利申请的，应当在简要说明中指定其中一项作为基本设计。

简要说明不得使用商业性宣传用语，也不能用来说明产品的性能。

第二十九条 国务院专利行政部门认为必要时，可以要求外观设计专利申请人提交使用外观设计的产品样品或者模型。样品或者模型的体积不得超过30厘米×30厘米×30厘米，重量不得超过15公斤。易腐、易损或者危险品不得作为样品或者模型提交。

第三十条 专利法第二十四条第（一）项所称中国政府承认的国际展览会，是指国际展览会公约规定的在国际展览局注册或者由其认可的国际展览会。

专利法第二十四条第（二）项所称学术会议或者技术会议，是指国务院有关主管部门或者全国性学术团体组织召开的学术会议或者技术会议。

申请专利的发明创造有专利法第二十四条第（一）项或者第（二）项所列情形的，申请人应当在提出专利申请时声明，并自申请日起2个月内提交有关国际展览会或者学术会议、技术会议的组织单位出具的有关发明创造已经展出或者发表，以及展出或者发表日期的证明文件。

申请专利的发明创造有专利法第二十四条第（三）项所列情形的，国务院专利行政部门认为必要时，可以要求申请人在指定期限内提交证明文件。

申请人未依照本条第三款的规定提出声明和提交证明文件的，或者未依照本条第四款的规定在指定期限内提交证明文件的，其申请不适用专利法第二十四条的规定。

第三十一条 申请人依照专利法第三十条的规定要求外国优先权的，申请人提交的在先申请文件副本应当经原受理机构证明。依照国务院专利行政部门与该受理机构签订的协议，国务院专利行政部门通过电子交换等途径获得在先申请文件副本的，视为申请人提交了经该受理机构证明的在先申请文件副本。要求本国优先权，申请人在请求书中写明在先申请的申请日和申请号的，视为提交了在先申请文件副本。

要求优先权，但请求书中漏写或者错写在先申请的申请日、申请号和原受理机构名称中的一项或者两项内容的，国务院专利行政部门应当通知申请人在指定期限内补正；期满未补正的，视为未要求优先权。

要求优先权的申请人的姓名或者名称与在先申请文件副本中记载的申请人姓名或者名称不一致的，应当提交优先权转让证明材料，未提交该证明材料的，视为未要求优先权。

外观设计专利申请的申请人要求外国优先权，其在先申请未包括对外观设计的简要说明，申请人按照本细则第二十八条规定提交的简要说明未超出在先申请文件的图片或者照片表示的范围的，不影响其享有优先权。

第三十二条 申请人在一件专利申请中，可以要求一项或者多项优先权；要求多项优先权的，该申请的优先权期限从最早的优先权日起计算。

申请人要求本国优先权，在先申请是发明专利申请的，可以就相同主题提出发明或者实用新型专利申请；在先申请是实用新型专利申请的，可以就相同主题提出实用新型或者发明专利申请。但是，提出后一申请时，在先申请的主题有下列情形之一的，不得作为要求本国优先权的基础：

（一）已经要求外国优先权或者本国优先权的；

（二）已经被授予专利权的；

（三）属于按照规定提出的分案申请的。

申请人要求本国优先权的，其在先申请自后一申请提出之日起即视为撤回。

第三十三条 在中国没有经常居所或者营业所的申请人，申请专利或者要求外国优先权的，国务院专利行政部门认为必要时，可以要求其提供下列文件：

（一）申请人是个人的，其国籍证明；

（二）申请人是企业或者其他组织的，其注册的国家或者地区的证明文件；

（三）申请人的所属国，承认中国单位和个人可以按照该国国民的同等条件，在该国享有专利权、优先权和其他与专利有关的权利的证明文件。

第三十四条 依照专利法第三十一条第一款规定，可以作为一件专利申请提出的属于一个总的发明构思的两项以上的发明或者实用新型，应当在技术上相互关联，包含一个或者多个相同或者相应的特定技术特征，其中特定技术特征是指每一项发明或者实用新型作为整体，对现有技术作出贡献的技术特征。

第三十五条 依照专利法第三十一条第二款规定，将同一产品的多项相似外观设计作为一件申请提出的，对该产品的其他设计应当与简要说明中指定的基本设计相似。一件外观设计专利申请中的相似外观设计不得超过10项。

专利法第三十一条第二款所称同一类别并且成套出售或者使用的产品的两项以上外观设计，是指各产品属于分类表中同一大类，习惯上同时出售或者同时使用，而且各产品的外观设计具有相同的设计构思。

将两项以上外观设计作为一件申请提出的，应当将各项外观设计的顺序编号标注在每件外观设计产品各幅图片或者照片的名称之前。

第三十六条　申请人撤回专利申请的，应当向国务院专利行政部门提出声明，写明发明创造的名称、申请号和申请日。

撤回专利申请的声明在国务院专利行政部门作好公布专利申请文件的印刷准备工作后提出的，申请文件仍予公布；但是，撤回专利申请的声明应当在以后出版的专利公报上予以公告。

第三章　专利申请的审查和批准

第三十七条　在初步审查、实质审查、复审和无效宣告程序中，实施审查和审理的人员有下列情形之一的，应当自行回避，当事人或者其他利害关系人可以要求其回避：

（一）是当事人或者其代理人的近亲属的；

（二）与专利申请或者专利权有利害关系的；

（三）与当事人或者其代理人有其他关系，可能影响公正审查和审理的；

（四）专利复审委员会成员曾参与原申请的审查的。

第三十八条　国务院专利行政部门收到发明或者实用新型专利申请的请求书、说明书（实用新型必须包括附图）和权利要求书，或者外观设计专利申请的请求书、外观设计的图片或者照片和简要说明后，应当明确申请日、给予申请号，并通知申请人。

第三十九条　专利申请文件有下列情形之一的，国务院专利行政部门不予受理，并通知申请人：

（一）发明或者实用新型专利申请缺少请求书、说明书（实用新型无附图）或者权利要求书的，或者外观设计专利申请缺少请求书、图片或者照片、简要说明的；

（二）未使用中文的；

（三）不符合本细则第一百二十一条第一款规定的；

（四）请求书中缺少申请人姓名或者名称，或者缺少地址的；

（五）明显不符合专利法第十八条或者第十九条第一款的规定的；

（六）专利申请类别（发明、实用新型或者外观设计）不明确或者难以确定的。

第四十条　说明书中写有对附图的说明但无附图或者缺少部分附图的，申请人应当在国务院专利行政部门指定的期限内补交附图或者声明取消对附图的说明。申请人补交附图的，以向国务院专利行政部门提交或者邮寄附图之日为申请日；取消对附图的说明的，保留原申请日。

第四十一条　两个以上的申请人同日（指申请日；有优先权的，指优先权日）分别就同样的发明创造申请专利的，应当在收到国务院专利行政部门的通知后自行协商确定申请人。

同一申请人在同日（指申请日）对同样的发明创造既申请实用新型专利又申请发明专利的，应当在申请时分别说明对同样的发明创造已申请了另一专利；未作说明的，依照专利法第九条第一款关于同样的发明创造只能授予一项专利权的规定处理。

国务院专利行政部门公告授予实用新型专利权，应当公告申请人已依照本条第二款的规定同时申请了发明专利的说明。

发明专利申请经审查没有发现驳回理由，国务院专利行政部门应当通知申请人在规定期限内声明放弃实用新型专利权。申请人声明放弃的，国务院专利行政部门应当作出授予发明专利权的决定，并在公告授予发明专利权时一并公告申请人放弃实用新型专利权声明。申请人不同意放弃的，国务院专利行政部门应当驳回该发明专利申请；申请人期满未答复的，视为撤回该发明专利申请。

实用新型专利权自公告授予发明专利权之日起终止。

第四十二条 一件专利申请包括两项以上发明、实用新型或者外观设计的，申请人可以在本细则第五十四条第一款规定的期限届满前，向国务院专利行政部门提出分案申请；但是，专利申请已经被驳回、撤回或者视为撤回的，不能提出分案申请。

国务院专利行政部门认为一件专利申请不符合专利法第三十一条和本细则第三十四条或者第三十五条的规定的，应当通知申请人在指定期限内对其申请进行修改；申请人期满未答复的，该申请视为撤回。

分案的申请不得改变原申请的类别。

第四十三条 依照本细则第四十二条规定提出的分案申请，可以保留原申请日，享有优先权的，可以保留优先权日，但是不得超出原申请记载的范围。

分案申请应当依照专利法及本细则的规定办理有关手续。

分案申请的请求书中应当写明原申请的申请号和申请日。提交分案申请时，申请人应当提交原申请文件副本；原申请享有优先权的，并应当提交原申请的优先权文件副本。

第四十四条 专利法第三十四条和第四十条所称初步审查，是指审查专利申请是否具备专利法第二十六条或者第二十七条规定的文件和其他必要的文件，这些文件是否符合规定的格式，并审查下列各项：

（一）发明专利申请是否明显属于专利法第五条、第二十五条规定的情形，是否不符合专利法第十八条、第十九条第一款、第二十条第一款或者本细则第十六条、第二十六条第二款的规定，是否明显不符合专利法第二条第二款、第二十六条第五款、第三十一条第一款、第三十三条或者本细则第十七条至第二十一条的规定；

（二）实用新型专利申请是否明显属于专利法第五条、第二十五条规定的情形，是否不符合专利法第十八条、第十九条第一款、第二十条第一款或者本细则第十六条至第十九条、第二十一条至第二十三条的规定，是否明显不符合专利法第二条第三款、第二十二条第二款、第四款、第二十六条第三款、第四款、第三十一条第一款、第三十三条或者本细则第二十条、第四十三条第一款的规定，是否依照专利法第九条规定不能取得专利权；

（三）外观设计专利申请是否明显属于专利法第五条、第二十五条第一款第（六）项规定的情形，是否不符合专利法第十八条、第十九条第一款或者本细则第十六条、第二十七条、第二十八条的规定，是否明显不符合专利法第二条第四款、第二十三条第一款、第二十七条第二款、第三十一条第二款、第三十三条或者本细则第四十三条第一款的规定，是否依照专利法第九条规定不能取得专利权；

（四）申请文件是否符合本细则第二条、第三条第一款的规定。

国务院专利行政部门应当将审查意见通知申请人，要求其在指定期限内陈述意见或者补正；申请人期满未答复的，其申请视为撤回。申请人陈述意见或者补正后，国务院专利行政部门仍然认为不符合前款所列各项规定的，应当予以驳回。

第四十五条 除专利申请文件外，申请人向国务院专利行政部门提交的与专利申请有关的其他文件有下列情形之一的，视为未提交：

（一）未使用规定的格式或者填写不符合规定的；

（二）未按照规定提交证明材料的。

国务院专利行政部门应当将视为未提交的审查意见通知申请人。

第四十六条 申请人请求早日公布其发明专利申请的，应当向国务院专利行政部门声明。国务院专利行政部门对该申请进行初步审查后，除予以驳回的外，应当立即将申请予以公布。

第四十七条 申请人写明使用外观设计的产品及其所属类别的，应当使用国务院专利行政部门公布的外观设计产品分类表。未写明使用外观设计的产品所属类别或者所写的类别不确切的，国务院专利行政部门可以予以补充或者修改。

第四十八条 自发明专利申请公布之日起至公告授予专利权之日止，任何人均可以对不符合专利法规定的专利申请向国务院专利行政部门提出意见，并说明理由。

第四十九条 发明专利申请人因有正当理由无法提交专利法第三十六条规定的检索资料或者审查结果资料的，应当向国务院专利行政部门声明，并在得到有关资料后补交。

第五十条 国务院专利行政部门依照专利法第三十五条第二款的规定对专利申请自行进行审查时，应当通知申请人。

第五十一条 发明专利申请人在提出实质审查请求时以及在收到国务院专利行政部门发出的发明专利申请进入实质审查阶段通知书之日起的3个月内，可以对发明专利申请主动提出修改。

实用新型或者外观设计专利申请人自申请日起2个月内，可以对实用新型或者外观设计专利申请主动提出修改。

申请人在收到国务院专利行政部门发出的审查意见通知书后对专利申请文件进行修改的，应当针对通知书指出的缺陷进行修改。

国务院专利行政部门可以自行修改专利申请文件中文字和符号的明显错误。国务院专利行政部门自行修改的，应当通知申请人。

第五十二条 发明或者实用新型专利申请的说明书或者权利要求书的修改部分，除个别文字修改或者增删外，应当按照规定格式提交替换页。外观设计专利申请的图片或者照片的修改，应当按照规定提交替换页。

第五十三条 依照专利法第三十八条的规定，发明专利申请经实质审查应当予以驳回的情形是指：

（一）申请属于专利法第五条、第二十五条规定的情形，或者依照专利法第九条规定不能取得专利权的；

（二）申请不符合专利法第二条第二

款、第二十条第一款、第二十二条、第二十六条第三款、第四款、第五款、第三十一条第一款或者本细则第二十条第二款规定的；

（三）申请的修改不符合专利法第三十三条规定，或者分案的申请不符合本细则第四十三条第一款的规定的。

第五十四条 国务院专利行政部门发出授予专利权的通知后，申请人应当自收到通知之日起 2 个月内办理登记手续。申请人按期办理登记手续的，国务院专利行政部门应当授予专利权，颁发专利证书，并予以公告。

期满未办理登记手续的，视为放弃取得专利权的权利。

第五十五条 保密专利申请经审查没有发现驳回理由的，国务院专利行政部门应当作出授予保密专利权的决定，颁发保密专利证书，登记保密专利权的有关事项。

第五十六条 授予实用新型或者外观设计专利权的决定公告后，专利法第六十条规定的专利权人或者利害关系人可以请求国务院专利行政部门作出专利权评价报告。

请求作出专利权评价报告的，应当提交专利权评价报告请求书，写明专利号。每项请求应当限于一项专利权。

专利权评价报告请求书不符合规定的，国务院专利行政部门应当通知请求人在指定期限内补正；请求人期满未补正的，视为未提出请求。

第五十七条 国务院专利行政部门应当自收到专利权评价报告请求书后 2 个月内作出专利权评价报告。对同一项实用新型或者外观设计专利权，有多个请求人请求作出专利权评价报告的，国务院专利行政部门仅作出一份专利权评价报告。任何单位或者个人可以查阅或者复制该专利权评价报告。

第五十八条 国务院专利行政部门对专利公告、专利单行本中出现的错误，一经发现，应当及时更正，并对所作更正予以公告。

第四章　专利申请的复审与专利权的无效宣告

第五十九条 专利复审委员会由国务院专利行政部门指定的技术专家和法律专家组成，主任委员由国务院专利行政部门负责人兼任。

第六十条 依照专利法第四十一条的规定向专利复审委员会请求复审的，应当提交复审请求书，说明理由，必要时还应当附具有关证据。

复审请求不符合专利法第十九条第一款或者第四十一条第一款规定的，专利复审委员会不予受理，书面通知复审请求人并说明理由。

复审请求书不符合规定格式的，复审请求人应当在专利复审委员会指定的期限内补正；期满未补正的，该复审请求视为未提出。

第六十一条 请求人在提出复审请求或者在对专利复审委员会的复审通知书作出答复时，可以修改专利申请文件；但是，修改应当仅限于消除驳回决定或者复审通知书指出的缺陷。

修改的专利申请文件应当提交一式两份。

第六十二条 专利复审委员会应当将受理的复审请求书转交国务院专利行政部

门原审查部门进行审查。原审查部门根据复审请求人的请求，同意撤销原决定的，专利复审委员会应当据此作出复审决定，并通知复审请求人。

第六十三条 专利复审委员会进行复审后，认为复审请求不符合专利法和本细则有关规定的，应当通知复审请求人，要求其在指定期限内陈述意见。期满未答复的，该复审请求视为撤回；经陈述意见或者进行修改后，专利复审委员会认为仍不符合专利法和本细则有关规定的，应当作出维持原驳回决定的复审决定。

专利复审委员会进行复审后，认为原驳回决定不符合专利法和本细则有关规定的，或者认为经过修改的专利申请文件消除了原驳回决定指出的缺陷的，应当撤销原驳回决定，由原审查部门继续进行审查程序。

第六十四条 复审请求人在专利复审委员会作出决定前，可以撤回其复审请求。

复审请求人在专利复审委员会作出决定前撤回其复审请求的，复审程序终止。

第六十五条 依照专利法第四十五条的规定，请求宣告专利权无效或者部分无效的，应当向专利复审委员会提交专利权无效宣告请求书和必要的证据一式两份。无效宣告请求书应当结合提交的所有证据，具体说明无效宣告请求的理由，并指明每项理由所依据的证据。

前款所称无效宣告请求的理由，是指被授予专利的发明创造不符合专利法第二条、第二十条第一款、第二十二条、第二十三条、第二十六条第三款、第四款、第二十七条第二款、第三十三条或者本细则第二十条第二款、第四十三条第一款的规定，或者属于专利法第五条、第二十五条的规定，或者依照专利法第九条规定不能取得专利权。

第六十六条 专利权无效宣告请求不符合专利法第十九条第一款或者本细则第六十五条规定的，专利复审委员会不予受理。

在专利复审委员会就无效宣告请求作出决定之后，又以同样的理由和证据请求无效宣告的，专利复审委员会不予受理。

以不符合专利法第二十三条第三款的规定为理由请求宣告外观设计专利权无效，但是未提交证明权利冲突的证据的，专利复审委员会不予受理。

专利权无效宣告请求书不符合规定格式的，无效宣告请求人应当在专利复审委员会指定的期限内补正；期满未补正的，该无效宣告请求视为未提出。

第六十七条 在专利复审委员会受理无效宣告请求后，请求人可以在提出无效宣告请求之日起1个月内增加理由或者补充证据。逾期增加理由或者补充证据的，专利复审委员会可以不予考虑。

第六十八条 专利复审委员会应当将专利权无效宣告请求书和有关文件的副本送交专利权人，要求其在指定的期限内陈述意见。

专利权人和无效宣告请求人应当在指定期限内答复专利复审委员会发出的转送文件通知书或者无效宣告请求审查通知书；期满未答复的，不影响专利复审委员会审理。

第六十九条 在无效宣告请求的审查过程中，发明或者实用新型专利的专利权人可以修改其权利要求书，但是不得扩大原专利的保护范围。

发明或者实用新型专利的专利权人不得修改专利说明书和附图，外观设计专利的专利权人不得修改图片、照片和简要说明。

第七十条 专利复审委员会根据当事人的请求或者案情需要，可以决定对无效宣告请求进行口头审理。

专利复审委员会决定对无效宣告请求进行口头审理的，应当向当事人发出口头审理通知书，告知举行口头审理的日期和地点。当事人应当在通知书指定的期限内作出答复。

无效宣告请求人对专利复审委员会发出的口头审理通知书在指定的期限内未作答复，并且不参加口头审理的，其无效宣告请求视为撤回；专利权人不参加口头审理的，可以缺席审理。

第七十一条 在无效宣告请求审查程序中，专利复审委员会指定的期限不得延长。

第七十二条 专利复审委员会对无效宣告的请求作出决定前，无效宣告请求人可以撤回其请求。

专利复审委员会作出决定之前，无效宣告请求人撤回其请求或者其无效宣告请求被视为撤回的，无效宣告请求审查程序终止。但是，专利复审委员会认为根据已进行的审查工作能够作出宣告专利权无效或者部分无效的决定的，不终止审查程序。

第五章 专利实施的强制许可

第七十三条 专利法第四十八条第（一）项所称未充分实施其专利，是指专利权人及其被许可人实施其专利的方式或者规模不能满足国内对专利产品或者专利方法的需求。

专利法第五十条所称取得专利权的药品，是指解决公共健康问题所需的医药领域中的任何专利产品或者依照专利方法直接获得的产品，包括取得专利权的制造该产品所需的活性成分以及使用该产品所需的诊断用品。

第七十四条 请求给予强制许可的，应当向国务院专利行政部门提交强制许可请求书，说明理由并附具有关证明文件。

国务院专利行政部门应当将强制许可请求书的副本送交专利权人，专利权人应当在国务院专利行政部门指定的期限内陈述意见；期满未答复的，不影响国务院专利行政部门作出决定。

国务院专利行政部门在作出驳回强制许可请求的决定或者给予强制许可的决定前，应当通知请求人和专利权人拟作出的决定及其理由。

国务院专利行政部门依照专利法第五十条的规定作出给予强制许可的决定，应当同时符合中国缔结或者参加的有关国际条约关于为了解决公共健康问题而给予强制许可的规定，但中国作出保留的除外。

第七十五条 依照专利法第五十七条的规定，请求国务院专利行政部门裁决使用费数额的，当事人应当提出裁决请求书，并附具双方不能达成协议的证明文件。国务院专利行政部门应当自收到请求书之日起3个月内作出裁决，并通知当事人。

第六章 对职务发明创造的发明人或者设计人的奖励和报酬

第七十六条 被授予专利权的单位可

以与发明人、设计人约定或者在其依法制定的规章制度中规定专利法第十六条规定的奖励、报酬的方式和数额。

企业、事业单位给予发明人或者设计人的奖励、报酬，按照国家有关财务、会计制度的规定进行处理。

第七十七条　被授予专利权的单位未与发明人、设计人约定也未在其依法制定的规章制度中规定专利法第十六条规定的奖励的方式和数额的，应当自专利权公告之日起3个月内发给发明人或者设计人奖金。一项发明专利的奖金最低不少于3000元；一项实用新型专利或者外观设计专利的奖金最低不少于1000元。

由于发明人或者设计人的建议被其所属单位采纳而完成的发明创造，被授予专利权的单位应当从优发给奖金。

第七十八条　被授予专利权的单位未与发明人、设计人约定也未在其依法制定的规章制度中规定专利法第十六条规定的报酬的方式和数额的，在专利权有效期限内，实施发明创造专利后，每年应当从实施该项发明或者实用新型专利的营业利润中提取不低于2%或者从实施该项外观设计专利的营业利润中提取不低于0.2%，作为报酬给予发明人或者设计人，或者参照上述比例，给予发明人或者设计人一次性报酬；被授予专利权的单位许可其他单位或者个人实施其专利的，应当从收取的使用费中提取不低于10%，作为报酬给予发明人或者设计人。

第七章　专利权的保护

第七十九条　专利法和本细则所称管理专利工作的部门，是指由省、自治区、直辖市人民政府以及专利管理工作量大又有实际处理能力的设区的市人民政府设立的管理专利工作的部门。

第八十条　国务院专利行政部门应当对管理专利工作的部门处理专利侵权纠纷、查处假冒专利行为、调解专利纠纷进行业务指导。

第八十一条　当事人请求处理专利侵权纠纷或者调解专利纠纷的，由被请求人所在地或者侵权行为地的管理专利工作的部门管辖。

两个以上管理专利工作的部门都有管辖权的专利纠纷，当事人可以向其中一个管理专利工作的部门提出请求；当事人向两个以上有管辖权的管理专利工作的部门提出请求的，由最先受理的管理专利工作的部门管辖。

管理专利工作的部门对管辖权发生争议的，由其共同的上级人民政府管理专利工作的部门指定管辖；无共同上级人民政府管理专利工作的部门的，由国务院专利行政部门指定管辖。

第八十二条　在处理专利侵权纠纷过程中，被请求人提出无效宣告请求并被专利复审委员会受理的，可以请求管理专利工作的部门中止处理。

管理专利工作的部门认为被请求人提出的中止理由明显不能成立的，可以不中止处理。

第八十三条　专利权人依照专利法第十七条的规定，在其专利产品或者该产品的包装上标明专利标识的，应当按照国务院专利行政部门规定的方式予以标明。

专利标识不符合前款规定的，由管理专利工作的部门责令改正。

第八十四条　下列行为属于专利法第六十三条规定的假冒专利的行为：

（一）在未被授予专利权的产品或者其包装上标注专利标识，专利权被宣告无效后或者终止后继续在产品或者其包装上标注专利标识，或者未经许可在产品或者产品包装上标注他人的专利号；

（二）销售第（一）项所述产品；

（三）在产品说明书等材料中将未被授予专利权的技术或者设计称为专利技术或者专利设计，将专利申请称为专利，或者未经许可使用他人的专利号，使公众将所涉及的技术或者设计误认为是专利技术或者专利设计；

（四）伪造或者变造专利证书、专利文件或者专利申请文件；

（五）其他使公众混淆，将未被授予专利权的技术或者设计误认为是专利技术或者专利设计的行为。

专利权终止前依法在专利产品、依照专利方法直接获得的产品或者其包装上标注专利标识，在专利权终止后许诺销售、销售该产品的，不属于假冒专利行为。

销售不知道是假冒专利的产品，并且能够证明该产品合法来源的，由管理专利工作的部门责令停止销售，但免除罚款的处罚。

第八十五条 除专利法第六十条规定的外，管理专利工作的部门应当事人请求，可以对下列专利纠纷进行调解：

（一）专利申请权和专利权归属纠纷；

（二）发明人、设计人资格纠纷；

（三）职务发明创造的发明人、设计人的奖励和报酬纠纷；

（四）在发明专利申请公布后专利权授予前使用发明而未支付适当费用的纠纷；

（五）其他专利纠纷。

对于前款第（四）项所列的纠纷，当事人请求管理专利工作的部门调解的，应当在专利权被授予之后提出。

第八十六条 当事人因专利申请权或者专利权的归属发生纠纷，已请求管理专利工作的部门调解或者向人民法院起诉的，可以请求国务院专利行政部门中止有关程序。

依照前款规定请求中止有关程序的，应当向国务院专利行政部门提交请求书，并附具管理专利工作的部门或者人民法院的写明申请号或者专利号的有关受理文件副本。

管理专利工作的部门作出的调解书或者人民法院作出的判决生效后，当事人应当向国务院专利行政部门办理恢复有关程序的手续。自请求中止之日起1年内，有关专利申请权或者专利权归属的纠纷未能结案，需要继续中止有关程序的，请求人应当在该期限内请求延长中止。期满未请求延长的，国务院专利行政部门自行恢复有关程序。

第八十七条 人民法院在审理民事案件中裁定对专利申请权或者专利权采取保全措施的，国务院专利行政部门应当在收到写明申请号或者专利号的裁定书和协助执行通知书之日中止被保全的专利申请权或者专利权的有关程序。保全期限届满，人民法院没有裁定继续采取保全措施的，国务院专利行政部门自行恢复有关程序。

第八十八条 国务院专利行政部门根据本细则第八十六条和第八十七条规定中止有关程序，是指暂停专利申请的初步审查、实质审查、复审程序，授予专利权程序和专利权无效宣告程序；暂停办理放弃、变更、转移专利权或者专利申请权手续，专利权质押手续以及专利权期限届满前的终止手续等。

第八章 专利登记和专利公报

第八十九条 国务院专利行政部门设置专利登记簿，登记下列与专利申请和专利权有关的事项：

（一）专利权的授予；

（二）专利申请权、专利权的转移；

（三）专利权的质押、保全及其解除；

（四）专利实施许可合同的备案；

（五）专利权的无效宣告；

（六）专利权的终止；

（七）专利权的恢复；

（八）专利实施的强制许可；

（九）专利权人的姓名或者名称、国籍和地址的变更。

第九十条 国务院专利行政部门定期出版专利公报，公布或者公告下列内容：

（一）发明专利申请的著录事项和说明书摘要；

（二）发明专利申请的实质审查请求和国务院专利行政部门对发明专利申请自行进行实质审查的决定；

（三）发明专利申请公布后的驳回、撤回、视为撤回、视为放弃、恢复和转移；

（四）专利权的授予以及专利权的著录事项；

（五）发明或者实用新型专利的说明书摘要，外观设计专利的一幅图片或者照片；

（六）国防专利、保密专利的解密；

（七）专利权的无效宣告；

（八）专利权的终止、恢复；

（九）专利权的转移；

（十）专利实施许可合同的备案；

（十一）专利权的质押、保全及其解除；

（十二）专利实施的强制许可的给予；

（十三）专利权人的姓名或者名称、地址的变更；

（十四）文件的公告送达；

（十五）国务院专利行政部门作出的更正；

（十六）其他有关事项。

第九十一条 国务院专利行政部门应当提供专利公报、发明专利申请单行本以及发明专利、实用新型专利、外观设计专利单行本，供公众免费查阅。

第九十二条 国务院专利行政部门负责按照互惠原则与其他国家、地区的专利机关或者区域性专利组织交换专利文献。

第九章 费 用

第九十三条 向国务院专利行政部门申请专利和办理其他手续时，应当缴纳下列费用：

（一）申请费、申请附加费、公布印刷费、优先权要求费；

（二）发明专利申请实质审查费、复审费；

（三）专利登记费、公告印刷费、年费；

（四）恢复权利请求费、延长期限请求费；

（五）著录事项变更费、专利权评价报告请求费、无效宣告请求费。

前款所列各种费用的缴纳标准，由国务院价格管理部门、财政部门会同国务院专利行政部门规定。

第九十四条 专利法和本细则规定的

各种费用，可以直接向国务院专利行政部门缴纳，也可以通过邮局或者银行汇付，或者以国务院专利行政部门规定的其他方式缴纳。

通过邮局或者银行汇付的，应当在送交国务院专利行政部门的汇单上写明正确的申请号或者专利号以及缴纳的费用名称。不符合本款规定的，视为未办理缴费手续。

直接向国务院专利行政部门缴纳费用的，以缴纳当日为缴费日；以邮局汇付方式缴纳费用的，以邮局汇出的邮戳日为缴费日；以银行汇付方式缴纳费用的，以银行实际汇出日为缴费日。

多缴、重缴、错缴专利费用的，当事人可以自缴费日起3年内，向国务院专利行政部门提出退款请求，国务院专利行政部门应当予以退还。

第九十五条 申请人应当自申请日起2个月内或者在收到受理通知书之日起15日内缴纳申请费、公布印刷费和必要的申请附加费；期满未缴纳或者未缴足的，其申请视为撤回。

申请人要求优先权的，应当在缴纳申请费的同时缴纳优先权要求费；期满未缴纳或者未缴足的，视为未要求优先权。

第九十六条 当事人请求实质审查或者复审的，应当在专利法及本细则规定的相关期限内缴纳费用；期满未缴纳或者未缴足的，视为未提出请求。

第九十七条 申请人办理登记手续时，应当缴纳专利登记费、公告印刷费和授予专利权当年的年费；期满未缴纳或者未缴足的，视为未办理登记手续。

第九十八条 授予专利权当年以后的年费应当在上一年度期满前缴纳。专利权人未缴纳或者未缴足的，国务院专利行政部门应当通知专利权人自应当缴纳年费期满之日起6个月内补缴，同时缴纳滞纳金；滞纳金的金额按照每超过规定的缴费时间1个月，加收当年全额年费的5%计算；期满未缴纳的，专利权自应当缴纳年费期满之日起终止。

第九十九条 恢复权利请求费应当在本细则规定的相关期限内缴纳；期满未缴纳或者未缴足的，视为未提出请求。

延长期限请求费应当在相应期限届满之日前缴纳；期满未缴纳或者未缴足的，视为未提出请求。

著录事项变更费、专利权评价报告请求费、无效宣告请求费应当自提出请求之日起1个月内缴纳；期满未缴纳或者未缴足的，视为未提出请求。

第一百条 申请人或者专利权人缴纳本细则规定的各种费用有困难的，可以按照规定向国务院专利行政部门提出减缴或者缓缴的请求。减缴或者缓缴的办法由国务院财政部门会同国务院价格管理部门、国务院专利行政部门规定。

第十章　关于国际申请的特别规定

第一百零一条 国务院专利行政部门根据专利法第二十条规定，受理按照专利合作条约提出的专利国际申请。

按照专利合作条约提出并指定中国的专利国际申请（以下简称国际申请）进入国务院专利行政部门处理阶段（以下称进入中国国家阶段）的条件和程序适用本章的规定；本章没有规定的，适用专利法及本细则其他各章的有关规定。

第一百零二条 按照专利合作条约已确定国际申请日并指定中国的国际申请，

视为向国务院专利行政部门提出的专利申请，该国际申请日视为专利法第二十八条所称的申请日。

第一百零三条 国际申请的申请人应当在专利合作条约第二条所称的优先权日（本章简称优先权日）起30个月内，向国务院专利行政部门办理进入中国国家阶段的手续；申请人未在该期限内办理该手续的，在缴纳宽限费后，可以在自优先权日起32个月内办理进入中国国家阶段的手续。

第一百零四条 申请人依照本细则第一百零三条的规定办理进入中国国家阶段的手续的，应当符合下列要求：

（一）以中文提交进入中国国家阶段的书面声明，写明国际申请号和要求获得的专利权类型；

（二）缴纳本细则第九十三条第一款规定的申请费、公布印刷费，必要时缴纳本细则第一百零三条规定的宽限费；

（三）国际申请以外文提出的，提交原始国际申请的说明书和权利要求书的中文译文；

（四）在进入中国国家阶段的书面声明中写明发明创造的名称，申请人姓名或者名称、地址和发明人的姓名，上述内容应当与世界知识产权组织国际局（以下简称国际局）的记录一致；国际申请中未写明发明人的，在上述声明中写明发明人的姓名；

（五）国际申请以外文提出的，提交摘要的中文译文，有附图和摘要附图的，提交附图副本和摘要附图副本，附图中有文字的，将其替换为对应的中文文字；国际申请以中文提出的，提交国际公布文件中的摘要和摘要附图副本；

（六）在国际阶段向国际局已办理申请人变更手续的，提供变更后的申请人享有申请权的证明材料；

（七）必要时缴纳本细则第九十三条第一款规定的申请附加费。

符合本条第一款第（一）项至第（三）项要求的，国务院专利行政部门应当给予申请号，明确国际申请进入中国国家阶段的日期（以下简称进入日），并通知申请人其国际申请已进入中国国家阶段。

国际申请已进入中国国家阶段，但不符合本条第一款第（四）项至第（七）项要求的，国务院专利行政部门应当通知申请人在指定期限内补正；期满未补正的，其申请视为撤回。

第一百零五条 国际申请有下列情形之一的，其在中国的效力终止：

（一）在国际阶段，国际申请被撤回或者被视为撤回，或者国际申请对中国的指定被撤回的；

（二）申请人未在优先权日起32个月内按照本细则第一百零三条规定办理进入中国国家阶段手续的；

（三）申请人办理进入中国国家阶段的手续，但自优先权日起32个月期限届满仍不符合本细则第一百零四条第（一）项至第（三）项要求的。

依照前款第（一）项的规定，国际申请在中国的效力终止的，不适用本细则第六条的规定；依照前款第（二）项、第（三）项的规定，国际申请在中国的效力终止的，不适用本细则第六条第二款的规定。

第一百零六条 国际申请在国际阶段作过修改，申请人要求以经修改的申请文件为基础进行审查的,应当自进入日起2个月内提交修改部分的中文译文。在该期间内未提交中文译文的,对申请人在国际阶段提出的修改,国务院专利行政部门不予考虑。

第一百零七条 国际申请涉及的发明创造有专利法第二十四条第(一)项或者第(二)项所列情形之一,在提出国际申请时作过声明的,申请人应当在进入中国国家阶段的书面声明中予以说明,并自进入日起2个月内提交本细则第三十条第三款规定的有关证明文件;未予说明或者期满未提交证明文件的,其申请不适用专利法第二十四条的规定。

第一百零八条 申请人按照专利合作条约的规定,对生物材料样品的保藏已作出说明的,视为已经满足了本细则第二十四条第(三)项的要求。申请人应当在进入中国国家阶段声明中指明记载生物材料样品保藏事项的文件以及在该文件中的具体记载位置。

申请人在原始提交的国际申请的说明书中已记载生物材料样品保藏事项,但是没有在进入中国国家阶段声明中指明的,应当自进入日起4个月内补正。期满未补正的,该生物材料视为未提交保藏。

申请人自进入日起4个月内向国务院专利行政部门提交生物材料样品保藏证明和存活证明的,视为在本细则第二十四条第(一)项规定的期限内提交。

第一百零九条 国际申请涉及的发明创造依赖遗传资源完成的,申请人应当在国际申请进入中国国家阶段的书面声明中予以说明,并填写国务院专利行政部门制定的表格。

第一百一十条 申请人在国际阶段已要求一项或者多项优先权,在进入中国国家阶段时该优先权要求继续有效的,视为已经依照专利法第三十条的规定提出了书面声明。

申请人应当自进入日起2个月内缴纳优先权要求费;期满未缴纳或者未缴足的,视为未要求该优先权。

申请人在国际阶段已依照专利合作条约的规定,提交过在先申请文件副本的,办理进入中国国家阶段手续时不需要向国务院专利行政部门提交在先申请文件副本。申请人在国际阶段未提交在先申请文件副本的,国务院专利行政部门认为必要时,可以通知申请人在指定期限内补交;申请人期满未补交的,其优先权要求视为未提出。

第一百一十一条 在优先权日起30个月期满前要求国务院专利行政部门提前处理和审查国际申请的,申请人除应当办理进入中国国家阶段手续外,还应当依照专利合作条约第二十三条第二款规定提出请求。国际局尚未向国务院专利行政部门传送国际申请的,申请人应当提交经确认的国际申请副本。

第一百一十二条 要求获得实用新型专利权的国际申请,申请人可以自进入日起2个月内对专利申请文件主动提出修改。

要求获得发明专利权的国际申请,适用本细则第五十一条第一款的规定。

第一百一十三条 申请人发现提交的说明书、权利要求书或者附图中的文字的中文译文存在错误的,可以在下列规定期限内依照原始国际申请文本提出改正:

(一)在国务院专利行政部门作好公布发明专利申请或者公告实用新型专利权

的准备工作之前；

（二）在收到国务院专利行政部门发出的发明专利申请进入实质审查阶段通知书之日起3个月内。

申请人改正译文错误的，应当提出书面请求并缴纳规定的译文改正费。

申请人按照国务院专利行政部门的通知书的要求改正译文的，应当在指定期限内办理本条第二款规定的手续；期满未办理规定手续的，该申请视为撤回。

第一百一十四条 对要求获得发明专利权的国际申请，国务院专利行政部门经初步审查认为符合专利法和本细则有关规定的，应当在专利公报上予以公布；国际申请以中文以外的文字提出的，应当公布申请文件的中文译文。

要求获得发明专利权的国际申请，由国际局以中文进行国际公布的，自国际公布日起适用专利法第十三条的规定；由国际局以中文以外的文字进行国际公布的，自国务院专利行政部门公布之日起适用专利法第十三条的规定。

对国际申请，专利法第二十一条和第二十二条中所称的公布是指本条第一款所规定的公布。

第一百一十五条 国际申请包含两项以上发明或者实用新型的，申请人可以自进入日起，依照本细则第四十二条第一款的规定提出分案申请。

在国际阶段，国际检索单位或者国际初步审查单位认为国际申请不符合专利合作条约规定的单一性要求时，申请人未按照规定缴纳附加费，导致国际申请某些部分未经国际检索或者未经国际初步审查，在进入中国国家阶段时，申请人要求将所述部分作为审查基础，国务院专利行政部门认为国际检索单位或者国际初步审查单位对发明单一性的判断正确的，应当通知申请人在指定期限内缴纳单一性恢复费。期满未缴纳或者未足额缴纳的，国际申请中未经检索或者未经国际初步审查的部分视为撤回。

第一百一十六条 国际申请在国际阶段被有关国际单位拒绝给予国际申请日或者宣布视为撤回的，申请人在收到通知之日起2个月内，可以请求国际局将国际申请档案中任何文件的副本转交国务院专利行政部门，并在该期限内向国务院专利行政部门办理本细则第一百零三条规定的手续，国务院专利行政部门应当在接到国际局传送的文件后，对国际单位作出的决定是否正确进行复查。

第一百一十七条 基于国际申请授予的专利权，由于译文错误，致使依照专利法第五十九条规定确定的保护范围超出国际申请的原文所表达的范围的，以依据原文限制后的保护范围为准；致使保护范围小于国际申请的原文所表达的范围的，以授权时的保护范围为准。

第十一章 附 则

第一百一十八条 经国务院专利行政部门同意，任何人均可以查阅或者复制已经公布或者公告的专利申请的案卷和专利登记簿，并可以请求国务院专利行政部门出具专利登记簿副本。

已视为撤回、驳回和主动撤回的专利申请的案卷，自该专利申请失效之日起满2年后不予保存。

已放弃、宣告全部无效和终止的专利权的案卷，自该专利权失效之日起满3年后不予保存。

第一百一十九条 向国务院专利行政部门提交申请文件或者办理各种手续，应当由申请人、专利权人、其他利害关系人或者其代表人签字或者盖章；委托专利代理机构的，由专利代理机构盖章。

请求变更发明人姓名、专利申请人和专利权人的姓名或者名称、国籍和地址、专利代理机构的名称、地址和代理人姓名的，应当向国务院专利行政部门办理著录事项变更手续，并附具变更理由的证明材料。

第一百二十条 向国务院专利行政部门邮寄有关申请或者专利权的文件，应当使用挂号信函，不得使用包裹。

除首次提交专利申请文件外，向国务院专利行政部门提交各种文件、办理各种手续的，应当标明申请号或者专利号、发明创造名称和申请人或者专利权人姓名或者名称。

一件信函中应当只包含同一申请的文件。

第一百二十一条 各类申请文件应当打字或者印刷，字迹呈黑色，整齐清晰，并不得涂改。附图应当用制图工具和黑色墨水绘制，线条应当均匀清晰，并不得涂改。

请求书、说明书、权利要求书、附图和摘要应当分别用阿拉伯数字顺序编号。

申请文件的文字部分应当横向书写。纸张限于单面使用。

第一百二十二条 国务院专利行政部门根据专利法和本细则制定专利审查指南。

第一百二十三条 本细则自2001年7月1日起施行。1992年12月12日国务院批准修订、1992年12月21日中国专利局发布的《中华人民共和国专利法实施细则》同时废止。

国防专利条例

（2004年国务院、中央军事委员会令第418号）

第一章 总则

第一条 为了保护有关国防的发明专利权，确保国家秘密，便利发明创造的推广应用，促进国防科学技术的发展，适应国防现代化建设的需要，根据《中华人民共和国专利法》，制定本条例。

第二条 国防专利是指涉及国防利益以及对国防建设具有潜在作用需要保密的发明专利。

第三条 国家国防专利机构（以下简称国防专利机构）负责受理和审查国防专利申请。经国防专利机构审查认为符合本条例规定的，由国务院专利行政部门授予国防专利权。

国务院国防科学技术工业主管部门和中国人民解放军总装备部（以下简称总装备部）分别负责地方系统和军队系统的国防专利管理工作。

第四条 涉及国防利益或者对国防建设具有潜在作用被确定为绝密级国家秘密的发明不得申请国防专利。

国防专利申请以及国防专利的保密工作，在解密前依照《中华人民共和国保守国家秘密法》和国家有关规定进行管理。

第五条 国防专利权的保护期限为20年，自申请日起计算。

第六条 国防专利在保护期内，因情况变化需要变更密级、解密或者国防专利权终止后需要延长保密期限的，国防专利机构可以作出变更密级、解密或者延长保密期限的决定；但是对在申请国防专利前已被确定为国家秘密的，应当征得原确定密级和保密期限的机关、单位或者其上级机关的同意。

被授予国防专利权的单位或者个人（以下统称国防专利权人）可以向国防专利机构提出变更密级、解密或者延长保密期限的书面申请；属于国有企业事业单位或者军队单位的，应当附送原确定密级和保密期限的机关、单位或者其上级机关的意见。

国防专利机构应当将变更密级、解密或者延长保密期限的决定，在该机构出版的《国防专利内部通报》上刊登，并通知国防专利权人，同时将解密的国防专利报送国务院专利行政部门转为普通专利。国务院专利行政部门应当及时将解密的国防专利向社会公告。

第七条 国防专利申请权和国防专利权经批准可以向国内的中国单位和个人转让。

转让国防专利申请权或者国防专利权，应当确保国家秘密不被泄露，保证国防和军队建设不受影响，并向国防专利机构提出书面申请，由国防专利机构进行初步审查后依照本条例第三条第二款规定的职责分工，及时报送国务院国防科学技术工业主管部门、总装备部审批。

国务院国防科学技术工业主管部门、总装备部应当自国防专利机构受理申请之日起30日内作出批准或者不批准的决定；作出不批准决定的，应当书面通知申请人并说明理由。

经批准转让国防专利申请权或者国防专利权的，当事人应当订立书面合同，并向国防专利机构登记，由国防专利机构在《国防专利内部通报》上刊登。国防专利申请权或者国防专利权的转让自登记之日起生效。

第八条 禁止向国外的单位和个人以及在国内的外国人和外国机构转让国防专利申请权和国防专利权。

第九条 需要委托专利代理机构申请国防专利和办理其他国防专利事务的，应当委托国防专利机构指定的专利代理机构办理。专利代理机构及其工作人员对在办理国防专利申请和其他国防专利事务过程中知悉的国家秘密，负有保密义务。

第二章 国防专利的申请、审查和授权

第十条 申请国防专利的，应当向国防专利机构提交请求书、说明书及其摘要和权利要求书等文件。

国防专利申请人应当按照国防专利机构规定的要求和统一格式撰写申请文件，并亲自送交或者经过机要通信以及其他保密方式传交国防专利机构，不得按普通函件邮寄。

国防专利机构收到国防专利申请文件之日为申请日；申请文件通过机要通信邮寄的，以寄出的邮戳日为申请日。

第十一条 国防专利机构定期派人到国务院专利行政部门查看普通专利申请，发现其中有涉及国防利益或者对国防建设具有潜在作用需要保密的，经国务院专利行政部门同意后转为国防专利申请，并通知申请人。

普通专利申请转为国防专利申请后，国防专利机构依照本条例的有关规定对该国防专利申请进行审查。

第十二条 授予国防专利权的发明，应当具备新颖性、创造性和实用性。

新颖性，是指在申请日之前没有同样的发明在国外出版物上公开发表过、在国内出版物上发表过、在国内使用过或者以其他方式为公众所知，也没有同样的发明由他人提出过申请并在申请日以后获得国防专利权。

创造性，是指同申请日之前已有的技术相比，该发明有突出的实质性特点和显著的进步。

实用性，是指该发明能够制造或者使用，并且能够产生积极效果。

第十三条 申请国防专利的发明在申请日之前6个月内，有下列情形之一的，不丧失新颖性：

（一）在国务院有关主管部门、中国人民解放军有关主管部门举办的内部展览会上首次展出的；

（二）在国务院有关主管部门、中国人民解放军有关主管部门召开的内部学术会议或者技术会议上首次发表的；

（三）他人未经国防专利申请人同意而泄露其内容的。

有前款所列情形的，国防专利申请人应当在申请时声明，并自申请日起2个月

内提供有关证明文件。

第十四条 国防专利机构对国防专利申请进行审查后，认为不符合本条例规定的，应当通知国防专利申请人在指定的期限内陈述意见或者对其国防专利申请进行修改、补正；无正当理由逾期不答复的，该国防专利申请即被视为撤回。

国防专利申请人在自申请日起6个月内或者在对第一次审查意见通知书进行答复时，可以对其国防专利申请主动提出修改。

申请人对其国防专利申请文件进行修改不得超出原说明书和权利要求书记载的范围。

第十五条 国防专利申请人陈述意见或者对国防专利申请进行修改、补正后，国防专利机构认为仍然不符合本条例规定的，应当予以驳回。

第十六条 国防专利机构设立国防专利复审委员会，负责国防专利的复审和无效宣告工作。

国防专利复审委员会由技术专家和法律专家组成，其主任委员由国防专利机构负责人兼任。

第十七条 国防专利申请人对国防专利机构驳回申请的决定不服的，可以自收到通知之日起3个月内，向国防专利复审委员会请求复审。国防专利复审委员会复审并作出决定后，通知国防专利申请人。

第十八条 国防专利申请经审查认为没有驳回理由或者驳回后经过复审认为不应当驳回的，由国务院专利行政部门作出授予国防专利权的决定，并委托国防专利机构颁发国防专利证书，同时在国务院专利行政部门出版的专利公报上公告该国防专利的申请日、授权日和专利号。国防专利机构应当将该国防专利的有关事项予以登记，并在《国防专利内部通报》上刊登。

第十九条 任何单位或者个人认为国防专利权的授予不符合本条例规定的，可以向国防专利复审委员会提出宣告该国防专利权无效的请求。

第二十条 国防专利复审委员会对宣告国防专利权无效的请求进行审查并作出决定后，通知请求人和国防专利权人。宣告国防专利权无效的决定，国防专利机构应当予以登记并在《国防专利内部通报》上刊登，国务院专利行政部门应当在专利公报上公布。

第三章 国防专利的实施

第二十一条 国防专利机构应当自授予国防专利权之日起3个月内，将该国防专利有关文件副本送交国务院有关主管部门或者中国人民解放军有关主管部门。收到文件副本的部门，应当在4个月内就该国防专利的实施提出书面意见，并通知国防专利机构。

第二十二条 国务院有关主管部门、中国人民解放军有关主管部门，可以允许其指定的单位实施本系统或者本部门内的国防专利；需要指定实施本系统或者本部门以外的国防专利的，应当向国防专利机构提出书面申请，由国防专利机构依照本条例第三条第二款规定的职责分工报国务院国防科学技术工业主管部门、总装备部批准后实施。

国防专利机构对国防专利的指定实施予以登记，并在《国防专利内部通报》上刊登。

第二十三条 实施他人国防专利的

单位应当与国防专利权人订立书面实施合同，依照本条例第二十五条的规定向国防专利权人支付费用，并报国防专利机构备案。实施单位不得允许合同规定以外的单位实施该国防专利。

第二十四条 国防专利权人许可国外的单位或者个人实施其国防专利的，应当确保国家秘密不被泄露，保证国防和军队建设不受影响，并向国防专利机构提出书面申请，由国防专利机构进行初步审查后依照本条例第三条第二款规定的职责分工，及时报送国务院国防科学技术工业主管部门、总装备部审批。

国务院国防科学技术工业主管部门、总装备部应当自国防专利机构受理申请之日起 30 日内作出批准或者不批准的决定；作出不批准决定的，应当书面通知申请人并说明理由。

第二十五条 实施他人国防专利的，应当向国防专利权人支付国防专利使用费。实施使用国家直接投入的国防科研经费或者其他国防经费进行科研活动所产生的国防专利，符合产生该国防专利的经费使用目的的，可以只支付必要的国防专利实施费；但是，科研合同另有约定或者科研任务书另有规定的除外。

前款所称国防专利实施费，是指国防专利实施中发生的为提供技术资料、培训人员以及进一步开发技术等所需的费用。

第二十六条 国防专利指定实施的实施费或者使用费的数额，由国防专利权人与实施单位协商确定；不能达成协议的，由国防专利机构裁决。

第二十七条 国家对国防专利权人给予补偿。国防专利机构在颁发国防专利证书后，向国防专利权人支付国防专利补偿费，具体数额由国防专利机构确定。属于职务发明的，国防专利权人应当将不少于 50% 的补偿费发给发明人。

第四章 国防专利的管理和保护

第二十八条 国防专利机构出版的《国防专利内部通报》属于国家秘密文件，其知悉范围由国防专利机构确定。

《国防专利内部通报》刊登下列内容：

（一）国防专利申请中记载的著录事项；

（二）国防专利的权利要求书；

（三）发明说明书的摘要；

（四）国防专利权的授予；

（五）国防专利权的终止；

（六）国防专利权的无效宣告；

（七）国防专利申请权、国防专利权的转移；

（八）国防专利的指定实施；

（九）国防专利实施许可合同的备案；

（十）国防专利的变更密级、解密；

（十一）国防专利保密期限的延长；

（十二）国防专利权人的姓名或者名称、地址的变更；

（十三）其他有关事项。

第二十九条 国防专利权被授予后，有下列情形之一的，经国防专利机构同意，可以查阅国防专利说明书：

（一）提出宣告国防专利权无效请求的；

（二）需要实施国防专利的；

（三）发生国防专利纠纷的；

（四）因国防科研需要的。

查阅者对其在查阅过程中知悉的国家秘密负有保密义务。

第三十条 国务院有关主管部门、中国人民解放军有关主管部门和各省、自治区、直辖市的国防科学技术工业管理部门应当指定一个机构管理国防专利工作，并通知国防专利机构。该管理国防专利工作的机构在业务上受国防专利机构指导。

承担国防科研、生产任务以及参与军事订货的军队单位、国务院履行出资人职责的企业和国务院直属事业单位，应当指定相应的机构管理本单位的国防专利工作。

第三十一条 国防专利机构应当事人请求，可以对下列国防专利纠纷进行调解：

（一）国防专利申请权和国防专利权归属纠纷；

（二）国防专利发明人资格纠纷；

（三）职务发明的发明人的奖励和报酬纠纷；

（四）国防专利使用费和实施费纠纷。

第三十二条 除《中华人民共和国专利法》和本条例另有规定的以外，未经国防专利权人许可实施其国防专利，即侵犯其国防专利权，引起纠纷的，由当事人协商解决；不愿协商或者协商不成的，国防专利权人或者利害关系人可以向人民法院起诉，也可以请求国防专利机构处理。

第三十三条 违反本条例规定，泄露国家秘密的，依照《中华人民共和国保守国家秘密法》和国家有关规定处理。

第五章 附 则

第三十四条 向国防专利机构申请国防专利和办理其他手续，应当按照规定缴纳费用。

第三十五条 《中华人民共和国专利法》和《中华人民共和国专利法实施细则》的有关规定适用于国防专利，但本条例有专门规定的依照本条例的规定执行。

第三十六条 本条例自2004年11月1日起施行。1990年7月30日国务院、中央军事委员会批准的《国防专利条例》同时废止。

中华人民共和国商标法

(2019年修正)

(1982年8月23日第五届全国人民代表大会常务委员会第二十四次会议通过 根据1993年2月22日第七届全国人民代表大会常务委员会第三十次会议《关于修改〈中华人民共和国商标法〉的决定》第一次修正 根据2001年10月27日第九届全国人民代表大会常务委员会第二十四次会议《关于修改〈中华人民共和国商标法〉的决定》第二次修正 根据2013年8月30日第十二届全国人民代表大会常务委员会第四次会议《关于修改〈中华人民共和国商标法〉的决定》第三次修正 根据2019年4月23日第十三届全国人民代表大会常务委员会第十次会议《关于修改〈中华人民共和国建筑法〉等八部法律的决定》第四次修正)

目 录

第一章 总 则
第二章 商标注册的申请
第三章 商标注册的审查和核准
第四章 注册商标的续展、变更、转让和使用许可
第五章 注册商标的无效宣告
第六章 商标使用的管理
第七章 注册商标专用权的保护
第八章 附 则

第一章 总 则

第一条 为了加强商标管理,保护商标专用权,促使生产、经营者保证商品和服务质量,维护商标信誉,以保障消费者和生产、经营者的利益,促进社会主义市场经济的发展,特制定本法。

第二条 国务院工商行政管理部门商标局主管全国商标注册和管理的工作。

国务院工商行政管理部门设立商标评审委员会,负责处理商标争议事宜。

第三条 经商标局核准注册的商标为注册商标,包括商品商标、服务商标和集体商标、证明商标;商标注册人享有商标专用权,受法律保护。

本法所称集体商标,是指以团体、协会或者其他组织名义注册,供该组织成员在商事活动中使用,以表明使用者在该组织中的成员资格的标志。

本法所称证明商标,是指由对某种商品或者服务具有监督能力的组织所控制,而由该组织以外的单位或者个人使用于其商品或者服务,用以证明该商品或者服务的原产地、原料、制造方法、质量或者其他特定品质的标志。

集体商标、证明商标注册和管理的特殊事项,由国务院工商行政管理部门

规定。

第四条 自然人、法人或者其他组织在生产经营活动中，对其商品或者服务需要取得商标专用权的，应当向商标局申请商标注册。不以使用为目的的恶意商标注册申请，应当予以驳回。

本法有关商品商标的规定，适用于服务商标。

第五条 两个以上的自然人、法人或者其他组织可以共同向商标局申请注册同一商标，共同享有和行使该商标专用权。

第六条 法律、行政法规规定必须使用注册商标的商品，必须申请商标注册，未经核准注册的，不得在市场销售。

第七条 申请注册和使用商标，应当遵循诚实信用原则。

商标使用人应当对其使用商标的商品质量负责。各级工商行政管理部门应当通过商标管理，制止欺骗消费者的行为。

第八条 任何能够将自然人、法人或者其他组织的商品与他人的商品区别开的标志，包括文字、图形、字母、数字、三维标志、颜色组合和声音等，以及上述要素的组合，均可以作为商标申请注册。

第九条 申请注册的商标，应当有显著特征，便于识别，并不得与他人在先取得的合法权利相冲突。

商标注册人有权标明"注册商标"或者注册标记。

第十条 下列标志不得作为商标使用：

（一）同中华人民共和国的国家名称、国旗、国徽、国歌、军旗、军徽、军歌、勋章等相同或者近似的，以及同中央国家机关的名称、标志、所在地特定地点的名称或者标志性建筑物的名称、图形相同的；

（二）同外国的国家名称、国旗、国徽、军旗等相同或者近似的，但经该国政府同意的除外；

（三）同政府间国际组织的名称、旗帜、徽记等相同或者近似的，但经该组织同意或者不易误导公众的除外；

（四）与表明实施控制、予以保证的官方标志、检验印记相同或者近似的，但经授权的除外；

（五）同"红十字"、"红新月"的名称、标志相同或者近似的；

（六）带有民族歧视性的；

（七）带有欺骗性，容易使公众对商品的质量等特点或者产地产生误认的；

（八）有害于社会主义道德风尚或者有其他不良影响的。

县级以上行政区划的地名或者公众知晓的外国地名，不得作为商标。但是，地名具有其他含义或者作为集体商标、证明商标组成部分的除外；已经注册的使用地名的商标继续有效。

第十一条 下列标志不得作为商标注册：

（一）仅有本商品的通用名称、图形、型号的；

（二）仅直接表示商品的质量、主要原料、功能、用途、重量、数量及其他特点的；

（三）其他缺乏显著特征的。

前款所列标志经过使用取得显著特征，并便于识别的，可以作为商标注册。

第十二条 以三维标志申请注册商标的，仅由商品自身的性质产生的形状、为获得技术效果而需有的商品形状或者使商品具有实质性价值的形状，不得注册。

第十三条 为相关公众所熟知的商标，持有人认为其权利受到侵害时，可以依照本法规定请求驰名商标保护。

就相同或者类似商品申请注册的商标是复制、摹仿或者翻译他人未在中国注册的驰名商标，容易导致混淆的，不予注册并禁止使用。

就不相同或者不相类似商品申请注册的商标是复制、摹仿或者翻译他人已经在中国注册的驰名商标，误导公众，致使该驰名商标注册人的利益可能受到损害的，不予注册并禁止使用。

第十四条 驰名商标应当根据当事人的请求，作为处理涉及商标案件需要认定的事实进行认定。认定驰名商标应当考虑下列因素：

（一）相关公众对该商标的知晓程度；

（二）该商标使用的持续时间；

（三）该商标的任何宣传工作的持续时间、程度和地理范围；

（四）该商标作为驰名商标受保护的记录；

（五）该商标驰名的其他因素。

在商标注册审查、工商行政管理部门查处商标违法案件过程中，当事人依照本法第十三条规定主张权利的，商标局根据审查、处理案件的需要，可以对商标驰名情况作出认定。

在商标争议处理过程中，当事人依照本法第十三条规定主张权利的，商标评审委员会根据处理案件的需要，可以对商标驰名情况作出认定。

在商标民事、行政案件审理过程中，当事人依照本法第十三条规定主张权利的，最高人民法院指定的人民法院根据审理案件的需要，可以对商标驰名情况作出认定。

生产、经营者不得将"驰名商标"字样用于商品、商品包装或者容器上，或者用于广告宣传、展览以及其他商业活动中。

第十五条 未经授权，代理人或者代表人以自己的名义将被代理人或者被代表人的商标进行注册，被代理人或者被代表人提出异议的，不予注册并禁止使用。

就同一种商品或者类似商品申请注册的商标与他人在先使用的未注册商标相同或者近似，申请人与该他人具有前款规定以外的合同、业务往来关系或者其他关系而明知该他人商标存在，该他人提出异议的，不予注册。

第十六条 商标中有商品的地理标志，而该商品并非来源于该标志所标示的地区，误导公众的，不予注册并禁止使用；但是，已经善意取得注册的继续有效。

前款所称地理标志，是指标示某商品来源于某地区，该商品的特定质量、信誉或者其他特征，主要由该地区的自然因素或者人文因素所决定的标志。

第十七条 外国人或者外国企业在中国申请商标注册的，应当按其所属国和中华人民共和国签订的协议或者共同参加的国际条约办理，或者按对等原则办理。

第十八条 申请商标注册或者办理其他商标事宜，可以自行办理，也可以委托依法设立的商标代理机构办理。

外国人或者外国企业在中国申请商标注册和办理其他商标事宜的，应当委托依法设立的商标代理机构办理。

第十九条 商标代理机构应当遵循诚实信用原则，遵守法律、行政法规，按照被代理人的委托办理商标注册申请或者其他商标事宜；对在代理过程中知悉的被代理人的商业秘密，负有保密义务。

委托人申请注册的商标可能存在本法规定不得注册情形的，商标代理机构应当明确告知委托人。

商标代理机构知道或者应当知道委托人申请注册的商标属于本法第四条、第十五条和第三十二条规定情形的，不得接受其委托。

商标代理机构除对其代理服务申请商标注册外，不得申请注册其他商标。

第二十条　商标代理行业组织应当按照章程规定，严格执行吸纳会员的条件，对违反行业自律规范的会员实行惩戒。商标代理行业组织对其吸纳的会员和对会员的惩戒情况，应当及时向社会公布。

第二十一条　商标国际注册遵循中华人民共和国缔结或者参加的有关国际条约确立的制度，具体办法由国务院规定。

第二章　商标注册的申请

第二十二条　商标注册申请人应当按规定的商品分类表填报使用商标的商品类别和商品名称，提出注册申请。

商标注册申请人可以通过一份申请就多个类别的商品申请注册同一商标。

商标注册申请等有关文件，可以以书面方式或者数据电文方式提出。

第二十三条　注册商标需要在核定使用范围之外的商品上取得商标专用权的，应当另行提出注册申请。

第二十四条　注册商标需要改变其标志的，应当重新提出注册申请。

第二十五条　商标注册申请人自其商标在外国第一次提出商标注册申请之日起六个月内，又在中国就相同商品以同一商标提出商标注册申请的，依照该外国同中国签订的协议或者共同参加的国际条约，或者按照相互承认优先权的原则，可以享有优先权。

依照前款要求优先权的，应当在提出商标注册申请的时候提出书面声明，并且在三个月内提交第一次提出的商标注册申请文件的副本；未提出书面声明或者逾期未提交商标注册申请文件副本的，视为未要求优先权。

第二十六条　商标在中国政府主办的或者承认的国际展览会展出的商品上首次使用的，自该商品展出之日起六个月内，该商标的注册申请人可以享有优先权。

依照前款要求优先权的，应当在提出商标注册申请的时候提出书面声明，并且在三个月内提交展出其商品的展览会名称、在展出商品上使用该商标的证据、展出日期等证明文件；未提出书面声明或者逾期未提交证明文件的，视为未要求优先权。

第二十七条　为申请商标注册所申报的事项和所提供的材料应当真实、准确、完整。

第三章　商标注册的审查和核准

第二十八条　对申请注册的商标，商标局应当自收到商标注册申请文件之日起九个月内审查完毕，符合本法有关规定的，予以初步审定公告。

第二十九条　在审查过程中，商标局认为商标注册申请内容需要说明或者修正的，可以要求申请人做出说明或者修正。申请人未做出说明或者修正的，不影响商标局做出审查决定。

第三十条 申请注册的商标，凡不符合本法有关规定或者同他人在同一种商品或者类似商品上已经注册的或者初步审定的商标相同或者近似的，由商标局驳回申请，不予公告。

第三十一条 两个或者两个以上的商标注册申请人，在同一种商品或者类似商品上，以相同或者近似的商标申请注册的，初步审定并公告申请在先的商标；同一天申请的，初步审定并公告使用在先的商标，驳回其他人的申请，不予公告。

第三十二条 申请商标注册不得损害他人现有的在先权利，也不得以不正当手段抢先注册他人已经使用并有一定影响的商标。

第三十三条 对初步审定公告的商标，自公告之日起三个月内，在先权利人、利害关系人认为违反本法第十三条第二款和第三款、第十五条、第十六条第一款、第三十条、第三十一条、第三十二条规定的，或者任何人认为违反本法第四条、第十条、第十一条、第十二条、第十九条第四款规定的，可以向商标局提出异议。公告期满无异议的，予以核准注册，发给商标注册证，并予公告。

第三十四条 对驳回申请、不予公告的商标，商标局应当书面通知商标注册申请人。商标注册申请人不服的，可以自收到通知之日起十五日内向商标评审委员会申请复审。商标评审委员会应当自收到申请之日起九个月内做出决定，并书面通知申请人。有特殊情况需要延长的，经国务院工商行政管理部门批准，可以延长三个月。当事人对商标评审委员会的决定不服的，可以自收到通知之日起三十日内向人民法院起诉。

第三十五条 对初步审定公告的商标提出异议的，商标局应当听取异议人和被异议人陈述事实和理由，经调查核实后，自公告期满之日起十二个月内做出是否准予注册的决定，并书面通知异议人和被异议人。有特殊情况需要延长的，经国务院工商行政管理部门批准，可以延长六个月。

商标局做出准予注册决定的，发给商标注册证，并予公告。异议人不服的，可以依照本法第四十四条、第四十五条的规定向商标评审委员会请求宣告该注册商标无效。

商标局做出不予注册决定，被异议人不服的，可以自收到通知之日起十五日内向商标评审委员会申请复审。商标评审委员会应当自收到申请之日起十二个月内做出复审决定，并书面通知异议人和被异议人。有特殊情况需要延长的，经国务院工商行政管理部门批准，可以延长六个月。被异议人对商标评审委员会的决定不服的，可以自收到通知之日起三十日内向人民法院起诉。人民法院应当通知异议人作为第三人参加诉讼。

商标评审委员会在依照前款规定进行复审的过程中，所涉及的在先权利的确定必须以人民法院正在审理或者行政机关正在处理的另一案件的结果为依据的，可以中止审查。中止原因消除后，应当恢复审查程序。

第三十六条 法定期限届满，当事人对商标局做出的驳回申请决定、不予注册决定不申请复审或者对商标评审委员会做出的复审决定不向人民法院起诉的，驳回申请决定、不予注册决定或者复审决定生效。

经审查异议不成立而准予注册的商标，商标注册申请人取得商标专用权的时间自初步审定公告三个月期满之日起计算。自该商标公告期满之日起至准予注册决定做出前，对他人在同一种或者类似商品上使用与该商标相同或者近似的标志的行为不具有追溯力；但是，因该使用人的恶意给商标注册人造成的损失，应当给予赔偿。

第三十七条 对商标注册申请和商标复审申请应当及时进行审查。

第三十八条 商标注册申请人或者注册人发现商标申请文件或者注册文件有明显错误的，可以申请更正。商标局依法在其职权范围内作出更正，并通知当事人。

前款所称更正错误不涉及商标申请文件或者注册文件的实质性内容。

第四章 注册商标的续展、变更、转让和使用许可

第三十九条 注册商标的有效期为十年，自核准注册之日起计算。

第四十条 注册商标有效期满，需要继续使用的，商标注册人应当在期满前十二个月内按照规定办理续展手续；在此期间未能办理的，可以给予六个月的宽展期。每次续展注册的有效期为十年，自该商标上一届有效期满次日起计算。期满未办理续展手续的，注销其注册商标。

商标局应当对续展注册的商标予以公告。

第四十一条 注册商标需要变更注册人的名义、地址或者其他注册事项的，应当提出变更申请。

第四十二条 转让注册商标的，转让人和受让人应当签订转让协议，并共同向商标局提出申请。受让人应当保证使用该注册商标的商品质量。

转让注册商标的，商标注册人对其在同一种商品上注册的近似的商标，或者在类似商品上注册的相同或者近似的商标，应当一并转让。

对容易导致混淆或者有其他不良影响的转让，商标局不予核准，书面通知申请人并说明理由。

转让注册商标经核准后，予以公告。受让人自公告之日起享有商标专用权。

第四十三条 商标注册人可以通过签订商标使用许可合同，许可他人使用其注册商标。许可人应当监督被许可人使用其注册商标的商品质量。被许可人应当保证使用该注册商标的商品质量。

经许可使用他人注册商标的，必须在使用该注册商标的商品上标明被许可人的名称和商品产地。

许可他人使用其注册商标的，许可人应当将其商标使用许可报商标局备案，由商标局公告。商标使用许可未经备案不得对抗善意第三人。

第五章 注册商标的无效宣告

第四十四条 已经注册的商标，违反本法第四条、第十条、第十一条、第十二条、第十九条第四款规定的，或者是以欺骗手段或者其他不正当手段取得注册的，由商标局宣告该注册商标无效；其他单位或者个人可以请求商标评审委员会宣告该注册商标无效。

商标局做出宣告注册商标无效的决定，应当书面通知当事人。当事人对商标局的决定不服的，可以自收到通知之日起十五日内向商标评审委员会申请复审。商

标评审委员会应当自收到申请之日起九个月内做出决定,并书面通知当事人。有特殊情况需要延长的,经国务院工商行政管理部门批准,可以延长三个月。当事人对商标评审委员会的决定不服的,可以自收到通知之日起三十日内向人民法院起诉。

其他单位或者个人请求商标评审委员会宣告注册商标无效的,商标评审委员会收到申请后,应当书面通知有关当事人,并限期提出答辩。商标评审委员会应当自收到申请之日起九个月内做出维持注册商标或者宣告注册商标无效的裁定,并书面通知当事人。有特殊情况需要延长的,经国务院工商行政管理部门批准,可以延长三个月。当事人对商标评审委员会的裁定不服的,可以自收到通知之日起三十日内向人民法院起诉。人民法院应当通知商标裁定程序的对方当事人作为第三人参加诉讼。

第四十五条 已经注册的商标,违反本法第十三条第二款和第三款、第十五条、第十六条第一款、第三十条、第三十一条、第三十二条规定的,自商标注册之日起五年内,在先权利人或者利害关系人可以请求商标评审委员会宣告该注册商标无效。对恶意注册的,驰名商标所有人不受五年的时间限制。

商标评审委员会收到宣告注册商标无效的申请后,应当书面通知有关当事人,并限期提出答辩。商标评审委员会应当自收到申请之日起十二个月内做出维持注册商标或者宣告注册商标无效的裁定,并书面通知当事人。有特殊情况需要延长的,经国务院工商行政管理部门批准,可以延长六个月。当事人对商标评审委员会的裁定不服的,可以自收到通知之日起三十日内向人民法院起诉。人民法院应当通知商标裁定程序的对方当事人作为第三人参加诉讼。

商标评审委员会在依照前款规定对无效宣告请求进行审查的过程中,所涉及的在先权利的确定必须以人民法院正在审理或者行政机关正在处理的另一案件的结果为依据的,可以中止审查。中止原因消除后,应当恢复审查程序。

第四十六条 法定期限届满,当事人对商标局宣告注册商标无效的决定不申请复审或者对商标评审委员会的复审决定、维持注册商标或者宣告注册商标无效的裁定不向人民法院起诉的,商标局的决定或者商标评审委员会的复审决定、裁定生效。

第四十七条 依照本法第四十四条、第四十五条的规定宣告无效的注册商标,由商标局予以公告,该注册商标专用权视为自始即不存在。

宣告注册商标无效的决定或者裁定,对宣告无效前人民法院做出并已执行的商标侵权案件的判决、裁定、调解书和工商行政管理部门做出并已执行的商标侵权案件的处理决定以及已经履行的商标转让或者使用许可合同不具有追溯力。但是,因商标注册人的恶意给他人造成的损失,应当给予赔偿。

依照前款规定不返还商标侵权赔偿金、商标转让费、商标使用费,明显违反公平原则的,应当全部或者部分返还。

第六章 商标使用的管理

第四十八条 本法所称商标的使用,是指将商标用于商品、商品包装或者容器以及商品交易文书上,或者将商标用于广告宣传、展览以及其他商业活动中，用于识别商品来源的行为。

第四十九条　商标注册人在使用注册商标的过程中，自行改变注册商标、注册人名义、地址或者其他注册事项的，由地方工商行政管理部门责令限期改正；期满不改正的，由商标局撤销其注册商标。

注册商标成为其核定使用的商品的通用名称或者没有正当理由连续三年不使用的，任何单位或者个人可以向商标局申请撤销该注册商标。商标局应当自收到申请之日起九个月内做出决定。有特殊情况需要延长的，经国务院工商行政管理部门批准，可以延长三个月。

第五十条　注册商标被撤销、被宣告无效或者期满不再续展的，自撤销、宣告无效或者注销之日起一年内，商标局对与该商标相同或者近似的商标注册申请，不予核准。

第五十一条　违反本法第六条规定的，由地方工商行政管理部门责令限期申请注册，违法经营额五万元以上的，可以处违法经营额百分之二十以下的罚款，没有违法经营额或者违法经营额不足五万元的，可以处一万元以下的罚款。

第五十二条　将未注册商标冒充注册商标使用的，或者使用未注册商标违反本法第十条规定的，由地方工商行政管理部门予以制止，限期改正，并可以予以通报，违法经营额五万元以上的，可以处违法经营额百分之二十以下的罚款，没有违法经营额或者违法经营额不足五万元的，可以处一万元以下的罚款。

第五十三条　违反本法第十四条第五款规定的，由地方工商行政管理部门责令改正，处十万元罚款。

第五十四条　对商标局撤销或者不予撤销注册商标的决定，当事人不服的，可以自收到通知之日起十五日内向商标评审委员会申请复审。商标评审委员会应当自收到申请之日起九个月内做出决定，并书面通知当事人。有特殊情况需要延长的，经国务院工商行政管理部门批准，可以延长三个月。当事人对商标评审委员会的决定不服的，可以自收到通知之日起三十日内向人民法院起诉。

第五十五条　法定期限届满，当事人对商标局做出的撤销注册商标的决定不申请复审或者对商标评审委员会做出的复审决定不向人民法院起诉的，撤销注册商标的决定、复审决定生效。

被撤销的注册商标，由商标局予以公告，该注册商标专用权自公告之日起终止。

第七章　注册商标专用权的保护

第五十六条　注册商标的专用权，以核准注册的商标和核定使用的商品为限。

第五十七条　有下列行为之一的，均属侵犯注册商标专用权：

（一）未经商标注册人的许可，在同一种商品上使用与其注册商标相同的商标的；

（二）未经商标注册人的许可，在同一种商品上使用与其注册商标近似的商标，或者在类似商品上使用与其注册商标相同或者近似的商标，容易导致混淆的；

（三）销售侵犯注册商标专用权的商品的；

（四）伪造、擅自制造他人注册商标标识或者销售伪造、擅自制造的注册商标标识的；

（五）未经商标注册人同意，更换其注册商标并将该更换商标的商品又投入市场的；

（六）故意为侵犯他人商标专用权行为提供便利条件，帮助他人实施侵犯商标专用权行为的；

（七）给他人的注册商标专用权造成其他损害的。

第五十八条 将他人注册商标、未注册的驰名商标作为企业名称中的字号使用，误导公众，构成不正当竞争行为的，依照《中华人民共和国反不正当竞争法》处理。

第五十九条 注册商标中含有的本商品的通用名称、图形、型号，或者直接表示商品的质量、主要原料、功能、用途、重量、数量及其他特点，或者含有的地名，注册商标专用权人无权禁止他人正当使用。

三维标志注册商标中含有的商品自身的性质产生的形状、为获得技术效果而需有的商品形状或者使商品具有实质性价值的形状，注册商标专用权人无权禁止他人正当使用。

商标注册人申请商标注册前，他人已经在同一种商品或者类似商品上先于商标注册人使用与注册商标相同或者近似并有一定影响的商标的，注册商标专用权人无权禁止该使用人在原使用范围内继续使用该商标，但可以要求其附加适当区别标识。

第六十条 有本法第五十七条所列侵犯注册商标专用权行为之一，引起纠纷的，由当事人协商解决；不愿协商或者协商不成的，商标注册人或者利害关系人可以向人民法院起诉，也可以请求工商行政管理部门处理。

工商行政管理部门处理时，认定侵权行为成立的，责令立即停止侵权行为，没收、销毁侵权商品和主要用于制造侵权商品、伪造注册商标标识的工具，违法经营额五万元以上的，可以处违法经营额五倍以下的罚款，没有违法经营额或者违法经营额不足五万元的，可以处二十五万元以下的罚款。对五年内实施两次以上商标侵权行为或者有其他严重情节的，应当从重处罚。销售不知道是侵犯注册商标专用权的商品，能证明该商品是自己合法取得并说明提供者的，由工商行政管理部门责令停止销售。

对侵犯商标专用权的赔偿数额的争议，当事人可以请求进行处理的工商行政管理部门调解，也可以依照《中华人民共和国民事诉讼法》向人民法院起诉。经工商行政管理部门调解，当事人未达成协议或者调解书生效后不履行的，当事人可以依照《中华人民共和国民事诉讼法》向人民法院起诉。

第六十一条 对侵犯注册商标专用权的行为，工商行政管理部门有权依法查处；涉嫌犯罪的，应当及时移送司法机关依法处理。

第六十二条 县级以上工商行政管理部门根据已经取得的违法嫌疑证据或者举报，对涉嫌侵犯他人注册商标专用权的行为进行查处时，可以行使下列职权：

（一）询问有关当事人，调查与侵犯他人注册商标专用权有关的情况；

（二）查阅、复制当事人与侵权活动有关的合同、发票、账簿以及其他有关资料；

（三）对当事人涉嫌从事侵犯他人注

册商标专用权活动的场所实施现场检查；

（四）检查与侵权活动有关的物品；对有证据证明是侵犯他人注册商标专用权的物品，可以查封或者扣押。

工商行政管理部门依法行使前款规定的职权时，当事人应当予以协助、配合，不得拒绝、阻挠。

在查处商标侵权案件过程中，对商标权属存在争议或者权利人同时向人民法院提起商标侵权诉讼的，工商行政管理部门可以中止案件的查处。中止原因消除后，应当恢复或者终结案件查处程序。

第六十三条 侵犯商标专用权的赔偿数额，按照权利人因被侵权所受到的实际损失确定；实际损失难以确定的，可以按照侵权人因侵权所获得的利益确定；权利人的损失或者侵权人获得的利益难以确定的，参照该商标许可使用费的倍数合理确定。对恶意侵犯商标专用权，情节严重的，可以在按照上述方法确定数额的一倍以上五倍以下确定赔偿数额。赔偿数额应当包括权利人为制止侵权行为所支付的合理开支。

人民法院为确定赔偿数额，在权利人已经尽力举证，而与侵权行为相关的账簿、资料主要由侵权人掌握的情况下，可以责令侵权人提供与侵权行为相关的账簿、资料；侵权人不提供或者提供虚假的账簿、资料的，人民法院可以参考权利人的主张和提供的证据判定赔偿数额。

权利人因被侵权所受到的实际损失、侵权人因侵权所获得的利益、注册商标许可使用费难以确定的，由人民法院根据侵权行为的情节判决给予五百万元以下的赔偿。

人民法院审理商标纠纷案件，应权利人请求，对属于假冒注册商标的商品，除特殊情况外，责令销毁；对主要用于制造假冒注册商标的商品的材料、工具，责令销毁，且不予补偿；或者在特殊情况下，责令禁止前述材料、工具进入商业渠道，且不予补偿。

假冒注册商标的商品不得在仅去除假冒注册商标后进入商业渠道。

第六十四条 注册商标专用权人请求赔偿，被控侵权人以注册商标专用权人未使用注册商标提出抗辩的，人民法院可以要求注册商标专用权人提供此前三年内实际使用该注册商标的证据。注册商标专用权人不能证明此前三年内实际使用过该注册商标，也不能证明因侵权行为受到其他损失的，被控侵权人不承担赔偿责任。

销售不知道是侵犯注册商标专用权的商品，能证明该商品是自己合法取得并说明提供者的，不承担赔偿责任。

第六十五条 商标注册人或者利害关系人有证据证明他人正在实施或者即将实施侵犯其注册商标专用权的行为，如不及时制止将会使其合法权益受到难以弥补的损害的，可以依法在起诉前向人民法院申请采取责令停止有关行为和财产保全的措施。

第六十六条 为制止侵权行为，在证据可能灭失或者以后难以取得的情况下，商标注册人或者利害关系人可以依法在起诉前向人民法院申请保全证据。

第六十七条 未经商标注册人许可，在同一种商品上使用与其注册商标相同的商标，构成犯罪的，除赔偿被侵权人的损失外，依法追究刑事责任。

伪造、擅自制造他人注册商标标识或者销售伪造、擅自制造的注册商标标识，构成犯罪的,除赔偿被侵权人的损失外,依法追究刑事责任。

销售明知是假冒注册商标的商品,构成犯罪的,除赔偿被侵权人的损失外,依法追究刑事责任。

第六十八条 商标代理机构有下列行为之一的,由工商行政管理部门责令限期改正,给予警告,处一万元以上十万元以下的罚款;对直接负责的主管人员和其他直接责任人员给予警告,处五千元以上五万元以下的罚款;构成犯罪的,依法追究刑事责任:

(一)办理商标事宜过程中,伪造、变造或者使用伪造、变造的法律文件、印章、签名的;

(二)以诋毁其他商标代理机构等手段招徕商标代理业务或者以其他不正当手段扰乱商标代理市场秩序的;

(三)违反本法第四条、第十九条第三款和第四款规定的。

商标代理机构有前款规定行为的,由工商行政管理部门记入信用档案;情节严重的,商标局、商标评审委员会并可以决定停止受理其办理商标代理业务,予以公告。

商标代理机构违反诚实信用原则,侵害委托人合法利益的,应当依法承担民事责任,并由商标代理行业组织按照章程规定予以惩戒。

对恶意申请商标注册的,根据情节给予警告、罚款等行政处罚;对恶意提起商标诉讼的,由人民法院依法给予处罚。

第六十九条 从事商标注册、管理和复审工作的国家机关工作人员必须秉公执法,廉洁自律,忠于职守,文明服务。

商标局、商标评审委员会以及从事商标注册、管理和复审工作的国家机关工作人员不得从事商标代理业务和商品生产经营活动。

第七十条 工商行政管理部门应当建立健全内部监督制度,对负责商标注册、管理和复审工作的国家机关工作人员执行法律、行政法规和遵守纪律的情况,进行监督检查。

第七十一条 从事商标注册、管理和复审工作的国家机关工作人员玩忽职守、滥用职权、徇私舞弊,违法办理商标注册、管理和复审事项,收受当事人财物,牟取不正当利益,构成犯罪的,依法追究刑事责任;尚不构成犯罪的,依法给予处分。

第八章 附 则

第七十二条 申请商标注册和办理其他商标事宜的,应当缴纳费用,具体收费标准另定。

第七十三条 本法自1983年3月1日起施行。1963年4月10日国务院公布的《商标管理条例》同时废止;其他有关商标管理的规定,凡与本法抵触的,同时失效。

本法施行前已经注册的商标继续有效。

中华人民共和国商标法实施条例

（2014年修订）

（2002年8月3日中华人民共和国国务院令第358号公布　2014年4月29日中华人民共和国国务院令第651号修订）

第一章　总　则

第一条　根据《中华人民共和国商标法》（以下简称商标法），制定本条例。

第二条　本条例有关商品商标的规定，适用于服务商标。

第三条　商标持有人依照商标法第十三条规定请求驰名商标保护的，应当提交其商标构成驰名商标的证据材料。商标局、商标评审委员会应当依照商标法第十四条的规定，根据审查、处理案件的需要以及当事人提交的证据材料，对其商标驰名情况作出认定。

第四条　商标法第十六条规定的地理标志，可以依照商标法和本条例的规定，作为证明商标或者集体商标申请注册。

以地理标志作为证明商标注册的，其商品符合使用该地理标志条件的自然人、法人或者其他组织可以要求使用该证明商标，控制该证明商标的组织应当允许。以地理标志作为集体商标注册的，其商品符合使用该地理标志条件的自然人、法人或者其他组织，可以要求参加以该地理标志作为集体商标注册的团体、协会或者其他组织，该团体、协会或者其他组织应当依据其章程接纳为会员；不要求参加以该地理标志作为集体商标注册的团体、协会或者其他组织的，也可以正当使用该地理标志，该团体、协会或者其他组织无权禁止。

第五条　当事人委托商标代理机构申请商标注册或者办理其他商标事宜，应当提交代理委托书。代理委托书应当载明代理内容及权限；外国人或者外国企业的代理委托书还应当载明委托人的国籍。

外国人或者外国企业的代理委托书及与其有关的证明文件的公证、认证手续，按照对等原则办理。

申请商标注册或者转让商标，商标注册申请人或者商标转让受让人为外国人或者外国企业的，应当在申请书中指定中国境内接收人负责接收商标局、商标评审委员会后继商标业务的法律文件。商标局、商标评审委员会后继商标业务的法律文件向中国境内接收人送达。

商标法第十八条所称外国人或者外国企业，是指在中国没有经常居所或者营业所的外国人或者外国企业。

第六条　申请商标注册或者办理其他商标事宜，应当使用中文。

依照商标法和本条例规定提交的各种证件、证明文件和证据材料是外文的，应当附送中文译文；未附送的，视为未提交该证件、证明文件或者证据材料。

第七条 商标局、商标评审委员会工作人员有下列情形之一的，应当回避，当事人或者利害关系人可以要求其回避：

（一）是当事人或者当事人、代理人的近亲属的；

（二）与当事人、代理人有其他关系，可能影响公正的；

（三）与申请商标注册或者办理其他商标事宜有利害关系的。

第八条 以商标法第二十二条规定的数据电文方式提交商标注册申请等有关文件，应当按照商标局或者商标评审委员会的规定通过互联网提交。

第九条 除本条例第十八条规定的情形外，当事人向商标局或者商标评审委员会提交文件或者材料的日期，直接递交的，以递交日为准；邮寄的，以寄出的邮戳日为准；邮戳日不清晰或者没有邮戳的，以商标局或者商标评审委员会实际收到日为准，但是当事人能够提出实际邮戳日证据的除外。通过邮政企业以外的快递企业递交的，以快递企业收寄日为准；收寄日不明确的，以商标局或者商标评审委员会实际收到日为准，但是当事人能够提出实际收寄日证据的除外。以数据电文方式提交的，以进入商标局或者商标评审委员会电子系统的日期为准。

当事人向商标局或者商标评审委员会邮寄文件，应当使用给据邮件。

当事人向商标局或者商标评审委员会提交文件，以书面方式提交的，以商标局或者商标评审委员会所存档案记录为准；以数据电文方式提交的，以商标局或者商标评审委员会数据库记录为准，但是当事人确有证据证明商标局或者商标评审委员会档案、数据库记录有错误的除外。

第十条 商标局或者商标评审委员会的各种文件，可以通过邮寄、直接递交、数据电文或者其他方式送达当事人；以数据电文方式送达当事人的，应当经当事人同意。当事人委托商标代理机构的，文件送达商标代理机构视为送达当事人。

商标局或者商标评审委员会向当事人送达各种文件的日期，邮寄的，以当事人收到的邮戳日为准；邮戳日不清晰或者没有邮戳的，自文件发出之日起满15日视为送达当事人，但是当事人能够证明实际收到日的除外；直接递交的，以递交日为准；以数据电文送达的，自文件发出之日起满15日视为送达当事人，但是当事人能够证明文件进入其电子系统日期的除外。文件通过上述方式无法送达的，可以通过公告方式送达，自公告发布之日起满30日，该文件视为送达当事人。

第十一条 下列期间不计入商标审查、审理期限：

（一）商标局、商标评审委员会文件公告送达的期间；

（二）当事人需要补充证据或者补正文件的期间以及因当事人更换需要重新答辩的期间；

（三）同日申请提交使用证据及协商、抽签需要的期间；

（四）需要等待优先权确定的期间；

（五）审查、审理过程中，依案件申请人的请求等待在先权利案件审理结果的期间。

第十二条 除本条第二款规定的情

形外，商标法和本条例规定的各种期限开始的当日不计算在期限内。期限以年或者月计算的，以期限最后一月的相应日为期限届满日；该月无相应日的，以该月最后一日为期限届满日；期限届满日是节假日的，以节假日后的第一个工作日为期限届满日。

商标法第三十九条、第四十条规定的注册商标有效期从法定日开始起算，期限最后一月相应日的前一日为期限届满日，该月无相应日的，以该月最后一日为期限届满日。

第二章　商标注册的申请

第十三条　申请商标注册，应当按照公布的商品和服务分类表填报。每一件商标注册申请应当向商标局提交《商标注册申请书》1份、商标图样1份；以颜色组合或者着色图样申请商标注册的，应当提交着色图样，并提交黑白稿1份；不指定颜色的，应当提交黑白图样。

商标图样应当清晰，便于粘贴，用光洁耐用的纸张印制或者用照片代替，长和宽应当不大于10厘米，不小于5厘米。

以三维标志申请商标注册的，应当在申请书中予以声明，说明商标的使用方式，并提交能够确定三维形状的图样，提交的商标图样应当至少包含三面视图。

以颜色组合申请商标注册的，应当在申请书中予以声明，说明商标的使用方式。

以声音标志申请商标注册的，应当在申请书中予以声明，提交符合要求的声音样本，对申请注册的声音商标进行描述，说明商标的使用方式。对声音商标进行描述，应当以五线谱或者简谱对申请用作商标的声音加以描述并附加文字说明；无法以五线谱或者简谱描述的，应当以文字加以描述；商标描述与声音样本应当一致。

申请注册集体商标、证明商标的，应当在申请书中予以声明，并提交主体资格证明文件和使用管理规则。

商标为外文或者包含外文的，应当说明含义。

第十四条　申请商标注册的，申请人应当提交其身份证明文件。商标注册申请人的名义与所提交的证明文件应当一致。

前款关于申请人提交其身份证明文件的规定适用于向商标局提出的办理变更、转让、续展、异议、撤销等其他商标事宜。

第十五条　商品或者服务项目名称应当按照商品和服务分类表中的类别号、名称填写；商品或者服务项目名称未列入商品和服务分类表的，应当附送对该商品或者服务的说明。

商标注册申请等有关文件以纸质方式提出的，应当打字或者印刷。

本条第二款规定适用于办理其他商标事宜。

第十六条　共同申请注册同一商标或者办理其他共有商标事宜的，应当在申请书中指定一个代表人；没有指定代表人的，以申请书中顺序排列的第一人为代表人。

商标局和商标评审委员会的文件应当送达代表人。

第十七条　申请人变更其名义、地址、代理人、文件接收人或者删减指定的商品的，应当向商标局办理变更手续。

申请人转让其商标注册申请的，应当向商标局办理转让手续。

第十八条 商标注册的申请日期以商标局收到申请文件的日期为准。

商标注册申请手续齐备、按照规定填写申请文件并缴纳费用的，商标局予以受理并书面通知申请人；申请手续不齐备、未按照规定填写申请文件或者未缴纳费用的，商标局不予受理，书面通知申请人并说明理由。申请手续基本齐备或者申请文件基本符合规定，但是需要补正的，商标局通知申请人予以补正，限其自收到通知之日起30日内，按照指定内容补正并交回商标局。在规定期限内补正并交回商标局的，保留申请日期；期满未补正的或者不按照要求进行补正的，商标局不予受理并书面通知申请人。

本条第二款关于受理条件的规定适用于办理其他商标事宜。

第十九条 两个或者两个以上的申请人，在同一种商品或者类似商品上，分别以相同或者近似的商标在同一天申请注册的，各申请人应当自收到商标局通知之日起30日内提交其申请注册前在先使用该商标的证据。同日使用或者均未使用的，各申请人可以自收到商标局通知之日起30日内自行协商，并将书面协议报送商标局；不愿协商或者协商不成的，商标局通知各申请人以抽签的方式确定一个申请人，驳回其他人的注册申请。商标局已经通知但申请人未参加抽签的，视为放弃申请，商标局应当书面通知未参加抽签的申请人。

第二十条 依照商标法第二十五条规定要求优先权的，申请人提交的第一次提出商标注册申请文件的副本应当经受理该申请的商标主管机关证明，并注明申请日期和申请号。

第三章 商标注册申请的审查

第二十一条 商标局对受理的商标注册申请，依照商标法及本条例的有关规定进行审查，对符合规定或者在部分指定商品上使用商标的注册申请符合规定的，予以初步审定，并予以公告；对不符合规定或者在部分指定商品上使用商标的注册申请不符合规定的，予以驳回或者驳回在部分指定商品上使用商标的注册申请，书面通知申请人并说明理由。

第二十二条 商标局对一件商标注册申请在部分指定商品上予以驳回的，申请人可以将该申请中初步审定的部分申请分割成另一件申请，分割后的申请保留原申请的申请日期。

需要分割的，申请人应当自收到商标局《商标注册申请部分驳回通知书》之日起15日内，向商标局提出分割申请。

商标局收到分割申请后，应当将原申请分割为两件，对分割出来的初步审定申请生成新的申请号，并予以公告。

第二十三条 依照商标法第二十九条规定，商标局认为对商标注册申请内容需要说明或者修正的，申请人应当自收到商标局通知之日起15日内作出说明或者修正。

第二十四条 对商标局初步审定予以公告的商标提出异议的，异议人应当向商标局提交下列商标异议材料一式两份并标明正、副本：

（一）商标异议申请书；

（二）异议人的身份证明；

（三）以违反商标法第十三条第二款和第三款、第十五条、第十六条第一款、第三十条、第三十一条、第三十二条规定为由提出异议的，异议人作为在先权利人或者利害关系人的证明。

商标异议申请书应当有明确的请求和事实依据，并附送有关证据材料。

第二十五条　商标局收到商标异议申请书后，经审查，符合受理条件的，予以受理，向申请人发出受理通知书。

第二十六条　商标异议申请有下列情形的，商标局不予受理，书面通知申请人并说明理由：

（一）未在法定期限内提出的；

（二）申请人主体资格、异议理由不符合商标法第三十三条规定的；

（三）无明确的异议理由、事实和法律依据的；

（四）同一异议人以相同的理由、事实和法律依据针对同一商标再次提出异议申请的。

第二十七条　商标局应当将商标异议材料副本及时送交被异议人，限其自收到商标异议材料副本之日起30日内答辩。被异议人不答辩的，不影响商标局作出决定。

当事人需要在提出异议申请或者答辩后补充有关证据材料的，应当在商标异议申请书或者答辩书中声明，并自提交商标异议申请书或者答辩书之日起3个月内提交；期满未提交的，视为当事人放弃补充有关证据材料。但是，在期满后生成或者当事人有其他正当理由未能在期满前提交的证据，在期满后提交的，商标局将证据交对方当事人并质证后可以采信。

第二十八条　商标法第三十五条第三款和第三十六条第一款所称不予注册决定，包括在部分指定商品上不予注册决定。

被异议商标在商标局作出准予注册决定或者不予注册决定前已经刊发注册公告的，撤销该注册公告。经审查异议不成立而准予注册的，在准予注册决定生效后重新公告。

第二十九条　商标注册申请人或者商标注册人依照商标法第三十八条规定提出更正申请的，应当向商标局提交更正申请书。符合更正条件的，商标局核准后更正相关内容；不符合更正条件的，商标局不予核准，书面通知申请人并说明理由。

已经刊发初步审定公告或者注册公告的商标经更正的，刊发更正公告。

第四章　注册商标的变更、转让、续展

第三十条　变更商标注册人名义、地址或者其他注册事项的，应当向商标局提交变更申请书。变更商标注册人名义的，还应当提交有关登记机关出具的变更证明文件。商标局核准的，发给商标注册人相应证明，并予以公告；不予核准的，应当书面通知申请人并说明理由。

变更商标注册人名义或者地址的，商标注册人应当将其全部注册商标一并变更；未一并变更的，由商标局通知其限期改正；期满未改正的，视为放弃变更申请，商标局应当书面通知申请人。

第三十一条　转让注册商标的，转让人和受让人应当向商标局提交转让注册商标申请书。转让注册商标申请手续应当由转让人和受让人共同办理。商标局核准转让注册商标申请的，发给受让人相应证明，并予以公告。

转让注册商标，商标注册人对其在同一种或者类似商品上注册的相同或者近似的商标未一并转让的，由商标局通知其限

期改正；期满未改正的，视为放弃转让该注册商标的申请，商标局应当书面通知申请人。

第三十二条 注册商标专用权因转让以外的继承等其他事由发生移转的，接受该注册商标专用权的当事人应当凭有关证明文件或者法律文书到商标局办理注册商标专用权移转手续。

注册商标专用权移转的，注册商标专用权人在同一种或者类似商品上注册的相同或者近似的商标，应当一并移转；未一并移转的，由商标局通知其限期改正；期满未改正的，视为放弃该移转注册商标的申请，商标局应当书面通知申请人。

商标移转申请经核准的，予以公告。接受该注册商标专用权移转的当事人自公告之日起享有商标专用权。

第三十三条 注册商标需要续展注册的，应当向商标局提交商标续展注册申请书。商标局核准商标注册续展申请的，发给相应证明并予以公告。

第五章　商标国际注册

第三十四条 商标法第二十一条规定的商标国际注册，是指根据《商标国际注册马德里协定》（以下简称马德里协定）、《商标国际注册马德里协定有关议定书》（以下简称马德里议定书）及《商标国际注册马德里协定及该协定有关议定书的共同实施细则》的规定办理的马德里商标国际注册。

马德里商标国际注册申请包括以中国为原属国的商标国际注册申请、指定中国的领土延伸申请及其他有关的申请。

第三十五条 以中国为原属国申请商标国际注册的，应当在中国设有真实有效的营业所，或者在中国有住所，或者拥有中国国籍。

第三十六条 符合本条例第三十五条规定的申请人，其商标已在商标局获得注册的，可以根据马德里协定申请办理该商标的国际注册。

符合本条例第三十五条规定的申请人，其商标已在商标局获得注册，或者已向商标局提出商标注册申请并被受理的，可以根据马德里议定书申请办理该商标的国际注册。

第三十七条 以中国为原属国申请商标国际注册的，应当通过商标局向世界知识产权组织国际局（以下简称国际局）申请办理。

以中国为原属国的，与马德里协定有关的商标国际注册的后期指定、放弃、注销，应当通过商标局向国际局申请办理；与马德里协定有关的商标国际注册的转让、删减、变更、续展，可以通过商标局向国际局申请办理，也可以直接向国际局申请办理。

以中国为原属国的，与马德里议定书有关的商标国际注册的后期指定、转让、删减、放弃、注销、变更、续展，可以通过商标局向国际局申请办理，也可以直接向国际局申请办理。

第三十八条 通过商标局向国际局申请商标国际注册及办理其他有关申请的，应当提交符合国际局和商标局要求的申请书和相关材料。

第三十九条 商标国际注册申请指定的商品或者服务不得超出国内基础申请或者基础注册的商品或者服务的范围。

第四十条 商标国际注册申请手续不齐备或者未按照规定填写申请书的，商标局不予受理，申请日不予保留。

申请手续基本齐备或者申请书基本符合规定，但需要补正的，申请人应当自收到补正通知书之日起30日内予以补正，逾期未补正的，商标局不予受理，书面通知申请人。

第四十一条 通过商标局向国际局申请商标国际注册及办理其他有关申请的，应当按照规定缴纳费用。

申请人应当自收到商标局缴费通知单之日起15日内，向商标局缴纳费用。期满未缴纳的，商标局不受理其申请，书面通知申请人。

第四十二条 商标局在马德里协定或者马德里议定书规定的驳回期限（以下简称驳回期限）内，依照商标法和本条例的有关规定对指定中国的领土延伸申请进行审查，作出决定，并通知国际局。商标局在驳回期限内未发出驳回或者部分驳回通知的，该领土延伸申请视为核准。

第四十三条 指定中国的领土延伸申请人，要求将三维标志、颜色组合、声音标志作为商标保护或者要求保护集体商标、证明商标的，自该商标在国际局国际注册簿登记之日起3个月内，应当通过依法设立的商标代理机构，向商标局提交本条例第十三条规定的相关材料。未在上述期限内提交相关材料的，商标局驳回该领土延伸申请。

第四十四条 世界知识产权组织对商标国际注册有关事项进行公告，商标局不再另行公告。

第四十五条 对指定中国的领土延伸申请，自世界知识产权组织《国际商标公告》出版的次月1日起3个月内，符合商标法第三十三条规定条件的异议人可以向商标局提出异议申请。

商标局在驳回期限内将异议申请的有关情况以驳回决定的形式通知国际局。

被异议人可以自收到国际局转发的驳回通知书之日起30日内进行答辩，答辩书及相关证据材料应当通过依法设立的商标代理机构向商标局提交。

第四十六条 在中国获得保护的国际注册商标，有效期自国际注册日或者后期指定日起算。在有效期届满前，注册人可以向国际局申请续展，在有效期内未申请续展的，可以给予6个月的宽展期。商标局收到国际局的续展通知后，依法进行审查。国际局通知未续展的，注销该国际注册商标。

第四十七条 指定中国的领土延伸申请办理转让的，受让人应当在缔约方境内有真实有效的营业所，或者在缔约方境内有住所，或者是缔约方国民。

转让人未将其在相同或者类似商品或者服务上的相同或者近似商标一并转让的，商标局通知注册人自发出通知之日起3个月内改正；期满未改正或者转让容易引起混淆或者有其他不良影响的，商标局作出该转让在中国无效的决定，并向国际局作出声明。

第四十八条 指定中国的领土延伸申请办理删减，删减后的商品或者服务不符合中国有关商品或者服务分类要求或者超出原指定商品或者服务范围的，商标局作出该删减在中国无效的决定，并向国际局作出声明。

第四十九条 依照商标法第四十九条第二款规定申请撤销国际注册商标，应当自该商标国际注册申请的驳回期限届满之日起满3年后向商标局提出申请；驳回期限届满时仍处在驳回复审或者异议相关程序的,应当自商标局或者商标评审委员会作出的准予注册决定生效之日起满3年后向商标局提出申请。

依照商标法第四十四条第一款规定申请宣告国际注册商标无效的,应当自该商标国际注册申请的驳回期限届满后向商标评审委员会提出申请;驳回期限届满时仍处在驳回复审或者异议相关程序的,应当自商标局或者商标评审委员会作出的准予注册决定生效后向商标评审委员会提出申请。

依照商标法第四十五条第一款规定申请宣告国际注册商标无效的,应当自该商标国际注册申请的驳回期限届满之日起5年内向商标评审委员会提出申请;驳回期限届满时仍处在驳回复审或者异议相关程序的,应当自商标局或者商标评审委员会作出的准予注册决定生效之日起5年内向商标评审委员会提出申请。对恶意注册的,驰名商标所有人不受5年的时间限制。

第五十条 商标法和本条例下列条款的规定不适用于办理商标国际注册相关事宜:

(一)商标法第二十八条、第三十五条第一款关于审查和审理期限的规定;

(二)本条例第二十二条、第三十条第二款;

(三)商标法第四十二条及本条例第三十一条关于商标转让由转让人和受让人共同申请并办理手续的规定。

第六章 商标评审

第五十一条 商标评审是指商标评审委员会依照商标法第三十四条、第三十五条、第四十四条、第四十五条、第五十四条的规定审理有关商标争议事宜。当事人向商标评审委员会提出商标评审申请,应当有明确的请求、事实、理由和法律依据,并提供相应证据。

商标评审委员会根据事实,依法进行评审。

第五十二条 商标评审委员会审理不服商标局驳回商标注册申请决定的复审案件,应当针对商标局的驳回决定和申请人申请复审的事实、理由、请求及评审时的事实状态进行审理。

商标评审委员会审理不服商标局驳回商标注册申请决定的复审案件,发现申请注册的商标有违反商标法第十条、第十一条、第十二条和第十六条第一款规定情形,商标局并未依据上述条款作出驳回决定的,可以依据上述条款作出驳回申请的复审决定。商标评审委员会作出复审决定前应当听取申请人的意见。

第五十三条 商标评审委员会审理不服商标局不予注册决定的复审案件,应当针对商标局的不予注册决定和申请人申请复审的事实、理由、请求及原异议人提出的意见进行审理。

商标评审委员会审理不服商标局不予注册决定的复审案件,应当通知原异议人参加并提出意见。原异议人的意见对案件审理结果有实质影响的,可以作为评审的依据;原异议人不参加或者不提出意见的,不影响案件的审理。

第五十四条 商标评审委员会审理依照商标法第四十四条、第四十五条规定请求宣告注册商标无效的案件,应当针对当事人申请和答辩的事实、理由及请求进行审理。

第五十五条 商标评审委员会审理不服商标局依照商标法第四十四条第一款规定作出宣告注册商标无效决定的复审案件,应当针对商标局的决定和申请人申请复审的事实、理由及请求进行审理。

第五十六条 商标评审委员会审理不服商标局依照商标法第四十九条规定作出撤销或者维持注册商标决定的复审案件,应当针对商标局作出撤销或者维持注册商标决定和当事人申请复审时所依据的事实、理由及请求进行审理。

第五十七条 申请商标评审,应当向商标评审委员会提交申请书,并按照对方当事人的数量提交相应份数的副本;基于商标局的决定书申请复审的,还应当同时附送商标局的决定书副本。

商标评审委员会收到申请书后,经审查,符合受理条件的,予以受理;不符合受理条件的,不予受理,书面通知申请人并说明理由;需要补正的,通知申请人自收到通知之日起30日内补正。经补正仍不符合规定的,商标评审委员会不予受理,书面通知申请人并说明理由;期满未补正的,视为撤回申请,商标评审委员会应当书面通知申请人。

商标评审委员会受理商标评审申请后,发现不符合受理条件的,予以驳回,书面通知申请人并说明理由。

第五十八条 商标评审委员会受理商标评审申请后应当及时将申请书副本送交对方当事人,限其自收到申请书副本之日起30日内答辩;期满未答辩的,不影响商标评审委员会的评审。

第五十九条 当事人需要在提出评审申请或者答辩后补充有关证据材料的,应当在申请书或者答辩书中声明,并自提交申请书或者答辩书之日起3个月内提交;期满未提交的,视为放弃补充有关证据材料。但是,在期满后生成或者当事人有其他正当理由未能在期满前提交的证据,在期满后提交的,商标评审委员会将证据交对方当事人并质证后可以采信。

第六十条 商标评审委员会根据当事人的请求或者实际需要,可以决定对评审申请进行口头审理。

商标评审委员会决定对评审申请进行口头审理的,应当在口头审理15日前书面通知当事人,告知口头审理的日期、地点和评审人员。当事人应当在通知书指定的期限内作出答复。

申请人不答复也不参加口头审理的,其评审申请视为撤回,商标评审委员会应当书面通知申请人;被申请人不答复也不参加口头审理的,商标评审委员会可以缺席评审。

第六十一条 申请人在商标评审委员会作出决定、裁定前,可以书面向商标评审委员会要求撤回申请并说明理由,商标评审委员会认为可以撤回的,评审程序终止。

第六十二条 申请人撤回商标评审申请的,不得以相同的事实和理由再次提出评审申请。商标评审委员会对商标评审申请已经作出裁定或者决定的,任何人不得以相同的事实和理由再次提出评审申请。但是,经不予注册复审程序予以核准注册后向商标评审委员会提起宣告注册商标无效的除外。

第七章 商标使用的管理

第六十三条 使用注册商标,可以在商品、商品包装、说明书或者其他附着物上标明"注册商标"或者注册标记。

注册标记包括⓼和®。使用注册标记，应当标注在商标的右上角或者右下角。

第六十四条 《商标注册证》遗失或者破损的，应当向商标局提交补发《商标注册证》申请书。《商标注册证》遗失的，应当在《商标公告》上刊登遗失声明。破损的《商标注册证》，应当在提交补发申请时交回商标局。

商标注册人需要商标局补发商标变更、转让、续展证明，出具商标注册证明，或者商标申请人需要商标局出具优先权证明文件的，应当向商标局提交相应申请书。符合要求的，商标局发给相应证明；不符合要求的，商标局不予办理，通知申请人并告知理由。

伪造或者变造《商标注册证》或者其他商标证明文件的，依照刑法关于伪造、变造国家机关证件罪或者其他罪的规定，依法追究刑事责任。

第六十五条 有商标法第四十九条规定的注册商标成为其核定使用的商品通用名称情形的，任何单位或者个人可以向商标局申请撤销该注册商标，提交申请时应当附送证据材料。商标局受理后应当通知商标注册人，限其自收到通知之日起2个月内答辩；期满未答辩的，不影响商标局作出决定。

第六十六条 有商标法第四十九条规定的注册商标无正当理由连续3年不使用情形的，任何单位或者个人可以向商标局申请撤销该注册商标，提交申请时应当说明有关情况。商标局受理后应当通知商标注册人，限其自收到通知之日起2个月内提交该商标在撤销申请提出前使用的证据材料或者说明不使用的正当理由；期满未提供使用的证据材料或者证据材料无效并没有正当理由的，由商标局撤销其注册商标。

前款所称使用的证据材料，包括商标注册人使用注册商标的证据材料和商标注册人许可他人使用注册商标的证据材料。

以无正当理由连续3年不使用为由申请撤销注册商标的，应当自该注册商标注册公告之日起满3年后提出申请。

第六十七条 下列情形属于商标法第四十九条规定的正当理由：

（一）不可抗力；

（二）政府政策性限制；

（三）破产清算；

（四）其他不可归责于商标注册人的正当事由。

第六十八条 商标局、商标评审委员会撤销注册商标或者宣告注册商标无效，撤销或者宣告无效的理由仅及于部分指定商品的，对在该部分指定商品上使用的商标注册予以撤销或者宣告无效。

第六十九条 许可他人使用其注册商标的，许可人应当在许可合同有效期内向商标局备案并报送备案材料。备案材料应当说明注册商标使用许可人、被许可人、许可期限、许可使用的商品或者服务范围等事项。

第七十条 以注册商标专用权出质的，出质人与质权人应当签订书面质权合同，并共同向商标局提出质权登记申请，由商标局公告。

第七十一条 违反商标法第四十三条第二款规定的，由工商行政管理部门责令限期改正；逾期不改正的，责令停止销售，拒不停止销售的，处10万元以下的罚款。

第七十二条 商标持有人依照商标法第十三条规定请求驰名商标保护的，可以向工商行政管理部门提出请求。经商标局依照商标法第十四条规定认定为驰名商标的，由工商行政管理部门责令停止违反商标法第十三条规定使用商标的行为，收缴、销毁违法使用的商标标识；商标标识与商品难以分离的，一并收缴、销毁。

第七十三条 商标注册人申请注销其注册商标或者注销其商标在部分指定商品上的注册的，应当向商标局提交商标注销申请书，并交回原《商标注册证》。

商标注册人申请注销其注册商标或者注销其商标在部分指定商品上的注册，经商标局核准注销的，该注册商标专用权或者该注册商标专用权在该部分指定商品上的效力自商标局收到其注销申请之日起终止。

第七十四条 注册商标被撤销或者依照本条例第七十三条的规定被注销的，原《商标注册证》作废，并予以公告；撤销该商标在部分指定商品上的注册的，或者商标注册人申请注销其商标在部分指定商品上的注册的，重新核发《商标注册证》，并予以公告。

第八章 注册商标专用权的保护

第七十五条 为侵犯他人商标专用权提供仓储、运输、邮寄、印制、隐匿、经营场所、网络商品交易平台等，属于商标法第五十七条第六项规定的提供便利条件。

第七十六条 在同一种商品或者类似商品上将与他人注册商标相同或者近似的标志作为商品名称或者商品装潢使用，误导公众的，属于商标法第五十七条第二项规定的侵犯注册商标专用权的行为。

第七十七条 对侵犯注册商标专用权的行为，任何人可以向工商行政管理部门投诉或者举报。

第七十八条 计算商标法第六十条规定的违法经营额，可以考虑下列因素：

（一）侵权商品的销售价格；

（二）未销售侵权商品的标价；

（三）已查清侵权商品实际销售的平均价格；

（四）被侵权商品的市场中间价格；

（五）侵权人因侵权所产生的营业收入；

（六）其他能够合理计算侵权商品价值的因素。

第七十九条 下列情形属于商标法第六十条规定的能证明该商品是自己合法取得的情形：

（一）有供货单位合法签章的供货清单和货款收据且经查证属实或者供货单位认可的；

（二）有供销双方签订的进货合同且经查证已真实履行的；

（三）有合法进货发票且发票记载事项与涉案商品对应的；

（四）其他能够证明合法取得涉案商品的情形。

第八十条 销售不知道是侵犯注册商标专用权的商品，能证明该商品是自己合法取得并说明提供者的，由工商行政管理部门责令停止销售，并将案件情况通报侵权商品提供者所在地工商行政管理部门。

第八十一条 涉案注册商标权属正在商标局、商标评审委员会审理或者人民法院诉讼中，案件结果可能影响案件定性的，属于商标法第六十二条第三款规定的商标权属存在争议。

第八十二条 在查处商标侵权案件过程中,工商行政管理部门可以要求权利人对涉案商品是否为权利人生产或者其许可生产的产品进行辨认。

第九章 商标代理

第八十三条 商标法所称商标代理,是指接受委托人的委托,以委托人的名义办理商标注册申请、商标评审或者其他商标事宜。

第八十四条 商标法所称商标代理机构,包括经工商行政管理部门登记从事商标代理业务的服务机构和从事商标代理业务的律师事务所。

商标代理机构从事商标局、商标评审委员会主管的商标事宜代理业务的,应当按照下列规定向商标局备案:

(一)交验工商行政管理部门的登记证明文件或者司法行政部门批准设立律师事务所的证明文件并留存复印件;

(二)报送商标代理机构的名称、住所、负责人、联系方式等基本信息;

(三)报送商标代理从业人员名单及联系方式。

工商行政管理部门应当建立商标代理机构信用档案。商标代理机构违反商标法或者本条例规定的,由商标局或者商标评审委员会予以公开通报,并记入其信用档案。

第八十五条 商标法所称商标代理从业人员,是指在商标代理机构中从事商标代理业务的工作人员。

商标代理从业人员不得以个人名义自行接受委托。

第八十六条 商标代理机构向商标局、商标评审委员会提交的有关申请文件,应当加盖该代理机构公章并由相关商标代理从业人员签字。

第八十七条 商标代理机构申请注册或者受让其代理服务以外的其他商标,商标局不予受理。

第八十八条 下列行为属于商标法第六十八条第一款第二项规定的以其他不正当手段扰乱商标代理市场秩序的行为:

(一)以欺诈、虚假宣传、引人误解或者商业贿赂等方式招徕业务的;

(二)隐瞒事实,提供虚假证据,或者威胁、诱导他人隐瞒事实,提供虚假证据的;

(三)在同一商标案件中接受有利益冲突的双方当事人委托的。

第八十九条 商标代理机构有商标法第六十八条规定行为的,由行为人所在地或者违法行为发生地县级以上工商行政管理部门进行查处并将查处情况通报商标局。

第九十条 商标局、商标评审委员会依照商标法第六十八条规定停止受理商标代理机构办理商标代理业务的,可以作出停止受理该商标代理机构商标代理业务6个月以上直至永久停止受理的决定。停止受理商标代理业务的期间届满,商标局、商标评审委员会应当恢复受理。

商标局、商标评审委员会作出停止受理或者恢复受理商标代理的决定应当在其网站予以公告。

第九十一条 工商行政管理部门应当加强对商标代理行业组织的监督和指导。

第十章 附 则

第九十二条 连续使用至1993年7

月 1 日的服务商标,与他人在相同或者类似的服务上已注册的服务商标相同或者近似的,可以继续使用;但是,1993 年 7 月 1 日后中断使用 3 年以上的,不得继续使用。

已连续使用至商标局首次受理新放开商品或者服务项目之日的商标,与他人在新放开商品或者服务项目相同或者类似的商品或者服务上已注册的商标相同或者近似的,可以继续使用;但是,首次受理之日后中断使用 3 年以上的,不得继续使用。

第九十三条 商标注册用商品和服务分类表,由商标局制定并公布。

申请商标注册或者办理其他商标事宜的文件格式,由商标局、商标评审委员会制定并公布。

商标评审委员会的评审规则由国务院工商行政管理部门制定并公布。

第九十四条 商标局设置《商标注册簿》,记载注册商标及有关注册事项。

第九十五条 《商标注册证》及相关证明是权利人享有注册商标专用权的凭证。《商标注册证》记载的注册事项,应当与《商标注册簿》一致;记载不一致的,除有证据证明《商标注册簿》确有错误外,以《商标注册簿》为准。

第九十六条 商标局发布《商标公告》,刊发商标注册及其他有关事项。

《商标公告》采用纸质或者电子形式发布。

除送达公告外,公告内容自发布之日起视为社会公众已经知道或者应当知道。

第九十七条 申请商标注册或者办理其他商标事宜,应当缴纳费用。缴纳费用的项目和标准,由国务院财政部门、国务院价格主管部门分别制定。

第九十八条 本条例自 2014 年 5 月 1 日起施行。

中华人民共和国著作权法

（2020年修正）

（1990年9月7日第七届全国人民代表大会常务委员会第十五次会议通过 根据2001年10月27日第九届全国人民代表大会常务委员会第二十四次会议《关于修改〈中华人民共和国著作权法〉的决定》第一次修正 根据2010年2月26日第十一届全国人民代表大会常务委员会第十三次会议《关于修改〈中华人民共和国著作权法〉的决定》第二次修正 根据2020年11月11日第十三届全国人民代表大会常务委员会第二十三次会议《关于修改〈中华人民共和国著作权法〉的决定》第三次修正）

目 录

第一章 总 则
第二章 著作权
 第一节 著作权人及其权利
 第二节 著作权归属
 第三节 权利的保护期
 第四节 权利的限制
第三章 著作权许可使用和转让合同
第四章 与著作权有关的权利
 第一节 图书、报刊的出版
 第二节 表 演
 第三节 录音录像
 第四节 广播电台、电视台播放
第五章 著作权和与著作权有关的权利的保护
第六章 附 则

第一章 总 则

第一条 为保护文学、艺术和科学作品作者的著作权，以及与著作权有关的权益，鼓励有益于社会主义精神文明、物质文明建设的作品的创作和传播，促进社会主义文化和科学事业的发展与繁荣，根据宪法制定本法。

第二条 中国公民、法人或者非法人组织的作品，不论是否发表，依照本法享有著作权。

外国人、无国籍人的作品根据其作者所属国或者经常居住地国同中国签订的协议或者共同参加的国际条约享有的著作权，受本法保护。

外国人、无国籍人的作品首先在中国境内出版的，依照本法享有著作权。

未与中国签订协议或者共同参加国际条约的国家的作者以及无国籍人的作品首次在中国参加的国际条约的成员国出版的，或者在成员国和非成员国同时出版的，受本法保护。

第三条 本法所称的作品，是指文学、艺术和科学领域内具有独创性并能以一定形式表现的智力成果，包括：

（一）文字作品；

（二）口述作品；

（三）音乐、戏剧、曲艺、舞蹈、杂技艺术作品；

（四）美术、建筑作品；

（五）摄影作品；

（六）视听作品；

（七）工程设计图、产品设计图、地图、示意图等图形作品和模型作品；

（八）计算机软件；

（九）符合作品特征的其他智力成果。

第四条 著作权人和与著作权有关的权利人行使权利，不得违反宪法和法律，不得损害公共利益。国家对作品的出版、传播依法进行监督管理。

第五条 本法不适用于：

（一）法律、法规，国家机关的决议、决定、命令和其他具有立法、行政、司法性质的文件，及其官方正式译文；

（二）单纯事实消息；

（三）历法、通用数表、通用表格和公式。

第六条 民间文学艺术作品的著作权保护办法由国务院另行规定。

第七条 国家著作权主管部门负责全国的著作权管理工作；县级以上地方主管著作权的部门负责本行政区域的著作权管理工作。

第八条 著作权人和与著作权有关的权利人可以授权著作权集体管理组织行使著作权或者与著作权有关的权利。依法设立的著作权集体管理组织是非营利法人，被授权后可以以自己的名义为著作权人和与著作权有关的权利人主张权利，并可以作为当事人进行涉及著作权或者与著作权有关的权利的诉讼、仲裁、调解活动。

著作权集体管理组织根据授权向使用者收取使用费。使用费的收取标准由著作权集体管理组织和使用者代表协商确定，协商不成的，可以向国家著作权主管部门申请裁决，对裁决不服的，可以向人民法院提起诉讼；当事人也可以直接向人民法院提起诉讼。

著作权集体管理组织应当将使用费的收取和转付、管理费的提取和使用、使用费的未分配部分等总体情况定期向社会公布，并应当建立权利信息查询系统，供权利人和使用者查询。国家著作权主管部门应当依法对著作权集体管理组织进行监督、管理。

著作权集体管理组织的设立方式、权利义务、使用费的收取和分配，以及对其监督和管理等由国务院另行规定。

第二章 著作权

第一节 著作权人及其权利

第九条 著作权人包括：

（一）作者；

（二）其他依照本法享有著作权的自然人、法人或者非法人组织。

第十条 著作权包括下列人身权和财产权：

（一）发表权，即决定作品是否公之于众的权利；

（二）署名权，即表明作者身份，在作品上署名的权利；

（三）修改权，即修改或者授权他人修改作品的权利；

（四）保护作品完整权，即保护作品不受歪曲、篡改的权利；

（五）复制权，即以印刷、复印、拓

印、录音、录像、翻录、翻拍、数字化等方式将作品制作一份或者多份的权利;

(六)发行权,即以出售或者赠与方式向公众提供作品的原件或者复制件的权利;

(七)出租权,即有偿许可他人临时使用视听作品、计算机软件的原件或者复制件的权利,计算机软件不是出租的主要标的的除外;

(八)展览权,即公开陈列美术作品、摄影作品的原件或者复制件的权利;

(九)表演权,即公开表演作品,以及用各种手段公开播送作品的表演的权利;

(十)放映权,即通过放映机、幻灯机等技术设备公开再现美术、摄影、视听作品等的权利;

(十一)广播权,即以有线或者无线方式公开传播或者转播作品,以及通过扩音器或者其他传送符号、声音、图像的类似工具向公众传播广播的作品的权利,但不包括本款第十二项规定的权利;

(十二)信息网络传播权,即以有线或者无线方式向公众提供,使公众可以在其选定的时间和地点获得作品的权利;

(十三)摄制权,即以摄制视听作品的方法将作品固定在载体上的权利;

(十四)改编权,即改变作品,创作出具有独创性的新作品的权利;

(十五)翻译权,即将作品从一种语言文字转换成另一种语言文字的权利;

(十六)汇编权,即将作品或者作品的片段通过选择或者编排,汇集成新作品的权利;

(十七)应当由著作权人享有的其他权利。

著作权人可以许可他人行使前款第五项至第十七项规定的权利,并依照约定或者本法有关规定获得报酬。

著作权人可以全部或者部分转让本条第一款第五项至第十七项规定的权利,并依照约定或者本法有关规定获得报酬。

第二节 著作权归属

第十一条 著作权属于作者,本法另有规定的除外。

创作作品的自然人是作者。

由法人或者非法人组织主持,代表法人或者非法人组织意志创作,并由法人或者非法人组织承担责任的作品,法人或者非法人组织视为作者。

第十二条 在作品上署名的自然人、法人或者非法人组织为作者,且该作品上存在相应权利,但有相反证明的除外。

作者等著作权人可以向国家著作权主管部门认定的登记机构办理作品登记。

与著作权有关的权利参照适用前两款规定。

第十三条 改编、翻译、注释、整理已有作品而产生的作品,其著作权由改编、翻译、注释、整理人享有,但行使著作权时不得侵犯原作品的著作权。

第十四条 两人以上合作创作的作品,著作权由合作作者共同享有。没有参加创作的人,不能成为合作作者。

合作作品的著作权由合作作者通过协商一致行使;不能协商一致,又无正当理由的,任何一方不得阻止他方行使除转让、许可他人专有使用、出质以外的其他权利,但是所得收益应当合理分配给所有合作作者。

合作作品可以分割使用的,作者对

各自创作的部分可以单独享有著作权,但行使著作权时不得侵犯合作作品整体的著作权。

第十五条　汇编若干作品、作品的片段或者不构成作品的数据或者其他材料,对其内容的选择或者编排体现独创性的作品,为汇编作品,其著作权由汇编人享有,但行使著作权时,不得侵犯原作品的著作权。

第十六条　使用改编、翻译、注释、整理、汇编已有作品而产生的作品进行出版、演出和制作录音录像制品,应当取得该作品的著作权人和原作品的著作权人许可,并支付报酬。

第十七条　视听作品中的电影作品、电视剧作品的著作权由制作者享有,但编剧、导演、摄影、作词、作曲等作者享有署名权,并有权按照与制作者签订的合同获得报酬。

前款规定以外的视听作品的著作权归属由当事人约定;没有约定或者约定不明确的,由制作者享有,但作者享有署名权和获得报酬的权利。

视听作品中的剧本、音乐等可以单独使用的作品的作者有权单独行使其著作权。

第十八条　自然人为完成法人或者非法人组织工作任务所创作的作品是职务作品,除本条第二款的规定以外,著作权由作者享有,但法人或者非法人组织有权在其业务范围内优先使用。作品完成两年内,未经单位同意,作者不得许可第三人以与单位使用的相同方式使用该作品。

有下列情形之一的职务作品,作者享有署名权,著作权的其他权利由法人或者非法人组织享有,法人或者非法人组织可以给予作者奖励:

(一)主要是利用法人或者非法人组织的物质技术条件创作,并由法人或者非法人组织承担责任的工程设计图、产品设计图、地图、示意图、计算机软件等职务作品;

(二)报社、期刊社、通讯社、广播电台、电视台的工作人员创作的职务作品;

(三)法律、行政法规规定或者合同约定著作权由法人或者非法人组织享有的职务作品。

第十九条　受委托创作的作品,著作权的归属由委托人和受托人通过合同约定。合同未作明确约定或者没有订立合同的,著作权属于受托人。

第二十条　作品原件所有权的转移,不改变作品著作权的归属,但美术、摄影作品原件的展览权由原件所有人享有。

作者将未发表的美术、摄影作品的原件所有权转让给他人,受让人展览该原件不构成对作者发表权的侵犯。

第二十一条　著作权属于自然人的,自然人死亡后,其本法第十条第一款第五项至第十七项规定的权利在本法规定的保护期内,依法转移。

著作权属于法人或者非法人组织的,法人或者非法人组织变更、终止后,其本法第十条第一款第五项至第十七项规定的权利在本法规定的保护期内,由承受其权利义务的法人或者非法人组织享有;没有承受其权利义务的法人或者非法人组织的,由国家享有。

第三节　权利的保护期

第二十二条　作者的署名权、修改

权、保护作品完整权的保护期不受限制。

第二十三条 自然人的作品,其发表权、本法第十条第一款第五项至第十七项规定的权利的保护期为作者终生及其死亡后五十年,截止于作者死亡后第五十年的12月31日;如果是合作作品,截止于最后死亡的作者死亡后第五十年的12月31日。

法人或者非法人组织的作品、著作权(署名权除外)由法人或者非法人组织享有的职务作品,其发表权的保护期为五十年,截止于作品创作完成后第五十年的12月31日;本法第十条第一款第五项至第十七项规定的权利的保护期为五十年,截止于作品首次发表后第五十年的12月31日,但作品自创作完成后五十年内未发表的,本法不再保护。

视听作品,其发表权的保护期为五十年,截止于作品创作完成后第五十年的12月31日;本法第十条第一款第五项至第十七项规定的权利的保护期为五十年,截止于作品首次发表后第五十年的12月31日,但作品自创作完成后五十年内未发表的,本法不再保护。

第四节 权利的限制

第二十四条 在下列情况下使用作品,可以不经著作权人许可,不向其支付报酬,但应当指明作者姓名或者名称、作品名称,并且不得影响该作品的正常使用,也不得不合理地损害著作权人的合法权益:

(一)为个人学习、研究或者欣赏,使用他人已经发表的作品;

(二)为介绍、评论某一作品或者说明某一问题,在作品中适当引用他人已经发表的作品;

(三)为报道新闻,在报纸、期刊、广播电台、电视台等媒体中不可避免地再现或者引用已经发表的作品;

(四)报纸、期刊、广播电台、电视台等媒体刊登或者播放其他报纸、期刊、广播电台、电视台等媒体已经发表的关于政治、经济、宗教问题的时事性文章,但著作权人声明不许刊登、播放的除外;

(五)报纸、期刊、广播电台、电视台等媒体刊登或者播放在公众集会上发表的讲话,但作者声明不许刊登、播放的除外;

(六)为学校课堂教学或者科学研究,翻译、改编、汇编、播放或者少量复制已经发表的作品,供教学或者科研人员使用,但不得出版发行;

(七)国家机关为执行公务在合理范围内使用已经发表的作品;

(八)图书馆、档案馆、纪念馆、博物馆、美术馆、文化馆等为陈列或者保存版本的需要,复制本馆收藏的作品;

(九)免费表演已经发表的作品,该表演未向公众收取费用,也未向表演者支付报酬,且不以营利为目的;

(十)对设置或者陈列在公共场所的艺术作品进行临摹、绘画、摄影、录像;

(十一)将中国公民、法人或者非法人组织已经发表的以国家通用语言文字创作的作品翻译成少数民族语言文字作品在国内出版发行;

(十二)以阅读障碍者能够感知的无障碍方式向其提供已经发表的作品;

(十三)法律、行政法规规定的其他情形。

前款规定适用于对与著作权有关的权

利的限制。

第二十五条 为实施义务教育和国家教育规划而编写出版教科书，可以不经著作权人许可，在教科书中汇编已经发表的作品片段或者短小的文字作品、音乐作品或者单幅的美术作品、摄影作品、图形作品，但应当按照规定向著作权人支付报酬，指明作者姓名或者名称、作品名称，并且不得侵犯著作权人依照本法享有的其他权利。

前款规定适用于对与著作权有关的权利的限制。

第三章　著作权许可使用和转让合同

第二十六条 使用他人作品应当同著作权人订立许可使用合同，本法规定可以不经许可的除外。

许可使用合同包括下列主要内容：

（一）许可使用的权利种类；

（二）许可使用的权利是专有使用权或者非专有使用权；

（三）许可使用的地域范围、期间；

（四）付酬标准和办法；

（五）违约责任；

（六）双方认为需要约定的其他内容。

第二十七条 转让本法第十条第一款第五项至第十七项规定的权利，应当订立书面合同。

权利转让合同包括下列主要内容：

（一）作品的名称；

（二）转让的权利种类、地域范围；

（三）转让价金；

（四）交付转让价金的日期和方式；

（五）违约责任；

（六）双方认为需要约定的其他内容。

第二十八条 以著作权中的财产权出质的，由出质人和质权人依法办理出质登记。

第二十九条 许可使用合同和转让合同中著作权人未明确许可、转让的权利，未经著作权人同意，另一方当事人不得行使。

第三十条 使用作品的付酬标准可以由当事人约定，也可以按照国家著作权主管部门会同有关部门制定的付酬标准支付报酬。当事人约定不明确的，按照国家著作权主管部门会同有关部门制定的付酬标准支付报酬。

第三十一条 出版者、表演者、录音录像制作者、广播电台、电视台等依照本法有关规定使用他人作品的，不得侵犯作者的署名权、修改权、保护作品完整权和获得报酬的权利。

第四章　与著作权有关的权利

第一节　图书、报刊的出版

第三十二条 图书出版者出版图书应当和著作权人订立出版合同，并支付报酬。

第三十三条 图书出版者对著作权人交付出版的作品，按照合同约定享有的专有出版权受法律保护，他人不得出版该作品。

第三十四条 著作权人应当按照合同约定期限交付作品。图书出版者应当按照合同约定的出版质量、期限出版图书。

图书出版者不按照合同约定期限出版，应当依照本法第六十一条的规定承担民事责任。

图书出版者重印、再版作品的，应

当通知著作权人，并支付报酬。图书脱销后，图书出版者拒绝重印、再版的，著作权人有权终止合同。

第三十五条 著作权人向报社、期刊社投稿的，自稿件发出之日起十五日内未收到报社通知决定刊登的，或者自稿件发出之日起三十日内未收到期刊社通知决定刊登的，可以将同一作品向其他报社、期刊社投稿。双方另有约定的除外。

作品刊登后，除著作权人声明不得转载、摘编的外，其他报刊可以转载或者作为文摘、资料刊登，但应当按照规定向著作权人支付报酬。

第三十六条 图书出版者经作者许可，可以对作品修改、删节。

报社、期刊社可以对作品作文字性修改、删节。对内容的修改，应当经作者许可。

第三十七条 出版者有权许可或者禁止他人使用其出版的图书、期刊的版式设计。

前款规定的权利的保护期为十年，截止于使用该版式设计的图书、期刊首次出版后第十年的12月31日。

第二节 表 演

第三十八条 使用他人作品演出，表演者应当取得著作权人许可，并支付报酬。演出组织者组织演出，由该组织者取得著作权人许可，并支付报酬。

第三十九条 表演者对其表演享有下列权利：

（一）表明表演者身份；

（二）保护表演形象不受歪曲；

（三）许可他人从现场直播和公开传送其现场表演，并获得报酬；

（四）许可他人录音录像，并获得报酬；

（五）许可他人复制、发行、出租录有其表演的录音录像制品，并获得报酬；

（六）许可他人通过信息网络向公众传播其表演，并获得报酬。

被许可人以前款第三项至第六项规定的方式使用作品，还应当取得著作权人许可，并支付报酬。

第四十条 演员为完成本演出单位的演出任务进行的表演为职务表演，演员享有表明身份和保护表演形象不受歪曲的权利，其他权利归属由当事人约定。当事人没有约定或者约定不明确的，职务表演的权利由演出单位享有。

职务表演的权利由演员享有的，演出单位可以在其业务范围内免费使用该表演。

第四十一条 本法第三十九条第一款第一项、第二项规定的权利的保护期不受限制。

本法第三十九条第一款第三项至第六项规定的权利的保护期为五十年，截止于该表演发生后第五十年的12月31日。

第三节 录音录像

第四十二条 录音录像制作者使用他人作品制作录音录像制品，应当取得著作权人许可，并支付报酬。

录音制作者使用他人已经合法录制为录音制品的音乐作品制作录音制品，可以不经著作权人许可，但应当按照规定支付报酬；著作权人声明不许使用的不得使用。

第四十三条 录音录像制作者制作录音录像制品，应当同表演者订立合同，并支付报酬。

第四十四条 录音录像制作者对其制作的录音录像制品，享有许可他人复制、发行、出租、通过信息网络向公众传播并获得报酬的权利；权利的保护期为五十年，截止于该制品首次制作完成后第五十年的12月31日。

被许可人复制、发行、通过信息网络向公众传播录音录像制品，应当同时取得著作权人、表演者许可，并支付报酬；被许可人出租录音录像制品，还应当取得表演者许可，并支付报酬。

第四十五条 将录音制品用于有线或者无线公开传播，或者通过传送声音的技术设备向公众公开播送的，应当向录音制作者支付报酬。

第四节 广播电台、电视台播放

第四十六条 广播电台、电视台播放他人未发表的作品，应当取得著作权人许可，并支付报酬。

广播电台、电视台播放他人已发表的作品，可以不经著作权人许可，但应当按照规定支付报酬。

第四十七条 广播电台、电视台有权禁止未经其许可的下列行为：

（一）将其播放的广播、电视以有线或者无线方式转播；

（二）将其播放的广播、电视录制以及复制；

（三）将其播放的广播、电视通过信息网络向公众传播。

广播电台、电视台行使前款规定的权利，不得影响、限制或者侵害他人行使著作权或者与著作权有关的权利。

本条第一款规定的权利的保护期为五十年，截止于该广播、电视首次播放后第五十年的12月31日。

第四十八条 电视台播放他人的视听作品、录像制品，应当取得视听作品著作权人或者录像制作者许可，并支付报酬；播放他人的录像制品，还应当取得著作权人许可，并支付报酬。

第五章 著作权和与著作权有关的权利的保护

第四十九条 为保护著作权和与著作权有关的权利，权利人可以采取技术措施。

未经权利人许可，任何组织或者个人不得故意避开或者破坏技术措施，不得以避开或者破坏技术措施为目的制造、进口或者向公众提供有关装置或者部件，不得故意为他人避开或者破坏技术措施提供技术服务。但是，法律、行政法规规定可以避开的情形除外。

本法所称的技术措施，是指用于防止、限制未经权利人许可浏览、欣赏作品、表演、录音录像制品或者通过信息网络向公众提供作品、表演、录音录像制品的有效技术、装置或者部件。

第五十条 下列情形可以避开技术措施，但不得向他人提供避开技术措施的技术、装置或者部件，不得侵犯权利人依法享有的其他权利：

（一）为学校课堂教学或者科学研究，提供少量已经发表的作品，供教学或者科研人员使用，而该作品无法通过正常途径获取；

（二）不以营利为目的，以阅读障碍者能够感知的无障碍方式向其提供已经发表的作品，而该作品无法通过正常途径获取；

（三）国家机关依照行政、监察、司法程序执行公务；

（四）对计算机及其系统或者网络的安全性能进行测试；

（五）进行加密研究或者计算机软件反向工程研究。

前款规定适用于对与著作权有关的权利的限制。

第五十一条 未经权利人许可，不得进行下列行为：

（一）故意删除或者改变作品、版式设计、表演、录音录像制品或者广播、电视上的权利管理信息，但由于技术上的原因无法避免的除外；

（二）知道或者应当知道作品、版式设计、表演、录音录像制品或者广播、电视上的权利管理信息未经许可被删除或者改变，仍然向公众提供。

第五十二条 有下列侵权行为的，应当根据情况，承担停止侵害、消除影响、赔礼道歉、赔偿损失等民事责任：

（一）未经著作权人许可，发表其作品的；

（二）未经合作作者许可，将与他人合作创作的作品当作自己单独创作的作品发表的；

（三）没有参加创作，为谋取个人名利，在他人作品上署名的；

（四）歪曲、篡改他人作品的；

（五）剽窃他人作品的；

（六）未经著作权人许可，以展览、摄制视听作品的方法使用作品，或者以改编、翻译、注释等方式使用作品的，本法另有规定的除外；

（七）使用他人作品，应当支付报酬而未支付的；

（八）未经视听作品、计算机软件、录音录像制品的著作权人、表演者或者录音录像制作者许可，出租其作品或者录音录像制品的原件或者复制件的，本法另有规定的除外；

（九）未经出版者许可，使用其出版的图书、期刊的版式设计的；

（十）未经表演者许可，从现场直播或者公开传送其现场表演，或者录制其表演的；

（十一）其他侵犯著作权以及与著作权有关的权利的行为。

第五十三条 有下列侵权行为的，应当根据情况，承担本法第五十二条规定的民事责任；侵权行为同时损害公共利益的，由主管著作权的部门责令停止侵权行为，予以警告，没收违法所得，没收、无害化销毁处理侵权复制品以及主要用于制作侵权复制品的材料、工具、设备等，违法经营额五万元以上的，可以并处违法经营额一倍以上五倍以下的罚款；没有违法经营额、违法经营额难以计算或者不足五万元的，可以并处二十五万元以下的罚款；构成犯罪的，依法追究刑事责任：

（一）未经著作权人许可，复制、发行、表演、放映、广播、汇编、通过信息网络向公众传播其作品的，本法另有规定的除外；

（二）出版他人享有专有出版权的图书的；

（三）未经表演者许可，复制、发行录有其表演的录音录像制品，或者通过信息网络向公众传播其表演的，本法另有规定的除外；

（四）未经录音录像制作者许可，复

制、发行、通过信息网络向公众传播其制作的录音录像制品的，本法另有规定的除外；

（五）未经许可，播放、复制或者通过信息网络向公众传播广播、电视的，本法另有规定的除外；

（六）未经著作权人或者与著作权有关的权利人许可，故意避开或者破坏技术措施的，故意制造、进口或者向他人提供主要用于避开、破坏技术措施的装置或者部件的，或者故意为他人避开或者破坏技术措施提供技术服务的，法律、行政法规另有规定的除外；

（七）未经著作权人或者与著作权有关的权利人许可，故意删除或者改变作品、版式设计、表演、录音录像制品或者广播、电视上的权利管理信息的，知道或者应当知道作品、版式设计、表演、录音录像制品或者广播、电视上的权利管理信息未经许可被删除或者改变，仍然向公众提供的，法律、行政法规另有规定的除外；

（八）制作、出售假冒他人署名的作品的。

第五十四条 侵犯著作权或者与著作权有关的权利的，侵权人应当按照权利人因此受到的实际损失或者侵权人的违法所得给予赔偿；权利人的实际损失或者侵权人的违法所得难以计算的，可以参照该权利使用费给予赔偿。对故意侵犯著作权或者与著作权有关的权利，情节严重的，可以在按照上述方法确定数额的一倍以上五倍以下给予赔偿。

权利人的实际损失、侵权人的违法所得、权利使用费难以计算的，由人民法院根据侵权行为的情节，判决给予五百元以上五百万元以下的赔偿。

赔偿数额还应当包括权利人为制止侵权行为所支付的合理开支。

人民法院为确定赔偿数额，在权利人已经尽了必要举证责任，而与侵权行为相关的账簿、资料等主要由侵权人掌握的，可以责令侵权人提供与侵权行为相关的账簿、资料等；侵权人不提供，或者提供虚假的账簿、资料等的，人民法院可以参考权利人的主张和提供的证据确定赔偿数额。

人民法院审理著作权纠纷案件，应权利人请求，对侵权复制品，除特殊情况外，责令销毁；对主要用于制造侵权复制品的材料、工具、设备等，责令销毁，且不予补偿；或者在特殊情况下，责令禁止前述材料、工具、设备等进入商业渠道，且不予补偿。

第五十五条 主管著作权的部门对涉嫌侵犯著作权和与著作权有关的权利的行为进行查处时，可以询问有关当事人，调查与涉嫌违法行为有关的情况；对当事人涉嫌违法行为的场所和物品实施现场检查；查阅、复制与涉嫌违法行为有关的合同、发票、账簿以及其他有关资料；对于涉嫌违法行为的场所和物品，可以查封或者扣押。

主管著作权的部门依法行使前款规定的职权时，当事人应当予以协助、配合，不得拒绝、阻挠。

第五十六条 著作权人或者与著作权有关的权利人有证据证明他人正在实施或者即将实施侵犯其权利、妨碍其实现权利的行为，如不及时制止将会使其合法权益受到难以弥补的损害的，可以在起诉前依法向人民法院申请采取财产保全、责令作出一定行为或者禁止作出一定行为等措施。

第五十七条　为制止侵权行为，在证据可能灭失或者以后难以取得的情况下，著作权人或者与著作权有关的权利人可以在起诉前依法向人民法院申请保全证据。

第五十八条　人民法院审理案件，对于侵犯著作权或者与著作权有关的权利的，可以没收违法所得、侵权复制品以及进行违法活动的财物。

第五十九条　复制品的出版者、制作者不能证明其出版、制作有合法授权的，复制品的发行者或者视听作品、计算机软件、录音录像制品的复制品的出租者不能证明其发行、出租的复制品有合法来源的，应当承担法律责任。

在诉讼程序中，被诉侵权人主张其不承担侵权责任的，应当提供证据证明已经取得权利人的许可，或者具有本法规定的不经权利人许可而可以使用的情形。

第六十条　著作权纠纷可以调解，也可以根据当事人达成的书面仲裁协议或者著作权合同中的仲裁条款，向仲裁机构申请仲裁。

当事人没有书面仲裁协议，也没有在著作权合同中订立仲裁条款的，可以直接向人民法院起诉。

第六十一条　当事人因不履行合同义务或者履行合同义务不符合约定而承担民事责任，以及当事人行使诉讼权利、申请保全等，适用有关法律的规定。

第六章　附　则

第六十二条　本法所称的著作权即版权。

第六十三条　本法第二条所称的出版，指作品的复制、发行。

第六十四条　计算机软件、信息网络传播权的保护办法由国务院另行规定。

第六十五条　摄影作品，其发表权、本法第十条第一款第五项至第十七项规定的权利的保护期在2021年6月1日前已经届满，但依据本法第二十三条第一款的规定仍在保护期内的，不再保护。

第六十六条　本法规定的著作权人和出版者、表演者、录音录像制作者、广播电台、电视台的权利，在本法施行之日尚未超过本法规定的保护期的，依照本法予以保护。

本法施行前发生的侵权或者违约行为，依照侵权或者违约行为发生时的有关规定处理。

第六十七条　本法自1991年6月1日起施行。

中华人民共和国著作权法实施条例

（2013年修订）

（2002年8月2日中华人民共和国国务院令第359号公布　根据2011年1月8日《国务院关于废止和修改部分行政法规的决定》第一次修订　根据2013年1月30日《国务院关于修改〈中华人民共和国著作权法实施条例〉的决定》第二次修订）

第一条　根据《中华人民共和国著作权法》（以下简称著作权法），制定本条例。

第二条　著作权法所称作品，是指文学、艺术和科学领域内具有独创性并能以某种有形形式复制的智力成果。

第三条　著作权法所称创作，是指直接产生文学、艺术和科学作品的智力活动。

为他人创作进行组织工作，提供咨询意见、物质条件，或者进行其他辅助工作，均不视为创作。

第四条　著作权法和本条例中下列作品的含义：

（一）文字作品，是指小说、诗词、散文、论文等以文字形式表现的作品；

（二）口述作品，是指即兴的演说、授课、法庭辩论等以口头语言形式表现的作品；

（三）音乐作品，是指歌曲、交响乐等能够演唱或者演奏的带词或者不带词的作品；

（四）戏剧作品，是指话剧、歌剧、地方戏等供舞台演出的作品；

（五）曲艺作品，是指相声、快书、大鼓、评书等以说唱为主要形式表演的作品；

（六）舞蹈作品，是指通过连续的动作、姿势、表情等表现思想情感的作品；

（七）杂技艺术作品，是指杂技、魔术、马戏等通过形体动作和技巧表现的作品；

（八）美术作品，是指绘画、书法、雕塑等以线条、色彩或者其他方式构成的有审美意义的平面或者立体的造型艺术作品；

（九）建筑作品，是指以建筑物或者构筑物形式表现的有审美意义的作品；

（十）摄影作品，是指借助器械在感光材料或者其他介质上记录客观物体形象的艺术作品；

（十一）电影作品和以类似摄制电影的方法创作的作品，是指摄制在一定介质上，由一系列有伴音或者无伴音的画面组成，并且借助适当装置放映或者以其他方式传播的作品；

（十二）图形作品，是指为施工、生产绘制的工程设计图、产品设计图，以及反映地理现象、说明事物原理或者结构的地图、示意图等作品；

（十三）模型作品，是指为展示、试验或者观测等用途，根据物体的形状和结构，按照一定比例制成的立体作品。

第五条 著作权法和本条例中下列用语的含义：

（一）时事新闻，是指通过报纸、期刊、广播电台、电视台等媒体报道的单纯事实消息；

（二）录音制品，是指任何对表演的声音和其他声音的录制品；

（三）录像制品，是指电影作品和以类似摄制电影的方法创作的作品以外的任何有伴音或者无伴音的连续相关形象、图像的录制品；

（四）录音制作者，是指录音制品的首次制作人；

（五）录像制作者，是指录像制品的首次制作人；

（六）表演者，是指演员、演出单位或者其他表演文学、艺术作品的人。

第六条 著作权自作品创作完成之日起产生。

第七条 著作权法第二条第三款规定的首先在中国境内出版的外国人、无国籍人的作品，其著作权自首次出版之日起受保护。

第八条 外国人、无国籍人的作品在中国境外首先出版后，30日内在中国境内出版的，视为该作品同时在中国境内出版。

第九条 合作作品不可以分割使用的，其著作权由各合作作者共同享有，通过协商一致行使；不能协商一致，又无正当理由的，任何一方不得阻止他方行使除转让以外的其他权利，但是所得收益应当合理分配给所有合作作者。

第十条 著作权人许可他人将其作品摄制成电影作品和以类似摄制电影的方法创作的作品的，视为已同意对其作品进行必要的改动，但是这种改动不得歪曲篡改原作品。

第十一条 著作权法第十六条第一款关于职务作品的规定中的"工作任务"，是指公民在该法人或者该组织中应当履行的职责。

著作权法第十六条第二款关于职务作品的规定中的"物质技术条件"，是指该法人或者该组织为公民完成创作专门提供的资金、设备或者资料。

第十二条 职务作品完成两年内，经单位同意，作者许可第三人以与单位使用的相同方式使用作品所获报酬，由作者与单位按约定的比例分配。

作品完成两年的期限，自作者向单位交付作品之日起计算。

第十三条 作者身份不明的作品，由作品原件的所有人行使除署名权以外的著作权。作者身份确定后，由作者或者其继承人行使著作权。

第十四条 合作作者之一死亡后，其对合作作品享有的著作权法第十条第一款第五项至第十七项规定的权利无人继承又无人受遗赠的，由其他合作作者享有。

第十五条 作者死亡后，其著作权中的署名权、修改权和保护作品完整权由作者的继承人或者受遗赠人保护。

著作权无人继承又无人受遗赠的，其署名权、修改权和保护作品完整权由著作权行政管理部门保护。

第十六条 国家享有著作权的作品

的使用，由国务院著作权行政管理部门管理。

第十七条　作者生前未发表的作品，如果作者未明确表示不发表，作者死亡后50年内，其发表权可由继承人或者受遗赠人行使；没有继承人又无人受遗赠的，由作品原件的所有人行使。

第十八条　作者身份不明的作品，其著作权法第十条第一款第五项至第十七项规定的权利的保护期截止于作品首次发表后第50年的12月31日。作者身份确定后，适用著作权法第二十一条的规定。

第十九条　使用他人作品的，应当指明作者姓名、作品名称；但是，当事人另有约定或者由于作品使用方式的特性无法指明的除外。

第二十条　著作权法所称已经发表的作品，是指著作权人自行或者许可他人公之于众的作品。

第二十一条　依照著作权法有关规定，使用可以不经著作权人许可的已经发表的作品的，不得影响该作品的正常使用，也不得不合理地损害著作权人的合法利益。

第二十二条　依照著作权法第二十三条、第三十三条第二款、第四十条第三款的规定使用作品的付酬标准，由国务院著作权行政管理部门会同国务院价格主管部门制定、公布。

第二十三条　使用他人作品应当同著作权人订立许可使用合同，许可使用的权利是专有使用权的，应当采取书面形式，但是报社、期刊社刊登作品除外。

第二十四条　著作权法第二十四条规定的专有使用权的内容由合同约定，合同没有约定或者约定不明的，视为被许可人有权排除包括著作权人在内的任何人以同样的方式使用作品；除合同另有约定外，被许可人许可第三人行使同一权利，必须取得著作权人的许可。

第二十五条　与著作权人订立专有许可使用合同、转让合同的，可以向著作权行政管理部门备案。

第二十六条　著作权法和本条例所称与著作权有关的权益，是指出版者对其出版的图书和期刊的版式设计享有的权利，表演者对其表演享有的权利，录音录像制作者对其制作的录音录像制品享有的权利，广播电台、电视台对其播放的广播、电视节目享有的权利。

第二十七条　出版者、表演者、录音录像制作者、广播电台、电视台行使权利，不得损害被使用作品和原作品著作权人的权利。

第二十八条　图书出版合同中约定图书出版者享有专有出版权但没有明确其具体内容的，视为图书出版者享有在合同有效期限内和在合同约定的地域范围内以同种文字的原版、修订版出版图书的专有权利。

第二十九条　著作权人寄给图书出版者的两份订单在6个月内未能得到履行，视为著作权法第三十二条所称图书脱销。

第三十条　著作权人依照著作权法第三十三条第二款声明不得转载、摘编其作品的，应当在报纸、期刊刊登该作品时附带声明。

第三十一条　著作权人依照著作权法第四十条第三款声明不得对其作品制作录音制品的，应当在该作品合法录制为录音制品时声明。

第三十二条　依照著作权法第二十三

条、第三十三条第二款、第四十条第三款的规定，使用他人作品的，应当自使用该作品之日起 2 个月内向著作权人支付报酬。

第三十三条 外国人、无国籍人在中国境内的表演，受著作权法保护。

外国人、无国籍人根据中国参加的国际条约对其表演享有的权利，受著作权法保护。

第三十四条 外国人、无国籍人在中国境内制作、发行的录音制品，受著作权法保护。

外国人、无国籍人根据中国参加的国际条约对其制作、发行的录音制品享有的权利，受著作权法保护。

第三十五条 外国的广播电台、电视台根据中国参加的国际条约对其播放的广播、电视节目享有的权利，受著作权法保护。

第三十六条 有著作权法第四十八条所列侵权行为，同时损害社会公共利益，非法经营额 5 万元以上的，著作权行政管理部门可处非法经营额 1 倍以上 5 倍以下的罚款；没有非法经营额或者非法经营额 5 万元以下的，著作权行政管理部门根据情节轻重，可处 25 万元以下的罚款。

第三十七条 有著作权法第四十八条所列侵权行为，同时损害社会公共利益的，由地方人民政府著作权行政管理部门负责查处。

国务院著作权行政管理部门可以查处在全国有重大影响的侵权行为。

第三十八条 本条例自 2002 年 9 月 15 日起施行。1991 年 5 月 24 日国务院批准、1991 年 5 月 30 日国家版权局发布的《中华人民共和国著作权法实施条例》同时废止。

计算机软件保护条例

（2013年修订）

（2001年12月20日中华人民共和国国务院令第339号公布　根据2011年1月8日《国务院关于废止和修改部分行政法规的决定》第一次修订　根据2013年1月30日《国务院关于修改〈计算机软件保护条例〉的决定》第二次修订）

第一章　总　则

第一条　为了保护计算机软件著作权人的权益，调整计算机软件在开发、传播和使用中发生的利益关系，鼓励计算机软件的开发与应用，促进软件产业和国民经济信息化的发展，根据《中华人民共和国著作权法》，制定本条例。

第二条　本条例所称计算机软件（以下简称软件），是指计算机程序及其有关文档。

第三条　本条例下列用语的含义：

（一）计算机程序，是指为了得到某种结果而可以由计算机等具有信息处理能力的装置执行的代码化指令序列，或者可以被自动转换成代码化指令序列的符号化指令序列或者符号化语句序列。同一计算机程序的源程序和目标程序为同一作品。

（二）文档，是指用来描述程序的内容、组成、设计、功能规格、开发情况、测试结果及使用方法的文字资料和图表等，如程序设计说明书、流程图、用户手册等。

（三）软件开发者，是指实际组织开发、直接进行开发，并对开发完成的软件承担责任的法人或者其他组织；或者依靠自己具有的条件独立完成软件开发，并对软件承担责任的自然人。

（四）软件著作权人，是指依照本条例的规定，对软件享有著作权的自然人、法人或者其他组织。

第四条　受本条例保护的软件必须由开发者独立开发，并已固定在某种有形物体上。

第五条　中国公民、法人或者其他组织对其所开发的软件，不论是否发表，依照本条例享有著作权。

外国人、无国籍人的软件首先在中国境内发行的，依照本条例享有著作权。

外国人、无国籍人的软件，依照其开发者所属国或者经常居住地国同中国签订的协议或者依照中国参加的国际条约享有的著作权，受本条例保护。

第六条　本条例对软件著作权的保护不延及开发软件所用的思想、处理过程、操作方法或者数学概念等。

第七条　软件著作权人可以向国务院著作权行政管理部门认定的软件登记机构

办理登记。软件登记机构发放的登记证明文件是登记事项的初步证明。

办理软件登记应当缴纳费用。软件登记的收费标准由国务院著作权行政管理部门会同国务院价格主管部门规定。

第二章　软件著作权

第八条　软件著作权人享有下列各项权利：

（一）发表权，即决定软件是否公之于众的权利；

（二）署名权，即表明开发者身份，在软件上署名的权利；

（三）修改权，即对软件进行增补、删节，或者改变指令、语句顺序的权利；

（四）复制权，即将软件制作一份或者多份的权利；

（五）发行权，即以出售或者赠与方式向公众提供软件的原件或者复制件的权利；

（六）出租权，即有偿许可他人临时使用软件的权利，但是软件不是出租的主要标的的除外；

（七）信息网络传播权，即以有线或者无线方式向公众提供软件，使公众可以在其个人选定的时间和地点获得软件的权利；

（八）翻译权，即将原软件从一种自然语言文字转换成另一种自然语言文字的权利；

（九）应当由软件著作权人享有的其他权利。

软件著作权人可以许可他人行使其软件著作权，并有权获得报酬。

软件著作权人可以全部或者部分转让其软件著作权，并有权获得报酬。

第九条　软件著作权属于软件开发者，本条例另有规定的除外。

如无相反证明，在软件上署名的自然人、法人或者其他组织为开发者。

第十条　由两个以上的自然人、法人或者其他组织合作开发的软件，其著作权的归属由合作开发者签订书面合同约定。无书面合同或者合同未作明确约定，合作开发的软件可以分割使用的，开发者对各自开发的部分可以单独享有著作权；但是，行使著作权时，不得扩展到合作开发的软件整体的著作权。合作开发的软件不能分割使用的，其著作权由各合作开发者共同享有，通过协商一致行使；不能协商一致，又无正当理由的，任何一方不得阻止他方行使除转让权以外的其他权利，但是所得收益应当合理分配给所有合作开发者。

第十一条　接受他人委托开发的软件，其著作权的归属由委托人与受托人签订书面合同约定；无书面合同或者合同未作明确约定的，其著作权由受托人享有。

第十二条　由国家机关下达任务开发的软件，著作权的归属与行使由项目任务书或者合同规定；项目任务书或者合同中未作明确规定的，软件著作权由接受任务的法人或者其他组织享有。

第十三条　自然人在法人或者其他组织中任职期间所开发的软件有下列情形之一的，该软件著作权由该法人或者其他组织享有，该法人或者其他组织可以对开发软件的自然人进行奖励：

（一）针对本职工作中明确指定的开发目标所开发的软件；

（二）开发的软件是从事本职工作活动所预见的结果或者自然的结果；

（三）主要使用了法人或者其他组织的资金、专用设备、未公开的专门信息等物质技术条件所开发并由法人或者其他组织承担责任的软件。

第十四条 软件著作权自软件开发完成之日起产生。

自然人的软件著作权，保护期为自然人终生及其死亡后 50 年，截止于自然人死亡后第 50 年的 12 月 31 日；软件是合作开发的，截止于最后死亡的自然人死亡后第 50 年的 12 月 31 日。

法人或者其他组织的软件著作权，保护期为 50 年，截止于软件首次发表后第 50 年的 12 月 31 日，但软件自开发完成之日起 50 年内未发表的，本条例不再保护。

第十五条 软件著作权属于自然人的，该自然人死亡后，在软件著作权的保护期内，软件著作权的继承人可以依照《中华人民共和国继承法》的有关规定，继承本条例第八条规定的除署名权以外的其他权利。

软件著作权属于法人或者其他组织的，法人或者其他组织变更、终止后，其著作权在本条例规定的保护期内由承受其权利义务的法人或者其他组织享有；没有承受其权利义务的法人或者其他组织的，由国家享有。

第十六条 软件的合法复制品所有人享有下列权利：

（一）根据使用的需要把该软件装入计算机等具有信息处理能力的装置内；

（二）为了防止复制品损坏而制作备份复制品。这些备份复制品不得通过任何方式提供给他人使用，并在所有人丧失该合法复制品的所有权时，负责将备份复制品销毁；

（三）为了把该软件用于实际的计算机应用环境或者改进其功能、性能而进行必要的修改；但是，除合同另有约定外，未经该软件著作权人许可，不得向任何第三方提供修改后的软件。

第十七条 为了学习和研究软件内含的设计思想和原理，通过安装、显示、传输或者存储软件等方式使用软件的，可以不经软件著作权人许可，不向其支付报酬。

第三章　软件著作权的许可使用和转让

第十八条 许可他人行使软件著作权的，应当订立许可使用合同。

许可使用合同中软件著作权人未明确许可的权利，被许可人不得行使。

第十九条 许可他人专有行使软件著作权的，当事人应当订立书面合同。

没有订立书面合同或者合同中未明确约定为专有许可的，被许可行使的权利应当视为非专有权利。

第二十条 转让软件著作权的，当事人应当订立书面合同。

第二十一条 订立许可他人专有行使软件著作权的许可合同，或者订立转让软件著作权合同，可以向国务院著作权行政管理部门认定的软件登记机构登记。

第二十二条 中国公民、法人或者其他组织向外国人许可或者转让软件著作权的，应当遵守《中华人民共和国技术进出口管理条例》的有关规定。

第四章　法律责任

第二十三条 除《中华人民共和国著

作权法》或者本条例另有规定外,有下列侵权行为的,应当根据情况,承担停止侵害、消除影响、赔礼道歉、赔偿损失等民事责任:

(一)未经软件著作权人许可,发表或者登记其软件的;

(二)将他人软件作为自己的软件发表或者登记的;

(三)未经合作者许可,将与他人合作开发的软件作为自己单独完成的软件发表或者登记的;

(四)在他人软件上署名或者更改他人软件上的署名的;

(五)未经软件著作权人许可,修改、翻译其软件的;

(六)其他侵犯软件著作权的行为。

第二十四条 除《中华人民共和国著作权法》、本条例或者其他法律、行政法规另有规定外,未经软件著作权人许可,有下列侵权行为的,应当根据情况,承担停止侵害、消除影响、赔礼道歉、赔偿损失等民事责任;同时损害社会公共利益的,由著作权行政管理部门责令停止侵权行为,没收违法所得,没收、销毁侵权复制品,可以并处罚款;情节严重的,著作权行政管理部门并可以没收主要用于制作侵权复制品的材料、工具、设备等;触犯刑律的,依照刑法关于侵犯著作权罪、销售侵权复制品罪的规定,依法追究刑事责任:

(一)复制或者部分复制著作权人的软件的;

(二)向公众发行、出租、通过信息网络传播著作权人的软件的;

(三)故意避开或者破坏著作权人为保护其软件著作权而采取的技术措施的;

(四)故意删除或者改变软件权利管理电子信息的;

(五)转让或者许可他人行使著作权人的软件著作权的。

有前款第一项或者第二项行为的,可以并处每件100元或者货值金额1倍以上5倍以下的罚款;有前款第三项、第四项或者第五项行为的,可以并处20万元以下的罚款。

第二十五条 侵犯软件著作权的赔偿数额,依照《中华人民共和国著作权法》第四十九条的规定确定。

第二十六条 软件著作权人有证据证明他人正在实施或者即将实施侵犯其权利的行为,如不及时制止,将会使其合法权益受到难以弥补的损害的,可以依照《中华人民共和国著作权法》第五十条的规定,在提起诉讼前向人民法院申请采取责令停止有关行为和财产保全的措施。

第二十七条 为了制止侵权行为,在证据可能灭失或者以后难以取得的情况下,软件著作权人可以依照《中华人民共和国著作权法》第五十一条的规定,在提起诉讼前向人民法院申请保全证据。

第二十八条 软件复制品的出版者、制作者不能证明其出版、制作有合法授权的,或者软件复制品的发行者、出租者不能证明其发行、出租的复制品有合法来源的,应当承担法律责任。

第二十九条 软件开发者开发的软件,由于可供选用的表达方式有限而与已经存在的软件相似的,不构成对已经存在的软件的著作权的侵犯。

第三十条 软件的复制品持有人不知道也没有合理理由应当知道该软件是侵权复制品的,不承担赔偿责任;但是,应当停止使用、销毁该侵权复制品。如果停止使用并销毁该侵权复制品将给复制品使用人造成重大损失的，复制品使用人可以在向软件著作权人支付合理费用后继续使用。

第三十一条 软件著作权侵权纠纷可以调解。

软件著作权合同纠纷可以依据合同中的仲裁条款或者事后达成的书面仲裁协议，向仲裁机构申请仲裁。

当事人没有在合同中订立仲裁条款，事后又没有书面仲裁协议的，可以直接向人民法院提起诉讼。

第五章 附 则

第三十二条 本条例施行前发生的侵权行为，依照侵权行为发生时的国家有关规定处理。

第三十三条 本条例自 2002 年 1 月 1 日起施行。1991 年 6 月 4 日国务院发布的《计算机软件保护条例》同时废止。

信息网络传播权保护条例

（2013年修订）

（2006年5月18日中华人民共和国国务院令第468号公布　根据2013年1月30日《国务院关于修改〈信息网络传播权保护条例〉的决定》修订）

第一条　为保护著作权人、表演者、录音录像制作者（以下统称权利人）的信息网络传播权，鼓励有益于社会主义精神文明、物质文明建设的作品的创作和传播，根据《中华人民共和国著作权法》（以下简称著作权法），制定本条例。

第二条　权利人享有的信息网络传播权受著作权法和本条例保护。除法律、行政法规另有规定的外，任何组织或者个人将他人的作品、表演、录音录像制品通过信息网络向公众提供，应当取得权利人许可，并支付报酬。

第三条　依法禁止提供的作品、表演、录音录像制品，不受本条例保护。

权利人行使信息网络传播权，不得违反宪法和法律、行政法规，不得损害公共利益。

第四条　为了保护信息网络传播权，权利人可以采取技术措施。

任何组织或者个人不得故意避开或者破坏技术措施，不得故意制造、进口或者向公众提供主要用于避开或者破坏技术措施的装置或者部件，不得故意为他人避开或者破坏技术措施提供技术服务。但是，法律、行政法规规定可以避开的除外。

第五条　未经权利人许可，任何组织或者个人不得进行下列行为：

（一）故意删除或者改变通过信息网络向公众提供的作品、表演、录音录像制品的权利管理电子信息，但由于技术上的原因无法避免删除或者改变的除外；

（二）通过信息网络向公众提供明知或者应知未经权利人许可被删除或者改变权利管理电子信息的作品、表演、录音录像制品。

第六条　通过信息网络提供他人作品，属于下列情形的，可以不经著作权人许可，不向其支付报酬：

（一）为介绍、评论某一作品或者说明某一问题，在向公众提供的作品中适当引用已经发表的作品；

（二）为报道时事新闻，在向公众提供的作品中不可避免地再现或者引用已经发表的作品；

（三）为学校课堂教学或者科学研究，向少数教学、科研人员提供少量已经发表的作品；

（四）国家机关为执行公务，在合理

范围内向公众提供已经发表的作品；

（五）将中国公民、法人或者其他组织已经发表的、以汉语言文字创作的作品翻译成的少数民族语言文字作品，向中国境内少数民族提供；

（六）不以营利为目的，以盲人能够感知的独特方式向盲人提供已经发表的文字作品；

（七）向公众提供在信息网络上已经发表的关于政治、经济问题的时事性文章；

（八）向公众提供在公众集会上发表的讲话。

第七条 图书馆、档案馆、纪念馆、博物馆、美术馆等可以不经著作权人许可，通过信息网络向本馆馆舍内服务对象提供本馆收藏的合法出版的数字作品和依法为陈列或者保存版本的需要以数字化形式复制的作品，不向其支付报酬，但不得直接或者间接获得经济利益。当事人另有约定的除外。

前款规定的为陈列或者保存版本需要以数字化形式复制的作品，应当是已经损毁或者濒临损毁、丢失或者失窃，或者其存储格式已经过时，并且在市场上无法购买或者只能以明显高于标定的价格购买的作品。

第八条 为通过信息网络实施九年制义务教育或者国家教育规划，可以不经著作权人许可，使用其已经发表作品的片断或者短小的文字作品、音乐作品或者单幅的美术作品、摄影作品制作课件，由制作课件或者依法取得课件的远程教育机构通过信息网络向注册学生提供，但应当向著作权人支付报酬。

第九条 为扶助贫困，通过信息网络向农村地区的公众免费提供中国公民、法人或者其他组织已经发表的种植养殖、防病治病、防灾减灾等与扶助贫困有关的作品和适应基本文化需求的作品，网络服务提供者应当在提供前公告拟提供的作品及其作者、拟支付报酬的标准。自公告之日起30日内，著作权人不同意提供的，网络服务提供者不得提供其作品；自公告之日起满30日，著作权人没有异议的，网络服务提供者可以提供其作品，并按照公告的标准向著作权人支付报酬。网络服务提供者提供著作权人的作品后，著作权人不同意提供的，网络服务提供者应当立即删除著作权人的作品，并按照公告的标准向著作权人支付提供作品期间的报酬。

依照前款规定提供作品的，不得直接或者间接获得经济利益。

第十条 依照本条例规定不经著作权人许可、通过信息网络向公众提供其作品的，还应当遵守下列规定：

（一）除本条例第六条第一项至第六项、第七条规定的情形外，不得提供作者事先声明不许提供的作品；

（二）指明作品的名称和作者的姓名（名称）；

（三）依照本条例规定支付报酬；

（四）采取技术措施，防止本条例第七条、第八条、第九条规定的服务对象以外的其他人获得著作权人的作品，并防止本条例第七条规定的服务对象的复制行为对著作权人利益造成实质性损害；

（五）不得侵犯著作权人依法享有的其他权利。

第十一条 通过信息网络提供他人表演、录音录像制品的，应当遵守本条例第六条至第十条的规定。

第十二条 属于下列情形的，可以避开技术措施，但不得向他人提供避开技术措施的技术、装置或者部件，不得侵犯权利人依法享有的其他权利：

（一）为学校课堂教学或者科学研究，通过信息网络向少数教学、科研人员提供已经发表的作品、表演、录音录像制品，而该作品、表演、录音录像制品只能通过信息网络获取；

（二）不以营利为目的，通过信息网络以盲人能够感知的独特方式向盲人提供已经发表的文字作品，而该作品只能通过信息网络获取；

（三）国家机关依照行政、司法程序执行公务；

（四）在信息网络上对计算机及其系统或者网络的安全性能进行测试。

第十三条 著作权行政管理部门为了查处侵犯信息网络传播权的行为，可以要求网络服务提供者提供涉嫌侵权的服务对象的姓名（名称）、联系方式、网络地址等资料。

第十四条 对提供信息存储空间或者提供搜索、链接服务的网络服务提供者，权利人认为其服务所涉及的作品、表演、录音录像制品，侵犯自己的信息网络传播权或者被删除、改变了自己的权利管理电子信息的，可以向该网络服务提供者提交书面通知，要求网络服务提供者删除该作品、表演、录音录像制品，或者断开与该作品、表演、录音录像制品的链接。通知书应当包含下列内容：

（一）权利人的姓名（名称）、联系方式和地址；

（二）要求删除或者断开链接的侵权作品、表演、录音录像制品的名称和网络地址；

（三）构成侵权的初步证明材料。

权利人应当对通知书的真实性负责。

第十五条 网络服务提供者接到权利人的通知书后，应当立即删除涉嫌侵权的作品、表演、录音录像制品，或者断开与涉嫌侵权的作品、表演、录音录像制品的链接，并同时将通知书转送提供作品、表演、录音录像制品的服务对象；服务对象网络地址不明、无法转送的，应当将通知书的内容同时在信息网络上公告。

第十六条 服务对象接到网络服务提供者转送的通知书后，认为其提供的作品、表演、录音录像制品未侵犯他人权利的，可以向网络服务提供者提交书面说明，要求恢复被删除的作品、表演、录音录像制品，或者恢复与被断开的作品、表演、录音录像制品的链接。书面说明应当包含下列内容：

（一）服务对象的姓名（名称）、联系方式和地址；

（二）要求恢复的作品、表演、录音录像制品的名称和网络地址；

（三）不构成侵权的初步证明材料。

服务对象应当对书面说明的真实性负责。

第十七条 网络服务提供者接到服务对象的书面说明后，应当立即恢复被删除的作品、表演、录音录像制品，或者可以恢复与被断开的作品、表演、录音录像制品的链接，同时将服务对象的书面说明转送权利人。权利人不得再通知网络服务提供者删除该作品、表演、录音录像制品，或者断开与该作品、表演、录音录像制品的链接。

第十八条 违反本条例规定，有下

列侵权行为之一的，根据情况承担停止侵害、消除影响、赔礼道歉、赔偿损失等民事责任；同时损害公共利益的，可以由著作权行政管理部门责令停止侵权行为，没收违法所得，非法经营额5万元以上的，可处非法经营额1倍以上5倍以下的罚款；没有非法经营额或者非法经营额5万元以下的，根据情节轻重，可处25万元以下的罚款；情节严重的，著作权行政管理部门可以没收主要用于提供网络服务的计算机等设备；构成犯罪的，依法追究刑事责任：

（一）通过信息网络擅自向公众提供他人的作品、表演、录音录像制品的；

（二）故意避开或者破坏技术措施的；

（三）故意删除或者改变通过信息网络向公众提供的作品、表演、录音录像制品的权利管理电子信息，或者通过信息网络向公众提供明知或者应知未经权利人许可而被删除或者改变权利管理电子信息的作品、表演、录音录像制品的；

（四）为扶助贫困通过信息网络向农村地区提供作品、表演、录音录像制品超过规定范围，或者未按照公告的标准支付报酬，或者在权利人不同意提供其作品、表演、录音录像制品后未立即删除的；

（五）通过信息网络提供他人的作品、表演、录音录像制品，未指明作品、表演、录音录像制品的名称或者作者、表演者、录音录像制作者的姓名（名称），或者未支付报酬，或者未依照本条例规定采取技术措施防止服务对象以外的其他人获得他人的作品、表演、录音录像制品，或者未防止服务对象的复制行为对权利人利益造成实质性损害的。

第十九条 违反本条例规定，有下列行为之一的，由著作权行政管理部门予以警告，没收违法所得，没收主要用于避开、破坏技术措施的装置或者部件；情节严重的，可以没收主要用于提供网络服务的计算机等设备；非法经营额5万元以上的，可处非法经营额1倍以上5倍以下的罚款；没有非法经营额或者非法经营额5万元以下的，根据情节轻重，可处25万元以下的罚款；构成犯罪的，依法追究刑事责任：

（一）故意制造、进口或者向他人提供主要用于避开、破坏技术措施的装置或者部件，或者故意为他人避开或者破坏技术措施提供技术服务的；

（二）通过信息网络提供他人的作品、表演、录音录像制品，获得经济利益的；

（三）为扶助贫困通过信息网络向农村地区提供作品、表演、录音录像制品，未在提供前公告作品、表演、录音录像制品的名称和作者、表演者、录音录像制作者的姓名（名称）以及报酬标准的。

第二十条 网络服务提供者根据服务对象的指令提供网络自动接入服务，或者对服务对象提供的作品、表演、录音录像制品提供自动传输服务，并具备下列条件的，不承担赔偿责任：

（一）未选择并且未改变所传输的作品、表演、录音录像制品；

（二）向指定的服务对象提供该作品、表演、录音录像制品，并防止指定的服务对象以外的其他人获得。

第二十一条 网络服务提供者为提高网络传输效率，自动存储从其他网络服务提供者获得的作品、表演、录音录像制品，根据技术安排自动向服务对象提供，并具备下列条件的，不承担赔偿责任：

（一）未改变自动存储的作品、表演、录音录像制品；

（二）不影响提供作品、表演、录音录像制品的原网络服务提供者掌握服务对象获取该作品、表演、录音录像制品的情况；

（三）在原网络服务提供者修改、删除或者屏蔽该作品、表演、录音录像制品时，根据技术安排自动予以修改、删除或者屏蔽。

第二十二条　网络服务提供者为服务对象提供信息存储空间，供服务对象通过信息网络向公众提供作品、表演、录音录像制品，并具备下列条件的，不承担赔偿责任：

（一）明确标示该信息存储空间是为服务对象所提供，并公开网络服务提供者的名称、联系人、网络地址；

（二）未改变服务对象所提供的作品、表演、录音录像制品；

（三）不知道也没有合理的理由应当知道服务对象提供的作品、表演、录音录像制品侵权；

（四）未从服务对象提供作品、表演、录音录像制品中直接获得经济利益；

（五）在接到权利人的通知书后，根据本条例规定删除权利人认为侵权的作品、表演、录音录像制品。

第二十三条　网络服务提供者为服务对象提供搜索或者链接服务，在接到权利人的通知书后，根据本条例规定断开与侵权的作品、表演、录音录像制品的链接的，不承担赔偿责任；但是，明知或者应知所链接的作品、表演、录音录像制品侵权的，应当承担共同侵权责任。

第二十四条　因权利人的通知导致网络服务提供者错误删除作品、表演、录音录像制品，或者错误断开与作品、表演、录音录像制品的链接，给服务对象造成损失的，权利人应当承担赔偿责任。

第二十五条　网络服务提供者无正当理由拒绝提供或者拖延提供涉嫌侵权的服务对象的姓名（名称）、联系方式、网络地址等资料的，由著作权行政管理部门予以警告；情节严重的，没收主要用于提供网络服务的计算机等设备。

第二十六条　本条例下列用语的含义：

信息网络传播权，是指以有线或者无线方式向公众提供作品、表演或者录音录像制品，使公众可以在其个人选定的时间和地点获得作品、表演或者录音录像制品的权利。

技术措施，是指用于防止、限制未经权利人许可浏览、欣赏作品、表演、录音录像制品的或者通过信息网络向公众提供作品、表演、录音录像制品的有效技术、装置或者部件。

权利管理电子信息，是指说明作品及其作者、表演及其表演者、录音录像制品及其制作者的信息，作品、表演、录音录像制品权利人的信息和使用条件的信息，以及表示上述信息的数字或者代码。

第二十七条　本条例自2006年7月1日起施行。

集成电路布图设计保护条例

（2001年国务院令第300号）

第一章 总 则

第一条 为了保护集成电路布图设计专有权，鼓励集成电路技术的创新，促进科学技术的发展，制定本条例。

第二条 本条例下列用语的含义：

（一）集成电路，是指半导体集成电路，即以半导体材料为基片，将至少有一个是有源元件的两个以上元件和部分或者全部互连线路集成在基片之中或者基片之上，以执行某种电子功能的中间产品或者最终产品；

（二）集成电路布图设计（以下简称布图设计），是指集成电路中至少有一个是有源元件的两个以上元件和部分或者全部互连线路的三维配置，或者为制造集成电路而准备的上述三维配置；

（三）布图设计权利人，是指依照本条例的规定，对布图设计享有专有权的自然人、法人或者其他组织；

（四）复制，是指重复制作布图设计或者含有该布图设计的集成电路的行为；

（五）商业利用，是指为商业目的进口、销售或者以其他方式提供受保护的布图设计、含有该布图设计的集成电路或者含有该集成电路的物品的行为。

第三条 中国自然人、法人或者其他组织创作的布图设计，依照本条例享有布图设计专有权。

外国人创作的布图设计首先在中国境内投入商业利用的，依照本条例享有布图设计专有权。

外国人创作的布图设计，其创作者所属国同中国签订有关布图设计保护协议或者与中国共同参加有关布图设计保护国际条约的，依照本条例享有布图设计专有权。

第四条 受保护的布图设计应当具有独创性，即该布图设计是创作者自己的智力劳动成果，并且在其创作时该布图设计在布图设计创作者和集成电路制造者中不是公认的常规设计。

受保护的由常规设计组成的布图设计，其组合作为整体应当符合前款规定的条件。

第五条 本条例对布图设计的保护，不延及思想、处理过程、操作方法或者数学概念等。

第六条 国务院知识产权行政部门依照本条例的规定，负责布图设计专有权的有关管理工作。

第二章 布图设计专有权

第七条 布图设计权利人享有下列专有权：

（一）对受保护的布图设计的全部或

者其中任何具有独创性的部分进行复制；

（二）将受保护的布图设计、含有该布图设计的集成电路或者含有该集成电路的物品投入商业利用。

第八条 布图设计专有权经国务院知识产权行政部门登记产生。

未经登记的布图设计不受本条例保护。

第九条 布图设计专有权属于布图设计创作者，本条例另有规定的除外。

由法人或者其他组织主持，依据法人或者其他组织的意志而创作，并由法人或者其他组织承担责任的布图设计，该法人或者其他组织是创作者。

由自然人创作的布图设计，该自然人是创作者。

第十条 两个以上自然人、法人或者其他组织合作创作的布图设计，其专有权的归属由合作者约定；未作约定或者约定不明的，其专有权由合作者共同享有。

第十一条 受委托创作的布图设计，其专有权的归属由委托人和受托人双方约定；未作约定或者约定不明的，其专有权由受托人享有。

第十二条 布图设计专有权的保护期为10年，自布图设计登记申请之日或者在世界任何地方首次投入商业利用之日起计算，以较前日期为准。但是，无论是否登记或者投入商业利用，布图设计自创作完成之日起15年后，不再受本条例保护。

第十三条 布图设计专有权属于自然人的，该自然人死亡后，其专有权在本条例规定的保护期内依照继承法的规定转移。

布图设计专有权属于法人或者其他组织的，法人或者其他组织变更、终止后，其专有权在本条例规定的保护期内由承继其权利、义务的法人或者其他组织享有；没有承继其权利、义务的法人或者其他组织的，该布图设计进入公有领域。

第三章　布图设计的登记

第十四条 国务院知识产权行政部门负责布图设计登记工作，受理布图设计登记申请。

第十五条 申请登记的布图设计涉及国家安全或者重大利益，需要保密的，按照国家有关规定办理。

第十六条 申请布图设计登记，应当提交：

（一）布图设计登记申请表；

（二）布图设计的复制件或者图样；

（三）布图设计已投入商业利用的，提交含有该布图设计的集成电路样品；

（四）国务院知识产权行政部门规定的其他材料。

第十七条 布图设计自其在世界任何地方首次商业利用之日起2年内，未向国务院知识产权行政部门提出登记申请的，国务院知识产权行政部门不再予以登记。

第十八条 布图设计登记申请经初步审查，未发现驳回理由的，由国务院知识产权行政部门予以登记，发给登记证明文件，并予以公告。

第十九条 布图设计登记申请人对国务院知识产权行政部门驳回其登记申请的决定不服的，可以自收到通知之日起3个月内，向国务院知识产权行政部门请求复审。国务院知识产权行政部门复审后，作出决定，并通知布图设计登记申请人。布图设计登记申请人对国务院知识产权行政部门的复审决定仍不服的，可以自收到通知之日起3个月内向人民法院起诉。

第二十条 布图设计获准登记后，国务院知识产权行政部门发现该登记不符合本条例规定的，应当予以撤销，通知布图设计权利人，并予以公告。布图设计权利人对国务院知识产权行政部门撤销布图设计登记的决定不服的，可以自收到通知之日起3个月内向人民法院起诉。

第二十一条 在布图设计登记公告前，国务院知识产权行政部门的工作人员对其内容负有保密义务。

第四章 布图设计专有权的行使

第二十二条 布图设计权利人可以将其专有权转让或者许可他人使用其布图设计。

转让布图设计专有权的，当事人应当订立书面合同，并向国务院知识产权行政部门登记，由国务院知识产权行政部门予以公告。布图设计专有权的转让自登记之日起生效。

许可他人使用其布图设计的，当事人应当订立书面合同。

第二十三条 下列行为可以不经布图设计权利人许可，不向其支付报酬：

（一）为个人目的或者单纯为评价、分析、研究、教学等目的而复制受保护的布图设计的；

（二）在依据前项评价、分析受保护的布图设计的基础上，创作出具有独创性的布图设计的；

（三）对自己独立创作的与他人相同的布图设计进行复制或者将其投入商业利用的。

第二十四条 受保护的布图设计、含有该布图设计的集成电路或者含有该集成电路的物品，由布图设计权利人或者经其许可投放市场后，他人再次商业利用的，可以不经布图设计权利人许可，并不向其支付报酬。

第二十五条 在国家出现紧急状态或者非常情况时，或者为了公共利益的目的，或者经人民法院、不正当竞争行为监督检查部门依法认定布图设计权利人有不正当竞争行为而需要给予补救时，国务院知识产权行政部门可以给予使用其布图设计的非自愿许可。

第二十六条 国务院知识产权行政部门作出给予使用布图设计非自愿许可的决定，应当及时通知布图设计权利人。

给予使用布图设计非自愿许可的决定，应当根据非自愿许可的理由，规定使用的范围和时间，其范围应当限于为公共目的非商业性使用，或者限于经人民法院、不正当竞争行为监督检查部门依法认定布图设计权利人有不正当竞争行为而需要给予的补救。

非自愿许可的理由消除并不再发生时，国务院知识产权行政部门应当根据布图设计权利人的请求，经审查后作出终止使用布图设计非自愿许可的决定。

第二十七条 取得使用布图设计非自愿许可的自然人、法人或者其他组织不享有独占的使用权，并且无权允许他人使用。

第二十八条 取得使用布图设计非自愿许可的自然人、法人或者其他组织应当向布图设计权利人支付合理的报酬，其数额由双方协商；双方不能达成协议的，由国务院知识产权行政部门裁决。

第二十九条 布图设计权利人对国务院知识产权行政部门关于使用布图设计非

自愿许可的决定不服的，布图设计权利人和取得非自愿许可的自然人、法人或者其他组织对国务院知识产权行政部门关于使用布图设计非自愿许可的报酬的裁决不服的，可以自收到通知之日起3个月内向人民法院起诉。

第五章　法律责任

第三十条　除本条例另有规定的外，未经布图设计权利人许可，有下列行为之一的，行为人必须立即停止侵权行为，并承担赔偿责任：

（一）复制受保护的布图设计的全部或者其中任何具有独创性的部分的；

（二）为商业目的进口、销售或者以其他方式提供受保护的布图设计、含有该布图设计的集成电路或者含有该集成电路的物品的。

侵犯布图设计专有权的赔偿数额，为侵权人所获得的利益或者被侵权人所受到的损失，包括被侵权人为制止侵权行为所支付的合理开支。

第三十一条　未经布图设计权利人许可，使用其布图设计，即侵犯其布图设计专有权，引起纠纷的，由当事人协商解决；不愿协商或者协商不成的，布图设计权利人或者利害关系人可以向人民法院起诉，也可以请求国务院知识产权行政部门处理。国务院知识产权行政部门处理时，认定侵权行为成立的，可以责令侵权人立即停止侵权行为，没收、销毁侵权产品或者物品。当事人不服的，可以自收到处理通知之日起15日内依照《中华人民共和国行政诉讼法》向人民法院起诉；侵权人期满不起诉又不停止侵权行为的，国务院知识产权行政部门可以请求人民法院强制执行。应当事人的请求，国务院知识产权行政部门可以就侵犯布图设计专有权的赔偿数额进行调解；调解不成的，当事人可以依照《中华人民共和国民事诉讼法》向人民法院起诉。

第三十二条　布图设计权利人或者利害关系人有证据证明他人正在实施或者即将实施侵犯其专有权的行为，如不及时制止将会使其合法权益受到难以弥补的损害的，可以在起诉前依法向人民法院申请采取责令停止有关行为和财产保全的措施。

第三十三条　在获得含有受保护的布图设计的集成电路或者含有该集成电路的物品时，不知道也没有合理理由应当知道其中含有非法复制的布图设计，而将其投入商业利用的，不视为侵权。

前款行为人得到其中含有非法复制的布图设计的明确通知后，可以继续将现有的存货或者此前的订货投入商业利用，但应当向布图设计权利人支付合理的报酬。

第三十四条　国务院知识产权行政部门的工作人员在布图设计管理工作中玩忽职守、滥用职权、徇私舞弊，构成犯罪的，依法追究刑事责任；尚不构成犯罪的，依法给予行政处分。

第六章　附　则

第三十五条　申请布图设计登记和办理其他手续，应当按照规定缴纳费用。缴费标准由国务院物价主管部门、国务院知识产权行政部门制定，并由国务院知识产权行政部门公告。

第三十六条　本条例自2001年10月1日起施行。

中华人民共和国植物新品种保护条例

（2014年修订）

（1997年3月20日中华人民共和国国务院令第213号公布　根据2013年1月31日《国务院关于修改〈中华人民共和国植物新品种保护条例〉的决定》第一次修订　根据2014年7月29日《国务院关于修改部分行政法规的决定》第二次修订）

第一章　总　则

第一条　为了保护植物新品种权，鼓励培育和使用植物新品种，促进农业、林业的发展，制定本条例。

第二条　本条例所称植物新品种，是指经过人工培育的或者对发现的野生植物加以开发，具备新颖性、特异性、一致性和稳定性并有适当命名的植物品种。

第三条　国务院农业、林业行政部门（以下统称审批机关）按照职责分工共同负责植物新品种权申请的受理和审查并对符合本条例规定的植物新品种授予植物新品种权（以下称品种权）。

第四条　完成关系国家利益或者公共利益并有重大应用价值的植物新品种育种的单位或者个人，由县级以上人民政府或者有关部门给予奖励。

第五条　生产、销售和推广被授予品种权的植物新品种（以下称授权品种），应当按照国家有关种子的法律、法规的规定审定。

第二章　品种权的内容和归属

第六条　完成育种的单位或者个人对其授权品种，享有排他的独占权。任何单位或者个人未经品种权所有人（以下称品种权人）许可，不得为商业目的生产或者销售该授权品种的繁殖材料，不得为商业目的将该授权品种的繁殖材料重复使用于生产另一品种的繁殖材料；但是，本条例另有规定的除外。

第七条　执行本单位的任务或者主要是利用本单位的物质条件所完成的职务育种，植物新品种的申请权属于该单位；非职务育种，植物新品种的申请权属于完成育种的个人。申请被批准后，品种权属于申请人。

委托育种或者合作育种，品种权的归属由当事人在合同中约定；没有合同约定的，品种权属于受委托完成或者共同完成育种的单位或者个人。

第八条　一个植物新品种只能授予一项品种权。两个以上的申请人分别就同一个植物新品种申请品种权的，品种权授予最先申请的人；同时申请的，品种权授予最先完成该植物新品种育种的人。

第九条 植物新品种的申请权和品种权可以依法转让。

中国的单位或者个人就其在国内培育的植物新品种向外国人转让申请权或者品种权的，应当经审批机关批准。

国有单位在国内转让申请权或者品种权的，应当按照国家有关规定报经有关行政主管部门批准。

转让申请权或者品种权的，当事人应当订立书面合同，并向审批机关登记，由审批机关予以公告。

第十条 在下列情况下使用授权品种的，可以不经品种权人许可，不向其支付使用费，但是不得侵犯品种权人依照本条例享有的其他权利：

（一）利用授权品种进行育种及其他科研活动；

（二）农民自繁自用授权品种的繁殖材料。

第十一条 为了国家利益或者公共利益，审批机关可以作出实施植物新品种强制许可的决定，并予以登记和公告。

取得实施强制许可的单位或者个人应当付给品种权人合理的使用费，其数额由双方商定；双方不能达成协议的，由审批机关裁决。

品种权人对强制许可决定或者强制许可使用费的裁决不服的，可以自收到通知之日起3个月内向人民法院提起诉讼。

第十二条 不论授权品种的保护期是否届满，销售该授权品种应当使用其注册登记的名称。

第三章 授予品种权的条件

第十三条 申请品种权的植物新品种应当属于国家植物品种保护名录中列举的植物的属或者种。植物品种保护名录由审批机关确定和公布。

第十四条 授予品种权的植物新品种应当具备新颖性。新颖性，是指申请品种权的植物新品种在申请日前该品种繁殖材料未被销售，或者经育种者许可，在中国境内销售该品种繁殖材料未超过1年；在中国境外销售藤本植物、林木、果树和观赏树木品种繁殖材料未超过6年，销售其他植物品种繁殖材料未超过4年。

第十五条 授予品种权的植物新品种应当具备特异性。特异性，是指申请品种权的植物新品种应当明显区别于在递交申请以前已知的植物品种。

第十六条 授予品种权的植物新品种应当具备一致性。一致性，是指申请品种权的植物新品种经过繁殖，除可以预见的变异外，其相关的特征或者特性一致。

第十七条 授予品种权的植物新品种应当具备稳定性。稳定性，是指申请品种权的植物新品种经过反复繁殖后或者在特定繁殖周期结束时，其相关的特征或者特性保持不变。

第十八条 授予品种权的植物新品种应当具备适当的名称，并与相同或者相近的植物属或者种中已知品种的名称相区别。该名称经注册登记后即为该植物新品种的通用名称。

下列名称不得用于品种命名：

（一）仅以数字组成的；

（二）违反社会公德的；

（三）对植物新品种的特征、特性或者育种者的身份等容易引起误解的。

第四章　品种权的申请和受理

第十九条　中国的单位和个人申请品种权的，可以直接或者委托代理机构向审批机关提出申请。

中国的单位和个人申请品种权的植物新品种涉及国家安全或者重大利益需要保密的，应当按照国家有关规定办理。

第二十条　外国人、外国企业或者外国其他组织在中国申请品种权的，应当按其所属国和中华人民共和国签订的协议或者共同参加的国际条约办理，或者根据互惠原则，依照本条例办理。

第二十一条　申请品种权的，应当向审批机关提交符合规定格式要求的请求书、说明书和该品种的照片。

申请文件应当使用中文书写。

第二十二条　审批机关收到品种权申请文件之日为申请日；申请文件是邮寄的，以寄出的邮戳日为申请日。

第二十三条　申请人自在外国第一次提出品种权申请之日起12个月内，又在中国就该植物新品种提出品种权申请的，依照该外国同中华人民共和国签订的协议或共同参加的国际条约，或者根据相互承认优先权的原则，可以享有优先权。

申请人要求优先权的，应当在申请时提出书面说明，并在3个月内提交经原受理机关确认的第一次提出的品种权申请文件的副本；未依照本条例规定提出书面说明或者提交申请文件副本的，视为未要求优先权。

第二十四条　对符合本条例第二十一条规定的品种权申请，审批机关应当予以受理，明确申请日、给予申请号，并自收到申请之日起1个月内通知申请人缴纳申请费。

对不符合或者经修改仍不符合本条例第二十一条规定的品种权申请，审批机关不予受理，并通知申请人。

第二十五条　申请人可以在品种权授予前修改或者撤回品种权申请。

第二十六条　中国的单位或者个人将国内培育的植物新品种向国外申请品种权的，应当按照职责分工向省级人民政府农业、林业行政部门登记。

第五章　品种权的审查与批准

第二十七条　申请人缴纳申请费后，审批机关对品种权申请的下列内容进行初步审查：

（一）是否属于植物品种保护名录列举的植物属或者种的范围；

（二）是否符合本条例第二十条的规定；

（三）是否符合新颖性的规定；

（四）植物新品种的命名是否适当。

第二十八条　审批机关应当自受理品种权申请之日起6个月内完成初步审查。对经初步审查合格的品种权申请，审批机关予以公告，并通知申请人在3个月内缴纳审查费。

对经初步审查不合格的品种权申请，审批机关应当通知申请人在3个月内陈述意见或者予以修正；逾期未答复或者修正后仍然不合格的，驳回申请。

第二十九条　申请人按照规定缴纳审查费后，审批机关对品种权申请的特异性、一致性和稳定性进行实质审查。

申请人未按照规定缴纳审查费的，品种权申请视为撤回。

第三十条　审批机关主要依据申请文

件和其他有关书面材料进行实质审查。审批机关认为必要时，可以委托指定的测试机构进行测试或者考察业已完成的种植或者其他试验的结果。

因审查需要，申请人应当根据审批机关的要求提供必要的资料和该植物新品种的繁殖材料。

第三十一条 对经实质审查符合本条例规定的品种权申请，审批机关应当作出授予品种权的决定，颁发品种权证书，并予以登记和公告。

对经实质审查不符合本条例规定的品种权申请，审批机关予以驳回，并通知申请人。

第三十二条 审批机关设立植物新品种复审委员会。

对审批机关驳回品种权申请的决定不服的，申请人可以自收到通知之日起3个月内，向植物新品种复审委员会请求复审。植物新品种复审委员会应当自收到复审请求书之日起6个月内作出决定，并通知申请人。

申请人对植物新品种复审委员会的决定不服的，可以自接到通知之日起15日内向人民法院提起诉讼。

第三十三条 品种权被授予后，在自初步审查合格公告之日起至被授予品种权之日止的期间，对未经申请人许可，为商业目的生产或者销售该授权品种的繁殖材料的单位和个人，品种权人享有追偿的权利。

第六章 期限、终止和无效

第三十四条 品种权的保护期限，自授权之日起，藤本植物、林木、果树和观赏树木为20年，其他植物为15年。

第三十五条 品种权人应当自被授予品种权的当年开始缴纳年费，并且按照审批机关的要求提供用于检测的该授权品种的繁殖材料。

第三十六条 有下列情形之一的，品种权在其保护期限届满前终止：

（一）品种权人以书面声明放弃品种权的；

（二）品种权人未按照规定缴纳年费的；

（三）品种权人未按照审批机关的要求提供检测所需的该授权品种的繁殖材料的；

（四）经检测该授权品种不再符合被授予品种权时的特征和特性的。

品种权的终止，由审批机关登记和公告。

第三十七条 自审批机关公告授予品种权之日起，植物新品种复审委员会可以依据职权或者依据任何单位或者个人的书面请求，对不符合本条例第十四条、第十五条、第十六条和第十七条规定的，宣告品种权无效；对不符合本条例第十八条规定的，予以更名。宣告品种权无效或者更名的决定，由审批机关登记和公告，并通知当事人。

对植物新品种复审委员会的决定不服的，可以自收到通知之日起3个月内向人民法院提起诉讼。

第三十八条 被宣告无效的品种权视为自始不存在。

宣告品种权无效的决定，对在宣告前人民法院作出并已执行的植物新品种侵权的判决、裁定，省级以上人民政府农业、林业行政部门作出并已执行的植物新品种侵权处理决定，以及已经履行的植物新品种实施许可合同和植物新品种权转让合同,不具有追溯力;但是,因品种权人的恶意给他人造成损失的,应当给予合理赔偿。

依照前款规定,品种权人或者品种权转让人不向被许可实施人或者受让人返还使用费或者转让费,明显违反公平原则的,品种权人或者品种权转让人应当向被许可实施人或者受让人返还全部或者部分使用费或者转让费。

第七章 罚 则

第三十九条 未经品种权人许可,以商业目的生产或者销售授权品种的繁殖材料的,品种权人或者利害关系人可以请求省级以上人民政府农业、林业行政部门依据各自的职权进行处理,也可以直接向人民法院提起诉讼。

省级以上人民政府农业、林业行政部门依据各自的职权,根据当事人自愿的原则,对侵权所造成的损害赔偿可以进行调解。调解达成协议的,当事人应当履行;调解未达成协议的,品种权人或者利害关系人可以依照民事诉讼程序向人民法院提起诉讼。

省级以上人民政府农业、林业行政部门依据各自的职权处理品种权侵权案件时,为维护社会公共利益,可以责令侵权人停止侵权行为,没收违法所得和植物品种繁殖材料;货值金额5万元以上的,可处货值金额1倍以上5倍以下的罚款;没有货值金额或者货值金额5万元以下的,根据情节轻重,可处25万元以下的罚款。

第四十条 假冒授权品种的,由县级以上人民政府农业、林业行政部门依据各自的职权责令停止假冒行为,没收违法所得和植物品种繁殖材料;货值金额5万元以上的,处货值金额1倍以上5倍以下的罚款;没有货值金额或者货值金额5万元以下的,根据情节轻重,处25万元以下的罚款;情节严重,构成犯罪的,依法追究刑事责任。

第四十一条 省级以上人民政府农业、林业行政部门依据各自的职权在查处品种权侵权案件和县级以上人民政府农业、林业行政部门依据各自的职权在查处假冒授权品种案件时,根据需要,可以封存或者扣押与案件有关的植物品种的繁殖材料,查阅、复制或者封存与案件有关的合同、账册及有关文件。

第四十二条 销售授权品种未使用其注册登记的名称的,由县级以上人民政府农业、林业行政部门依据各自的职权责令限期改正,可以处1000元以下的罚款。

第四十三条 当事人就植物新品种的申请权和品种权的权属发生争议的,可以向人民法院提起诉讼。

第四十四条 县级以上人民政府农业、林业行政部门的及有关部门的工作人员滥用职权、玩忽职守、徇私舞弊、索贿受贿,构成犯罪的,依法追究刑事责任;尚不构成犯罪的,依法给予行政处分。

第八章 附 则

第四十五条 审批机关可以对本条例施行前首批列入植物品种保护名录的和本条例施行后新列入植物品种保护名录的植物属或者种的新颖性要求作出变通性规定。

第四十六条 本条例自1997年10月1日起施行。

中药品种保护条例

（2018年修订）

（1992年10月14日中华人民共和国国务院令第106号发布　根据2018年9月18日《国务院关于修改部分行政法规的决定》修订）

第一章　总　则

第一条　为了提高中药品种的质量，保护中药生产企业的合法权益，促进中药事业的发展，制定本条例。

第二条　本条例适用于中国境内生产制造的中药品种，包括中成药、天然药物的提取物及其制剂和中药人工制成品。

申请专利的中药品种，依照专利法的规定办理，不适用本条例。

第三条　国家鼓励研制开发临床有效的中药品种，对质量稳定、疗效确切的中药品种实行分级保护制度。

第四条　国务院药品监督管理部门负责全国中药品种保护的监督管理工作。

第二章　中药保护品种等级的划分和审批

第五条　依照本条例受保护的中药品种，必须是列入国家药品标准的品种。经国务院药品监督管理部门认定，列为省、自治区、直辖市药品标准的品种，也可以申请保护。

受保护的中药品种分为一、二级。

第六条　符合下列条件之一的中药品种，可以申请一级保护：

（一）对特定疾病有特殊疗效的；

（二）相当于国家一级保护野生药材物种的人工制成品；

（三）用于预防和治疗特殊疾病的。

第七条　符合下列条件之一的中药品种，可以申请二级保护：

（一）符合本条例第六条规定的品种或者已经解除一级保护的品种；

（二）对特定疾病有显著疗效的；

（三）从天然药物中提取的有效物质及特殊制剂。

第八条　国务院药品监督管理部门批准的新药，按照国务院药品监督管理部门规定的保护期给予保护；其中，符合本条例第六条、第七条规定的，在国务院药品监督管理部门批准的保护期限届满前六个月，可以重新依照本条例的规定申请保护。

第九条　申请办理中药品种保护的程序：

（一）中药生产企业对其生产的符合本条例第五条、第六条、第七条、第八条规定的中药品种，可以向所在地省、自治区、直辖市人民政府药品监督管理部门提出申请，由省、自治区、直辖市人民政府药品监督管理部门初审签署意见后，报国务院药品监督管理部门。特殊情况下，中药生产企业也可以直接向国务院药品监督管理部门提出申请。

（二）国务院药品监督管理部门委托国家中药品种保护审评委员会负责对申请保护的中药品种进行审评。国家中药品种保护审评委员会应当自接到申请报告书之日起六个月内作出审评结论。

（三）根据国家中药品种保护审评委员会的审评结论，由国务院药品监督管理部门决定是否给予保护。批准保护的中药品种，由国务院药品监督管理部门发给《中药保护品种证书》。

国务院药品监督管理部门负责组织国家中药品种保护审评委员会，委员会成员由国务院药品监督管理部门聘请中医药方面的医疗、科研、检验及经营、管理专家担任。

第十条 申请中药品种保护的企业，应当按照国务院药品监督管理部门的规定，向国家中药品种保护审评委员会提交完整的资料。

第十一条 对批准保护的中药品种以及保护期满的中药品种，由国务院药品监督管理部门在指定的专业报刊上予以公告。

第三章 中药保护品种的保护

第十二条 中药保护品种的保护期限：

中药一级保护品种分别为三十年、二十年、十年。

中药二级保护品种为七年。

第十三条 中药一级保护品种的处方组成、工艺制法，在保护期限内由获得《中药保护品种证书》的生产企业和有关的药品监督管理部门及有关单位和个人负责保密，不得公开。

负有保密责任的有关部门、企业和单位应当按照国家有关规定，建立必要的保密制度。

第十四条 向国外转让中药一级保护品种的处方组成、工艺制法的，应当按照国家有关保密的规定办理。

第十五条 中药一级保护品种因特殊情况需要延长保护期限的，由生产企业在该品种保护期满前六个月，依照本条例第九条规定的程序申报。延长的保护期限由国务院药品监督管理部门根据国家中药品种保护审评委员会的审评结果确定；但是，每次延长的保护期限不得超过第一次批准的保护期限。

第十六条 中药二级保护品种在保护期满后可以延长七年。

申请延长保护期的中药二级保护品种，应当在保护期满前六个月，由生产企业依照本条例第九条规定的程序申报。

第十七条 被批准保护的中药品种，在保护期内限于由获得《中药保护品种证书》的企业生产；但是，本条例第十九条另有规定的除外。

第十八条 国务院药品监督管理部门批准保护的中药品种如果在批准前是由多家企业生产的，其中未申请《中药保护品种证书》的企业应当自公告发布之日起六个月内向国务院药品监督管理部门申报，并依照本条例第十条的规定提供有关资料，由国务院药品监督管理部门指定药品检验机构对该申报品种进行同品种的质量检验。国务院药品监督管理部门根据检验结果，可以采取以下措施：

（一）对达到国家药品标准的，补发《中药保护品种证书》。

（二）对未达到国家药品标准的，依照药品管理的法律、行政法规的规定撤销该中药品种的批准文号。

第十九条 对临床用药紧缺的中药保护品种的仿制，须经国务院药品监督管理部门批准并发给批准文号。仿制企业应当付给持有《中药保护品种证书》并转让该中药品种的处方组成、工艺制法的企业合理的使用费，其数额由双方商定；双方不能达成协议的，由国务院药品监督管理部门裁决。

第二十条 生产中药保护品种的企业应当根据省、自治区、直辖市人民政府药品监督管理部门提出的要求，改进生产条件，提高品种质量。

第二十一条 中药保护品种在保护期内向国外申请注册的，须经国务院药品监督管理部门批准。

第四章 罚 则

第二十二条 违反本条例第十三条的规定，造成泄密的责任人员，由其所在单位或者上级机关给予行政处分；构成犯罪的，依法追究刑事责任。

第二十三条 违反本条例第十七条的规定，擅自仿制中药保护品种的，由县级以上人民政府负责药品监督管理的部门以生产假药依法论处。

伪造《中药品种保护证书》及有关证明文件进行生产、销售的，由县级以上人民政府负责药品监督管理的部门没收其全部有关药品及违法所得，并可以处以有关药品正品价格三倍以下罚款。

上述行为构成犯罪的，由司法机关依法追究刑事责任。

第二十四条 当事人对负责药品监督管理的部门的处罚决定不服的，可以依照有关法律、行政法规的规定，申请行政复议或者提起行政诉讼。

第五章 附 则

第二十五条 有关中药保护品种的申报要求、申报表格等，由国务院药品监督管理部门制定。

第二十六条 本条例自一九九三年一月一日起施行。

中华人民共和国技术进出口管理条例

（2020年修订）

（2001年12月10日中华人民共和国国务院令第331号公布　根据2011年1月8日《国务院关于废止和修改部分行政法规的决定》第一次修订　根据2019年3月2日《国务院关于修改部分行政法规的决定》第二次修订　根据2020年11月29日《国务院关于修改和废止部分行政法规的决定》第三次修订）

第一章　总　则

第一条　为了规范技术进出口管理，维护技术进出口秩序，促进国民经济和社会发展，根据《中华人民共和国对外贸易法》（以下简称对外贸易法）及其他有关法律的有关规定，制定本条例。

第二条　本条例所称技术进出口，是指从中华人民共和国境外向中华人民共和国境内，或者从中华人民共和国境内向中华人民共和国境外，通过贸易、投资或者经济技术合作的方式转移技术的行为。

前款规定的行为包括专利权转让、专利申请权转让、专利实施许可、技术秘密转让、技术服务和其他方式的技术转移。

第三条　国家对技术进出口实行统一的管理制度，依法维护公平、自由的技术进出口秩序。

第四条　技术进出口应当符合国家的产业政策、科技政策和社会发展政策，有利于促进我国科技进步和对外经济技术合作的发展，有利于维护我国经济技术权益。

第五条　国家准许技术的自由进出口；但是，法律、行政法规另有规定的除外。

第六条　国务院对外经济贸易主管部门（以下简称国务院外经贸主管部门）依照对外贸易法和本条例的规定，负责全国的技术进出口管理工作。省、自治区、直辖市人民政府外经贸主管部门根据国务院外经贸主管部门的授权，负责本行政区域内的技术进出口管理工作。

国务院有关部门按照国务院的规定，履行技术进出口项目的有关管理职责。

第二章　技术进口管理

第七条　国家鼓励先进、适用的技术进口。

第八条　有对外贸易法第十六条规定情形之一的技术，禁止或者限制进口。

国务院外经贸主管部门会同国务院有关部门，制定、调整并公布禁止或者限制进口的技术目录。

第九条　属于禁止进口的技术，不得进口。

第十条 属于限制进口的技术，实行许可证管理；未经许可，不得进口。

第十一条 进口属于限制进口的技术，应当向国务院外经贸主管部门提出技术进口申请并附有关文件。

技术进口项目需经有关部门批准的，还应当提交有关部门的批准文件。

第十二条 国务院外经贸主管部门收到技术进口申请后，应当会同国务院有关部门对申请进行审查，并自收到申请之日起30个工作日内作出批准或者不批准的决定。

第十三条 技术进口申请经批准的，由国务院外经贸主管部门发给技术进口许可意向书。

进口经营者取得技术进口许可意向书后，可以对外签订技术进口合同。

第十四条 进口经营者签订技术进口合同后，应当向国务院外经贸主管部门提交技术进口合同副本及有关文件，申请技术进口许可证。

国务院外经贸主管部门对技术进口合同的真实性进行审查，并自收到前款规定的文件之日起10个工作日内，对技术进口作出许可或者不许可的决定。

第十五条 申请人依照本条例第十一条的规定向国务院外经贸主管部门提出技术进口申请时，可以一并提交已经签订的技术进口合同副本。

国务院外经贸主管部门应当依照本条例第十二条和第十四条的规定对申请及其技术进口合同的真实性一并进行审查，并自收到前款规定的文件之日起40个工作日内，对技术进口作出许可或者不许可的决定。

第十六条 技术进口经许可的，由国务院外经贸主管部门颁发技术进口许可证。技术进口合同自技术进口许可证颁发之日起生效。

第十七条 对属于自由进口的技术，实行合同登记管理。

进口属于自由进口的技术，合同自依法成立时生效，不以登记为合同生效的条件。

第十八条 进口属于自由进口的技术，应当向国务院外经贸主管部门办理登记，并提交下列文件：

（一）技术进口合同登记申请书；

（二）技术进口合同副本；

（三）签约双方法律地位的证明文件。

第十九条 国务院外经贸主管部门应当自收到本条例第十八条规定的文件之日起3个工作日内，对技术进口合同进行登记，颁发技术进口合同登记证。

第二十条 申请人凭技术进口许可证或者技术进口合同登记证，办理外汇、银行、税务、海关等相关手续。

第二十一条 依照本条例的规定，经许可或者登记的技术进口合同，合同的主要内容发生变更的，应当重新办理许可或者登记手续。

经许可或者登记的技术进口合同终止的，应当及时向国务院外经贸主管部门备案。

第二十二条 国务院外经贸主管部门和有关部门及其工作人员在履行技术进口管理职责中，对所知悉的商业秘密负有保密义务。

第二十三条 技术进口合同的让与人应当保证自己是所提供技术的合法拥有者或者有权转让、许可者。

技术进口合同的受让人按照合同约

定使用让与人提供的技术，被第三方指控侵权的，受让人应当立即通知让与人；让与人接到通知后，应当协助受让人排除妨碍。

第二十四条 技术进口合同的让与人应当保证所提供的技术完整、无误、有效，能够达到约定的技术目标。

第二十五条 技术进口合同的受让人、让与人应当在合同约定的保密范围和保密期限内，对让与人提供的技术中尚未公开的秘密部分承担保密义务。

在保密期限内，承担保密义务的一方在保密技术非因自己的原因被公开后，其承担的保密义务即予终止。

第二十六条 技术进口合同期满后，技术让与人和受让人可以依照公平合理的原则，就技术的继续使用进行协商。

第三章 技术出口管理

第二十七条 国家鼓励成熟的产业化技术出口。

第二十八条 有对外贸易法第十六条规定情形之一的技术，禁止或者限制出口。

国务院外经贸主管部门会同国务院有关部门，制定、调整并公布禁止或者限制出口的技术目录。

第二十九条 属于禁止出口的技术，不得出口。

第三十条 属于限制出口的技术，实行许可证管理；未经许可，不得出口。

第三十一条 出口属于限制出口的技术，应当向国务院外经贸主管部门提出申请。

第三十二条 国务院外经贸主管部门收到技术出口申请后，应当会同国务院科技管理部门对申请出口的技术进行审查，并自收到申请之日起30个工作日内作出批准或者不批准的决定。

限制出口的技术需经有关部门进行保密审查的，按照国家有关规定执行。

第三十三条 技术出口申请经批准的，由国务院外经贸主管部门发给技术出口许可意向书。

申请人取得技术出口许可意向书后，方可对外进行实质性谈判，签订技术出口合同。

第三十四条 申请人签订技术出口合同后，应当向国务院外经贸主管部门提交下列文件，申请技术出口许可证：

（一）技术出口许可意向书；

（二）技术出口合同副本；

（三）技术资料出口清单；

（四）签约双方法律地位的证明文件。

国务院外经贸主管部门对技术出口合同的真实性进行审查，并自收到前款规定的文件之日起15个工作日内，对技术出口作出许可或者不许可的决定。

第三十五条 技术出口经许可的，由国务院外经贸主管部门颁发技术出口许可证。技术出口合同自技术出口许可证颁发之日起生效。

第三十六条 对属于自由出口的技术，实行合同登记管理。

出口属于自由出口的技术，合同自依法成立时生效，不以登记为合同生效的条件。

第三十七条 出口属于自由出口的技术，应当向国务院外经贸主管部门办理登记，并提交下列文件：

（一）技术出口合同登记申请书；

（二）技术出口合同副本；

（三）签约双方法律地位的证明文件。

第三十八条 国务院外经贸主管部门应当自收到本条例第三十七条规定的文件之日起3个工作日内，对技术出口合同进行登记，颁发技术出口合同登记证。

第三十九条 申请人凭技术出口许可证或者技术出口合同登记证办理外汇、银行、税务、海关等相关手续。

第四十条 依照本条例的规定，经许可或者登记的技术出口合同，合同的主要内容发生变更的，应当重新办理许可或者登记手续。

经许可或者登记的技术出口合同终止的，应当及时向国务院外经贸主管部门备案。

第四十一条 国务院外经贸主管部门和有关部门及其工作人员在履行技术出口管理职责中，对国家秘密和所知悉的商业秘密负有保密义务。

第四十二条 出口核技术、核两用品相关技术、监控化学品生产技术、军事技术等出口管制技术的，依照有关行政法规的规定办理。

第四章　法律责任

第四十三条 进口或者出口属于禁止进出口的技术的，或者未经许可擅自进口或者出口属于限制进出口的技术的，依照刑法关于走私罪、非法经营罪、泄露国家秘密罪或者其他罪的规定，依法追究刑事责任；尚不够刑事处罚的，区别不同情况，依照海关法的有关规定处罚，或者由国务院外经贸主管部门给予警告，没收违法所得，处违法所得1倍以上5倍以下的罚款；国务院外经贸主管部门并可以撤销其对外贸易经营许可。

第四十四条 擅自超出许可的范围进口或者出口属于限制进出口的技术的，依照刑法关于非法经营罪或者其他罪的规定，依法追究刑事责任；尚不够刑事处罚的，区别不同情况，依照海关法的有关规定处罚，或者由国务院外经贸主管部门给予警告，没收违法所得，处违法所得1倍以上3倍以下的罚款；国务院外经贸主管部门并可以暂停直至撤销其对外贸易经营许可。

第四十五条 伪造、变造或者买卖技术进出口许可证或者技术进出口合同登记证的，依照刑法关于非法经营罪或者伪造、变造、买卖国家机关公文、证件、印章罪的规定，依法追究刑事责任；尚不够刑事处罚的，依照海关法的有关规定处罚；国务院外经贸主管部门并可以撤销其对外贸易经营许可。

第四十六条 以欺骗或者其他不正当手段获取技术进出口许可的，由国务院外经贸主管部门吊销其技术进出口许可证，暂停直至撤销其对外贸易经营许可。

第四十七条 以欺骗或者其他不正当手段获取技术进出口合同登记的，由国务院外经贸主管部门吊销其技术进出口合同登记证，暂停直至撤销其对外贸易经营许可。

第四十八条 技术进出口管理工作人员违反本条例的规定，泄露国家秘密或者所知悉的商业秘密的，依照刑法关于泄露国家秘密罪或者侵犯商业秘密罪的规定，依法追究刑事责任；尚不够刑事处罚的，依法给予行政处分。

第四十九条 技术进出口管理工作人员滥用职权、玩忽职守或者利用职务上的便利收受、索取他人财物的，依照刑法关于滥用职权罪、玩忽职守罪、受贿罪或者其他罪的规定，依法追究刑事责任；尚不够刑事处罚的，依法给予行政处分。

第五章 附 则

第五十条 对国务院外经贸主管部门作出的有关技术进出口的批准、许可、登记或者行政处罚决定不服的，可以依法申请行政复议，也可以依法向人民法院提起诉讼。

第五十一条 本条例公布前国务院制定的有关技术进出口管理的规定与本条例的规定不一致的，以本条例为准。

第五十二条 本条例自2002年1月1日起施行。1985年5月24日国务院发布的《中华人民共和国技术引进合同管理条例》和1987年12月30日国务院批准、1988年1月20日对外经济贸易部发布的《中华人民共和国技术引进合同管理条例施行细则》同时废止。

国有资产评估管理办法

（2020年修订）

（1991年11月16日中华人民共和国国务院令第91号发布 根据2020年11月29日《国务院关于修改和废止部分行政法规的决定》修订）

第一章 总　则

第一条 为了正确体现国有资产的价值量，保护国有资产所有者和经营者、使用者的合法权益，制定本办法。

第二条 国有资产评估，除法律、法规另有规定外，适用本办法。

第三条 国有资产占有单位（以下简称占有单位）有下列情形之一的，应当进行资产评估：

（一）资产拍卖、转让；

（二）企业兼并、出售、联营、股份经营；

（三）与外国公司、企业和其他经济组织或者个人开办外商投资企业；

（四）企业清算；

（五）依照国家有关规定需要进行资产评估的其他情形。

第四条 占有单位有下列情形之一，当事人认为需要的，可以进行资产评估：

（一）资产抵押及其他担保；

（二）企业租赁；

（三）需要进行资产评估的其他情形。

第五条 全国或者特定行业的国有资产评估，由国务院决定。

第六条 国有资产评估范围包括：固定资产、流动资产、无形资产和其他资产。

第七条 国有资产评估应当遵循真实性、科学性、可行性原则，依照国家规定的标准、程序和方法进行评定和估算。

第二章 组织管理

第八条 国有资产评估工作，按照国有资产管理权限，由国有资产管理行政主管部门负责管理和监督。

国有资产评估组织工作，按照占有单位的隶属关系，由行业主管部门负责。

国有资产管理行政主管部门和行业主管部门不直接从事国有资产评估业务。

第九条 持有国务院或者省、自治区、直辖市人民政府国有资产管理行政主管部门颁发的国有资产评估资格证书的资产评估公司、会计师事务所、审计事务所、财务咨询公司，经国务院或者省、自治区、直辖市人民政府国有资产管理行政主管部门认可的临时评估机构（以下统称资产评估机构），可以接受占有单位的委托，从事国有资产评估业务。

前款所列资产评估机构的管理办

法，由国务院国有资产管理行政主管部门制定。

第十条 占有单位委托资产评估机构进行资产评估时，应当如实提供有关情况和资料。资产评估机构应当对占有单位提供的有关情况和资料保守秘密。

第十一条 资产评估机构进行资产评估，实行有偿服务。资产评估收费办法，由国务院国有资产管理行政主管部门会同财政部门、物价主管部门制定。

第三章 评估程序

第十二条 国有资产评估按照下列程序进行：

（一）申请立项；

（二）资产清查；

（三）评定估算；

（四）验证确认。

第十三条 依照本办法第三条、第四条规定进行资产评估的占有单位，经其主管部门审查同意后，应当向同级国有资产管理行政主管部门提交资产评估立项申请书，并附财产目录和有关会计报表等资料。

经国有资产管理行政主管部门授权或者委托，占有单位的主管部门可以审批资产评估立项申请。

第十四条 国有资产管理行政主管部门应当自收到资产评估立项申请书之日起十日内进行审核，并作出是否准予资产评估立项的决定，通知申请单位及其主管部门。

第十五条 国务院决定对全国或者特定行业进行国有资产评估的，视为已经准予资产评估立项。

第十六条 申请单位收到准予资产评估立项通知书后，可以委托资产评估机构评估资产。

第十七条 受占有单位委托的资产评估机构应当在对委托单位的资产、债权、债务进行全面清查的基础上，核实资产账面与实际是否相符，经营成果是否真实，据以作出鉴定。

第十八条 受占有单位委托的资产评估机构应当根据本办法的规定，对委托单位被评估资产的价值进行评定和估算，并向委托单位提出资产评估结果报告书。

委托单位收到资产评估机构的资产评估结果报告书后，应当报其主管部门审查；主管部门审查同意后，报同级国有资产管理行政主管部门确认资产评估结果。

经国有资产管理行政主管部门授权或者委托，占有单位的主管部门可以确认资产评估结果。

第十九条 国有资产管理行政主管部门应当自收到占有单位报送的资产评估结果报告书之日起四十五日内组织审核、验证、协商，确认资产评估结果，并下达确认通知书。

第二十条 占有单位对确认通知书有异议的，可以自收到通知书之日起十五日内向上一级国有资产管理行政主管部门申请复核。上一级国有资产管理行政主管部门应当自收到复核申请之日起三十日内作出裁定，并下达裁定通知书。

第二十一条 占有单位收到确认通知书或者裁定通知书后，应当根据国家有关财务、会计制度进行账务处理。

第四章 评估方法

第二十二条 国有资产重估价值，根据资产原值、净值、新旧程度、重置成本、获利能力等因素和本办法规定的资产评估方法评定。

第二十三条 国有资产评估方法包括：

（一）收益现值法；

（二）重置成本法；

（三）现行市价法；

（四）清算价格法；

（五）国务院国有资产管理行政主管部门规定的其他评估方法。

第二十四条 用收益现值法进行资产评估的，应当根据被评估资产合理的预期获利能力和适当的折现率，计算出资产的现值，并以此评定重估价值。

第二十五条 用重置成本法进行资产评估的，应当根据该项资产在全新情况下的重置成本，减去按重置成本计算的已使用年限的累积折旧额，考虑资产功能变化、成新率等因素，评定重估价值；或者根据资产的使用期限，考虑资产功能变化等因素重新确定成新率，评定重估价值。

第二十六条 用现行市价法进行资产评估的，应当参照相同或者类似资产的市场价格，评定重估价值。

第二十七条 用清算价格法进行资产评估的，应当根据企业清算时其资产可变现的价值，评定重估价值。

第二十八条 对流动资产中的原材料、在制品、协作件、库存商品、低值易耗品等进行评估时，应当根据该项资产的现行市场价格、计划价格，考虑购置费用、产品完工程度、损耗等因素，评定重估价值。

第二十九条 对有价证券的评估，参照市场价格评定重估价值；没有市场价格的，考虑票面价值、预期收益等因素，评定重估价值。

第三十条 对占有单位的无形资产，区别下列情况评定重估价值：

（一）外购的无形资产，根据购入成本及该项资产具有的获利能力；

（二）自创或者自身拥有的无形资产，根据其形成时所需实际成本及该项资产具有的获利能力；

（三）自创或者自身拥有的未单独计算成本的无形资产，根据该项资产具有的获利能力。

第五章　法律责任

第三十一条 占有单位违反本办法的规定，提供虚假情况和资料，或者与资产评估机构串通作弊，致使资产评估结果失实的，国有资产管理行政主管部门可以宣布资产评估结果无效，并可以根据情节轻重，单处或者并处下列处罚：

（一）通报批评；

（二）限期改正，并可以处以相当于评估费用以下的罚款；

（三）提请有关部门对单位主管人员和直接责任人员给予行政处分，并可以处以相当于本人三个月基本工资以下的罚款。

第三十二条 资产评估机构作弊或者玩忽职守，致使资产评估结果失实的，国有资产管理行政主管部门可以宣布资产评估结果无效，并可以根据情节轻重，对该资产评估机构给予下列处罚：

（一）警告；

（二）停业整顿；

（三）吊销国有资产评估资格证书。

第三十三条 被处罚的单位和个人对依照本办法第三十一条、第三十二条规定作出的处罚决定不服的，可以在收到处罚通知之日起十五日内，向上一级国有资产管理行政主管部门申请复议。上一级国有资产管理行政主管部门应当自收到复议申请之日起六十日内作出复议决定。申请人对复议决定不服的，可以自收到复议通知之日起十五日内，向人民法院提起诉讼。

第三十四条 国有资产管理行政主管部门或者行业主管部门工作人员违反本办法，利用职权谋取私利，或者玩忽职守，造成国有资产损失的，国有资产管理行政主管部门或者行业主管部门可以按照干部管理权限，给予行政处分，并可以处以相当于本人三个月基本工资以下的罚款。

违反本办法，利用职权谋取私利的，由有查处权的部门依法追缴其非法所得。

第三十五条 违反本办法，情节严重，构成犯罪的，由司法机关依法追究刑事责任。

第六章　附则

第三十六条 境外国有资产的评估，不适用本办法。

第三十七条 有关国有自然资源有偿使用、开采的评估办法，由国务院另行规定。

第三十八条 本办法由国务院国有资产管理行政主管部门负责解释。本办法的施行细则由国务院国有资产管理行政主管部门制定。

第三十九条 本办法自发布之日起施行。

行政事业性国有资产管理条例

(2021年国务院令第738号)

第一章 总 则

第一条 为了加强行政事业性国有资产管理与监督,健全国有资产管理体制,推进国家治理体系和治理能力现代化,根据全国人民代表大会常务委员会关于加强国有资产管理情况监督的决定,制定本条例。

第二条 行政事业性国有资产,是指行政单位、事业单位通过以下方式取得或者形成的资产:

(一)使用财政资金形成的资产;

(二)接受调拨或者划转、置换形成的资产;

(三)接受捐赠并确认为国有的资产;

(四)其他国有资产。

第三条 行政事业性国有资产属于国家所有,实行政府分级监管、各部门及其所属单位直接支配的管理体制。

第四条 各级人民政府应当建立健全行政事业性国有资产管理机制,加强对本级行政事业性国有资产的管理,审查、批准重大行政事业性国有资产管理事项。

第五条 国务院财政部门负责制定行政事业单位国有资产管理规章制度并负责组织实施和监督检查,牵头编制行政事业性国有资产管理情况报告。

国务院机关事务管理部门和有关机关事务管理部门会同有关部门依法依规履行相关中央行政事业单位国有资产管理职责,制定中央行政事业单位国有资产管理具体制度和办法并组织实施,接受国务院财政部门的指导和监督检查。

相关部门根据职责规定,按照集中统一、分类分级原则,加强中央行政事业单位国有资产管理,优化管理手段,提高管理效率。

第六条 各部门根据职责负责本部门及其所属单位国有资产管理工作,应当明确管理责任,指导、监督所属单位国有资产管理工作。

各部门所属单位负责本单位行政事业性国有资产的具体管理,应当建立和完善内部控制管理制度。

第七条 各部门及其所属单位管理行政事业性国有资产应当遵循安全规范、节约高效、公开透明、权责一致的原则,实现实物管理与价值管理相统一,资产管理与预算管理、财务管理相结合。

第二章 资产配置、使用和处置

第八条 各部门及其所属单位应当根据依法履行职能和事业发展的需要,结合资产存量、资产配置标准、绩效目标和财政承受能力配置资产。

第九条 各部门及其所属单位应当合

理选择资产配置方式，资产配置重大事项应当经可行性研究和集体决策，资产价值较高的按照国家有关规定进行资产评估，并履行审批程序。

资产配置包括调剂、购置、建设、租用、接受捐赠等方式。

第十条 县级以上人民政府应当组织建立、完善资产配置标准体系，明确配置的数量、价值、等级、最低使用年限等标准。

资产配置标准应当按照勤俭节约、讲求绩效和绿色环保的要求，根据国家有关政策、经济社会发展水平、市场价格变化、科学技术进步等因素适时调整。

第十一条 各部门及其所属单位应当优先通过调剂方式配置资产。不能调剂的，可以采用购置、建设、租用等方式。

第十二条 行政单位国有资产应当用于本单位履行职能的需要。

除法律另有规定外，行政单位不得以任何形式将国有资产用于对外投资或者设立营利性组织。

第十三条 事业单位国有资产应当用于保障事业发展、提供公共服务。

第十四条 各部门及其所属单位应当加强对本单位固定资产、在建工程、流动资产、无形资产等各类国有资产的管理，明确管理责任，规范使用流程，加强产权保护，推进相关资产安全有效使用。

第十五条 各部门及其所属单位应当明确资产使用人和管理人的岗位责任。

资产使用人、管理人应当履行岗位责任，按照规程合理使用、管理资产，充分发挥资产效能。资产需要维修、保养、调剂、更新、报废的，资产使用人、管理人应当及时提出。

资产使用人、管理人发生变化的，应当及时办理资产交接手续。

第十六条 各部门及其所属单位接受捐赠的资产，应当按照捐赠约定的用途使用。捐赠人意愿不明确或者没有约定用途的，应当统筹安排使用。

第十七条 事业单位利用国有资产对外投资应当有利于事业发展和实现国有资产保值增值，符合国家有关规定，经可行性研究和集体决策，按照规定权限和程序进行。

事业单位应当明确对外投资形成的股权及其相关权益管理责任，按照规定将对外投资形成的股权纳入经营性国有资产集中统一监管体系。

第十八条 县级以上人民政府及其有关部门应当建立健全国有资产共享共用机制，采取措施引导和鼓励国有资产共享共用，统筹规划有效推进国有资产共享共用工作。

各部门及其所属单位应当在确保安全使用的前提下，推进本单位大型设备等国有资产共享共用工作，可以对提供方给予合理补偿。

第十九条 各部门及其所属单位应当根据履行职能、事业发展需要和资产使用状况，经集体决策和履行审批程序，依据处置事项批复等相关文件及时处置行政事业性国有资产。

第二十条 各部门及其所属单位应当将依法罚没的资产按照国家规定公开拍卖或者按照国家有关规定处理，所得款项全部上缴国库。

第二十一条 各部门及其所属单位应当对下列资产及时予以报废、报损：

（一）因技术原因确需淘汰或者无法

维修、无维修价值的资产；

（二）涉及盘亏、坏账以及非正常损失的资产；

（三）已超过使用年限且无法满足现有工作需要的资产；

（四）因自然灾害等不可抗力造成毁损、灭失的资产。

第二十二条 各部门及其所属单位发生分立、合并、改制、撤销、隶属关系改变或者部分职能、业务调整等情形，应当根据国家有关规定办理相关国有资产划转、交接手续。

第二十三条 国家设立的研究开发机构、高等院校对其持有的科技成果的使用和处置，依照《中华人民共和国促进科技成果转化法》、《中华人民共和国专利法》和国家有关规定执行。

第三章　预算管理

第二十四条 各部门及其所属单位购置、建设、租用资产应当提出资产配置需求，编制资产配置相关支出预算，并严格按照预算管理规定和财政部门批复的预算配置资产。

第二十五条 行政单位国有资产出租和处置等收入，应当按照政府非税收入和国库集中收缴制度的有关规定管理。

除国家另有规定外，事业单位国有资产的处置收入应当按照政府非税收入和国库集中收缴制度的有关规定管理。

事业单位国有资产使用形成的收入，由本级人民政府财政部门规定具体管理办法。

第二十六条 各部门及其所属单位应当及时收取各类资产收入，不得违反国家规定，多收、少收、不收、侵占、私分、截留、占用、挪用、隐匿、坐支。

第二十七条 各部门及其所属单位应当在决算中全面、真实、准确反映其国有资产收入、支出以及国有资产存量情况。

第二十八条 各部门及其所属单位应当按照国家规定建立国有资产绩效管理制度，建立健全绩效指标和标准，有序开展国有资产绩效管理工作。

第二十九条 县级以上人民政府投资建设公共基础设施，应当依法落实资金来源，加强预算约束，防范政府债务风险，并明确公共基础设施的管理维护责任单位。

第四章　基础管理

第三十条 各部门及其所属单位应当按照国家规定设置行政事业性国有资产台账，依照国家统一的会计制度进行会计核算，不得形成账外资产。

第三十一条 各部门及其所属单位采用建设方式配置资产的，应当在建设项目竣工验收合格后及时办理资产交付手续，并在规定期限内办理竣工财务决算，期限最长不得超过1年。

各部门及其所属单位对已交付但未办理竣工财务决算的建设项目，应当按照国家统一的会计制度确认资产价值。

第三十二条 各部门及其所属单位对无法进行会计确认入账的资产，可以根据需要组织专家参照资产评估方法进行估价，并作为反映资产状况的依据。

第三十三条 各部门及其所属单位应当明确资产的维护、保养、维修的岗位责任。因使用不当或者维护、保养、维修不及时造成资产损失的，应当依法承担责任。

第三十四条 各部门及其所属单位

应当定期或者不定期对资产进行盘点、对账。出现资产盘盈盘亏的，应当按照财务、会计和资产管理制度有关规定处理，做到账实相符和账账相符。

第三十五条 各部门及其所属单位处置资产应当及时核销相关资产台账信息，同时进行会计处理。

第三十六条 除国家另有规定外，各部门及其所属单位将行政事业性国有资产进行转让、拍卖、置换、对外投资等，应当按照国家有关规定进行资产评估。

行政事业性国有资产以市场化方式出售、出租的，依照有关规定可以通过相应公共资源交易平台进行。

第三十七条 有下列情形之一的，各部门及其所属单位应当对行政事业性国有资产进行清查：

（一）根据本级政府部署要求；

（二）发生重大资产调拨、划转以及单位分立、合并、改制、撤销、隶属关系改变等情形；

（三）因自然灾害等不可抗力造成资产毁损、灭失；

（四）会计信息严重失真；

（五）国家统一的会计制度发生重大变更，涉及资产核算方法发生重要变化；

（六）其他应当进行资产清查的情形。

第三十八条 各部门及其所属单位资产清查结果和涉及资产核实的事项，应当按照国务院财政部门的规定履行审批程序。

第三十九条 各部门及其所属单位在资产清查中发现账实不符、账账不符的，应当查明原因予以说明，并随同清查结果一并履行审批程序。各部门及其所属单位应当根据审批结果及时调整资产台账信息，同时进行会计处理。

由于资产使用人、管理人的原因造成资产毁损、灭失的，应当依法追究相关责任。

第四十条 各部门及其所属单位对需要办理权属登记的资产应当依法及时办理。对有账簿记录但权证手续不全的行政事业性国有资产，可以向本级政府有关主管部门提出确认资产权属申请，及时办理权属登记。

第四十一条 各部门及其所属单位之间，各部门及其所属单位与其他单位和个人之间发生资产纠纷的，应当依照有关法律法规规定采取协商等方式处理。

第四十二条 国务院财政部门应当建立全国行政事业性国有资产管理信息系统，推行资产管理网上办理，实现信息共享。

第五章 资产报告

第四十三条 国家建立行政事业性国有资产管理情况报告制度。

国务院向全国人民代表大会常务委员会报告全国行政事业性国有资产管理情况。

县级以上地方人民政府按照规定向本级人民代表大会常务委员会报告行政事业性国有资产管理情况。

第四十四条 行政事业性国有资产管理情况报告，主要包括资产负债总量，相关管理制度建立和实施，资产配置、使用、处置和效益，推进管理体制机制改革等情况。

行政事业性国有资产管理情况按照国家有关规定向社会公开。

第四十五条 各部门所属单位应当每

年编制本单位行政事业性国有资产管理情况报告，逐级报送相关部门。

各部门应当汇总编制本部门行政事业性国有资产管理情况报告，报送本级政府财政部门。

第四十六条 县级以上地方人民政府财政部门应当每年汇总本级和下级行政事业性国有资产管理情况，报送本级政府和上一级政府财政部门。

第六章 监 督

第四十七条 县级以上人民政府应当接受本级人民代表大会及其常务委员会对行政事业性国有资产管理情况的监督，组织落实本级人民代表大会及其常务委员会审议提出的整改要求，并向本级人民代表大会及其常务委员会报告整改情况。

乡、民族乡、镇人民政府应当接受本级人民代表大会对行政事业性国有资产管理情况的监督。

第四十八条 县级以上人民政府对下级政府的行政事业性国有资产管理情况进行监督。下级政府应当组织落实上一级政府提出的监管要求，并向上一级政府报告落实情况。

第四十九条 县级以上人民政府财政部门应当对本级各部门及其所属单位行政事业性国有资产管理情况进行监督检查，依法向社会公开检查结果。

第五十条 县级以上人民政府审计部门依法对行政事业性国有资产管理情况进行审计监督。

第五十一条 各部门应当建立健全行政事业性国有资产监督管理制度，根据职责对本行业行政事业性国有资产管理依法进行监督。

各部门所属单位应当制定行政事业性国有资产内部控制制度，防控行政事业性国有资产管理风险。

第五十二条 公民、法人或者其他组织发现违反本条例的行为，有权向有关部门进行检举、控告。接受检举、控告的有关部门应当依法进行处理，并为检举人、控告人保密。

任何单位或者个人不得压制和打击报复检举人、控告人。

第七章 法律责任

第五十三条 各部门及其所属单位有下列行为之一的，责令改正，情节较重的，对负有直接责任的主管人员和其他直接责任人员依法给予处分：

（一）配置、使用、处置国有资产未按照规定经集体决策或者履行审批程序；

（二）超标准配置国有资产；

（三）未按照规定办理国有资产调剂、调拨、划转、交接等手续；

（四）未按照规定履行国有资产拍卖、报告、披露等程序；

（五）未按照规定期限办理建设项目竣工财务决算；

（六）未按照规定进行国有资产清查；

（七）未按照规定设置国有资产台账；

（八）未按照规定编制、报送国有资产管理情况报告。

第五十四条 各部门及其所属单位有下列行为之一的，责令改正，有违法所得的没收违法所得，情节较重的，对负有直接责任的主管人员和其他直接责任人员依法给予处分；构成犯罪的，依法追究刑事责任：

（一）非法占有、使用国有资产或者

采用弄虚作假等方式低价处置国有资产；

（二）违反规定将国有资产用于对外投资或者设立营利性组织；

（三）未按照规定评估国有资产导致国家利益损失；

（四）其他违反本条例规定造成国有资产损失的行为。

第五十五条 各部门及其所属单位在国有资产管理工作中有违反预算管理规定行为的，依照《中华人民共和国预算法》及其实施条例、《财政违法行为处罚处分条例》等法律、行政法规追究责任。

第五十六条 各部门及其所属单位的工作人员在国有资产管理工作中滥用职权、玩忽职守、徇私舞弊或者有浪费国有资产等违法违规行为的，由有关部门依法给予处分；构成犯罪的，依法追究刑事责任。

第八章　附　则

第五十七条 除国家另有规定外，社会组织直接支配的行政事业性国有资产管理，依照本条例执行。

第五十八条 货币形式的行政事业性国有资产管理，按照预算管理有关规定执行。

执行企业财务、会计制度的事业单位以及事业单位对外投资的全资企业或者控股企业的资产管理，不适用本条例。

第五十九条 公共基础设施、政府储备物资、国有文物文化等行政事业性国有资产管理的具体办法，由国务院财政部门会同有关部门制定。

第六十条 中国人民解放军、中国人民武装警察部队直接支配的行政事业性国有资产管理，依照中央军事委员会有关规定执行。

第六十一条 本条例自2021年4月1日起施行。

第二部分

国家政策和部门规章

中共中央　国务院印发《知识产权强国建设纲要（2021—2035年）》

为统筹推进知识产权强国建设，全面提升知识产权创造、运用、保护、管理和服务水平，充分发挥知识产权制度在社会主义现代化建设中的重要作用，制定本纲要。

一、战略背景

党的十八大以来，在以习近平同志为核心的党中央坚强领导下，我国知识产权事业发展取得显著成效，知识产权法规制度体系逐步完善，核心专利、知名品牌、精品版权、优良植物新品种、优质地理标志、高水平集成电路布图设计等高价值知识产权拥有量大幅增加，商业秘密保护不断加强，遗传资源、传统知识和民间文艺的利用水平稳步提升，知识产权保护效果、运用效益和国际影响力显著提升，全社会知识产权意识大幅提高，涌现出一批知识产权竞争力较强的市场主体，走出了一条中国特色知识产权发展之路，有力保障创新型国家建设和全面建成小康社会目标的实现。

进入新发展阶段，推动高质量发展是保持经济持续健康发展的必然要求，创新是引领发展的第一动力，知识产权作为国家发展战略性资源和国际竞争力核心要素的作用更加凸显。实施知识产权强国战略，回应新技术、新经济、新形势对知识产权制度变革提出的挑战，加快推进知识产权改革发展，协调好政府与市场、国内与国际，以及知识产权数量与质量、需求与供给的联动关系，全面提升我国知识产权综合实力，大力激发全社会创新活力，建设中国特色、世界水平的知识产权强国，对于提升国家核心竞争力，扩大高水平对外开放，实现更高质量、更有效率、更加公平、更可持续、更为安全的发展，满足人民日益增长的美好生活需要，具有重要意义。

二、总体要求

（一）指导思想。坚持以习近平新时代中国特色社会主义思想为指导，全面贯彻党的十九大和十九届二中、三中、四中、五中全会精神，紧紧围绕统筹推进"五位一体"总体布局和协调推进"四个全面"战略布局，坚持稳中求进工作总基调，以推动高质量发展为主题，以深化供给侧结构性改革为主线，以改革创新为根本动力，以满足人民日益增长的美好生活需要为根本目的，立足新发展阶段，贯彻新发展理念，构建新发展格局，牢牢把握加强知识产权保护是完善产权保护制度最重要的内容和提高国家经济竞争力最大的激励，打通知识产权创造、运用、保护、管理和服务全链条，更大力度加强知识产权保护国际合作，建设制度完善、保护严格、运行高效、服务便捷、文化自觉、开放共赢的知识产权强国，为建设创新型国家和社会主义现代化强国提供坚实保障。

（二）工作原则

——法治保障，严格保护。落实全面依法治国基本方略，严格依法保护知识产权，切实维护社会公平正义和权利人合法权益。

——改革驱动，质量引领。深化知识产权领域改革，构建更加完善的要素市场化配置体制机制，更好发挥知识产权制度激励创新的基本保障作用，为高质量发展提供源源不断的动力。

——聚焦重点，统筹协调。坚持战略引领、统筹规划，突出重点领域和重大需求，推动知识产权与经济、科技、文化、社会等各方面深度融合发展。

——科学治理，合作共赢。坚持人类命运共同体理念，以国际视野谋划和推动知识产权改革发展，推动构建开放包容、平衡普惠的知识产权国际规则，让创新创造更多惠及各国人民。

（三）发展目标

到2025年，知识产权强国建设取得明显成效，知识产权保护更加严格，社会满意度达到并保持较高水平，知识产权市场价值进一步凸显，品牌竞争力大幅提升，专利密集型产业增加值占GDP比重达到13%，版权产业增加值占GDP比重达到7.5%，知识产权使用费年进出口总额达到3500亿元，每万人口高价值发明专利拥有量达到12件（上述指标均为预期性指标）。

到2035年，我国知识产权综合竞争力跻身世界前列，知识产权制度系统完备，知识产权促进创新创业蓬勃发展，全社会知识产权文化自觉基本形成，全方位、多层次参与知识产权全球治理的国际合作格局基本形成，中国特色、世界水平的知识产权强国基本建成。

三、建设面向社会主义现代化的知识产权制度

（四）构建门类齐全、结构严密、内外协调的法律体系。开展知识产权基础性法律研究，做好专门法律法规之间的衔接，增强法律法规的适用性和统一性。根据实际及时修改专利法、商标法、著作权法和植物新品种保护条例，探索制定地理标志、外观设计等专门法律法规，健全专门保护与商标保护相互协调的统一地理标志保护制度，完善集成电路布图设计法规。制定修改强化商业秘密保护方面的法律法规，完善规制知识产权滥用行为的法律制度以及与知识产权相关的反垄断、反不正当竞争等领域立法。修改科学技术进步法。结合有关诉讼法的修改及贯彻落实，研究建立健全符合知识产权审判规律的特别程序法律制度。加快大数据、人工智能、基因技术等新领域新业态知识产权立法。适应科技进步和经济社会发展形势需要，依法及时推动知识产权法律法规立改废释，适时扩大保护客体范围，提高保护标准，全面建立并实施侵权惩罚性赔偿制度，加大损害赔偿力度。

（五）构建职责统一、科学规范、服务优良的管理体制。持续优化管理体制机制，加强中央在知识产权保护的宏观管理、区域协调和涉外事宜统筹等方面事权，不断加强机构建设，提高管理效能。围绕国家区域协调发展战略，制定实施区域知识产权战略，深化知识产权强省强市

建设，促进区域知识产权协调发展。实施一流专利商标审查机构建设工程，建立专利商标审查官制度，优化专利商标审查协作机制，提高审查质量和效率。构建政府监管、社会监督、行业自律、机构自治的知识产权服务业监管体系。

（六）构建公正合理、评估科学的政策体系。坚持严格保护的政策导向，完善知识产权权益分配机制，健全以增加知识价值为导向的分配制度，促进知识产权价值实现。完善以强化保护为导向的专利商标审查政策。健全著作权登记制度、网络保护和交易规则。完善知识产权审查注册登记政策调整机制，建立审查动态管理机制。建立健全知识产权政策合法性和公平竞争审查制度。建立知识产权公共政策评估机制。

（七）构建响应及时、保护合理的新兴领域和特定领域知识产权规则体系。建立健全新技术、新产业、新业态、新模式知识产权保护规则。探索完善互联网领域知识产权保护制度。研究构建数据知识产权保护规则。完善开源知识产权和法律体系。研究完善算法、商业方法、人工智能产出物知识产权保护规则。加强遗传资源、传统知识、民间文艺等获取和惠益分享制度建设，加强非物质文化遗产的搜集整理和转化利用。推动中医药传统知识保护与现代知识产权制度有效衔接，进一步完善中医药知识产权综合保护体系，建立中医药专利特别审查和保护机制，促进中医药传承创新发展。

四、建设支撑国际一流营商环境的知识产权保护体系

（八）健全公正高效、管辖科学、权界清晰、系统完备的司法保护体制。实施高水平知识产权审判机构建设工程，加强审判基础、体制机制和智慧法院建设。健全知识产权审判组织，优化审判机构布局，完善上诉审理机制，深入推进知识产权民事、刑事、行政案件"三合一"审判机制改革，构建案件审理专门化、管辖集中化和程序集约化的审判体系。加强知识产权法官的专业化培养和职业化选拔，加强技术调查官队伍建设，确保案件审判质效。积极推进跨区域知识产权远程诉讼平台建设。统一知识产权司法裁判标准和法律适用，完善裁判规则。加大刑事打击力度，完善知识产权犯罪侦查工作制度。修改完善知识产权相关司法解释，配套制定侵犯知识产权犯罪案件立案追诉标准。加强知识产权案件检察监督机制建设，加强量刑建议指导和抗诉指导。

（九）健全便捷高效、严格公正、公开透明的行政保护体系。依法科学配置和行使有关行政部门的调查权、处罚权和强制权。建立统一协调的执法标准、证据规则和案例指导制度。大力提升行政执法人员专业化、职业化水平，探索建立行政保护技术调查官制度。建设知识产权行政执法监管平台，提升执法监管现代化、智能化水平。建立完善知识产权侵权纠纷检验鉴定工作体系。发挥专利侵权纠纷行政裁决制度作用，加大行政裁决执行力度。探索依当事人申请的知识产权纠纷行政调解协议司法确认制度。完善跨区域、跨部门执法保护协作机制。建立对外贸易知识产权保护调查机制和自由贸易试验区知识产权保护专门机制。强化知识产权海关保护，推进国际知识产权执法合作。

（十）健全统一领导、衔接顺畅、快

速高效的协同保护格局。坚持党中央集中统一领导，实现政府履职尽责、执法部门严格监管、司法机关公正司法、市场主体规范管理、行业组织自律自治、社会公众诚信守法的知识产权协同保护。实施知识产权保护体系建设工程。明晰行政机关与司法机关的职责权限和管辖范围，健全知识产权行政保护与司法保护衔接机制，形成保护合力。建立完善知识产权仲裁、调解、公证、鉴定和维权援助体系，加强相关制度建设。健全知识产权信用监管体系，加强知识产权信用监管机制和平台建设，依法依规对知识产权领域严重失信行为实施惩戒。完善著作权集体管理制度，加强对著作权集体管理组织的支持和监管。实施地理标志保护工程。建设知识产权保护中心网络和海外知识产权纠纷应对指导中心网络。建立健全海外知识产权预警和维权援助信息平台。

五、建设激励创新发展的知识产权市场运行机制

（十一）完善以企业为主体、市场为导向的高质量创造机制。以质量和价值为标准，改革完善知识产权考核评价机制。引导市场主体发挥专利、商标、版权等多种类型知识产权组合效应，培育一批知识产权竞争力强的世界一流企业。深化实施中小企业知识产权战略推进工程。优化国家科技计划项目的知识产权管理。围绕生物育种前沿技术和重点领域，加快培育一批具有知识产权的优良植物新品种，提高授权品种质量。

（十二）健全运行高效顺畅、价值充分实现的运用机制。加强专利密集型产业培育，建立专利密集型产业调查机制。积极发挥专利导航在区域发展、政府投资的重大经济科技项目中的作用，大力推动专利导航在传统优势产业、战略性新兴产业、未来产业发展中的应用。改革国有知识产权归属和权益分配机制，扩大科研机构和高校知识产权处置自主权。建立完善财政资助科研项目形成知识产权的声明制度。建立知识产权交易价格统计发布机制。推进商标品牌建设，加强驰名商标保护，发展传承好传统品牌和老字号，大力培育具有国际影响力的知名商标品牌。发挥集体商标、证明商标制度作用，打造特色鲜明、竞争力强、市场信誉好的产业集群品牌和区域品牌。推动地理标志与特色产业发展、生态文明建设、历史文化传承以及乡村振兴有机融合，提升地理标志品牌影响力和产品附加值。实施地理标志农产品保护工程。深入开展知识产权试点示范工作，推动企业、高校、科研机构健全知识产权管理体系，鼓励高校、科研机构建立专业化知识产权转移转化机构。

（十三）建立规范有序、充满活力的市场化运营机制。提高知识产权代理、法律、信息、咨询等服务水平，支持开展知识产权资产评估、交易、转化、托管、投融资等增值服务。实施知识产权运营体系建设工程，打造综合性知识产权运营服务枢纽平台，建设若干聚焦产业、带动区域的运营平台，培育国际化、市场化、专业化知识产权服务机构，开展知识产权服务业分级分类评价。完善无形资产评估制度，形成激励与监管相协调的管理机制。积极稳妥发展知识产权金融，健全知识产权质押信息平台，鼓励开展各类知识产权混合质押和保险，规范探索知识产权融资模式创新。健全版权交易和服务平台，加

强作品资产评估、登记认证、质押融资等服务。开展国家版权创新发展建设试点工作。打造全国版权展会授权交易体系。

六、建设便民利民的知识产权公共服务体系

（十四）加强覆盖全面、服务规范、智能高效的公共服务供给。实施知识产权公共服务智能化建设工程，完善国家知识产权大数据中心和公共服务平台，拓展各类知识产权基础信息开放深度、广度，实现与经济、科技、金融、法律等信息的共享融合。深入推进"互联网+"政务服务，充分利用新技术建设智能化专利商标审查和管理系统，优化审查流程，实现知识产权政务服务"一网通办"和"一站式"服务。完善主干服务网络，扩大技术与创新支持中心等服务网点，构建政府引导、多元参与、互联共享的知识产权公共服务体系。加强专业便捷的知识产权公共咨询服务，健全中小企业和初创企业知识产权公共服务机制。完善国际展会知识产权服务机制。

（十五）加强公共服务标准化、规范化、网络化建设。明晰知识产权公共服务事项和范围，制定公共服务事项清单和服务标准。统筹推进分级分类的知识产权公共服务机构建设，大力发展高水平的专门化服务机构。有效利用信息技术、综合运用线上线下手段，提高知识产权公共服务效率。畅通沟通渠道，提高知识产权公共服务社会满意度。

（十六）建立数据标准、资源整合、利用高效的信息服务模式。加强知识产权数据标准制定和数据资源供给，建立市场化、社会化的信息加工和服务机制。规范知识产权数据交易市场，推动知识产权信息开放共享，处理好数据开放与数据隐私保护的关系，提高传播利用效率，充分实现知识产权数据资源的市场价值。推动知识产权信息公共服务和市场化服务协调发展。加强国际知识产权数据交换，提升运用全球知识产权信息的能力和水平。

七、建设促进知识产权高质量发展的人文社会环境

（十七）塑造尊重知识、崇尚创新、诚信守法、公平竞争的知识产权文化理念。加强教育引导、实践养成和制度保障，培养公民自觉尊重和保护知识产权的行为习惯，自觉抵制侵权假冒行为。倡导创新文化，弘扬诚信理念和契约精神，大力宣传锐意创新和诚信经营的典型企业，引导企业自觉履行尊重和保护知识产权的社会责任。厚植公平竞争的文化氛围，培养新时代知识产权文化自觉和文化自信，推动知识产权文化与法治文化、创新文化和公民道德修养融合共生、相互促进。

（十八）构建内容新颖、形式多样、融合发展的知识产权文化传播矩阵。打造传统媒体和新兴媒体融合发展的知识产权文化传播平台，拓展社交媒体、短视频、客户端等新媒体渠道。创新内容、形式和手段，加强涉外知识产权宣传，形成覆盖国内外的全媒体传播格局，打造知识产权宣传品牌。大力发展国家知识产权高端智库和特色智库，深化理论和政策研究，加强国际学术交流。

（十九）营造更加开放、更加积极、更有活力的知识产权人才发展环境。完善知识产权人才培养、评价激励、流动配置机制。支持学位授权自主审核高校自主设

立知识产权一级学科。推进论证设置知识产权专业学位。实施知识产权专项人才培养计划。依托相关高校布局一批国家知识产权人才培养基地，加强相关高校二级知识产权学院建设。加强知识产权管理部门公职律师队伍建设，做好涉外知识产权律师培养和培训工作，加强知识产权国际化人才培养。开发一批知识产权精品课程。开展干部知识产权学习教育。进一步推进中小学知识产权教育，持续提升青少年的知识产权意识。

八、深度参与全球知识产权治理

（二十）积极参与知识产权全球治理体系改革和建设。扩大知识产权领域对外开放，完善国际对话交流机制，推动完善知识产权及相关国际贸易、国际投资等国际规则和标准。积极推进与经贸相关的多双边知识产权对外谈判。建设知识产权涉外风险防控体系。加强与各国知识产权审查机构合作，推动审查信息共享。打造国际知识产权诉讼优选地。提升知识产权仲裁国际化水平。鼓励高水平外国机构来华开展知识产权服务。

（二十一）构建多边和双边协调联动的国际合作网络。积极维护和发展知识产权多边合作体系，加强在联合国、世界贸易组织等国际框架和多边机制中的合作。深化与共建"一带一路"国家和地区知识产权务实合作，打造高层次合作平台，推进信息、数据资源项目合作，向共建"一带一路"国家和地区提供专利检索、审查、培训等多样化服务。加强知识产权对外工作力量。积极发挥非政府组织在知识产权国际交流合作中的作用。拓展海外专利布局渠道。推动专利与国际标准制定有效结合。塑造中国商标品牌良好形象，推动地理标志互认互保，加强中国商标品牌和地理标志产品全球推介。

九、组织保障

（二十二）加强组织领导。全面加强党对知识产权强国建设工作的领导，充分发挥国务院知识产权战略实施工作部际联席会议作用，建立统一领导、部门协同、上下联动的工作体系，制定实施落实本纲要的年度推进计划。各地区各部门要高度重视，加强组织领导，明确任务分工，建立健全本纲要实施与国民经济和社会发展规划、重点专项规划及相关政策相协调的工作机制，结合实际统筹部署相关任务措施，逐项抓好落实。

（二十三）加强条件保障。完善中央和地方财政投入保障制度，加大对本纲要实施工作的支持。综合运用财税、投融资等相关政策，形成多元化、多渠道的资金投入体系，突出重点，优化结构，保障任务落实。按照国家有关规定，对在知识产权强国建设工作中作出突出贡献的集体和个人给予表彰。

（二十四）加强考核评估。国家知识产权局会同有关部门建立本纲要实施动态调整机制，开展年度监测和定期评估总结，对工作任务落实情况开展督促检查，纳入相关工作评价，重要情况及时按程序向党中央、国务院请示报告。在对党政领导干部和国有企业领导班子考核中，注重考核知识产权相关工作成效。地方各级政府要加大督查考核工作力度，将知识产权强国建设工作纳入督查考核范围。

国务院关于印发"十四五"国家知识产权保护和运用规划的通知

（国发〔2021〕20号）

各省、自治区、直辖市人民政府，国务院各部委、各直属机构：

现将《"十四五"国家知识产权保护和运用规划》印发给你们，请认真贯彻执行。

国务院

2021年10月9日

（此件公开发布）

"十四五"国家知识产权保护和运用规划

为贯彻落实党中央、国务院关于知识产权工作的决策部署，全面加强知识产权保护，高效促进知识产权运用，激发全社会创新活力，推动构建新发展格局，依据《中华人民共和国国民经济和社会发展第十四个五年规划和2035年远景目标纲要》和《知识产权强国建设纲要（2021—2035年）》，制定本规划。

一、规划背景

"十三五"时期，党中央、国务院把知识产权保护工作摆在更加突出的位置，加强顶层设计，部署推动一系列改革，出台一系列重大政策，建立健全国务院知识产权战略实施工作部际联席会议制度，重新组建国家知识产权局，完善知识产权法律法规体系，推进知识产权领域司法改革，有效提升了知识产权领域治理能力和治理水平。五年来，各地区、各有关部门深入实施《"十三五"国家知识产权保护和运用规划》，持续推进知识产权战略实施，知识产权创造能力稳步提高，国内每万人口发明专利拥有量从"十二五"末的6.3件增加到15.8件，专利、商标、版权、植物新品种等知识产权数量位居世界前列，质量稳步提升。知识产权运用效益持续提高，交易运营更加活跃，转移转化水平不断提升，专利密集型产业增加值占国内生产总值（GDP）比重超过11.6%，版权产业增加值占GDP比重超过7.39%。知识产权保护力度明显加大，保护体系不断完善，保护能力持续提升，知识产权保护社会满意度提高到80.05分。知识产权公共服务体系进一步健全，知识产权服务业加快发展。知识产权人才队伍不断壮大，全社会尊重和保护知识产权意识明显提升。知识产权国际合作不断深化，与世界知识产权组织、共建"一带一路"国家和地区、金砖国家、亚太经合组织等的知识产权合作扎实推进，形成"四边联动、协调推进"的知识产权国际合作新局面。总的看，"十三五"规划主要目标任务如期完成，知识产权事业实现了大发展、大跨越、大提升，知识产权保护工作取得了历史性成就，有效支撑了创新型国家建设和全面建成小康社会目标实现。

当今世界正经历百年未有之大变局，新一轮科技革命和产业变革深入发展，国际力量对比深刻调整，国际环境日趋复杂，不稳定性不确定性明显增加，新冠肺炎疫情影响广泛深远。我国正处于实现中华民族伟大复兴的关键时期，经济已由高速增长阶段转向高质量发展阶段，创新驱动发展战略深入实施，现代产业体系建设加快推进，高水平对外开放不断深化。创新是引领发展的第一动力，保护知识产权就是保护创新。知识产权保护工作关系国家治理体系和治理能力现代化，关系高质量发展，关系人民生活幸福，关系国家对外开放大局，关系国家安全。当前，知识产权对激励创新、打造品牌、规范市场秩序、扩大对外开放正发挥越来越重要的作用，但我国知识产权工作还面临不少问题和短板，主要表现为：关键核心技术领域高质量知识产权创造不足，行政执法和司法衔接机制不够完善，知识产权侵权易发多发和侵权易、维权难的现象仍然存在，知识产权转移转化成效有待提高，知识产权服务供给不够充分，海外知识产权纠纷应对能力不足，知识产权制度促进经济社会高质量发展的作用需要进一步发挥等。"十四五"时期，做好知识产权工作要统筹国内国际两个大局，增强机遇意识和风险意识，在危机中育先机、于变局中开新局，充分发挥知识产权制度在推动构建新发展格局中的重要作用，为全面建设社会主义现代化国家提供有力支撑。

二、总体要求

（一）指导思想。

坚持以习近平新时代中国特色社会主义思想为指导，全面贯彻党的十九大和十九届二中、三中、四中、五中全会精神，统筹推进"五位一体"总体布局，协调推进"四个全面"战略布局，坚持稳中求进工作总基调，立足新发展阶段，完整、准确、全面贯彻新发展理念，构建新发展格局，坚持以推动高质量发展为主题，以全面加强知识产权保护为主线，以建设知识产权强国为目标，以改革创新为根本动力，深化知识产权保护工作体制机制改革，全面提升知识产权创造、运用、保护、管理和服务水平，深入推进知识产权国际合作，促进建设现代化经济体系，激发全社会创新活力，有力支撑经济社会高质量发展。

（二）基本原则。

坚持质量优先。坚持高质量发展方向不动摇，加快推动知识产权工作由追求数量向提高质量转变，促进知识产权高质量创造、高效益运用、高标准保护、高水平服务，更好服务现代化经济体系建设。

坚持强化保护。加强知识产权全链条保护，统筹推进知识产权审查授权、行政执法、司法保护、仲裁调解、行业自律、公民诚信等工作，构建严保护、大保护、快保护、同保护的工作格局，全面提升保护能力，着力营造公平竞争的市场环境。

坚持开放合作。推动知识产权更大范围、更宽领域、更深层次对外开放，统筹推进知识产权国际合作，积极参与全球知识产权治理体系建设，加强知识产权领域多边合作，持续提升知识产权国际影响力和竞争力，服务开放型经济发展。

坚持系统协同。树立系统观念，健全知识产权工作协同推进机制，强化部门协同、上下联动、区域协作、社会共治，综合运用法律、行政、经济、技术、社会治理等手段，提高知识产权领域系统治理效能。

（三）主要目标。

到2025年，知识产权强国建设阶段性目标任务如期完成，知识产权领域治理能力和治理水平显著提高，知识产权事业实现高质量发展，有效支撑创新驱动发展和高标准市场体系建设，有力促进经济社会高质量发展。

——知识产权保护迈上新台阶。知识产权保护法治化水平不断提高，知识产权保护衔接机制更加完善，知识产权侵权惩罚性赔偿制度有效实施，侵权易发多发现象得到有效遏制，知识产权保护社会满意度达到并保持较高水平，关键核心技术领域高质量知识产权更多涌现，有效提升产业链供应链现代化水平，知识产权制度激励创新的基本保障作用充分发挥。

——知识产权运用取得新成效。知识产权转移转化体制机制更加完善，知识产权归属制度更加健全，知识产权流转更加顺畅，知识产权转化效益显著提高，知识产权市场价值进一步凸显，专利密集型产业增加值和版权产业增加值占GDP比重稳步提升，推动产业转型升级和新兴产业创新发展。

——知识产权服务达到新水平。知识产权信息化、智能化基础设施建设取得显著成效，知识产权保护实现线上线下融合发展，知识产权公共服务体系进一步完善，知识产权服务业有序发展，服务机构专业化水平明显提升，进一步促进创新成果更好惠及人民。

——知识产权国际合作取得新突破。我国在全球知识产权治理体系中的作用更加凸显，知识产权国际协调更加有力，"一带一路"知识产权合作实现新进展，海外知识产权获权维权能力进一步提高，有力推进高水平对外开放。

"十四五"时期知识产权发展主要指标

指 标	2020年	2025年	累计增加值	属性
1.每万人口高价值发明专利拥有量[①]（件）	6.3	12	5.7	预期性
2.海外发明专利授权量（万件）	4	9	5	预期性
3.知识产权质押融资登记金额[②]（亿元）	2180	3200	1020	预期性
4.知识产权使用费年进出口总额（亿元）	3194.4	3500	305.6	预期性
5.专利密集型产业增加值占GDP比重（%）	11.6[③]	13.0	1.4	预期性
6.版权产业增加值占GDP比重（%）	7.39[④]	7.5	0.11	预期性
7.知识产权保护社会满意度（分）	80.05	82	1.95	预期性

续表

指标	2020年	2025年	累计增加值	属性
8.知识产权民事一审案件服判息诉率（%）	—	85	—	预期性

注：①"每万人口高价值发明专利拥有量"是指每万人口本国居民拥有的经国家知识产权局授权的符合下列任一条件的有效发明专利数量：1.战略性新兴产业的发明专利；2.在海外有同族专利权的发明专利；3.维持年限超过10年的发明专利；4.实现较高质押融资金额的发明专利；5.获得国家科学技术奖、中国专利奖的发明专利。

②"知识产权质押融资登记金额"是指经国家知识产权局登记的知识产权质押融资金额。

③④为2019年值。

三、全面加强知识产权保护，激发全社会创新活力

（四）完善知识产权法律政策体系。

健全知识产权法律法规。开展知识产权基础性法律研究。统筹推进专利法、商标法、著作权法、反垄断法、科学技术进步法、电子商务法等相关法律法规的修改完善。加强地理标志、商业秘密等领域立法，出台商业秘密保护规定。完善集成电路布图设计法规。推进修订植物新品种保护条例。制定中医药传统知识保护条例。完善与国防建设相衔接的知识产权法律制度。全面建立并实施知识产权侵权惩罚性赔偿制度，加大损害赔偿力度。研究建立健全符合知识产权审判规律的特别程序法律制度。适应科技进步和经济社会发展需要，依法及时推动知识产权法律法规立改废释。（中央宣传部、最高人民法院、最高人民检察院、科技部、工业和信息化部、司法部、农业农村部、商务部、国家卫生健康委、市场监管总局、国家国防科工局、国家林草局、国家中医药局、国家知识产权局、中央军委装备发展部等按职责分工负责）

专栏 1　商业秘密保护工程

健全商业秘密保护政策。完善行政执法程序，细化处罚标准，完善刑事司法程序，加强商业秘密行政执法与民事、刑事司法审判的联动配合，合理划定举证责任。加强商业秘密司法鉴定能力建设，提升司法鉴定水平。

提升市场主体商业秘密保护能力。推动行业组织加强商业秘密保护自律，指导市场主体制定并严格执行全面的商业秘密管理制度，推动有条件的地方建设国家级商业秘密保护基地。建立健全跨境商业秘密保护援助体系。开展商业秘密保护及法律风险培训，强化市场主体特别是中小企业商业秘密保护意识。（市场监管总局牵头，最高人民法院、最高人民检察院、公安部等按职责分工负责）

完善知识产权保护政策。健全大数据、人工智能、基因技术等新领域新业态知识产权保护制度。研究构建数据知识产权保护规则。完善开源知识产权和法律体系。完善电子商务领域知识产权保护机制。健全遗传资源获取和惠益分享制

度，建立跨部门生物遗传资源获取和惠益分享信息共享制度。制定传统文化、民间文艺、传统知识等领域保护办法。建立与非物质文化遗产相关的知识产权保护制度。完善体育赛事节目、综艺节目、网络直播等领域著作权保护制度。完善红色经典等优秀舞台艺术作品的版权保护措施。完善服装设计等时尚产业知识产权保护政策。健全药品专利纠纷早期解决机制，制定相关配套措施。完善中医药领域发明专利审查和保护机制。健全绿色技术知识产权保护制度。完善高校知识产权保护管理规定。建立知识产权侵权损害评估制度。（中央宣传部、中央网信办、最高人民法院、教育部、财政部、生态环境部、文化和旅游部、市场监管总局、广电总局、国家林草局、国家中医药局、国家药监局、国家知识产权局等按职责分工负责）

专栏2　数据知识产权保护工程

构建数据知识产权保护规则。深入研究数据的产权属性，探索开展数据知识产权保护相关立法研究，推动完善涉及数据知识产权保护的法律法规。完善数据知识产权保护政策，探索建立分级分类的数据知识产权保护模式。推动建立数据知识产权保护行业规范，加强数据生产、流通、利用、共享过程中的知识产权保护。研究推动数据知识产权保护国际规则制定。

促进数据资源利用和安全保护。支持有条件的地区开展数据知识产权保护和运用试点。在保护个人信息安全和国家数据安全的基础上，促进数据要素合理流动、有效保护、充分利用。积极开展数据知识产权保护国际合作与交流。（中央宣传部、中央网信办、最高人民法院、外交部、工业和信息化部、公安部、司法部、商务部、市场监管总局、国家知识产权局等按职责分工负责）

完善维护国家安全的知识产权政策。研究制定事关国家安全的关键核心技术知识产权保护规则。依法管理涉及国家安全的知识产权对外转让行为，完善知识产权对外转让审查制度。完善知识产权反垄断、公平竞争相关法律法规和政策措施。推进我国知识产权有关法律规定域外适用。研究建立针对进口贸易的知识产权境内保护制度。完善跨境电商知识产权保护规则。（中央宣传部、中央网信办、国家发展改革委、科技部、工业和信息化部、商务部、市场监管总局、国家国防科工局、国家知识产权局等按职责分工负责）

（五）加强知识产权司法保护。

完善知识产权司法保护体系。加强知识产权司法资源配置，加强知识产权审判体系建设。健全知识产权案件上诉机制，完善专门法院设置。深入推进知识产权民事、刑事、行政案件"三合一"审判机制改革。完善知识产权检察体制机制。建立健全与审判机制、检察机制相适应的案件管辖制度和协调机制。完善知识产权司法案件繁简分流机制，开展适应知识产权审判特点的简易程序试点，提高审判质量和效率。探索依当事人申请的知识产权纠纷行政调解协议司法确认制度。推动建立跨行政区域知识产权案件审理机制，充分发挥法院案件指定管辖机制作用，有效打破

地方保护。（最高人民法院、最高人民检察院等按职责分工负责）

提升知识产权司法保护能力。加强司法保护与行政确权、行政执法、调解、仲裁、公证存证等环节的信息沟通和共享，促进行政执法标准和司法裁判标准统一，形成有机衔接、优势互补的运行机制。强化民事司法保护，研究制定符合知识产权案件规律的诉讼规范。完善刑事法律和司法解释，加大刑事打击力度，准确适用知识产权领域行政执法移送刑事司法标准和刑事案件立案追诉标准，规范刑罚适用。加强知识产权司法工作人员培养和选拔，加强技术调查官队伍建设。（最高人民法院、最高人民检察院、公安部等按职责分工负责）

（六）加强知识产权行政保护。

健全知识产权行政保护机制。加强中央在知识产权保护的宏观管理、区域协调和涉外事宜统筹等方面事权。加强知识产权快保护机构建设。在条件成熟的地区建设国家知识产权保护试点示范区。加强知识产权行政执法指导制度建设。建立行政保护技术调查官制度。健全知识产权侵权纠纷行政裁决制度。健全跨区域、跨部门知识产权行政保护协作机制。加强商贸流通领域知识产权保护，制定商品交易市场知识产权保护国家规范，持续推进知识产权保护规范化市场建设，净化消费市场。（国家知识产权局牵头，中央宣传部、文化和旅游部、市场监管总局等按职责分工负责）

专栏3　知识产权保护机构建设工程

提升知识产权保护机构服务能力。在优势产业集聚区布局建设一批知识产权保护中心，构建知识产权快速协同保护体系，提供集快速审查、快速确权、快速维权于一体的知识产权一站式综合服务，加快提升知识产权快速协同保护运行管理能力。加强人员配备和职业化专业化建设，优化人才选聘机制和管理激励机制，加大培训力度，打造知识产权保护高素质、复合型人才队伍。

加强维权援助统筹协调。强化部门协同和区域协作。推动维权援助体系向基层延伸，完善中国知识产权维权援助线上服务平台，加强全国维权援助资源整合，实现维权援助服务全国一张网。（国家知识产权局负责）

提高知识产权行政保护效能。更好发挥全国打击侵犯知识产权和制售假冒伪劣商品工作领导小组作用，加强部门协同配合，开展关键领域、重点环节、重点区域行政执法专项行动，重点查处假冒专利、商标侵权、侵犯著作权、地理标志侵权假冒等违法行为。加大行政处罚力度，加强侵权纠纷行政裁决，有效遏制恶意侵权、重复侵权、群体侵权。完善专利、商标侵权判断标准。加强植物新品种保护体系建设。强化知识产权海关保护。加强特殊标志、官方标志、奥林匹克标志保护。加强知识产权行政执法和行政裁决队伍人员配备和能力建设，提升知识产权行政执法装备现代化、智能化水平，利用新技术手段畅通投诉举报渠道，提升打击侵权假冒行为的效率及精准度。依法规制知识产权滥用行为，不断完善防止知识产权滥用相关

制度。(中央宣传部、农业农村部、文化和旅游部、海关总署、市场监管总局、国家林草局、国家知识产权局等按职责分工负责)

专栏4　植物新品种保护体系建设工程

完善植物新品种保护体制机制。推动建立实质性派生品种制度,研究加入《国际植物新品种保护公约》(UPOV)1991年文本,有效激励种业自主创新。加快国家植物品种测试徐州、三亚中心建设,探索建立品种权区域性审查协作中心和第三方测试机构。加快国家种质资源库、遗传物质保存库和无性繁殖植物保存圃等基础设施建设。加快建立国际测试报告互认机制,深度参与国际在线申请平台建设,鼓励向海外申请品种权。

提升植物新品种保护能力。大力开展维权打假专项行动,加大品种权行政执法案件查处力度,定期向全社会公布典型案例。探索建立品种保护专业审查员制度,建立国家品种保护培训基地,培养一批种业知识产权管理、新品种审查测试、行政执法、政策研究等领域的高素质专业人才。(农业农村部、国家林草局、国家知识产权局等按职责分工负责)

专栏5　地理标志保护工程

实施地理标志保护提升行动。推进建立地理标志统一认定和立体化保护机制。深化地理标志专用标志使用核准改革试点,强化地理标志专用标志使用监管,推动市场主体使用地理标志专用标志覆盖率达到80%以上。构建新型地理标志保护标准体系,推进地理标志保护基础通用国家标准的制定。开展地域特色农产品资源普查,建立资源目录。建成100个国家地理标志产品保护示范区。完善地理标志保护监管年度报告制度。探索建立地理标志联动保护机制,推动形成生产地、流通地、销售地联动查处地理标志侵权违法行为的工作格局。(国家知识产权局牵头,市场监管总局、农业农村部等按职责分工负责)

实施地理标志农产品保护工程。加强原生地种质资源和特色品种保护培育,强化特色品质保持技术集成和监测。加强生产环境保护和设施条件改善,完善地理标志农产品质量技术规程,推进全产业链标准化,打造一批地理标志农产品核心基地。推进地理标志农产品与绿色有机农产品、重要农业文化遗产等融合发展,打造区域农产品公用品牌。加强地理标志农产品质量安全监管,全面实施追溯管理。建立健全地理标志农产品培育、保护和发展机制。(农业农村部、国家知识产权局等按职责分工负责)

(七)加强知识产权协同保护。

完善知识产权纠纷多元化解决机制。培育和发展知识产权调解组织、仲裁机构、公证机构。鼓励行业协会、商会建立知识产权保护自律和信息沟通机制。建立健全知识产权调解、仲裁、公证、社会监督等人才的选聘、培养、管理、激励制度。推动完善知识产权纠纷投诉受理处理、诉讼调解对接、调解仲裁对接、行政执法与调解仲裁对接等机制。探索维权援助社会共治模式，鼓励高校、社会组织等开展维权援助工作。建立完善知识产权侵权纠纷检验鉴定工作体系，加强知识产权鉴定机构专业化、规范化建设，推动建立知识产权鉴定技术标准。建立国防领域知识产权纠纷多元化处理机制。（国家知识产权局牵头，中央宣传部、最高人民法院、司法部、国家国防科工局、中央军委装备发展部、中国贸促会等按职责分工负责）

加强知识产权领域诚信体系建设。推进建立知识产权领域以信用为基础的分级分类监管模式，积极支持地方开展工作试点。制定覆盖专利、商标、版权等领域的信用信息基础目录。推进知识产权领域信用承诺制建设。规范知识产权领域严重失信主体名单认定标准和程序，依法依规对严重失信主体实施惩戒。推进知识产权信用修复制度建设。推动全国知识产权信用信息共享平台与全国信用信息共享平台实现数据共享。（中央宣传部、国家发展改革委、农业农村部、人民银行、市场监管总局、国家林草局、国家知识产权局等按职责分工负责）

（八）加强知识产权源头保护。

促进知识产权高质量创造。健全高质量创造支持政策，加强人工智能、量子信息、集成电路、基础软件、生命健康、脑科学、生物育种、空天科技、深地深海探测等领域自主知识产权创造和储备。加强国家科技计划项目的知识产权管理，在立项和组织实施各环节强化重点项目科技成果的知识产权布局和质量管理。优化专利资助奖励等激励政策和考核评价机制，突出高质量发展导向。完善无形资产评估制度，形成激励与监管相协调的管理机制。（科技部、工业和信息化部、财政部、国家知识产权局等按职责分工负责）

提高知识产权审查质量和审查效率。完善适应创新发展需求的知识产权审查管理体系，优化专利、商标审查协作机制。提升专利商标审查机构能力水平，强化专利、商标、版权、地理标志、植物新品种全流程审查质量管控，提升知识产权授权确权质量。提高专利、商标审查业务精细化管理水平，优化审查资源配置，加强智能化技术运用，提升审查效能，缩短审查周期。完善专利、商标审查模式，加强审查与产业发展的政策协同和业务联动，满足产业绿色转型和新领域新业态创新发展等社会多样化需求。（中央宣传部、工业和信息化部、农业农村部、国家林草局、国家知识产权局等按职责分工负责）

> **专栏6　一流专利商标审查机构建设工程**
>
> 　　**建设高水平审查员队伍。**对标国际先进水平，完善审查人才培养体系，优化队伍结构，健全保障和激励机制，增强审查人员职业荣誉感。
>
> 　　**提高审查智能化便利化水平。**以大数据、云计算、人工智能等技术为支撑，以智能审查和智能检索为核心，加强智能分类建设，推进专利、商标审查系统智能化建设。优化远程审查保障。完善数据资源保障，提高基础数据完整性、安全性、可靠性、适用性。
>
> 　　**提升审查质量。**适时修改专利审查指南，制定专利申请指南，完善商标审查审理标准。建立健全专利、商标审查质量保障和评价体系。加强审查业务指导体系协同。专利审查质量用户满意度指数保持在85以上，商标审查质量满意度保持在较高水平。
>
> 　　**提高审查效率。**发明专利审查周期压缩至15个月以内，专利无效结案周期控制在6个月以内。商标变更和续展首次审查周期压缩至15天以内，商标转让首次审查周期压缩至1个月以内，商标驳回复审案件平均审理周期压缩至5.5个月以内，商标异议审查周期进一步压缩。（国家知识产权局负责）

强化知识产权申请注册质量监管。完善以质量和价值为导向的知识产权统计指标体系，健全知识产权质量统计监测和反馈机制。严格规范专利申请、商标注册和版权登记行为，严厉打击不以保护创新为目的的非正常专利申请和代理行为，以及不以使用为目的的恶意商标注册和代理行为，依法依规对相关行为进行处置。加强信用监管和行业自律，严厉打击无资质专利代理等违法违规行为。（国家知识产权局牵头，中央宣传部、国家统计局等按职责分工负责）

四、提高知识产权转移转化成效，支撑实体经济创新发展

（九）完善知识产权转移转化体制机制。

推进国有知识产权权益分配改革。强化国家战略科技力量，深化科技成果使用权、处置权、收益权改革，开展赋予科研人员职务科技成果所有权或长期使用权试点。充分赋予高校和科研院所知识产权处置自主权，推动建立权利义务对等的知识产权转化收益分配机制。有效落实国有企业知识产权转化奖励和报酬制度。完善国有企事业单位知识产权转移转化决策机制。（国家发展改革委、教育部、科技部、财政部、人力资源社会保障部、国务院国资委、中科院、国家国防科工局、国家知识产权局等按职责分工负责）

优化知识产权运营服务体系。推动在重点产业领域和产业集聚区建设知识产权运营中心。培育发展综合性知识产权运营服务平台，创新服务模式，促进知识产权转化。支持高校和科研院所加强市场化知识产权运营机构建设，提升知识产权转化能力。加强知识产权运营专业化人才队伍建设。建立完善专利开放许可制度和运行机制。拓宽专利技术供给渠道，推进专利技术供需对接，促进专利技术转化实施。

指导规范知识产权交易，完善知识产权质押登记和转让许可备案管理制度，加强数据采集分析和披露利用。加强知识产权转移转化状况统计调查。（中央宣传部、教育部、科技部、财政部、国家统计局、国家知识产权局等按职责分工负责）

积极稳妥发展知识产权金融。优化知识产权质押融资体系，健全知识产权质押融资风险管理机制，完善质物处置机制，建设知识产权质押信息平台。支持银行创新内部考核管理模式，推动银行业金融机构用好单列信贷计划和优化不良率考核等监管政策，在风险可控的前提下扩大知识产权质押贷款规模。鼓励知识产权保险、信用担保等金融产品创新，充分发挥金融支持知识产权转化的作用。在自由贸易试验区和自由贸易港推进知识产权金融服务创新。健全知识产权价值评估体系，鼓励开发智能化知识产权评估工具。（国家知识产权局牵头，中央宣传部、国家发展改革委、财政部、人民银行、银保监会、证监会等按职责分工负责）

促进产业知识产权协同运用。推动企业、高校、科研机构知识产权深度合作，引导开展订单式研发和投放式创新。围绕关键核心技术联合攻关加强专利布局和运用。引导建立产业专利导航决策机制，优化战略性新兴产业发展模式，增强产业集群创新引领力。推动在数字经济、智能制造、生命健康、新材料等领域组建产业知识产权联盟，构筑产业专利池。促进技术、专利与标准协同发展，研究制定标准必要专利许可指南，引导创新主体将自主知识产权转化为技术标准。健全知识产权军民双向转化工作机制。（教育部、科技部、工业和信息化部、市场监管总局、中科院、国家国防科工局、国家知识产权局、中央军委装备发展部等按职责分工负责）

> **专栏7 专利导航工程**
>
> **完善专利导航工作体系。** 推动出台地方专利导航产业发展配套落实措施。引导企业、高校、科研机构、行业协会等推广实施专利导航指南国家标准，突出专利导航服务、评价、培训、组织实施标准化引领。加强专利导航理论研究、实务指导、技术支撑，推动建设专利导航业务指导中心，支持在重点区域、重点产业园区建设专利导航服务基地。开展专利导航示范项目建设，加强专利导航项目评价，引导规范专利导航市场化服务。
>
> **深化专利导航运用模式。** 完善以产业数据、专利数据为基础的专利导航决策机制，创新专利导航服务模式，打造专利导航深度应用场景。组织开发专利导航数据产品、分析工具、应用平台。推动实施重点领域、重点产业专利导航项目，引导关键核心技术攻关，加强产业专利布局，助力保障产业链供应链稳定和安全。（国家知识产权局牵头，教育部、科技部、工业和信息化部、中科院等按职责分工负责）

（十）提升知识产权转移转化效益。

提升创新主体知识产权管理效能。推动创新主体加强知识产权管理标准化体系建设，推动实施创新过程知识产权管理国际标准。推动中央企业建立完善知识产权工作体系，打造一批具备国际竞争优势的知识产权强企。深化实施中小企业知识产权战略推进工程。分级分类开展企业、高校、科研院所知识产权优势培育和建设工作。引导创新主体建立健全知识产权资产管理制度，推动企业做好知识产权会计信息披露工作。建立健全财政资助科研项目形成知识产权的声明制度和监管机制。（教育部、科技部、工业和信息化部、财政部、国务院国资委、税务总局、市场监管总局、中科院、国家知识产权局等按职责分工负责）

专栏8　中小企业知识产权战略推进工程

提升知识产权管理水平。鼓励有条件的中小企业实施企业知识产权管理规范国家标准，加大中小企业知识产权托管服务力度。

提升知识产权运用能力。开展工业企业知识产权运用试点工作，发挥知识产权运营平台和运营基金作用，促进中小企业知识产权转移转化，鼓励国有企业通过并购等方式支持中小企业知识产权转移转化，完善中小企业知识产权维权援助工作机制。

拓宽中小企业知识产权融资渠道。鼓励各类金融机构创新知识产权金融服务，丰富金融产品供给，加大中小企业知识产权质押融资支持力度，完善风险分担补偿机制。（工业和信息化部牵头，中央宣传部、人民银行、国务院国资委、市场监管总局、银保监会、证监会、国家知识产权局等按职责分工负责）

推动知识产权融入产业创新发展。培育专利密集型产业，探索开展专利密集型产品认定工作，指导地方制定专利密集型产业培育目录，健全专利密集型产业增加值核算与发布机制，加强专利密集型产业培育监测评价。实施商标品牌战略，加强驰名商标保护，提升品牌国际影响力。实施版权创新发展工程，打造版权产业集群，强化版权发展技术支撑。推动地方建立地理标志产品产值统计制度，健全地理标志产业发展利益联结机制，发挥龙头企业带动作用，吸引更多市场主体参与地理标志产业融合发展。完善绿色知识产权统计监测，推动绿色专利技术产业化，支撑产业绿色转型。（中央宣传部、农业农村部、市场监管总局、国家统计局、国家知识产权局等按职责分工负责）

> **专栏 9　商标品牌建设工程**
>
> **建立健全商标品牌推进工作体系。**完善产品质量监督体系，健全监督信息交流共享机制，提升商标品牌质量。引导行业协会、高校、科研机构等服务商标品牌发展，对品牌质量进行研究、评价、监测。发展区域品牌，推动新型农业、先进制造业、现代服务业等产业集群品牌商标化。推动设立商标品牌指导站，强化商标品牌培育帮扶指导。
>
> **推动企业实施商标品牌战略。**加强商标品牌资产管理，强化商标使用导向。支持开展商标海外布局，培育具有市场竞争力、国际影响力的知名商标品牌，支持开展中国国际商标品牌节等宣传活动，加强中国商标品牌的全球推广。（国家知识产权局牵头，工业和信息化部、农业农村部、市场监管总局等按职责分工负责）

> **专栏 10　版权创新发展工程**
>
> **构筑版权产业发展新优势。**面向省、市、县及园区持续推进版权示范工作。建设国家版权创新发展基地。建立全国版权展会授权交易体系。持续推进文化文物单位文化创意产品开发试点工作。完善版权登记体制机制。优化资源配置，打造一批符合国家战略、反映产业和区域特点的优质版权产业集群。
>
> **推进版权交易、保护、服务一体化发展。**拓宽版权作品国际合作与宣传渠道。打造一批精品广播电视和网络视听版权资源。推动中国优秀作品走出去、外国优秀作品引进来。推进版权保护技术、标准的研究和应用，加强各类作品价值评估、登记认证、质押融资等服务。探索在版权确权、用权、维权中引入区块链技术。（中央宣传部牵头，文化和旅游部、广电总局等按职责分工负责）

助力区域经济协调发展。优化央地合作会商机制，持续推动知识产权强省强市建设，面向省、市、县及园区深入开展知识产权强国建设试点示范工作，探索支撑创新发展的知识产权运行机制。强化区域间合作互助，促进东、中、西部和东北地区知识产权工作共同发展。鼓励地方探索构建符合区域发展需求的知识产权政策体系。推动京津冀高端知识产权服务业集聚发展。强化长三角区域一体化知识产权保护。推动粤港澳大湾区打造知识产权国际合作高地。推动成渝地区双城经济圈建立知识产权金融生态区。支持深圳建设中国特色社会主义先行示范区，打造保护知识产权标杆城市。支持香港建设区域知识产权贸易中心。加强涉农知识产权运用，助力乡村振兴。（国家知识产权局牵头，国家发展改革委、农业农村部、人民银行、国家林草局等按职责分工负责）

专栏11　知识产权助力乡村振兴工程

　　推进专利技术强农。开展专利信息帮扶，提升农业专利技术成果转化应用水平。
　　推进商标品牌富农。开展涉农产品商标品牌培育，遴选优质地理标志产品进行扶持，加强涉农品牌宣传。
　　推进地理标志兴农。开展地理标志助力乡村振兴行动，推动建设地理标志特色优势园区，实施农业生产"三品一标"提升行动，推进品种培优、品质提升、品牌打造和标准化生产，打造地理标志农产品引领乡村特色产业发展的县域样板。
　　推进新品种惠农。加强优秀植物新品种培育和产业化，促进农作物育种创新，加快培育具有自主知识产权的优良品种，培育和转化运用一批优质林草新品种。（农业农村部、市场监管总局、国家林草局、国家知识产权局等按职责分工负责）

五、构建便民利民知识产权服务体系，促进创新成果更好惠及人民

（十一）提高知识产权公共服务能力。

加快知识产权新型基础设施建设。依托全国一体化大数据中心体系，完善国家知识产权大数据中心和公共服务平台，提升知识产权公共服务智能化水平。推进地方知识产权公共服务平台和专题数据库建设，优先支持战略性新兴产业集群所在地建设知识产权公共服务平台，推动知识产权公共服务平台与行业、产业信息服务平台互联互通，提高知识产权公共服务可及性和普惠性。加强知识产权网络安全建设，健全网络安全综合防控体系，持续增强网络安全综合保障能力。（国家知识产权局牵头，中央网信办、国家发展改革委、财政部等按职责分工负责）

专栏12　知识产权公共服务信息化智能化建设工程

　　建设国家知识产权大数据中心。汇聚全球专利、商标、地理标志、集成电路布图设计等知识产权数据，实现知识产权数据与经济、科技、产业等信息融合。利用机器学习、人工智能等技术，加强对知识产权注册登记、公布公告、纠纷调解、质押许可等信息的智能监测，进行创新态势分析等主题挖掘。提供智能数据服务，实现对各类知识产权数据的智能分析，为科学决策等提供数据支撑。
　　完善国家知识产权公共服务平台。对接全国一体化政务服务平台、国家"互联网+监管"系统，优化知识产权行政执法保护支撑、行政复议、知识产权注册簿登记簿应用、电子商务领域知识产权保护、知识产权代理监管、非正常申请监管、知识产权咨询等政务服务。面向社会公众提供专利、商标、地理标志、集成电路布图设计等一站式智能查询检索服务，实现知识产权公共服务便利化、集约化、高效化。（国家知识产权局牵头，中央网信办、国家发展改革委、财政部等按职责分工负责）

完善知识产权公共服务体系。完善知识产权公共服务网络，健全公共服务支持创新工作机制。推动公共服务骨干节点分级分类建设，省级公共服务机构实现全覆

盖，地市级公共服务机构覆盖率力争达到50%，鼓励有条件的县（市、区）设立综合性公共服务机构。支持开展跨行政区域知识产权公共服务合作。优化知识产权公共服务网点布局，提升高校、科研机构、科技社团、公共图书馆、科技情报机构、产业园区生产力促进机构等知识产权信息公共服务能力。重点支持技术与创新支持中心、高校国家知识产权信息服务中心、国家知识产权信息公共服务网点有序发展。（国家知识产权局牵头，教育部、科技部、工业和信息化部、文化和旅游部、中科院、中国科协等按职责分工负责）

提高知识产权公共服务供给水平。加强知识产权数据标准制定，提高数据质量，维护数据安全，完善知识产权基础数据资源管理和服务规范。加强知识产权信息传播利用，加大知识产权基础数据开放力度，促进数据资源共享。完善知识产权信息利用相关规范，开展知识产权信息利用研究分析和发布。积极参与国际知识产权数据标准制定，加强国际知识产权数据交换。加大政府购买服务力度，创新公共服务形式，丰富公共服务产品供给。加强知识产权公共服务规范化、标准化建设，明晰知识产权公共服务事项和范围，建立知识产权公共服务清单制度。（国家知识产权局负责）

（十二）促进知识产权服务业健康发展。

培育发展知识产权服务业。引导知识产权代理、法律、信息、咨询、运营服务向专业化和高水平发展，拓展知识产权投融资、保险、资产评估等增值服务，促进知识产权服务业新业态新模式发展。加快制定实施知识产权服务业基础标准、支撑标准、产品标准、质量标准。深入实施专利代理机构执业许可审批告知承诺改革。引导国际高水平知识产权服务机构依规在华设立常驻代表机构。开展品牌价值提升行动，培育一批国际化、市场化、专业化知识产权服务机构。建设国家知识产权服务出口基地。全国执业专利代理师达到4万人。完善知识产权服务业统计制度。支持知识产权服务行业协会组织开展公益代理和维权援助。（国家知识产权局牵头，中央宣传部、司法部、商务部、国家统计局等按职责分工负责）

促进知识产权服务业与区域产业融合发展。聚焦重点区域、重点产业需求，优化知识产权服务业集聚区建设，引导知识产权服务链上下游优势互补、多业态协同发展。建立知识产权服务对接重点产业、重大项目工作机制，重点提供专利导航等高端服务。鼓励知识产权服务机构为创新主体提供全链条、专业化知识产权服务，支持企业创新发展和产业转型升级。（国家知识产权局牵头，工业和信息化部等按职责分工负责）

加强知识产权服务业监管。规范计划制定、名单抽取、结果公示、数据存档等各项抽查检查工作程序，实现"双随机、一公开"监管全覆盖。建立知识产权服务业监管长效机制。健全跨部门、跨区域协同监管机制。完善年度报告、经营异常名录、严重失信主体名单制度，开展信用评价并推广应用评价结果。建立知识产权服务业质量监测机制，利用新技术手段快速精准发现违法违规行为线索，提升监管效能。充分发挥知识产权服务行业协会作用，加大行业自律惩戒力度。建设知识产权服务业评价系统，及时公开服务机构

和从业人员评价数据。(国家知识产权局负责)

六、推进知识产权国际合作，服务开放型经济发展

（十三）主动参与知识产权全球治理。

积极参与完善知识产权国际规则体系。加强与世界知识产权组织的合作磋商，推动完善知识产权及相关国际贸易、国际投资等国际规则和标准。积极参与遗传资源、传统知识、民间文艺、非物质文化遗产、广播组织等方面的知识产权国际规则制定。积极研究和参与数字领域等新领域新业态知识产权国际规则和标准的制定。（中央宣传部、外交部、商务部、文化和旅游部、国家知识产权局等按职责分工负责）

积极推进与经贸相关的多双边知识产权谈判。妥善应对国际知识产权争端，加强与主要贸易伙伴的知识产权合作磋商。在相关谈判中合理设置知识产权议题。深入参与世界贸易组织有关知识产权谈判。积极推进同其他国家和地区自贸协定知识产权议题谈判。研究推动与更多国家和地区开展地理标志协定谈判。（中央宣传部、外交部、商务部、国家知识产权局等按职责分工负责）

（十四）提升知识产权国际合作水平。

加强知识产权国际合作机制建设。巩固和完善"一带一路"知识产权合作，充分利用"一带一路"知识产权合作平台，扩大合作项目规模和储备。深度参与金砖国家、中美欧日韩、中日韩、中国—东盟等小多边知识产权合作，加强与各方政策和业务规则交流，支持产业界积极参与相关合作机制。完善跨境司法协作安排，加强防范打击侵犯知识产权犯罪国际合作。（中央宣传部、最高人民法院、最高人民检察院、外交部、公安部、商务部、海关总署、国家知识产权局等按职责分工负责）

专栏13 "一带一路"知识产权合作工程

加强"一带一路"知识产权合作机制建设。打造共建"一带一路"国家和地区知识产权高层次合作平台。将知识产权合作同"数字丝绸之路"、"创新丝绸之路"等建设协调推进。推进知识产权信息、数据资源等领域合作。

强化知识产权能力提升项目实施。向共建"一带一路"国家和地区提供专利检索、审查、培训等多样化服务。开展面向共建"一带一路"国家和地区的知识产权培训。（国家知识产权局牵头，外交部、商务部、国际发展合作署等按职责分工负责）

优化知识产权国际合作环境。深化与国际和地区组织、重点国家和地区的知识产权合作，完善合作布局。加强面向周边和发展中国家的知识产权培训，支持发展中国家知识产权能力建设。加强药物及新冠病毒疫苗研发等重点领域的知识产权国际合作。与贸易对象国建立企业知识产权事务沟通协调机制。（中央宣传部、外交部、工业和信息化部、商务部、国家卫生健康委、市场监管总局、国际发展合作署、国家药监局、国家知识产权局、中国贸促会等按职责分工负责）

（十五）加强知识产权保护国际合作。

便利知识产权海外获权。强化知识产权审查业务合作，拓展"专利审查高速路"国际合作网络，重点推动相关国家共享专利、植物新品种等审查结果。引导创新主体合理利用世界知识产权组织全球服务体系等渠道，提高海外知识产权布局效率。（国家知识产权局牵头，中央宣传部、农业农村部、国家林草局等按职责分工负责）

加强知识产权海外维权援助。建立国际知识产权风险预警和应急机制，建设知识产权涉外风险防控体系。建立国际趋势跟踪研究基地，加强对商业秘密保护、互联网企业走出去等重点前沿问题的研究。提升海外知识产权信息服务能力，建立健全国外展会知识产权服务站工作机制。鼓励保险机构开展知识产权海外侵权保险业务。积极发挥贸易投资促进机构作用，不断加强知识产权海外服务保障工作。（中央宣传部、商务部、市场监管总局、银保监会、国家知识产权局、中国贸促会等按职责分工负责）

专栏14　对外贸易知识产权保护工程

加强海外知识产权纠纷应对指导体系建设。建立与知识产权有关的贸易对象国调查报告机制。拓展打击知识产权侵权犯罪国际执法协作渠道，开展重大案件跨国联合执法行动。建立海关跨境合作机制，加强知识产权海关执法信息情报交换共享。

提升海外知识产权风险防范能力。制定跨境电商知识产权保护指南，引导跨境电商平台防范进出口贸易中的知识产权风险，有效支持跨境电商平台企业国际化发展。加强对海外知识产权制度环境的研究，编制发布重点国家知识产权保护国别指南。（中央宣传部、中央网信办、最高人民检察院、公安部、商务部、海关总署、国家知识产权局等按职责分工负责）

七、推进知识产权人才和文化建设，夯实事业发展基础

（十六）加强知识产权人才队伍建设。

优化知识产权人才发展环境。推进知识产权学科建设，支持学位授权自主审核单位依程序设置知识产权一级学科点，支持有关单位依程序设置知识产权二级学科点，研究设置知识产权硕士专业学位。推动知识产权相关专业升级和数字化改造，开发一批知识产权精品课程。鼓励支持有条件的理工科高校开设知识产权相关专业和课程。设立一批国家知识产权人才培养基地。做好知识产权职称制度改革实施工作，完善知识产权人才评价体系。（教育部、人力资源社会保障部、国家知识产权局等按职责分工负责）

提升知识产权人才能力水平。完善知识产权人才分类培训体系，健全人才保障机制。加强知识产权理论研究，完善知识产权研究管理机制，强化智库建设，鼓励地方开展政策研究。加强知识产权行政管理、行政执法、行政裁决人员培养，分层次分区域持续开展轮训。加强企事业单位知识产权人才培养，建设理论与实务联训基地。建立知识产权服务业人才培训体

系,提高服务业人才专业能力。大力培养知识产权国际化人才。(国家知识产权局牵头,中央宣传部、市场监管总局等按职责分工负责)

(十七)加强知识产权文化建设。

构建知识产权大宣传格局。围绕知识产权强国建设,统筹传统媒体与新兴媒体,用好融媒体,健全知识产权新闻发布制度。建立健全政府活动宣传、媒体传播报道、学界文章影响、国际文化交流相互促进的知识产权传播大矩阵。持续做好全国知识产权宣传周、中国知识产权年会等品牌宣传活动。讲好中国知识产权故事,展示文明大国、负责任大国形象。(国家知识产权局牵头,中央宣传部、中央网信办、广电总局等按职责分工负责)

> **专栏15　知识产权普及教育工程**
>
> 推动知识产权普及教育进校园。支持大中小学开展知识产权基础性普及教育。鼓励知识产权专家进校园,促进知识产权教育与学校创新实践活动相融合,持续推进全国中小学知识产权教育工作和全国大学生版权征文活动。推动技工院校普及知识产权教育,将知识产权普及教育作为全国专业技术人员继续教育的重要内容。
>
> 推动知识产权进干部培训课堂。优化知识产权课程设置,加强对党政领导干部和国有企业负责人的知识产权宣传培训。(国家知识产权局牵头,中央组织部、中央宣传部、教育部、人力资源社会保障部、中国科协等按职责分工负责)

厚植知识产权文化理念。增强全社会尊重和保护知识产权的意识,推动知识产权文化与法治文化、传统文化、创新文化、诚信文化深度融合。大力宣传锐意创新和诚信经营的典型企业,引导企业自觉履行尊重和保护知识产权的社会责任。开展贴近时代、贴近百姓、贴近生活的知识产权文化惠民活动。加强知识产权文化基础设施建设。探索建立"互联网+"知识产权保护云博物馆。加大对中西部地区知识产权文化建设投入。开展知识产权文化建设理论和学术研究,以文化为媒,提升文化软实力。(国家知识产权局牵头,中央宣传部、司法部、文化和旅游部等按职责分工负责)

八、实施保障

(十八)加强组织领导。

坚持党对知识产权工作的全面领导,充分发挥国务院知识产权战略实施工作部际联席会议作用,完善工作机制,形成工作合力,确保党中央、国务院关于知识产权工作的各项决策部署落到实处。各地区、各有关部门要强化责任意识,密切协调配合,结合实际进一步明确工作重点,落实好本规划部署的各项任务措施。国家知识产权局要加强组织协调,明确责任分工,细化目标任务,加强宣传解读,制定年度推进计划,确保规划有序推进。相关社会组织和行业协会要积极参与规划实施,主动作为,发挥作用。(国家知识产权局牵头,有关部门与地方各级人民政府按职责分工负责)

(十九)鼓励探索创新。

各地要发扬基层首创精神,针对规划实施中的痛点、难点问题,主动作为、创新思路,积极探索积累务实管用、科学精准的具体举措,不断丰富完善有关政策措施。各有关部门要营造有利环境,支持有条件的地区先行先试。(地方各级人民政府与有关部门按职责分工负责)

(二十)加大投入力度。

完善多渠道投入机制,推进规划重大工程项目落地,促进规划有效实施。加强对知识产权工作的政策和资源支持。鼓励社会资本积极参与,创新投入模式和机制,充分发挥市场在资源配置中的决定性作用。(有关部门与地方各级人民政府按职责分工负责)

(二十一)狠抓工作落实。

国家知识产权局会同有关部门加强对规划实施情况的跟踪监测,通过第三方评估等形式开展规划实施的中期评估、总结评估,总结推广典型经验做法,发现规划实施中存在的问题并研究解决对策。强化监督检查,确保任务落实,重要情况及时报告国务院。(国家知识产权局牵头,有关部门按职责分工负责)

国务院知识产权战略实施工作部际联席会议办公室关于印发《知识产权强国建设纲要和"十四五"规划实施年度推进计划》的通知

（国知战联办〔2021〕16号）

中央组织部、中央宣传部、中央政法委、中央网信办、最高人民法院、最高人民检察院、外交部、发展改革委、教育部、科技部、工业和信息化部、公安部、司法部、财政部、人力资源社会保障部、生态环境部、农业农村部、商务部、文化和旅游部、卫生健康委、人民银行、国资委、海关总署、市场监管总局、广电总局、统计局、国管局、中科院、银保监会、证监会、国防科工局、林草局、邮政局、中医药局、中央军委装备发展部、贸促会、中国科协：

经国务院知识产权战略实施工作部际联席会议同意，现将《知识产权强国建设纲要和"十四五"规划实施年度推进计划》印发给你们，请认真贯彻执行。

特此通知。

国务院知识产权战略实施工作部际联席会议办公室

（国家知识产权局代章）

2021年12月27日

知识产权强国建设纲要和"十四五"规划实施年度推进计划

为贯彻落实《知识产权强国建设纲要（2021—2035年）》和《"十四五"国家知识产权保护和运用规划》，深入实施知识产权强国战略，加快建设知识产权强国，明确2021—2022年度重点任务和工作措施，制定本计划。

一、完善知识产权制度

（一）完善知识产权法律法规规章

1. 推进修订《中华人民共和国反垄断法》《中华人民共和国专利法实施细则》《关于规范专利申请行为的若干规定》《商

业秘密保护规定》，推进制定《商标代理管理办法》。推进知识产权基础性法律研究论证。做好《中华人民共和国商标法》进一步修改研究论证。做好地理标志专门立法论证。（市场监管总局、农业农村部、知识产权局负责）

2. 推进修改《中华人民共和国著作权法实施条例》《著作权集体管理条例》《作品自愿登记试行办法》《计算机软件著作权登记办法》《著作权行政处罚实施办法》，推进《民间文学艺术作品著作权保护条例》立法进程。（中央宣传部负责）

3. 推进修改《中华人民共和国植物新品种保护条例》。（农业农村部、林草局、知识产权局负责）

4. 推进《生物遗传资源获取和惠益分享管理条例》立法进程。（生态环境部负责）

5. 推进《中医药传统知识保护条例》立法进程。（中医药局、卫生健康委、知识产权局负责）

6. 推进修改《国防专利条例》。（中央军委装备发展部、国防科工局、知识产权局负责）

7. 研究建立健全符合知识产权审判规律的特别程序法律制度。（最高人民法院负责）

8. 推进修改《农业植物品种命名规定》，完善《农业植物新品种保护审查指南》。（农业农村部负责）

9. 推进修改《展会知识产权保护办法》。（商务部、中央宣传部、市场监管总局、知识产权局负责）

（二）改革完善知识产权重大政策

10. 研究制定知识产权领域中央与地方财政事权和支出责任划分改革方案。（财政部、知识产权局负责）

11. 制定出台知识产权有关分项规划。（知识产权局负责）

12. 制定版权工作"十四五"规划。（中央宣传部负责）

13. 制定《人民法院知识产权司法保护规划（2021—2025年）》。（最高人民法院负责）

14. 制定出台《关于加强知识产权纠纷调解工作的意见》，并组织实施。（知识产权局、中央宣传部、司法部负责）

15. 扎实开展专利密集型产业增加值核算和发布工作。（统计局、知识产权局负责）

16. 制定出台关于推动科研组织知识产权高质量发展的指导意见。（知识产权局、中科院、中国科协负责）

17. 深化知识产权强省强市建设，优化央地合作会商机制，面向省、市、县、园区及企业、高校、科研组织开展知识产权强国建设示范工作，促进区域知识产权协调发展。（知识产权局负责）

18. 探索推进外观设计制度改革。（知识产权局负责）

19. 推动出台《关于加强新形势下国防知识产权工作的措施》《军用计算机软件著作权登记工作暂行规则》。（中央军委装备发展部、中央宣传部、财政部、国防科工局、知识产权局负责）

（三）完善新兴领域和特定领域知识产权规则

20. 研究制定大数据、人工智能、区块链、基因技术等新领域新业态知识产权保护规则。（中央宣传部、知识产权局按职责分工负责）

21. 研究制定信息技术开源知识产权

合规标准、开源社区代码贡献规则标准等,开展行业开源知识产权风险及合规问题研究,加强行业开源知识产权合规评估与培训。(工业和信息化部负责)

22. 研究完善国有文艺院团、民营文艺表演团体优秀舞台艺术作品的版权保护措施。加强数字文化新产品新业态新模式知识产权保护,完善评价、权益分配和维护机制。(文化和旅游部、中央宣传部负责)

23. 加强人工智能、区块链等新技术与广播电视和网络视听领域数字版权保护的融合创新研究。(广电总局负责)

二、强化知识产权保护

(一)加强知识产权司法保护

24. 全面总结最高人民法院知识产权法庭三年试点工作成效和问题,加强对知识产权法院和知识产权法庭的指导,研究完善知识产权上诉机制。持续推进知识产权审判"三合一"改革工作,探索建立涉知识产权民刑交叉、民行交叉案件协调办理机制,持续推进知识产权民事诉讼程序繁简分流改革试点。(最高人民法院负责)

25. 制定《关于知识产权民事侵权惩罚性赔偿适用法律若干问题的解释》《关于审理药品专利链接纠纷案件适用法律若干问题的规定》。(最高人民法院负责)

26. 加强反垄断和反不正当竞争司法,制定《最高人民法院关于审理垄断民事纠纷案件应用法律若干问题的规定》以及《关于适用中华人民共和国反不正当竞争法若干问题的解释》,维护公平竞争市场法治秩序。(最高人民法院负责)

27. 制定《关于加强中医药知识产权司法保护的意见》,促进中医药传承创新发展。(最高人民法院负责)

28. 推广侵犯知识产权刑事案件权利人诉讼权利义务告知制度,深入推进知识产权检察职能集中统一履行试点。(最高人民检察院负责)

29. 制定关于办理侵犯知识产权刑事案件的司法解释和立案追诉标准,制定《侵犯知识产权犯罪案件公诉工作证据审查指引》。适时发布知识产权司法保护典型案例。(最高人民法院、最高人民检察院、公安部按职责分工负责)

30. 严厉打击各类侵犯知识产权犯罪,开展"昆仑"专项行动。(公安部负责)

(二)强化知识产权行政保护

31. 加大对重点领域和区域的专利、商标、版权执法力度,加强网络交易知识产权保护。(中央宣传部、市场监管总局按职责分工负责)

32. 依法办理重大专利侵权纠纷行政裁决和药品专利纠纷早期解决机制行政裁决请求。有序推进专利侵权纠纷行政裁决工作。健全跨部门知识产权行政保护协作机制。强化驰名商标全链条保护,加大对知名品牌合法权益的保护。(知识产权局负责)

33. 加强知识产权领域反垄断执法。深入开展重点领域反不正当竞争执法专项整治,严厉打击仿冒混淆、侵犯商业秘密等行为。(市场监管总局负责)

34. 指导各地持续推进商业秘密保护基地(园区、企业、指导站)建设,推动建立国家商业秘密保护基地。(市场监管总局负责)

35. 制定落实《关于进一步加强地理标志保护的指导意见》,深化地理标志专用标志使用核准改革。加强特殊标志、官

方标志和奥林匹克标志保护。（知识产权局、市场监管总局负责）

36. 加强著作权登记、集体管理等服务监管，深化对大型网站版权的重点监管。（中央宣传部负责）

37. 开展打击网络侵权盗版"剑网"专项行动和冬奥会版权专项整治。（中央宣传部、中央网信办、工业和信息化部、公安部负责）

38. 深化文化市场综合执法改革，加强"互联网+旅游"领域知识产权保护，健全线上线下维权机制，配合开展网络表演、网络音乐、网络动漫市场知识产权执法行动。（文化和旅游部负责）

39. 强化知识产权海关保护，加大重点渠道、关键环节侵权打击力度，开展全面加强知识产权保护"龙腾行动"、寄递渠道知识产权保护"蓝网行动"、出口转运货物知识产权保护"净网行动"。加大奥林匹克标志专有权海关保护力度。发布中国海关知识产权保护状况年度报告和典型案例。（海关总署负责）

40. 研究出台保护种业知识产权、打击套牌侵权的指导意见，严厉打击种业领域侵权行为。（农业农村部、最高人民法院、最高人民检察院、公安部、市场监管总局、知识产权局负责）

41. 修订《林草植物新品种保护行政执法办法》，发布 2021 中国林草知识产权和林草植物新品种保护年度报告。（林草局负责）

42. 督促寄递企业严格落实主体责任，持续打击违法寄递侵犯知识产权物品的行为。（邮政局负责）

（三）加强保护长效机制建设

43. 研究制定 2022—2023 年度《关于强化知识产权保护的意见》推进计划。（知识产权局负责）

44. 加快知识产权保护中心和快速维权中心布局，2021 年新建 20 家左右知识产权保护中心和快速维权中心，2022 年优化知识产权保护中心和快速维权中心区域产业布局。（知识产权局负责）

45. 启动国家知识产权保护示范区建设。（知识产权局负责）

46. 加强知识产权保护规范化市场建设，推广实施电商平台知识产权保护管理标准。（知识产权局、市场监管总局负责）

47. 推进以信用为基础的分级分类监管试点，细化知识产权领域公共信用信息具体条目。（知识产权局负责）

48. 加强知识产权行政执法指导制度建设。评选发布知识产权行政保护指导案例、典型案例和优秀案例。制定出台商标一般违法判断标准。建立完善知识产权行政保护技术调查官制度。推动知识产权鉴定标准的制定工作。进一步构建完善支撑强化知识产权保护的人才队伍体系，建立知识产权行政保护培训师资队伍。（知识产权局负责）

49. 开展知识产权保护社会满意度调查和知识产权保护水平评估。（知识产权局、中央宣传部、中央政法委负责）

50. 大力培育知识产权纠纷调解组织和仲裁机构。畅通知识产权诉讼与仲裁、调解对接渠道，健全知识产权纠纷在线诉调对接机制。（知识产权局、中央宣传部、最高人民法院、司法部、贸促会负责）

51. 健全知识产权行政确权、行政执法与司法保护的衔接，促进审查授权标准、行政执法标准和司法裁判标准有机统一。（最高人民法院、中央宣传部、知识

产权局负责）

52. 持续推进软件正版化工作，开展软件使用情况年度核查。重点开展教育、医疗等特定行业和民营企业软件正版化工作。逐步扩大软件正版化核查内容与范围，进一步完善软件正版化考核机制，探索实施软件正版化激励举措，开展行业培训，提升企业软件正版化意识。（中央宣传部、工业和信息化部、国管局按职责分工负责）

53. 完善部门间联合挂牌督办、督导检查、线索通报等机制，建立健全信息共享、案情通报、案件移送制度，强化对侵权假冒的追踪溯源和链条式治理。（中央宣传部、公安部、海关总署、市场监管总局按职责分工负责）

54. 健全知识产权对外转让审查制度，加强对涉及国家安全的知识产权对外转让行为的管理。（中央宣传部、科技部、农业农村部、商务部、林草局、知识产权局按职责分工负责）

55. 开展生物遗传资源调查、评估和保护工作，推进生物多样性相关传统知识调查和编目。（生态环境部、农业农村部按职责分工负责）

56. 依托中国非遗传承人研修培训计划、中国传统工艺振兴计划等，加强对非物质文化遗产传承人群的知识产权保护培训。研究与非物质文化遗产相关的知识产权保护制度。（文化和旅游部负责）

57. 加快推进中国国际知识产权仲裁委员会建设。（贸促会负责）

58. 推进中医药传统知识保护研究中心建设，开展中医药传统知识保护体系构建研究。（中医药局负责）

三、完善知识产权市场运行机制

（一）提高知识产权创造质量

59. 优化"十四五"知识产权发展指标，强化质量导向，制定推动知识产权高质量发展年度工作指引，加强知识产权质量统计监测和反馈，推动地方全面取消对专利商标申请阶段的资助。严厉打击不以保护创新为目的的非正常专利申请和不以使用为目的的商标恶意注册行为。（知识产权局负责）

60. 持续提升知识产权审查质量和效率，加强智能化审查技术应用，完善审查绿色通道，建立和完善专利、商标全流程审查质量管控机制。贯彻实施《商标审查审理指南》，全面实施商标注册审签机制改革。（知识产权局负责）

61. 深入落实《关于推进中央企业知识产权工作高质量发展的指导意见》，指导中央企业加强高价值专利创造、保护和运用。（国资委、知识产权局负责）

62. 推进林草植物新品种测试体系建设，加快测试指南制定进度，完善林草植物新品种现场审查专家库建设。（林草局负责）

（二）加强知识产权综合运用

63. 印发《关于加强专利导航工作的通知》，推进专利导航服务基地建设，推广实施专利导航指南系列国家标准，围绕重点领域实施一批专利导航项目。（知识产权局负责）

64. 推动企业、高校、科研机构健全知识产权管理体系，推广国际标准化组织创新与知识产权管理体系。（知识产权局、市场监管总局负责）

65. 加强知识产权管理标准化体系建

设，加快推进专利评估指引、企业知识产权管理规范、商品交易市场知识产权保护规范等国家标准制修订。（市场监管总局、知识产权局负责）

66. 持续强化知识产权服务业监管，推进知识产权服务业分级分类评价工作，全面推行专利代理机构执业许可审批告知承诺改革。（知识产权局负责）

67. 深入实施商标品牌战略，推动产业集群品牌和区域品牌商标化，印发《关于进一步加强商标品牌指导站建设的通知》，推动开展商标品牌指导站建设。（知识产权局负责）

68. 启动实施地理标志助力乡村振兴行动。（知识产权局、农业农村部负责）

69. 深入实施地理标志农产品保护工程。（农业农村部、知识产权局按职责分工负责）

70. 深入实施中小企业知识产权战略推进工程。（工业和信息化部、知识产权局负责）

71. 推动建立财政资助科研项目形成知识产权的声明制度和监管机制。（知识产权局、科技部负责）

72. 深入推进高校和科研机构知识产权工作，贯彻落实高校、科研组织知识产权高质量发展政策文件，加强知识产权全流程管理，建立完善职务科技成果披露制度和专利申请前评估制度。开展高校专业化国家技术转移机构建设试点。指导开展赋予科研人员职务科技成果所有权或长期使用权试点工作。（教育部、科技部、财政部、知识产权局、中科院、中国科协按职责分工负责）

73. 加强国家科技计划项目全周期的知识产权管理与服务，探索开展科技计划专利预警和导航服务，建设国家科技成果库。推进科技成果转化年度报告制度，完善技术合同认定和科技成果登记办法。（科技部负责）

74. 推动林草专利和优良植物新品种转化运用，加强林草知识产权基础数据库和信息共享平台建设。（林草局负责）

75. 推进中科院院属单位开展贯标工作，建立以知识产权全过程管理为核心的科技成果管理体系，实施知识产权规范管理的内审制度和外审制度。继续开展知识产权全流程服务与市场化运营工作。（中科院负责）

76. 完成知识产权军民融合试点工作，总结可复制、可推广的经验。（知识产权局、中央军委装备发展部负责）

77. 推进落实《促进国防工业科技成果民用转化的实施意见》，出台《国防科技工业知识产权转化目录（第七批）》。完善军贸出口、国际合作中的知识产权审查机制。（国防科工局、财政部、知识产权局负责）

（三）促进知识产权市场化运营

78. 加快知识产权运营服务体系重点城市建设，在重点产业领域和产业集聚区布局建设一批产业知识产权运营中心。制定完善知识产权市场化运营机制政策，健全运营交易规则，加强运营平台监管，对财政资金支持的重点城市实行全过程绩效管理。（财政部、知识产权局按职责分工负责）

79. 推进全国版权示范城市、示范园区（基地）、示范单位创建和国家版权创新发展基地试点工作。完善版权展会授权交易体系，建设专业性、专门化国家版权交易中心（贸易基地）。（中央宣传部

负责）

80. 推进知识产权质押信息平台建设。（发展改革委、银保监会、知识产权局负责）

81. 规范探索知识产权融资模式创新，鼓励企业投保知识产权相关保险，鼓励融资担保机构开发适合知识产权的担保产品，探索知识产权质押融资风险分担新模式。在营商环境创新试点城市开展相关担保信息与人民银行征信中心动产融资统一登记公示系统共享互通，推进动产和权利担保登记信息统一查询。（中央宣传部、财政部、人民银行、银保监会、知识产权局按职责分工负责）

82. 完善知识产权质押登记和转让许可备案管理制度，加强数据采集分析和披露利用。（知识产权局负责）

83. 健全知识产权评估体系，修订完善知识产权资产评估准则。落实专利开放许可制度，实施专利转化专项计划。（财政部、知识产权局按职责分工负责）

84. 引导企业做好知识产权会计信息披露工作。督促上市公司严格执行知识产权信息披露相关规定。规范探索知识产权证券化。（中央宣传部、财政部、证监会、知识产权局按职责分工负责）

85. 建设知识产权服务出口基地，推动知识产权服务业和服务贸易高质量发展。（商务部、知识产权局负责）

四、提高知识产权公共服务水平

86. 落实《关于深化知识产权领域"放管服"改革，营造良好营商环境的实施意见》，持续配合做好中国营商环境评价体系知识产权评价工作，做好评价结果运用。（知识产权局负责）

87. 推动知识产权保护信息平台、商标注册管理平台等信息化项目立项建设。分层分类指导省级、地市级综合性知识产权公共服务机构建设。完成100家世界知识产权组织技术与创新支持中心（TISC）首期建设目标，推动开展第二期在华TISC建设。开展国家知识产权信息公共服务网点备案工作，实现全国31个省（自治区、直辖市）全覆盖。（知识产权局负责）

88. 继续整合优化各类服务窗口，实现"一站式"服务。优化国家知识产权公共服务网和新一代地方专利检索及分析系统，做好宣传推广，持续推进业务服务、政务服务和信息服务"一网通办"。充分发挥知识产权受理大厅和受理窗口公共服务协调机制的作用，推进窗口规范化标准化建设。（知识产权局负责）

89. 提高公共服务的规范化、均等性水平，发布《国家知识产权局公共服务事项清单》（第一版），进一步统筹发布公共服务事项办事指南，健全清单管理制度。推动全面实施知识产权业务办理证明事项告知承诺制，加强与政务信息资源共享、信用体系建设等工作的协同推进力度，开展承诺事项事中事后抽查。推广应用《知识产权基础信息数据规范》。（知识产权局、人民银行负责）

90. 加快建设高校国家知识产权信息服务中心，修订并发布《高校知识产权信息服务中心建设实施办法》，完成高校国家知识产权信息服务中心达到100家的目标。（知识产权局、教育部负责）

91. 加大知识产权数据开放共享，扩大知识产权基础数据开放范围，优化相关服务系统，提升用户体验度。推广应用

《知识产权基础数据利用指引》。(知识产权局负责)

92. 推广应用国防科技工业知识产权信息平台,在重点技术领域开展专利技术导航。(国防科工局负责)

五、营造良好的知识产权人文社会环境

(一)大力倡导知识产权文化理念

93. 组织办好世界知识产权日、全国知识产权宣传周、中国国际专利技术与产品交易会、中国(无锡)国际设计博览会、中国国际版权博览会、中国网络版权保护与发展大会、国际版权论坛等大型活动。(中央宣传部、知识产权局按职责分工负责)

94. 加强知识产权宣传教育普及和普法,深化中小学知识产权教育工作。继续开展全国大学生版权征文活动。(中央宣传部、教育部、司法部、知识产权局按职责分工负责)

95. 依托全国科普日、全国科技活动周等重点科普活动,开展知识产权科普工作,积极推动知识产权科普资源建设。(科技部、中国科协负责)

(二)夯实知识产权事业发展基础

96. 推动论证设置知识产权专业学位相关工作。(教育部、知识产权局负责)

97. 制定全国知识产权专业能力提升培训计划。开发一批精品课程,利用中国知识产权远程教育平台,扎实推进知识产权网络培训。开展地方知识产权行政管理人员轮训。(知识产权局负责)

98. 深入开展知识产权领域专业技术人才培养培训,做好知识产权专业职称评价工作。(知识产权局、人力资源社会保障部负责)

99. 加大知识产权人才引进培养支持力度。在中央管理的领导班子和领导干部考核中,注意了解知识产权等相关工作的成效。继续指导有关部门加强干部知识产权培训工作。(中央组织部、知识产权局负责)

100. 支持高校设置知识产权相关专业,实施一流专业和一流课程建设"双万计划",打造一批知识产权"金专""金课",支持高校实施知识产权相关新文科研究与改革实践项目。通过"长江学者奖励计划"岗位设置等引导鼓励知识产权理论创新。(教育部负责)

六、深度参与全球知识产权治理

101. 积极参与世界知识产权组织、世界贸易组织等多边框架下的全球治理,深化与重点国家和地区的务实合作,推动完善知识产权及相关国际贸易、国际投资等国际规则和标准。加强对外宣传,讲好中国知识产权故事,开展面向发展中国家的知识产权培训。(中央宣传部、最高人民法院、外交部、商务部、市场监管总局、知识产权局、贸促会按职责分工负责)

102. 继续推进《保护广播组织条约》《保护传统文化表现形式条约》等谈判进程,推动《马拉喀什条约》国内落实工作,加快推进我国加入《工业品外观设计国际注册海牙协定》工作。(中央宣传部、外交部、司法部、商务部、广电总局、知识产权局按职责分工负责)

103. 推动落实《区域全面经济伙伴关系协定》(RCEP)知识产权章节和中欧地理标志保护与合作协定。继续推进中日韩、中国—挪威、中国—以色列等在谈自

贸协定中知识产权议题谈判，积极推动加入《全面与进步跨太平洋伙伴关系协定》（CPTPP）进程。（中央宣传部、外交部、农业农村部、商务部、林草局、知识产权局按职责分工负责）

104. 加强国家海外知识产权纠纷应对指导中心建设，强化海外知识产权信息供给服务，加大企业海外知识产权纠纷应对指导工作力度。（知识产权局、贸促会负责）

105. 强化企业海外知识产权风险预警和维权援助，探索建设知识产权涉外风险防控体系。（中央宣传部、商务部、知识产权局、贸促会按职责分工负责）

106. 重点针对共建"一带一路"国家和地区，开展我国企业海外知识产权保护状况调查，研究建立针对相关国家的保护状况评估机制。持续推动重点国家和地区知识产权风险评价项目并定期发布报告，编制重点国家和地区知识产权保护国别指南，发布重点国家年度知识产权相关诉讼调查报告及典型案例等。（知识产权局、商务部、贸促会负责）

107. 深化与共建"一带一路"国家和地区知识产权务实合作，向共建"一带一路"国家和地区提供专利检索、审查和培训等多样化服务，推进信息和数据资源领域合作。视情召开"一带一路"知识产权高级别会议。（知识产权局、中央宣传部、外交部、商务部负责）

108. 深度参与金砖国家、亚太经合组织、中美欧日韩、中日韩、中蒙俄、中国—东盟等小多边知识产权合作，加强与各方政策和业务规则交流，支持产业界积极参与相关合作机制，主办好金砖国家知识产权局局长会和金砖国家知识产权合作

机制会议。加强与欧盟、日本、俄罗斯等主要贸易伙伴的双边知识产权合作磋商。强化知识产权审查业务合作，优化"专利审查高速路"国际合作网络。（商务部、知识产权局按职责分工负责）

109. 深入推进与各国执法部门、国际刑警组织、世界海关组织等的多双边知识产权执法合作和交流。建立海关跨境合作机制，加强知识产权海关执法信息情报交换共享。（公安部、海关总署按职责分工负责）

110. 实施我国自主数字版权保护与应急广播技术标准海外推广与应用项目，开展面向"一带一路"国家的技术标准宣传推广。（广电总局负责）

七、加强组织保障

111. 制定《知识产权强国建设纲要（2021—2035年）》重点任务分工方案，研究建立知识产权强国战略实施动态调整机制，开展年度监测，对工作任务落实情况开展督促检查，纳入相关工作评价。（联席会议办公室、联席会议成员单位负责）

112. 制定工业和信息化领域知识产权实施方案。（工业和信息化部负责）

113. 制定加快建设知识产权强国林业和草原年度推进计划。（林草局负责）

114. 编制发布中国知识产权发展状况年度评价报告。（联席会议办公室负责）

115. 强化国家知识产权战略实施研究基地建设，加强对知识产权强国战略实施的研究支撑。（联席会议办公室负责）

上述各项任务分工中，由多个部门负责的，列第一位的部门为牵头部门，其他为参与部门。

国家知识产权局关于印发《知识产权人才"十四五"规划》的通知

(国知发人字〔2021〕38号)

各省、自治区、直辖市和计划单列市、副省级城市、新疆生产建设兵团知识产权局,四川省知识产权服务促进中心,各地方有关中心;国家知识产权局局机关各部门,专利局各部门,商标局,局其他直属单位、各社会团体:

现将《知识产权人才"十四五"规划》印发给你们,请认真贯彻执行。

国家知识产权局
2021年12月31日

知识产权人才"十四五"规划

为加强知识产权人才队伍建设,激发全社会创新活力,为建设中国特色、世界水平的知识产权强国提供人才支撑,根据《知识产权强国建设纲要(2021—2035年)》和《"十四五"国家知识产权保护和运用规划》,制定本规划。

一、规划背景

人才是衡量一个国家综合国力的重要指标,是实现民族振兴、赢得国际竞争主动的战略资源。知识产权人才是发展知识产权事业的第一资源,是知识产权高质量发展的先决条件,是知识产权强国建设的战略支撑。我国知识产权事业不断发展,走出了一条中国特色知识产权发展之路,知识产权保护工作取得了历史性成就,知识产权人才工作顺利完成了"十三五"时期的工作目标,知识产权人才发展体制机制和政策环境进一步优化,全国知识产权人才队伍快速壮大,达到69万人,人才结构趋向合理,"五个一批"知识产权急需紧缺人才队伍基本形成,人才能力素质全面提升,人才工程项目实施效果明显,人才评价机制不断完善,国家经济职称系列增设知识产权专业,知识产权人才工作取得了显著进步。但知识产权人才工作还存在一些短板和问题,知识产权人才工作体系有待进一步健全,知识产权人才培养、评价激励、流动配置机制尚需进一步完善,知识产权人才结构还不够优化,知识产权高层次人才数量不足,知识产权人才供给与需求之间的矛盾仍一定程度存在。

"十四五"时期是我国开启全面建设

社会主义现代化国家新征程的第一个五年,为确保实现知识产权强国建设良好开局,制定和实施"十四五"时期知识产权人才规划,以更加积极的人才政策、更加明确的工作任务、更加有力的保障举措,培养造就大批德才兼备的知识产权高素质人才,让各类知识产权人才的创新活力竞相迸发,为2025年完成《"十四五"国家知识产权保护和运用规划》提供人才支持,为2035年完成《知识产权强国建设纲要(2021—2035年)》打下人才基础,支撑新时代人才强国战略。

二、总体要求

(一)指导思想。

以习近平新时代中国特色社会主义思想为指导,深入贯彻党的十九大和十九届二中、三中、四中、五中、六中全会精神,紧紧围绕统筹推进"五位一体"总体布局和协调推进"四个全面"战略布局,坚持稳中求进工作总基调,立足新发展阶段,贯彻新发展理念,构建新发展格局,以推动高质量发展为主题,坚持党管人才,按照中央人才工作会议和习近平总书记关于重视知识产权人才队伍建设的重要指示精神,持续保障知识产权人才供给,创新知识产权人才发展政策。坚持党对人才工作的全面领导,营造识才爱才敬才用才的环境,聚天下英才而用之,全方位培养用好人才,全面完善知识产权人才培养、评价和成长体系,打通知识产权人才工作全链条。

(二)基本原则。

——坚持人才引领发展。将人才资源开发放在最优先位置,把知识产权人才作为知识产权强国建设最基本、最核心、最关键的要素,将知识产权人才的重要地位提高到战略高度,大力建设知识产权人才力量,着力夯实知识产权事业发展人才基础,推动知识产权强国建设再上新台阶。

——坚持需求导向。紧紧围绕知识产权强国建设目标,以需求为导向,提高人才供给能力,做好人才自主培养工作,保持知识产权人才供求科学平衡,着力解决知识产权人才培养和使用过程中的关键问题。

——坚持质效并重。以提高人才能力素质和使用效能为中心,坚持优增量与强存量相结合,健全知识产权人才工作体系,实施提升人才使用效能的政策措施和工程项目,加强人才培养与人才评价深度衔接融合。

——坚持系统推进。统筹做好知识产权人才分类培养、科学评价、高效使用、合理流动、激励成长等工作,整体谋划与重点推进相结合,整合优势资源,提高新时代知识产权人才培养工作的系统性、整体性和协同性水平。

(三)主要目标。

"十四五"时期,知识产权人才工作的总体目标是:全面整合知识产权人才工作资源,完善知识产权全领域人才协同发展机制,促进知识产权全链条人才队伍建设,构建和完善符合新时代知识产权强国建设需要的知识产权人才体系,使人才培养能够满足知识产权各领域、各环节、各层次的各类需求。加强知识产权人才高质量培养,加大人才供给数量,完善人才评价激励机制,提升人才使用效能,着力打造有利于人才成长和发展的高端平台,全方位提高人才能力素质和水平层次。到2025年,知识产权人才队伍规模超过100

万人，高层次人才队伍进一步壮大，人才结构进一步优化，人才效能持续增强。

围绕满足知识产权各类人才需求的目标，做好四支重点人才队伍和一支基础人才队伍建设。建设一支政治素质高、业务能力强的专业化高水平知识产权保护人才队伍；打造一支能够促进知识产权资本化和产业化的知识产权高效运用人才队伍；培养一支理工、管理、法律等学科背景的复合型高素质知识产权公共服务人才队伍；培养和选拔一支拥有国际视野，具有丰富国际交流经验和处理国际事务能力的知识产权国际化人才队伍。同时，加强知识产权审查、宣传等各级各类基础人才队伍建设。

"十四五"时期知识产权人才发展主要指标

指标	2025年	属性
1.知识产权人才数量（万人）	100	预期性
2.全国执业专利代理师数量（万人）	4	预期性
3.全国中级以上（含中级）知识产权师数量（万人）	2	预期性
4.国家知识产权培养培训基地数量（家）	30	预期性
5.共建知识产权学院、研究院数量（家）	5	预期性
6.新上线网络精品课程（门）	100	预期性
7.知识产权培训评估满意度（分）	90	预期性

三、主要任务

（一）加强知识产权保护人才能力建设，推动知识产权保护迈上新台阶。加快知识产权行政保护队伍人员能力提升，加大国家和地方知识产权行政保护人才培养和培训力度。建设知识产权行政保护师资队伍。严格实行知识产权行政裁决人员上岗和资格管理制度，对全国知识产权系统持证在岗人员开展能力提升轮训，提高行政裁决办案能力和水平。建设知识产权行政保护技术调查官人才队伍，推动建立知识产权鉴定人名录库，加强专业技术能力培养。

充实知识产权保护中心、快速维权中心、维权援助中心人才力量。提升专业化能力水平，优化人才选聘机制和管理激励机制，加大知识产权快速预审、快速确权、快速维权等培训力度，促进快速协同保护人才能力素质提升，打造知识产权保护高素质、复合型人才队伍。鼓励支持公职律师、专利代理师、专业技术人才等参与知识产权调解工作。加强调解员等相关人才知识产权专业培训。

（二）提升知识产权运用人才能力水平，推动知识产权运用取得新成效。优化知识产权运营人才队伍培训体系，按照基于创新全过程的知识产权运营理念，设计递进式课程，开展知识产权运营培训。引导知识产权运营服务体系建设重点城市加强高端运营人才培养。提高相关机构和人员知识产权质押、保险、证券化等金融服务能力,提升知识产权评估水平。加强企业知识产权人才队伍建设,指导地方面向企业高层管理人员、知识产权管理人员、知识产权实务人员,开展分级分类培训。推动高校和科研机构知识产权人才提升运营管理能力,大幅增加高校和科研机构知识产权人才数量。强化专利导航人才培养,逐步提升专利导航人才工作水平。各地区要加强专利导航服务基地人才队伍建设,构建起特色化、规范化、实效化的专利导航服务工作体系,有效发挥专利导航产业创新发展重要作用。组织开展地理标志运用、商标品牌培育等特色培训,提高地理标志、商标品牌综合运用能力水平,助力乡村振兴和品牌经济发展。

完善助力创新发展的知识产权服务业人才培养体系。加强知识产权服务业人才队伍建设,培养行业高端拔尖人才。丰富知识产权服务业人才培养方式。建立人才交流协作机制,引导发达地区知识产权服务人才帮扶欠发达地区。加强专利代理师的执业培训和商标代理专业人员的业务培训。

(三)加大知识产权公共服务人才培养力度,推动知识产权服务达到新水平。以"全链条服务,服务全链条"为理念,培养一批能够有效服务社会公众和满足创新主体需求的多层次、高质量知识产权公共服务人才。结合公共服务机构特点和区域需求,进一步充实知识产权公共服务骨干节点和服务网点公共服务人才力量,实现省级层面各类知识产权公共服务人才配备全覆盖,地级市覆盖率达到50%以上。强化分级分类培养,加强知识产权公共服务人才交流和协作共享,促进人才合理流动和高效聚集。

提高知识产权公共服务的统筹管理能力,不断提升知识产权公共服务效能。加大知识产权信息服务人才培养力度,提高人才知识产权信息管理、信息采集加工、信息检索与情报分析、信息传播利用等能力,不断壮大高校、科研机构、图书情报机构、行业组织等网点单位的知识产权信息服务人才力量,知识产权信息服务人才队伍规模达到4000人左右。加强知识产权业务窗口人员能力建设,大力培养"一岗多能"人才,不断提升窗口服务人员"一窗通办"的能力。持续推进知识产权网信人才队伍建设,健全完善网信人才分类管理、培养使用、考核评价、发展保障机制,推进自主培养和人才引进相结合。

(四)加快知识产权国际化人才能力提升,推动知识产权国际合作取得新进展。实施国际化人才专项培养计划,建设定位清晰、目标明确、层次分明、相互衔接、运作高效的国际化人才培养体系。加强外派国际化人才、知识产权涉外教师、国际型审查人才等国际化人才选拔和培养,完善人才库建设。推动外派国际化人才培养途径多元化发展,充分利用国内外培训资源,选派人员参加出国(境)培训项目。积极开拓国际知识产权培训项目。结合我国企业向外发展的实际需求,开展面向知识产权运营和知识产权代理领域的国际化人才专项培训,加强国际谈判、海外维权等人才队伍建设。加快国际化人才知识更新,鼓励参与知识产权国际规则研究。各地区要加强国际化人才培养工作,培养一支熟悉国际知识产权制度规则,具备丰富实务经验的海外知识产权纠纷应对专业人才队伍,提升海外知识产权纠纷应对能力。

加强知识产权人才国际交流。继续通过世界知识产权组织、中美欧日韩五局合作、金砖五局合作和各双边平台的国际合作项目为国际化人才培养提供锻炼平台，助力人才积累国际合作经验，提高国际合作能力，全方位培养、引进、用好国际化人才。

（五）加强知识产权基础人才能力建设，不断夯实知识产权事业工作基础。招录好、培训好、使用好、发展好、管理好、稳定好知识产权审查注册人才队伍。制定并实施专利审查人才能力提升计划，明确目标重点，实施分级培养。加大专利审查人才岗位锻炼力度。建立专利审查人才培养效果评估与反馈机制。完善商标审查员招录聘用机制。根据业务需要，动态调整人员配置。建立商标审查员培训目标体系。探索建立商标审查员等级管理制度。构建一支由100人组成的商标审查审理"专家型"人才队伍。

加强知识产权宣传和文化人才队伍建设。培养一批政治过硬、高素质、全媒化、复合型、专家型知识产权宣传人才，加强宣传能力建设，在传播理念、信息内容、技术应用、传播能力等方面予以重点培养。分批次培训全国知识产权系统宣传工作人员1000人次。加强知识产权保护宣传教育，讲好中国知识产权故事。重点培养和选拔一批教学经验丰富、专业功底扎实的中小学知识产权师资人才。加强知识产权法律人才队伍建设，培养知识产权法律知识基础深厚、具有良好的政治素养和职业道德、能够将法学理论知识熟练运用到知识产权实务的法律人才。加大公职律师培训力度，各地区要重点培养具有丰富知识产权实务经验的公职律师，提升知识产权法律服务水平。

四、重点项目

（一）知识产权人才培养培训基地建设项目。设立一批国家知识产权人才培养基地，培养高水平复合型人才。探索由高校、企业和知识产权服务机构共同参与的知识产权人才产学研培养模式，建立以需求为导向的知识产权人才联合培养机制，形成知识产权人才培养和交流平台。实行国家知识产权培训基地动态调整，进一步优化基地布局，提升基地质量。打造一批示范性知识产权人才培训项目，推广开展"递进式"系列培训，完善项目质量评估机制和成果推广机制。各地区要加强本地知识产权培训基地管理，与国家级基地形成统分结合、层次清晰的基地体系。

（二）知识产权网络培训课程建设项目。积极探索知识产权培训新形式、新方法，适应数字化、网络化、智能化发展趋势，重点推动中国知识产权远程教育平台网络课程体系建设，新上线一批网络精品课程，建设开放、共享的知识产权网络课程资源库，提高网络培训的科学性、规范性和实效性。指导地方开展行政管理人员网络培训，实现全员轮训。各地区要结合本地工作实际，开发一批知识产权特色课程。

（三）知识产权人才高地建设项目。结合国家区域重大战略，突出特色，分类指导区域知识产权人才发展。推动在北京、上海、粤港澳大湾区建设高水平知识产权人才高地，开展知识产权人才区域和产业需求预测，探索绘制人才供给现状和未来需求地图，形成知识产权人才统计年度报告。鼓励支持在高层次知识产权人才集中的中心城市建设吸引和集聚人才的平台。开展知识产权专家人才服务区域和产业发展有关工作。推动知识产权人才与区域人才优惠政策对接。

（四）知识产权智库专家库人才库建设项目。充分发挥国家知识产权专家咨询委员会作用，为知识产权发展全局性、关键性、前瞻性问题提供战略层面的咨询建议。国家知识产权局研究机构加强与高校、科研机构和地方知识产权管理部门等的交流，开展理论和实践问题研究。鼓励引导高校、社会机构开展知识产权智库建设。各地区要加强知识产权特色智库建设，构建多层次、高水平的知识产权智库体系。细化知识产权专家库分类，健全地理标志、商业秘密、传统知识、传统文化等领域专家类别。切实精简人才帽子，优化整合各类知识产权人才计划，加强知识产权领军人才、高层次人才等的培养和使用，打造一支"高、精、尖"知识产权人才队伍。

（五）知识产权职称评价项目。积极推动知识产权职称制度改革，支持地方制定知识产权专业技术人员评价标准条件，科学确定评价内容，满足不同层级专业技术人员的评价需求。加强职称评审信息化管理，建立全国知识产权职称评审服务网络平台。有条件的地方要建立知识产权高级职称评审委员会，创新职称评价机制，丰富职称评价方式。

（六）知识产权专业学位设置支持项目。充分认识专业学位教育是培养知识产权强国建设急需紧缺人才的重要途径，加快推进设置知识产权专业学位，充分发挥高校在知识产权人才培养中的重要作用，满足知识产权强国建设对高层次人才的需要。科学设置知识产权专业学位课程体系，将知识产权基础理论学习与实务技能培训紧密结合，重点培养知识产权人才的实践能力。推动央地共建知识产权学院、研究院，探索知识产权人才培养新路径。

五、组织实施

（一）加强组织领导。全国知识产权系统要高度重视知识产权人才工作，加强组织领导，完善工作机制，采取有效措施，全面落实人才规划部署的各项任务。各项任务牵头部门要制定实施方案和推进计划。各地区知识产权管理部门要结合本地工作实际，细化目标任务，明确工作责任。

（二）加大资源投入。坚持人才优先发展理念，加大知识产权人才培养投入力度，争取国家专项资金支持，加强对急需紧缺人才和重点项目的保障力度，从人力、财力和政策等方面全面加强对人才工作的支持。

（三）营造良好环境。大力宣传实施人才规划的重要意义，深入解读指导思想、基本原则、目标任务等。加强人才成长正向激励，营造有利于人才干事创业的发展环境，让事业激励人才，让人才成就事业。

（四）狠抓工作落实。加强对人才规划实施情况的跟踪监测，做好人才规划实施评估工作，总结推广典型经验做法，及时发现人才规划实施中存在的问题并研究解决对策，切实做到强化监督检查，确保任务落实。

国家知识产权局关于印发
知识产权公共服务"十四五"规划的通知

（国知发服字〔2021〕39号）

各省、自治区、直辖市和计划单列市、副省级城市、新疆生产建设兵团知识产权局，四川省知识产权服务促进中心，各地方有关中心，国家知识产权局局机关各部门，专利局各部门，商标局，局其他直属单位、各社会团体：

现将《知识产权公共服务"十四五"规划》印发给你们，请结合实际认真贯彻执行。

国家知识产权局

2021年12月31日

知识产权公共服务"十四五"规划

知识产权公共服务是知识产权管理部门及相关政府部门或公共服务机构承担或者主导开展的，围绕知识产权创造、运用、保护、管理等主要环节，按照党中央、国务院有关知识产权的重大决策和战略部署，为社会公众和创新主体提供相关公共服务政策、公共服务产品、信息公共服务、数据开放共享、便利化政务服务、政策业务咨询等基础性服务的授益性行为。知识产权公共服务的基础是公共服务体系，载体是公共服务机构和基础设施，内容是提供政策保障以及免费或低成本的公共产品和公共服务，目标是围绕知识产权全链条提供高质量的知识产权公共服务供给，助力提高知识产权创造质量，强化知识产权保护综合效能，提升知识产权运用效益，营造良好的创新环境和营商环境，激发全社会创造力和市场活力，有力推动创新型国家建设和经济社会高质量发展。为贯彻落实党中央、国务院关于知识产权工作的决策部署，依据《中华人民共和国国民经济和社会发展第十四个五年规划和2035年远景目标纲要》《知识产权强国建设纲要（2021—2035年）》和《"十四五"国家知识产权保护和运用规划》，制定本规划。

一、发展基础

（一）知识产权公共服务取得的成就。

"十三五"时期，各级知识产权管理部门认真贯彻习近平总书记关于知识产权工作的重要讲话精神，严格落实党中央、国务院有关知识产权工作的决策部署，以"全链条服务、服务全链条"为理念，强化政府公共服务职能，加大公共服务供给，知识产权公共服务工作取得明显成效。知识产权公共服务顶层设计进一步完善，中央到地方的公共服务政策体系基本健全，各地知识产权公共服务意识和服务能力持续提升。知识产权公共服务体系建设扎实推进，立体化、多层级的知识产权信息公共服务体系初步形成，公共服务骨干节点覆盖率持续提升，91%的省（自治区、直辖市）、副省级城市、计划单列市设立知识产权公共服务机构开展专利、商标信息服务，27%的地级市设立综合性知识产权公共服务机构，公共服务主渠道作用日益凸显。广泛动员社会力量参与知识产权公共服务工作，建成51家技术与创新支持中心（TISC），为创新主体提供精准化、高质量的知识产权信息服务；建设60家高校国家知识产权信息服务中心，为高校知识产权的创造、运用、保护和管理提供全流程服务。知识产权信息传播利用效能不断提高，基础数据开放力度、信息利用意识和能力持续提升，向全社会开放专利基础数据34种、商标基本信息5100多万条。知识产权公共服务信息化基础设施立项建设取得实质性进展。国家知识产权公共服务网上线运行，提供各类知识产权业务办理、信息查询、数据下载等一站式服务，初步实现"一网通办"。部署新一代地方专利检索及分析系统，进一步提升各级知识产权管理部门对社会公众和创新主体的信息公共服务能力。

（二）知识产权公共服务面临的形势。

当前，新一轮科技革命和产业变革深入发展，国际科技创新竞争日趋激烈。我国正处于实现中华民族伟大复兴的关键时期，建设创新型国家和实现高质量发展的要求日益迫切。随着知识产权强国建设的深入推进，知识产权在促进我国现代化经济体系建设和高质量发展方面的作用日益凸显。知识产权公共服务是知识产权高质量发展和科技创新的底层支撑，在知识产权全链条中具有并发挥着基础性、保障性作用。然而，我国知识产权公共服务体系尚不完备，服务产品趋同、服务资源分散、基础设施信息化智能化水平不高等问题仍然存在，知识产权公共服务发展不平衡和不充分的矛盾依然突出。因此，进一步加强知识产权公共服务顶层设计，加快推动知识产权公共服务高质量发展，助推知识产权强国建设，已成为现实而紧迫的客观要求。为适应新形势新任务新要求，必须立足中国国情，以历史思维和国际化视野，深刻理解知识产权公共服务与知识产权创造、运用、保护、管理各个环节之间的内在逻辑关系，准确把握知识产权公共服务的内在要求和发展规律，以优质高效的知识产权公共服务，持续满足社会公众和创新主体的创新需要和发展要求，不断提升知识产权公共服务效能，助力知识产权强国建设，推动经济社会高质量发展。

二、总体要求

（三）指导思想。

高举中国特色社会主义伟大旗帜，深入贯彻党的十九大和十九届历次全会精神，坚持以习近平新时代中国特色社会主义思想为指导，深入落实习近平总书记关于知识产权工作的重要讲话精神，立足新发展阶段、贯彻新发展理念、构建新发展格局，坚持稳中求进工作总基调，以推动知识产权公共服务高质量发展为主线，以信息服务供给可及性和便利化为重点，以满足社会公众和创新主体需求、提高人民群众满意度和获得感为根本目的，推动形成便民利民的知识产权公共服务体系，不断提升知识产权公共服务能力和水平，为知识产权强国建设提供强有力支撑。

（四）基本原则。

政府主导，多元参与。正确处理政府和市场关系，增强各级知识产权管理部门及相关政府部门和公共服务机构知识产权公共服务职责，强化公共财政保障。充分集聚社会资源力量，支持各类知识产权公共服务机构平等、有效参与知识产权公共服务活动，形成知识产权公共服务供给合力。

系统协同，均等可及。坚持全国一盘棋，强化系统观念，统筹谋划、合理布局、整体推进，统筹协调发挥中央、地方和社会各界的资源优势。加大向中西部地区、中小微企业倾斜力度，推动城乡区域社会公众和创新主体均等享有知识产权公共服务资源与产品。

需求导向，服务规范。坚持以人民为中心的服务理念，深化知识产权公共服务的深度、广度和力度，进一步健全完善知识产权公共服务体系运行体制机制，统一公共服务规范标准，创新公共服务方式，丰富公共服务内容，加大新技术在知识产权公共服务领域的应用。

问题导向，提升效能。围绕知识产权公共服务工作中的堵点和难点问题，着力固根基、扬优势、补短板、强弱项。强化知识产权信息化基础设施建设，加强知识产权基础数据开放共享和平台互联互通，促进线上线下融合发展，提升服务效能。

（五）发展目标。

到2025年，知识产权公共服务体系更加便民利民、公共服务信息化基础设施更加智慧便捷、公共服务供给更加丰富多元、公共服务发展基础更加牢固坚实。

知识产权公共服务体系更加便民利民。知识产权公共服务体系更加健全完善，各类公共服务机构布局和运行更加高效合理，省级知识产权公共服务机构实现全覆盖，地市级综合性知识产权公共服务机构覆盖率超过50%，支撑区域经济发展的作用日益显著。社会公众和创新主体享有知识产权公共服务的均等化和可及性显著提高。

知识产权公共服务信息化基础设施更加智慧便捷。依托全国一体化大数据中心体系，建设国家知识产权大数据中心和国家知识产权公共服务平台。全国范围内实现各级各类知识产权公共服务平台互联互通、数据信息资源关联共享。知识产权公共服务智能化水平显著提升，网络安全保障更加有力。

知识产权公共服务供给更加丰富多元。知识产权公共服务参与主体更加多元，服务产品种类更加丰富，服务方式更加多样，服务对象更加精准，公共服务供给机制更加健全完善。知识产权公共服务事项清单清晰明确，服务内容标准规范。在法律法规许可范围内以及确保数据安全的基础上，实现知识产权基础数据应开放尽开放，知识产权信息传播利用效能显著提升。

知识产权公共服务发展基础更加牢固坚实。知识产权公共服务基础理论研究更加深入系统，知识产权公共服务政策保障愈加有力，知识产权公共服务需求更加旺盛。各层级知识产权公共服务组织机构进一步强化，形成一支规模大、结构优、素质高的知识产权公共服务专业人才队伍。知识产权公共服务社会满意度显著提升。

"十四五"时期知识产权公共服务发展主要指标

指标	2020年	2025年	累计增加值	属性
1.省级知识产权公共服务机构覆盖率（%）	91	100	9	预期性
2.地市级综合性知识产权公共服务机构覆盖率（%）	27	50	23	预期性
3.技术与创新支持中心（TISC）（家）	51	200	149	预期性
4.高校国家知识产权信息服务中心（家）	60	150	90	预期性
5.国家知识产权信息公共服务网点（家）	0	200	200	预期性

三、形成便民利民的知识产权公共服务体系

（六）加强知识产权公共服务机构建设。

加强公共服务骨干节点建设。提升省级知识产权公共服务机构专业化水平，在促进辖区内重点产业创新能力提升方面，提供均等可及的知识产权公共服务，支持鼓励有条件的省级知识产权公共服务骨干节点开展特色化公共服务。支持有条件的地级市和县（市、区）通过自建、联建、共建等形式建立综合性知识产权公共服务机构，统一提供知识产权政策咨询、信息服务、公益培训等服务。（公共服务司牵头，各地知识产权管理部门按职责分工负责）

完善公共服务网点布局。加强知识产权公共服务网点布局整体设计，形成以国家知识产权局直属单位、专利审查协作中心、商标审查协作中心、知识产权保护中心、快速维权中心、维权援助中心、海外纠纷应对指导中心、专利代办处、技术与创新支持中心（TISC）、高校国家知识产权信息服务中心、国家知识产权信息公共服务网点等为重要网点，以商标业务受理窗口、省级知识产权信息公共服务网点、商标品牌指导站等为一般网点的立体化布局。引导各级各类公共服务网点深入挖掘并利用好资源优势，突出差异化、特色化服务。（公共服务司牵头，保护司、运用促进司、国际合作司、初审流程部、文献部、商标局、出版社、报社、信息中心、培训中心、研究中心、检索咨询中心、研究会、各专利审查协作中心、各地知识产权管理部门等按职责分工负责）

（七）优化知识产权公共服务运行机制。

加强知识产权公共服务分级分类指导。进一步完善知识产权公共服务分级分类指导措施，健全各级各类公共服务机构经验交流、服务协作和成果共享机制，统筹推动不同部门、不同层级、不同区域知识产权公共服务内容有效衔接，形成知识产权公共服务合力。充分发挥省级知识产权公共服务机构的辐射带动作用和地市级知识产权公共服务机构的基础支撑作用。发挥技术与创新支持中心（TISC）、高校

国家知识产权信息服务中心、国家知识产权信息公共服务网点的示范引领作用，在提供基本公共服务的同时，积极开展特色化、差异化服务，有力支撑科技创新。指导专利审查协作中心、商标审查协作中心等机构，发挥服务区域创新型经济发展和促进区域品牌发展作用。支持知识产权保护中心、快速维权中心、维权援助中心、海外纠纷应对指导中心等机构开展公共服务。支持一般网点开展知识产权信息查询、检索、咨询、培训等基础性服务。强化知识产权综合业务受理窗口、商标业务受理窗口等各类业务窗口的知识产权政策宣传、业务咨询等公共服务功能。（公共服务司牵头，保护司、运用促进司、国际合作司、初审流程部、文献部、商标局、各专利审查协作中心、各地知识产权管理部门等按职责分工负责）

推进区域知识产权公共服务协调发展。充分考虑城乡差异和区域发展差异，协调建立并完善知识产权公共服务区域协同工作机制，鼓励并推动地方共建共享差异化、特色化的知识产权公共服务平台和知识产权专题数据库，助推区域创新发展。以京津冀、长三角、粤港澳大湾区、成渝地区双城经济圈等区域为重点，加大资源配置支持力度，提升知识产权公共服务能力，推动开展区域知识产权公共服务一体化建设。在中西部地区和东北地区，以中心城市为核心，推动知识产权公共服务资源流动，优化区域内资源配置，强化对区域知识产权公共服务高质量发展的辐射带动作用。推动建立跨地区知识产权公共服务协同协作机制，加强区域间知识产权公共服务资源整合和互联互通。引导建立区域间知识产权公共服务工作合作和帮扶机制，促进公共服务资源向欠发达地区倾斜。（公共服务司牵头，战略规划司、运用促进司、港澳台办公室、各地知识产权管理部门等按职责分工负责）

加强涉外知识产权公共服务。推动知识产权公共服务国际交流合作，不断提升知识产权公共服务国际化能力和水平。积极参与知识产权数据的国际标准制定，推动与共建"一带一路"国家和地区开展知识产权数据领域合作与共享。建立健全知识产权涉外风险防控机制，持续完善风险预警应急体系，加大海外知识产权信息供给力度，发挥国家海外知识产权纠纷应对指导中心作用，为企业提供高水平、专业化指导服务，切实提升企业国际竞争力。完善国际展会知识产权服务机制，为参展企业提供有效的知识产权保护和咨询宣传服务。（保护司、运用促进司、公共服务司、国际合作司等按职责分工负责）

（八）提升知识产权公共服务可及性。

加强重点产业知识产权公共服务。聚焦战略性新兴产业和国家重点产业，推动知识产权数字化服务普惠应用，持续提升战略性新兴产业和重点产业创新创业主体对知识产权公共服务的获得感和满意度，有效服务国家重大战略布局。围绕国家实验室、基础学科研究中心、国家技术创新中心的重点研究领域，以及国际和区域科技创新中心、国家级自主创新示范区、高新技术产业开发区的主导产业，加强知识产权公共服务的资源供给，充分激发其创新动能。鼓励有能力的知识产权公共服务机构结合区域需求、聚焦特色优势产业，提供差异化、特色化服务。（公共服务司牵头，战略规划司、运用促进司、各地知识产权管理部门等按职责分工负责）

加强中小微企业知识产权公共服务。加强面向中小微企业的知识产权公共服务,提供咨询服务、业务指导。开发适合中小微企业需求的知识产权公共服务产品。建立面向中小微企业的知识产权风险预警机制,提升知识产权维权能力。创新公共服务模式,鼓励专业化服务机构开发拓展与中小微企业创新相匹配的低成本、差异化、特色化服务。(公共服务司牵头,保护司、运用促进司、各地知识产权管理部门等按职责分工负责)

加强中西部地区知识产权公共服务。支持社会化服务机构参与"互联网+公共服务",创新服务模式,开发定制化产品,进一步提升中西部地区社会公众和创新主体获取公共服务的便利性和可及性。积极发展在线课堂、线上知识产权图书馆等,推进线上线下知识产权公共服务共同发展、深度融合、开放应用。支持高端知识产权公共服务机构对接基层和中西部地区,扩大优质资源辐射范围,助力乡村振兴。(公共服务司牵头,文献部、各地知识产权管理部门等按职责分工负责)

四、加强智慧便捷的知识产权信息化设施建设

(九)加强知识产权信息化基础设施智能化建设。

加强知识产权审查系统的智能化建设。更好发挥专利审查和检索智能化升级系统作用,加强云计算、人工智能等新技术在智能审查、智能检索、智能分类、远程审查保障、非正常申请监控等方面的应用,提高审查管理自动化和智能化水平,持续提升专利审查质量和审查效率。加快推进商标注册与管理平台建设,通过图形识别、大数据、人工智能等新技术,提高智能化审查水平,持续缩短商标确权时限,提升商标审查审理质量和效率。(条法司、公共服务司、审业部、自动化部、商标局等按职责分工负责)

加强国家知识产权大数据中心建设。依托全国一体化大数据中心体系,建设国家知识产权大数据中心,强化算力统筹和智能调度。加大知识产权数据的集成力度,汇聚专利、商标、地理标志以及集成电路布图设计等各类知识产权基础数据、国际交换数据和部委共享数据,实现与经济、科技、金融、法律等领域互联互通和数据共享。加强知识产权数据的挖掘分析利用,以应用为导向建设知识产权专题数据库,为各级政府部门提供基于大数据的信息决策支持。(公共服务司牵头,自动化部、商标局、各地知识产权管理部门等按职责分工负责)

加强国家知识产权公共服务平台建设。加强知识产权信息运用的智能化新型基础设施建设,强化国家知识产权公共服务平台功能设计和运行管理模式创新,对接国家统一政务服务平台,为政府机构、社会公众和创新主体提供一站式智能查询检索、数据开放、法律法规库、教育培训等服务,推进知识产权业务服务、政务服务和信息服务"一网通办"。支持各级各类知识产权公共服务机构依托国家知识产权公共服务平台,免费或低成本开放共享有关服务产品。统筹协调推进各级各类知识产权公共服务平台建设,支持有条件的省市建设地方特色化、差异化公共服务平台,实现投入产出社会效益最大化。推进区域知识产权公共服务平台与国家知识产权公共服务平台实现资源互联、数据共

享。（公共服务司牵头，自动化部、商标局、各地知识产权管理部门等按职责分工负责）

（十）推动知识产权信息化数据共享和业务协同。

打通知识产权数据共享、业务协同壁垒。统筹推进专利审查相关系统、商标注册与管理平台、国家知识产权保护信息平台、国家知识产权公共服务平台，以及地方知识产权公共服务平台等互联互通，消除"信息孤岛"和"数据烟囱"。加大现有各信息系统的整合、优化、改造、升级力度，提供规范化的应用接口和数据接口，促进提升信息化工作整体效能，改善用户体验。统筹规划知识产权业务网络架构，优化信息基础设施方案，完善网络和安全配置策略，全面支持互联网协议第六版（IPv6），为各类知识产权的业务协同和数据共享提供网络支撑。（公共服务司牵头，保护司、自动化部、商标局等按职责分工负责）

推动知识产权云平台兼容建设和融合对接。统筹制定知识产权云平台建设标准，提升各类业务云平台软硬件架构的兼容性。整合公共服务类云平台和信息系统资源，促进基础设施融合、数据融合和应用融合，提升信息化整体效能。统筹规范知识产权生产系统云平台的对外接口，在保障业务安全的基础上，优化对外提供数据信息的能力。加强云平台计算能力和存储能力，增强可扩展性和可移植性。（公共服务司牵头，自动化部、商标局、各直属单位等按职责分工负责）

提高知识产权信息化运维保障能力。加强运维管理，扩大集中监控范围，提高网络和应用系统关键节点的安全预警、问题分析和故障定位能力，重点保障审查系统、公共服务类系统稳定运行。优化运维流程，提高问题响应解决效率，完善运维服务的评估和反馈机制，提升整体运维水平。加强基础设施、应用环境和业务需求的联动反应，提高业务服务中断的主动预警和快速恢复能力。提升数据容灾备份能力，实现分级备份，完善系统容灾，提高信息系统与应用数据的可用性和可靠性。（公共服务司、自动化部、商标局、各直属单位等按职责分工负责）

（十一）加强知识产权网络安全建设。

健全网络安全保障体系。统筹加强网络安全和信息化规划设计，避免重复投资和分散建设。健全完善网络安全工作机制，强化统筹协调，落实网络安全责任制，层层压实各级责任，全面提升网络安全和信息化工作效能。全面落实《网络安全法》《数据安全法》《个人信息保护法》《密码法》等法律法规和网络安全等级保护制度，加强网络安全等级保护第三级及以上网络、信息系统和重要数据的安全防护，有效防范化解网络安全风险挑战。加强网络安全宣传教育，增强风险意识，树立底线思维。加大知识产权网络安全人才和资金保障力度。（公共服务司牵头，自动化部、商标局、各直属单位、各地知识产权管理部门等按职责分工负责）

加强网络安全保障能力。建立健全知识产权网络安全风险研判、安全监管、防控协同机制。构建全局统一的网络安全监测系统，推动监测数据汇集共享。有序推进网络系统分区分域优化改造，从结构层面消除网络系统根源性安全隐患。切实加强网络安全技术防护，强化安全检查、监测预警、攻防演练、信息通报、应急响应等工作，不断提高网络安全专业化、集约化保障能力。加强对云计算、大数据、区块链、人工智能等新技术新应用的安全防护，确保其技术、产品、服务和供应链安全。积极推进国产密码技术和产品应用，提升使用密码技术保障网络与数据安全的水平。（公共服务司牵头，自动化部、商标局、各直属单位、各地知识产权管理部门等按职责分工负责）

五、强化丰富多元的知识产权公共服务供给

（十二）优化拓展知识产权公共服务资源。

扩大知识产权公共服务的有效供给。推动形成知识产权公共服务有机统一体，理顺政府和社会化服务机构等在知识产权公共服务供给中的关系，突出政府在知识产权公共服务供给保障中的主体主导地位，充分发挥省级知识产权公共服务骨干节点承上启下的节点作用和示范带动作用。鼓励高校、科研院所、公共图书馆、科技情报机构、各类科技与创新园区、各行业社团组织等社会化服务机构通过政府购买服务、政府和社会资本合作等方式参与知识产权公共服务供给，实现公共服务内容多样化、渠道多元化、效能最大化。推动知识产权公共服务和市场化服务协调发展，鼓励支持市场化服务机构在提供高端化、专业化、个性化知识产权服务的同时，提供免费或者低成本的公益性服务，加快形成知识产权公共服务与市场化服务的叠加效应。鼓励地方整合知识产权公共服务资源，依托互联网、大数据等现代化科技手段，建设智能化和便利化的知识产权"一站式"服务大厅，推进知识产权公共服务线上线下协同服务、集中供给。（公共服务司牵头，运用促进司、各地知识产权管理部门等按职责分工负责）

加大知识产权数据资源的主动供给。建立内容完整、标准规范、动态更新、互联互通、安全可靠的知识产权基础数据资源管理体系，形成数据共建、共享、共用工作格局。加强知识产权管理部门与科技、工信、商务、教育、公安、法院、海关、市场监管、新闻出版等部门的横向数据联动共享，形成协调有力、运转高效的数据互联共享工作格局。在法律法规许可范围内，以确保数据安全为前提，通过开放数据集、提供数据接口等多种方式，实现知识产权基础数据应开放尽开放。完善知识产权基础数据资源目录，建立数据责任清单制度。（公共服务司牵头，审业部、复审无效部、初审流程部、文献部、自动化部、商标局等按职责分工负责）

强化知识产权信息资源的开发与管理。加强知识产权基础数据开发、加工、利用。支持社会化服务机构开展基础数据信息深度加工利用。鼓励专业化机构深化对知识产权数据的挖掘分析，不断提高知识产权数据资源的社会贡献度。推动人工智能、区块链等新技术在知识产权数据开发领域的应用。推进知识产权数据合规体系建设，加强数据资源分级分类管理和安全管理，处理好数据开放与数据隐私保护的关系，加强个人信息数据安全保护。建立完善数据资源质量评估机制，提升数据质量和标准化程度。规范知识产权数据交易市场，实现知识产权数据要素流动和高效配置。（公共服务司牵头，运用促进司、审业部、复审无效部、文献部、自动化部、商标局等按职责分工负责）

开发公共服务产品和提升公共服务能力。以应用为导向，开发一批分层分类应用的知识产权公共服务产品。编制发布中国知识产权公共服务年度发展报告。鼓励支持有条件的地区围绕知识产权密集型产业、战略性新兴产业、数字经济核心产业等重点产业和关键核心技术，建设多种类知识产权专题数据库，并向全国推广应用。进一步提升专利、商标、集成电路布图设计"一号对外"服务能力，不断提高咨询服务水平。聚焦创新创业主体需求，持续扩大知识产权领域适用告知承诺制业务范围。加强"好差评"制度建设，线上线下全面融合，实现政务服务事项全覆盖、评价对象全覆盖、服务渠道全覆盖。依托国家知识产权公共服务平台，汇集中国知识产权远程教育平台、智南针网等各级各类知识产权公共服务平台，开展线上线下知识产权信息利用技能培训，不断提升知识产权公共服务能力水平。（公共服务司牵头，保护司、文献部、商标局、报社、培训中心、检索咨询中心、各地知识产权管理部门等按职责分工负责）

（十三）健全知识产权公共服务标准规范。

建立健全知识产权公共服务清单制度。建立知识产权公共服务事项清单，向社会公开知识产权公共服务事项标准化工作流程和办事指南，细化服务事项，规范服务标准，明确办理时限。建立健全知识产权公共服务事项清单动态管理机制，紧贴社会需求，适应社会发展，适时调整知识产权公共服务清单内容。鼓励支持知识产权公共服务骨干节点、各类知识产权公共服务重要网点在共性公共服务事项清单的基础上，自行制定公布个性化公共服务事项清单。（公共服务司、各地知识产权管理部门等按职责分工负责）

健全基础数据标准规范。推动基础数据供给标准化、利用规范化，推广应用《知识产权基础信息数据规范》，促进知识产权基础数据标准化、规范化。建立健全基础数据采集、标引、存储、传输、管理、应用等行业标准及国家标准，打通数据共享交换标准规范方面的瓶颈。及时响应知识产权高质量发展需要，建立动态调整机制，不断修订完善知识产权基础信息数据规范。（公共服务司负责）

（十四）提升知识产权信息传播利用效能。

拓展知识产权信息传播利用渠道。加强知识产权信息传播利用工作的统筹管理，指导各级各类公共服务机构结合地方、行业特色和发展需求，开展内容丰富、形式多样的知识产权信息利用和服务工作，畅通信息利用"最后一公里"，充分发挥信息对知识产权创造、运用、保护、管理、服务全链条的联通和支撑作用。指导知识产权公共服务骨干节点和重要网点，根据不同领域服务对象特点和需求，有针对性地开展知识产权信息传播和利用能力提升促进工作。（公共服务司、各地知识产权管理部门等按职责分工负责）

创新知识产权信息传播利用方式。探索"互联网+"知识产权信息传播利用新模式，开发各类传播应用工具。运用数字技术推动知识产权信息传播利用手段、模式和理念创新。利用国际国内相关媒体和新媒体手段，扩大传播利用范围，提高信息传播利用效率，构建知识产权信息传播利用新格局。（公共服务司牵头，办公室、

文献部、商标局、各地知识产权管理部门等按职责分工负责）

提升知识产权信息传播利用能力。推广应用《知识产权信息公共服务工作指引》《知识产权基础数据利用指引》《技术与创新支持中心（TISC）服务能力提升指南》《技术与创新支持中心（TISC）服务产品和服务指引》等规范指引，提升知识产权信息公共服务机构服务能力。分层分类指导公共服务机构积极开展信息传播利用相关业务知识培训，提升社会公众和创新主体对知识产权信息的分析利用能力。鼓励支持各级各类公共服务机构开展知识产权信息检索分析、风险预警等信息传播利用专题研究和成果发布。推进知识产权信息传播利用工作重心下移、资源下沉，助力社会公众和创新主体提升创新能力，提高知识产权全链条保护水平。（公共服务司牵头，保护司、文献部、商标局、各地知识产权管理部门等按职责分工负责）

六、巩固提升知识产权公共服务发展基础

（十五）营造知识产权公共服务良好发展环境。

深化知识产权公共服务理念。强化知识产权公共服务基础理论研究，鼓励支持编制出版知识产权公共服务基础理论、知识产权公共服务典型案例等理论及实务读物，提升强化各级知识产权管理部门和公共服务机构以及相关人员的知识产权公共服务理论素养和实务能力。举办知识产权公共服务进校园、进社区、进企业等活动，深入挖掘和对接社会公众和创新主体需求。（公共服务司牵头，办公室、各地知识产权管理部门等按职责分工负责）

加强知识产权公共服务成果宣传。建立知识产权公共服务宣传志愿者队伍，深入重点园区、龙头企业开展知识产权公共服务宣传志愿服务活动。鼓励支持移动客户端、小程序、公众号等知识产权公共服务移动宣传渠道建设。支持有条件的地区储备和传播优质知识产权公共服务成果资源。组织开展知识产权专题宣教活动。加强对外知识产权文化交流与合作，讲好中国故事，传播好中国声音。（办公室、公共服务司、国际合作司、报社、各地知识产权管理部门等按职责分工负责）

强化知识产权公共服务评价。健全公共服务重大政策事前评估和事后评价制度，提高决策科学化、民主化、法治化水平。健全以效能为导向的知识产权公共服务指标体系和考核标准，组织开展实施效果评价。开展知识产权公共服务需求监测，加强需求信息的整理、归纳和分析，呼应社会公众和创新主体的知识产权公共服务需求。组织开展知识产权公共服务满意度测评。（公共服务司负责）

（十六）强化知识产权公共服务人才和政策保障。

加强知识产权公共服务人才队伍建设。加大知识产权公共服务人才分级分类培养力度，形成多层次、多渠道、宽覆盖的培训网络。不断壮大高校、科研院所、公共图书馆、科技情报机构、科技与创新园区、行业协会及社团组织等服务网点的知识产权公共服务人才队伍。健全线上线下相结合的常态化知识产权公共服务人才培训机制。（公共服务司、人事司、各地知识产权管理部门等按职责分工负责）

完善知识产权公共服务政策保障。加强与财政、科技、税务等相关政策的协

同，为社会公众和创新主体的高质量创新发展提供政策指引和路径遵循。推动地方制定出台各类公共服务政策，强化知识产权公共服务质量和能力提升，将知识产权公共服务供给作为推动知识产权试点示范城市建设的重要抓手。（运用促进司、公共服务司、各地知识产权管理部门等按职责分工负责）

七、强化实施保障

（十七）制定国家知识产权局网络安全和信息化建设实施方案。

加强网络安全顶层设计，明确信息化建设发展路径，整合、优化、升级全局网络和信息化系统，充分发挥网络安全保驾护航、信息化建设赋能增效的保障促进作用。（公共服务司牵头，办公室、战略规划司、保护司、运用促进司、自动化部、商标局、出版社、信息中心等按职责分工负责）

（十八）落实规划实施责任。

坚持党对知识产权公共服务工作的全面领导，确保党中央、国务院关于知识产权公共服务决策部署落到实处、取得实效。规划制定部门要统筹协调有关任务落实，明确责任主体和进度要求。各地知识产权管理部门要结合本地实际，进一步分解任务、细化举措、压实责任，明确时间表、路线图和进度节点，确保按时保质完成规划预定的各项目标任务。（公共服务司牵头，局各部门单位、各地知识产权管理部门按职责分工负责）

（十九）强化政策协同保障。

充分发挥各级政府知识产权议事协调机构作用，建立健全知识产权公共服务工作机制。强化问题导向和结果导向，加强对知识产权公共服务工作的政策和资源支持，及时解决重大疑难问题。（公共服务司牵头，局各部门单位、各地知识产权管理部门按职责分工负责）

（二十）加强实施监测评估。

规划制定部门要加强对规划实施情况的动态监测，适时开展规划实施的中期评估、总结评估。各地、各部门对规划实施过程中发现的问题，要研究制订应对措施，及时协调解决。对好的做法和经验，要及时进行总结，积极宣传推广典型经验做法。（公共服务司牵头，局各部门单位、各地知识产权管理部门按职责分工负责）

国务院办公厅关于印发《知识产权对外转让有关工作办法（试行）》的通知

（国办发〔2018〕19号）

各省、自治区、直辖市人民政府，国务院各部委、各直属机构：

《知识产权对外转让有关工作办法（试行）》已经国务院同意，现印发给你们，请认真贯彻执行。

国务院办公厅

2018年3月18日

知识产权对外转让有关工作办法（试行）

为贯彻落实总体国家安全观，完善国家安全制度体系，维护国家安全和重大公共利益，规范知识产权对外转让秩序，依据国家安全、对外贸易、知识产权等相关法律法规，制定本办法。

一、审查范围

（一）技术出口、外国投资者并购境内企业等活动中涉及本办法规定的专利权、集成电路布图设计专有权、计算机软件著作权、植物新品种权等知识产权对外转让的，需要按照本办法进行审查。所述知识产权包括其申请权。

（二）本办法所述知识产权对外转让，是指中国单位或者个人将其境内知识产权转让给外国企业、个人或者其他组织，包括权利人的变更、知识产权实际控制人的变更和知识产权的独占实施许可。

二、审查内容

（一）知识产权对外转让对我国国家安全的影响。

（二）知识产权对外转让对我国重要领域核心关键技术创新发展能力的影响。

三、审查机制

（一）技术出口中涉及的知识产权对外转让审查。

1. 在技术出口活动中，出口技术为我国政府明确的禁止出口限制出口技术目录中限制出口的技术时，涉及专利权、集成电路布图设计专有权、计算机软件著作权等知识产权的，应当进行审查。

2. 地方贸易主管部门收到技术出口经营者提交的中国限制出口技术申请书后，涉及专利权、集成电路布图设计专有权等知识产权对外转让的，应将相关材料转至地方知识产权管理部门。地方知识产权管理部门收到相关材料后,应对拟转让的知识产权进行审查并出具书面意见书,反馈至地方贸易主管部门,同时报国务院知识产权主管部门备案。

3. 地方贸易主管部门应当依据地方知识产权管理部门出具的书面意见书,并按照《中华人民共和国技术进出口管理条例》等有关规定作出审查决定。

4. 涉及计算机软件著作权对外转让的,由地方贸易主管部门和科技主管部门按照《中华人民共和国技术进出口管理条例》、《计算机软件保护条例》等有关规定进行审查。对外转让的计算机软件著作权已经在计算机软件登记机构登记的,地方贸易主管部门应当将审查结果及时通知计算机软件登记机构。经审查不得转让的,计算机软件登记机构在接到通知后,不得办理权属变更登记手续。

5. 涉及植物新品种权对外转让的,由农业主管部门和林业主管部门根据《中华人民共和国植物新品种保护条例》等有关规定,按照职责进行审查,重点审查内容为拟转让的植物新品种权对我国农业安全特别是粮食安全和种业安全的影响。

(二)外国投资者并购境内企业安全审查中涉及的知识产权对外转让审查。

1. 外国投资安全审查机构在对外国投资者并购境内企业进行安全审查时,对属于并购安全审查范围并且涉及知识产权对外转让的,应当根据拟转让知识产权的类别,将有关材料转至相关主管部门征求意见。涉及专利权、集成电路布图设计专有权的,由国务院知识产权主管部门负责;涉及计算机软件著作权的,由国家版权主管部门负责;涉及植物新品种权的,由国务院农业主管部门和林业主管部门按职责分别负责。

2. 相关主管部门应及时进行审查并出具书面意见书,反馈至外国投资安全审查机构。外国投资安全审查机构应当参考相关主管部门出具的书面意见书,按照有关规定作出审查决定。

四、其他事项

(一)相关主管部门应当制定审查细则,明确审查材料、审查流程、审查时限、工作责任等。

(二)在知识产权对外转让审查最终决定作出后,涉及知识产权权属变更的,转让双方应当按照相关法律法规办理变更手续。

(三)相关主管部门工作人员应当保守知识产权对外转让双方的商业秘密。

(四)知识产权对外转让涉及国防安全的,按照国家有关规定办理,不适用本办法。

(五)本办法自印发之日起试行。

国务院办公厅关于印发科学数据管理办法的通知

（国办发〔2018〕17号）

各省、自治区、直辖市人民政府，国务院各部委、各直属机构：

《科学数据管理办法》已经国务院同意，现印发给你们，请认真贯彻执行。

国务院办公厅
2018年3月17日

科学数据管理办法

第一章 总 则

第一条 为进一步加强和规范科学数据管理，保障科学数据安全，提高开放共享水平，更好支撑国家科技创新、经济社会发展和国家安全，根据《中华人民共和国科学技术进步法》、《中华人民共和国促进科技成果转化法》和《政务信息资源共享管理暂行办法》等规定，制定本办法。

第二条 本办法所称科学数据主要包括在自然科学、工程技术科学等领域，通过基础研究、应用研究、试验开发等产生的数据，以及通过观测监测、考察调查、检验检测等方式取得并用于科学研究活动的原始数据及其衍生数据。

第三条 政府预算资金支持开展的科学数据采集生产、加工整理、开放共享和管理使用等活动适用本办法。

任何单位和个人在中华人民共和国境内从事科学数据相关活动，符合本办法规定情形的，按照本办法执行。

第四条 科学数据管理遵循分级管理、安全可控、充分利用的原则，明确责任主体，加强能力建设，促进开放共享。

第五条 任何单位和个人从事科学数据采集生产、使用、管理活动应当遵守国家有关法律法规及部门规章，不得利用科学数据从事危害国家安全、社会公共利益和他人合法权益的活动。

第二章 职 责

第六条 科学数据管理工作实行国家统筹、各部门与各地区分工负责的体制。

第七条 国务院科学技术行政部门牵头负责全国科学数据的宏观管理与综合协调，主要职责是：

（一）组织研究制定国家科学数据管理政策和标准规范；

（二）协调推动科学数据规范管理、开放共享及评价考核工作；

（三）统筹推进国家科学数据中心建设和发展；

（四）负责国家科学数据网络管理平台建设和数据维护。

第八条　国务院相关部门、省级人民政府相关部门（以下统称主管部门）在科学数据管理方面的主要职责是：

（一）负责建立健全本部门（本地区）科学数据管理政策和规章制度，宣传贯彻落实国家科学数据管理政策；

（二）指导所属法人单位加强和规范科学数据管理；

（三）按照国家有关规定做好或者授权有关单位做好科学数据定密工作；

（四）统筹规划和建设本部门（本地区）科学数据中心，推动科学数据开放共享；

（五）建立完善有效的激励机制，组织开展本部门（本地区）所属法人单位科学数据工作的评价考核。

第九条　有关科研院所、高等院校和企业等法人单位（以下统称法人单位）是科学数据管理的责任主体，主要职责是：

（一）贯彻落实国家和部门（地方）科学数据管理政策，建立健全本单位科学数据相关管理制度；

（二）按照有关标准规范进行科学数据采集生产、加工整理和长期保存，确保数据质量；

（三）按照有关规定做好科学数据保密和安全管理工作；

（四）建立科学数据管理系统，公布科学数据开放目录并及时更新，积极开展科学数据共享服务；

（五）负责科学数据管理运行所需软硬件设施等条件、资金和人员保障。

第十条　科学数据中心是促进科学数据开放共享的重要载体，由主管部门委托有条件的法人单位建立，主要职责是：

（一）承担相关领域科学数据的整合汇交工作；

（二）负责科学数据的分级分类、加工整理和分析挖掘；

（三）保障科学数据安全，依法依规推动科学数据开放共享；

（四）加强国内外科学数据方面交流与合作。

第三章　采集、汇交与保存

第十一条　法人单位及科学数据生产者要按照相关标准规范组织开展科学数据采集生产和加工整理，形成便于使用的数据库或数据集。

法人单位应建立科学数据质量控制体系，保证数据的准确性和可用性。

第十二条　主管部门应建立科学数据汇交制度，在国家统一政务网络和数据共享交换平台的基础上开展本部门（本地区）的科学数据汇交工作。

第十三条　政府预算资金资助的各级科技计划（专项、基金等）项目所形成的科学数据，应由项目牵头单位汇交到相关科学数据中心。接收数据的科学数据中心应出具汇交凭证。

各级科技计划（专项、基金等）管理部门应建立先汇交科学数据、再验收科技计划（专项、基金等）项目的机制；项目/课题验收后产生的科学数据也应进行汇交。

第十四条　主管部门和法人单位应

建立健全国内外学术论文数据汇交的管理制度。

利用政府预算资金资助形成的科学数据撰写并在国外学术期刊发表论文时需对外提交相应科学数据的，论文作者应在论文发表前将科学数据上交至所在单位统一管理。

第十五条　社会资金资助形成的涉及国家秘密、国家安全和社会公共利益的科学数据必须按照有关规定予以汇交。

鼓励社会资金资助形成的其他科学数据向相关科学数据中心汇交。

第十六条　法人单位应建立科学数据保存制度，配备数据存储、管理、服务和安全等必要设施，保障科学数据完整性和安全性。

第十七条　法人单位应加强科学数据人才队伍建设，在岗位设置、绩效收入、职称评定等方面建立激励机制。

第十八条　国务院科学技术行政部门应加强统筹布局，在条件好、资源优势明显的科学数据中心基础上，优化整合形成国家科学数据中心。

第四章　共享与利用

第十九条　政府预算资金资助形成的科学数据应当按照开放为常态、不开放为例外的原则，由主管部门组织编制科学数据资源目录，有关目录和数据应及时接入国家数据共享交换平台，面向社会和相关部门开放共享，畅通科学数据军民共享渠道。国家法律法规有特殊规定的除外。

第二十条　法人单位要对科学数据进行分级分类，明确科学数据的密级和保密期限、开放条件、开放对象和审核程序等，按要求公布科学数据开放目录，通过在线下载、离线共享或定制服务等方式向社会开放共享。

第二十一条　法人单位应根据需求，对科学数据进行分析挖掘，形成有价值的科学数据产品，开展增值服务。鼓励社会组织和企业开展市场化增值服务。

第二十二条　主管部门和法人单位应积极推动科学数据出版和传播工作，支持科研人员整理发表产权清晰、准确完整、共享价值高的科学数据。

第二十三条　科学数据使用者应遵守知识产权相关规定，在论文发表、专利申请、专著出版等工作中注明所使用和参考引用的科学数据。

第二十四条　对于政府决策、公共安全、国防建设、环境保护、防灾减灾、公益性科学研究等需要使用科学数据的，法人单位应当无偿提供；确需收费的，应按照规定程序和非营利原则制定合理的收费标准，向社会公布并接受监督。

对于因经营性活动需要使用科学数据的，当事人双方应当签订有偿服务合同，明确双方的权利和义务。

国家法律法规有特殊规定的，遵从其规定。

第五章　保密与安全

第二十五条　涉及国家秘密、国家安全、社会公共利益、商业秘密和个人隐私的科学数据，不得对外开放共享；确需对外开放的，要对利用目的、用户资质、保密条件等进行审查，并严格控制知悉范围。

第二十六条　涉及国家秘密的科学数据的采集生产、加工整理、管理和使用，按照国家有关保密规定执行。主管部门和法人单位应建立健全涉及国家秘密的科学数据管理与使用制度，对制作、审核、登记、拷贝、传输、销毁等环节进行严格管理。

对外交往与合作中需要提供涉及国家秘密的科学数据的，法人单位应明确提出利用数据的类别、范围及用途，按照保密管理规定程序报主管部门批准。经主管部门批准后，法人单位按规定办理相关手续并与用户签订保密协议。

第二十七条 主管部门和法人单位应加强科学数据全生命周期安全管理，制定科学数据安全保护措施；加强数据下载的认证、授权等防护管理，防止数据被恶意使用。

对于需对外公布的科学数据开放目录或需对外提供的科学数据，主管部门和法人单位应建立相应的安全保密审查制度。

第二十八条 法人单位和科学数据中心应按照国家网络安全管理规定，建立网络安全保障体系，采用安全可靠的产品和服务，完善数据管控、属性管理、身份识别、行为追溯、黑名单等管理措施，健全防篡改、防泄露、防攻击、防病毒等安全防护体系。

第二十九条 科学数据中心应建立应急管理和容灾备份机制，按照要求建立应急管理系统，对重要的科学数据进行异地备份。

第六章 附 则

第三十条 主管部门和法人单位应建立完善科学数据管理和开放共享工作评价考核制度。

第三十一条 对于伪造数据、侵犯知识产权、不按规定汇交数据等行为，主管部门可视情节轻重对相关单位和责任人给予责令整改、通报批评、处分等处理或依法给予行政处罚。

对违反国家有关法律法规的单位和个人，依法追究相应责任。

第三十二条 主管部门可参照本办法，制定具体实施细则。涉及国防领域的科学数据管理制度，由有关部门另行规定。

第三十三条 本办法自印发之日起施行。

中共中央 国务院关于构建数据基础制度更好发挥数据要素作用的意见

（2022年12月2日）

数据作为新型生产要素，是数字化、网络化、智能化的基础，已快速融入生产、分配、流通、消费和社会服务管理等各环节，深刻改变着生产方式、生活方式和社会治理方式。数据基础制度建设事关国家发展和安全大局。为加快构建数据基础制度，充分发挥我国海量数据规模和丰富应用场景优势，激活数据要素潜能，做强做优做大数字经济，增强经济发展新动能，构筑国家竞争新优势，现提出如下意见。

一、总体要求

（一）指导思想。以习近平新时代中国特色社会主义思想为指导，深入贯彻党的二十大精神，完整、准确、全面贯彻新发展理念，加快构建新发展格局，坚持改革创新、系统谋划，以维护国家数据安全、保护个人信息和商业秘密为前提，以促进数据合规高效流通使用、赋能实体经济为主线，以数据产权、流通交易、收益分配、安全治理为重点，深入参与国际高标准数字规则制定，构建适应数据特征、符合数字经济发展规律、保障国家数据安全、彰显创新引领的数据基础制度，充分实现数据要素价值、促进全体人民共享数字经济发展红利，为深化创新驱动、推动高质量发展、推进国家治理体系和治理能力现代化提供有力支撑。

（二）工作原则

——遵循发展规律，创新制度安排。充分认识和把握数据产权、流通、交易、使用、分配、治理、安全等基本规律，探索有利于数据安全保护、有效利用、合规流通的产权制度和市场体系，完善数据要素市场体制机制，在实践中完善，在探索中发展，促进形成与数字生产力相适应的新型生产关系。

——坚持共享共用，释放价值红利。合理降低市场主体获取数据的门槛，增强数据要素共享性、普惠性，激励创新创业创造，强化反垄断和反不正当竞争，形成依法规范、共同参与、各取所需、共享红利的发展模式。

——强化优质供给，促进合规流通。顺应经济社会数字化转型发展趋势，推动数据要素供给调整优化，提高数据要素供给数量和质量。建立数据可信流通体系，增强数据的可用、可信、可流通、可追溯水平。实现数据流通全过程动态管理，在合规流通使用中激活数据价值。

——完善治理体系，保障安全发展。统筹发展和安全，贯彻总体国家安全观，强化数据安全保障体系建设，把安全贯穿数据供给、流通、使用全过程,划定监管底线和红线。加强数据分类分级管理,把该管的管住、该放的放开,积极有效防范和化解各种数据风险,形成政府监管与市场自律、法治与行业自治协同、国内与国际统筹的数据要素治理结构。

——深化开放合作,实现互利共赢。积极参与数据跨境流动国际规则制定,探索加入区域性国际数据跨境流动制度安排。推动数据跨境流动双边多边协商,推进建立互利互惠的规则等制度安排。鼓励探索数据跨境流动与合作的新途径新模式。

二、建立保障权益、合规使用的数据产权制度

探索建立数据产权制度,推动数据产权结构性分置和有序流通,结合数据要素特性强化高质量数据要素供给;在国家数据分类分级保护制度下,推进数据分类分级确权授权使用和市场化流通交易,健全数据要素权益保护制度,逐步形成具有中国特色的数据产权制度体系。

(三)探索数据产权结构性分置制度。建立公共数据、企业数据、个人数据的分类分级确权授权制度。根据数据来源和数据生成特征,分别界定数据生产、流通、使用过程中各参与方享有的合法权利,建立数据资源持有权、数据加工使用权、数据产品经营权等分置的产权运行机制,推进非公共数据按市场化方式"共同使用、共享收益"的新模式,为激活数据要素价值创造和价值实现提供基础性制度保障。研究数据产权登记新方式。在保障安全前提下,推动数据处理者依法依规对原始数据进行开发利用,支持数据处理者依法依规行使数据应用相关权利,促进数据使用价值复用与充分利用,促进数据使用权交换和市场化流通。审慎对待原始数据的流转交易行为。

(四)推进实施公共数据确权授权机制。对各级党政机关、企事业单位依法履职或提供公共服务过程中产生的公共数据,加强汇聚共享和开放开发,强化统筹授权使用和管理,推进互联互通,打破"数据孤岛"。鼓励公共数据在保护个人隐私和确保公共安全的前提下,按照"原始数据不出域、数据可用不可见"的要求,以模型、核验等产品和服务等形式向社会提供,对不承载个人信息和不影响公共安全的公共数据,推动按用途加大供给使用范围。推动用于公共治理、公益事业的公共数据有条件无偿使用,探索用于产业发展、行业发展的公共数据有条件有偿使用。依法依规予以保密的公共数据不予开放,严格管控未依法依规公开的原始公共数据直接进入市场,保障公共数据供给使用的公共利益。

(五)推动建立企业数据确权授权机制。对各类市场主体在生产经营活动中采集加工的不涉及个人信息和公共利益的数据,市场主体享有依法依规持有、使用、获取收益的权益,保障其投入的劳动和其他要素贡献获得合理回报,加强数据要素供给激励。鼓励探索企业数据授权使用新模式,发挥国有企业带头作用,引导行业龙头企业、互联网平台企业发挥带动作用,促进与中小微企业双向公平授权,共同合理使用数据,赋能中小微企业数字化转型。支持第三方机构、中介服务组织加强数据采集和质量评估标准制定,推动数据产品标准化,发展数据分析、数据服务

等产业。政府部门履职可依法依规获取相关企业和机构数据，但须约定并严格遵守使用限制要求。

（六）建立健全个人信息数据确权授权机制。对承载个人信息的数据，推动数据处理者按照个人授权范围依法依规采集、持有、托管和使用数据，规范对个人信息的处理活动，不得采取"一揽子授权"、强制同意等方式过度收集个人信息，促进个人信息合理利用。探索由受托者代表个人利益，监督市场主体对个人信息数据进行采集、加工、使用的机制。对涉及国家安全的特殊个人信息数据，可依法依规授权有关单位使用。加大个人信息保护力度，推动重点行业建立完善长效保护机制，强化企业主体责任，规范企业采集使用个人信息行为。创新技术手段，推动个人信息匿名化处理，保障使用个人信息数据时的信息安全和个人隐私。

（七）建立健全数据要素各参与方合法权益保护制度。充分保护数据来源者合法权益，推动基于知情同意或存在法定事由的数据流通使用模式，保障数据来源者享有获取或复制转移由其促成产生数据的权益。合理保护数据处理者对依法依规持有的数据进行自主管控的权益。在保护公共利益、数据安全、数据来源者合法权益的前提下，承认和保护依照法律规定或合同约定获取的数据加工使用权，尊重数据采集、加工等数据处理者的劳动和其他要素贡献，充分保障数据处理者使用数据和获得收益的权利。保护经加工、分析等形成数据或数据衍生产品的经营权，依法依规规范数据处理者许可他人使用数据或数据衍生产品的权利，促进数据要素流通复用。建立健全基于法律规定或合同约定流转数据相关财产性权益的机制。在数据处理者发生合并、分立、解散、被宣告破产时，推动相关权利和义务依法依规同步转移。

三、建立合规高效、场内外结合的数据要素流通和交易制度

完善和规范数据流通规则，构建促进使用和流通、场内场外相结合的交易制度体系，规范引导场外交易，培育壮大场内交易；有序发展数据跨境流通和交易，建立数据来源可确认、使用范围可界定、流通过程可追溯、安全风险可防范的数据可信流通体系。

（八）完善数据全流程合规与监管规则体系。建立数据流通准入标准规则，强化市场主体数据全流程合规治理，确保流通数据来源合法、隐私保护到位、流通和交易规范。结合数据流通范围、影响程度、潜在风险，区分使用场景和用途用量，建立数据分类分级授权使用规范，探索开展数据质量标准化体系建设，加快推进数据采集和接口标准化，促进数据整合互通和互操作。支持数据处理者依法依规在场内和场外采取开放、共享、交换、交易等方式流通数据。鼓励探索数据流通安全保障技术、标准、方案。支持探索多样化、符合数据要素特性的定价模式和价格形成机制，推动用于数字化发展的公共数据按政府指导定价有偿使用，企业与个人信息数据市场自主定价。加强企业数据合规体系建设和监管，严厉打击黑市交易，取缔数据流通非法产业。建立实施数据安全管理认证制度，引导企业通过认证提升数据安全管理水平。

（九）统筹构建规范高效的数据交易场所。加强数据交易场所体系设计，统筹

优化数据交易场所的规划布局，严控交易场所数量。出台数据交易场所管理办法，建立健全数据交易规则，制定全国统一的数据交易、安全等标准体系，降低交易成本。引导多种类型的数据交易场所共同发展，突出国家级数据交易场所合规监管和基础服务功能，强化其公共属性和公益定位，推进数据交易场所与数据商功能分离，鼓励各类数据商进场交易。规范各地区各部门设立的区域性数据交易场所和行业性数据交易平台，构建多层次市场交易体系，推动区域性、行业性数据流通使用。促进区域性数据交易场所和行业性数据交易平台与国家级数据交易场所互联互通。构建集约高效的数据流通基础设施，为场内集中交易和场外分散交易提供低成本、高效率、可信赖的流通环境。

（十）培育数据要素流通和交易服务生态。围绕促进数据要素合规高效、安全有序流通和交易需要，培育一批数据商和第三方专业服务机构。通过数据商，为数据交易双方提供数据产品开发、发布、承销和数据资产的合规化、标准化、增值化服务，促进提高数据交易效率。在智能制造、节能降碳、绿色建造、新能源、智慧城市等重点领域，大力培育贴近业务需求的行业性、产业化数据商，鼓励多种所有制数据商共同发展、平等竞争。有序培育数据集成、数据经纪、合规认证、安全审计、数据公证、数据保险、数据托管、资产评估、争议仲裁、风险评估、人才培训等第三方专业服务机构，提升数据流通和交易全流程服务能力。

（十一）构建数据安全合规有序跨境流通机制。开展数据交互、业务互通、监管互认、服务共享等方面国际交流合作，推进跨境数字贸易基础设施建设，以《全球数据安全倡议》为基础，积极参与数据流动、数据安全、认证评估、数字货币等国际规则和数字技术标准制定。坚持开放发展，推动数据跨境双向有序流动，鼓励国内外企业及组织依法依规开展数据跨境流动业务合作，支持外资依法依规进入开放领域，推动形成公平竞争的国际化市场。针对跨境电商、跨境支付、供应链管理、服务外包等典型应用场景，探索安全规范的数据跨境流动方式。统筹数据开发利用和数据安全保护，探索建立跨境数据分类分级管理机制。对影响或者可能影响国家安全的数据处理、数据跨境传输、外资并购等活动依法依规进行国家安全审查。按照对等原则，对维护国家安全和利益、履行国际义务相关的属于管制物项的数据依法依规实施出口管制，保障数据用于合法用途，防范数据出境安全风险。探索构建多渠道、便利化的数据跨境流动监管机制，健全多部门协调配合的数据跨境流动监管体系。反对数据霸权和数据保护主义，有效应对数据领域"长臂管辖"。

四、建立体现效率、促进公平的数据要素收益分配制度

顺应数字产业化、产业数字化发展趋势，充分发挥市场在资源配置中的决定性作用，更好发挥政府作用。完善数据要素市场化配置机制，扩大数据要素市场化配置范围和按价值贡献参与分配渠道。完善数据要素收益的再分配调节机制，让全体人民更好共享数字经济发展成果。

（十二）健全数据要素由市场评价贡献、按贡献决定报酬机制。结合数据要素特征，优化分配结构，构建公平、高

效、激励与规范相结合的数据价值分配机制。坚持"两个毫不动摇",按照"谁投入、谁贡献、谁受益"原则,着重保护数据要素各参与方的投入产出收益,依法依规维护数据资源资产权益,探索个人、企业、公共数据分享价值收益的方式,建立健全更加合理的市场评价机制,促进劳动者贡献和劳动报酬相匹配。推动数据要素收益向数据价值和使用价值的创造者合理倾斜,确保在开发挖掘数据价值各环节的投入有相应回报,强化基于数据价值创造和价值实现的激励导向。通过分红、提成等多种收益共享方式,平衡兼顾数据内容采集、加工、流通、应用等不同环节相关主体之间的利益分配。

(十三)更好发挥政府在数据要素收益分配中的引导调节作用。逐步建立保障公平的数据要素收益分配体制机制,更加关注公共利益和相对弱势群体。加大政府引导调节力度,探索建立公共数据资源开放收益合理分享机制,允许并鼓励各类企业依法依规依托公共数据提供公益服务。推动大型数据企业积极承担社会责任,强化对弱势群体的保障帮扶,有力有效应对数字化转型过程中的各类风险挑战。不断健全数据要素市场体系和制度规则,防止和依法依规规制资本在数据领域无序扩张形成市场垄断等问题。统筹使用多渠道资金资源,开展数据知识普及和教育培训,提高社会整体数字素养,着力消除不同区域间、人群间数字鸿沟,增进社会公平、保障民生福祉、促进共同富裕。

五、建立安全可控、弹性包容的数据要素治理制度

把安全贯穿数据治理全过程,构建政府、企业、社会多方协同的治理模式,创新政府治理方式,明确各方主体责任和义务,完善行业自律机制,规范市场发展秩序,形成有效市场和有为政府相结合的数据要素治理格局。

(十四)创新政府数据治理机制。充分发挥政府有序引导和规范发展的作用,守住安全底线,明确监管红线,打造安全可信、包容创新、公平开放、监管有效的数据要素市场环境。强化分行业监管和跨行业协同监管,建立数据联管联治机制,建立健全鼓励创新、包容创新的容错纠错机制。建立数据要素生产流通使用全过程的合规公证、安全审查、算法审查、监测预警等制度,指导各方履行数据要素流通安全责任和义务。建立健全数据流通监管制度,制定数据流通和交易负面清单,明确不能交易或严格限制交易的数据项。强化反垄断和反不正当竞争,加强重点领域执法司法,依法依规加强经营者集中审查,依法依规查处垄断协议、滥用市场支配地位和违法实施经营者集中行为,营造公平竞争、规范有序的市场环境。在落实网络安全等级保护制度的基础上全面加强数据安全保护工作,健全网络和数据安全保护体系,提升纵深防护与综合防御能力。

(十五)压实企业的数据治理责任。坚持"宽进严管"原则,牢固树立企业的责任意识和自律意识。鼓励企业积极参与数据要素市场建设,围绕数据来源、数据产权、数据质量、数据使用等,推行面向数据商及第三方专业服务机构的数据流通交易声明和承诺制。严格落实相关法律规定,在数据采集汇聚、加工处理、流通交易、共享利用等各环节,推动企业依法

依规承担相应责任。企业应严格遵守反垄断法等相关法律规定，不得利用数据、算法等优势和技术手段排除、限制竞争，实施不正当竞争。规范企业参与政府信息化建设中的政务数据安全管理，确保有规可循、有序发展、安全可控。建立健全数据要素登记及披露机制，增强企业社会责任，打破"数据垄断"，促进公平竞争。

（十六）充分发挥社会力量多方参与的协同治理作用。鼓励行业协会等社会力量积极参与数据要素市场建设，支持开展数据流通相关安全技术研发和服务，促进不同场景下数据要素安全可信流通。建立数据要素市场信用体系，逐步完善数据交易失信行为认定、守信激励、失信惩戒、信用修复、异议处理等机制。畅通举报投诉和争议仲裁渠道，维护数据要素市场良好秩序。加快推进数据管理能力成熟度国家标准及数据要素管理规范贯彻执行工作，推动各部门各行业完善元数据管理、数据脱敏、数据质量、价值评估等标准体系。

六、保障措施

加大统筹推进力度，强化任务落实，创新政策支持，鼓励有条件的地方和行业在制度建设、技术路径、发展模式等方面先行先试，鼓励企业创新内部数据合规管理体系，不断探索完善数据基础制度。

（十七）切实加强组织领导。加强党对构建数据基础制度工作的全面领导，在党中央集中统一领导下，充分发挥数字经济发展部际联席会议作用，加强整体工作统筹，促进跨地区跨部门跨层级协同联动，强化督促指导。各地区各部门要高度重视数据基础制度建设，统一思想认识，加大改革力度，结合各自实际，制定工作举措，细化任务分工，抓好推进落实。

（十八）加大政策支持力度。加快发展数据要素市场，做大做强数据要素型企业。提升金融服务水平，引导创业投资企业加大对数据要素型企业的投入力度，鼓励征信机构提供基于企业运营数据等多种数据要素的多样化征信服务，支持实体经济企业特别是中小微企业数字化转型赋能开展信用融资。探索数据资产入表新模式。

（十九）积极鼓励试验探索。坚持顶层设计与基层探索结合，支持浙江等地区和有条件的行业、企业先行先试，发挥好自由贸易港、自由贸易试验区等高水平开放平台作用，引导企业和科研机构推动数据要素相关技术和产业应用创新。采用"揭榜挂帅"方式，支持有条件的部门、行业加快突破数据可信流通、安全治理等关键技术，建立创新容错机制，探索完善数据要素产权、定价、流通、交易、使用、分配、治理、安全的政策标准和体制机制，更好发挥数据要素的积极作用。

（二十）稳步推进制度建设。围绕构建数据基础制度，逐步完善数据产权界定、数据流通和交易、数据要素收益分配、公共数据授权使用、数据交易场所建设、数据治理等主要领域关键环节的政策及标准。加强数据产权保护、数据要素市场制度建设、数据要素价格形成机制、数据要素收益分配、数据跨境传输、争议解决等理论研究和立法研究，推动完善相关法律制度。及时总结提炼可复制可推广的经验和做法，以点带面推动数据基础制度构建实现新突破。数字经济发展部际联席会议定期对数据基础制度建设情况进行评估，适时进行动态调整，推动数据基础制度不断丰富完善。

科技部　发展改革委　财政部　知识产权局关于印发《国家科技重大专项知识产权管理暂行规定》的通知

（国科发专〔2010〕264号）

各有关重大专项领导小组、牵头组织单位，各有关单位：

为了在国家科技重大专项中落实知识产权战略，充分运用知识产权制度提高科技创新层次，保护科技创新成果，促进知识产权转移和运用，为培育和发展战略性新兴产业，解决经济社会发展重大问题提供知识产权保障，根据《科学技术进步法》、《促进科技成果转化法》、《专利法》等法律法规和《国家科技重大专项管理暂行规定》的有关规定，科技部、发展改革委、财政部、国家知识产权局共同研究制定了《国家科技重大专项知识产权管理暂行规定》。现印发给你们，请遵照执行。

科　技　部
发展改革委
财　政　部
知识产权局
2010年7月1日

国家科技重大专项知识产权管理暂行规定

第一章　总　则

第一条　为了在国家科技重大专项（以下简称"重大专项"）中落实知识产权战略，充分运用知识产权制度提高科技创新层次，保护科技创新成果，促进知识产权转移和运用，为培育和发展战略性新兴产业，解决经济社会发展重大问题提供知识产权保障，根据《科学技术进步法》、《促进科技成果转化法》、《专利法》等法律法规和《国家科技重大专项管理暂行规定》的有关规定，制定本规定。

第二条　本规定适用于《国家中长期科学和技术发展规划纲要（2006—2020年）》所确定的重大专项的知识产权管理。

本规定所称知识产权，是指专利权、计算机软件著作权、集成电路布图设计专有权、植物新品种权、技术秘密。

第三条　组织和参与重大专项实施的部门和单位应将知识产权管理纳入重大专项实施全过程，掌握知识产权动态，保护科技创新成果，明晰知识产权权利和义务，促进知识产权应用和扩散，全面提高知识产权创造、运用、保护和管理能力。

第二章 知识产权管理职责

第四条 科学技术部、国家发展和改革委员会、财政部（以下简称"三部门"）作为重大专项实施的综合管理部门，负责制定重大专项知识产权管理制度和政策，对重大专项实施中的重大知识产权问题进行统筹协调和宏观指导，监督检查各重大专项的知识产权工作落实情况。

国家知识产权局和相关知识产权行政管理部门，有效运用专业人才和信息资源优势，加强对重大专项知识产权工作的业务指导和服务。

第五条 重大专项牵头组织单位在专项领导小组领导下，全面负责本重大专项知识产权工作：

（一）制定符合本重大专项科技创新和产业化特点的知识产权战略；

（二）制定和落实本重大专项知识产权管理措施；

（三）建立知识产权工作体系，落实有关保障条件；

（四）对重大成果的知识产权保护、管理和运用等进行指导和监督；

（五）建立重大专项知识产权专题数据库，推动知识产权信息共享平台建设，建立重大专项知识产权预警机制；

（六）推动和组织实施标准战略，研究提出相关标准中的知识产权政策。

各重大专项实施管理办公室应当设立专门岗位、配备专门人员负责本重大专项知识产权工作。

重大专项领导小组和牵头组织单位可以根据需要，委托知识产权服务机构对本重大专项知识产权战略制定和决策提供咨询和服务。

第六条 重大专项专职技术责任人带领总体组，负责组织开展知识产权战略分析，提出技术方向和集成方案设计中的知识产权策略建议，对成果产业化可能产生的知识产权问题进行预测评估并提出对策建议，对项目（课题）的知识产权工作予以技术指导。

各重大专项总体组应当有知识产权专家或指定专家专门负责知识产权工作。

第七条 项目（课题）责任单位针对项目（课题）任务应履行以下知识产权管理义务：

（一）提出项目（课题）知识产权目标，并纳入项目（课题）合同管理；

（二）制定项目（课题）知识产权管理工作计划与流程，将知识产权工作融入研究开发、产业化的全过程；

（三）指定专人具体负责项目（课题）知识产权工作，根据需要委托知识产权服务机构对项目（课题）知识产权工作提供咨询和服务；

（四）组织项目（课题）参与人员参加知识产权培训，保证相关人员熟练掌握和运用相关的知识产权知识；

（五）履行本规定提出的各项知识产权管理义务，履行信息登记和报告义务，积极推进知识产权的运用。

各项目（课题）知识产权工作实行项目（课题）责任单位法定代表人和项目（课题）组长负责制。因未履行本规定提出的义务，造成知识产权流失或其他损失的，由重大专项领导小组、牵头组织单位根据本规定追究法定代表人和项目（课题）组长的相应责任。

第八条 参与项目（课题）实施的研究和管理人员应当提高知识产权意识，遵守知识产权管理制度，协助做好相关知识产权工作。

因违反相关规定造成损失的，应当承担相应责任。

第九条 重大专项实施过程中，应充分发挥知识产权代理、信息服务、战略咨询、资产评估等中介服务机构的作用，加强重大专项知识产权保护，完善知识产权战略，促进重大专项科技成果及其知识产权的应用和扩散。

知识产权中介服务机构应当恪守职业道德，认真履行职责，最大限度地保护国家利益和委托人利益。

第三章 重大专项实施过程中的知识产权管理

第十条 牵头组织单位在编制五年实施计划时，应当组织开展知识产权战略研究，对本重大专项重点领域的国内外知识产权状况进行分析，分析结果作为制定五年实施计划、年度计划、项目（课题）申报指南等的重要参考。

本条第一款规定的知识产权分析内容包括本重大专项技术领域的知识产权分布和保护态势、主要国家和地区同行业的关键技术及其知识产权保护范围、对我国相关产业研究开发和产业化的影响、本重大专项研究开发和产业化的知识产权对策等。

第十一条 项目（课题）申报单位提交申请材料时，应提交本领域核心技术知识产权状况分析，内容包括分析的目标、检索方式和路径、知识产权现状和主要权利人分布、本单位相关的知识产权状况、项目（课题）的主要知识产权目标和风险应对策略及其对产业的影响等。

项目（课题）申报单位拟在研究开发中使用或购买他人的知识产权时，应当在申请材料中作出说明。

牵头组织单位对项目（课题）申报单位的知识产权状况分析内容进行抽查论证。项目（课题）申报单位的知识产权状况分析弄虚作假的，取消其项目（课题）申报资格。

第十二条 牵头组织单位应把知识产权作为立项评审的独立评价指标，合理确定其在整个评价指标体系中的权重。

牵头组织单位应聘请知识产权专家参加评审，并根据需要委托知识产权服务机构对同一项目（课题）申请者的知识产权目标及其可行性进行汇总和评估，评估结果作为项目评审的重要依据。

第十三条 对批准立项的项目（课题），牵头组织单位和项目（课题）责任单位应当在任务合同书中明确约定知识产权任务和目标。

对多个单位共同承担的项目（课题），各参与单位应当就研究开发任务分工和知识产权归属及利益分配签订协议。

第十四条 项目（课题）责任单位在签订子课题或委托协作开发协议时，应当在协议中明确各自的知识产权权利和义务。

第十五条 项目（课题）实施过程中，责任单位应密切跟踪相关技术领域的知识产权及技术标准发展动态，据此按照有关程序对项目（课题）的研究策略及知识产权措施及时进行相应调整。

在项目实施过程中，如发现因知识产权受他人制约等情况而无法实现项目（课题）目标，需对研究方案和技术路线等进行重大调整的，项目（课题）责任单位应及时报牵头组织单位批准。项目（课题）责任单位未进行知识产权跟踪分析或对分析结果故意隐瞒不报造成预期目标无法实现的，由重大专项领导小组、牵头组织单位根据各自职责予以通报批评、限期改正、缓拨项目经费、终止项目合同、追回已拨经费、取消承担重大专项项目（课题）资格等处理。

牵头组织单位发现本重大专项所涉及的领域发生重大知识产权事件，对重大专项实施带来重大风险的，应当及时进行分析评估，制定对策，调整布局，并按规定报批。

第十六条 各重大专项应当建立本领域知识产权专题数据库，作为重大专项管理信息系统的重要组成部分，向项目（课题）责任单位开放使用。鼓励项目（课题）责任单位和其他机构开发的与本领域密切相关的知识产权信息纳入重大专项管理信息系统，按照市场机制向项目（课题）责任单位开放使用。

第十七条 项目（课题）责任单位在提交阶段报告和验收申请报告中应根据要求报送知识产权信息，内容包括知识产权类别、申请号和授权（登记）号、申请日和授权（登记）日、权利人、权利状态等。

第十八条 牵头组织单位应定期对本重大专项申请和获取的知识产权总体情况进行评估分析，跟踪比较国内外发展态势，研究提出下一阶段知识产权策略。

第十九条 在三部门、重大专项领导小组组织开展的监测评估中，应当对各重大专项知识产权战略制定情况、项目（课题）评审知识产权工作落实情况、知识产权工作体系和制度建设情况、项目（课题）责任单位知识产权管理状况、项目（课题）知识产权目标完成情况、所取得知识产权的维护、转化和运用情况进行调查分析，做出评估判断，提出对策建议。

第二十条 知识产权情况是重大专项验收的重要内容之一。

项目（课题）验收报告应包含知识产权任务和目标完成情况、成果再开发和产业化前景预测。未完成任务合同书约定的知识产权目标的，项目（课题）责任单位应当予以说明。

牵头组织单位进行项目（课题）验收评价时，应当以任务合同书所约定的知识产权目标和考核指标为依据，对项目（课题）知识产权任务和目标完成、保护及运用情况做出明确评价。

三部门组织的验收中，各重大专项应当对本重大专项知识产权任务完成情况、对产业发展的影响等予以说明。

第二十一条 参与重大专项实施的各主体在进行知识产权分析、知识产权评估、项目（课题）知识产权验收等环节，应当充分发挥知识产权行政管理部门业务指导作用。

第四章 知识产权的归属和保护

第二十二条 重大专项产生的知识产权，其权利归属按照下列原则分配：

（一）涉及国家安全、国家利益和重大社会公共利益的，属于国家，项目（课题）责任单位有免费使用的权利。

（二）除第（一）项规定的情况外，授权项目（课题）责任单位依法取得，为了国家安全、国家利益和重大社会公共利益的需要，国家可以无偿实施，也可以许可他人有偿实施或者无偿实施。

项目（课题）任务合同书应当根据上述原则对所产生的知识产权归属做出明确约定。

属于国家所有的知识产权的管理办法另行规定。牵头组织单位或其指定机构对属于国家所有的知识产权负有保护、管理和运用的义务。

第二十三条 子课题或协作开发形成的知识产权的归属按照本规定第二十二条第一款的规定执行。项目（课题）责任单位在签订子课题或协作开发任务合同时，应当告知子课题和协作开发任务的承担单位国家对该项目（课题）知识产权所拥有的权利。上述合同内容与国家保留的权利相冲突的，不影响国家行使相关权利。

第二十四条 论文、学术报告等发表、发布前，项目（课题）责任单位要进行审查和登记，涉及到应当申请专利的技术内容，在提出专利申请前不得发表、公布或向他人泄漏。未经批准发表、发布或向他人泄漏，使研究成果无法获得专利保护的，由重大专项领导小组、牵头组织单位根据各自职责追究直接责任人、项目（课题）组长、法定代表人的责任。

第二十五条 对项目（课题）产生的科技成果，项目（课题）责任单位应当根据科技成果特点，按照相关法律法规的规定适时选择申请专利权、申请植物新品种权、进行著作权登记或集成电路布图设计登记、作为技术秘密等适当方式予以保护。

对于应当申请知识产权并有国际市场前景的科技成果，项目（课题）责任单位应当在优先权期限内申请国外专利权或者其他知识产权。

项目（课题）责任单位不申请知识产权保护或者不采取其他保护措施时，牵头组织单位认为有必要采取保护措施的，应书面督促项目（课题）责任单位采取相应的措施，在其仍不采取保护措施的情况下，牵头组织单位可以自行申请知识产权或者采取其他相应的保护措施。

第二十六条 对作为技术秘密予以保护的科技成果，项目（课题）责任单位应当明确界定、标识予以保护的技术信息及其载体，采取保密措施，与可能接触该技术秘密的科技人员和其他人员签订保密协议。涉密人员因调离、退休等原因离开单位的，仍负有协议规定的保密义务，离开单位前应当将实验记录、材料、样品、产品、装备和图纸、计算机软件等全部技术资料交所在单位。

第二十七条 项目（课题）责任单位应当对重大专项知识产权的发明人、设计人或创作者予以奖励。被授予专利权的项目（课题）责任单位应当依照专利法及其实施细则等法律法规的相关规定对职务发明创造的发明人、设计人或创作者予以奖励。

第二十八条 权利人拟放弃重大专项产生或购买的知识产权的，应当进行评估，并报牵头组织单位备案。未经评估放弃知识产权或因其他原因导致权利失效的，由重大专项领导小组、牵头组织单位根据各自职责对项目（课题）责任单位及其责任人予以通报批评，并责令其改进知识产权管理工作。

第二十九条 项目（课题）责任单位可以在项目（课题）知识产权事务经费中列支知识产权保护、维护、维权、评估等事务费。

项目（课题）验收结题后，项目（课题）责任单位应当根据需要对重大专项产生的知识产权的申请、维持等给予必要的经费支持。

第五章 知识产权的转移和运用

第三十条 重大专项牵头组织单位、知识产权权利人应积极推动重大专项产生的知识产权的转移和运用，加快知识产权的商品化、产业化。

第三十一条 重大专项产生的知识产权信息，在不影响知识产权保护、国家秘密和技术秘密保护的前提下，项目（课题）责任单位应当广泛予以传播。

项目（课题）责任单位、被许可人或受让人就项目（课题）产生的科技成果申请知识产权、进行发表或转让的，应当注明"国家科技重大专项资助"。

第三十二条 鼓励项目（课题）责任单位将获得的自主知识产权纳入国家标准，并积极参与国际标准制定。

第三十三条 重大专项产生的知识产权，应当首先在境内实施。许可他人实施的，一般应当采取非独占许可的方式。

知识产权转让、许可出现下列情形之一的，应当报牵头组织单位审批。牵头组织单位为企业的，应报专项领导小组组长单位审批。

（一）向境内机构或个人转让或许可其独占实施；

（二）向境外组织或个人转让或许可的；

（三）因并购等原因致使权利人发生变更的。

向境外组织或个人转让或许可的，经批准后，还应依照《中华人民共和国技术进出口管理条例》执行。

知识产权转让、许可主体为执行事业单位财务和会计制度的事业单位，或执行《民间非盈利组织会计制度》的社会团体及民办非企业单位的，按照《事业单位国有资产管理暂行办法》（财政部令第36号）规定执行。

第三十四条 重大专项产生的知识产权，各项目（课题）责任单位应当首先保证其他项目（课题）责任单位为了重大专项实施目的的使用。

项目（课题）责任单位为了重大专项研究开发目的，需要集成使用其他项目（课题）责任单位实施重大专项产生和购买的知识产权时，相关知识产权权利人应当许可其免费使用；为了重大专项科技成果产业化目的使用时，相关知识产权权利人应当按照平等、合理、无歧视原则许可其实施。

项目（课题）责任单位为了研究开发目的而获得许可使用他人的知识产权时，应当在许可协议中约定许可方有义务按照平等、合理、无歧视原则授予项目（课题）责任单位为了产业化目的的使用。

第三十五条 对重大专项产生和购买的属于项目（课题）责任单位的知识产权，有下列情形之一，牵头组织单位可以依据本规定第二十二条第一款第（二）项的规定，要求项目（课题）责任单位以合理的条件许可他人实施；项目（课题）责任单位无正当理由拒绝许可的，牵头组织单位可以决定在批准的范围内推广使用，允许指定单位一定时期内有偿或者无偿实施：

（一）为了国家重大工程建设需要；

（二）对产业发展具有共性、关键作用需要推广应用；

（三）为了维护公共健康需要推广应用；

（四）对国家利益、重大社会公共利益和国家安全具有重大影响需要推广应用。

获得指定实施的单位不享有独占的实施权。取得有偿实施许可的，应当与知识产权权利人商定合理的使用费。

第三十六条 国家知识产权局可以根据专利法及其实施细则和《集成电路布图设计保护条例》的相关规定，给予实施重大专项产生的发明专利、实用新型专利和集成电路布图设计的强制许可或者非自愿许可。

第三十七条 项目（课题）责任单位许可或转让重大专项产生的知识产权时，应当告知被许可人或受让人国家拥有的权利。许可和转让协议不得影响国家行使相关权利。

第三十八条 鼓励项目（课题）责任单位以科技成果产业化为目标，按照产业链建立产业技术创新战略联盟，通过交叉许可、建立知识产权分享机制等方式，加速科技成果在产业领域应用、转移和扩散，为产业和社会发展提供完整的技术支撑和知识产权保障。

按照产业链不同环节部署项目（课题）的重大专项，牵头组织单位应当推动建立产业技术创新战略联盟。

第三十九条 在项目结束后五年内，项目（课题）责任单位或重大专项知识产权被许可人或受让人应当根据重大专项牵头组织单位的要求，报告知识产权应用、再开发和产业化等情况。

第四十条 项目（课题）责任单位应当依法奖励为完成该项科技成果及转化做出重要贡献的人员。

第六章 附 则

第四十一条 各重大专项可以依据本规定，结合本重大专项特点，制定本重大专项的知识产权管理实施细则。

第四十二条 事业单位转让无形资产取得的收入和取得无形资产所发生的支出，应当按照《事业单位财务规则》和《事业单位国有资产管理暂行办法》（财政部令36号）有关规定执行。

第四十三条 国防科技知识产权管理按有关规定执行。

第四十四条 本办法自2010年8月1日起施行。

科技部关于印发《关于国际科技合作项目知识产权管理的暂行规定》的通知

(国科发外字〔2006〕479号)

各省、自治区、直辖市、计划单列市、副省级城市科技厅(委、局),新疆生产建设兵团科技局,国务院各部委、各直属机构科技主管单位:

在国际科技合作中,提高知识产权保护意识,强化知识产权管理,是维护国家利益、促进自主创新能力、保护中方创新成果的一项重要内容。为了明确国际科技合作项目所涉及知识产权问题的处理原则和管理措施,妥善处理好有关知识产权事宜,依法保护合作各方的合法权益,促进我国国际科技合作与交流事业的发展,推动国家创新体系建设,科学技术部研究制定了《关于国际科技合作项目知识产权管理的暂行规定》。现印发给你们,请认真贯彻执行。

附件:关于国际科技合作项目知识产权管理的暂行规定

科学技术部
2006年11月29日

附件:

关于国际科技合作项目知识产权管理的暂行规定

为贯彻落实《中共中央、国务院关于实施科技规划纲要,增强自主创新能力的决定》(中发〔2006〕4号)和《国家中长期科学和技术发展规划纲要(2006—2020年)》的精神,进一步加强国际科学技术合作中的知识产权管理和保护,保障合作各方的知识产权权益,制定本规定。

一、在国际科技合作协定、协议的磋商谈判以及国际科技合作项目的申请立项、组织实施、评估验收、监督检查等各项工作中全面加强知识产权管理和保护。

负责或者参与国际科技合作协定、协议以及国际科技合作项目谈判、管理和实施的各有关单位和个人,应按照本规定的要求,认真履行知识产权相关工作职责,切实做好国际科技合作项目的知识产权管理和保护工作。

二、本规定适用于下列国际科技合作项目

1. 由科学技术部代表中国政府与其他外国政府或者国际组织签订并由科学技术部负责组织实施的政府间国际科技合作协

定下所列的政府间国际科技合作项目；

2. 由国务院有关部门与外国政府部门签订的部门间科技合作协议以及省级人民政府与外国州级政府签订的省州间国际科技合作协议下所列的国际科技合作项目；

3. 国家科研计划以及其他由政府财政资金资助设立的国际科技合作项目。

三、科学技术部归口管理全国的国际科技合作知识产权管理和保护工作。国务院其他有关部门、各省级人民政府负责由本部门、本地区组织实施的国际科技合作项目的知识产权管理和保护工作。

四、国务院各有关部门、各省级人民政府及其授权或委托负责项目组织实施管理的机构（以下统称"项目管理部门"）应当采取有效措施，指导企业、科研院所、高等院校做好国际科技合作项目中的知识产权保护和管理工作，合理安排与其他合作方的知识产权关系，妥善处理合作过程中出现的知识产权问题，加快形成具有自主知识产权的科研成果。

五、国际科技合作项目的承担单位（以下简称"项目承担单位"）应当建立和完善知识产权管理制度，加大知识产权工作经费投入，设立专门的知识产权工作机构、配备专门人员或者委托知识产权中介服务机构负责项目的知识产权管理和保护工作，提高处理国际科技合作项目所涉知识产权事务的能力和水平，有效维护我方的合法权益。

六、处理国际科技合作中的知识产权问题应遵循平等互利、尊重协议、信守承诺的原则，遵守我国相关知识产权法律法规以及我国参加或与合作国签订的有关知识产权保护的国际公约或双边条约。

七、负责政府间国际科技合作协定或者部门间、省州间国际科技合作协议以及国际科技合作项目谈判的有关单位，应当根据拟开展国际科技合作的领域、项目等具体情况，自行或者委托知识产权中介机构、专家研究提出有关知识产权方面的谈判原则和具体方案，作为谈判和确定国际科技合作中所涉知识产权问题的参考依据之一。

八、在签订政府间国际科技合作协定或者部门间、省州间国际科技合作协议时，应按照本规定的要求，对国际科技合作所涉知识产权问题做出事先安排，通过与外国合作方进行协商，达成知识产权条款或者专门的知识产权协议，明确研究成果的知识产权归属和利用等方面的基本原则，确保我国能够有效掌握、合理分享合作研究成果及其知识产权权益。

九、对于必须掌握自主知识产权或者有明确技术指标要求的国际科技合作项目，国际科技合作项目申请单位要在项目建议书中写明项目计划达到的知识产权具体目标、与外方合作的内容以及知识产权分享与利用的方案，包括通过研究开发所能获取的知识产权的类型、数量及其获得的阶段，并附知识产权检索分析依据。

十、项目管理部门应当将知识产权管理制度建立、知识产权工作机构设置、知识产权工作经费配备等情况作为遴选和确定国际科技合作项目及项目承担单位的重要指标之一，并在与项目承担单位签署的任务书或项目合同书中明确约定该项目的知识产权具体目标、保护方式、中方与外国合作方的权利归属与分享以及项目承担单位的管理职责等事项。

十一、项目承担单位在与外国合作方签订项目合作协议时，应按照本规定在项目合作协议中设立知识产权专门条款或者双方另行签署专门的知识产权协议，对合作中所涉及或产生的知识产权归属及权益分配、违约责任、争议处理等知识产权事项做出具体约定，并按照原项目申请渠道报项目管理部门备案。

项目实施过程中，以付薪金方式聘请来华的外国专家，在华工作期间作出的智力劳动成果，应当约定其知识产权属于聘请单位，成果完成人享有身份权和荣誉权。项目承担单位需要派遣人员赴外国合作方进行研究的，应当与出国人员签订保密协议，确保国家秘密及本单位的技术秘密不向外泄密。

十二、国际科技合作项目实施过程中，项目承担单位要按照本规定以及与项目管理单位签署的任务书或项目合同书中的有关要求，切实履行知识产权管理职责，采取必要的知识产权管理措施，及时履行知识产权申请、注册、登记等保护手续，使项目实施各阶段所产生的各种形式的研究成果能够及时、准确、有效地得到保护。

十三、项目管理部门组织项目验收时，应根据需要吸收知识产权专家或者委托知识产权中介机构，以任务书、项目合同书或合作协议中约定的知识产权目标和管理职责为依据，对项目的知识产权管理和保护情况做出评价。

十四、国际科技合作研究成果，按照合作各方在合作协议的约定确定有关知识产权的归属。其申请专利等知识产权的权利一般属于合作各方单位共有，并可以按照下列原则办理：

1. 各方合作单位在本国领土内代表全体合作方申请专利、以及在获得专利后许可他人实施该项专利，由此获得的经济利益，应按协议约定的比例分配。

2. 申请专利时成果完成人的名次排列，应当按照成果完成者的贡献大小确定。难以分清贡献大小时，在本国领土内申请专利的，可以本方成果完成人为第一完成人，在第三国申请专利权，由双方协商决定，或以负担专利申请费与维持费一方的成果完成人为第一完成人。

3. 合作各方如有一方声明放弃专利申请权，另一方可以单独申请，或者由其他各方共同申请。成果被授予专利权以后，放弃专利申请权的一方可以免费实施该项专利。

4. 合作各方中，一方不同意申请专利的，如理由充分，另一方或者其他各方不应申请专利。

5. 合作各方中任何一方向第三方转让共有的专利申请权或共有的专利权时，应当通知其他合作方，合作的其他各方有优先受让的权利。

6. 合作方中任何一方同第三方订立专利实施许可合同，应事先征得其他各方的同意，并由合作各方共同确定专利使用费标准。由此产生的经济利益，合作各方应当根据协议规定，合理分享。

7. 确定专利使用费分享的比例时，应当考虑各方在合作中所提供的人力、资金、仪器、设备、情报资料等物质条件多少等因素。

十五、国际科技合作项目所产生的研究成果及其形成的知识产权中属于中方的部分，除涉及国家安全、国家利益和重大社会公共利益以及任务书、项目合同书或合作协议中另有约定的以外，依照《关于国家科研计划项目研究成果知识产权管理若干规定》（国办发〔2002〕30号）授予项目承担单位。特定情况下，国家根据需要保留无偿使用、开发、使之有效利用和获取收益的权利。

项目承担单位可以依法自主决定实施、许可他人实施、转让、作价入股等，并取得相应的收益。但是，研究成果及知识产权需要向国外转让的，应当按照原项目申请渠道报请项目管理部门同意。

十六、国际科技合作项目的承担单位可在课题经费预算中申请列支相关知识产权事务费，用于课题研究开发过程中中方需要支付的专利申请及其他知识产权事务等费用。

十七、国际科技合作项目所产生的研究成果取得相关知识产权后，项目承担单位应当在收到专利证书、植物新品种权登记证书、软件登记证、商标注册证等确权证明文件后的一个月内，将所取得知识产权的有关情况书面报告项目管理部门。

十八、对国际科技合作项目执行过程中出现的知识产权纠纷，项目承担单位应当在纠纷处理完毕后的一个月内，将有关处理情况书面报告项目管理部门。

十九、项目管理部门负责对国际科技合作项目承担单位的知识产权管理和保护情况进行监督检查。

项目承担单位违反本规定的，项目管理部门依照法定权限，分别情况责令改正、给予警告、通报批评、终止项目合同、追回已拨经费、一定时限内不接受其承担国际科技合作项目的申请；构成违纪的，建议有关部门给予纪律处分；构成犯罪的，依法移送司法机关追究刑事责任。

二十、国务院各有关部门、各省级人民政府根据本规定要求，依照法定权限制定必要的实施细则或者具体管理措施。

二十一、未列入本规定第一条的其它各类国际科技合作项目以及国家科研计划项目中需要进行国际科技合作与交流的，应当参照本规定加强知识产权的管理和保护。

二十二、本规定自发布之日起施行。

展会知识产权保护办法

(商务部、国家工商总局、国家版权局、国家知识产权局令2006年第1号)

(2006年1月13日商务部、国家工商总局、国家版权局、国家知识产权局第1号令公布 自2006年3月1日起施行)

第一章 总　则

第一条 为加强展会期间知识产权保护，维护会展业秩序，推动会展业的健康发展，根据《中华人民共和国对外贸易法》、《中华人民共和国专利法》、《中华人民共和国商标法》和《中华人民共和国著作权法》及相关行政法规等制定本办法。

第二条 本办法适用于在中华人民共和国境内举办的各类经济技术贸易展览会、展销会、博览会、交易会、展示会等活动中有关专利、商标、版权的保护。

第三条 展会管理部门应加强对展会期间知识产权保护的协调、监督、检查，维护展会的正常交易秩序。

第四条 展会主办方应当依法维护知识产权权利人的合法权益。展会主办方在招商招展时，应加强对参展方有关知识产权的保护和对参展项目（包括展品、展板及相关宣传资料等）的知识产权状况的审查。在展会期间，展会主办方应当积极配合知识产权行政管理部门的知识产权保护工作。

展会主办方可通过与参展方签订参展期间知识产权保护条款或合同的形式，加强展会知识产权保护工作。

第五条 参展方应当合法参展，不得侵犯他人知识产权，并应对知识产权行政管理部门或司法部门的调查予以配合。

第二章 投诉处理

第六条 展会时间在三天以上（含三天），展会管理部门认为有必要的，展会主办方应在展会期间设立知识产权投诉机构。设立投诉机构的，展会举办地知识产权行政管理部门应当派员进驻，并依法对侵权案件进行处理。

未设立投诉机构的，展会举办地知识产权行政管理部门应当加强对展会知识产权保护的指导、监督和有关案件的处理，展会主办方应当将展会举办地的相关知识产权行政管理部门的联系人、联系方式等在展会场馆的显著位置予以公示。

第七条 展会知识产权投诉机构应由展会主办方、展会管理部门、专利、商标、版权等知识产权行政管理部门的人员组成，其职责包括：

（一）接受知识产权权利人的投诉，暂停涉嫌侵犯知识产权的展品在展会期间展出；

（二）将有关投诉材料移交相关知识产权行政管理部门；

（三）协调和督促投诉的处理；

（四）对展会知识产权保护信息进行统计和分析；

（五）其他相关事项。

第八条　知识产权权利人可以向展会知识产权投诉机构投诉也可直接向知识产权行政管理部门投诉。权利人向投诉机构投诉的，应当提交以下材料：

（一）合法有效的知识产权权属证明：涉及专利的，应当提交专利证书、专利公告文本、专利权人的身份证明、专利法律状态证明；涉及商标的，应当提交商标注册证明文件，并由投诉人签章确认，商标权利人身份证明；涉及著作权的，应当提交著作权权利证明、著作权人身份证明；

（二）涉嫌侵权当事人的基本信息；

（三）涉嫌侵权的理由和证据；

（四）委托代理人投诉的，应提交授权委托书。

第九条　不符合本办法第八条规定的，展会知识产权投诉机构应当及时通知投诉人或者请求人补充有关材料。未予补充的，不予接受。

第十条　投诉人提交虚假投诉材料或其他因投诉不实给被投诉人带来损失的，应当承担相应法律责任。

第十一条　展会知识产权投诉机构在收到符合本办法第八条规定的投诉材料后，应于24小时内将其移交有关知识产权行政管理部门。

第十二条　地方知识产权行政管理部门受理投诉或者处理请求的，应当通知展会主办方，并及时通知被投诉人或者被请求人。

第十三条　在处理侵犯知识产权的投诉或者请求程序中，地方知识产权行政管理部门可以根据展会的展期指定被投诉人或者被请求人的答辩期限。

第十四条　被投诉人或者被请求人提交答辩书后，除非有必要作进一步调查，地方知识产权行政管理部门应当及时作出决定并送交双方当事人。

被投诉人或者被请求人逾期未提交答辩书的，不影响地方知识产权行政管理部门作出决定。

第十五条　展会结束后，相关知识产权行政管理部门应当及时将有关处理结果通告展会主办方。展会主办方应当做好展会知识产权保护的统计分析工作，并将有关情况及时报展会管理部门。

第三章　展会期间专利保护

第十六条　展会投诉机构需要地方知识产权局协助的，地方知识产权局应当积极配合，参与展会知识产权保护工作。地方知识产权局在展会期间的工作可以包括：

（一）接受展会投诉机构移交的关于涉嫌侵犯专利权的投诉，依照专利法律法规的有关规定进行处理；

（二）受理展出项目涉嫌侵犯专利权的专利侵权纠纷处理请求，依照专利法第五十七条的规定进行处理；

（三）受理展出项目涉嫌假冒他人专利和冒充专利的举报，或者依职权查处展出项目中假冒他人专利和冒充专利的行为，依据专利法第五十八条和第五十九条的规定进行处罚。

第十七条　有下列情形之一的，地方

知识产权局对侵犯专利权的投诉或者处理请求不予受理：

（一）投诉人或者请求人已经向人民法院提起专利侵权诉讼的；

（二）专利权正处于无效宣告请求程序之中的；

（三）专利权存在权属纠纷，正处于人民法院的审理程序或者管理专利工作的部门的调解程序之中的；

（四）专利权已经终止，专利权人正在办理权利恢复的。

第十八条　地方知识产权局在通知被投诉人或者被请求人时，可以即行调查取证，查阅、复制与案件有关的文件，询问当事人，采用拍照、摄像等方式进行现场勘验，也可以抽样取证。

地方知识产权局收集证据应当制作笔录，由承办人员、被调查取证的当事人签名盖章。被调查取证的当事人拒绝签名盖章的，应当在笔录上注明原因；有其他人在现场的，也可同时由其他人签名。

第四章　展会期间商标保护

第十九条　展会投诉机构需要地方工商行政管理部门协助的，地方工商行政管理部门应当积极配合，参与展会知识产权保护工作。地方工商行政管理部门在展会期间的工作可以包括：

（一）接受展会投诉机构移交的关于涉嫌侵犯商标权的投诉，依照商标法律法规的有关规定进行处理；

（二）受理符合商标法第五十二条规定的侵犯商标专用权的投诉；

（三）依职权查处商标违法案件。

第二十条　有下列情形之一的，地方工商行政管理部门对侵犯商标专用权的投诉或者处理请求不予受理：

（一）投诉人或者请求人已经向人民法院提起商标侵权诉讼的；

（二）商标权已经无效或者被撤销的。

第二十一条　地方工商行政管理部门决定受理后，可以根据商标法律法规等相关规定进行调查和处理。

第五章　展会期间著作权保护

第二十二条　展会投诉机构需要地方著作权行政管理部门协助的，地方著作权行政管理部门应当积极配合，参与展会知识产权保护工作。地方著作权行政管理部门在展会期间的工作可以包括：

（一）接受展会投诉机构移交的关于涉嫌侵犯著作权的投诉，依照著作权法律法规的有关规定进行处理；

（二）受理符合著作权法第四十七条规定的侵犯著作权的投诉，根据著作权法的有关规定进行处罚。

第二十三条　地方著作权行政管理部门在受理投诉或请求后，可以采取以下手段收集证据：

（一）查阅、复制与涉嫌侵权行为有关的文件档案、账簿和其他书面材料；

（二）对涉嫌侵权复制品进行抽样取证；

（三）对涉嫌侵权复制品进行登记保存。

第六章　法律责任

第二十四条　对涉嫌侵犯知识产权的投诉，地方知识产权行政管理部门认定侵权成立的，应会同会展管理部门依法对参展方进行处理。

第二十五条　对涉嫌侵犯发明或者

实用新型专利权的处理请求，地方知识产权局认定侵权成立的，应当依据专利法第十一条第一款关于禁止许诺销售行为的规定以及专利法第五十七条关于责令侵权人立即停止侵权行为的规定作出处理决定，责令被请求人从展会上撤出侵权展品，销毁介绍侵权展品的宣传材料，更换介绍侵权项目的展板。

对涉嫌侵犯外观设计专利权的处理请求，被请求人在展会上销售其展品，地方知识产权局认定侵权成立的，应当依据专利法第十一条第二款关于禁止销售行为的规定以及第五十七条关于责令侵权人立即停止侵权行为的规定作出处理决定，责令被请求人从展会上撤出侵权展品。

第二十六条 在展会期间假冒他人专利或以非专利产品冒充专利产品，以非专利方法冒充专利方法的，地方知识产权局应当依据专利法第五十八条和第五十九条规定进行处罚。

第二十七条 对有关商标案件的处理请求，地方工商行政管理部门认定侵权成立的，应当根据《商标法》、《商标法实施条例》等相关规定进行处罚。

第二十八条 对侵犯著作权及相关权利的处理请求，地方著作权行政管理部门认定侵权成立的，应当根据著作权法第四十七条的规定进行处罚，没收、销毁侵权展品及介绍侵权展品的宣传材料，更换介绍展出项目的展板。

第二十九条 经调查，被投诉或者被请求的展出项目已经由人民法院或者知识产权行政管理部门作出判定侵权成立的判决或者决定并发生法律效力的，地方知识产权行政管理部门可以直接作出第二十六条、第二十七条、第二十八条和第二十九条所述的处理决定。

第三十条 请求人除请求制止被请求人的侵权展出行为之外，还请求制止同一被请求人的其他侵犯知识产权行为的，地方知识产权行政管理部门对发生在其管辖地域之内的涉嫌侵权行为，可以依照相关知识产权法律法规以及规章的规定进行处理。

第三十一条 参展方侵权成立的，展会管理部门可依法对有关参展方予以公告；参展方连续两次以上侵权行为成立的，展会主办方应禁止有关参展方参加下一届展会。

第三十二条 主办方对展会知识产权保护不力的，展会管理部门应对主办方给予警告，并视情节依法对其再次举办相关展会的申请不予批准。

第七章 附 则

第三十三条 展会结束时案件尚未处理完毕的，案件的有关事实和证据可经展会主办方确认，由展会举办地知识产权行政管理部门在15个工作日内移交有管辖权的知识产权行政管理部门依法处理。

第三十四条 本办法中的知识产权行政管理部门是指专利、商标和版权行政管理部门；本办法中的展会管理部门是指展会的审批或者登记部门。

第三十五条 本办法自2006年3月1日起实施。

国家知识产权局关于印发《展会知识产权保护指引》的通知

（国知发保字〔2022〕30号）

各省、自治区、直辖市和新疆生产建设兵团知识产权局，四川省知识产权服务促进中心，各地方有关中心，各有关单位：

为深入落实《关于强化知识产权保护的意见》有关决策部署，加强展会知识产权保护工作，国家知识产权局制定了《展会知识产权保护指引》，现印发给你们，请结合实际贯彻落实，做好展会知识产权保护工作。

国家知识产权局
2022年7月20日

展会知识产权保护指引

第一章 总 则

第一条 为了进一步落实全面加强知识产权保护工作部署，规范展会知识产权保护管理，根据《中华人民共和国民法典》《中华人民共和国专利法》《中华人民共和国商标法》《中华人民共和国电子商务法》《展会知识产权保护办法》等法律法规及相关政策，制定本指引。

第二条 本指引适用于在中华人民共和国境内举办的各类线上线下经济技术贸易展览会、展销会、博览会、交易会、展示会等活动中有关知识产权的保护。

第三条 展会知识产权保护工作遵循职能部门指导监管、展会主办方具体负责、参展方诚信自律、社会公众广泛监督的原则。

第四条 展会举办地知识产权管理部门应当加强对本区域内所举办展会的知识产权保护统筹协调、专业指导和监督检查，维护展会知识产权保护秩序。

第二章 展前保护

第五条 展会举办地知识产权管理部门应加强展会知识产权保护宣传，提供知识产权保护法律和相关技术咨询，帮助参展方提升知识产权保护意识。

第六条 展会举办地知识产权管理部门应对参展合同中知识产权保护相关条款加强指导，推动相关方在约定条款中明确以下内容：

（一）参展商自觉遵守展会知识产权保护规则的承诺；

（二）参展展品、展品包装、展位设

计及展位的其他展示部分等参展项目未侵犯他人知识产权的承诺；

（三）参展商主动公开参展项目权利证明、配合查验等义务；

（四）根据展会知识产权保护工作实际需要约定的其他条款。

第七条 展会举办地知识产权管理部门可以应展会主办方的请求，指导展会主办方对参展项目进行知识产权状况核查。

第八条 展会举办地知识产权管理部门可以会同有关部门指导展会主办方根据国家有关规定和实际需要设置工作站，并应展会主办方请求协调相关工作人员、执法人员、专业技术人员和法律专业人员进驻工作站。工作站主要承担以下工作：

（一）受理涉及知识产权的相关投诉；

（二）调解展会期间知识产权侵权纠纷；

（三）提供知识产权有关法律法规及政策咨询；

（四）对涉嫌侵犯知识产权的投诉提供判断意见，协调展会主办方进行处理；

（五）将有关投诉情况及材料移送展会举办地知识产权管理部门，涉嫌违法线索移送相关执法部门；

（六）对展会知识产权保护信息进行汇总和分析；

（七）其他相关事项。

第九条 展会举办地知识产权管理部门可根据需要请求国家知识产权局协调各地知识产权管理部门，指导辖区参展企业开展知识产权涉嫌侵权风险自查，加强对参展商知识产权保护的业务指导。

国家知识产权局可以视情况组织协调参展商注册地的知识产权管理部门依法对特定参展商开展核查。

第三章 展中保护

第十条 展会举办地知识产权管理部门应当指导展会主办方建立知识产权信息公示制度，将展会投诉途径、投诉方式等信息予以公布。

第十一条 展会中对涉嫌侵犯知识产权商品或行为的现场投诉，可以由工作站受理。

第十二条 向工作站提出投诉的，投诉材料一般应包括：

（一）投诉申请书，包括投诉人与被投诉人基本情况，被投诉参展项目涉嫌侵犯知识产权的事实、理由和相关证据材料；

（二）有效知识产权权属证明，包括专利证书、专利授权公告文本、专利权人身份证明、商标注册证明文件、商标权利人身份证明、地理标志公告、地理标志专用标志合法使用人证明及其他知识产权法律状态的证明材料等；

（三）委托代理人投诉的，还应提交授权委托书及代理人身份证明文件，授权委托书应由委托人签名或盖章，并记载委托事项和权限；

（四）其他必要证明材料。

工作站可以依照工作需要，提供统一制式表格或网络页面的链接。

第十三条 工作站受理投诉后应严格按照法律法规和程序要求处理有关投诉，并及时通知展会主办方和被投诉人。

第十四条 被投诉人接到通知后24小时内无正当理由未提交书面陈述意见及证据材料的，或被投诉参展项目侵权事实已经由生效的法律文书确认的，或被投诉人承认侵权的，工作站应当协调展会主办方及时采取措施，包括但不限于撤展、遮盖以及删除、屏蔽、断开网络链接等。

第十五条 以下情形的可由工作站移交有关部门处理：

（一）投诉人已向知识产权管理部门或其他行政部门提出涉嫌侵权的投诉或向人民法院起诉的；

（二）知识产权权属存在争议的。

第十六条 工作站收到投诉材料不符合本指引第十二条规定的，应及时通知投诉人补充材料，投诉人未在规定时限内按要求补充的，投诉不予受理。

第十七条 工作站的工作人员与知识产权侵权纠纷有利害关系的，应当回避。

第十八条 未设立工作站的，展会举办地知识产权管理部门应当加强对展会知识产权保护的指导监督和纠纷处理。

第四章 展后保护及其他管理

第十九条 展会举办地知识产权管理部门可以根据投诉处理情况，将相关材料移送参展商注册地的知识产权管理部门进行处理。

第二十条 展会举办地知识产权管理部门应当指导展会主办方记录参展方知识产权侵权假冒、恶意投诉等行为。

第二十一条 展会举办地知识产权管理部门应当指导展会主办方对展会知识产权信息进行统计，对展会知识产权投诉、纠纷处理情况等进行统计，并于展会结束后10个工作日内报送展会举办地知识产权管理部门。

第二十二条 展会举办地知识产权管理部门应当加强与执法部门和其他相关行政管理部门在展会知识产权保护工作方面的协调与衔接。

展会举办地知识产权管理部门应当及时总结成功经验、推广有效做法、宣传优秀案例。

专利实施许可合同备案办法

(2011年国家知识产权局令第62号)

第一条 为了切实保护专利权,规范专利实施许可行为,促进专利权的运用,根据《中华人民共和国专利法》、《中华人民共和国合同法》和相关法律法规,制定本办法。

第二条 国家知识产权局负责全国专利实施许可合同的备案工作。

第三条 专利实施许可的许可人应当是合法的专利权人或者其他权利人。

以共有的专利权订立专利实施许可合同的,除全体共有人另有约定或者《中华人民共和国专利法》另有规定的外,应当取得其他共有人的同意。

第四条 申请备案的专利实施许可合同应当以书面形式订立。

订立专利实施许可合同可以使用国家知识产权局统一制订的合同范本;采用其他合同文本的,应当符合《中华人民共和国合同法》的规定。

第五条 当事人应当自专利实施许可合同生效之日起3个月内办理备案手续。

第六条 在中国没有经常居所或者营业所的外国人、外国企业或外国其他组织办理备案相关手续的,应当委托依法设立的专利代理机构办理。

中国单位或者个人办理备案相关手续的,可以委托依法设立的专利代理机构办理。

第七条 当事人可以通过邮寄、直接送交或者国家知识产权局规定的其他方式办理专利实施许可合同备案相关手续。

第八条 申请专利实施许可合同备案的,应当提交下列文件:

(一)许可人或者其委托的专利代理机构签字或者盖章的专利实施许可合同备案申请表;

(二)专利实施许可合同;

(三)双方当事人的身份证明;

(四)委托专利代理机构的,注明委托权限的委托书;

(五)其他需要提供的材料。

第九条 当事人提交的专利实施许可合同应当包括以下内容:

(一)当事人的姓名或者名称、地址;

(二)专利权项数以及每项专利权的名称、专利号、申请日、授权公告日;

(三)实施许可的种类和期限。

第十条 除身份证明外,当事人提交的其他各种文件应当使用中文。身份证明是外文的,当事人应当附送中文译文;未附送的,视为未提交。

第十一条 国家知识产权局自收到备案申请之日起7个工作日内进行审查并决定是否予以备案。

第十二条 备案申请经审查合格的,国家知识产权局应当向当事人出具《专利实施许可合同备案证明》。

备案申请有下列情形之一的,不予备案,并向当事人发送《专利实施许可合同不予备案通知书》:

(一)专利权已经终止或者被宣告无效的;

(二)许可人不是专利登记簿记载的专利权人或者有权授予许可的其他权利人的;

(三)专利实施许可合同不符合本办法第九条规定的;

(四)实施许可的期限超过专利权有效期的;

(五)共有专利权人违反法律规定或者约定订立专利实施许可合同的;

(六)专利权处于年费缴纳滞纳期的;

(七)因专利权的归属发生纠纷或者人民法院裁定对专利权采取保全措施,专利权的有关程序被中止的;

(八)同一专利实施许可合同重复申请备案的;

(九)专利权被质押的,但经质权人同意的除外;

(十)与已经备案的专利实施许可合同冲突的;

(十一)其他不应当予以备案的情形。

第十三条 专利实施许可合同备案后,国家知识产权局发现备案申请存在本办法第十二条第二款所列情形并且尚未消除的,应当撤销专利实施许可合同备案,并向当事人发出《撤销专利实施许可合同备案通知书》。

第十四条 专利实施许可合同备案的有关内容由国家知识产权局在专利登记簿上登记,并在专利公报上公告以下内容:许可人、被许可人、主分类号、专利号、申请日、授权公告日、实施许可的种类和期限、备案日期。

专利实施许可合同备案后变更、注销以及撤销的,国家知识产权局予以相应登记和公告。

第十五条 国家知识产权局建立专利实施许可合同备案数据库。公众可以查询专利实施许可合同备案的法律状态。

第十六条 当事人延长实施许可的期限的,应当在原实施许可的期限届满前2个月内,持变更协议、备案证明和其他有关文件向国家知识产权局办理备案变更手续。

变更专利实施许可合同其他内容的,参照前款规定办理。

第十七条 实施许可的期限届满或者提前解除专利实施许可合同的,当事人应当在期限届满或者订立解除协议后30日内持备案证明、解除协议和其他有关文件向国家知识产权局办理备案注销手续。

第十八条 经备案的专利实施许可合同涉及的专利权被宣告无效或者在期限届满前终止的,当事人应当及时办理备案注销手续。

第十九条 经备案的专利实施许可合同的种类、期限、许可使用费计算方法或者数额等,可以作为管理专利工作的部门对侵权赔偿数额进行调解的参照。

第二十条 当事人以专利申请实施许可合同申请备案的,参照本办法执行。

申请备案时,专利申请被驳回、撤回或者视为撤回的,不予备案。

第二十一条 当事人以专利申请实施许可合同申请备案的,专利申请被批准授予专利权后,当事人应当及时将专利申请实施许可合同名称及有关条款作相应变更;专利申请被驳回、撤回或者视为撤回的,当事人应当及时办理备案注销手续。

第二十二条 本办法自 2011 年 8 月 1 日起施行。2001 年 12 月 17 日国家知识产权局令第十八号发布的《专利实施许可合同备案管理办法》同时废止。

专利实施强制许可办法

（2012年国家知识产权局令第64号）

第一章 总 则

第一条 为了规范实施发明专利或者实用新型专利的强制许可（以下简称强制许可）的给予、费用裁决和终止程序，根据《中华人民共和国专利法》（以下简称专利法）、《中华人民共和国专利法实施细则》及有关法律法规，制定本办法。

第二条 国家知识产权局负责受理和审查强制许可请求、强制许可使用费裁决请求和终止强制许可请求并作出决定。

第三条 请求给予强制许可、请求裁决强制许可使用费和请求终止强制许可，应当使用中文以书面形式办理。

依照本办法提交的各种证件、证明文件是外文的，国家知识产权局认为必要时，可以要求当事人在指定期限内附送中文译文；期满未附送的，视为未提交该证件、证明文件。

第四条 在中国没有经常居所或者营业所的外国人、外国企业或者外国其他组织办理强制许可事务的，应当委托依法设立的专利代理机构办理。

当事人委托专利代理机构办理强制许可事务的，应当提交委托书，写明委托权限。一方当事人有两个以上且未委托专利代理机构的，除另有声明外，以提交的书面文件中指明的第一当事人为该方代表人。

第二章 强制许可请求的提出与受理

第五条 专利权人自专利权被授予之日起满3年，且自提出专利申请之日起满4年，无正当理由未实施或者未充分实施其专利的，具备实施条件的单位或者个人可以根据专利法第四十八条第一项的规定，请求给予强制许可。

专利权人行使专利权的行为被依法认定为垄断行为的，为消除或者减少该行为对竞争产生的不利影响，具备实施条件的单位或者个人可以根据专利法第四十八条第二项的规定，请求给予强制许可。

第六条 在国家出现紧急状态或者非常情况时，或者为了公共利益的目的，国务院有关主管部门可以根据专利法第四十九条的规定，建议国家知识产权局给予其指定的具备实施条件的单位强制许可。

第七条 为了公共健康目的，具备实施条件的单位可以根据专利法第五十条的规定，请求给予制造取得专利权的药品并将其出口到下列国家或者地区的强制许可：

（一）最不发达国家或者地区；

（二）依照有关国际条约通知世界贸易组织表明希望作为进口方的该组织的发

达成员或者发展中成员。

第八条 一项取得专利权的发明或者实用新型比前已经取得专利权的发明或者实用新型具有显著经济意义的重大技术进步，其实施又有赖于前一发明或者实用新型的实施的，该专利权人可以根据专利法第五十一条的规定请求给予实施前一专利的强制许可。国家知识产权局给予实施前一专利的强制许可的，前一专利权人也可以请求给予实施后一专利的强制许可。

第九条 请求给予强制许可的，应当提交强制许可请求书，写明下列各项：

（一）请求人的姓名或者名称、地址、邮政编码、联系人及电话；

（二）请求人的国籍或者注册的国家或者地区；

（三）请求给予强制许可的发明专利或者实用新型专利的名称、专利号、申请日、授权公告日，以及专利权人的姓名或者名称；

（四）请求给予强制许可的理由和事实、期限；

（五）请求人委托专利代理机构的，受托机构的名称、机构代码以及该机构指定的代理人的姓名、执业证号码、联系电话；

（六）请求人的签字或者盖章；委托专利代理机构的，还应当有该机构的盖章；

（七）附加文件清单；

（八）其他需要注明的事项。

请求书及其附加文件应当一式两份。

第十条 强制许可请求涉及两个或者两个以上的专利权人的，请求人应当按专利权人的数量提交请求书及其附加文件副本。

第十一条 根据专利法第四十八条第一项或者第五十一条的规定请求给予强制许可的，请求人应当提供证据，证明其以合理的条件请求专利权人许可其实施专利，但未能在合理的时间内获得许可。

根据专利法第四十八条第二项的规定请求给予强制许可的，请求人应当提交已经生效的司法机关或者反垄断执法机构依法将专利权人行使专利权的行为认定为垄断行为的判决或者决定。

第十二条 国务院有关主管部门根据专利法第四十九条建议给予强制许可的，应当指明下列各项：

（一）国家出现紧急状态或者非常情况，或者为了公共利益目的需要给予强制许可；

（二）建议给予强制许可的发明专利或者实用新型专利的名称、专利号、申请日、授权公告日，以及专利权人的姓名或者名称；

（三）建议给予强制许可的期限；

（四）指定的具备实施条件的单位名称、地址、邮政编码、联系人及电话；

（五）其他需要注明的事项。

第十三条 根据专利法第五十条的规定请求给予强制许可的，请求人应当提供进口方及其所需药品和给予强制许可的有关信息。

第十四条 强制许可请求有下列情形之一的，不予受理并通知请求人：

（一）请求给予强制许可的发明专利或者实用新型专利的专利号不明确或者难以确定；

（二）请求文件未使用中文；

（三）明显不具备请求强制许可的理由；

（四）请求给予强制许可的专利权已经终止或者被宣告无效。

第十五条 请求文件不符合本办法第四条、第九条、第十条规定的，请求人应当自收到通知之日起15日内进行补正。期满未补正的，该请求视为未提出。

第十六条 国家知识产权局受理强制许可请求的，应当及时将请求书副本送交专利权人。除另有指定的外，专利权人应当自收到通知之日起15日内陈述意见；期满未答复的，不影响国家知识产权局作出决定。

第三章　强制许可请求的审查和决定

第十七条 国家知识产权局应当对请求人陈述的理由、提供的信息和提交的有关证明文件以及专利权人陈述的意见进行审查；需要实地核查的，应当指派两名以上工作人员实地核查。

第十八条 请求人或者专利权人要求听证的，由国家知识产权局组织听证。

国家知识产权局应当在举行听证7日前通知请求人、专利权人和其他利害关系人。

除涉及国家秘密、商业秘密或者个人隐私外，听证公开进行。

举行听证时，请求人、专利权人和其他利害关系人可以进行申辩和质证。

举行听证时应当制作听证笔录，交听证参加人员确认无误后签字或者盖章。

根据专利法第四十九条或者第五十条的规定建议或者请求给予强制许可的，不适用听证程序。

第十九条 请求人在国家知识产权局作出决定前撤回其请求的，强制许可请求的审查程序终止。

在国家知识产权局作出决定前，请求人与专利权人订立了专利实施许可合同的，应当及时通知国家知识产权局，并撤回其强制许可请求。

第二十条 经审查认为强制许可请求有下列情形之一的，国家知识产权局应当作出驳回强制许可请求的决定：

（一）请求人不符合本办法第四条、第五条、第七条或者第八条的规定；

（二）请求给予强制许可的理由不符合专利法第四十八条、第五十条或者第五十一条的规定；

（三）强制许可请求涉及的发明创造是半导体技术的，其理由不符合专利法第五十二条的规定；

（四）强制许可请求不符合本办法第十一条或者第十三条的规定；

（五）请求人陈述的理由、提供的信息或者提交的有关证明文件不充分或者不真实。

国家知识产权局在作出驳回强制许可请求的决定前，应当通知请求人拟作出的决定及其理由。除另有指定的外，请求人可以自收到通知之日起15日内陈述意见。

第二十一条 经审查认为请求给予强制许可的理由成立的，国家知识产权局应当作出给予强制许可的决定。在作出给予强制许可的决定前，应当通知请求人和专利权人拟作出的决定及其理由。除另有指定的外，双方当事人可以自收到通知之日起15日内陈述意见。

国家知识产权局根据专利法第四十九条作出给予强制许可的决定前，应当通知专利权人拟作出的决定及其理由。

第二十二条 给予强制许可的决定应

当写明下列各项：

（一）取得强制许可的单位或者个人的名称或者姓名、地址；

（二）被给予强制许可的发明专利或者实用新型专利的名称、专利号、申请日及授权公告日；

（三）给予强制许可的范围和期限；

（四）决定的理由、事实和法律依据；

（五）国家知识产权局的印章及负责人签字；

（六）决定的日期；

（七）其他有关事项。

给予强制许可的决定应当自作出之日起5日内通知请求人和专利权人。

第二十三条 国家知识产权局根据专利法第五十条作出给予强制许可的决定的，还应当在该决定中明确下列要求：

（一）依据强制许可制造的药品数量不得超过进口方所需的数量，并且必须全部出口到该进口方；

（二）依据强制许可制造的药品应当采用特定的标签或者标记明确注明该药品是依据强制许可而制造的；在可行并且不会对药品价格产生显著影响的情况下，应当对药品本身采用特殊的颜色或者形状，或者对药品采用特殊的包装；

（三）药品装运前，取得强制许可的单位应当在其网站或者世界贸易组织的有关网站上发布运往进口方的药品数量以及本条第二项所述的药品识别特征等信息。

第二十四条 国家知识产权局根据专利法第五十条作出给予强制许可的决定的，由国务院有关主管部门将下列信息通报世界贸易组织：

（一）取得强制许可的单位的名称和地址；

（二）出口药品的名称和数量；

（三）进口方；

（四）强制许可的期限；

（五）本办法第二十三条第三项所述网址。

第四章　强制许可使用费裁决请求的审查和裁决

第二十五条 请求裁决强制许可使用费的，应当提交强制许可使用费裁决请求书，写明下列各项：

（一）请求人的姓名或者名称、地址；

（二）请求人的国籍或者注册的国家或者地区；

（三）给予强制许可的决定的文号；

（四）被请求人的姓名或者名称、地址；

（五）请求裁决强制许可使用费的理由；

（六）请求人委托专利代理机构的，受托机构的名称、机构代码以及该机构指定的代理人的姓名、执业证号码、联系电话；

（七）请求人的签字或者盖章；委托专利代理机构的，还应当有该机构的盖章；

（八）附加文件清单；

（九）其他需要注明的事项。

请求书及其附加文件应当一式两份。

第二十六条 强制许可使用费裁决请求有下列情形之一的，不予受理并通知请求人：

（一）给予强制许可的决定尚未作出；

（二）请求人不是专利权人或者取得强制许可的单位或者个人；

（三）双方尚未进行协商或者经协商已经达成协议。

第二十七条 国家知识产权局受理

强制许可使用费裁决请求的，应当及时将请求书副本送交对方当事人。除另有指定的外，对方当事人应当自收到通知之日起15日内陈述意见；期满未答复的，不影响国家知识产权局作出决定。

强制许可使用费裁决过程中，双方当事人可以提交书面意见。国家知识产权局可以根据案情需要听取双方当事人的口头意见。

第二十八条 请求人在国家知识产权局作出决定前撤回其裁决请求的，裁决程序终止。

第二十九条 国家知识产权局应当自收到请求书之日起3个月内作出强制许可使用费的裁决决定。

第三十条 强制许可使用费裁决决定应当写明下列各项：

（一）取得强制许可的单位或者个人的名称或者姓名、地址；

（二）被给予强制许可的发明专利或者实用新型专利的名称、专利号、申请日及授权公告日；

（三）裁决的内容及其理由；

（四）国家知识产权局的印章及负责人签字；

（五）决定的日期；

（六）其他有关事项。

强制许可使用费裁决决定应当自作出之日起5日内通知双方当事人。

第五章 终止强制许可请求的审查和决定

第三十一条 有下列情形之一的，强制许可自动终止：

（一）给予强制许可的决定规定的强制许可期限届满；

（二）被给予强制许可的发明专利或者实用新型专利终止或者被宣告无效。

第三十二条 给予强制许可的决定中规定的强制许可期限届满前，强制许可的理由消除并不再发生的，专利权人可以请求国家知识产权局作出终止强制许可的决定。

请求终止强制许可的，应当提交终止强制许可请求书，写明下列各项：

（一）专利权人的姓名或者名称、地址；

（二）专利权人的国籍或者注册的国家或者地区；

（三）请求终止的给予强制许可决定的文号；

（四）请求终止强制许可的理由和事实；

（五）专利权人委托专利代理机构的，受托机构的名称、机构代码以及该机构指定的代理人的姓名、执业证号码、联系电话；

（六）专利权人的签字或者盖章；委托专利代理机构的，还应当有该机构的盖章；

（七）附加文件清单；

（八）其他需要注明的事项。

请求书及其附加文件应当一式两份。

第三十三条 终止强制许可的请求有下列情形之一的，不予受理并通知请求人：

（一）请求人不是被给予强制许可的发明专利或者实用新型专利的专利权人；

（二）未写明请求终止的给予强制许可决定的文号；

（三）请求文件未使用中文；

（四）明显不具备终止强制许可的理由。

第三十四条 请求文件不符合本办法第三十二条规定的，请求人应当自收到通知之日起15日内进行补正。期满未补正的，该请求视为未提出。

第三十五条 国家知识产权局受理终止强制许可请求的，应当及时将请求书副本送交取得强制许可的单位或者个人。除另有指定的外，取得强制许可的单位或者个人应当自收到通知之日起15日内陈述意见；期满未答复的，不影响国家知识产权局作出决定。

第三十六条 国家知识产权局应当对专利权人陈述的理由和提交的有关证明文件以及取得强制许可的单位或者个人陈述的意见进行审查；需要实地核查的，应当指派两名以上工作人员实地核查。

第三十七条 专利权人在国家知识产权局作出决定前撤回其请求的，相关程序终止。

第三十八条 经审查认为请求终止强制许可的理由不成立的，国家知识产权局应当作出驳回终止强制许可请求的决定。在作出驳回终止强制许可请求的决定前，应当通知专利权人拟作出的决定及其理由。除另有指定的外，专利权人可以自收到通知之日起15日内陈述意见。

第三十九条 经审查认为请求终止强制许可的理由成立的，国家知识产权局应当作出终止强制许可的决定。在作出终止强制许可的决定前，应当通知取得强制许可的单位或者个人拟作出的决定及其理由。除另有指定的外，取得强制许可的单位或者个人可以自收到通知之日起15日内陈述意见。

终止强制许可的决定应当写明下列各项：

（一）专利权人的姓名或者名称、地址；

（二）取得强制许可的单位或者个人的名称或者姓名、地址；

（三）被给予强制许可的发明专利或者实用新型专利的名称、专利号、申请日及授权公告日；

（四）给予强制许可的决定的文号；

（五）决定的事实和法律依据；

（六）国家知识产权局的印章及负责人签字；

（七）决定的日期；

（八）其他有关事项。

终止强制许可的决定应当自作出之日起5日内通知专利权人和取得强制许可的单位或者个人。

第六章 附 则

第四十条 已经生效的给予强制许可的决定和终止强制许可的决定，以及强制许可自动终止的，应当在专利登记簿上登记并在专利公报上公告。

第四十一条 当事人对国家知识产权局关于强制许可的决定不服的，可以依法申请行政复议或者提起行政诉讼。

第四十二条 本办法由国家知识产权局负责解释。

第四十三条 本办法自2012年5月1日起施行。2003年6月13日国家知识产权局令第三十一号发布的《专利实施强制许可办法》和2005年11月29日国家知识产权局令第三十七号发布的《涉及公共健康问题的专利实施强制许可办法》同时废止。

国家知识产权局行政复议规程

（2012年国家知识产权局令第66号）

第一章 总 则

第一条 为了防止和纠正违法或者不当的具体行政行为，保护公民、法人和其他组织的合法权益，保障和监督国家知识产权局依法行使职权，根据《中华人民共和国行政复议法》和《中华人民共和国行政复议法实施条例》，制定本规程。

第二条 公民、法人或者其他组织认为国家知识产权局的具体行政行为侵犯其合法权益的，可以依照本规程向国家知识产权局申请行政复议。

第三条 国家知识产权局负责法制工作的机构（以下称"行政复议机构"）具体办理行政复议事项，履行下列职责：

（一）受理行政复议申请；

（二）向有关部门及人员调查取证，调阅有关文档和资料；

（三）审查具体行政行为是否合法与适当；

（四）办理一并请求的行政赔偿事项；

（五）拟订、制作和发送行政复议法律文书；

（六）办理因不服行政复议决定提起行政诉讼的应诉事项；

（七）督促行政复议决定的履行；

（八）办理行政复议、行政应诉案件统计和重大行政复议决定备案事项；

（九）研究行政复议工作中发现的问题，及时向有关部门提出行政复议意见或者建议。

第二章 行政复议范围和参加人

第四条 除本规程第五条另有规定外，有下列情形之一的，可以依法申请行政复议：

（一）对国家知识产权局作出的有关专利申请、专利权的具体行政行为不服的；

（二）对国家知识产权局作出的有关集成电路布图设计登记申请、布图设计专有权的具体行政行为不服的；

（三）对国家知识产权局专利复审委员会作出的有关专利复审、无效的程序性决定不服的；

（四）对国家知识产权局作出的有关专利代理管理的具体行政行为不服的；

（五）认为国家知识产权局作出的其他具体行政行为侵犯其合法权益的。

第五条 对下列情形之一，不能申请行政复议：

（一）专利申请人对驳回专利申请的决定不服的；

（二）复审请求人对复审请求审查决定不服的；

（三）专利权人或者无效宣告请求人

对无效宣告请求审查决定不服的；

（四）专利权人或者专利实施强制许可的被许可人对强制许可使用费的裁决不服的；

（五）国际申请的申请人对国家知识产权局作为国际申请的受理单位、国际检索单位和国际初步审查单位所作决定不服的；

（六）集成电路布图设计登记申请人对驳回登记申请的决定不服的；

（七）集成电路布图设计登记申请人对复审决定不服的；

（八）集成电路布图设计权利人对撤销布图设计登记的决定不服的；

（九）集成电路布图设计权利人、非自愿许可取得人对非自愿许可报酬的裁决不服的；

（十）集成电路布图设计权利人、被控侵权人对集成电路布图设计专有权侵权纠纷处理决定不服的；

（十一）法律、法规规定的其他不能申请行政复议的情形。

第六条 依照本规程申请行政复议的公民、法人或者其他组织是复议申请人。

在具体行政行为作出时其权利或者利益受到损害的其他利害关系人可以申请行政复议，也可以作为第三人参加行政复议。

第七条 复议申请人、第三人可以委托代理人代为参加行政复议。

第三章　申请与受理

第八条 公民、法人或者其他组织认为国家知识产权局的具体行政行为侵犯其合法权益的，可以自知道该具体行政行为之日起60日内提出行政复议申请。

因不可抗力或者其他正当理由耽误前款所述期限的，该期限自障碍消除之日起继续计算。

第九条 有权申请行政复议的公民、法人或者其他组织向人民法院提起行政诉讼，人民法院已经依法受理的，不得向国家知识产权局申请行政复议。

向国家知识产权局申请行政复议，行政复议机构已经依法受理的，在法定行政复议期限内不得向人民法院提起行政诉讼。

国家知识产权局受理行政复议申请后，发现在受理前或者受理后当事人向人民法院提起行政诉讼并且人民法院已经依法受理的，驳回行政复议申请。

第十条 行政复议申请应当符合下列条件：

（一）复议申请人是认为具体行政行为侵犯其合法权益的专利申请人、专利权人、集成电路布图设计登记申请人、集成电路布图设计权利人或者其他利害关系人；

（二）有具体的行政复议请求和理由；

（三）属于行政复议的范围；

（四）在法定申请期限内提出。

第十一条 申请行政复议应当提交行政复议申请书一式两份，并附具必要的证据材料。被申请复议的具体行政行为以书面形式作出的，应当附具该文书或者其复印件。

委托代理人的，应当附具授权委托书。

第十二条 行政复议申请书应当载明下列内容：

（一）复议申请人的姓名或者名称、通信地址、联系电话；

（二）具体的行政复议请求；

（三）申请行政复议的主要事实和理由；

（四）复议申请人的签名或者盖章；

（五）申请行政复议的日期。

第十三条　行政复议申请书可以使用国家知识产权局制作的标准表格。

行政复议申请书可以手写或者打印。

第十四条　行政复议申请书应当以邮寄、传真或者当面递交等方式向行政复议机构提交。

第十五条　行政复议机构自收到行政复议申请书之日起5日内，根据情况分别作出如下处理：

（一）行政复议申请符合本规程规定的，予以受理，并向复议申请人发送受理通知书；

（二）行政复议申请不符合本规程规定的，决定不予受理并书面告知理由；

（三）行政复议申请书不符合本规程第十一条、第十二条规定的，通知复议申请人在指定期限内补正；期满未补正的，视为放弃行政复议申请。

第四章　审理与决定

第十六条　在审理行政复议案件过程中，行政复议机构可以向有关部门和人员调查情况，也可应请求听取复议申请人或者第三人的口头意见。

第十七条　行政复议机构应当自受理行政复议申请之日起7日内将行政复议申请书副本转交有关部门。该部门应当自收到行政复议申请书副本之日起10日内提出维持、撤销或者变更原具体行政行为的书面答复意见，并提交当时作出具体行政行为的证据、依据和其他有关材料。期满未提出答复意见的，不影响行政复议决定的作出。

复议申请人、第三人可以查阅前款所述书面答复意见以及作出具体行政行为所依据的证据、依据和其他有关材料，但涉及保密内容的除外。

第十八条　行政复议决定作出之前，复议申请人可以要求撤回行政复议申请。准予撤回的，行政复议程序终止。

第十九条　行政复议期间，具体行政行为原则上不停止执行。行政复议机构认为需要停止执行的，应当向有关部门发出停止执行通知书，并通知复议申请人及第三人。

第二十条　审理行政复议案件，以法律、行政法规、部门规章为依据。

第二十一条　具体行政行为认定事实清楚，证据确凿，适用依据正确，程序合法，内容适当的，应当决定维持。

第二十二条　被申请人不履行法定职责的，应当决定其在一定期限内履行法定职责。

第二十三条　具体行政行为有下列情形之一的，应当决定撤销、变更该具体行政行为或者确认该具体行政行为违法，并可以决定由被申请人重新作出具体行政行为：

（一）主要事实不清，证据不足的；

（二）适用依据错误的；

（三）违反法定程序的；

（四）超越或者滥用职权的；

（五）具体行政行为明显不当的；

（六）出现新证据，撤销或者变更原具体行政行为更为合理的。

第二十四条　具体行政行为有下列情形之一的，可以决定变更该具体行政行为：

（一）认定事实清楚，证据确凿，程序合法，但是明显不当或者适用依据错误的；

（二）认定事实不清，证据不足，经行政复议程序审理查明事实清楚，证据确凿的。

第二十五条　有下列情形之一的，应当驳回行政复议申请并书面告知理由：

（一）复议申请人认为被申请人不履行法定职责而申请行政复议，行政复议机构受理后发现被申请人没有相应法定职责或者在受理前已经履行法定职责的；

（二）行政复议机构受理行政复议申请后，发现该行政复议申请不符合受理条件的。

第二十六条　复议申请人申请行政复议时可以一并提出行政赔偿请求。行政复议机构依据国家赔偿法的规定对行政赔偿请求进行审理，在行政复议决定中对赔偿请求一并作出决定。

第二十七条　行政复议决定应当自受理行政复议申请之日起60日内作出，但是情况复杂不能在规定期限内作出的，经审批后可以延长期限，并通知复议申请人和第三人。延长的期限最多不得超过30日。

第二十八条　行政复议决定以国家知识产权局的名义作出。行政复议决定书应当加盖国家知识产权局行政复议专用章。

第二十九条　行政复议期间，行政复议机构发现相关行政行为违法或者需要做好善后工作的，可以制作行政复议意见书。有关部门应当自收到行政复议意见书之日起60日内将纠正相关行政违法行为或者做好善后工作的情况通报行政复议机构。

行政复议期间，行政复议机构发现法律、法规、规章实施中带有普遍性的问题，可以制作行政复议建议书，向有关部门提出完善制度和改进行政执法的建议。

第五章　期间与送达

第三十条　期间开始之日不计算在期间内。期间届满的最后一日是节假日的，以节假日后的第一日为期间届满的日期。本规程中有关"5日"、"7日"、"10日"的规定是指工作日，不含节假日。

第三十一条　行政复议决定书直接送达的，复议申请人在送达回证上的签收日期为送达日期。行政复议决定书邮寄送达的，自交付邮寄之日起满15日视为送达。

行政复议决定书一经送达，即发生法律效力。

第三十二条　复议申请人或者第三人委托代理人的，行政复议决定书除送交代理人外，还应当按国内的通讯地址送交复议申请人和第三人。

第六章　附　则

第三十三条　外国人、外国企业或者外国其他组织向国家知识产权局申请行政复议，适用本规程。

第三十四条　行政复议不收取费用。

第三十五条　本规程自2012年9月1日起施行。2002年7月25日国家知识产权局令第24号发布的《国家知识产权局行政复议规程》同时废止。

专利优先审查管理办法

(2017年国家知识产权局令第76号)

第一条 为了促进产业结构优化升级,推进国家知识产权战略实施和知识产权强国建设,服务创新驱动发展,完善专利审查程序,根据《中华人民共和国专利法》和《中华人民共和国专利法实施细则》(以下简称专利法实施细则)的有关规定,制定本办法。

第二条 下列专利申请或者案件的优先审查适用本办法:

(一)实质审查阶段的发明专利申请;

(二)实用新型和外观设计专利申请;

(三)发明、实用新型和外观设计专利申请的复审;

(四)发明、实用新型和外观设计专利的无效宣告。

依据国家知识产权局与其他国家或者地区专利审查机构签订的双边或者多边协议开展优先审查的,按照有关规定处理,不适用本办法。

第三条 有下列情形之一的专利申请或者专利复审案件,可以请求优先审查:

(一)涉及节能环保、新一代信息技术、生物、高端装备制造、新能源、新材料、新能源汽车、智能制造等国家重点发展产业;

(二)涉及各省级和设区的市级人民政府重点鼓励的产业;

(三)涉及互联网、大数据、云计算等领域且技术或者产品更新速度快;

(四)专利申请人或者复审请求人已经做好实施准备或者已经开始实施,或者有证据证明他人正在实施其发明创造;

(五)就相同主题首次在中国提出专利申请又向其他国家或者地区提出申请的该中国首次申请;

(六)其他对国家利益或者公共利益具有重大意义需要优先审查。

第四条 有下列情形之一的无效宣告案件,可以请求优先审查:

(一)针对无效宣告案件涉及的专利发生侵权纠纷,当事人已请求地方知识产权局处理、向人民法院起诉或者请求仲裁调解组织仲裁调解;

(二)无效宣告案件涉及的专利对国家利益或者公共利益具有重大意义。

第五条 对专利申请、专利复审案件提出优先审查请求,应当经全体申请人或者全体复审请求人同意;对无效宣告案件提出优先审查请求,应当经无效宣告请求人或者全体专利权人同意。

处理、审理涉案专利侵权纠纷的地方知识产权局、人民法院或者仲裁调解组织可以对无效宣告案件提出优先审查请求。

第六条 对专利申请、专利复审案件、无效宣告案件进行优先审查的数量,由国家知识产权局根据不同专业技术领域的审查能力、上一年度专利授权量以及本年度待审案件数量等情况确定。

第七条 请求优先审查的专利申请或者专利复审案件应当采用电子申请方式。

第八条 申请人提出发明、实用新型、外观设计专利申请优先审查请求的，应当提交优先审查请求书、现有技术或者现有设计信息材料和相关证明文件；除本办法第三条第五项的情形外，优先审查请求书应当由国务院相关部门或者省级知识产权局签署推荐意见。

当事人提出专利复审、无效宣告案件优先审查请求的，应当提交优先审查请求书和相关证明文件；除在实质审查或者初步审查程序中已经进行优先审查的专利复审案件外，优先审查请求书应当由国务院相关部门或者省级知识产权局签署推荐意见。

地方知识产权局、人民法院、仲裁调解组织提出无效宣告案件优先审查请求的，应当提交优先审查请求书并说明理由。

第九条 国家知识产权局受理和审核优先审查请求后，应当及时将审核意见通知优先审查请求人。

第十条 国家知识产权局同意进行优先审查的，应当自同意之日起，在以下期限内结案：

（一）发明专利申请在四十五日内发出第一次审查意见通知书，并在一年内结案；

（二）实用新型和外观设计专利申请在两个月内结案；

（三）专利复审案件在七个月内结案；

（四）发明和实用新型专利无效宣告案件在五个月内结案，外观设计专利无效宣告案件在四个月内结案。

第十一条 对于优先审查的专利申请，申请人应当尽快作出答复或者补正。申请人答复发明专利审查意见通知书的期限为通知书发文日起两个月，申请人答复实用新型和外观设计专利审查意见通知书的期限为通知书发文日起十五日。

第十二条 对于优先审查的专利申请，有下列情形之一的，国家知识产权局可以停止优先审查程序，按普通程序处理，并及时通知优先审查请求人：

（一）优先审查请求获得同意后，申请人根据专利法实施细则第五十一条第一、二款对申请文件提出修改；

（二）申请人答复期限超过本办法第十一条规定的期限；

（三）申请人提交虚假材料；

（四）在审查过程中发现为非正常专利申请。

第十三条 对于优先审查的专利复审或者无效宣告案件，有下列情形之一的，专利复审委员会可以停止优先审查程序，按普通程序处理，并及时通知优先审查请求人：

（一）复审请求人延期答复；

（二）优先审查请求获得同意后，无效宣告请求人补充证据和理由；

（三）优先审查请求获得同意后，专利权人以删除以外的方式修改权利要求书；

（四）专利复审或者无效宣告程序被中止；

（五）案件审理依赖于其他案件的审查结论；

（六）疑难案件，并经专利复审委员会主任批准。

第十四条 本办法由国家知识产权局负责解释。

第十五条 本办法自2017年8月1日起施行。2012年8月1日起施行的《发明专利申请优先审查管理办法》同时废止。

集成电路布图设计保护条例实施细则

（2001年国家知识产权局令第11号）

第一章　总　则

第一条　宗旨

为了保护集成电路布图设计（以下简称布图设计）专有权，促进我国集成电路技术的进步与创新，根据《集成电路布图设计保护条例》（以下简称条例），制定本实施细则（以下简称本细则）。

第二条　登记机构

条例所称的国务院知识产权行政部门是指国家知识产权局。

第三条　办理手续需用的形式

条例和本细则规定的各种文件，应当以书面形式或者以国家知识产权局规定的其他形式办理。

第四条　代理机构

中国单位或者个人在国内申请布图设计登记和办理其他与布图设计有关的事务的，可以委托专利代理机构办理。

在中国没有经常居所或者营业所的外国人、外国企业或者外国其他组织在中国申请布图设计登记和办理其他与布图设计有关的事务的，应当委托国家知识产权局指定的专利代理机构办理。

第五条　申请文件和申请日的确定

向国家知识产权局申请布图设计登记的，应当提交布图设计登记申请表和该布图设计的复制件或者图样；布图设计在申请日以前已投入商业利用的，还应当提交含有该布图设计的集成电路样品。

国家知识产权局收到前款所述布图设计申请文件之日为申请日。如果申请文件是邮寄的，以寄出的邮戳日为申请日。

第六条　文件的语言

依照条例和本细则规定提交的各种文件应当使用中文。国家有统一规定的科技术语的，应当采用规范词；外国人名、地名和科技术语没有统一中文译文的，应当注明原文。

依照条例和本细则规定提交的各种证件和证明文件是外文的，国家知识产权局认为必要时，可以要求当事人在指定期限内附送中文译文；期满未附送的，视为未提交该证件和证明文件。

第七条　文件的递交和送达

向国家知识产权局邮寄的各种文件，以寄出的邮戳日为递交日。邮戳日不清晰的，除当事人能够提出证明外，以国家知识产权局收到文件之日为递交日。

国家知识产权局的各种文件，可以通过邮寄、直接送交或者其他方式送达当事人。当事人委托专利代理机构的，文件送交专利代理机构；未委托专利代理机构的，文件送交申请表中指明的联系人。

国家知识产权局邮寄的各种文件，自文件发出之日起满15日，推定为当事人收到文件之日。

根据国家知识产权局规定应当直接送交的文件，以交付日为送达日。

文件送交地址不清，无法邮寄的，可以通过公告的方式送达当事人。自公告之日起满1个月，该文件视为已经送达。

第八条 期限的计算

条例和本细则规定的各种期限的第一日不计算在期限内。期限以年或者月计算的，以其最后一月的相应日为期限届满日；该月无相应日的，以该月最后一日为期限届满日。

期限届满日是法定节假日的，以节假日后的第一个工作日为期限届满日。

第九条 权利的恢复和期限的延长

当事人因不可抗拒的事由而耽误本细则规定的期限或者国家知识产权局指定的期限，造成其权利丧失的，自障碍消除之日起2个月内，但是最迟自期限届满之日起2年内，可以向国家知识产权局说明理由并附具有关证明文件，请求恢复其权利。

当事人因正当理由而耽误本细则规定的期限或者国家知识产权局指定的期限，造成其权利丧失的，可以自收到国家知识产权局的通知之日起2个月内向国家知识产权局说明理由，请求恢复其权利。

当事人请求延长国家知识产权局指定的期限的，应当在期限届满前，向国家知识产权局说明理由并办理有关手续。

条例规定的期限不得请求延长。

第十条 共有

布图设计是2个以上单位或者个人合作创作的，创作者应当共同申请布图设计登记；有合同约定的，从其约定。

涉及共有的布图设计专有权的，每一个共同布图设计权利人在没有征得其他共同布图设计权利人同意的情况下，不得将其所持有的那一部分权利进行转让、出质或者与他人订立独占许可合同或者排他许可合同。

第十一条 向外国人转让专有权

中国单位或者个人向外国人转让布图设计专有权的，在向国家知识产权局办理转让登记时应当提交国务院有关主管部门允许其转让的证明文件。

布图设计专有权发生转移的，当事人应当凭有关证明文件或者法律文书向国家知识产权局办理著录项目变更手续。

第二章 布图设计登记的申请和审查

第十二条 申请文件

以书面形式申请布图设计登记的，应当向国家知识产权局提交布图设计登记申请表一式两份以及一份布图设计的复制件或者图样。

以国家知识产权局规定的其他形式申请布图设计登记的，应当符合规定的要求。

申请人委托专利代理机构向国家知识产权局申请布图设计登记和办理其他手续的，应当同时提交委托书，写明委托权限。

申请人有2个以上且未委托专利代理机构的，除申请表中另有声明外，以申请表中指明的第一申请人为代表人。

第十三条 申请表

布图设计登记申请表应当写明下列各项：

（一）申请人的姓名或者名称、地址或者居住地；

（二）申请人的国籍；
（三）布图设计的名称；
（四）布图设计创作者的姓名或者名称；
（五）布图设计的创作完成日期；
（六）该布图设计所用于的集成电路的分类；
（七）申请人委托专利代理机构的，应当注明的有关事项；申请人未委托专利代理机构的，其联系人的姓名、地址、邮政编码及联系电话；
（八）布图设计有条例第十七条所述商业利用行为的，该行为的发生日；
（九）布图设计登记申请有保密信息的，含有该保密信息的图层的复制件或者图样页码编号及总页数；
（十）申请人或者专利代理机构的签字或者盖章；
（十一）申请文件清单；
（十二）附加文件及样品清单；
（十三）其他需要注明的事项。

第十四条 复制件或者图样

按照条例第十六条规定提交的布图设计的复制件或者图样应当符合下列要求：

（一）复制件或者图样的纸件应当至少放大到用该布图设计生产的集成电路的20倍以上；申请人可以同时提供该复制件或者图样的电子版本；提交电子版本的复制件或者图样的，应当包含该布图设计的全部信息，并注明文件的数据格式；

（二）复制件或者图样有多张纸件的，应当顺序编号并附具目录；

（三）复制件或者图样的纸件应当使用A4纸格式；如果大于A4纸的，应当折叠成A4纸格式；

（四）复制件或者图样可以附具简单的文字说明，说明该集成电路布图设计的结构、技术、功能和其他需要说明的事项。

第十五条 涉及保密信息的申请

布图设计在申请日之前没有投入商业利用的，该布图设计登记申请可以有保密信息，其比例最多不得超过该集成电路布图设计总面积的50%。含有保密信息的图层的复制件或者图样页码编号及总页数应当与布图设计登记申请表中所填写的一致。

布图设计登记申请有保密信息的，含有该保密信息的图层的复制件或者图样纸件应当置于在另一个保密文档袋中提交。除侵权诉讼或者行政处理程序需要外，任何人不得查阅或者复制该保密信息。

第十六条 集成电路样品

布图设计在申请日之前已投入商业利用的，申请登记时应当提交4件含有该布图设计的集成电路样品，并应当符合下列要求：

（一）所提交的4件集成电路样品应当置于能保证其不受损坏的专用器具中，并附具填写好的国家知识产权局统一编制的表格；

（二）器具表面应当写明申请人的姓名、申请号和集成电路名称；

（三）器具中的集成电路样品应当采用适当的方式固定，不得有损坏，并能够在干燥器中至少存放十年。

第十七条 不予受理

布图设计登记申请有下列情形的，国家知识产权局不予受理，并通知申请人：

（一）未提交布图设计登记申请表或者布图设计的复制件或者图样的，已投入商业利用而未提交集成电路样品的，或者提交的上述各项不一致的；

（二）外国申请人的所属国未与中国签订有关布图设计保护协议或者与中国共同参加有关国际条约；

（三）所涉及的布图设计属于条例第十二条规定不予保护的；

（四）所涉及的布图设计属于条例第十七条规定不予登记的；

（五）申请文件未使用中文的；

（六）申请类别不明确或者难以确定其属于布图设计的；

（七）未按规定委托代理机构的；

（八）布图设计登记申请表填写不完整的。

第十八条 文件的补正和修改

除本细则第十七条规定不予受理的外，申请文件不符合条例和本细则规定的条件的，申请人应当在收到国家知识产权局的审查意见通知之日起2个月内进行补正。补正应当按照审查意见通知书的要求进行。逾期未答复的，该申请视为撤回。

申请人按照国家知识产权局的审查意见补正后，申请文件仍不符合条例和本细则的规定的，国家知识产权局应当作出驳回决定。

国家知识产权局可以自行修改布图设计申请文件中文字和符号的明显错误。国家知识产权局自行修改的，应当通知申请人。

第十九条 申请的驳回

除本细则第十八条第二款另有规定的外，申请登记的布图设计有下列各项之一的，国家知识产权局应当作出驳回决定，写明所依据的理由：

（一）明显不符合条例第二条第（一）、（二）项规定的；

（二）明显不符合条例第五条规定的。

第二十条 布图设计专有权的生效

布图设计登记申请经初步审查没有发现驳回理由的，国家知识产权局应当颁发布图设计登记证书，并在国家知识产权局互联网站和中国知识产权报上予以公告。布图设计专有权自申请日起生效。

第二十一条 登记证书

国家知识产权局颁发的布图设计登记证书应当包括下列各项：

（一）布图设计权利人的姓名或者名称和地址；

（二）布图设计的名称；

（三）布图设计在申请日之前已经投入商业利用的，其首次商业利用的时间；

（四）布图设计的申请日及创作完成日；

（五）布图设计的颁证日期；

（六）布图设计的登记号；

（七）国家知识产权局的印章及负责人签字。

第二十二条 更正

国家知识产权局对布图设计公告中出现的错误，一经发现，应当及时更正，并对所作更正予以公告。

第三章 布图设计登记申请的复审、复议和专有权的撤销

第二十三条 复审和撤销机构

国家知识产权局专利复审委员会（以下简称专利复审委员会）负责对国家知识产权局驳回布图设计登记申请决定不服而提出的复审请求的审查，以及负责对布图设计专有权撤销案件的审查。

第二十四条 复审的请求

向专利复审委员会请求复审的，应当

提交复审请求书，说明理由，必要时还应当附具有关证据。复审请求书不符合条例第十九条有关规定的，专利复审委员会不予受理。

复审请求不符合规定格式的，复审请求人应当在专利复审委员会指定的期限内补正；期满未补正的，该复审请求视为未提出。

第二十五条 复审程序中文件的修改

复审请求人在提出复审请求或者在对专利复审委员会的复审通知书作出答复时，可以修改布图设计申请文件；但是修改应当仅限于消除驳回决定或者复审通知书指出的缺陷。

修改的申请文件应当提交一式两份。

第二十六条 复审决定

专利复审委员会进行审查后，认为布图设计登记申请的复审请求不符合条例或者本细则有关规定的，应当通知复审请求人，要求其在指定期限内陈述意见。期满未答复的，该复审请求视为撤回；经陈述意见或者进行修改后，专利复审委员会认为该申请仍不符条例和本细则有关规定的，应当作出维持原驳回决定的复审决定。

专利复审委员会进行复审后，认为原驳回决定不符合条例和本细则有关规定的，或者认为经过修改的申请文件消除了原驳回决定指出的缺陷的，应当撤销原驳回决定，通知原审查部门对该申请予以登记和公告。

专利复审委员会的复审决定，应当写明复审决定的理由，并通知布图设计登记申请人。

第二十七条 复审请求的撤回

复审请求人在专利复审委员会作出决定前，可以撤回其复审请求。

复审请求人在专利复审委员会作出决定前撤回其复审请求的，复审程序终止。

第二十八条 复议请求

当事人对国家知识产权局作出的下列具体行政行为不服或者有争议的，可以向国家知识产权局行政复议部门申请复议：

（一）不予受理布图设计申请的；

（二）将布图设计申请视为撤回的；

（三）不允许恢复有关权利的请求的；

（四）其他侵犯当事人合法权益的具体行政行为。

第二十九条 撤销程序

布图设计登记公告后，发现登记的布图设计专有权不符合集成电路布图设计保护条例第二条第（一）、（二）项、第三条、第四条、第五条、第十二条或者第十七条规定的，由专利复审委员会撤销该布图设计专有权。

撤销布图设计专有权的，应当首先通知该布图设计权利人，要求其在指定期限内陈述意见。期满未答复的，不影响专利复审委员会作出撤销布图设计专有权的决定。

专利复审委员会撤销布图设计专有权的决定应当写明所依据的理由，并通知该布图设计权利人。

第三十条 撤销决定的公告

对专利复审委员会撤销布图设计专有权的决定未在规定期限内向人民法院起诉，或者在人民法院维持专利复审委员会撤销布图设计专有权决定的判决生效后，国家知识产权局应当将撤销该布图设计专有权的决定在国家知识产权局互联网站和中国知识产权报上公告。

被撤销的布图设计专有权视为自始即

不存在。

第四章　布图设计专有权的保护

第三十一条　布图设计专有权的放弃

布图设计权利人在其布图设计专有权保护期届满之前，可以向国家知识产权局提交书面声明放弃该专有权。

布图设计专有权已许可他人实施或者已经出质的，该布图设计专有权的放弃应当征得被许可人或质权人的同意。

布图设计专有权的放弃应当由国家知识产权局登记和公告。

第三十二条　国家知识产权局受理侵权纠纷案件的条件

根据条例第三十一条的规定请求国家知识产权局处理布图设计专有权侵权纠纷的，应当符合下列条件：

（一）该布图设计已登记、公告；

（二）请求人是布图设计权利人或者与该侵权纠纷有直接利害关系的单位或者个人；

（三）有明确的被请求人；

（四）有明确的请求事项和具体的事实、理由；

（五）当事人任何一方均未就该侵权纠纷向人民法院起诉。

第三十三条　有关程序的中止和恢复

当事人因布图设计申请权或者布图设计专有权的归属发生纠纷，已经向人民法院起诉的，可以请求国家知识产权局中止有关程序。

依照前款规定请求中止有关程序的，应当向国家知识产权局提交请求书，并附具人民法院的有关受理文件副本。

在人民法院作出的判决生效后，当事人应当向国家知识产权局办理恢复有关程序的手续。自请求中止之日起一年内，有关布图设计申请权或者布图设计专有权归属的纠纷未能结案，需要继续中止有关程序的，请求人应当在该期限内请求延长中止。期满未请求延长的，国家知识产权局自行恢复有关程序。

人民法院在审理民事案件中裁定对布图设计专有权采取保全措施的，国家知识产权局在协助执行时中止被保全的布图设计专有权的有关程序。保全期限届满，人民法院没有裁定继续采取保全措施的，国家知识产权局自行恢复有关程序。

第五章　费　用

第三十四条　应缴纳的费用

向国家知识产权局申请布图设计登记和办理其他手续时，应当缴纳下列费用：

（一）布图设计登记费；

（二）著录事项变更手续费、延长期限请求费、恢复权利请求费；

（三）复审请求费；

（四）非自愿许可许可请求费、非自愿许可使用费的裁决请求费。

前款所列各种费用的数额，由国务院价格管理部门会同国家知识产权局另行规定。

第三十五条　缴费手续

条例和本细则规定的各种费用，可以直接向国家知识产权局缴纳，也可以通过邮局或者银行汇付，或者以国家知识产权局规定的其他方式缴纳。

通过邮局或者银行汇付的，应当在送交国家知识产权局的汇单上至少写明正确的申请号以及缴纳的费用名称。不符合本款规定的，视为未办理缴费手续。

直接向国家知识产权局缴纳费用的，

以缴纳当日为缴费日；以邮局汇付方式缴纳费用的，以邮局汇出的邮戳日为缴费日；以银行汇付方式缴纳费用的，以银行实际汇出日为缴费日。但是自汇出日至国家知识产权局收到日超过15日的，除邮局或者银行出具证明外，以国家知识产权局收到日为缴费日。

多缴、重缴、错缴布图设计登记费用的，当事人可以向国家知识产权局提出退款请求，但是该请求应当自缴费日起一年内提出。

第三十六条　缴费期限

申请人应当在收到受理通知书后2个月内缴纳布图设计登记费；期满未缴纳或者未缴足的，其申请视为撤回。

当事人请求恢复权利或者复审的，应当在条例及本细则规定的相关期限内缴纳费用；期满未缴纳或者未缴足的，视为未提出请求。

著录事项变更手续费、非自愿许可请求费、非自愿许可使用费的裁决请求费应当自提出请求之日起1个月内缴纳；延长期限请求费应当在相应期限届满前缴纳；期满未缴纳或者未缴足的，视为未提出请求。

第六章　附　则

第三十七条　布图设计登记簿

国家知识产权局设置布图设计登记簿，登记下列事项：

（一）布图设计权利人的姓名或者名称、国籍和地址及其变更；

（二）布图设计的登记；

（三）布图设计专有权的转移和继承；

（四）布图设计专有权的放弃；

（五）布图设计专有权的质押、保全及其解除；

（六）布图设计专有权的撤销；

（七）布图设计专有权的终止；

（八）布图设计专有权的恢复；

（九）布图设计专有权实施的非自愿许可。

第三十八条　布图设计公告

国家知识产权局定期在国家知识产权局互联网站和中国知识产权报上登载布图设计登记公报，公布或者公告下列内容：

（一）布图设计登记簿记载的著录事项；

（二）对地址不明的当事人的通知；

（三）国家知识产权局作出的更正；

（四）其他有关事项。

第三十九条　公众查阅和复制

布图设计登记公告后，公众可以请求查阅该布图设计登记簿或者请求国家知识产权局提供该登记簿的副本。公众也可以请求查阅该布图设计的复制件或者图样的纸件。

本细则第十四条所述的电子版本的复制件或者图样，除侵权诉讼或者行政处理程序需要外，任何人不得查阅或者复制。

第四十条　失效案卷的处理

布图设计登记申请被撤回、视为撤回或者驳回的，以及布图设计专有权被声明放弃、撤销或者终止的，与该布图设计申请或者布图设计专有权有关的案卷，自该申请失效或者该专有权失效之日起满3年后不予保存。

第四十一条　文件的邮寄

向国家知识产权局邮寄有关申请或者布图设计专有权的文件，应当使用挂号信函，一件信函应当只包含同一申请文件。电子版本的复制件或者图样和集成电路样品的邮寄方式应当保证其在邮寄过程中不受损坏。

第四十二条 本细则的解释

本细则由国家知识产权局负责解释。

第四十三条 本细则的实施日期

本细则自 2001 年 10 月 1 日起施行。

集成电路布图设计行政执法办法

（2001年国家知识产权局令第17号）

第一章 总 则

第一条 为了保护集成电路布图设计（以下简称布图设计）专有权，维护社会主义市场经济秩序，根据《集成电路布图设计保护条例》（以下简称条例）以及有关法律法规制定本办法。

第二条 条例第三十一条所称国务院知识产权行政部门是指国家知识产权局。

国家知识产权局设立集成电路布图设计行政执法委员会（以下简称行政执法委员会），负责处理侵犯布图设计专有权的纠纷，调解侵犯布图设计专有权的赔偿数额。

各省、自治区、直辖市的知识产权局应当协助、配合国家知识产权局开展集成电路布图设计行政执法工作。

第三条 行政执法委员会处理侵犯布图设计专有权的纠纷应当以事实为依据、以法律为准绳，遵循公正、及时的原则。

行政执法委员会调解侵犯布图设计专有权的赔偿数额应当按照法律规定，在查明事实、分清是非的基础上，促使当事人相互谅解，达成协议。

第二章 处理和调解程序

第四条 请求行政执法委员会处理布图设计专有权侵权纠纷的，应当符合下列条件：

（一）该布图设计已登记、公告；

（二）请求人是布图设计专有权的权利人或者与该侵权纠纷有直接利害关系的单位或者个人；

（三）有明确的被请求人；

（四）有明确的请求事项和具体事实、理由；

（五）当事人任何一方均未就该侵权纠纷向人民法院起诉。

第五条 请求人提出请求，应当向行政执法委员会提交请求书以及所涉及的布图设计登记证书副本。请求人应当按照被请求人的数量提供相应数量的请求书副本。

第六条 请求书应当记载以下内容：

（一）请求人的姓名或者名称、地址，法定代表人或者主要负责人的姓名、职务，委托代理人的，代理人的姓名和代理机构的名称、地址；

（二）被请求人的姓名或者名称、地址；

（三）请求处理的事项和具体事实、理由。

有关证据和证明材料可以请求书附件的形式提交。

请求书应当由请求人签名或盖章。

第七条 请求人应当提供证据，证明被请求人采用的布图设计与受保护的布图设计全部相同或者与受保护的布图设计中任何具有独创性的部分相同。

受保护的布图设计尚未投入商业利用的，请求人应当提供证据，证明被请求人有获知该布图设计的实际可能性。

第八条　请求不符合本办法第五条规定的，行政执法委员会应当在收到请求之日起的7日内通知请求人不予受理。

请求不符合本办法第六条、第七条、第八条规定的，行政执法委员会应当在收到请求之日起的7日内通知请求人在指定期限内予以补正。逾期未补正或者经补正仍不符合规定的，请求被视为未提出。

请求符合本办法第五条、第六条、第七条、第八条规定的，行政执法委员会应当及时立案并通知请求人，同时，应指定3名或3名以上单数承办人员组成合议组处理该侵权纠纷。

第九条　立案后，行政执法委员会应当及时将请求书及其附件的副本以寄交、直接送交或者其他方式送达被请求人，要求其在收到请求书副本之日起15日内提交答辩书一式2份。被请求人逾期不提交答辩书的，不影响行政执法委员会进行处理。

被请求人提交答辩书的，行政执法委员会应当在收到答辩书之日起的7日内将答辩书副本以寄交、直接送交或者其他方式送达请求人。

第十条　侵犯布图设计专有权纠纷涉及复杂技术问题，需要进行鉴定的，行政执法委员会可以委托有关单位进行专业技术鉴定。鉴定意见或者结论需经当事人质证方能作为定案的依据。

鉴定费用由当事人承担。

第十一条　在侵犯布图设计专用权纠纷的处理过程中，专利复审委员会对该布图设计专用权启动撤销程序的，行政执法委员会可以根据情况需要决定是否中止处理程序。

第十二条　行政执法委员会处理侵犯布图设计设计专有权的纠纷，可以根据案情需要决定是否进行口头审理。行政执法委员会决定进行口头审理的，应当至少在口头审理3日前让当事人得知进行口头审理的时间和地点。无正当理由拒不参加或者未经允许中途退出口头审理的，对请求人按撤回请求处理，对被请求人按缺席处理。

第十三条　行政执法委员会举行口头审理的，应当将口头审理的参加人和审理要点记入笔录，经核对无误后，由案件承办人员和参加人签名或盖章。

第十四条　除当事人达成调解、和解协议，或者请求人撤回请求之外，行政执法委员会处理侵犯布图设计专用权的纠纷应当作出处理决定书，写明以下内容：

（一）当事人的名称或姓名、地址；

（二）当事人陈述的事实和理由；

（三）认定侵权行为是否成立的理由和依据；

（四）处理决定，认定侵权行为成立的，应当明确写明责令被请求人立即停止的侵权行为的类型、对象和范围；认定侵权行为不成立的，应当驳回请求人的请求；

（五）不服处理决定向人民法院提起行政诉讼的途径和期限。

处理决定书应当由案件承办人员署名，加盖行政执法委员会的业务专用章。

第十五条　对行政执法委员会作出的

处理决定不服，向人民法院提起行政诉讼的，由行政执法委员会主任委托合议组出庭应诉。

第十六条 在行政执法委员会或者人民法院作出认定侵权成立的处理决定或者判决之后，被请求人就同一布图设计专用权再次作出相同类型的侵权行为，布图设计专有权的权利人或者利害关系人请求处理的，行政执法委员会可以直接作出责令立即停止侵权行为的处理决定。

第十七条 当事人请求行政执法委员会就侵犯布图设计专有权的赔偿数额进行调解的，应当提交请求书。

请求书应当记载以下内容：

（一）请求人的姓名或者名称、地址、法定代表人或主要负责人的姓名、职务；

（二）被请求人的姓名或名称、地址；

（三）请求调解的具体事项和理由。

第十八条 行政执法委员会收到请求书后，应当及时将请求书副本通过寄交、直接送交或者其他方式送达被请求人，要求其在收到请求书副本之日起的15日内提交意见陈述书。

第十九条 被请求人提交意见陈述书并同意进行调解的，行政执法委员会应当及时立案，并通知请求人和被请求人进行调解的时间和地点。

被请求人逾期未提交意见陈述书，或者在意见陈述书中表示不接受调解的，行政执法委员会不予立案，并通知请求人。

第二十条 当事人经调解达成协议的，应当制作调解协议书，由双方当事人签名或者盖章，并交行政执法委员会备案；未达成协议的，行政执法委员会以撤销案件的方式结案，并通知双方当事人。

第三章 调查取证

第二十一条 行政执法委员会处理侵犯布图设计专用权的纠纷，可以根据案情需要，在处理过程中依职权调查收集有关证据。

第二十二条 行政执法委员会调查收集证据可以采用拍照、摄像等方式进行现场勘验；查阅、复制与案件有关的合同、账册等有关文件；询问当事人和证人。

行政执法委员会调查收集证据应当制作笔录。笔录应当由案件承办人员、被调查的单位或者个人签名或者盖章。被调查的单位或者个人拒绝签名或者盖章的，应当在笔录上注明。

第二十三条 行政执法委员会调查收集证据可以采取抽样取证的方式，从涉嫌侵权的产品中抽取一部分作为样品。被抽取样品的数量应当以能够证明事实为限。

行政执法委员会进行抽样取证应当制作笔录，写明被抽取样品的名称、特征、数量。笔录应当由案件承办人员、被调查单位或个人签字或盖章。

第二十四条 在证据可能灭失或者以后难以取得，又无法进行抽样取证的情况下，行政执法委员会可以进行登记保存，并在七日内作出决定。

经登记保存的证据，被调查的单位或个人不得销毁或转移。

行政执法委员会进行登记保存应当制作笔录，写明被登记保存证据的名称、特征、数量以及保存地点。笔录应当由案件承办人员、被调查的单位或个人签名或盖章。

第二十五条 行政执法委员会调查收集证据、核实证据材料的，有关单位或者个人应当如实提供，协助调查。

第二十六条 行政执法委员会调查收集证据、核实证据材料的，有关单位或个人应当如实提供，协助调查。

行政执法委员会委托有关省、自治区、直辖市人民政府的知识产权管理部门协助调查收集证据，应当提出明确的要求。接受委托的部门应当及时、认真地协助调查收集证据，并尽快回复。

第四章　法律责任

第二十七条 行政执法委员会认定侵权行为成立，作出处理决定书的，应当采取下列措施制止侵权行为：

（一）被请求人复制受保护的布图设计的，责令其立即停止复制行为，没收、销毁复制的图样、掩膜、专用设备以及含有该布图设计的集成电路；

（二）被请求人为商业目的进口、销售的，责令其立即停止进口、销售或者提供行为，没收、销毁有关图样、掩膜；

（三）被请求人为商业目的进口、销售或者以其他方式提供含有受保护的布图设计的集成电路，并且知道或者有合理理由应当知道其中含有非法复制的布图设计的，责令其立即停止进口、销售或者提供行为，没收、销毁该集成电路；

（四）被请求人为商业目的进口、销售或者以其他方式提供含有侵权集成电路的物品，并且知道或者有合理理由应当知道其中含有非法复制的布图设计的，责令其立即停止进口、销售或者提供行为，从尚未销售、提供的物品中拆除该集成电路，没收、销毁该集成电路；被请求人拒不拆除的，没收、销毁该物品；

（五）停止侵权行为的其他必要措施。

第二十八条 行政执法委员会作出认定侵权行为成立的处理决定后，被请求人向人民法院提起行政诉讼的，在诉讼期间不停止决定的执行。

被请求人对行政执法委员会作出的认定侵权行为成立的处理决定期满不起诉又不停止侵权行为的，国家知识产权局可以请求人民法院强制执行。

第五章　附　则

第二十九条 本办法由国家知识产权局负责解释。

第三十条 本办法自颁布之日起施行。

互联网域名管理办法

（2017年工业和信息化部令第43号）

第一章 总 则

第一条 为了规范互联网域名服务，保护用户合法权益，保障互联网域名系统安全、可靠运行，推动中文域名和国家顶级域名发展和应用，促进中国互联网健康发展，根据《中华人民共和国行政许可法》《国务院对确需保留的行政审批项目设定行政许可的决定》等规定，参照国际上互联网域名管理准则，制定本办法。

第二条 在中华人民共和国境内从事互联网域名服务及其运行维护、监督管理等相关活动，应当遵守本办法。

本办法所称互联网域名服务（以下简称域名服务），是指从事域名根服务器运行和管理、顶级域名运行和管理、域名注册、域名解析等活动。

第三条 工业和信息化部对全国的域名服务实施监督管理，主要职责是：

（一）制定互联网域名管理规章及政策；

（二）制定中国互联网域名体系、域名资源发展规划；

（三）管理境内的域名根服务器运行机构和域名注册管理机构；

（四）负责域名体系的网络与信息安全管理；

（五）依法保护用户个人信息和合法权益；

（六）负责与域名有关的国际协调；

（七）管理境内的域名解析服务；

（八）管理其他与域名服务相关的活动。

第四条 各省、自治区、直辖市通信管理局对本行政区域内的域名服务实施监督管理，主要职责是：

（一）贯彻执行域名管理法律、行政法规、规章和政策；

（二）管理本行政区域内的域名注册服务机构；

（三）协助工业和信息化部对本行政区域内的域名根服务器运行机构和域名注册管理机构进行管理；

（四）负责本行政区域内域名系统的网络与信息安全管理；

（五）依法保护用户个人信息和合法权益；

（六）管理本行政区域内的域名解析服务；

（七）管理本行政区域内其他与域名服务相关的活动。

第五条 中国互联网域名体系由工业和信息化部予以公告。根据域名发展的实际情况，工业和信息化部可以对中国互联网域名体系进行调整。

第六条 ".CN"和".中国"是中国

的国家顶级域名。

中文域名是中国互联网域名体系的重要组成部分。国家鼓励和支持中文域名系统的技术研究和推广应用。

第七条 提供域名服务，应当遵守国家相关法律法规，符合相关技术规范和标准。

第八条 任何组织和个人不得妨碍互联网域名系统的安全和稳定运行。

第二章 域名管理

第九条 境内设立域名根服务器及域名根服务器运行机构、域名注册管理机构和域名注册服务机构的，应当依据本办法取得工业和信息化部或者省、自治区、直辖市通信管理局（以下统称电信管理机构）的相应许可。

第十条 申请设立域名根服务器及域名根服务器运行机构的，应当具备以下条件：

（一）域名根服务器设置在境内，并且符合互联网发展相关规划及域名系统安全稳定运行要求；

（二）是依法设立的法人，该法人及其主要出资者、主要经营管理人员具有良好的信用记录；

（三）具有保障域名根服务器安全可靠运行的场地、资金、环境、专业人员和技术能力以及符合电信管理机构要求的信息管理系统；

（四）具有健全的网络与信息安全保障措施，包括管理人员、网络与信息安全管理制度、应急处置预案和相关技术、管理措施等；

（五）具有用户个人信息保护能力、提供长期服务的能力及健全的服务退出机制；

（六）法律、行政法规规定的其他条件。

第十一条 申请设立域名注册管理机构的，应当具备以下条件：

（一）域名管理系统设置在境内，并且持有的顶级域名符合相关法律法规及域名系统安全稳定运行要求；

（二）是依法设立的法人，该法人及其主要出资者、主要经营管理人员具有良好的信用记录；

（三）具有完善的业务发展计划和技术方案以及与从事顶级域名运行管理相适应的场地、资金、专业人员以及符合电信管理机构要求的信息管理系统；

（四）具有健全的网络与信息安全保障措施，包括管理人员、网络与信息安全管理制度、应急处置预案和相关技术、管理措施等；

（五）具有进行真实身份信息核验和用户个人信息保护的能力、提供长期服务的能力及健全的服务退出机制；

（六）具有健全的域名注册服务管理制度和对域名注册服务机构的监督机制；

（七）法律、行政法规规定的其他条件。

第十二条 申请设立域名注册服务机构的，应当具备以下条件：

（一）在境内设置域名注册服务系统、注册数据库和相应的域名解析系统；

（二）是依法设立的法人，该法人及其主要出资者、主要经营管理人员具有良好的信用记录；

（三）具有与从事域名注册服务相适应的场地、资金和专业人员以及符合电信管理机构要求的信息管理系统；

（四）具有进行真实身份信息核验和用户个人信息保护的能力、提供长期服务的能力及健全的服务退出机制；

（五）具有健全的域名注册服务管理制度和对域名注册代理机构的监督机制；

（六）具有健全的网络与信息安全保障措施，包括管理人员、网络与信息安全管理制度、应急处置预案和相关技术、管理措施等；

（七）法律、行政法规规定的其他条件。

第十三条 申请设立域名根服务器及域名根服务器运行机构、域名注册管理机构的，应当向工业和信息化部提交申请材料。申请设立域名注册服务机构的，应当向住所地省、自治区、直辖市通信管理局提交申请材料。

申请材料应当包括：

（一）申请单位的基本情况及其法定代表人签署的依法诚信经营承诺书；

（二）对域名服务实施有效管理的证明材料，包括相关系统及场所、服务能力的证明材料、管理制度、与其他机构签订的协议等；

（三）网络与信息安全保障制度及措施；

（四）证明申请单位信誉的材料。

第十四条 申请材料齐全、符合法定形式的，电信管理机构应当向申请单位出具受理申请通知书；申请材料不齐全或者不符合法定形式的，电信管理机构应当场或者在5个工作日内一次性书面告知申请单位需要补正的全部内容；不予受理的，应当出具不予受理通知书并说明理由。

第十五条 电信管理机构应当自受理之日起20个工作日内完成审查，作出予以许可或者不予许可的决定。20个工作日内不能作出决定的，经电信管理机构负责人批准，可以延长10个工作日，并将延长期限的理由告知申请单位。需要组织专家论证的，论证时间不计入审查期限。

予以许可的，应当颁发相应的许可文件；不予许可的，应当书面通知申请单位并说明理由。

第十六条 域名根服务器运行机构、域名注册管理机构和域名注册服务机构的许可有效期为5年。

第十七条 域名根服务器运行机构、域名注册管理机构和域名注册服务机构的名称、住所、法定代表人等信息发生变更的，应当自变更之日起20日内向原发证机关办理变更手续。

第十八条 在许可有效期内，域名根服务器运行机构、域名注册管理机构、域名注册服务机构拟终止相关服务的，应当提前30日书面通知用户，提出可行的善后处理方案，并向原发证机关提交书面申请。

原发证机关收到申请后，应当向社会公示30日。公示期结束60日内，原发证机关应当完成审查并做出决定。

第十九条 许可有效期届满需要继续从事域名服务的，应当提前90日向原发证机关申请延续；不再继续从事域名服务的，应当提前90日向原发证机关报告并做好善后工作。

第二十条 域名注册服务机构委托域名注册代理机构开展市场销售等工作的，应当对域名注册代理机构的工作进行监督和管理。

域名注册代理机构受委托开展市场销售等工作的过程中，应当主动表明代理关系，并在域名注册服务合同中明示相关域名注册服务机构名称及代理关系。

第二十一条 域名注册管理机构、域名注册服务机构应当在境内设立相应的应急备份系统并定期备份域名注册数据。

第二十二条 域名根服务器运行机构、域名注册管理机构、域名注册服务机构应当在其网站首页和经营场所显著位置标明其许可相关信息。域名注册管理机构还应当标明与其合作的域名注册服务机构名单。

域名注册代理机构应当在其网站首页和经营场所显著位置标明其代理的域名注册服务机构名称。

第三章 域名服务

第二十三条 域名根服务器运行机构、域名注册管理机构和域名注册服务机构应当向用户提供安全、方便、稳定的服务。

第二十四条 域名注册管理机构应当根据本办法制定域名注册实施细则并向社会公开。

第二十五条 域名注册管理机构应当通过电信管理机构许可的域名注册服务机构开展域名注册服务。

域名注册服务机构应当按照电信管理机构许可的域名注册服务项目提供服务，不得为未经电信管理机构许可的域名注册管理机构提供域名注册服务。

第二十六条 域名注册服务原则上实行"先申请先注册"，相应域名注册实施细则另有规定的，从其规定。

第二十七条 为维护国家利益和社会公众利益，域名注册管理机构应当建立域名注册保留字制度。

第二十八条 任何组织或者个人注册、使用的域名中，不得含有下列内容：

（一）反对宪法所确定的基本原则的；

（二）危害国家安全，泄露国家秘密，颠覆国家政权，破坏国家统一的；

（三）损害国家荣誉和利益的；

（四）煽动民族仇恨、民族歧视，破坏民族团结的；

（五）破坏国家宗教政策，宣扬邪教和封建迷信的；

（六）散布谣言，扰乱社会秩序，破坏社会稳定的；

（七）散布淫秽、色情、赌博、暴力、凶杀、恐怖或者教唆犯罪的；

（八）侮辱或者诽谤他人，侵害他人合法权益的；

（九）含有法律、行政法规禁止的其他内容的。

域名注册管理机构、域名注册服务机构不得为含有前款所列内容的域名提供服务。

第二十九条 域名注册服务机构不得采用欺诈、胁迫等不正当手段要求他人注册域名。

第三十条 域名注册服务机构提供域名注册服务，应当要求域名注册申请者提供域名持有者真实、准确、完整的身份信息等域名注册信息。

域名注册管理机构和域名注册服务机构应当对域名注册信息的真实性、完整性进行核验。

域名注册申请者提供的域名注册信息不准确、不完整的，域名注册服务机构应当要求其予以补正。申请者不补正或者提供不真实的域名注册信息的，域名注册服务机构不得为其提供域名注册服务。

第三十一条 域名注册服务机构应当公布域名注册服务的内容、时限、费用，保证服务质量，提供域名注册信息的公共查询服务。

第三十二条 域名注册管理机构、域名注册服务机构应当依法存储、保护用户个人信息。未经用户同意不得将用户个人信息提供给他人，但法律、行政法规另有规定的除外。

第三十三条 域名持有者的联系方式等信息发生变更的，应当在变更后30日内向域名注册服务机构办理域名注册信息变更手续。

域名持有者将域名转让给他人的，受让人应当遵守域名注册的相关要求。

第三十四条 域名持有者有权选择、变更域名注册服务机构。变更域名注册服务机构的，原域名注册服务机构应当配合域名持有者转移其域名注册相关信息。

无正当理由的，域名注册服务机构不得阻止域名持有者变更域名注册服务机构。

电信管理机构依法要求停止解析的域名，不得变更域名注册服务机构。

第三十五条 域名注册管理机构和域名注册服务机构应当设立投诉受理机制，并在其网站首页和经营场所显著位置公布投诉受理方式。

域名注册管理机构和域名注册服务机构应当及时处理投诉；不能及时处理的，应当说明理由和处理时限。

第三十六条 提供域名解析服务，应当遵守有关法律、法规、标准，具备相应的技术、服务和网络与信息安全保障能力，落实网络与信息安全保障措施，依法记录并留存域名解析日志、维护日志和变更记录，保障解析服务质量和解析系统安全。涉及经营电信业务的，应当依法取得电信业务经营许可。

第三十七条 提供域名解析服务，不得擅自篡改解析信息。

任何组织或者个人不得恶意将域名解析指向他人的IP地址。

第三十八条 提供域名解析服务，不得为含有本办法第二十八条第一款所列内容的域名提供域名跳转。

第三十九条 从事互联网信息服务的，其使用域名应当符合法律法规和电信管理机构的有关规定，不得将域名用于实施违法行为。

第四十条 域名注册管理机构、域名注册服务机构应当配合国家有关部门依法开展的检查工作，并按照电信管理机构的要求对存在违法行为的域名采取停止解析等处置措施。

域名注册管理机构、域名注册服务机构发现其提供服务的域名发布、传输法律和行政法规禁止发布或者传输的信息的，应当立即采取消除、停止解析等处置措施，防止信息扩散，保存有关记录，并向有关部门报告。

第四十一条 域名根服务器运行机构、域名注册管理机构和域名注册服务机构应当遵守国家相关法律、法规和标准，落实网络与信息安全保障措施，配置必要的网络通信应急设备，建立健全网络与信息安全监测技术手段和应急制度。域名系统出现网络与信息安全事件时，应当在24小时内向电信管理机构报告。

因国家安全和处置紧急事件的需要，域名根服务器运行机构、域名注册管理机构和域名注册服务机构应当服从电信管理机构的统一指挥与协调，遵守电信管理机构的管理要求。

第四十二条 任何组织或者个人认为他人注册或者使用的域名侵害其合法权益的，可以向域名争议解决机构申请裁决或者依法向人民法院提起诉讼。

第四十三条 已注册的域名有下列情形之一的，域名注册服务机构应当予以注销，并通知域名持有者：

（一）域名持有者申请注销域名的；

（二）域名持有者提交虚假域名注册信息的；

（三）依据人民法院的判决、域名争议解决机构的裁决，应当注销的；

（四）法律、行政法规规定予以注销的其他情形。

第四章 监督检查

第四十四条 电信管理机构应当加强对域名服务的监督检查。域名根服务器运行机构、域名注册管理机构、域名注册服务机构应当接受、配合电信管理机构的监督检查。

鼓励域名服务行业自律管理，鼓励公众监督域名服务。

第四十五条 域名根服务器运行机构、域名注册管理机构、域名注册服务机构应当按照电信管理机构的要求，定期报送业务开展情况、安全运行情况、网络与信息安全责任落实情况、投诉和争议处理情况等信息。

第四十六条 电信管理机构实施监督检查时，应当对域名根服务器运行机构、域名注册管理机构和域名注册服务机构报送的材料进行审核，并对其执行法律法规和电信管理机构有关规定的情况进行检查。

电信管理机构可以委托第三方专业机构开展有关监督检查活动。

第四十七条 电信管理机构应当建立域名根服务器运行机构、域名注册管理机构和域名注册服务机构的信用记录制度，将其违反本办法并受到行政处罚的行为记入信用档案。

第四十八条 电信管理机构开展监督检查，不得妨碍域名根服务器运行机构、域名注册管理机构和域名注册服务机构正常的经营和服务活动，不得收取任何费用，不得泄露所知悉的域名注册信息。

第五章 罚 则

第四十九条 违反本办法第九条规定，未经许可擅自设立域名根服务器及域名根服务器运行机构、域名注册管理机构、域名注册服务机构的，电信管理机构应当根据《中华人民共和国行政许可法》第八十一条的规定，采取措施予以制止，并视情节轻重，予以警告或者处一万元以上三万元以下罚款。

第五十条 违反本办法规定，域名注册管理机构或者域名注册服务机构有下列行为之一的，由电信管理机构依据职权责令限期改正，并视情节轻重，处一万元以上三万元以下罚款，向社会公告：

（一）为未经许可的域名注册管理机构提供域名注册服务，或者通过未经许可的域名注册服务机构开展域名注册服务的；

（二）未按照许可的域名注册服务项目提供服务的；

（三）未对域名注册信息的真实性、完整性进行核验的；

（四）无正当理由阻止域名持有者变更域名注册服务机构的。

第五十一条　违反本办法规定，提供域名解析服务，有下列行为之一的，由电信管理机构责令限期改正，可以视情节轻重处一万元以上三万元以下罚款，向社会公告：

（一）擅自篡改域名解析信息或者恶意将域名解析指向他人IP地址的；

（二）为含有本办法第二十八条第一款所列内容的域名提供域名跳转的；

（三）未落实网络与信息安全保障措施的；

（四）未依法记录并留存域名解析日志、维护日志和变更记录的；

（五）未按照要求对存在违法行为的域名进行处置的。

第五十二条　违反本办法第十七条、第十八条第一款、第二十一条、第二十二条、第二十八条第二款、第二十九条、第三十一条、第三十二条、第三十五条第一款、第四十条第二款、第四十一条规定的，由电信管理机构依据职权责令限期改正，可以并处一万元以上三万元以下罚款，向社会公告。

第五十三条　法律、行政法规对有关违法行为的处罚另有规定的，依照有关法律、行政法规的规定执行。

第五十四条　任何组织或者个人违反本办法第二十八条第一款规定注册、使用域名，构成犯罪的，依法追究刑事责任；尚不构成犯罪的，由有关部门依法予以处罚。

第六章　附　则

第五十五条　本办法下列用语的含义是：

（一）域名：指互联网上识别和定位计算机的层次结构式的字符标识，与该计算机的IP地址相对应。

（二）中文域名：指含有中文文字的域名。

（三）顶级域名：指域名体系中根节点下的第一级域的名称。

（四）域名根服务器：指承担域名体系中根节点功能的服务器（含镜像服务器）。

（五）域名根服务器运行机构：指依法获得许可并承担域名根服务器运行、维护和管理工作的机构。

（六）域名注册管理机构：指依法获得许可并承担顶级域名运行和管理工作的机构。

（七）域名注册服务机构：指依法获得许可、受理域名注册申请并完成域名在顶级域名数据库中注册的机构。

（八）域名注册代理机构：指受域名注册服务机构的委托，受理域名注册申请，间接完成域名在顶级域名数据库中注册的机构。

（九）域名管理系统：指域名注册管理机构在境内开展顶级域名运行和管理所需的主要信息系统，包括注册管理系统、注册数据库、域名解析系统、域名信息查询系统、身份信息核验系统等。

（十）域名跳转：指对某一域名的访问跳转至该域名绑定或者指向的其他域名、IP地址或者网络信息服务等。

第五十六条　本办法中规定的日期，除明确为工作日的以外，均为自然日。

第五十七条　在本办法施行前未取得相应许可开展域名服务的，应当自本办法施行之日起十二个月内,按照本办法规定办理许可手续。

在本办法施行前已取得许可的域名根服务器运行机构、域名注册管理机构和域名注册服务机构,其许可有效期适用本办法第十六条的规定,有效期自本办法施行之日起计算。

第五十八条 本办法自 2017 年 11 月 1 日起施行。2004 年 11 月 5 日公布的《中国互联网络域名管理办法》(原信息产业部令第 30 号)同时废止。本办法施行前公布的有关规定与本办法不一致的,按照本办法执行。

农业化学物质产品行政保护条例

（2020年修订）

（1992年12月25日国务院批准　1992年12月26日化学工业部令第7号发布　根据2020年11月29日《国务院关于修改和废止部分行政法规的决定》修订）

第一章　总　则

第一条　为了扩大对外经济技术合作与交流，对外国农业化学物质产品独占权人的合法权益给予行政保护，制定本条例。

第二条　本条例所称农业化学物质产品，是指用于农业生产的化学合成农药，即用化学合成方法生产的除草剂、杀虫剂、杀菌剂、灭鼠剂、植物生长调节剂。

第三条　凡与中华人民共和国缔结有关农业化学物质产品行政保护双边条约或者协定的国家、地区的企业和其他组织以及个人，都可以依照本条例申请农业化学物质产品行政保护。

第四条　国务院化学工业行政主管部门受理和审查农业化学物质产品行政保护的申请，对符合本条例规定的农业化学物质产品给予行政保护，对申请人颁发农业化学物质产品行政保护证书。

第二章　行政保护的申请

第五条　申请行政保护的农业化学物质产品应当具备下列条件：

（一）1993年1月1日前依照中国专利法的规定其独占权不受保护的；

（二）1986年1月1日至1993年1月1日期间，获得禁止他人在申请人所在国制造、使用或者销售的独占权的；

（三）提出行政保护申请日前尚未在中国销售的。

第六条　农业化学物质产品行政保护的申请权属于该产品的独占权人。

第七条　外国农业化学物质产品独占权人申请行政保护，应当委托国务院化学工业行政主管部门指定的代理机构办理。

第八条　申请人应当报送下列文件的中文、外文对照本：

（一）农业化学物质产品行政保护申请书；

（二）申请人所在国有关主管部门颁发的证明申请人享有该农业化学物质产品独占权的文件副本；

（三）申请人所在国有关主管部门颁发的准许制造或者销售该农业化学物质产品的文件副本；

（四）申请人与中国企业正式签订的在中国境内制造或者销售该产品的合同副本。

第九条　外国农业化学物质产品独占

权人在申请农业化学物质产品行政保护之前或者之后，应当依照中国有关法律、法规向国务院农业行政主管部门申请办理登记手续。

第三章 行政保护的审查和批准

第十条 国务院化学工业行政主管部门自收到行政保护申请文件之日起十五日内，进行初步审查，并分别情况作出以下处理：

（一）申请文件符合本条例第八条规定的，发给受理通知书，并予以公告。

（二）申请文件不符合本条例第八条规定的，要求申请人限期补正；过期不补正的，视为未申请。

第十一条 国务院化学工业行政主管部门应当自收到申请文件之日起，或者依照本条例第十条第（二）项的规定，自收到补正文件之日起，六个月内审查完毕。因特殊情况不能在六个月内审查完毕的，国务院化学工业行政主管部门应当及时通知申请人，并告之理由，适当延长审查时间。

经审查，符合本条例规定的，给予行政保护；不符合本条例规定的，不给予行政保护，并告之理由。

第十二条 国务院化学工业行政主管部门批准给予农业化学物质产品行政保护的，颁发农业化学物质产品行政保护证书，并予以公告。

第四章 行政保护的期限、终止、撤销和效力

第十三条 农业化学物质产品的行政保护期为七年零六个月，自农业化学物质产品行政保护证书颁发之日起计算。

第十四条 外国农业化学物质产品独占权人应当自农业化学物质产品行政保护证书颁发的当年，开始缴纳年费。

第十五条 有下列情形之一的，行政保护在期限届满前终止：

（一）农业化学物质产品独占权在申请人所在国无效或者失效的；

（二）农业化学物质产品独占权人没有按照规定缴纳行政保护年费的；

（三）农业化学物质产品独占权人以书面形式声明放弃行政保护的；

（四）农业化学物质产品独占权人自农业化学物质产品行政保护证书颁发之日起一年内未向国务院农业行政主管部门申请办理登记手续的。

第十六条 农业化学物质产品行政保护证书颁发后，任何组织或者个人认为给予该产品行政保护不符合本条例规定的，都可以请求国务院化学工业行政主管部门撤销对该产品的行政保护；该产品独占权人对国务院化学工业行政主管部门的撤销决定不服的，可以向人民法院提起诉讼。

第十七条 农业化学物质产品行政保护的终止或者撤销，由国务院化学工业行政主管部门予以公告。

第十八条 未经获得农业化学物质产品行政保护的独占权人的许可，制造或者销售该农业化学物质产品的，农业化学物质产品独占权人可以请求国务院化学工业行政主管部门制止侵权行为；农业化学物质产品独占权人要求经济赔偿的，可以向人民法院提起诉讼。

第五章 附则

第十九条 国务院化学工业行政主管部门对申请人提供的需要保密的资料，应

当采取保密措施。

第二十条 向国务院化学工业行政主管部门申请行政保护和办理有关手续，应当按照规定缴纳费用。

第二十一条 本条例的实施细则由国务院化学工业行政主管部门制定。

第二十二条 本条例由国务院化学工业行政主管部门负责解释。

第二十三条 本条例自1993年1月1日起施行。

关于规范申请专利行为的办法

（2021年国家知识产权局公告第411号）

第一条 为坚决打击违背专利法立法宗旨、违反诚实信用原则的各类非正常申请专利行为，依据专利法及其实施细则、专利代理条例等有关法律法规，制定本办法。对于非正常申请专利行为及非正常专利申请，按照本办法严格审查和处理。

第二条 本办法所称非正常申请专利行为是指任何单位或者个人，不以保护创新为目的，不以真实发明创造活动为基础，为牟取不正当利益或者虚构创新业绩、服务绩效，单独或者勾联提交各类专利申请、代理专利申请、转让专利申请权或者专利权等行为。

下列各类行为属于本办法所称非正常申请专利行为：

（一）同时或者先后提交发明创造内容明显相同、或者实质上由不同发明创造特征或要素简单组合变化而形成的多件专利申请的；

（二）所提交专利申请存在编造、伪造或变造发明创造内容、实验数据或技术效果，或者抄袭、简单替换、拼凑现有技术或现有设计等类似情况的；

（三）所提交专利申请的发明创造与申请人、发明人实际研发能力及资源条件明显不符的；

（四）所提交多件专利申请的发明创造内容系主要利用计算机程序或者其他技术随机生成的；

（五）所提交专利申请的发明创造系为规避可专利性审查目的而故意形成的明显不符合技术改进或设计常理，或者无实际保护价值的变劣、堆砌、非必要缩限保护范围的发明创造，或者无任何检索和审查意义的内容；

（六）为逃避打击非正常申请专利行为监管措施而将实质上与特定单位、个人或地址关联的多件专利申请分散、先后或异地提交的；

（七）不以实施专利技术、设计或其他正当目的倒买倒卖专利申请权或专利权，或者虚假变更发明人、设计人的；

（八）专利代理机构、专利代理师，或者其他机构或个人，代理、诱导、教唆、帮助他人或者与之合谋实施各类非正常申请专利行为的；

（九）违反诚实信用原则、扰乱正常专利工作秩序的其他非正常申请专利行为及相关行为。

第三条 国家知识产权局在专利申请受理、初审、实审、复审程序或者国际申请的国际阶段程序中发现或者根据举报得知，并初步认定存在本办法所称非正常申请专利行为的，可以组成专门审查工作组或者授权审查员依据本办法启动专门审查程序，批量集中处理，通知申请人，要求其立即停止有关行为，并在指定的期限内主动撤回相关专利申请或法律手续办理请求，或者陈述意见。

申请人对于非正常申请专利行为初步认定不服的，应当在指定期限内陈述意见，并提交充分证明材料。无正当理由逾期不答复的，相关专利申请被视为撤回，相关法律手续办理请求被视为未提出。

经申请人陈述意见后，国家知识产权局仍然认为属于本办法所称非正常申请专利行为的，可以依法驳回相关专利申请，或者不予批准相关法律手续办理请求。

申请人对于国家知识产权局上述决定不服的，可以依法提出行政复议申请、复审请求或者提起行政诉讼。

第四条 对于被认定的非正常专利申请，国家知识产权局可以视情节不予减缴专利费用；已经减缴的，要求补缴已经减缴的费用。

对于屡犯等情节严重的申请人，自认定非正常申请专利行为之日起五年内对其专利申请不予减缴专利费用。

第五条 对于存在本办法第二条第二款第（八）项所述非正常申请专利行为的专利代理机构或者专利代理师，由中华全国专利代理师协会采取自律措施，对于屡犯等情节严重的，由国家知识产权局或者管理专利工作的部门依法依规进行处罚。

对于存在上述行为的其他机构或个人，由管理专利工作的部门依据查处无资质专利代理行为的有关规定进行处罚，违反其他法律法规的，依法移送有关部门进行处理。

第六条 管理专利工作的部门和专利代办处发现或者根据举报得知非正常申请专利行为线索的，应当及时向国家知识产权局报告。

管理专利工作的部门对于被认定存在非正常申请专利行为的单位或者个人应当按照有关政策文件要求执行有关措施。

第七条 对于存在第二条所述行为的单位或者个人，依据《中华人民共和国刑法》涉嫌构成犯罪的，依法移送有关机关追究刑事责任。

第八条 本办法自发布之日起施行。

中国银保监会　国家知识产权局　国家版权局关于进一步加强知识产权质押融资工作的通知

(银保监发〔2019〕34号)

各银保监局，各省、自治区、直辖市、新疆建设兵团、计划单列市知识产权局（知识产权管理部门）、版权局，各政策性银行、大型银行、股份制银行，邮储银行，外资银行，金融资产管理公司，各保险集团（控股）公司、保险公司、保险资产管理公司，其他会管经营类机构：

为贯彻落实党中央、国务院关于知识产权工作的一系列重要部署，促进银行保险机构加大对知识产权运用的支持力度，扩大知识产权质押融资，现就有关事项通知如下：

一、优化知识产权质押融资服务体系

（一）银行保险机构、知识产权质权登记机构应当统一思想认识、保持战略定力，高度重视知识产权质押融资工作的重要性。鼓励银行保险机构积极开展知识产权质押融资业务，支持具有发展潜力的创新型（科技型）企业。

（二）支持商业银行建立专门的知识产权质押融资管理制度。大型银行、股份制银行应当研究制定知识产权质押融资业务的支持政策，并指定专门部门负责知识产权质押融资工作。

（三）鼓励商业银行在风险可控的前提下，通过单列信贷计划、专项考核激励等方式支持知识产权质押融资业务发展，力争知识产权质押融资年累放贷款户数、年累放贷款金额逐年合理增长。

（四）支持商业银行建立适合知识产权质押融资特点的风险评估、授信审查、授信尽职和奖惩制度，创新信贷审批制度和利率定价机制。鼓励商业银行通过科技支行重点营销知识产权质押贷款等金融产品。鼓励商业银行积极探索知识产权金融业务发展模式，根据自身业务特色和经营优势，重点支持知识产权密集的创新型（科技型）企业的知识产权质押融资需求。

二、加强知识产权质押融资服务创新

（五）鼓励商业银行对企业的专利权、商标专用权、著作权等相关无形资产进行打包组合融资，提升企业复合型价值，扩大融资额度。研究扩大知识产权质押物范围，积极探索地理标志、集成电路布图设计作为知识产权质押物的可行性，进一步拓宽企业融资渠道。

（六）鼓励商业银行建立对企业科技创新能力的评价体系，通过综合评估企业专利权、商标专用权、著作权等知识产权价值等方式，合理分析企业创新发展能力和品牌价值，通过知识产权质押融资业务把握企业发展方向。商业银行应当积极同相关部门合作，完善对创新型（科技型）企业的认定及评价机制。支持商业银行运用云计算、大数据、移动互联网等新技术研发知识产权质押融资新模式。鼓励商业银行在提供知识产权质押融资服务基础上，为企业提供综合金融服务。

（七）支持商业银行与知识产权密集型产业园区开展战略性合作，给予园区合理的意向性授信额度。鼓励商业银行加大对产业供应链中的创新型（科技型）小微企业的融资支持力度，促成小微企业知识产权质押"首贷"，进一步探索将小微企业纳入知识产权金融服务体系的有效途径。

（八）支持商业银行与投资基金等具备投资能力和条件的机构开展合作，积极支持拥有较高技术水平、良好市场前景的知识产权质押融资借款人。支持保险机构依法合规投资知识产权密集的创新型（科技型）小微企业，有效提升保险机构金融综合服务能力。

三、健全知识产权质押融资风险管理

（九）商业银行开展知识产权质押融资业务应当对出质人及质物进行调查，办理质权登记，加强对押品的动态管理，定期分析借款人经营情况，对可能产生风险的不利情形要及时采取措施。

（十）鼓励商业银行培养知识产权质押融资专门人才，建立知识产权资产评估机构库，加强对知识产权第三方资产评估机构的合作准入与持续管理。逐步建立和完善知识产权内部评估体系，加强内部风险评估、资产评估能力建设，探索开展内部评估。支持商业银行探索以协商估值、坏账分担为核心的中小微企业知识产权质押融资模式。

（十一）商业银行知识产权质押融资不良率高出自身各项贷款不良率3个百分点（含）以内的，可不作为监管部门监管评级和银行内部考核评价的扣分因素。商业银行应当进一步建立健全符合知识产权质押融资特点的内部尽职免责机制和科学的绩效考核机制。对经办人员在知识产权质押融资业务办理过程中已经尽职履责的，实行免责。

（十二）鼓励保险机构在风险可控前提下，开展与知识产权质押融资相关的保证保险业务。鼓励保险机构开展知识产权被侵权损失保险、侵权责任保险等保险业务，为知识产权驱动创新发展提供保险服务。

四、完善知识产权质押融资保障工作

（十三）银行保险监督管理部门与知识产权管理部门、版权管理部门建立知识产权金融协同工作机制，加强信息数据共享，共同推动知识产权质押融资相关支持政策的制定和实施工作。

（十四）各银保监局、地方知识产权管理部门、地方版权管理部门等应当加强对本地区知识产权金融工作的组织领导，制定和完善本地区知识产权金融工作的具体措施。各银保监局、地方知识产权管理部门、地方版权管理部门要与地方政府有关部门加强合作，推动建立和完善知识产权质押融资的风险分担和损失补偿机制，促进知识产权质押融资业务可持续发展。

（十五）各银保监局、地方知识产权管理部门、地方版权管理部门应当积极为商业银行与创新型（科技型）企业创造对接机会与平台。推动建立知识产权资产评估机构库、专家库和知识产权融资项目数据库，推进知识产权作价评估标准化，为商业银行开展知识产权质押融资创造良好条件。地方知识产权管理部门和地方版权管理部门应当加强对商业银行知识产权押品动态管理的专项服务，联合商业银行探索知识产权质物处置、流转的有效途径，充分发挥国家知识产权运营公共服务平台等各类知识产权交易平台作用，做好质物处置工作。

（十六）知识产权管理部门、版权管理部门推动建立统一的专利权、商标专用权、著作权质押登记公示信息平台，便于商业银行、社会公众等进行查询。对于商业银行行使质权获得的知识产权等，可按程序减免维持费用。知识产权质权登记机构应当不断优化知识产权质押登记流程，缩短登记时间。

（十七）商业银行应当加强知识产权质押融资业务的统计分析，定期向银行保险监督管理部门报送知识产权质押融资统计数据及相关工作情况。各级银行保险监督管理部门、知识产权管理部门、版权管理部门应当积极促进银行保险机构之间、银行保险机构与知识产权运营服务机构之间的交流，适时对辖内银行保险机构、知识产权运营服务机构开展知识产权质押融资业务情况进行评估，对业务开展良好的商业银行可按规定实施监管激励。

（十八）鼓励商业银行以外的银行业金融机构以及经银保监会或银保监局批准设立的其他金融机构参照本通知的规定，积极开展知识产权质押融资业务，支持具有发展潜力的创新型（科技型）企业。

（十九）各级银行保险监督管理部门、知识产权管理部门、版权管理部门要及时总结交流知识产权质押融资典型案例和良好经验；对于政策执行过程中出现的问题和困难，要加强研究，及时报告上级主管部门。

中国银保监会
国家知识产权局
国家版权局
2019年8月6日

专利权质押登记办法

（2021年国家知识产权局公告第461号）

第一条 为了促进专利权运用和资金融通，保障相关权利人合法权益，规范专利权质押登记，根据《中华人民共和国民法典》《中华人民共和国专利法》及有关规定，制定本办法。

第二条 国家知识产权局负责专利质押登记工作。

第三条 以专利权出质的，出质人与质权人应当订立书面合同。

质押合同可以是单独订立的合同，也可以是主合同中的担保条款。

出质人和质权人应共同向国家知识产权局办理专利权质押登记，专利权质权自国家知识产权局登记时设立。

第四条 以共有的专利权出质的，除全体共有人另有约定的以外，应当取得其他共有人的同意。

第五条 在中国没有经常居所或者营业所的外国人、外国企业或外国其他组织办理专利权质押登记手续的，应当委托依法设立的专利代理机构办理。

中国单位或者个人办理专利权质押登记手续的，可以委托依法设立的专利代理机构办理。

第六条 当事人可以通过互联网在线提交电子件、邮寄或窗口提交纸件等方式办理专利权质押登记相关手续。

第七条 申请专利权质押登记的，当事人应当向国家知识产权局提交下列文件：

（一）出质人和质权人共同签字或盖章的专利权质押登记申请表；

（二）专利权质押合同；

（三）双方当事人的身份证明，或当事人签署的相关承诺书；

（四）委托代理的，注明委托权限的委托书；

（五）其他需要提供的材料。

专利权经过资产评估的，当事人还应当提交资产评估报告。

除身份证明外，当事人提交的其他各种文件应当使用中文。身份证明是外文的，当事人应当附送中文译文；未附送的，视为未提交。

当事人通过互联网在线办理专利权质押登记手续的，应当对所提交电子件与纸件原件的一致性作出承诺，并于事后补交纸件原件。

第八条 当事人提交的专利权质押合同应当包括以下与质押登记相关的内容：

（一）当事人的姓名或名称、地址；

（二）被担保债权的种类和数额；

（三）债务人履行债务的期限；

（四）专利权项数以及每项专利权的名称、专利号、申请日、授权公告日；

（五）质押担保的范围。

第九条 除本办法第八条规定的事项

外，当事人可以在专利权质押合同中约定下列事项：

（一）质押期间专利权年费的缴纳；

（二）质押期间专利权的转让、实施许可；

（三）质押期间专利权被宣告无效或者专利权归属发生变更时的处理；

（四）实现质权时，相关技术资料的交付；

（五）已办理质押登记的同一申请人的实用新型有同样的发明创造于同日申请发明专利、质押期间该发明申请被授予专利权的情形处理。

第十条 国家知识产权局收到当事人提交的质押登记申请文件，应当予以受理，并自收到之日起5个工作日内进行审查，决定是否予以登记。

通过互联网在线方式提交的，国家知识产权局在2个工作日内进行审查并决定是否予以登记。

第十一条 专利权质押登记申请经审查合格的，国家知识产权局在专利登记簿上予以登记，并向当事人发送《专利权质押登记通知书》。经审查发现有下列情形之一的，国家知识产权局作出不予登记的决定，并向当事人发送《专利权质押不予登记通知书》：

（一）出质人不是当事人申请质押登记时专利登记簿记载的专利权人的；

（二）专利权已终止或者已被宣告无效的；

（三）专利申请尚未被授予专利权的；

（四）专利权没有按照规定缴纳年费的；

（五）因专利权的归属发生纠纷已请求国家知识产权局中止有关程序，或者人民法院裁定对专利权采取保全措施，专利权的质押手续被暂停办理的；

（六）债务人履行债务的期限超过专利权有效期的；

（七）质押合同不符合本办法第八条规定的；

（八）以共有专利权出质但未取得全体共有人同意且无特别约定的；

（九）专利权已被申请质押登记且处于质押期间的；

（十）请求办理质押登记的同一申请人的实用新型有同样的发明创造已于同日申请发明专利的，但当事人被告知该情况后仍声明同意继续办理专利权质押登记的除外；

（十一）专利权已被启动无效宣告程序的，但当事人被告知该情况后仍声明同意继续办理专利权质押登记的除外；

（十二）其他不符合出质条件的情形。

第十二条 专利权质押期间，国家知识产权局发现质押登记存在本办法第十一条所列情形并且尚未消除的，或者发现其他应当撤销专利权质押登记的情形的，应当撤销专利权质押登记，并向当事人发出《专利权质押登记撤销通知书》。

专利权质押登记被撤销的，质押登记的效力自始无效。

第十三条 专利权质押期间，当事人的姓名或者名称、地址更改的，应当持专利权质押登记变更申请表、变更证明或当事人签署的相关承诺书，向国家知识产权局办理专利权质押登记变更手续。

专利权质押期间，被担保的主债权种类及数额或者质押担保的范围发生变更的，当事人应当自变更之日起30日内持专利权质押登记变更申请表以及变更协议，向国家知识产权局办理专利权质押登记变更手续。

国家知识产权局收到变更登记申请后，经审核，向当事人发出《专利权质押登记变更通知书》，审核期限按照本办法第十条办理登记手续的期限执行。

第十四条 有下列情形之一的，当事人应当持专利权质押登记注销申请表、注销证明或当事人签署的相关承诺书，向国家知识产权局办理质押登记注销手续：

（一）债务人按期履行债务或者出质人提前清偿所担保的债务的；

（二）质权已经实现的；

（三）质权人放弃质权的；

（四）因主合同无效、被撤销致使质押合同无效、被撤销的；

（五）法律规定质权消灭的其他情形。

国家知识产权局收到注销登记申请后，经审核，向当事人发出《专利权质押登记注销通知书》，审核期限按照本办法第十条办理登记手续的期限执行。专利权质押登记的效力自注销之日起终止。

第十五条 专利登记簿记录专利权质押登记的以下事项，并在定期出版的专利公报上予以公告：出质人、质权人、主分类号、专利号、授权公告日、质押登记日、变更项目、注销日等。

第十六条 出质人和质权人以合理理由提出请求的，可以查阅或复制专利权质押登记手续办理相关文件。

专利权人以他人未经本人同意而办理专利权质押登记手续为由提出查询和复制请求的，可以查阅或复制办理专利权质押登记手续过程中提交的申请表、含有出质人签字或盖章的文件。

第十七条 专利权质押期间，出质人未提交质权人同意其放弃该专利权的证明材料的，国家知识产权局不予办理专利权放弃手续。

第十八条 专利权质押期间，出质人未提交质权人同意转让或者许可实施该专利权的证明材料的，国家知识产权局不予办理专利权转让登记手续或者专利实施许可合同备案手续。

出质人转让或者许可他人实施出质的专利权的，出质人所得的转让费、许可费应当向质权人提前清偿债务或者提存。

第十九条 专利权质押期间，出现以下情形的，国家知识产权局应当及时通知质权人：

（一）被宣告无效或者终止的；

（二）专利年费未按照规定时间缴纳的；

（三）因专利权的归属发生纠纷已请求国家知识产权局中止有关程序，或者人民法院裁定对专利权采取保全措施的。

第二十条 当事人选择以承诺方式办理专利权质押登记相关手续的，国家知识产权局必要时对当事人的承诺内容是否属实进行抽查，发现承诺内容与实际情况不符的，应当向当事人发出通知，要求限期整改。逾期拒不整改或者整改后仍不符合条件的，国家知识产权局按照相关规定采取相应的失信惩戒措施。

第二十一条 本办法由国家知识产权局负责解释。

第二十二条 本办法自发布之日起施行。

国家知识产权局关于印发
《专利申请集中审查管理办法（试行）》的通知

（国知发法字〔2019〕47号）

各省、自治区、直辖市、计划单列市、副省级城市、新疆生产建设兵团知识产权局（知识产权管理部门），局机关各部门，专利局各部门，商标局，局其他直属单位、各社会团体，各有关单位：

为落实《国务院关于新形势下加快知识产权强国建设的若干意见》，建立重点优势产业专利申请的集中审查制度，制定《专利申请集中审查管理办法（试行）》，现予印发，请遵照执行。

特此通知。

国家知识产权局
2019年8月30日

专利申请集中审查管理办法（试行）

第一条 为了落实《国务院关于新形势下加快知识产权强国建设的若干意见》（国发〔2015〕71号）要求，支持培育核心专利，加快产业专利布局，推进国家知识产权战略实施和知识产权强国建设，服务创新驱动发展战略，制定本办法。

第二条 集中审查是指为了加强对专利申请组合整体技术的理解，提高审查意见通知书的有效性，提升审查质量和审查效率，国家知识产权局依申请人或省级知识产权管理部门等提出的请求，围绕同一项关键技术的专利申请组合集中进行审查的专利审查模式。

第三条 请求进行集中审查的专利申请应当符合以下条件：

（一）实质审查请求已生效且未开始审查的发明专利申请。对于同一申请人同日对同样的发明创造既申请实用新型专利又申请发明专利的，该发明专利申请暂不纳入集中审查范围。

（二）涉及国家重点优势产业，或对国家利益、公共利益具有重大意义。

（三）同一批次内申请数量不低于50件，且实质审查请求生效时间跨度不超过一年。

（四）未享受过优先审查等其他审查政策。

第四条 提出集中审查的请求人需

向国家知识产权局专利局审查业务管理部（下称"审查业务管理部"）提交集中审查请求材料，材料中应详细说明请求集中审查的具体理由，专利申请清单以及每一件专利申请与专利申请组合的对应关系，全部专利申请人的签字或盖章以及联系人和联系方式。专利申请清单同时还应当提交一份电子件。

第五条 专利申请集中审查工作由审查业务管理部和国家知识产权局专利局审查部门单位（下称"审查部门单位"）共同组织开展。

第六条 审查业务管理部负责集中审查工作的统筹与协调，主要包括以下内容：

（一）对集中审查请求进行受理、审核。

（二）综合考虑申请人需求、案源审序和所属技术领域的审查能力等因素，集中审查的启动时间一般在实审生效已满3个月后，并在案源系统中对集中审查案件进行标记。

（三）组织相关审查部门单位实施集中审查。

（四）其他需要统筹与协调的工作。

第七条 审查部门单位负责案件的集中审查，主要包括以下内容：

（一）成立集中审查工作管理小组，组织协调本部门单位的集中审查工作。

（二）组织审查质量高、经验丰富、责任心强的优秀审查员承担集中审查工作。

（三）根据需要组织开展技术说明会、会晤、调研、巡回审查等。

（四）其他与集中审查有关工作。

第八条 经审批同意进行集中审查的，专利申请人应当积极配合集中审查实施，主要包括以下内容：

（一）根据审查部门单位的要求，提供相关技术资料。

（二）积极配合审查部门单位提出的技术说明会、会晤、调研、巡回审查等。

（三）及时对集中审查开展过程中的问题、经验、效果和价值等情况进行反馈。

（四）其他需要配合的工作。

第九条 正在实施集中审查的专利申请，有下列情形之一的，审查业务管理部或审查部门单位可以终止同批次集中审查程序：

（一）申请人提交虚假材料。

（二）申请人不履行本办法第八条相关义务。

（三）在审查过程中发现存在非正常专利申请。

（四）申请人主动提出终止集中审查程序。

（五）其他应终止集中审查程序的情形。

第十条 本办法由国家知识产权局专利局审查业务管理部负责解释。

第十一条 本办法自公布之日起施行。

国家知识产权局印发《关于新形势下加快建设知识产权信息公共服务体系的若干意见》的通知

(国知发服字〔2019〕46号)

各省、自治区、直辖市、新疆生产建设兵团知识产权局（知识产权管理部门）；局机关各部门，专利局各部门，商标局，局其他直属单位、各社会团体：

为认真贯彻落实中央关于构建便民利民知识产权公共服务体系的决策部署，努力织好知识产权公共服务网，积极推动知识产权强国建设，制定《关于新形势下加快建设知识产权信息公共服务体系的若干意见》，现予印发，请遵照执行。

国家知识产权局
2019年8月30日

关于新形势下加快建设知识产权信息公共服务体系的若干意见

为认真贯彻落实中央关于构建便民利民知识产权公共服务体系的决策部署，努力织好知识产权公共服务网，夯实知识产权信息公共服务基础，积极推动知识产权强国建设，促进经济转型升级和高质量发展，现就新形势下加快建设知识产权信息公共服务体系，提出以下意见。

一、总体要求

（一）指导思想

以习近平新时代中国特色社会主义思想为指导，深入贯彻党的十九大和十九届二中、三中全会精神，全面落实党中央、国务院关于知识产权工作的决策部署，以便民利民为目标，以整合公共资源拓展服务渠道为抓手，以高效运行机制为保障，加快建设以国家知识产权大数据中心和知识产权公共服务平台为支撑、区域或专业性信息公共服务节点为主干、社会化信息服务机构为网点的知识产权信息公共服务体系，不断提升知识产权信息传播利用效能，努力夯实服务知识产权全链条的基础，积极助推经济转型升级和高质量发展。

（二）基本原则

——统筹谋划、分级负责。强化顶层设计，完善网点布局，积极推进知识产权信息公共服务均等化。加强分层分类指导，完善协调工作机制。分级负责，不断完善知识产权信息公共服务体系。

——需求导向、聚焦关键。以社会公众和创新创业主体需求为导向，提供便利化、高质量的知识产权信息公共服务。聚焦基础数据免费或者低成本开放共享，聚焦基本检索分析工具免费或者低成本供给，聚焦知识产权信息公共服务主干网络、重要节点和专业机构建设。

——政府主导、多元参与。充分发挥政府在公共投入、政策支持等方面的主导作用，整合社会资源，推进知识产权信息公共服务体系主干网络建设。引导支持行业组织积极构建专业服务机构，高校、科研院所、图书情报机构等信息服务网点参与承担知识产权信息公共服务工作。

——互联互通、开放共享。加强统筹协调，充分发挥国家知识产权大数据中心和国家知识产权公共服务平台的汇集中枢和传输枢纽作用，实现各地知识产权公共服务平台和各类专题数据库的互联互通、开放共享，实现全国一盘棋、全覆盖。

（三）总体目标

到2022年，基本建成主干清晰、门类多样、内容丰富的知识产权信息公共服务体系。知识产权信息公共服务网点布局日趋合理、服务渠道逐步拓宽、服务内容更加丰富、服务工具渐趋多样、服务能力显著增强，有力支撑创新驱动发展和经济高质量发展。

——基本建成国家知识产权大数据中心和国家知识产权公共服务平台，提供便利高效的全领域知识产权信息服务。

——实现省（区、市）、计划单列市、副省级城市知识产权信息公共服务机构全覆盖，30%的地级市设立知识产权信息公共服务机构，建成一批特色鲜明的行业知识产权信息服务机构。

——高校国家知识产权信息服务中心、技术与创新支持中心（TISC）分别达到100家。在科研院所、图书情报机构、行业组织等单位中遴选认定国家知识产权信息公共服务网点100家。

到2025年，全面建成覆盖广泛、层级合理、门类齐全、功能强大、服务规范的知识产权信息公共服务体系。知识产权信息采集、加工实现标准化、规范化，专题数据库建设实现差异化、共享化，各级公共服务平台一体化，各类专题数据库网络化，全面支撑创新驱动发展和经济高质量发展。

——省（区、市）、计划单列市、副省级城市知识产权信息公共服务机构服务能力进一步提升，服务功能进一步优化，信息服务人才队伍进一步壮大。50%以上的地级市设立知识产权信息公共服务机构，支持有条件的县（市、区）建立知识产权信息服务机构。高校国家知识产权信息服务中心、技术与创新支持中心（TISC）、国家知识产权信息公共服务网点进一步增加，形成横向联系紧密、服务相互支撑、门类功能完善的知识产权信息公共服务体系。

二、建立健全便民利民的知识产权信息公共服务体系

（四）加快推进知识产权信息公共服务主干网络建设

充分发挥政府主导作用，整合优化现行专利信息公共服务体系，加快建设以各级知识产权管理部门所属知识产权信息公共服务机构为主的主干网络，发挥知识产权信息公共服务主渠道作用。国家知识产权局有关部门要发挥统筹协调作用，整合

系统内外公共服务资源，强化信息公共服务职能，创新信息公共服务形式，拓展信息公共服务领域，丰富信息公共服务内容。各省（区、市）知识产权管理部门要统筹本地知识产权信息公共服务体系建设，强化公共服务机构职能，发挥地区知识产权信息公共服务节点作用；指导各地市知识产权管理部门积极争取地方党委政府的支持，组建地市级综合性知识产权信息公共服务机构，支持有条件的县（市、区）设立知识产权信息公共服务机构。引导各类产业园区、试验示范区、服务业集聚区等设立知识产权信息公共服务机构，为社会公众和创新创业主体提供便民利民的专业化知识产权信息公共服务。

（五）统筹布局知识产权信息公共服务网点建设

强化部际合作，积极推动高校、科研院所、图书情报机构、国家中小企业政策信息互联网发布平台、火炬高新技术产业开发中心等纳入知识产权信息公共服务体系，作为知识产权信息公共服务的重要网点，向社会公众和创新创业主体提供高质量的知识产权信息公共服务。积极推进国防知识产权信息公共服务网点建设，构建军民融合知识产权信息公共服务体系。引导支持知识产权领域行业组织加强与相关行业组织的横向合作，面向其会员开展专业领域知识产权信息公共服务。鼓励支持市场化高端知识产权信息服务机构向社会提供公益性或者低成本信息服务。

在知识产权信息公共服务网点中，遴选认定高校国家知识产权信息服务中心、国家知识产权信息公共服务网点，给予重点支持。

（六）积极推进区域知识产权信息公共服务一体化发展

围绕国家区域发展战略，鼓励支持地方建立跨行政区域的知识产权信息公共服务合作机制，促进区域信息服务体系共建共享。积极推动京津冀资源共享，促进京津冀知识产权信息公共服务一体化、协同化发展。支持长三角地区各省市加强协作，加快构建长三角一体化的知识产权信息公共服务体系。积极推动中西部地区和东北地区中心城市建设高标准知识产权信息公共服务机构，辐射带动区域知识产权信息公共服务发展。鼓励开展粤港澳大湾区跨境知识产权信息服务协作，支持建立粤港澳大湾区知识产权信息交换机制和信息共享平台。

（七）不断提升知识产权信息传播利用效能

加强知识产权信息传播利用的统筹工作，分层分类指导各类型知识产权信息公共服务网点积极开展知识产权信息传播利用工作和知识产权信息利用能力培训，不断提升企业和创新创业主体的知识产权信息利用能力。加强知识产权信息资源统筹管理，逐步扩大知识产权信息开放范围，不断提升社会公众和创新创业主体获取知识产权信息的体验度和满意度。加快制订知识产权信息采集、数据加工标准，积极推进知识产权信息传播利用工作的规范化、标准化，不断满足社会公众和创新创业主体日益多样化、差异化的知识产权信息需求，促进知识产权信息的共享开放和有效传播利用。

（八）健全完善知识产权信息公共服务体系运行机制

建立知识产权信息公共服务体系的统

筹协调机制，积极推动知识产权信息公共服务的规范化、系统化、体系化，实现知识产权信息公共服务效能最大化。加强各地知识产权数据中心和公共服务平台建设的统筹协调，建立立项通报机制，积极推进各地建设差异化、特色化的知识产权数据中心、公共服务平台和专题数据库，推动各地横向互联共享，实现财政资金投入产出效益最大化。建立知识产权信息公共服务经验交流机制、服务协作机制和成果共享机制，鼓励支持同类型知识产权信息公共服务机构之间形成协作网络，不断提升知识产权信息公共服务整体能力。

三、强化知识产权信息公共服务体系的支撑保障

（九）积极推动国家知识产权大数据中心建设

加强顶层设计，积极推进国家知识产权大数据中心建设工作。国家知识产权大数据中心作为知识产权信息的汇集中枢和传输枢纽，既是国家知识产权信息公共服务平台和各地知识产权公共服务平台的数据支撑，也是知识产权信息公共服务体系的网络支撑。国家知识产权大数据中心汇聚商标、专利、地理标志、集成电路布图设计等知识产权基础数据、国际交换数据和部委共享数据，并与经济、科技、法律、文化等信息相互关联，实现数据资源的统一性、基础性、权威性、安全性和共享性，破除"信息孤岛"和"数据烟囱"，为知识产权信息公共服务提供全流程、全方位的数据支撑，形成一体化的网络支撑。

（十）加快建设国家知识产权公共服务平台

强化国家知识产权公共服务平台功能设计，为知识产权公共服务体系提供强大功能支持，实现线上线下服务有机结合。坚持以系统化、模块化、智能化为原则，以国家知识产权公共服务平台为核心，整合优化升级现有各级知识产权公共服务平台功能，积极推动各级知识产权公共服务平台网络化，努力实现知识产权业务服务、政务服务和信息服务平台建设一体化。国家知识产权公共服务的业务服务平台实现商标、专利、地理标志、集成电路布图设计等业务网上办理；政务服务平台对接国家统一政务服务平台和国家"互联网＋监管"系统，实现政务服务智能化；信息服务平台以商标、专利登记簿为核心，与各部委数据实现互联共享，与各地信息公共服务平台互联共享，提供数据开放、查询检索、研究分析等各类基础服务。

鼓励知识产权信息公共服务机构开发上传各类符合安全标准的免费应用工具。鼓励支持高校、科研院所、图书情报机构等网点单位自有的专业文献、专业数据库等接入国家知识产权公共服务平台，实现资源共享。鼓励支持市场化知识产权信息服务机构依托知识产权信息公共服务平台，向社会免费或者低成本开放共享有关服务产品。

（十一）完善区域和行业知识产权信息服务平台建设

国家知识产权局有关直属单位要积极发挥专业优势，履行数据加工、信息服务等职责，丰富网站服务内容，引领示范，积极开展专业化知识产权信息公共服务。各省（区、市）和区域中心城市要积极争取地方党委政府支持，建立地方特色化知识产权信息公共服务平台，配备综合性服

务队伍。支持地方及行业专业化服务机构围绕国家区域发展整体规划和区域重点发展领域，建设区域或行业知识产权信息公共服务平台，提供满足区域创新与经济发展需求的、更加专业化的信息公共服务，提升区域知识产权信息利用能力。

支持各类知识产权运营公共服务平台、行业或产业知识产权信息服务平台、科技信息服务平台等，与国家知识产权公共服务平台互联共享，作为知识产权信息公共服务的重要节点，围绕知识产权的创造、运用、保护、管理、服务，增强知识产权信息服务功能，面向企业、高校、科研院所、服务机构等不同对象开展多层次的信息公共服务。

（十二）强化战略性新兴产业知识产权信息公共服务

支持各地开展面向战略性新兴产业或者国家重点产业领域的专项知识产权信息公共服务。鼓励支持专业化知识产权信息服务机构围绕国家战略性新兴产业或者重点产业，建设开放协同的产业知识产权信息公共服务平台，为自由贸易试验区、国家自主创新示范区、国家级高新技术产业开发区、国家级经济技术开发区等重点园区发展提供高端知识产权信息服务。

（十三）强化中小企业知识产权信息公共服务

支持各省市建立部门间合作机制，针对中小企业开展知识产权信息咨询、信息利用培训等基础性公共服务；积极发挥中小企业公共服务平台网络"窗口"平台贴近企业的优势，鼓励中小企业公共服务示范平台等为中小企业免费提供知识产权信息公共服务。支持各地建立中小企业知识产权预警机制，加强知识产权预警信息的收集发布，帮助中小企业提升知识产权维权能力。积极引导高校、科研院所、图书情报机构、行业组织等服务网点单位，优化服务模式，开发适合中小企业需求的知识产权信息服务产品，免费或者低成本向中小企业提供专业化、个性化服务，助力中小企业技术创新。

（十四）强化知识产权信息公共服务人才培养

加大知识产权信息公共服务人才培养力度，建立一支覆盖经济、科技、文化等领域的专业化、高层次知识产权信息公共服务人才队伍。积极推动知识产权信息公共服务人才纳入知识产权专业人员职称评定体系。加大政策支持力度，不断扩大高校、科研院所、图书情报机构、行业组织等网点单位的知识产权信息公共服务人才队伍。加强知识产权信息公共服务能力培训，在全国范围内分级、分类培养人才，形成多层次、多渠道、宽覆盖的培训网络。支持高校图书情报学科点培养知识产权信息分析专门人才。鼓励支持高端知识产权信息服务机构开展知识产权信息服务专业化培训。

（十五）深化知识产权信息服务国际合作

加强知识产权信息公共服务国际交流合作，建立完善知识产权数据信息国际交换机制，逐步扩大数据信息交换的内容范围。与世界知识产权组织合作，加快在华建设高水平的技术与创新支持中心（TISC），形成促进社会创新发展的技术与创新支持中心网络。在"一带一路"知识产权合作框架下，推动建立"一带一路"沿线国家广泛参与、协同联动的知识产权信息公共服务网络。加强知识产权保护国际合作，为企业海外维权提供基础信息服务。

四、组织实施

（十六）加强组织领导

各地知识产权管理部门要充分认识加快建设知识产权信息公共服务体系的重要性和紧迫性，切实担负起统筹者、建设者、推动者的责任，明确任务目标，建立工作机制，加强沟通协调，积极推动知识产权信息公共服务体系建设各项工作落实到位。加强分层分类指导，鼓励各地将信息公共服务体系建设纳入到当地知识产权工作整体考核中。

（十七）加大政策支持

积极争取国家财政资金用于知识产权信息公共服务体系建设。各地知识产权管理部门要积极争取地方党委政府支持，加大对知识产权信息公共服务体系建设的财政投入，充分发挥财政资金的引导作用。鼓励支持有条件的省（区、市）设立知识产权信息公共服务发展专项资金。推动知识产权信息公共服务列入地方各级政府购买服务指导性目录，加大政府购买支持力度。

（十八）加强效能评估

逐步建立知识产权信息公共服务体系建设的督查评估机制，明确督查评估范围和内容，实现督查评估工作制度化、规范化、标准化、常态化。围绕地区知识产权信息公共服务供给质量，鼓励引入第三方评估机构，不断提升知识产权信息公共服务效能。

国家知识产权局办公室关于印发《技术与创新支持中心（TISC）建设实施办法》的通知

（国知办发服字〔2019〕27号）

各省、自治区、直辖市、新疆生产建设兵团知识产权局（知识产权管理部门）；局机关各部门，专利局各部门，商标局，局其他直属单位、各社会团体：

经局批准，现将《技术与创新支持中心（TISC）建设实施办法》印发，请遵照执行。

特此通知。

附：技术与创新支持中心（TISC）建设实施办法

国家知识产权局办公室
2019年8月23日

技术与创新支持中心（TISC）建设实施办法

第一章 总则

第一条 为深入实施创新驱动发展战略，加快建设知识产权强国，加强和规范在华技术与创新支持中心建设，提升创新创造水平，依据《中国国家知识产权局和世界知识产权组织关于在华建设技术与创新支持中心的谅解备忘录》，制订本办法。

第二条 技术与创新支持中心（以下简称"TISC"）是世界知识产权组织（以下简称"WIPO"）发展议程框架下的项目，在华TISC由WIPO和国家知识产权局共同推广，旨在帮助中国知识产权和创新用户提升技术信息检索能力，更快地掌握行业动态和新技术信息，促进其增强创新能力。

第三条 国家知识产权局负责在华TISC建设的组织协调和实施工作，包括：确定建设目标、类型和布局，协调和提供相关资源支持，遴选、确定、指导、管理、评估具体承办机构，并负责与WIPO协调，共同对合格的TISC机构进行认定等工作。

第二章 推荐、遴选和认定

第四条 在华TISC由省级知识产权局（知识产权管理部门）推荐，国家知识产权局和WIPO共同评估认定。

第五条 各级知识产权信息服务机构、科技园区生产力促进机构、公共图书馆、高校和研究院所图书信息机构以及承担知识产权信息服务的市场化机构等各类型法人单位均可申报建设成为TISC机构。

第六条 申报建设TISC的机构，应具备下列条件：

（一）服务内容和发展方向明确，具有固定的经营场所，实际运营时间满5年，经营状况良好。

（二）组织管理机制完善，有健全的内部管理规章制度，已建立知识产权管理制度和服务工作体系。

（三）具有知识产权相关的国内外文献资源、数据库、信息分析工具和基础设施，具备运用资源和工具开展知识产权信息服务的能力。

（四）拥有专职知识产权信息服务工作团队，人员业务素质强，应具备信息检索及信息服务工作经验并接受过系统的知识产权信息培训。

（五）连续2年以上无投诉、惩戒和诉讼，或有投诉但无责任，有诉讼未败诉。

第七条 实行自愿申报方式，申报机构应提交的申报材料包括：

（一）TISC候选机构推荐表（见附件）；

（二）知识产权信息服务人员有关资格证明；

（三）知识产权信息服务业绩证明材料；

（四）相关规章和管理制度；

（五）其他必要的说明材料。

第八条 遴选程序：

（一）自愿申报。各省（区、市）、新疆生产建设兵团知识产权局（知识产权管理部门），根据国家知识产权局发布的通知，基于自愿原则，组织符合申报条件的单位填写申报材料。

（二）地方推荐。各省（区、市）、新疆生产建设兵团知识产权局（知识产权管理部门）对申报材料进行审核，在符合申报条件的基础上，优先推荐"服务能力强，服务对象广，服务链条全"的申报单位报送国家知识产权局。

（三）遴选确定筹建机构。国家知识产权局对推荐材料进行审查，符合基本条件的组织专家评审，根据申报材料和建设布局需要，综合考虑评审意见、区域布局、类型分布三方面，本着"质量优先、兼顾平衡"的原则进行初步遴选，提出TISC候选机构名单，与WIPO主管部门对候选机构进行实地调研，共同确定TISC筹建机构名单、类型及其服务内容。

第九条 筹建和认定：

（一）筹建。TISC筹建机构筹建期一般为1年，启动筹建1个月内各机构需提交筹建工作计划，并按照工作计划开展建设，提供相应服务。

（二）认定。筹建期满后，国家知识产权局组织专家对TISC筹建机构的整体建设情况进行评估。经评估合格的，由WIPO和国家知识产权局共同为筹建机构授牌，正式成为TISC承办机构。国家知识产权局与TISC承办机构签署服务协议，进入运行。TISC承办机构需在授牌后1个月内向国家知识产权局提交运行方案。对评估不合格的筹建机构保留筹建资格，进入下一轮筹建和评估认定，若仍不合格，则取消其TISC筹建机构资格。

第三章 运 行

第十条 实行运行周期管理，以3年为 1 个周期。运行期内，TISC 承办机构需切实履行服务协议，按照建设运行方案推进 TISC 建设和运行，按年度提交运行报告，并在 3 年运行期满前 2 个月提交总结报告。

第十一条 TISC 承办机构运行 3 年末，国家知识产权局组织专家对其运行情况进行评估考核。经评估合格的，继续保留 TISC 承办资格；评估不合格者，需在 1 年内进行整改，整改仍不合格，则取消其 TISC 承办资格。

第四章　管　理

第十二条 国家知识产权局下设 TISC 协调工作组和 TISC 专家委员会，统筹协调 TISC 各项工作。TISC 协调工作组负责 TISC 工作规划、项目开展及管理等相关工作的组织和落实；TISC 专家委员会负责对 TISC 的技术指导、提出考核评估意见。

第十三条 各省（区、市）、新疆生产建设兵团知识产权局（知识产权管理部门）按照本办法的规定进行推荐，对 TISC 机构的建设和运行予以支持，并协助开展相关工作。

第十四条 对于在申请过程中弄虚作假、骗取 TISC 认证和资格，或者利用 TISC 从事违法违规活动的，一经发现，将取消 TISC 申请、筹建和运行资格。所在地省级知识产权局（知识产权管理部门）要进行通报并开展调查，并于通报后 1 个月内向国家知识产权局反馈调查结果。

第十五条 TISC 申请、筹建或运行资格一经取消，原承办机构不得再次申报。

第五章　服务和保障

第十六条 TISC 承办机构的服务包括基本服务、高级服务和自选增值服务。各 TISC 承办机构应提供所有基本服务，根据自身类型提供高级服务，并结合自身优势和本地区发展需要，提供自选增值服务。

第十七条 TISC 承办机构提供的基本服务一般为免费服务，高级服务和自选增值服务可基于服务内容合理收取适当费用。

基本服务包括提供信息资源、基础检索、咨询和宣传等服务，并对创新主体检索与利用知识产权信息进行指导和基础培训等。

高级服务包括提供特定检索、技术监测和竞争者监测、预警导航、分析评议、进阶培训、知识产权托管等。

自选增值服务包括建设特色资源数据库、提供专业培训和专题讨论、协助开展技术成果转化、出版技术类相关出版物、提供知识产权战略制定和管理咨询、知识产权金融支持、建立技术创新联盟等。

第十八条 TISC 承办机构应加强服务能力建设，打造专业化服务队伍，利用互联网、大数据、人工智能等新技术，提升服务效率，为创新主体提供精准化、高质量的知识产权信息服务。

第十九条 TISC 承办机构应积极融入全球 TISC 网络，加强与国外 TISC 的交流合作，积极引进海外优质技术成果和人才等资源，提升国际知名度和影响力。

第二十条 各地知识产权局（知识产权管理部门）要积极争取地方政府的支持，推动 TISC 的高级服务和自选增值服务列入地方各级政府购买服务指导性目录，加大政府购买支持力度，并对TISC发展规划、房租、财政等方面提供政策支持。

第二十一条 各地知识产权局（知识产权管理部门）应加强对TISC的宣传和监督，结合区域优势和地方需求引导TISC向专业化、差异化方向发展。

第二十二条 国家知识产权局协调和提供相关资源支持在华TISC建设，定期开展业务培训和信息通报，促进TISC规范发展。

第六章 附 则

第二十三条 TISC承办机构的业务内容、名称变更或经营场所、主要负责人等重要信息发生变更，须在2个月内向所在地省级知识产权局（知识产权管理部门）报告。省级知识产权局（知识产权管理部门）审核并实地核查，符合本办法要求的，向国家知识产权局提出同意变更的建议；不符合本办法要求的，向国家知识产权局提出取消相应资格的建议。

第二十四条 本办法由国家知识产权局负责解释，自发布之日起实施。

附件：技术与创新支持中心（TISC）候选机构推荐表（略）

国家知识产权局办公室关于印发《知识产权信息公共服务工作指引》的通知

（国知办发服字〔2020〕43号）

各省、自治区、直辖市及新疆生产建设兵团知识产权局，四川省知识产权服务促进中心；局机关各部门，专利局各部门，商标局，局其他直属单位、各社会团体：

为贯彻落实《关于新形势下加快建设知识产权信息公共服务体系的若干意见》（国知发服字〔2019〕46号），织好知识产权服务网，充分发挥知识产权信息公共服务节点、网点作用，不断提升知识产权信息公共服务规范化、便利化水平，制定《知识产权信息公共服务工作指引》。经局批准，现予印发，请遵照执行。

特此通知。

国家知识产权局办公室
2020年11月5日

知识产权信息公共服务工作指引

为贯彻落实《关于新形势下加快建设知识产权信息公共服务体系的若干意见》（国知发服字〔2019〕46号），织好知识产权服务网，充分发挥知识产权信息公共服务节点、网点作用，不断提升知识产权信息公共服务规范化、便利化水平，特制定本指引。

一、服务主体

本指引所称服务主体指知识产权信息公共服务体系中的各类节点、网点。

节点是各级知识产权管理部门所属的知识产权信息公共服务机构；国家级、省级和部分区域中心城市节点构成全国知识产权信息公共服务主干网络；节点负责面向所在区域提供基础性知识产权信息公共服务，辐射、支撑区域内服务网点。

网点是提供知识产权信息公共服务的社会化信息服务机构，包括技术与创新支持中心（TISC）、高校国家知识产权信息服务中心，以及其他高校、科研院所、科技情报机构、公共图书馆、产业园区生产力促进机构、行业组织、市场化服务机构网点等。网点联接依托主干网络，主要面向社会公众、创新创业主体以及特定领域或特定行业提供基础性知识产权信息公共服务，强化知识产权信息公共服务供给。

在保证基础性公共服务的可及性和服

务质量的前提下,鼓励具备相应资质和服务能力的节点、网点提供低成本专业化公共服务。

二、服务原则

(一)基础服务。各类节点、网点应当积极围绕国家和区域发展战略,围绕社会公众和创新创业主体需求,主动面向重点产业、重大科研项目、科技成果转化等提供基础性知识产权信息公共服务支持。

(二)便利服务。各类节点、网点应当明示知识产权信息公共服务事项,明确可提供的知识产权信息公共服务内容,通过国家知识产权公共服务网、单位网站等向社会公布,保障服务的针对性、可及性、便利性。

(三)规范服务。各类节点、网点应当建立健全公共服务工作制度和规范,积极推广应用国家知识产权局关于数据采集和加工、信息利用、信息服务等方面的规范和指引,提升知识产权信息公共服务的标准化、规范化水平。

(四)创新服务。各类节点、网点应当利用新媒体等现代信息技术手段开展服务,创新服务形式,丰富服务内容,提升服务效能;建立知识产权信息公共服务反馈机制,不断提升知识产权信息公共服务水平。

三、服务重点

(一)知识产权信息公共服务节点。各类节点应当发挥好知识产权信息公共服务体系主渠道作用,面向政府部门、创新创业主体、社会公众等提供知识产权信息基础性支撑服务,积极推动知识产权信息传播利用。积极宣传知识产权信息公共服务相关政策,发挥节点的骨干和引领作用,开展区域知识产权信息公共服务节点、网点间交流协作。

1. 国家级知识产权信息公共服务节点主要承担全国性知识产权信息检索分析技能提升指导、公益培训、信息咨询等工作,积极参与知识产权信息基础分析工具开发等基础性工作。

2. 省级知识产权信息公共服务节点主要在省(区、市)知识产权局支持下参与构建本地区知识产权信息公共服务体系,对地市级知识产权信息公共服务节点进行业务指导,参与地方特色化、差异化公共服务平台建设,聚焦区域重点产业,开发本地专题数据库,开展知识产权宏观数据统计、产业知识产权发展态势分析等,为地方政府决策提供基础数据分析支撑,协助省(区、市)知识产权局做好区域内知识产权公共服务资源的统筹工作。支持鼓励具备数据加工能力的省级知识产权信息公共服务节点参与国家重点行业领域知识产权数据加工等基础工作。

3. 区域中心城市知识产权信息公共服务节点主要推动区域创新主体知识产权信息利用能力提升,加强知识产权政策宣传,协调区域内公共服务网点,根据地区需求提供个性化、特色化区域信息公共服务,推动知识产权信息公共服务便利化、普及化、精准化,促进知识产权信息与当地产业、科技、经济深度融合。

(二)知识产权信息公共服务网点。技术与创新支持中心(TISC)、高校国家知识产权信息服务中心按照相关建设实施办法要求开展工作。其他各类网点应当结合本单位工作基础,将知识产权信息公共服务融入日常工作,根据服务对象的共性需求和特点，针对性开展知识产权信息公共服务。

1. 高校类服务网点应当发挥信息资源和人才资源优势，将知识产权信息公共服务纳入日常教学、科研管理，面向高校师生开设知识产权信息利用课程，举办知识产权信息分析利用培训，增强高校师生知识产权意识，探索建立知识产权素养教育人才档案。积极服务高校科技创新、学科建设、成果转化和人才培养，促进高校发挥创新源头作用。鼓励支持有服务能力的高校网点扩大服务范围，服务区域经济和产业发展；发挥专业与学科优势，开展行业专利信息分析。

2. 科研院所、科技情报机构类服务网点应当将知识产权信息利用贯穿于本单位科技项目的立项、研发、产出成果等全流程，推动提升研发起点，促进研发成果形成高质量知识产权，助力研发成果转化。在做好本单位服务的同时，鼓励支持有服务能力的科研院所、科技情报机构类网点扩大服务范围，积极服务地方经济和产业发展；发挥专业与学科优势，开展行业专利信息分析。

3. 公共图书馆类服务网点应当发挥场地资源齐备、受众广泛等优势，结合参考咨询等职能工作，开展知识产权信息咨询服务，通过举办展览、讲座、论坛、沙龙、公开课、阅读推广等活动，增强公众知识产权意识，推动知识产权基础知识传播。

4. 经济技术开发区、高新技术产业开发区、产业园区生产力促进机构类服务网点应当发挥生产要素聚集优势，将知识产权信息公共服务深度融入园区技术转化、企业创新、产业发展。积极为园区内企业和服务机构搭建对接交流平台，推进产学研合作和整合创新资源。

5. 行业组织类服务网点尤其是知识产权领域行业组织应当加强横向合作，发挥桥梁和纽带作用，将知识产权信息传播利用融入行业服务，建立行业专题数据库，重点面向成员（会员）单位开展信息利用培训、信息推送等服务。

6. 市场化服务机构类服务网点应当积极推动知识产权信息传播利用与知识产权专业服务相融合，不断提升服务质量，满足服务对象多层次知识产权信息服务需求。鼓励支持市场化服务机构向社会免费或者低成本提供公益性信息服务。

四、服务内容

（一）基础性服务。各节点、网点应当根据自身基础和条件，向服务对象免费提供相应的基础服务。

1. 开展知识产权公益培训、公益讲座等宣传教育活动，普及知识产权基础知识和信息利用方法技能。

2. 指导服务对象进行基础性知识产权信息检索、查询和分析。

3. 通过节点、网点协作开展知识产权文献传递。

4. 通过电话、网络、窗口等途径开展知识产权文献信息、信息分析利用相关咨询服务。

5. 传播知识产权信息，推广公益性知识产权信息分析利用成果。

6. 充分利用国家知识产权局等部门单位的知识产权公共服务资源，向创新主体和社会公众进行推广。

7. 其他基础性服务。

（二）专业化服务。鼓励各节点、网

点根据机构性质、资源优势、服务能力和服务对象需求，提供低成本专业化知识产权信息公共服务。

1. 专利、商标、地理标志等各类知识产权专业检索和分析服务。

2. 面向特定技术领域创新需求，提供知识产权专题数据库建设服务。

3. 面向政府部门、企事业单位、行业组织等各类主体，结合实际需求，开展区域规划、产业规划、企业经营、研发活动、人才管理等专利导航服务。

4. 面向国家和地方重点产业、企业等市场主体开展专利预警服务。

5. 为知识产权保护和运用，特别是确权、维权、交易、转化等提供知识产权信息服务支撑。

6. 面向多层次、多样化知识产权信息服务需求，开发特色化知识产权信息应用工具。

7. 其他专业化服务。

五、服务保障

（一）加强资源保障。国家知识产权局及省（区、市）知识产权局应当在服务机制、数据资源、规范建设、培训工作等方面为节点、网点提供指导和支持；通过组织实施公共服务项目等形式，支持引导节点、网点提供高质量知识产权信息公共服务产品。国家知识产权局、省（区、市）局、地市级知识产权管理部门应当在知识产权专项经费中设立知识产权信息公共服务预算项目。协调有关行业主管部门对行业内服务网点提供政策、资源支持。各类节点、网点应当根据知识产权信息公共服务定位、目标，做好人员、服务系统和数据资源、硬件、场地等基础服务保障。

（二）加强互联共享。各省（区、市）知识产权局应当结合本地实际，推动特色化公共服务平台建设，丰富服务功能；与国家知识产权公共服务平台、各省市平台、区域内相关服务平台加强互联共享，打破信息和服务孤岛，形成叠加服务效能；健全完善需求供给对接渠道，共享专题数据库、分析工具等服务资源，提高公共服务质量和效率。

（三）加强交流协作。建立健全多层次、多样化知识产权信息公共服务经验交流机制、服务协作机制、服务资源和成果共享机制，定期或不定期组织节点、网点工作交流，建立节点、网点间联系渠道，依托国家知识产权公共服务网等搭建服务协作、资源和成果共享平台。

（四）重视服务反馈。鼓励各省（区、市）知识产权局加强区域知识产权信息公共服务效能评估，通过常态化评估促进节点、网点服务质量和效能提升。各节点、网点应当设置专门渠道收集和接收相关意见、建议，根据服务效果反馈主动改进服务，提高公共服务质量。

（五）加强宣传推广。各省（区、市）知识产权局应当积极总结实践经验，挖掘报送区域典型案例。国家知识产权局通过国家知识产权公共服务网等途径和方式，对各地经验和典型案例进行宣传推广，定期或不定期发布《知识产权信息服务优秀实践》，发挥优秀知识产权信息公共服务实践的示范、引导作用。

国家知识产权局关于促进和规范知识产权运营工作的通知

（国知发运字〔2021〕22号）

各省、自治区、直辖市和新疆生产建设兵团知识产权局，四川省知识产权服务促进中心，广东省知识产权保护中心：

为认真贯彻落实习近平总书记关于知识产权工作的重要指示论述，深入贯彻党中央、国务院关于新时代加快完善社会主义市场经济体制、构建更加完善的要素市场化配置体制机制的决策部署，按照全国知识产权局局长会议工作安排，现就促进和规范知识产权运营工作有关事项通知如下：

一、提高认识，协同有序推进知识产权运营工作

开展知识产权运营，充分运用知识产权规则，有效发挥知识产权融资、评估、转移对接服务的支撑作用，融合运用知识产权信息和各类信息的引导功能，推动知识产权转化实施，促进知识产权市场价值充分实现，是实施知识产权制度的重要目的之一。近年来，知识产权运营工作不断发展，运营机制持续创新，体系建设加快推进，运营绩效逐步提升，社会各界参与的积极性越来越高。同时，各地方在不同程度上面临着一些问题和困难，包括对如何推进知识产权运营的认识不统一、定位不准确，推进的系统性、规范性亟待提升，政府与市场的关系需要进一步厘清；激励产学研各方转移转化知识产权的措施有待细化，推进知识产权转化实施的导向需要进一步明确；重知识产权信息供给、轻需求信息挖掘，供需信息不对称，供需对接渠道需要进一步畅通；支持知识产权运营的转移转化对接服务、融资服务、评估服务的分工融合、相互支撑需要进一步加强；对运营的规范引导、监督管理与环境营造需要进一步强化。

各级知识产权管理部门要切实提高认识，认真学习贯彻中央有关部署，将目标导向与问题导向有机结合，更好把握知识产权运营规律，努力提升科学促进与有效规范知识产权运营的能力与水平，着眼发挥知识产权运营在完善要素市场化配置体制机制中的重要作用，着力解决面临的实际问题；要坚持市场主导，充分发挥市场配置资源的决定性作用，厘清政府行为与市场行为，支持引导市场主体、创新主体在知识产权运营中真正发挥主体作用，通过改革创新、细化政策措施，激励产学研各方转化实施知识产权的积极性；要坚持协同有序推进，统筹做好促进与规范各项工作，引导提升知识产权转让许可过程中的咨询服务能力，有效发挥融资服务、评估服务对知识产权转移转化的支撑作用，加快构建公平、规范的知识产权市场化运营环境，推动优化技术、数据、资本等要素市场化配置，大力推进知识产权向现实生产力转化，更好满足人民群众对美好新产品新服务的需要，更快促进我国核心竞争力的提升。

二、完善激励，激发知识产权转移转化活力

要按照中央决策部署，结合本地区产学研各方需求，积极推动深化知识产权利益激励与产权激励措施，推进提升知识产权转移转化活力，从根本上增强知识产权运营的能力与水平。要主动优化地方财政扶持政策，推动创新主体、市场主体贴近生产实际和产业需求，强化以转化实施为目标的知识产权运用。要指导深化职务发明专利的使用权、处置权和收益权改革，完善处置流程和收益分配机制。配合有关部门做好赋予科研人员职务科技成果所有权或长期使用权试点工作，完善知识产权相关配套措施。创新能力较强、市场机制完善，特别是承担财政资金支持项目的地区，要加大政策创新与政策实施力度，充分发挥知识产权在完善技术、资本、数据等要素市场化配置中的作用。

三、分类指导，优化知识产权运营服务供给

要结合地方优势产业与特色经济发展需要，合理引导知识产权运营机构培育工作。指导有条件的市场主体、创新主体完善知识产权运营机制建设，建立专职兼职相结合的知识产权运营队伍，使知识产权运营机制有机融入研发经营全过程。指导有需求的市场主体、创新主体强化专利导航运用，综合分析知识产权信息与区域发展政策、投资融资、市场竞争、消费需求等各类信息，防控市场风险，提升转化运用效益。建立专利与技术标准融合工作推进机制，合理引导相关专利纳入技术标准，抢占产业竞争的制高点。发展专利、商标、地理标志综合服务机构，支持企业创新能力、区域优势和商誉信誉的综合提升，有效增强产品的市场拓展能力。围绕国家重大区域战略和重点产业领域，培育一批产业特色明显、知识产权运营能力突出的行业龙头类机构，打造知名运营服务品牌。引导创新与创业的有机结合，发挥知识产权运营服务在促进人才流动与支持扩大就业中的作用，增强对"双创"的服务支撑。

四、拓宽渠道，推进知识产权运营供需对接

要引导行业协会、运营机构有序发挥作用，加强知识产权运营需求调查分析，建设区域与行业的运营需求信息数据库。依规合理划分知识产权运营的政府委托服务和市场化业务。指导接受政府委托服务的知识产权运营机构，在运营信用信息提供、需求数据汇聚、基础工具供给等方面发挥作用，支持构建公平、规范的市场化运营机制，推动降低交易成本。引导市场化运营机构综合运用线上线下方式，积极对接实体产业，深化产学研项目和服务对接，挖掘知识产权运营服务需求，提升供给水平。创新知识产权相关展会组展和展示方式，提高知识产权和各类资源对接成效。落实专利转化专项计划工作要求，促进要素市场大循环，引导高校院所增强专利技术供给的针对性，有效满足小微企业

创新发展需求。

五、支撑转化，促进加强知识产权融资服务

要积极促进资本要素与知识产权的有效融合，推动强化金融支持知识产权转化实施导向，支持金融机构、投资机构丰富知识产权投资融资产品。完善知识产权质押融资的风险分担和补偿方式，设有质押融资风险补偿基金的地区要充分发挥财政资金的引导作用，优化补偿机制和质物处置流程。深入开展知识产权质押融资入园惠企行动，推动知识产权质押融资工作深入园区、企业和金融机构基层网点，更好服务实体经济。鼓励有条件的地区探索多样化知识产权投融资方式，发挥风险投资对知识产权市场化运营的重要作用，引导风险投资更多投向具有高价值知识产权的创新主体和市场主体；结合当地实体经济发展需要，合理设立知识产权运营基金，有序发挥证券化融资功能；推动知识产权保险创新，丰富知识产权保险品种，有效扩大保险覆盖范围。

六、助推实施，引导知识产权高效有序流转

在充分保障和尊重权利人利益和意愿的基础上，鼓励向具备实施能力的企业转移知识产权。加快建立健全专利开放许可制度运行机制，汇聚专利许可使用需求数据，提升许可声明、定价、对接等配套服务能力，提高专利开放许可制度运行效能。鼓励高校院所参与开放许可活动，引导探索专利快速许可等新型专利许可方式，提高专利许可效率，降低专利许可交易风险和成本。研究制定知识产权转让许可相关合同范本和指引。完善知识产权作价入股的指导和服务。积极配合落实知识产权转让、许可、作价入股收入税收优惠政策。

七、畅通流转，提升知识产权评估服务能力

要促进提高知识产权评估的规范性和科学性，积极研究推广知识产权评估相关规范与指引，运用大数据和智能化技术，发挥知识产权评估案例参考作用，提升知识产权评估服务的专业化、智能化水平。鼓励评估服务机构开发针对不同应用场景的知识产权评估工具，围绕创新主体、市场主体的转让许可、投资融资等需求，提供规范、便捷的知识产权评估服务。引导企业建立知识产权质量评价和价值评估机制，对知识产权在企业竞争力中的作用进行定性定量分析，指导企业科学管理和使用知识产权。

八、完善环境，加强知识产权交易信息监测和信用监管

各级知识产权管理部门要建立健全知识产权运营数据的统计分析机制。推动完善知识产权相关会计信息公开机制，引导企业做好知识产权资产会计核算，规范管理知识产权资产。国家知识产权局将加强专利转让、专利许可实施合同备案的信息汇集和统计发布。进一步加强知识产权领域联盟类组织治理工作，分类施策，配合有关部门积极打击违规违法行为。健全知识产权运营领域信用监管机制，净化知识产权交易市场，加强信用信息共享和联合惩戒，加大知识产权交易运营信用监督力度。依规遏制明显不以保护创新为目的的

专利申请权和专利权转让行为，打击不以使用为目的的恶意商标注册申请行为，严格交易标的和交易方背景审核，坚决堵住非法交易牟利的通道。

九、规范运行，加强知识产权运营平台管理

各级知识产权管理部门对于批设或推荐申报的知识产权运营平台（中心），负责日常监督工作，规范信息发布与融资投资服务行为，防范各类风险，强化运行情况监测，完善统筹协调。要统筹用好现有资源，节约使用财政资金，避免重复投入、重复建设，特别是新建大而全的信息化运营平台。明确区域和产业知识产权运营中心定位，突出区域运营中心的地方服务功能，增强产业运营中心的行业特色服务和市场化服务能力。国家知识产权局建立全面的绩效评价机制，进一步规范国家级知识产权运营平台（中心）名称和运行，根据实际运行情况进行动态调整。国家级知识产权运营平台（中心）原则上不跨区域设立分平台、分中心、工作站等分支机构，如确需设立，应由主管单位报国家知识产权局核准后设立。

十、严格监督，完善知识产权运营资金使用管理

财政资金支持的各类知识产权运营与专利转化项目所在地区，要按照有关财政资金管理规定，建立高效、公开、公平的资金支出机制，实行全过程绩效管理，落实地方主体责任，规范资金支出范围，有序支持和引导市场化运营，提升资金使用效益。财政支持的重点城市要加快资金使用进度，制定项目和资金管理规范，建立健全知识产权运营责任和绩效机制。知识产权运营基金和机构要规范高效使用财政资金，加快推动创新主体、市场主体提高知识产权质量与效益，推动服务机构提升市场化运营能力，支持培育更多技术新、设计精、商誉好的新产品。加强知识产权运营行业监管，建立违法违规行为通报和责任单位约谈机制，严厉打击套取补贴资金、编造虚假交易等行为。

十一、强化责任，推进知识产权运营绩效提升

省级知识产权局负责推进本地区运营工作相应机制和环境建设工作，组织落实好各项工作任务，细化知识产权运营助力实体经济发展措施，提升知识产权转移转化的效率与效益。承担知识产权运营平台建设任务的地方知识产权局，要推动组建平台运行的法人实体，建立规范的治理结构和高效的运行机制。实施专利转化专项计划的省份和知识产权运营服务体系建设重点城市知识产权局，要高效完成好资金支出和绩效管理各项任务，承担相应主体责任。同时，要进一步深化改革、创新政策，率先落实好各项任务。建设期满的重点城市要将行之有效的政策、项目予以延续和深化，打造升级版运营服务体系。其他地方知识产权局要积极细化政策措施，完善推进机制与运营环境，推动提升市场化运营能力与效益。

国家知识产权局在全国范围内推动构建知识产权市场化运营机制与环境，完善相关政策体系，组织制定相关规范与指引，加强指导与协调，规范开展信用监管，按照财政资金使用有关规定，做好绩效评价和督导。

十二、完善保障，促进能力提升

各级知识产权管理部门要加快培养知识产权运营领域的管理人才、服务人才和技术人才，激励各类人才充分发挥作用，提高管理水平，推进提升知识产权市场化运营能力。要加强宣传引导，注重挖掘推广典型经验，营造知识产权运营工作良好氛围，推动形成工作合力。

国家知识产权局推动建立知识产权运营业务常态化交流机制，完善信息统计分析，畅通信息渠道。根据区域与行业的实际需要，聚焦专题，组织召开现场推进活动，推动及时解决问题，促进经验互鉴、资源互补。推进深化相应理论、规则与政策研究，推动完善运营工作长效机制与制度保障。

各级知识产权管理部门要按照通知要求，提高政治站位，狠抓工作落实，不断促进和规范知识产权运营工作，遇到重要问题、重要情况，及时报告。

特此通知。

国家知识产权局

2021年7月27日

教育部 国家知识产权局 科技部
关于提升高等学校专利质量促进转化运用的若干意见

（教科技〔2020〕1号）

各省、自治区、直辖市教育厅（教委）、知识产权局（知识产权管理部门）、科技厅（委、局），新疆生产建设兵团教育局、知识产权局、科技局，有关部门（单位）教育司（局）、知识产权工作管理机构、科技司，部属各高等学校、部省合建各高等学校：

《国家知识产权战略纲要》颁布实施以来，高校知识产权创造、运用和管理水平不断提高，专利申请量、授权量大幅提升。但是与国外高水平大学相比，我国高校专利还存在"重数量轻质量""重申请轻实施"等问题。为全面提升高校专利质量，强化高价值专利的创造、运用和管理，更好地发挥高校服务经济社会发展的重要作用，现提出如下意见。

一、总体要求

（一）指导思想

以习近平新时代中国特色社会主义思想为指导，全面贯彻党的十九大和十九届二中、三中、四中全会精神，落实全国教育大会部署，坚持新发展理念，紧扣高质量发展这一主线，深入实施创新驱动发展战略和知识产权强国战略，全面提升高校专利创造质量、运用效益、管理水平和服务能力，推动科技创新和学科建设取得新进展，支撑教育强国、科技强国和知识产权强国建设。

（二）基本原则

坚持质量优先。牢牢把握知识产权高质量发展的要求，坚持质量优先，找准突破口，增强针对性，始终把高质量贯穿高校知识产权创造、管理和运用的全过程。

突出转化导向。树立高校专利等科技成果只有转化才能实现创新价值、不转化是最大损失的理念，突出转化应用导向，倒逼高校知识产权管理工作的优化提升。

强化政策引导。发挥资助奖励、考核评价等政策在推进改革、指导工作中的重要作用，建立并不断完善有利于提升专利质量、强化转化运用的各类政策和措施。

（三）主要目标

到2022年，涵盖专利导航与布局、专利申请与维护、专利转化运用等内容的高校知识产权全流程管理体系更加完善，并与高校科技创新体系、科技成果转移转化体系有机融合。到2025年，高校专利质量明显提升，专利运营能力显著增强，部分高校专利授权率和实施率达到世界一流高校水平。

二、重点任务

（一）完善知识产权管理体系

1. 健全知识产权统筹协调机制。高校要成立知识产权管理与运营领导小组或科技成果转移转化领导小组，统筹科研、知识产权、国资、人事、成果转移转化和图书馆等有关机构，积极贯彻《高校知识产权管理规范》（GB/T 33251—2016），形成科技创新和知识产权管理、科技成果转移转化相融合的统筹协调机制。已成立科技成果转移转化领导小组的高校，要将知识产权管理纳入领导小组职责范围。

2. 建立健全重大项目知识产权管理流程。高校应将知识产权管理体现在项目的选题、立项、实施、结题、成果转移转化等各个环节。围绕科技创新2030重大项目、重点研发计划等国家重大科研项目，探索建立健全专利导航工作机制。在项目立项前，进行专利信息、文献情报分析，开展知识产权风险评估，确定研究技术路线，提高研发起点；项目实施过程中，跟踪项目研究领域工作动态，适时调整研究方向和技术路线，及时评估研究成果并形成知识产权；项目验收前，要以转化应用为导向，做好专利布局、技术秘密保护等工作，形成项目成果知识产权清单；项目结题后，加强专利运用实施，促进成果转移转化。鼓励高校围绕优势特色学科，强化战略性新兴产业和国家重大经济领域有关产业的知识产权布局，加强国际专利的申请。

3. 逐步建立职务科技成果披露制度。高校应从源头上加强对科技创新成果的管理与服务，逐步建立完善职务科技成果披露制度。科研人员应主动、及时向所在高校进行职务科技成果披露。高校要提高科研人员从事创新创业的法律风险意识，引导科研人员依法开展科技成果转移转化活动，切实保障高校合法权益。未经单位允许，任何人不得利用职务科技成果从事创办企业等行为。涉密职务科技成果的披露要严格遵守保密有关规定。

（二）开展专利申请前评估

4. 建立专利申请前评估制度。有条件的高校要加快建立专利申请前评估制度，明确评估机构与流程、费用分担与奖励等事项，对拟申请专利的技术进行评估，以决定是否申请专利，切实提升专利申请质量。评估工作可由本校知识产权管理部门（技术转移部门）或委托市场化机构开展。对于评估机构经评估认为不适宜申请专利的职务科技成果，因放弃申请专利而给高校带来损失的，相关责任人已履行勤勉尽责义务、未牟取非法利益的，可依法依规免除其放弃申请专利的决策责任。对于接受企业、其他社会组织委托项目形成的职务科技成果，允许合同相关方自主约定是否申请专利。

5. 明确产权归属与费用分担。允许高校开展职务发明所有权改革探索，并按照权利义务对等的原则，充分发挥产权奖励、费用分担等方式的作用，促进专利质量提升。发明人不得利用财政资金支付专利费用。

专利申请评估后，对于高校决定申请专利的职务科技成果，鼓励发明人承担专利费用。高校与发明人进行所有权分割的，发明人应按照产权比例承担专利费用。不进行所有权分割的，要明确专利费用分担和收益分配；高校承担全部专利费用的，专利转化取得的收益，扣除专利费用等成本后,按照既定比例进行分配;发明人承担部分或全部专利费用的,专利转化取得的收益,先扣除专利费用等成本,其中发明人承担的专利费用要加倍扣除并返还给发明人,然后再按照既定比例进行分配。

专利申请评估后,对于高校决定不申请专利的职务科技成果,高校要与发明人订立书面合同,依照法定程序转让专利申请权或者专利权,允许发明人自行申请专利,获得授权后专利权归发明人所有,专利费用由发明人承担,专利转化取得的收益,扣除专利申请、运维费用等成本后,发明人根据约定比例向高校交纳收益。

(三)加强专业化机构和人才队伍建设

6. 加强技术转移与知识产权运营机构建设。支持有条件的高校建立健全集技术转移与知识产权管理运营为一体的专门机构,在人员、场地、经费等方面予以保障,通过"国家知识产权试点示范高校""高校科技成果转化和技术转移基地""高校国家知识产权信息服务中心"等平台和试点示范建设,促进技术转移与知识产权管理运营体系建设,不断提升高校科技成果转移转化能力。鼓励各高校探索市场化运营机制,充分调动专业机构和人才的积极性。

支持市场化知识产权运营机构建设,为高校提供知识产权、法律咨询、成果评价、项目融资等专业服务。鼓励高校与第三方知识产权运营服务平台或机构合作,并从科技成果转移转化收益中给予第三方专业机构中介服务费。鼓励高校与地方结合,围绕各地产业规划布局和高校学科优势,设立行业性的知识产权运营中心。

7. 加快专业化人才队伍建设。支持高校设立技术转移及知识产权运营相关课程,加强知识产权相关专业、学科建设,引育结合打造知识产权管理与技术转移的专业人才队伍,推动专业化人才队伍建设。鼓励高校组建科技成果转移转化工作专家委员会,引入技术经理人全程参与高校发明披露、价值评估、专利申请与维护、技术推广、对接谈判等科技成果转移转化的全过程,促进专利转化运用。

8. 设立知识产权管理与运营基金。支持高校通过学校拨款、地方奖励、科技成果转移转化收益等途径筹资设立知识产权管理与运营基金,用于委托第三方专业机构开展专利导航、专利布局、专利运营等知识产权管理运营工作以及技术转移专业机构建设、人才队伍建设等,形成转化收益促进转化的良好循环。

(四)优化政策制度体系

9. 完善人才评聘体系。高校要以质量和转化绩效为导向,更加重视专利质量和转化运用等指标,在职称晋升、绩效考核、岗位聘任、项目结题、人才评价和奖学金评定等政策中,坚决杜绝简单以专利申请量、授权量为考核内容,加大专利转化运用绩效的权重。支持高校根据岗位设置管理有关规定自主设置技术转移转化系列技术类和管理类岗位,激励科研人员和管理人员从事科技成果转移转化工作。

10. 优化专利资助奖励政策。高校要以优化专利质量和促进科技成果转移转化为导向,停止对专利申请的资助奖励,大幅减少并逐步取消对专利授权的奖励,可通过提高转化收益比例等"后补助"方式对发明人或团队予以奖励。

三、组织实施

（一）完善工作机制。教育部、国家知识产权局、科技部建立定期沟通机制，及时研究高校专利申请、授权、转化有关情况。各高校要深刻认识进一步做好专利质量提升工作的重要性，坚持质量第一，积极推动把专利质量提升工作纳入重要议事日程，进一步提高知识产权工作水平，促进知识产权的创造和运用。其他类型知识产权管理工作可参照本意见执行。

（二）加强政策引导。将专利转化等科技成果转移转化绩效作为一流大学和一流学科建设动态监测和成效评价以及学科评估的重要指标，不单纯考核专利数量，更加突出转化应用。遴选若干高校开展专业化知识产权运营或技术转移人才队伍培养，不断提升高校知识产权运营和技术转移能力。国家知识产权局加强对专利申请的审查力度，严把专利质量关。反对发布并坚决抵制高校专利申请量和授权量排行榜。

（三）实行备案监测。每年3月底前高校通过国家知识产权局系统对以许可、转让、作价入股或与企业共有所有权等形式进行转化实施的专利进行备案。教育部、国家知识产权局根据备案情况，每年公布高校专利转化实施情况，对专利交易情况进行监测。按照《关于规范专利申请行为的若干规定》（国家知识产权局令2017年第75号），每季度监测高校非正常专利申请情况。对非正常专利申请每季度超过5件或本年度非正常专利申请占专利申请总量的比例超过5%的高校，国家知识产权局取消其下一年度申报中国专利奖的资格。

（四）创新许可模式。鼓励高校以普通许可方式进行专利实施转化，提升转化效率。支持高校创新许可模式，被授予专利权满三年无正当理由未实施的专利，可确定相关许可条件，通过国家知识产权运营相关平台发布，在一定时期内向社会开放许可。

教育部　国家知识产权局　科技部
2020年2月3日

国家知识产权局　中国科学院　中国工程院　中国科学技术协会关于推动科研组织知识产权高质量发展的指导意见

（国知发运字〔2021〕7号）

各省、自治区、直辖市、新疆生产建设兵团知识产权局、科协，四川省知识产权服务促进中心，广东省知识产权保护中心，中国科学院院属各单位，中国科协所属各全国学会、协会、研究会：

科研组织是国家创新体系的重要组成部分，是建设世界科技强国的中坚力量，承担着突破原创性基础研究、攻克关键核心技术、破解创新发展难题的重任。为认真贯彻落实习近平总书记在中央政治局第二十五次集体学习时的重要讲话精神，深入落实党中央、国务院决策部署，贯彻实施国家创新驱动发展战略和知识产权强国战略，全面加强知识产权保护和运用，支撑国家战略科技力量建设，更好地服务科技工作者，充分发挥知识产权激励科技创新、保障成果权益、支撑治理体系的制度性作用，推动科研组织高质量发展，现提出如下意见。

一、总体要求

以习近平新时代中国特色社会主义思想为指导，全面贯彻党的十九大和十九届二中、三中、四中、五中全会精神，坚持稳中求进工作总基调，坚持以供给侧结构性改革为主线，坚持新发展理念，加快推进知识产权强国建设，着力打通知识产权创造、运用、保护、管理、服务全链条，提升科研组织知识产权综合能力，提高创新资源的市场化配置效率，促进创新链、产业链、资金链、政策链深度融合，加快推进创新成果向现实生产力转化，打造未来发展新优势，支持国家战略科技力量率先建成世界一流科研组织，带动行业和地方科研组织高质量发展，促进建设现代化经济体系，激发全社会创新活力，推动构建新发展格局。

在科研组织创新体系建设工作推进和实践探索中，要把握好以下重要原则：一是聚焦保护创新，坚持"四个面向"，围绕关键共性技术、前沿引领技术、现代工程技术、颠覆性技术创新，积极部署和统筹谋划知识产权保护工作，支撑保障产业链供应链安全稳定。二是深化改革发展，加快科研组织体制机制改革，根据科研组织不同类型精准施策，进一步扩大科研组织和科研人员自主权，建立健全知识产权权益分配激励机制，强化知识产权制度运用和权利经营，促进创新要素自主有序流动、高效配置。三是优化战略布局，牢牢把握知识产权高质量发展的要求，坚持布局优先、质量取胜，围绕关键核心技术培育高价值专利组合，形成与科研组织创新能力、技术市场前景相匹配的知识产权战略布局。四是强化高效运用，以市场需求为导向，搭建科研组织知识产权运营体系，加强科研组织与各类创新主体和市场主体的深度合作，打造知识产权转化运用新模式新机制，实现知识产权运用效益最大化。

二、坚持知识产权保护导向，强化创新全过程知识产权管理

（一）加强知识产权统筹协调和制度建设。建立知识产权统筹协调机制，制定与国家重大战略需求和重点科研任务相适应的知识产权中长期目标。改革完善知识产权考核机制，加快建立以知识产权转化绩效为重要指标的科技创新考评体系，推动重大科技成果知识产权市场转化。积极实施创新过程知识产权管理国际标准，推动知识产权管理深度嵌入创新活动全过程。支持新型研发机构、国家重点实验室、国家实验室制度创新，鼓励在评价体系、职称评定、内控制度、科研模式等方面，开展有利于促进知识产权转化运用的探索。

（二）深入开展科研项目专利导航。加强关键领域自主知识产权创造和储备，探索建立以产业数据、专利数据为基础的专利导航机制，围绕国家重大专项部署实施若干专利导航项目，培育一批关键核心技术的高价值专利组合。以《专利导航指南》（GB/T 39551—2020）为指导，在选题立项、研发活动、人才遴选和评价等环节积极开展专利导航。通过专利信息深度挖掘和有效运用，明晰产业发展格局、技术创新方向和研发路径，提高研发创新起点，做好专利精准布局，有效保护技术创新。

（三）建立专利申请前评估制度。制定职务科技成果专利申请前评估工作机制和流程，根据技术研发情况和技术竞争环境，明确产权归属、费用分担和收益分配方式，切实提升专利质量。对于经评估认为适宜申请专利且技术创新水平较高、市场前景较好的职务科技成果，及时对接知识产权管理和运营机构，重点做好专利布局规划和转化运用等工作。对于经评估认为适宜作为技术秘密进行保护的职务科技成果，做好相应的保护工作。专利申请评估后，科研组织决定不申请专利的职务科技成果，可与发明人订立书面合同，依照法定程序转让专利申请权或者专利权，允许发明人自行申请专利。对于因放弃申请专利而给科研组织带来损失的，相关责任人已履行勤勉尽责义务、未牟取非法利益的，可依法依规免除其放弃申请专利的决策责任。

三、加大知识产权运用力度，促进创新成果向现实生产力转化

（四）探索知识产权权益分配改革。鼓励科研组织积极参与国家和地方赋予科研人员职务科技成果所有权或长期使用权试点工作。向科研人员赋予职务科技成果所有权的，要按照权利义务对等原则，明确各自承担的知识产权费用和获得的收益分配比例，不得利用财政资金支付科研人员承担的知识产权费用。改进知识产权归属制度，建立有效的知识产权收益激励机制，鼓励科研组织采取股权、期权、分红等激励方式，使发明人或者设计人合理分享创新收益，同时对为转化运用做出重要贡献的科研、管理与运营人员等，给予合理的奖励和报酬。

（五）推动开展知识产权转化运用。推动科研组织根据科研成果产业化前景和技术成熟度情况，制定不同的转化运用策略，探索符合自身特点的知识产权运营模式。鼓励科研组织围绕关键核心技术加强专利与技术标准融合，掌握一批标准必要专利，组建"专利池"，支撑产业创新发展。鼓励科研组织实施开放许可，在专利权人自愿的前提下，声明愿意许可任何单位或者个人实施其专利，明确许可使用支付标准和方式。对于被授予专利权满3年且无正当理由未实施的专利，鼓励科研组织在国家知识产权运营相关平台分享发布或者委托相关机构开展运营。鼓励科研组织委托第三方服务机构开展专利挖掘和布局、专利导航、知识产权资产管理、价值评估、风险防控等专业化服务。在对知识产权服务机构的选择、考核、淘汰等管理中强化服务质量导向，完善服务机构评价体系。

（六）加强知识产权海外布局。鼓励科研组织立足战略发展需求，结合目标市场国家或地区知识产权环境，制定海外知识产权布局策略，合理利用巴黎公约、专利合作条约（PCT）、马德里协定、专利审查高速路（PPH）等途径，优先在符合技术发展趋势、具有领先水平和市场应用前景的领域申请国外专利，做好海外商标保护，提升国际竞争能力。

四、提升知识产权风险防控能力，保障产业链供应链安全

（七）建立科研人员职务科技成果披露制度。从源头上加强对科技创新成果的知识产权管理与服务，逐步建立完善职务科技成果披露制度，规范披露人员范围、内容形式、审核流程等事项。科研人员应主动、及时向所属科研组织披露职务科技成果。涉密职务科技成果的披露要严格遵守保密有关规定。科研组织要规范对科研人员利用职务科技成果创办企业等行为的管理，指导科研人员做好职务科技成果披露工作。

（八）加强知识产权合规使用。加强对知识产权许可转让、作价入股的管理、审查和备案，规范合同中的知识产权相关条款。涉及向境外许可转让知识产权的，要按照《知识产权对外转让有关工作办法（试行）》（国办发〔2018〕19号）执行，加强事关国家安全的关键核心技术的自主研发和保护。委托研发或合作开发活动中，加强对产学研合作协议知识产权条款的审查，明确知识产权归属和处置方式，提高合同专业化水平和法律风险防控能力。

（九）健全知识产权风险管理制度。开展技术秘密登记与认定工作，强化对涉密人员、载体、场所等全方位管理，加强人才交流和技术合作中的技术秘密保护。加强入职、离职、离岗、兼职人员的知识产权管理，推行全员签署知识产权协议，明确约定保密内容。加强论文发表、成果发布、学术交流、国际合作等事项的知识产权风险防控与管理，建立科研组织知识产权纠纷处理机制，提升科研人员知识产权风险防范意识。

五、优化知识产权管理和运营机制，支撑科研组织高质量发展

（十）加强知识产权管理体系建设。以《科研组织知识产权管理规范》（GB/T 33250—2016）为指导，优化知识产权管理体系。建立健全知识产权管理制度，加强科研项目选题立项、组织实施、

结题验收、成果转化等全过程的知识产权管理。强化知识产权管理机制建设，确定一名主管领导负责知识产权工作，指定专门机构承担本单位的知识产权管理职能。有条件的科研组织可建立独立的知识产权管理和运营机构。鼓励科技中介服务机构、金融机构等专业化服务机构参与科研组织的知识产权运营。

（十一）加大知识产权人才培养力度。建立结构合理、层次分明、有效衔接的人才培养体系，培养一批专业技术领域的知识产权领军和骨干人才。合理设置知识产权管理和运营岗位，提高知识产权专职人员数量和比例。在重大科研项目中配备知识产权专员，健全知识产权专员晋升、流动机制。引进具有国际视野的高水平知识产权人才，加强研发、管理等人员的培训，提升知识产权意识和能力。引进技术经理人、知识产权师和律师等开展知识产权运营工作。有条件的科研组织要积极开展知识产权学历教育，设置知识产权专业学位，开展硕博士学历教育，培养复合型知识产权人才。

（十二）探索设立知识产权管理和运营基金。发挥财政资金的杠杆作用，带动社会资本投入，鼓励利用科技成果转移转化收益，筹资设立知识产权管理和运营基金，用于开展专利挖掘、专利布局、专利导航、高价值专利培育、风险防范、诉讼维权、人才队伍建设等，提高知识产权运营水平，推动科技成果概念验证、工程化和产品化，加强产业间合作共享，保障产业技术安全。

六、加大组织实施力度

（十三）强化组织领导。国家知识产权局、中国科学院、中国工程院和中国科协建立定期沟通机制，及时研究科研组织知识产权转化运用和高质量发展中的重大问题。各科研组织要深刻认识加强知识产权保护和运用的重要性，大胆探索，主动作为，真正承担起促进知识产权转化的主体责任，将知识产权高质量发展纳入重要议事日程。

（十四）加强政策引导。支持科研组织合理利用优先审查、集中审查和延迟审查等专利审查资源培育高价值专利组合。支持科研组织承担专利导航研究推广任务。鼓励有条件的科研组织参与知识产权运营服务体系建设重点城市建设，推动设立产业知识产权运营中心。鼓励科研组织申请备案国家知识产权信息公共服务网点，积极开展知识产权信息服务。探索知识产权专员与知识产权师序列挂钩，将具有5年以上知识产权专员工作经历，作为优先推荐参加高级知识产权师评审的条件。

（十五）完善考核监测。科研组织的专利转让、许可活动应按照有关规定到国家知识产权局进行权属变更或合同备案，办理相关手续时要提交能够反映专利转化实施情况的合同。国家知识产权局、中国科学院、中国工程院根据登记备案的相关数据，定期公布科研组织专利转化实施情况，对专利运用情况进行监测。研究编制科研组织知识产权发展状况报告。强化专利质量和转化绩效导向，在部门考核、职称晋升、岗位聘任、人才评价等环节中，进一步突出专利质量和转化运用绩效等指标，坚决杜绝简单将专利申请量、授权量作为考核指标。

（十六）拓宽转化渠道。充分利用国

家知识产权运营服务体系建设重点城市和运营公共服务平台,与中国科协"科创中国"平台以及国家科技成果转移转化示范区等开展知识产权转化运用合作。依托全国科学院联盟,支持科研组织积极探索"核心+网络"的知识产权运营模式,推动知识产权转化运用,支撑经济社会发展。

国家知识产权局　中国科学院
中国工程院　中国科学技术协会
2021年3月31日

国家知识产权局关于印发《推动知识产权高质量发展年度工作指引（2023）》的通知

（国知发运字〔2023〕7号）

各省、自治区、直辖市和新疆生产建设兵团知识产权局，四川省知识产权服务促进中心，各地方有关中心；国家知识产权局局机关各部门，专利局各部门，商标局，局其他直属单位、各社会团体：

现将《推动知识产权高质量发展年度工作指引（2023）》，印发给你们，请结合实际认真组织实施。

国家知识产权局
2023年3月23日

推动知识产权高质量发展年度工作指引（2023）

党的二十大报告指出，高质量发展是全面建设社会主义现代化国家的首要任务，要加快构建新发展格局，着力推动高质量发展。为认真贯彻落实党中央、国务院关于知识产权工作的决策部署，按照全国知识产权局局长会议要求，进一步做好2023年知识产权工作，推动知识产权事业高质量发展，特制订本工作指引。

一、总体要求

（一）指导思想。坚持以习近平新时代中国特色社会主义思想为指导，深入贯彻党的二十大精神和中央经济工作会议精神，全面落实党中央、国务院决策部署，坚持以推动高质量发展为主题，以实施《知识产权强国建设纲要（2021—2035年）》（以下简称《纲要》）和《"十四五"国家知识产权保护和运用规划》（以下简称《规划》）为总抓手，全面提升知识产权创造、运用、保护、管理和服务水平，扎实推动知识产权事业稳中求进、高质量发展，加快推进知识产权强国建设，在优化创新环境和营商环境，加快构建新发展格局中发挥关键基础性作用，更好适应推进创新型国家建设、推动高质量发展、扩大高水平对外开放的内在需要，为全面建设社会主义现代化国家提供有力支撑。

（二）主要目标。2023年底，知识产权强国建设目标任务扎实推进，知识产权法治保障显著增强，知识产权管理体制进一步完善，知识产权创造质量、运用效益、保护效果、管理能力和服务水平全面提升，国际合作和竞争统筹推进，知识产权高质量发展迈上新台阶，为全面建设社会主义现代化国家提供坚实保障。

——知识产权创造。知识产权审查质量保障和业务指导机制更加健全高效，审查工作实现智能化升级，知识产权审查授权质量和效率持续提升，支持高价值发明专利创造和关键核心技术攻关的审查机制更加完善有效。发明专利审查周期压减到16个月，结案准确率达93%以上。一般情形商标注册周期稳定在7个月，商标实质审查抽检合格率在97%以上。

——知识产权运用。知识产权与创新链产业链资金链人才链更加深度融合，知识产权市场化运营机制更加完善，创新主体知识产权综合运用能力持续提升。专利商标质押普惠面进一步扩大，质押融资金额和惠及中小企业数量均增长10%以上。全国专利密集型产业增加值占国内生产总值（GDP）比重稳步提高，商标品牌和地理标志产品价值持续提升，知识产权促进经济高质量发展的作用更加凸显。

——知识产权保护。知识产权保护工作体系更加健全，知识产权保护中心和快速维权中心建设布局进一步优化。知识产权全链条保护持续深化，行政与司法协同、政府与社会合力的治理机制不断完善。行政裁决规范化建设持续推进，专利商标执法业务指导不断加强。海外知识产权纠纷应对指导机制更加完善。知识产权保护满意度保持较高水平，持续激发市场主体活力。

——知识产权管理。知识产权管理体制更加完善，知识产权强国建设示范工作深入推进，局省市协同联动工作机制进一步巩固，扎实推动"一省一策"共建知识产权强省、"一市一案"建强市、"一县一品"建强县，打造一批知识产权强国建设示范样板。引导企业强化知识产权合规管理和标准化建设，加快培育一批知识产权强企。

——知识产权服务。知识产权领域"放管服"改革进一步深化，知识产权公共服务体系不断完善，普惠化、多层次、多元化、专业化的公共服务供给更加丰富。国家知识产权保护信息平台建设有序推进，知识产权数据资源管理机制持续完善，公共服务数字化支撑作用显著提升。规范有序的知识产权服务业发展环境日趋完善，高质量、多元化、国际化服务供给持续扩大，新业态新模式不断涌现。

二、坚持质量导向，强化知识产权高质量发展指标引领

（一）发挥知识产权高质量发展指标引导作用。充分发挥高价值发明专利指标评价的导向和激励作用，常态化开展申请量统计中非正常专利申请扣除工作，引导各地牢固树立质量第一的政绩观，追求理性的繁荣，培育更多高价值核心专利。配合做好国家高质量发展综合绩效评价专利质量统计工作。（战略规划司、保护司、运用促进司、专利局审业部等按职责分工负责）突出质量导向，严把知识产权审查授权关，从源头上抓好质量控制，兜住高质量发展的底线。（专利局审业部、商标局等按职责分工负责）认真落实国务院营商环境创新试点任务，积极做好世界银行全球营商环境评价知识产权相关工作。（公共服务司负责）

（二）落实知识产权高质量发展指标要求。继续严厉打击非正常专利申请行

为。(保护司、专利局审业部负责)全领域深化打击商标恶意注册行为,重点治理商标囤积。(商标局负责)各地要树牢高质量发展理念,把质量作为知识产权事业发展的生命线,按照高质量发展指标体系要求,进一步完善政策设计、优化工作机制、细化工作指标,扎实推动知识产权各项政策措施落地落实。积极配合做好知识产权高质量发展相关数据采集、统计汇总和分析预测等工作。(各地方知识产权局负责)

三、聚焦重点任务,完善知识产权高质量发展政策体系

(三)加强法治保障和宏观政策储备。配合司法部推动完成《专利法实施细则》修改,完成《专利审查指南》适应性修改。推进商标法及其实施条例新一轮修改。推动《集体商标、证明商标注册和管理办法》修改。做好地理标志专门立法工作,形成地理标志条例草案。开展集成电路布图设计制度修订调研论证。制定特定领域的商标注册申请和使用系列指引。(条法司负责)制定地理标志统一认定制度实施方案。(保护司负责)探索构建数据知识产权保护制度和登记制度。(条法司、战略规划司等按职责分工负责)加强知识产权宏观管理,密切跟踪宏观经济形势,加强调查研究和智库建设,聚焦知识产权领域共性问题和普遍诉求,研究提出有利于稳预期、提信心的知识产权政策措施建议。(办公室、人事司等按职责分工负责)

(四)健全知识产权保护政策。深入实施《关于强化知识产权保护的意见》推进计划,加强部门协同联动,促进行政、司法、仲裁、调解工作衔接。持续加强执法指导,出台相关标准、规范和工作指南,加强知识产权行政保护专业技术支撑。制定实施知识产权保护体系建设工程实施方案,高标准建设首批国家知识产权保护示范区,完成第二批国家知识产权保护示范区遴选。优化重大专利侵权纠纷行政裁决工作流程,深化专利侵权纠纷规范化建设试点,加强知识产权信用体系建设。高水平建设知识产权快速协同保护体系。加强地理标志、官方标志、特殊标志、奥林匹克标志保护,组织实施地理标志保护工程。持续开展国家地理标志产品保护示范区建设,深入推进地理标志专用标志使用核准改革试点。加强海外知识产权纠纷应对指导机制建设。(保护司负责)

(五)完善知识产权运用促进政策。落实知识产权助力"专精特新"中小企业发展专项政策。深入推进知识产权优势示范企业培育和试点示范高校建设。开展《创新管理知识产权管理指南》国际标准实施试点,发布实施《企业知识产权合规管理体系要求》国家标准。研究制定知识产权保险相关政策,打好知识产权质押融资等金融服务组合拳。推动专利开放许可制度全面落地,推广《专利评估指引》国家标准,做好专利许可费率统计发布。深入实施转化专项计划,启动实施财政资助科研项目的专利声明制度试点。大力培育和发展专利密集型产业,推进专利密集型产品备案认定工作。启动实施"千企百城"商标品牌价值提升行动。深入开展地理标志助力乡村振兴行动,推动实施"地理标志品牌+"专项计划,助推品牌经济和特色经济发展。以效益为导向做好中国专利奖评选工作。(运用促进司负责)

（六）加强知识产权公共服务体系建设。全面推行知识产权政务服务事项办事指南，推动更多政务服务"网上办""掌上查"。深入开展"减证便民"服务，编制知识产权证明事项清单，扩大电子证照共享应用和告知承诺实施范围。深入实施知识产权公共服务普惠工程，持续完善公共服务体系，健全分级分类管理机制。建设一批知识产权专题数据库。建立中西部地区公共服务帮扶机制。推进知识产权公共服务标准化城市建设，发挥专利和商标审查协作中心公共服务职能作用。完善知识产权数据资源管理机制，健全资源目录。扩大专利权评价报告电商平台共享试点范围。加快建设国家知识产权保护信息平台，推动国家知识产权大数据中心和公共服务平台立项建设。优化知识产权数据资源公共服务系统和外观设计专利检索公共服务系统，升级公共服务网。继续举办专利检索分析大赛，打造公共服务能力提升品牌。（公共服务司负责）

（七）推动知识产权服务业高质量发展。统筹抓好《关于加快推动知识产权服务业高质量发展的意见》任务落实。聚焦重点领域，为推动创新链产业链资金链人才链"四链"深度融合提供知识产权专业服务，鼓励知识产权服务资源向先进制造业集群汇聚。推进知识产权服务业集聚区优化升级，加快知识产权服务出口基地建设。实施知识产权服务主体培育行动。做好商标代理机构和从业人员重新备案工作，优化完善专利代理师执业条件。深入开展知识产权代理行业专项整治，实施知识产权服务信用评价。充分发挥行业高质量发展数据底座平台作用，提升专利导航、标准推广数字化服务水平。推进建立知识产权服务业人才培养体系，加强代理从业人员能力建设。推动设立知识产权服务业研究基地。（运用促进司负责）

（八）统筹推进知识产权国际合作与竞争。办好与世界知识产权组织合作50周年系列活动，深化国际合作交流，进一步提升在多边平台的影响力。积极推进多边规则制定和完善，积极参与外观设计法条约、知识产权与遗传资源保护合作磋商。持续推进中欧、中瑞地理标志交流。深度参与中美欧日韩五局合作。加强与东盟、中亚等周边地区多双边合作交流。健全知识产权对外转让审查制度。加强巩固和拓展专利审查高速路（PPH）合作网络。（国际合作司负责）

四、强化监测分析，巩固知识产权高质量发展统计基础

（九）加强知识产权统计监测发布。继续推动知识产权统计数据纳入国民经济主要数据进行公布，围绕国家重大发展战略，开展数字经济核心产业、绿色低碳技术专利统计监测，推动相关指标纳入国家统计监测体系。加强《纲要》和《规划》指标动态监测评估，扎实推进知识产权高价值专利、海外发明专利授权、专利密集型产业增加值、质押融资、知识产权使用费进出口贸易等重点环节统计监测，做好统计数据的形势分析和发布解读，正确引导社会预期，提振发展信心。（战略规划司、运用促进司等按职责分工负责）各地要结合实际发展，不断优化完善本地区知识产权高质量发展指标体系，组织实施好本地区《纲要》和《规划》指标统计监测和评估工作。（各地方知识产权局负责）

（十）完善知识产权质量统计监测反

馈。强化知识产权申请质量统计监测和反馈，加强知识产权申请运行形势分析，加大知识产权统计数据提供力度，及时反馈统计监测数据，引导地方重视统计数据反映的苗头性、倾向性问题，提升地方统计工作能力，推动质量统计监测关口前移到地方。（战略规划司负责）各地要充分利用各类知识产权统计数据，并针对国家知识产权局通报的相关数据进行原因分析，及时报送相关工作情况。（各地方知识产权局负责）

五、工作要求

各省、自治区、直辖市、新疆生产建设兵团知识产权管理部门和国家知识产权局各有关部门要高度重视，加强组织领导，出台相关配套细则和政策举措，抓好工作落实，于2023年12月15日前将推动知识产权高质量发展成效以纸件和电子件形式报送国家知识产权局知识产权运用促进司。

附件：2023年推动知识产权高质量发展任务清单（略）

国家知识产权局办公室关于规范知识产权管理体系贯标认证工作的通知

(国知办发运字〔2019〕34号)

各省、自治区、直辖市、新疆生产建设兵团知识产权局（知识产权管理部门），各有关单位：

推行企业、高等学校、科研组织知识产权管理规范国家标准，加强创新主体知识产权管理体系建设，是持续提升知识产权能力、增强核心竞争力的有效手段。近年来，各地认真贯彻落实《关于全面推行〈企业知识产权管理规范〉国家标准的指导意见》（国知发管字〔2015〕44号），建立健全政策体系，采取奖励补贴等扶持措施，指导企业持续改进知识产权管理体系，并通过引入第三方认证切实推进贯标工作落地见效。目前，全国通过《企业知识产权管理规范》（GB/T 29490—2013）的认证企业达2.6万家，近60%的获证企业认为建立知识产权管理体系提升了企业创新能力、竞争优势和市场收益。《科研组织知识产权管理规范》（GB/T 33250—2016）、《高等学校知识产权管理规范》（GB/T 33251—2016）贯标认证工作正在有序推进，取得了初步成效。

在越来越多的创新主体认同认可知识产权管理体系贯标认证工作的同时，也存在一些亟待解决的突出问题：一方面，贯标认证与企业实际融合不够，知识产权管理体系尚未在企业运行中"生根开花"；贯标流程和认证规则"生搬硬套"，缺乏行业和专业特色；贯标认证辅导咨询和培训服务还不规范，认证审核人员专业能力离企业的实际需求有较大差距。另一方面，部分地方贯标认证扶持政策导向不够精准，导致出现违规套利情况，甚至出现了"咨询机构编本子、认证机构盖章子"的"两张皮"现象。

为认真落实"不忘初心、牢记使命"主题教育总体要求，深化知识产权领域"放管服"改革，加快规范知识产权管理体系贯标认证工作，对发现的问题立行立改，推动知识产权管理体系高质量运行，坚守做好知识产权贯标认证工作的初心和底线。现就有关要求通知如下。

一、强化知识产权贯标认证政策扶持的精准性

（一）突出政策扶持导向。贯标认证的根本目的在于提升企业、高校、院所的知识产权管理能力和水平。各地要聚焦企业、高校和科研组织创新发展需求，积极出台扶持政策，加强精细化管理，充分调动创新主体主动实施知识产权管理规范的积极性，推动政策精准落地。要用足用好扶持政策，在奖励、资助、补贴、创新券等方式的资金奖励政策引导基础上，进一

步强化政策"杠杆"效应，始终紧扣企业知识产权管理能力提升，加强工作的系统性，将创新主体通过知识产权管理体系认证作为申报其他知识产权项目的重要条件，推动知识产权认证结果采信与各部门关联政策的协同联动。

（二）明确政策扶持对象。各地要科学合理设立条件，以"择优奖励"为原则，优先奖励创新能力强、知识产权优势明显、管理体系有效运行的企业、高校和科研组织。要引导优秀的认证机构与优质的创新主体有效对接，鼓励认证机构加入高标准认证规则自愿备案名录，对其所认证的创新主体优先奖励。对不符合《知识产权认证管理办法》及认证领域相关规定的，一律不予奖励。

（三）严格政策扶持范围。各地要加强各级政策衔接，防止违规套利，以"不超额奖励"为原则，以奖励认证成本费用为基准，确保创新主体累计所获奖励总额不得高于实际发生认证费用，也不得高于"初次认证、监督审核至再认证"的首个认证周期实际发生的认证费用总额。贯标辅导、咨询等服务费用不予列入奖励范围。

（四）规范工作程序。各地要坚持全程透明、公正公开原则，制定完善奖励工作相关配套措施，认真做好资格审查、信用核查、结果公示、资金发放、监督抽查、绩效评价等环节工作，将奖励政策落实到位。

二、加快提升知识产权领域贯标认证服务能力

（一）加强业务指导上下联动。国家知识产权局指导认证机构结合知识产权领域特点，制定符合知识产权质量效益要求的高标准认证规则，明确认证程序关键要点及责任主体。近期，将组织开展认证机构认证规则自愿备案工作，实行备案机构名录动态管理，定期发布备案名录，地方优先奖励经备案名录内认证机构所认证的创新主体。各地要对照备案的认证规则，对备案机构在认证过程中的行为及相关程序进行抽查。抽查情况应及时向国家局反馈，以作为备案名录动态管理的重要依据。

（二）推动完善认证行业自律。在认证认可行业协会指导下，推动组建知识产权认证行业自律组织，建立健全自律行为准则、管理规范和自我约束等制度，开辟投诉渠道，主动搜集线索证据，实施行业自律监管。积极搭建技术交流平台，开展业务交流活动，提升认证审核能力。

（三）加快推进认证机构专业能力建设。组织编制全国统一的知识产权管理体系认证审核培训教材，开展线上线下形式多样的公益性培训服务。引导认证机构加强自身能力建设，完善组织机构，推行认证机构公开承诺和信息公示制度，进一步健全内部管理体系和规章制度，培养造就一支高素质的知识产权领域认证人才队伍。

三、统一规范知识产权贯标辅导咨询和培训服务

国家局依托现有网络平台资源，组织开发知识产权贯标认证在线课程APP等，免费为企业负责人、知识产权管理人员和内审员等提供灵活方便、统一规范的教育培训服务。各地要支持事业单位承担知识产权管理体系贯标认证咨询公益服务。倡

导优质的代理机构提升服务能力、拓展服务类型，积极开展公益性贯标认证咨询服务，不断集聚优质资源，为创新主体提供更多高端服务。

四、严厉打击知识产权贯标认证奖励套利行为

各地要对知识产权贯标认证过程中的串通套利行为"零容忍"，积极受理、主动核查各种投诉举报线索，集中查处一批顶风违规的机构，连续曝光一批群众反映强烈、社会影响较坏的典型案例，在近期迅速形成打击高压态势，坚决遏制违法违规苗头。凡公职人员滥用职权、徇私舞弊、为违法行为提供便利的，要依法依规予以追责。对贯标认证对象和机构弄虚作假、骗取奖励的，要追回资金；情节恶劣的，要会同有关部门开展联合惩戒。

请各地即日起全面摸查辖区内各级知识产权贯标认证扶持政策，对照通知要求抓紧建立或调整规范扶持政策。各地要在 2019 年 12 月 15 日前将有关情况以纸件和电子件形式报送我局知识产权运用促进司。

特此通知。

国家知识产权局办公室

2019 年 8 月 30 日

国家知识产权局办公室关于加强专利导航工作的通知

（国知办发运字〔2021〕30号）

各省、自治区、直辖市和新疆生产建设兵团知识产权局，四川省知识产权服务促进中心，广东省知识产权保护中心：

按产业领域加强专利导航是知识产权运用促进工作的重要内容，对于提高创新效率，节约创新成本，加强专利保护具有重要意义。为深入贯彻落实习近平总书记在中央政治局第二十五次集体学习时的重要讲话精神，认真落实党中央、国务院的决策部署，研究实行差别化的产业和区域知识产权政策，推广以产业数据、专利数据为基础的产业专利导航决策机制，为科技创新提供有效支撑，现就进一步加强专利导航工作有关事项通知如下：

一、背景和意义

2013年4月，国家知识产权局发布《关于实施专利导航试点工程的通知》，首次正式提出专利导航是以专利信息资源利用和专利分析为基础，把专利运用嵌入产业技术创新、产品创新、组织创新和商业模式创新，引导和支撑产业实现自主可控、科学发展的探索性工作。随后国家专利导航试点工程面向企业、产业、区域全面铺开，专利导航的理念延伸到知识产权分析评议、区域布局等工作，并取得明显成效。2018年，在深化党和国家机构改革中，专利导航被确定为重新组建后国家知识产权局的工作职责，全面整合了专利导航试点工程、重大经济科技活动知识产权分析评议试点工作、知识产权区域布局试点工作等内容。2021年6月，用于指导规范专利导航工作的《专利导航指南》（GB/T 39551—2020）系列国家标准正式实施。

开展专利导航工作，能够推动建立专利信息分析与产业运行决策深度融合、专利创造与产业创新能力高度匹配、专利布局对产业竞争地位保障有力、专利价值实现对产业运行效益支撑有效的工作机制，实现产业运行中专利制度的综合运用；有助于促进创新资源的优化配置，增强关键领域自主知识产权创造和储备，助力实现高水平科技自立自强，保障产业链、供应链稳定安全。

二、总体要求和主要目标

（一）总体要求。紧扣产业创新发展需求，坚持问题导向、目标导向和结果导向，贯彻实施《专利导航指南》系列国家标准，强化专利导航工作支撑体系，促进专利导航成果服务应用，提高专利导航产业发展的质量效益，将专利导航工作推向深入，助力提升知识产权治理能力和治理水平，有力支撑知识产权强国建设。

（二）主要目标。争取到2025年，专

利导航项目规划设计、资源保障和成果应用进一步加强，财政投入专利导航项目管理制度措施更加完善，各地区建成一批比较成熟的专利导航服务基地，构建起特色化、规范化、实效化的专利导航服务工作体系，专利导航产业创新发展重要作用得到有效发挥。

三、提高专利导航组织效率，助力关键核心技术突破

（一）建立重点产业专利导航工作对接机制。围绕地方经济和社会发展规划实施，对接地方政府、产业集聚区、龙头企业等创新发展需求，梳理制约产业发展的瓶颈问题和关键核心技术，建立健全知识产权部门与经济、产业等主管部门的专利导航工作对接机制。

（二）实施重点产业专利导航项目。响应地方关键核心技术攻关需求，制定专利导航工作计划，组织实施重点产业专利导航项目，强化产业发展方向、产业发展定位和产业发展路径分析，指导市场主体根据分析结果调整市场布局、产品等经营策略，实现围绕关键核心技术攻关的有效专利布局。

（三）开展重点产业专家咨询活动。立足专利导航成果的产业推广应用，在专利导航项目需求分析、信息融合分析、成果运用、绩效评价等工作环节中合理引入产业专家资源，探索创新各种务实有效的服务形式，为关键核心技术领域专利导航提供业务指导。

四、筑牢专利导航工作基础，加强资源要素供给

（一）加强专利导航服务基地建设。各地区要结合本地实际，依托企业、高校院所、服务机构等单位建设或完善本地急需的专利导航服务基地，并逐步形成专利导航服务的常态化、市场化。要指导专利代办处、知识产权保护中心、知识产权信息中心等公益事业单位，以支撑政府部门组织实施专利导航专项政策、支撑政府部门规划实施专利导航项目、承担政府部门专利导航业务联动机制日常工作等为主要工作职责，为推进服务基地建设做好服务。

（二）推广《专利导航指南》系列国家标准。在全社会宣传普及专利导航理念，面向相关政府部门推广区域规划、产业规划专利导航项目组织实施方式、成果运用方法，指导企事业单位在企业经营、研发活动、人才管理等创新活动中应用国家标准，引导各类主体拓展专利导航应用场景，创新专利导航分析方法。

（三）强化专利导航人才培养。紧贴本地区经济发展实际和专利导航工作需求，制定专利导航人才培养计划，组织开展线上线下专利导航工作培训，分类满足各类主体的个性化技能培训需求，推动构建地方专利导航人才队伍。

（四）提供专利导航服务产品。结合专利导航应用场景需求，集成数据、人才等专利导航工作资源，指导具有公益属性的机构，开发公益性专利导航工具类产品，创新促进专利导航服务效能提升的工作模式，满足专利导航服务定制化、便利化、实效化的工作需求。

五、提升专利导航服务效能，强化项目成果应用

（一）构建专利导航成果共享机制。

充分利用专利导航综合服务平台，组织开展本地区专利导航项目成果的入库备案和评价，定期向国家知识产权局报送包括分析研究报告、成果应用材料在内的专利导航项目成果，并及时向本地区经济、产业相关部门推送支撑创新决策的专利导航成果信息。

（二）构建专利导航成果发布机制。挖掘凝练本地区专利导航工作典型案例，构建专利导航成果发布机制，面向重点产业链相关企业发布专利导航报告，促进专利导航成果的广泛利用。

（三）构建专利导航成果运用资源对接机制。针对专利布局、高价值专利培育、知识产权运营等专利导航成果运用需求，畅通专利导航成果运用所需优先审查、集中审查，快速预审、快速维权，专利权利转移转化等各类资源的对接渠道，加速专利导航成果的落地与运用。

六、组织保障

（一）加强组织领导。各省级知识产权管理部门要充分认识加强专利导航工作的重要意义，围绕地方经济社会发展规划及产业创新发展需求，完善产业专利导航政策机制，组织实施专利导航专项工程，引导建设专利导航服务基地，完善专利导航工作体系。

（二）加大资源投入。国家知识产权局将与各部委、各地区加强政策资源横向协调和纵向衔接，促进专利导航与经济、产业等相关工作深度融合。各省级知识产权管理部门要加强与本地区相关职能部门的沟通协调，争取相关政策、经费的配套支持，为专利导航工作提供资源保障。

（三）强化跟踪服务和考核。为便于对专利导航工作的开展进行指导，各省级知识产权管理部门应推荐1家工作开展较好的专利导航服务基地作为工作联系点。各联系点应每年年底前向我局运用促进司报送工作总结，根据需要召开联系点会议，交流工作经验，听取工作建议，予以必要支持和指导。各省级知识产权管理部门要每年报送本地区专利导航工作成效，定期报送专利导航项目工作成果，并及时备案专利导航服务基地建设相关情况。我局将把专利导航工作任务及成效作为省、市、园区等知识产权强国建设试点示范工作的重要考核评价指标，并作为支撑国家知识产权运营服务体系建设重点城市建设的必做任务。

七、有关要求

（一）各省级知识产权管理部门要将专利导航服务基地建设作为加强地方专利导航工作的重要抓手，做好布局规划。请于2021年年底前，向我局运用促进司备案第一批地方专利导航服务基地，同时推荐1家联系点。

（二）各省级知识产权管理部门于2021年7月底前报送本省专利导航工作联系人（处级）及联系方式。

特此通知。

国家知识产权局办公室
2021年7月6日

国家知识产权局办公室 教育部办公厅 科技部办公厅关于印发《产学研合作协议知识产权相关条款制定指引（试行）》的通知

（国知办发运字〔2021〕41号）

各省、自治区、直辖市和新疆生产建设兵团知识产权局、教育厅（委、局）、科技厅（委、局），四川省知识产权服务促进中心，广东省知识产权保护中心，福建省知识产权发展保护中心，部属各高等学校、部省合建各高等学校：

为促进产学研合作和知识产权转移转化，指导做好产学研合作中的知识产权归属与处置工作，降低相关法律风险，国家知识产权局、教育部、科技部组织编制了《产学研合作协议知识产权相关条款制定指引（试行）》，现印发给你们。请指导有关企事业单位有效防控产学研合作的知识产权风险，在签订产学研合作协议时，基于合作产出知识产权的不同处置情形，合理选择指引的相应条款并参考使用。指引使用过程中如有相关意见建议，请及时向我们反映。

特此通知。

附件：产学研合作协议知识产权相关条款制定指引（试行）

国家知识产权局办公室
教育部办公厅
科技部办公厅
2021年10月8日

附件

产学研合作协议知识产权相关条款制定指引（试行）

二〇二一年

目 录

使用说明
共性条款
个性条款1：高校或科研院所拥有知识产权的有关条款
个性条款2：企业拥有知识产权的有关条款
个性条款3：双方共有或各自拥有知识产权的有关条款

使用说明

为提高指引针对性,本指引中仅列出了产学研合作协议中涉及知识产权的核心条款,协议签订双方可根据实际情况,选择相关条款进行修改使用。对不涉及知识产权的基本条款,以及法律中已有明确规定的有关事项不在本指引中进行明确。本指引中"甲方"指企业方,"乙方"指高校、科研院所方。

一、关于共性条款

本指引共性条款制定指引包括定义和解释、保密。

定义和解释是本指引最基本的条款,定义的明确有利于避免纠纷,协议双方应根据具体情况进行增减。

本指引保密条款仅包括一般保密内容,协议双方有其他特殊保密需求或特殊约定的,可另行签订《保密协议》,作为协议组成部分。此外,双方应注意与知悉保密信息的关联企业员工或学生单独签订保密协议,另可根据项目保密级别组织保密宣贯或保密培训。

二、关于个性条款

根据产学研合作过程中形成的三种知识产权不同处置情况制定个性条款,内容具体包括知识产权归属和使用、学术发表。

知识产权归属和使用是高校或科研院所方与企业方合作中知识产权处置的关键内容。此外,赋予成果完成人(团队)技术成果知识产权所有权或长期使用权的,应与其签署书面协议,合理约定转化技术成果收益分配比例、转化决策机制、转化费用分担以及知识产权维持费用等。

学术发表权是高校或科研院所及参与项目学生的重要权益,企业应当注重保障高校或科研院所其学生的学术发表权,高校或科研院所及学生应当履行对于企业商业秘密的保密义务。

三、关于涉外知识产权转让许可

如涉及外国主体,协议双方应当考虑法律适用、税费、合同语言效力、保密等条款的订立。如涉及技术进出口情况,应符合我国相关法律法规的规定。如涉及向外国许可或转让知识产权的,应按照《知识产权对外转让有关工作办法(试行)》(国办发〔2018〕19号)等有关法律法规执行。

共性条款

一、定义和解释

1.1 协议

本协议中的所有条款与附件,以及对本协议所做的任何修改或补充。

1.2 项目

本协议约定双方即将合作开展的研发任务。

1.3 背景知识产权

一方于本协议生效前,或在本协议生效后,提供的用于本协议项目研发的知识产权。双方应将提供的背景知识产权及其使用范围详细地列于本协议附件中。

1.4 技术成果

本项目实施过程中取得的及最终取得的发明、发现和其他科学技术成就。其表现形式包括但不限于技术资料、设计图纸、工艺方法、材料配方、计算机程序、技术信息及其组合;也包括但不限于样品、样机、新产品、新材料以及新生产线。

1.5 学术发表

出于学术研究目的,在期刊、报纸、书籍或电子图书馆上公开发表,或在课堂、讲座或研讨会等公开场合发表。

1.6 知识产权

权利人就下列客体依法享有的专有权利：

（1）作品；

（2）发明专利、实用新型专利、外观设计专利；

（3）商标；

（4）地理标志；

（5）商业秘密；

（6）集成电路布图设计；

（7）植物新品种；

（8）法律规定的其他客体。

1.7 保密信息

一方的保密信息包括如下信息中不为公众知悉的内容：

（1）该方提供的背景知识产权；

（2）该方拥有知识产权的任何技术成果；

（3）该方向另一方提供的用于本项目或本协议下的确定为保密信息的其他信息；

（4）根据其性质或披露情况，应合理推定为保密信息的其他信息。

1.8 地域

双方约定的地理区域：_____。

1.9 关联企业

由协议方直接或间接控制的企业、与协议方具有相互控制关系或与协议方受共同控制的企业。此处的"控制"是指能够通过股权、投资关系、协议或其他安排实际支配企业行为。双方应将其关联企业、关联关系披露于协议双方简介中。（双方可参考《企业会计准则第36号——关联方披露》对关联企业进行约定和披露。）

二、保密（本条可签订补充协议）

2.1 保密内容

双方确定，各自在本协议项下的保密信息，包括商业秘密和除商业秘密外的其他保密信息：

甲方：_____

乙方：_____

2.2 保密人员

双方确定，各方应遵守本协议下保密义务的人员包括：

甲方：_____

乙方：_____

2.3 保密义务

2.3.1 除本协议另有约定外，本协议的任何一方未经对方书面同意，不得在<u>项目期内或项目结束后的［××］年内</u>向第三方披露对方保密信息，亦不得出于任何目的使用对方的保密信息。

2.3.2 对于由部分或全部保密信息构成的技术成果，任一方不得在任何国家或地区申请专利或其他知识产权，但原保密信息权利人书面同意的除外。

2.3.3 除本协议另有约定外，本协议的任何一方未经对方同意，不得在任何新闻、广告或其他宣传推广活动中使用对方的名称、标识或对方提供的主要人员的姓名。

2.3.4 除本协议另有约定外，双方为确保协议的履行，需要向实施本项目的甲方关联企业员工或乙方学生提供保密信息的，需要与这些人员签订保密协议，保密协议的实质内容与本协议相似。

2.3.5 协议任一方向国外申请专利（包括PCT专利申请）的，应当遵守我国相关法律法规的保密规定，接受保密审查。

2.4 保密义务的豁免

2.4.1 任何一方披露以下信息，不会违反对对方的保密义务：

（1）该信息在不违反本协议保密义务和其他保密承诺的情况下已经被公开或为公众所知；

（2）该信息是本协议一方通过合法手段从第三方独立获得的，但该方明知第三方以违反保密义务的方式披露给自己的信息除外；

（3）能书面证明本协议一方从对方处获得保密信息之前已经熟知该信息，且知悉时尚未对对方承担任何保密义务；

（4）法律或者相关监管机构以及上级主管部门要求披露的信息。

2.4.2 根据第 2.4.1 条第四款披露保密信息的，在披露之前，披露方应尽快将需披露的内容、形式和条件以书面形式通知对方。

个性条款 1：高校或科研院所拥有知识产权的有关条款

情形 1-1：高校或科研院所不授予企业任何许可，企业有权就许可或转让进行协商；

情形 1-2：高校或科研院所授予企业普通许可，企业有权就排他/独占许可或转让进行协商；

情形 1-3：高校或科研院所授予企业排他/独占许可。

一、知识产权归属和使用

1.1 背景知识产权的归属和使用

1.1.1 本协议的履行不影响双方原本拥有的背景知识产权的归属，其仍然归原权利人所有。

1.1.2 本协议双方应授予对方为实施本项目研发而使用其背景知识产权的免费普通许可。除在本协议下以实施本项目研发为目的允许甲方关联企业员工或乙方学生使用外，双方均不得授予第三方使用对方背景知识产权的分许可。

1.1.3 甲方需以实施本项目研发以外的其他目的使用乙方背景知识产权的，双方应另行签订许可协议。

1.2 技术成果知识产权的归属和使用

1.2.1 技术成果知识产权应当归乙方所有。乙方可以不定期（不限于项目期间）采取以下措施：对技术成果知识产权进行申请和保护，包括就任何技术成果申请专利、维持专利或专利有效性和对任何涉嫌或实际侵犯技术成果知识产权的行为采取一切合理必要措施。甲方及其员工以及参与到技术成果创造的其他关联企业员工应当为乙方采取上述措施提供合理的帮助。

1.2.2 如果存在任何第三方（如学生、承包商或其他非项目界定参与人员）参与或曾经参与该项目，则按有关协议或管理权限可以约束该第三方的一方应当确保已获得（或者在未来适当情况下获得）该第三方在技术成果中可能拥有的所有权利。

1.2.3 若乙方赋予技术成果完成人（团队）技术成果知识产权所有权或长期使用权，乙方应与技术成果完成人（团队）签署书面协议，并在协议生效的[××]日内书面告知甲方。乙方应当确保被赋权的技术成果完成人（团队）知晓并遵守本协议规定。

1.2.4 甲方有权以书面方式要求乙方（及被赋权的技术成果完成人（团队））不

得就相同或类似项目、相同或类似技术和知识产权的许可或转让，与甲方竞争对手进行不合理的磋商或交易。但甲方须有合理证据证明其竞争关系。

1.2.5　乙方（及被赋所有权的技术成果完成人（团队））转让其技术成果知识产权的，同等条件下甲方享有优先受让该技术成果知识产权的权利。

1.2.6　无论是否存在技术成果知识产权的许可和转让，乙方及其员工和学生拥有不可撤销的出于学术研究目的使用技术成果知识产权的权利。但涉及甲方商业秘密的，须事先取得甲方书面同意。

情形1-1适用条款：不授予企业任何许可，企业有权就许可或转让进行协商。（签订许可协议或转让协议作为附件）

1.2.7　选择期：甲方有权在项目期间以及项目结束后[××]个月内，书面通知乙方就授予技术成果知识产权的许可（普通许可、排他许可、独占许可）或转让进行磋商。

1.2.8　甲方在选择期内书面通知乙方就授予技术成果知识产权的许可（普通许可、排他许可、独占许可）或转让进行磋商的，应当同时向乙方提供一份关于技术成果知识产权商业化的计划书作为附件。（可选：选择期届满，甲方仅书面通知乙方进行磋商但未提供该计划书的，视为未要求乙方进行磋商。）

1.2.9　磋商期：乙方在收到甲方书面通知后，应当在收到通知之日起[××]天内，就授予技术成果知识产权的许可（普通许可、排他许可、独占许可）或转让与甲方进行磋商。

1.2.10　在选择期或磋商期内，乙方不能就技术成果知识产权的许可或转让与第三方进行磋商，不能赋予技术成果完成人（团队）技术成果知识产权所有权或长期使用权。在磋商期结束后的[××]个月内，乙方（及被赋权的技术成果完成人（团队））不得就技术成果知识产权的许可或转让向第三方提供比向甲方提供的更优惠的磋商条件。

1.2.11　如果在磋商期间，甲方要求乙方对任一技术成果申请专利或采取其他保护措施，甲方应向乙方补偿乙方按甲方要求采取上述措施而产生的合理成本和费用。如果乙方后来向第三方许可或转让了甲方已支付此类成本和费用的技术成果知识产权，则乙方应向甲方偿还该成本和费用。

情形1-2适用条款：授予企业普通许可，企业有权就排他/独占许可或转让进行协商。（签订许可协议或转让协议作为附件）

1.2.7　乙方可以授予甲方一定期限或无限期的、[免费或预先支付]的普通实施许可，允许甲方在[地域]内使用技术成果知识产权。除在本协议下以实施本项目研发为目的允许甲方关联企业员工或乙方学生使用外，甲方不得授予其他第三方使用技术成果知识产权的分许可。

1.2.8　选择期：甲方有权在项目期间以及项目结束后[××]个月内，书面通知乙方就授予技术成果知识产权的排他/独占许可或转让进行磋商。

1.2.9　甲方在选择期内书面通知乙方就授予技术成果知识产权的排他/独占许可或转让进行磋商的，应当在磋商期内向乙方提供一份关于技术成果知识产权商业化的计划书作为附件。（可选：选择期届满，甲方仅书面通知乙方进行磋商但未提供该计划书的，视为未要求乙方进行磋商。）

1.2.10 磋商期：乙方在收到甲方书面通知后，应当在收到通知之日起［××］天内，就授予技术成果知识产权的排他/独占许可或转让与甲方进行磋商。

1.2.11 在选择期或磋商期内，乙方不能就技术成果知识产权的许可或转让与第三方进行磋商，不能赋予技术成果完成人（团队）技术成果知识产权所有权或长期使用权。在磋商期结束后的［××］个月内，乙方（及被赋权的技术成果完成人（团队））不得就技术成果知识产权的许可或转让向第三方提供比向甲方提供的更优惠的磋商条件。

1.2.12 如果在磋商期间，甲方要求乙方对任一技术成果申请专利或采取其他保护措施，甲方应向乙方补偿乙方按甲方要求采取上述措施而产生的合理成本和费用。如果乙方后来向第三方许可或转让了甲方已支付此类成本和费用的技术成果知识产权，则乙方应向甲方偿还该成本和费用。

情形 1-3 适用条款：授予企业排他/独占许可。（签订排他/独占许可协议作为附件）

1.2.7 乙方应当授予甲方（预先支付）的付费排他/独占许可，允许甲方在［地域］内使用技术成果知识产权。

1.2.8 项目期间内，甲方要求乙方对任一技术成果申请专利或采取其他保护措施，甲方应向乙方补偿乙方按甲方要求采取上述措施而产生的合理成本和费用。如果乙方后来向第三方转让了甲方已支付此类成本和费用的技术成果知识产权，则乙方应向甲方偿还该成本和费用。

1.2.9 （可选）甲方有权与第三方签订有偿的书面普通分许可协议。分许可协议的条款和规定应与甲乙双方签订的许可协议实质相似，否则应视为不具有法律效力。所有分许可协议中应指定乙方为第三方受益人，在本协议终止后，由乙方决定将该分许可终止或转让给乙方。

1.3 技术成果知识产权的改进

1.3.1 除另有约定外，本协议期满或终止后，任何一方均有对技术成果知识产权进行改进或二次开发的权利，一方单独改进或二次开发的成果属于改进一方或二次开发方所有。需利用对方商业秘密进行改进或二次开发的，须获得对方书面同意，且改进或二次开发成果属于双方共有。双方合作改进或二次开发的成果属于双方共有。

1.3.2 （可选）一方单独对技术成果知识产权改进或二次开发的成果，应当告知对方，并且同等条件下对方拥有优先被许可或受让的权利。

1.4 权利不侵权担保事项

协议双方使用对方知识产权的，对方应当向其提供该知识产权不侵犯第三方任何权利的担保。

或

协议双方使用对方知识产权的，不能从对方获得该知识产权不侵犯第三方任何权利的担保，但协议双方应互相提供知识产权合法来源证明材料。

二、学术发表

2.1 在不违反本协议关于保密和知识产权规定的情况下，协议双方均有权发表本项目的技术成果。协议任何一方在其发表的论文或出版物中应该明确标明另外一方对本技术成果的贡献，以及其对本技术成果的资助情况。

2.2 拟发表方应当至少在拟发表日期前的［××］天内，以书面形式向对方提交拟发表内容的详细信息。对方可以向拟发表方以书面形式发出保密通知。

2.3 保密通知发出方有权在保密通知中要求，将拟发表推迟［××］个月。但该方须有合理意见说明该要求是为了对拟发表内容寻求专利或其他知识产权保护而必要的。

2.4 保密通知发出方必须在收到拟发表内容的详细信息后的［××］天内发出保密通知。如果拟发表方在该期限内未收到保密通知，则视为同意发表，但该拟发表内容与对方背景知识产权有关且是其保密信息的除外。

个性条款2：企业拥有知识产权的有关条款

情形2-1：允许高校或科研院所就技术成果进行学术发表；

情形2-2：未经企业同意，不允许高校或科研院所就技术成果进行学术发表。

一、知识产权归属和使用

1.1 背景知识产权的归属和使用

1.1.1 本协议的履行不影响双方原本拥有的背景知识产权的归属，其仍然归原权利人所有。

1.1.2 本协议双方应授予对方为实施本项目研发而使用其背景知识产权的免费普通许可。除在本协议下以实施本项目研发为目的允许甲方关联企业员工或乙方学生使用外，双方均不得授予第三方使用对方背景知识产权的分许可。

1.1.3 甲方需以实施本项目研发以外的其他目的使用乙方背景知识产权的，双方应另行签订许可协议。

1.2 技术成果知识产权的归属和使用

1.2.1 技术成果知识产权应当归甲方所有。甲方可以不定期（不限于项目期间）采取以下措施：对技术成果知识产权进行申请和保护，包括就任何技术成果申请专利、维持专利或专利有效性和对任何涉嫌或实际侵犯技术成果知识产权的行为采取一切合理必要措施。乙方及其员工以及参与到技术成果创造的学生应当为甲方采取上述措施提供合理的帮助。

1.2.2 甲方应当授予乙方普通实施许可，允许乙方以实施本项目研发为目的在［地域］内使用技术成果知识产权。除在本协议下以实施本项目研发为目的允许乙方学生使用外，乙方不得授予其他第三方使用技术成果知识产权的分许可。

1.2.3 如果存在任何第三方（如学生、承包商或其他非项目界定参与人员）参与或曾经参与该项目，则按有关协议或管理权限可以约束该第三方的一方应当确保已获得（或者在未来适当情况下获得）该第三方在技术成果中可能拥有的所有权利。

1.2.4 项目实施过程中，技术成果知识产权能够预期转让的，乙方应当立即将其拥有的按本协议约定应属于甲方的技术成果知识产权转让给甲方。技术成果知识产权不能预期转让的，乙方应当按照甲方要求，在其拥有的按本协议约定应属于甲方的技术成果知识产权产生后立即将其转让给甲方。

1.2.5 （情形2-1适用条款：允许学术发表）无论是否存在技术成果知识产权的许可和转让，乙方及其员工和学生拥有不可撤销的使用技术成果进行学术发表的权利。但涉及甲方商业秘密的，须事先取得甲方书面同意。（以下技术成果除外：[插入技术成果详细信息]）

或

1.2.5 （情形2-2适用条款：未经同意不允许学术发表）未经甲方书面同意，乙方及其员工和学生不得使用技术成果进行学术发表。

1.2.6 （可选）甲方应向乙方提供不定期要求的合理信息，以证明甲方正开发或正采取合理步骤使用其技术成果。如果甲方未能证明其正开发任何合作方的技术成果或正在采取合理步骤使用这些技术成果，甲方应按照乙方要求，将这些技术成果中的知识产权重新转让给乙方。如果甲方决定不继续使用任何甲方的任何技术成果，甲方应通知乙方，如乙方要求，甲方则应将这些技术成果中的知识产权重新转让给乙方。

1.3 技术成果知识产权的改进

1.3.1 除另有约定外，本协议期满或终止后，任何一方均有对技术成果知识产权进行改进或二次开发的权利，一方单独改进或二次开发的成果属于改进一方或二次开发方所有。需利用对方商业秘密进行改进或二次开发的，须获得对方书面同意，且改进或二次开发成果属于双方共有。双方合作改进或二次开发的成果属于双方共有。

1.3.2 （可选）一方对技术成果知识产权改进或二次开发的成果，同等条件下应当授予对方优先被许可或受让的权利。

1.4 权利不侵权担保事项

协议双方使用对方知识产权的，对方应当向其提供该知识产权不侵犯第三方任何权利的担保。

或

协议双方使用对方知识产权的，不能从对方获得该知识产权不侵犯第三方任何权利的担保。但协议双方应互相提供知识产权合法来源证明材料。

二、学术发表（情形2-1适用条款）

2.1 在不违反本协议关于保密和知识产权规定的情况下，协议双方均有权发表本项目的技术成果。协议任何一方在其发表的论文或出版物中应该明确标明另外一方对本技术成果的贡献，以及其对本技术成果的资助情况。

2.2 拟发表方应当至少在拟发表日期前的[××]天内，以书面形式向对方提交拟发表内容的详细信息。对方可以向拟发表方以书面形式发出保密通知。

2.3 保密通知发出方有权在保密通知中要求，将拟发表推迟[××]个月。但该方须有合理意见说明该要求是为了对拟发表内容寻求专利或其他知识产权保护而必要的。

2.4 保密通知发出方必须在收到拟发表内容的详细信息后的[××]天内发出保密通知。如果拟发表方在该期限内未收到保密通知，则视为同意发表，但该拟发表内容与对方背景知识产权有关且是其保密信息的除外。

个性条款3：双方共有或各自拥有知识产权的有关条款

情形3-1：双方共有全部技术成果知识产权；

情形3-2：双方各自拥有部分技术成果知识产权。

一、知识产权归属和使用

1.1 背景知识产权的归属和使用

1.1.1 本协议的履行不影响双方原本拥有的背景知识产权的归属，其仍然归原权利人所有。

1.1.2 本协议双方应授予对方为实施本项目研发而使用背景知识产权的免费普通许可。除以实施本项目为目的允许甲方关联企业员工或乙方学生使用外，双方均不得授予第三方使用对方背景知识产权的分许可。

1.1.3 甲方需以实施本项目研发以外的其他目的使用乙方背景知识产权的，双方应另行签订许可协议。

1.2 技术成果知识产权的归属和使用

情形 3-1 适用条款：双方共有全部技术成果知识产权

1.2.1 合作开发完成的技术成果知识产权应当归双方共有，该技术成果知识产权申请权归双方共有。

1.2.2 任一方转让其共有的知识产权申请权的，另一方享有以同等条件优先受让的权利。一方声明放弃其共有的知识产权申请权的，可以由另一方单独申请。申请人取得知识产权的，放弃知识产权申请权的一方可以免费实施该知识产权。一方不同意申请知识产权的，另一方不得申请知识产权。

1.2.3 双方可以不定期（不限于项目期间）对任何涉嫌或实际侵犯其技术成果知识产权的行为采取一切合理必要措施，另一方应当为其采取上述措施提供合理的帮助。

1.2.4 双方应允许对方以实施本项目研发为目的授予使用技术成果知识产权的许可，但不得授予其他第三方使用技术成果知识产权的分许可。

1.2.5 如果存在任何第三方（如学生、承包商或其他非项目界定参与人员）参与或曾经参与该项目，则按有关协议或管理权限可以约束该第三方的一方应当确保已获得（或者在未来适当情况下获得）该第三方在技术成果中可能拥有的所有权利。

1.2.6 未经对方书面同意，任何一方不能将共有技术成果知识产权擅自转让、许可或与第三方合作使用。

1.2.7 未经甲方书面同意，乙方不得赋予技术成果完成人（团队）技术成果知识产权所有权或长期使用权。若甲方书面同意赋予技术成果完成人（团队）技术成果知识产权所有权或长期使用权，协议双方应与技术成果完成人（团队）签署三方书面协议，合理约定转化技术成果收益分配比例、转化决策机制、转化费用分担以及知识产权维持费用等。

1.2.8 乙方（及被赋所有权的技术成果完成人（团队））经同意后转让其共有部分技术成果知识产权的，同等条件下甲方享有优先受让该技术成果知识产权的权利。甲方有权以书面方式要求乙方（及被赋权的技术成果完成人（团队））不得就相同类似项目、相同类似技术和知识产权的许可或转让，与甲方竞争对手进行磋商或交易。但甲方须有合理证据证明其竞争关系。

1.2.9 无论是否存在技术成果知识产权的许可和转让，乙方及其员工和学生拥有不可撤销的出于学术研究目的使用技术成果知识产权的权利。但涉及甲方商业秘密，须事先取得甲方书面同意。

1.2.10 （可选）选择期：甲方有权在项目期间以及项目结束后［××］个月内，书面通知乙方就技术成果知识产权的转让进行磋商。

1.2.11 （可选）磋商期：乙方在收到甲方书面通知后，应当在收到通知之日起［××］天内，就技术成果知识产权的转让与甲方进行磋商。

1.2.12 （可选）在选择期或磋商期内，乙方不能就技术成果知识产权的许可或转让与第三方进行磋商。在磋商期结束后的［××］个月内，乙方不得就技术成果知识产权的许可或转让向第三方提供比向甲方提供的更优惠的磋商条件。

1.2.13 （可选）如果在磋商期间，甲方要求乙方对任一技术成果申请专利或采取其他保护措施，甲方应向乙方补偿乙方按甲方要求采取上述措施而产生的合理成本和费用。如果乙方后来向第三方许可或转让了甲方已支付此类成本和费用的技术成果知识产权，则乙方应向甲方偿还甲方支付的这些成本和费用。

情形 3-2 适用条款：双方各自拥有部分技术成果知识产权

1.2.1 与使用甲方背景知识产权等直接相关的技术成果知识产权应当归甲方所有；与使用乙方背景知识产权等直接相关的技术成果知识产权应当归乙方所有。（或协议双方约定的［插入特定类型］技术成果知识产权归甲方所有；［插入特定类型］技术成果知识产权归乙方所有。）

1.2.2 双方可以不定期（不限于项目期间）采取以下措施：对技术成果知识产权进行申请和保护，包括就任何技术成果申请专利、维持专利或专利有效性和对任何涉嫌或实际侵犯技术成果知识产权的行为采取一切合理必要措施。另一方应当为其采取上述措施提供合理的帮助。

1.2.3 任一方认为没有必要对其技术成果进行知识产权申请或保护，或者对任何侵犯其技术成果知识产权行为采取一切合理必要措施的，该方应当在放弃权利前及时通知对方。在不损害对方权利的情形下，创造该技术成果知识产权的一方可以采取合理措施对其进行知识产权申请或保护，包括就其提交专利申请和对任何涉嫌或实际侵犯技术成果知识产权的行为采取一切合理必要措施。

1.2.4 双方应授予对方普通实施许可，允许对方以实施本项目研发为目的在［地域］内使用技术成果中的知识产权。除在本协议下以实施本项目研发为目的允许甲方关联企业员工或乙方学生使用外，双方均不得授予其他第三方使用对方技术成果知识产权的分许可。

1.2.5 若乙方赋予技术成果完成人（团队）其技术成果知识产权所有权或长期使用权，乙方应与技术成果完成人（团队）签署书面协议，并在协议生效的［××］日内书面告知甲方。乙方应当确保被赋权的技术成果完成人（团队）知晓并遵守本协议规定。

1.2.6 如果存在任何第三方（如学生、承包商或其他非项目界定参与人员）参与或曾经参与该项目，则按有关协议或管理权限可以约束该第三方的一方应当确保已获得（或者在未来适当情况下获得）该第三方在技术成果中可能拥有的所有权利。

1.2.7 项目实施过程中，技术成果知识产权能够预期转让的，双方应当立即将其拥有的按本协议约定应属于对方的技成果知识产权转让给对方。技术成果知识产权不能预期转让的，双方应当按照对方要求，在其拥有的按本协议约定应属于对方的技术成果知识产权产生后立即将其转让给对方。

1.2.8 乙方（及被赋所有权的技术成果完成人（团队））转让其技术成果知识产权的，同等条件下甲方享有优先受让该技术成果知识产权的权利。甲方有权以书面方式要求乙方（及被赋权的技术成果完成人（团队））不得就相同或类似项目、相同或类似技术和知识产权的许可或转让，与甲方竞争对手进行磋商或交易。但甲方须有合理证据证明其竞争关系。

1.2.9 无论是否存在技术成果知识产权的许可和转让，乙方及其员工和学生拥有不可撤销的出于学术研究目的使用乙方技术成果知识产权的权利。但涉及甲方商业秘密的，须事先取得甲方书面同意。

1.2.10 （允许学术发表）无论是否存在技术成果知识产权的许可和转让，乙方及其员工和学生拥有不可撤销的使用甲方技术成果进行学术发表的权利。但涉及甲方商业秘密的，须事先取得甲方书面同意。（以下技术成果除外：[插入技术成果详细信息]）

或

1.2.10 （未经同意不允许学术发表）未经甲方书面同意，乙方及其员工和学生不得使用甲方技术成果进行学术发表。

1.2.11 选择期：甲方有权在项目期间以及项目结束后[××]个月内，书面通知乙方就授予其技术成果知识产权的许可或转让进行磋商。

1.2.12 磋商期：乙方在收到甲方书面通知后，应当在收到通知之日起[××]天内，就授予技术成果知识产权的许可或转让与甲方进行磋商。

1.2.13 在选择期或磋商期内，乙方不能就授予技术成果知识产权实施许可或转让技术成果知识产权与第三方进行磋商，不能赋予技术成果完成人（团队）技术成果知识产权所有权或长期使用权。在磋商期结束后的[××]个月内，乙方（及被赋权的技术成果完成人（团队））不得就授予技术成果知识产权的许可或转让向第三方提供比向甲方提供的更优惠的磋商条件。

1.2.14 如果在磋商期间，甲方要求乙方对任一技术成果申请专利或采取其他保护措施，甲方应向乙方补偿乙方应甲方要求采取上述措施而产生的合理成本和费用。如果乙方后来向第三方许可或转让了甲方已支付此类成本和费用的技术成果知识产权，则乙方应向甲方偿还甲方支付的这些成本和费用。

1.3 技术成果知识产权的改进

1.3.1 除另有约定外，本协议期满或终止后，任何一方均有对技术成果知识产权进行改进或二次开发的权利，一方单独改进或二次开发的成果属于改进一方或二次开发方所有。需利用对方商业秘密进行改进或二次开发的，须获得对方书面同意，且改进或二次开发成果属于双方共有。双方合作改进或二次开发的成果属于双方共有。

1.3.2 （可选）一方对技术成果知识产权改进或二次开发的成果，同等条件下应当授予对方优先被许可或受让的权利。

1.4 权利不侵权担保事项

协议双方使用对方知识产权的，对方应当向其提供该知识产权不侵犯第三方任何权利的担保。

或

协议双方使用对方知识产权的，不能从对方获得该知识产权不侵犯第三方任何权利的担保。但协议双方应互相提供知识产权合法来源证明材料。

二、学术发表（情形3-1及情形3-2允许学术发表适用条款）

2.1 在不违反本协议关于保密和知识产权规定的情况下，协议双方均有权发表本项目的技术成果。协议任何一方在其发表的论文或出版物中应该明确标明另外一方对本技术成果的贡献，以及其对本技术成果的资助情况。

2.2 拟发表方应当至少在拟发表日期前的[××]天内，以书面形式向对方提交拟发表内容的详细信息。对方可以向拟发表方以书面形式发出保密通知。

2.3 保密通知发出方有权在保密通知中要求，将拟发表推迟[××]个月。但该方须有合理意见说明该要求是为了对拟发表内容寻求专利或其他知识产权保护而必要的。

2.4 保密通知发出方必须在收到拟发表内容的详细信息后的[××]天内发出保密通知。如果拟发表方在该期限内未收到保密通知，则视为同意发表，但该拟发表内容与对方背景知识产权有关且是其保密信息的除外。

药品注册管理办法

（2020年国家市场监督管理总局令第27号）

第一章 总 则

第一条 为规范药品注册行为，保证药品的安全、有效和质量可控，根据《中华人民共和国药品管理法》（以下简称《药品管理法》）、《中华人民共和国中医药法》、《中华人民共和国疫苗管理法》（以下简称《疫苗管理法》）、《中华人民共和国行政许可法》、《中华人民共和国药品管理法实施条例》等法律、行政法规，制定本办法。

第二条 在中华人民共和国境内以药品上市为目的，从事药品研制、注册及监督管理活动，适用本办法。

第三条 药品注册是指药品注册申请人（以下简称申请人）依照法定程序和相关要求提出药物临床试验、药品上市许可、再注册等申请以及补充申请，药品监督管理部门基于法律法规和现有科学认知进行安全性、有效性和质量可控性等审查，决定是否同意其申请的活动。

申请人取得药品注册证书后，为药品上市许可持有人（以下简称持有人）。

第四条 药品注册按照中药、化学药和生物制品等进行分类注册管理。

中药注册按照中药创新药、中药改良型新药、古代经典名方中药复方制剂、同名同方药等进行分类。

化学药注册按照化学药创新药、化学药改良型新药、仿制药等进行分类。

生物制品注册按照生物制品创新药、生物制品改良型新药、已上市生物制品（含生物类似药）等进行分类。

中药、化学药和生物制品等药品的细化分类和相应的申报资料要求，由国家药品监督管理局根据注册药品的产品特性、创新程度和审评管理需要组织制定，并向社会公布。

境外生产药品的注册申请，按照药品的细化分类和相应的申报资料要求执行。

第五条 国家药品监督管理局主管全国药品注册管理工作，负责建立药品注册管理工作体系和制度，制定药品注册管理规范，依法组织药品注册审评审批以及相关的监督管理工作。国家药品监督管理局药品审评中心（以下简称药品审评中心）负责药物临床试验申请、药品上市许可申请、补充申请和境外生产药品再注册申请等的审评。中国食品药品检定研究院（以下简称中检院）、国家药典委员会（以下简称药典委）、国家药品监督管理局食品药品审核查验中心（以下简称药品核查中心）、国家药品监督管理局药品评价中心（以下简称药品评价中心）、国家药品监督管理局行政事项受理服务和投诉举报中心、国家药品监督管理局信息中心（以下简称信息中心）等药品专业技术机构，承担依法实施药品注册管理所需的药品注册检验、通用名称核准、核查、监测与评价、制证送达以及相应的信息化建设与管理等相关工作。

第六条 省、自治区、直辖市药品监督管理部门负责本行政区域内以下药品注册相关管理工作：

（一）境内生产药品再注册申请的受理、审查和审批；

（二）药品上市后变更的备案、报告事项管理；

（三）组织对药物非临床安全性评价研究机构、药物临床试验机构的日常监管及违法行为的查处；

（四）参与国家药品监督管理局组织的药品注册核查、检验等工作；

（五）国家药品监督管理局委托实施的药品注册相关事项。

省、自治区、直辖市药品监督管理部门设置或者指定的药品专业技术机构，承担依法实施药品监督管理所需的审评、检验、核查、监测与评价等工作。

第七条 药品注册管理遵循公开、公平、公正原则，以临床价值为导向，鼓励研究和创制新药，积极推动仿制药发展。

国家药品监督管理局持续推进审评审批制度改革，优化审评审批程序，提高审评审批效率，建立以审评为主导，检验、核查、监测与评价等为支撑的药品注册管理体系。

第二章　基本制度和要求

第八条 从事药物研制和药品注册活动，应当遵守有关法律、法规、规章、标准和规范；参照相关技术指导原则，采用其他评价方法和技术的，应当证明其科学性、适用性；应当保证全过程信息真实、准确、完整和可追溯。

药品应当符合国家药品标准和经国家药品监督管理局核准的药品质量标准。经国家药品监督管理局核准的药品质量标准，为药品注册标准。药品注册标准应当符合《中华人民共和国药典》通用技术要求，不得低于《中华人民共和国药典》的规定。申报注册品种的检测项目或者指标不适用《中华人民共和国药典》的，申请人应当提供充分的支持性数据。

药品审评中心等专业技术机构，应当根据科学进展、行业发展实际和药品监督管理工作需要制定技术指导原则和程序，并向社会公布。

第九条 申请人应当为能够承担相应法律责任的企业或者药品研制机构等。境外申请人应当指定中国境内的企业法人办理相关药品注册事项。

第十条 申请人在申请药品上市注册前，应当完成药学、药理毒理学和药物临床试验等相关研究工作。药物非临床安全性评价研究应当在经过药物非临床研究质量管理规范认证的机构开展，并遵守药物非临床研究质量管理规范。药物临床试验应当经批准，其中生物等效性试验应当备案；药物临床试验应当在符合相关规定的药物临床试验机构开展，并遵守药物临床试验质量管理规范。

申请药品注册，应当提供真实、充分、可靠的数据、资料和样品，证明药品的安全性、有效性和质量可控性。

使用境外研究资料和数据支持药品注册的，其来源、研究机构或者实验室条件、质量体系要求及其他管理条件等应当符合国际人用药品注册技术要求协调会通行原则，并符合我国药品注册管理的相关要求。

第十一条 变更原药品注册批准证明文件及其附件所载明的事项或者内容的，申请人应当按照规定，参照相关技术指导原则，对药品变更进行充分研究和验证，充分评估变更可能对药品安全性、有效性和质量可控性的影响，按照变更程序提出补充申请、备案或者报告。

第十二条 药品注册证书有效期为五年，药品注册证书有效期内持有人应当持续保证上市药品的安全性、有效性和质量可控性，并在有效期届满前六个月申请药品再注册。

第十三条 国家药品监督管理局建立药品加快上市注册制度，支持以临床价值为导向的药物创新。对符合条件的药品注册申请，申请人可以申请适用突破性治疗药物、附条件批准、优先审评审批及特别审批程序。在药品研制和注册过程中，药品监督管理部门及其专业技术机构给予必要的技术指导、沟通交流、优先配置资源、缩短审评时限等政策和技术支持。

第十四条 国家药品监督管理局建立化学原料药、辅料及直接接触药品的包装材料和容器关联审评审批制度。在审批药品制剂时，对化学原料药一并审评审批，对相关辅料、直接接触药品的包装材料和容器一并审评。药品审评中心建立化学原料药、辅料及直接接触药品的包装材料和容器信息登记平台，对相关登记信息进行公示，供相关申请人或者持有人选择，并在相关药品制剂注册申请审评时关联审评。

第十五条 处方药和非处方药实行分类注册和转换管理。药品审评中心根据非处方药的特点，制定非处方药上市注册相关技术指导原则和程序，并向社会公布。药品评价中心制定处方药和非处方药上市后转换相关技术要求和程序，并向社会公布。

第十六条 申请人在药物临床试验申请前、药物临床试验过程中以及药品上市许可申请前等关键阶段，可以就重大问题与药品审评中心等专业技术机构进行沟通交流。药品注册过程中，药品审评中心等专业技术机构可以根据工作需要组织与申请人进行沟通交流。

沟通交流的程序、要求和时限，由药品审评中心等专业技术机构依照职能分别制定，并向社会公布。

第十七条 药品审评中心等专业技术机构根据工作需要建立专家咨询制度，成立专家咨询委员会，在审评、核查、检验、通用名称核准等过程中就重大问题听取专家意见，充分发挥专家的技术支撑作用。

第十八条 国家药品监督管理局建立收载新批准上市以及通过仿制药质量和疗效一致性评价的化学药品目录集，载明药品名称、活性成分、剂型、规格、是否为参比制剂、持有人等相关信息，及时更新并向社会公开。化学药品目录集收载程序和要求，由药品审评中心制定，并向社会公布。

第十九条 国家药品监督管理局支持中药传承和创新，建立和完善符合中药特点的注册管理制度和技术评价体系，鼓励运用现代科学技术和传统研究方法研制中药，加强中药质量控制，提高中药临床试验水平。

中药注册申请，申请人应当进行临床价值和资源评估，突出以临床价值为导向，促进资源可持续利用。

第三章　药品上市注册

第一节　药物临床试验

第二十条　本办法所称药物临床试验是指以药品上市注册为目的，为确定药物安全性与有效性在人体开展的药物研究。

第二十一条　药物临床试验分为Ⅰ期临床试验、Ⅱ期临床试验、Ⅲ期临床试验、Ⅳ期临床试验以及生物等效性试验。根据药物特点和研究目的，研究内容包括临床药理学研究、探索性临床试验、确证性临床试验和上市后研究。

第二十二条　药物临床试验应当在具备相应条件并按规定备案的药物临床试验机构开展。其中，疫苗临床试验应当由符合国家药品监督管理局和国家卫生健康委员会规定条件的三级医疗机构或者省级以上疾病预防控制机构实施或者组织实施。

第二十三条　申请人完成支持药物临床试验的药学、药理毒理学等研究后，提出药物临床试验申请的，应当按照申报资料要求提交相关研究资料。经形式审查，申报资料符合要求的，予以受理。药品审评中心应当组织药学、医学和其他技术人员对已受理的药物临床试验申请进行审评。对药物临床试验申请应当自受理之日起六十日内决定是否同意开展，并通过药品审评中心网站通知申请人审批结果；逾期未通知的，视为同意，申请人可以按照提交的方案开展药物临床试验。

申请人获准开展药物临床试验的为药物临床试验申办者（以下简称申办者）。

第二十四条　申请人拟开展生物等效性试验的，应当按照要求在药品审评中心网站完成生物等效性试验备案后，按照备案的方案开展相关研究工作。

第二十五条　开展药物临床试验，应当经伦理委员会审查同意。

药物临床试验用药品的管理应当符合药物临床试验质量管理规范的有关要求。

第二十六条　获准开展药物临床试验的，申办者在开展后续分期药物临床试验前，应当制定相应的药物临床试验方案，经伦理委员会审查同意后开展，并在药品审评中心网站提交相应的药物临床试验方案和支持性资料。

第二十七条　获准开展药物临床试验的药物拟增加适应症（或者功能主治）以及增加与其他药物联合用药的，申请人应当提出新的药物临床试验申请，经批准后方可开展新的药物临床试验。

获准上市的药品增加适应症（或者功能主治）需要开展药物临床试验的，应当提出新的药物临床试验申请。

第二十八条　申办者应当定期在药品审评中心网站提交研发期间安全性更新报告。研发期间安全性更新报告应当每年提交一次，于药物临床试验获准后每满一年后的两个月内提交。药品审评中心可以根据审查情况，要求申办者调整报告周期。

对于药物临床试验期间出现的可疑且非预期严重不良反应和其他潜在的严重安全性风险信息，申办者应当按照相关要求及时向药品审评中心报告。根据安全性风险严重程度，可以要求申办者采取调整药物临床试验方案、知情同意书、研究者手册等加强风险控制的措施，必要时可以要求申办者暂停或者终止药物临床试验。

研发期间安全性更新报告的具体要求由药品审评中心制定公布。

第二十九条　药物临床试验期间，发生药物临床试验方案变更、非临床或者药学的变化或者有新发现的，申办者应当按照规定，参照相关技术指导原则，充分评估对受试者安全的影响。

申办者评估认为不影响受试者安全的，可以直接实施并在研发期间安全性更新报告中报告。可能增加受试者安全性风险的，应当提出补充申请。对补充申请应当自受理之日起六十日内决定是否同意，并通过药品审评中心网站通知申请人审批结果；逾期未通知的，视为同意。

申办者发生变更的，由变更后的申办者承担药物临床试验的相关责任和义务。

第三十条　药物临床试验期间，发现存在安全性问题或者其他风险的，申办者应当及时调整临床试验方案、暂停或者终止临床试验，并向药品审评中心报告。

有下列情形之一的，可以要求申办者调整药物临床试验方案、暂停或者终止药物临床试验：

（一）伦理委员会未履行职责的；

（二）不能有效保证受试者安全的；

（三）申办者未按照要求提交研发期间安全性更新报告的；

（四）申办者未及时处置并报告可疑且非预期严重不良反应的；

（五）有证据证明研究药物无效的；

（六）临床试验用药品出现质量问题的；

（七）药物临床试验过程中弄虚作假的；

（八）其他违反药物临床试验质量管理规范的情形。

药物临床试验中出现大范围、非预期的严重不良反应，或者有证据证明临床试验用药品存在严重质量问题时，申办者和药物临床试验机构应当立即停止药物临床试验。药品监督管理部门依职责可以责令调整临床试验方案、暂停或者终止药物临床试验。

第三十一条　药物临床试验被责令暂停后，申办者拟继续开展药物临床试验的，应当在完成整改后提出恢复药物临床试验的补充申请，经审查同意后方可继续开展药物临床试验。药物临床试验暂停时间满三年且未申请并获准恢复药物临床试验的，该药物临床试验许可自行失效。

药物临床试验终止后，拟继续开展药物临床试验的，应当重新提出药物临床试验申请。

第三十二条　药物临床试验应当在批准后三年内实施。药物临床试验申请自获准之日起，三年内未有受试者签署知情同意书的，该药物临床试验许可自行失效。仍需实施药物临床试验的，应当重新申请。

第三十三条　申办者应当在开展药物临床试验前在药物临床试验登记与信息公示平台登记药物临床试验方案等信息。药物临床试验期间，申办者应当持续更新登记信息，并在药物临床试验结束后登记药物临床试验结果等信息。登记信息在平台进行公示，申办者对药物临床试验登记信息的真实性负责。

药物临床试验登记和信息公示的具体要求，由药品审评中心制定公布。

第二节　药品上市许可

第三十四条　申请人在完成支持药品上市注册的药学、药理毒理学和药物临床试验等研究，确定质量标准，完成商业规模生产工艺验证，并做好接受药品注册核查检验的准备后，提出药品上市许可申请，按照申报资料要求提交相关研究资料。经对申报资料进行形式审查，符合要求的，予以受理。

第三十五条 仿制药、按照药品管理的体外诊断试剂以及其他符合条件的情形，经申请人评估，认为无需或者不能开展药物临床试验，符合豁免药物临床试验条件的，申请人可以直接提出药品上市许可申请。豁免药物临床试验的技术指导原则和有关具体要求，由药品审评中心制定公布。

仿制药应当与参比制剂质量和疗效一致。申请人应当参照相关技术指导原则选择合理的参比制剂。

第三十六条 符合以下情形之一的，可以直接提出非处方药上市许可申请：

（一）境内已有相同活性成分、适应症（或者功能主治）、剂型、规格的非处方药上市的药品；

（二）经国家药品监督管理局确定的非处方药改变剂型或者规格，但不改变适应症（或者功能主治）、给药剂量以及给药途径的药品；

（三）使用国家药品监督管理局确定的非处方药的活性成分组成的新的复方制剂；

（四）其他直接申报非处方药上市许可的情形。

第三十七条 申报药品拟使用的药品通用名称，未列入国家药品标准或者药品注册标准的，申请人应当在提出药品上市许可申请时同时提出通用名称核准申请。药品上市许可申请受理后，通用名称核准相关资料转药典委，药典委核准后反馈药品审评中心。

申报药品拟使用的药品通用名称，已列入国家药品标准或者药品注册标准，药品审评中心在审评过程中认为需要核准药品通用名称的，应当通知药典委核准通用名称并提供相关资料，药典委核准后反馈药品审评中心。

药典委在核准药品通用名称时，应当与申请人做好沟通交流，并将核准结果告知申请人。

第三十八条 药品审评中心应当组织药学、医学和其他技术人员，按要求对已受理的药品上市许可申请进行审评。

审评过程中基于风险启动药品注册核查、检验，相关技术机构应当在规定时限内完成核查、检验工作。

药品审评中心根据药品注册申报资料、核查结果、检验结果等，对药品的安全性、有效性和质量可控性等进行综合审评，非处方药还应当转药品评价中心进行非处方药适宜性审查。

第三十九条 综合审评结论通过的，批准药品上市，发给药品注册证书。综合审评结论不通过的，作出不予批准决定。药品注册证书载明药品批准文号、持有人、生产企业等信息。非处方药的药品注册证书还应当注明非处方药类别。

经核准的药品生产工艺、质量标准、说明书和标签作为药品注册证书的附件一并发给申请人，必要时还应当附药品上市后研究要求。上述信息纳入药品品种档案，并根据上市后变更情况及时更新。

药品批准上市后，持有人应当按照国家药品监督管理局核准的生产工艺和质量标准生产药品，并按照药品生产质量管理规范要求进行细化和实施。

第四十条 药品上市许可申请审评期间，发生可能影响药品安全性、有效性和质量可控性的重大变更的，申请人应当撤回原注册申请，补充研究后重新申报。

申请人名称变更、注册地址名称变更等不涉及技术审评内容的，应当及时书面告知药品审评中心并提交相关证明性资料。

第三节　关联审评审批

第四十一条 药品审评中心在审评药品制剂注册申请时，对药品制剂选用的化学原料药、辅料及直接接触药品的包装材料和容器进行关联审评。

化学原料药、辅料及直接接触药品的包装材料和容器生产企业应当按照关联审评审批制度要求，在化学原料药、辅料及直接接触药品的包装材料和容器登记平台登记产品信息和研究资料。药品审评中心向社会公示登记号、产品名称、企业名称、生产地址等基本信息，供药品制剂注册申请人选择。

第四十二条 药品制剂申请人提出药品注册申请，可以直接选用已登记的化学原料药、辅料及直接接触药品的包装材料和容器；选用未登记的化学原料药、辅料及直接接触药品的包装材料和容器的，相关研究资料应当随药品制剂注册申请一并申报。

第四十三条 药品审评中心在审评药品制剂注册申请时，对药品制剂选用的化学原料药、辅料及直接接触药品的包装材料和容器进行关联审评，需补充资料的，按照补充资料程序要求药品制剂申请人或者化学原料药、辅料及直接接触药品的包装材料和容器登记企业补充资料，可以基于风险提出对化学原料药、辅料及直接接触药品的包装材料和容器企业进行延伸检查。

仿制境内已上市药品所用的化学原料药的，可以申请单独审评审批。

第四十四条 化学原料药、辅料及直接接触药品的包装材料和容器关联审评通过的或者单独审评审批通过的，药品审评中心在化学原料药、辅料及直接接触药品的包装材料和容器登记平台更新登记状态标识，向社会公示相关信息。其中，化学原料药同时发给化学原料药批准通知书及核准后的生产工艺、质量标准和标签，化学原料药批准通知书中载明登记号；不予批准的，发给化学原料药不予批准通知书。

未通过关联审评审批的，化学原料药、辅料及直接接触药品的包装材料和容器产品的登记状态维持不变，相关药品制剂申请不予批准。

第四节　药品注册核查

第四十五条 药品注册核查，是指为核实申报资料的真实性、一致性以及药品上市商业化生产条件，检查药品研制的合规性、数据可靠性等，对研制现场和生产现场开展的核查活动，以及必要时对药品注册申请所涉及的化学原料药、辅料及直接接触药品的包装材料和容器生产企业、供应商或者其他受托机构开展的延伸检查活动。

药品注册核查启动的原则、程序、时限和要求，由药品审评中心制定公布；药品注册核查实施的原则、程序、时限和要求，由药品核查中心制定公布。

第四十六条 药品审评中心根据药物创新程度、药物研究机构既往接受核查情况等，基于风险决定是否开展药品注册研制现场核查。

药品审评中心决定启动药品注册研制现场核查的，通知药品核查中心在审评期间组织实施核查，同时告知申请人。药品核查中心应当在规定时限内完成现场核查，并将核查情况、核查结论等相关材料反馈药品审评中心进行综合审评。

第四十七条 药品审评中心根据申报注册的品种、工艺、设施、既往接受核查情况等因素，基于风险决定是否启动药品注册生产现场核查。

对于创新药、改良型新药以及生物制品等，应当进行药品注册生产现场核查和上市前药品生产质量管理规范检查。

对于仿制药等，根据是否已获得相应生产范围药品生产许可证且已有同剂型品种上市等情况，基于风险进行药品注册生产现场核查、上市前药品生产质量管理规范检查。

第四十八条 药品注册申请受理后，药品审评中心应当在受理后四十日内进行初步审查，需要药品注册生产现场核查的，通知药品核查中心组织核查，提供核查所需的相关材料，同时告知申请人以及申请人或者生产企业所在地省、自治区、直辖市药品监督管理部门。药品核查中心原则上应当在审评时限届满四十日前完成核查工作，并将核查情况、核查结果等相关材料反馈至药品审评中心。

需要上市前药品生产质量管理规范检查的，由药品核查中心协调相关省、自治区、直辖市药品监督管理部门与药品注册生产现场核查同步实施。上市前药品生产质量管理规范检查的管理要求，按照药品生产监督管理办法的有关规定执行。

申请人应当在规定时限内接受核查。

第四十九条 药品审评中心在审评过程中，发现申报资料真实性存疑或者有明确线索举报等，需要现场检查核实的，应当启动有因检查，必要时进行抽样检验。

第五十条 申请药品上市许可时，申请人和生产企业应当已取得相应的药品生产许可证。

第五节 药品注册检验

第五十一条 药品注册检验，包括标准复核和样品检验。标准复核，是指对申请人申报药品标准中设定项目的科学性、检验方法的可行性、质控指标的合理性等进行的实验室评估。样品检验，是指按照申请人申报或者药品审评中心核定的药品质量标准对样品进行的实验室检验。

药品注册检验启动的原则、程序、时限等要求，由药品审评中心组织制定公布。药品注册申请受理前提出药品注册检验的具体工作程序和要求以及药品注册检验技术要求和规范，由中检院制定公布。

第五十二条 与国家药品标准收载的同品种药品使用的检验项目和检验方法一致的，可以不进行标准复核，只进行样品检验。其他情形应当进行标准复核和样品检验。

第五十三条 中检院或者经国家药品监督管理局指定的药品检验机构承担以下药品注册检验：

（一）创新药；

（二）改良型新药（中药除外）；

（三）生物制品、放射性药品和按照药品管理的体外诊断试剂；

（四）国家药品监督管理局规定的其他药品。

境外生产药品的药品注册检验由中检院组织口岸药品检验机构实施。

其他药品的注册检验，由申请人或者生产企业所在地省级药品检验机构承担。

第五十四条 申请人完成支持药品上市的药学相关研究，确定质量标准，并完成商业规模生产工艺验证后，可以在药品注册申请受理前向中检院或者省、自治区、直辖市药品监督管理部门提出药品注册检验；申请人未在药品注册申请受理前提出药品注册检验的，在药品注册申请受理后四十日内由药品审评中心启动药品注册检验。原则上申请人在药品注册申请受理前只能提出一次药品注册检验，不得同时向多个药品检验机构提出药品注册检验。

申请人提交的药品注册检验资料应当与药品注册申报资料的相应内容一致，不得在药品注册检验过程中变更药品检验机构、样品和资料等。

第五十五条 境内生产药品的注册申请，申请人在药品注册申请受理前提出药品注册检验的，向相关省、自治区、直辖市药品监督管理部门申请抽样，省、自治区、直辖市药品监督管理部门组织进行抽样并封签，由申请人将抽样单、样品、检验所需资料及标准物质等送至相应药品检验机构。

境外生产药品的注册申请，申请人在药品注册申请受理前提出药品注册检验的，申请人应当按规定要求抽取样品，并将样品、检验所需资料及标准物质等送至中检院。

第五十六条 境内生产药品的注册申请，药品注册申请受理后需要药品注册检验的，药品审评中心应当在受理后四十日内向药品检验机构和申请人发出药品注册检验通知。申请人向相关省、自治区、直辖市药品监督管理部门申请抽样，省、自治区、直辖市药品监督管理部门组织进行抽样并封签，申请人应当在规定时限内将抽样单、样品、检验所需资料及标准物质等送至相应药品检验机构。

境外生产药品的注册申请，药品注册申请受理后需要药品注册检验的，申请人应当按规定要求抽取样品，并将样品、检验所需资料及标准物质等送至中检院。

第五十七条 药品检验机构应当在五日内对申请人提交的检验用样品及资料等进行审核，作出是否接收的决定，同时告知药品审评中心。需要补正的，应当一次性告知申请人。

药品检验机构原则上应当在审评时限届满四十日前，将标准复核意见和检验报告反馈至药品审评中心。

第五十八条 在药品审评、核查过程中，发现申报资料真实性存疑或者有明确线索举报，或者认为有必要进行样品检验的，可抽取样品进行样品检验。

审评过程中，药品审评中心可以基于风险提出质量标准单项复核。

第四章　药品加快上市注册程序

第一节　突破性治疗药物程序

第五十九条 药物临床试验期间，用于防治严重危及生命或者严重影响生存质量的疾病，且尚无有效防治手段或者与现有治疗手段相比有足够证据表明具有明显临床优势的创新药或者改良型新药等，申请人可以申请适用突破性治疗药物程序。

第六十条 申请适用突破性治疗药物程序的，申请人应当向药品审评中心提出申请。符合条件的，药品审评中心按照程序公示后纳入突破性治疗药物程序。

第六十一条 对纳入突破性治疗药物程序的药物临床试验，给予以下政策支持：

（一）申请人可以在药物临床试验的关键阶段向药品审评中心提出沟通交流申请，药品审评中心安排审评人员进行沟通交流；

（二）申请人可以将阶段性研究资料提交药品审评中心，药品审评中心基于已有研究资料，对下一步研究方案提出意见或者建议，并反馈给申请人。

第六十二条 对纳入突破性治疗药物程序的药物临床试验，申请人发现不再符合纳入条件时，应当及时向药品审评中心提出终止突破性治疗药物程序。药品审评中心发现不再符合纳入条件的，应当及时终止该品种的突破性治疗药物程序，并告知申请人。

第二节 附条件批准程序

第六十三条 药物临床试验期间，符合以下情形的药品，可以申请附条件批准：

（一）治疗严重危及生命且尚无有效治疗手段的疾病的药品，药物临床试验已有数据证实疗效并能预测其临床价值的；

（二）公共卫生方面急需的药品，药物临床试验已有数据显示疗效并能预测其临床价值的；

（三）应对重大突发公共卫生事件急需的疫苗或者国家卫生健康委员会认定急需的其他疫苗，经评估获益大于风险的。

第六十四条 申请附条件批准的，申请人应当就附条件批准上市的条件和上市后继续完成的研究工作等与药品审评中心沟通交流，经沟通交流确认后提出药品上市许可申请。

经审评，符合附条件批准要求的，在药品注册证书中载明附条件批准药品注册证书的有效期、上市后需要继续完成的研究工作及完成时限等相关事项。

第六十五条 审评过程中，发现纳入附条件批准程序的药品注册申请不能满足附条件批准条件的，药品审评中心应当终止该品种附条件批准程序，并告知申请人按照正常程序研究申报。

第六十六条 对附条件批准的药品，持有人应当在药品上市后采取相应的风险管理措施，并在规定期限内按照要求完成药物临床试验等相关研究，以补充申请方式申报。

对批准疫苗注册申请时提出进一步研究要求的，疫苗持有人应当在规定期限内完成研究。

第六十七条 对附条件批准的药品，持有人逾期未按照要求完成研究或者不能证明其获益大于风险的，国家药品监督管理局应当依法处理，直至注销药品注册证书。

第三节 优先审评审批程序

第六十八条 药品上市许可申请时，以下具有明显临床价值的药品，可以申请适用优先审评审批程序：

（一）临床急需的短缺药品、防治重大传染病和罕见病等疾病的创新药和改良型新药；

（二）符合儿童生理特征的儿童用药品新品种、剂型和规格；

（三）疾病预防、控制急需的疫苗和创新疫苗；

（四）纳入突破性治疗药物程序的药品；

（五）符合附条件批准的药品；

（六）国家药品监督管理局规定其他优先审评审批的情形。

第六十九条　申请人在提出药品上市许可申请前，应当与药品审评中心沟通交流，经沟通交流确认后，在提出药品上市许可申请的同时，向药品审评中心提出优先审评审批申请。符合条件的，药品审评中心按照程序公示后纳入优先审评审批程序。

第七十条　对纳入优先审评审批程序的药品上市许可申请，给予以下政策支持：

（一）药品上市许可申请的审评时限为一百三十日；

（二）临床急需的境外已上市境内未上市的罕见病药品，审评时限为七十日；

（三）需要核查、检验和核准药品通用名称的，予以优先安排；

（四）经沟通交流确认后，可以补充提交技术资料。

第七十一条　审评过程中，发现纳入优先审评审批程序的药品注册申请不能满足优先审评审批条件的，药品审评中心应当终止该品种优先审评审批程序，按照正常审评程序审评，并告知申请人。

第四节　特别审批程序

第七十二条　在发生突发公共卫生事件的威胁时以及突发公共卫生事件发生后，国家药品监督管理局可以依法决定对突发公共卫生事件应急所需防治药品实行特别审批。

第七十三条　对实施特别审批的药品注册申请，国家药品监督管理局按照统一指挥、早期介入、快速高效、科学审批的原则，组织加快并同步开展药品注册受理、审评、核查、检验工作。特别审批的情形、程序、时限、要求等按照药品特别审批程序规定执行。

第七十四条　对纳入特别审批程序的药品，可以根据疾病防控的特定需要，限定其在一定期限和范围内使用。

第七十五条　对纳入特别审批程序的药品，发现其不再符合纳入条件的，应当终止该药品的特别审批程序，并告知申请人。

第五章　药品上市后变更和再注册

第一节　药品上市后研究和变更

第七十六条　持有人应当主动开展药品上市后研究，对药品的安全性、有效性和质量可控性进行进一步确证，加强对已上市药品的持续管理。

药品注册证书及附件要求持有人在药品上市后开展相关研究工作的，持有人应当在规定时限内完成并按照要求提出补充申请、备案或者报告。

药品批准上市后，持有人应当持续开展药品安全性和有效性研究，根据有关数据及时备案或者提出修订说明书的补充申请，不断更新完善说明书和标签。药品监督管理部门依职责可以根据药品不良反应监测和药品上市后评价结果等，要求持有人对说明书和标签进行修订。

第七十七条 药品上市后的变更，按照其对药品安全性、有效性和质量可控性的风险和产生影响的程度，实行分类管理，分为审批类变更、备案类变更和报告类变更。

持有人应当按照相关规定，参照相关技术指导原则，全面评估、验证变更事项对药品安全性、有效性和质量可控性的影响，进行相应的研究工作。

药品上市后变更研究的技术指导原则，由药品审评中心制定，并向社会公布。

第七十八条 以下变更，持有人应当以补充申请方式申报，经批准后实施：

（一）药品生产过程中的重大变更；

（二）药品说明书中涉及有效性内容以及增加安全性风险的其他内容的变更；

（三）持有人转让药品上市许可；

（四）国家药品监督管理局规定需要审批的其他变更。

第七十九条 以下变更，持有人应当在变更实施前，报所在地省、自治区、直辖市药品监督管理部门备案：

（一）药品生产过程中的中等变更；

（二）药品包装标签内容的变更；

（三）药品分包装；

（四）国家药品监督管理局规定需要备案的其他变更。

境外生产药品发生上述变更的，应当在变更实施前报药品审评中心备案。

药品分包装备案的程序和要求，由药品审评中心制定发布。

第八十条 以下变更，持有人应当在年度报告中报告：

（一）药品生产过程中的微小变更；

（二）国家药品监督管理局规定需要报告的其他变更。

第八十一条 药品上市后提出的补充申请，需要核查、检验的，参照本办法有关药品注册核查、检验程序进行。

第二节 药品再注册

第八十二条 持有人应当在药品注册证书有效期届满前六个月申请再注册。境内生产药品再注册申请由持有人向其所在地省、自治区、直辖市药品监督管理部门提出，境外生产药品再注册申请由持有人向药品审评中心提出。

第八十三条 药品再注册申请受理后，省、自治区、直辖市药品监督管理部门或者药品审评中心对持有人开展药品上市后评价和不良反应监测情况，按照药品批准证明文件和药品监督管理部门要求开展相关工作情况，以及药品批准证明文件载明信息变化情况等进行审查，符合规定的，予以再注册，发给药品再注册批准通知书。不符合规定的，不予再注册，并报请国家药品监督管理局注销药品注册证书。

第八十四条 有下列情形之一的，不予再注册：

（一）有效期届满未提出再注册申请的；

（二）药品注册证书有效期内持有人不能履行持续考察药品质量、疗效和不良反应责任的；

（三）未在规定时限内完成药品批准证明文件和药品监督管理部门要求的研究工作且无合理理由的；

（四）经上市后评价，属于疗效不确切、不良反应大或者因其他原因危害人体健康的；

（五）法律、行政法规规定的其他不

予再注册情形。

对不予再注册的药品，药品注册证书有效期届满时予以注销。

第六章 受理、撤回申请、审批决定和争议解决

第八十五条 药品监督管理部门收到药品注册申请后进行形式审查，并根据下列情况分别作出是否受理的决定：

（一）申请事项依法不需要取得行政许可的，应当即时作出不予受理的决定，并说明理由。

（二）申请事项依法不属于本部门职权范围的，应当即时作出不予受理的决定，并告知申请人向有关行政机关申请。

（三）申报资料存在可以当场更正的错误的，应当允许申请人当场更正；更正后申请材料齐全、符合法定形式的，应当予以受理。

（四）申报资料不齐全或者不符合法定形式的，应当当场或者在五日内一次告知申请人需要补正的全部内容。按照规定需要在告知时一并退回申请材料的，应当予以退回。申请人应当在三十日内完成补正资料。申请人无正当理由逾期不予补正的，视为放弃申请，无需作出不予受理的决定。逾期未告知申请人补正的，自收到申请材料之日起即为受理。

（五）申请事项属于本部门职权范围，申报资料齐全、符合法定形式，或者申请人按照要求提交全部补正资料的，应当受理药品注册申请。

药品注册申请受理后，需要申请人缴纳费用的，申请人应当按规定缴纳费用。申请人未在规定期限内缴纳费用的，终止药品注册审评审批。

第八十六条 药品注册申请受理后，有药品安全性新发现的，申请人应当及时报告并补充相关资料。

第八十七条 药品注册申请受理后，需要申请人在原申报资料基础上补充新的技术资料的，药品审评中心原则上提出一次补充资料要求，列明全部问题后，以书面方式通知申请人在八十日内补充提交资料。申请人应当一次性按要求提交全部补充资料，补充资料时间不计入药品审评时限。药品审评中心收到申请人全部补充资料后启动审评，审评时限延长三分之一；适用优先审评审批程序的，审评时限延长四分之一。

不需要申请人补充新的技术资料，仅需要申请人对原申报资料进行解释说明的，药品审评中心通知申请人在五日内按照要求提交相关解释说明。

药品审评中心认为存在实质性缺陷无法补正的，不再要求申请人补充资料。基于已有申报资料做出不予批准的决定。

第八十八条 药物临床试验申请、药物临床试验期间的补充申请，在审评期间，不得补充新的技术资料；如需要开展新的研究，申请人可以在撤回后重新提出申请。

第八十九条 药品注册申请受理后，申请人可以提出撤回申请。同意撤回申请的，药品审评中心或者省、自治区、直辖市药品监督管理部门终止其注册程序，并告知药品注册核查、检验等技术机构。审评、核查和检验过程中发现涉嫌存在隐瞒真实情况或者提供虚假信息等违法行为的，依法处理，申请人不得撤回药品注册申请。

第九十条 药品注册期间，对于审评

结论为不通过的，药品审评中心应当告知申请人不通过的理由，申请人可以在十五日内向药品审评中心提出异议。药品审评中心结合申请人的异议意见进行综合评估并反馈申请人。

申请人对综合评估结果仍有异议的，药品审评中心应当按照规定，在五十日内组织专家咨询委员会论证，并综合专家论证结果形成最终的审评结论。

申请人异议和专家论证时间不计入审评时限。

第九十一条 药品注册期间，申请人认为工作人员在药品注册受理、审评、核查、检验、审批等工作中违反规定或者有不规范行为的，可以向其所在单位或者上级机关投诉举报。

第九十二条 药品注册申请符合法定要求的，予以批准。

药品注册申请有下列情形之一的，不予批准：

（一）药物临床试验申请的研究资料不足以支持开展药物临床试验或者不能保障受试者安全的；

（二）申报资料显示其申请药品安全性、有效性、质量可控性等存在较大缺陷的；

（三）申报资料不能证明药品安全性、有效性、质量可控性，或者经评估认为药品风险大于获益的；

（四）申请人未能在规定时限内补充资料的；

（五）申请人拒绝接受或者无正当理由未在规定时限内接受药品注册核查、检验的；

（六）药品注册过程中认为申报资料不真实，申请人不能证明其真实性的；

（七）药品注册现场核查或者样品检验结果不符合规定的；

（八）法律法规规定的不应当批准的其他情形。

第九十三条 药品注册申请审批结束后，申请人对行政许可决定有异议的，可以依法提起行政复议或者行政诉讼。

第七章　工作时限

第九十四条 本办法所规定的时限是药品注册的受理、审评、核查、检验、审批等工作的最长时间。优先审评审批程序相关工作时限，按优先审评审批相关规定执行。

药品审评中心等专业技术机构应当明确本单位工作程序和时限，并向社会公布。

第九十五条 药品监督管理部门收到药品注册申请后进行形式审查，应当在五日内作出受理、补正或者不予受理决定。

第九十六条 药品注册审评时限，按照以下规定执行：

（一）药物临床试验申请、药物临床试验期间补充申请的审评审批时限为六十日；

（二）药品上市许可申请审评时限为二百日，其中优先审评审批程序的审评时限为一百三十日，临床急需境外已上市罕见病用药优先审评审批程序的审评时限为七十日；

（三）单独申报仿制境内已上市化学原料药的审评时限为二百日；

（四）审批类变更的补充申请审评时限为六十日，补充申请合并申报事项的，审评时限为八十日，其中涉及临床试验研究数据审查、药品注册核查检验的审评时限为二百日；

（五）药品通用名称核准时限为三十日；

（六）非处方药适宜性审核时限为三十日。

关联审评时限与其关联药品制剂的审评时限一致。

第九十七条 药品注册核查时限，按照以下规定执行：

（一）药品审评中心应当在药品注册申请受理后四十日内通知药品核查中心启动核查，并同时通知申请人；

（二）药品核查中心原则上在审评时限届满四十日前完成药品注册生产现场核查，并将核查情况、核查结果等相关材料反馈至药品审评中心。

第九十八条 药品注册检验时限，按照以下规定执行：

（一）样品检验时限为六十日，样品检验和标准复核同时进行的时限为九十日；

（二）药品注册检验过程中补充资料时限为三十日；

（三）药品检验机构原则上在审评时限届满四十日前完成药品注册检验相关工作，并将药品标准复核意见和检验报告反馈至药品审评中心。

第九十九条 药品再注册审查审批时限为一百二十日。

第一百条 行政审批决定应当在二十日内作出。

第一百零一条 药品监督管理部门应当自作出药品注册审批决定之日起十日内颁发、送达有关行政许可证件。

第一百零二条 因品种特性及审评、核查、检验等工作遇到特殊情况确需延长时限的，延长的时限不得超过原时限的二分之一，经药品审评、核查、检验等相关技术机构负责人批准后，由延长时限的技术机构书面告知申请人，并通知其他相关技术机构。

第一百零三条 以下时间不计入相关工作时限：

（一）申请人补充资料、核查后整改以及按要求核对生产工艺、质量标准和说明书等所占用的时间；

（二）因申请人原因延迟核查、检验、召开专家咨询会等的时间；

（三）根据法律法规的规定中止审评审批程序的，中止审评审批程序期间所占用的时间；

（四）启动境外核查的，境外核查所占用的时间。

第八章　监督管理

第一百零四条 国家药品监督管理局负责对药品审评中心等相关专业技术机构及省、自治区、直辖市药品监督管理部门承担药品注册管理相关工作的监督管理、考核评价与指导。

第一百零五条 药品监督管理部门应当依照法律、法规的规定对药品研制活动进行监督检查，必要时可以对为药品研制提供产品或者服务的单位和个人进行延伸检查，有关单位和个人应当予以配合，不得拒绝和隐瞒。

第一百零六条 信息中心负责建立药品品种档案，对药品实行编码管理，汇集药品注册申报、临床试验期间安全性相关报告、审评、核查、检验、审批以及药品上市后变更的审批、备案、报告等信息，并持续更新。药品品种档案和编码管理的相关制度，由信息中心制定公布。

第一百零七条 省、自治区、直辖市药品监督管理部门应当组织对辖区内药物非临床安全性评价研究机构、药物临床试验机构等遵守药物非临床研究质量管理规范、药物临床试验质量管理规范等情况进行日常监督检查，监督其持续符合法定要求。国家药品监督管理局根据需要进行药物非临床安全性评价研究机构、药物临床试验机构等研究机构的监督检查。

第一百零八条 国家药品监督管理局建立药品安全信用管理制度，药品核查中心负责建立药物非临床安全性评价研究机构、药物临床试验机构药品安全信用档案，记录许可颁发、日常监督检查结果、违法行为查处等情况，依法向社会公布并及时更新。药品监督管理部门对有不良信用记录的，增加监督检查频次，并可以按照国家规定实施联合惩戒。药物非临床安全性评价研究机构、药物临床试验机构药品安全信用档案的相关制度，由药品核查中心制定公布。

第一百零九条 国家药品监督管理局依法向社会公布药品注册审批事项清单及法律依据、审批要求和办理时限，向申请人公开药品注册进度，向社会公开批准上市药品的审评结论和依据以及监督检查发现的违法违规行为，接受社会监督。

批准上市药品的说明书应当向社会公开并及时更新。其中，疫苗还应当公开标签内容并及时更新。

未经申请人同意，药品监督管理部门、专业技术机构及其工作人员、参与专家评审等的人员不得披露申请人提交的商业秘密、未披露信息或者保密商务信息，法律另有规定或者涉及国家安全、重大社会公共利益的除外。

第一百一十条 具有下列情形之一的，由国家药品监督管理局注销药品注册证书，并予以公布：

（一）持有人自行提出注销药品注册证书的；

（二）按照本办法规定不予再注册的；

（三）持有人药品注册证书、药品生产许可证等行政许可被依法吊销或者撤销的；

（四）按照《药品管理法》第八十三条的规定，疗效不确切、不良反应大或者因其他原因危害人体健康的；

（五）按照《疫苗管理法》第六十一条的规定，经上市后评价，预防接种异常反应严重或者其他原因危害人体健康的；

（六）按照《疫苗管理法》第六十二条的规定，经上市后评价发现该疫苗品种的产品设计、生产工艺、安全性、有效性或者质量可控性明显劣于预防、控制同种疾病的其他疫苗品种的；

（七）违反法律、行政法规规定，未按照药品批准证明文件要求或者药品监督管理部门要求在规定时限内完成相应研究工作且无合理理由的；

（八）其他依法应当注销药品注册证书的情形。

第九章　法律责任

第一百一十一条 在药品注册过程中，提供虚假的证明、数据、资料、样品或者采取其他手段骗取临床试验许可或者药品注册等许可的，按照《药品管理法》第一百二十三条处理。

第一百一十二条 申请疫苗临床试验、注册提供虚假数据、资料、样品或者有其他欺骗行为的，按照《疫苗管理法》

第八十一条进行处理。

第一百一十三条 在药品注册过程中，药物非临床安全性评价研究机构、药物临床试验机构等，未按照规定遵守药物非临床研究质量管理规范、药物临床试验质量管理规范等的，按照《药品管理法》第一百二十六条处理。

第一百一十四条 未经批准开展药物临床试验的，按照《药品管理法》第一百二十五条处理；开展生物等效性试验未备案的，按照《药品管理法》第一百二十七条处理。

第一百一十五条 药物临床试验期间，发现存在安全性问题或者其他风险，临床试验申办者未及时调整临床试验方案、暂停或者终止临床试验，或者未向国家药品监督管理局报告的，按照《药品管理法》第一百二十七条处理。

第一百一十六条 违反本办法第二十八条、第三十三条规定，申办者有下列情形之一的，责令限期改正；逾期不改正的，处一万元以上三万元以下罚款：

（一）开展药物临床试验前未按规定在药物临床试验登记与信息公示平台进行登记；

（二）未按规定提交研发期间安全性更新报告；

（三）药物临床试验结束后未登记临床试验结果等信息。

第一百一十七条 药品检验机构在承担药品注册所需要的检验工作时，出具虚假检验报告的，按照《药品管理法》第一百三十八条处理。

第一百一十八条 对不符合条件而批准进行药物临床试验、不符合条件的药品颁发药品注册证书的，按照《药品管理法》第一百四十七条处理。

第一百一十九条 药品监督管理部门及其工作人员在药品注册管理过程中有违法违规行为的，按照相关法律法规处理。

第十章 附 则

第一百二十条 麻醉药品、精神药品、医疗用毒性药品、放射性药品、药品类易制毒化学品等有其他特殊管理规定药品的注册申请，除按照本办法的规定办理外，还应当符合国家的其他有关规定。

第一百二十一条 出口疫苗的标准应当符合进口国（地区）的标准或者合同要求。

第一百二十二条 拟申报注册的药械组合产品，已有同类产品经属性界定为药品的，按照药品进行申报；尚未经属性界定的，申请人应当在申报注册前向国家药品监督管理局申请产品属性界定。属性界定为药品为主的，按照本办法规定的程序进行注册，其中属于医疗器械部分的研究资料由国家药品监督管理局医疗器械技术审评中心作出审评结论后，转交药品审评中心进行综合审评。

第一百二十三条 境内生产药品批准文号格式为：国药准字H（Z、S）+四位年号+四位顺序号。中国香港、澳门和台湾地区生产药品批准文号格式为：国药准字H（Z、S）C+四位年号+四位顺序号。

境外生产药品批准文号格式为：国药准字H（Z、S）J+四位年号+四位顺序号。

其中，H代表化学药，Z代表中药，S代表生物制品。

药品批准文号，不因上市后的注册事项的变更而改变。

中药另有规定的从其规定。

第一百二十四条 药品监督管理部门制作的药品注册批准证明电子文件及原料药批准文件电子文件与纸质文件具有同等法律效力。

第一百二十五条 本办法规定的期限以工作日计算。

第一百二十六条 本办法自2020年7月1日起施行。2007年7月10日原国家食品药品监督管理局令第28号公布的《药品注册管理办法》同时废止。

国家药监局　国家知识产权局关于发布《药品专利纠纷早期解决机制实施办法（试行）》的公告

（国家药监局、国家知识产权局公告2021年第89号）

根据《中华人民共和国专利法》，国家药监局、国家知识产权局组织制定了《药品专利纠纷早期解决机制实施办法（试行）》，经国务院同意，现予发布，自发布之日起施行。

特此公告。

附件：1. 药品专利纠纷早期解决机制实施办法（试行）
　　　2.《药品专利纠纷早期解决机制实施办法（试行）》政策解读

国家药品监督管理局
国家知识产权局
2021年7月4日

附件1

药品专利纠纷早期解决机制实施办法（试行）

第一条 为了保护药品专利权人合法权益，鼓励新药研究和促进高水平仿制药发展，建立药品专利纠纷早期解决机制，制定本办法。

第二条 国务院药品监督管理部门组织建立中国上市药品专利信息登记平台，供药品上市许可持有人登记在中国境内注册上市的药品相关专利信息。

未在中国上市药品专利信息登记平台登记相关专利信息的，不适用本办法。

第三条 国家药品审评机构负责建立并维护中国上市药品专利信息登记平台，对已获批上市药品的相关专利信息予以公开。

第四条 药品上市许可持有人在获得药品注册证书后30日内，自行登记药品名称、剂型、规格、上市许可持有人、相关专利号、专利名称、专利权人、专利被许可人、专利授权日期及保护期限届满日、专利状态、专利类型、药品与相关专利权利要求的对应关系、通讯地址、联系人、联系方式等内容。相关信息发生变化的，药品上市许可持有人应当在信息变更生效后30日内完成更新。

药品上市许可持有人对其登记的相关信息的真实性、准确性和完整性负责，对收到的相关异议，应当及时核实处理并予以记录。登记信息与专利登记簿、专利公报以及药品注册证书相关信息应当一致；医药用途专利权与获批上市药品说明书的适应症或者功能主治应当一致；相关专利保护范围覆盖获批上市药品的相应技术方案。相关信息修改应当说明理由并予以公开。

第五条 化学药上市许可持有人可在中国上市药品专利信息登记平台登记药物活性成分化合物专利、含活性成分的药物组合物专利、医药用途专利。

第六条 化学仿制药申请人提交药品上市许可申请时，应当对照已在中国上市药品专利信息登记平台公开的专利信息，针对被仿制药每一件相关的药品专利作出声明。声明分为四类：

一类声明：中国上市药品专利信息登记平台中没有被仿制药的相关专利信息；

二类声明：中国上市药品专利信息登记平台收录的被仿制药相关专利权已终止或者被宣告无效，或者仿制药申请人已获得专利权人相关专利实施许可；

三类声明：中国上市药品专利信息登记平台收录有被仿制药相关专利，仿制药申请人承诺在相应专利权有效期届满之前所申请的仿制药暂不上市；

四类声明：中国上市药品专利信息登记平台收录的被仿制药相关专利权应当被宣告无效，或者其仿制药未落入相关专利权保护范围。

仿制药申请人对相关声明的真实性、准确性负责。仿制药申请被受理后10个工作日内，国家药品审评机构应当在信息平台向社会公开申请信息和相应声明；仿制药申请人应当将相应声明及声明依据通知上市许可持有人，上市许可持有人非专利权人的，由上市许可持有人通知专利权人。其中声明未落入相关专利权保护范围的，声明依据应当包括仿制药技术方案与相关专利的相关权利要求对比表及相关技术资料。除纸质资料外，仿制药申请人还应当向上市许可持有人在中国上市药品专利信息登记平台登记的电子邮箱发送声明及声明依据，并留存相关记录。

第七条 专利权人或者利害关系人对四类专利声明有异议的，可以自国家药品审评机构公开药品上市许可申请之日起45日内，就申请上市药品的相关技术方案是否落入相关专利权保护范围向人民法院提起诉讼或者向国务院专利行政部门请求行政裁决。当事人对国务院专利行政部门作出的行政裁决不服的，可以在收到行政裁决书后依法向人民法院起诉。

专利权人或者利害关系人如在规定期限内提起诉讼或者请求行政裁决的，应当自人民法院立案或者国务院专利行政部门受理之日起15个工作日内将立案或受理通知书副本提交国家药品审评机构，并通知仿制药申请人。

第八条 收到人民法院立案或者国务院专利行政部门受理通知书副本后，国务院药品监督管理部门对化学仿制药注册申请设置9个月的等待期。等待期自人民法院立案或者国务院专利行政部门受理之日起，只设置一次。等待期内国家药品审评机构不停止技术审评。

专利权人或者利害关系人未在规定期限内提起诉讼或者请求行政裁决的，国务院药品监督管理部门根据技术审评结论和仿制药申请人提交的声明情形，直接作出是否批准上市的决定；仿制药申请人可以按相关规定提起诉讼或者请求行政裁决。

第九条 对引发等待期的化学仿制药注册申请，专利权人或者利害关系人、化学仿制药申请人应当自收到判决书或者决定书等10个工作日内将相关文书报送国家药品审评机构。

对技术审评通过的化学仿制药注册申请，国家药品审评机构结合人民法院生效判决或者国务院专利行政部门行政裁决作出相应处理：

（一）确认落入相关专利权保护范围的，待专利权期限届满前将相关化学仿制药注册申请转入行政审批环节；

（二）确认不落入相关专利权保护范围或者双方和解的，按照程序将相关化学仿制药注册申请转入行政审批环节；

（三）相关专利权被依法无效的，按照程序将相关化学仿制药注册申请转入行政审批环节；

（四）超过等待期，国务院药品监督管理部门未收到人民法院的生效判决或者调解书，或者国务院专利行政部门的行政裁决，按照程序将相关化学仿制药注册申请转入行政审批环节；

（五）国务院药品监督管理部门在行政审批期间收到人民法院生效判决或者国务院专利行政部门行政裁决，确认落入相关专利权保护范围的，将相关化学仿制药注册申请交由国家药品审评机构按照本条第二款第一项的规定办理。

国务院药品监督管理部门作出暂缓批准决定后，人民法院推翻原行政裁决的、双方和解的、相关专利权被宣告无效的，以及专利权人、利害关系人撤回诉讼或者行政裁决请求的，仿制药申请人可以向国务院药品监督管理部门申请批准仿制药上市，国务院药品监督管理部门可以作出是否批准的决定。

第十条 对一类、二类声明的化学仿制药注册申请，国务院药品监督管理部门依据技术审评结论作出是否批准上市的决定；对三类声明的化学仿制药注册申请，技术审评通过的，作出批准上市决定，相关药品在相应专利权有效期和市场独占期届满之后方可上市。

第十一条 对首个挑战专利成功并首个获批上市的化学仿制药，给予市场独占期。国务院药品监督管理部门在该药品获批之日起12个月内不再批准同品种仿制药上市，共同挑战专利成功的除外。市场独占期限不超过被挑战药品的原专利权期限。市场独占期内国家药品审评机构不停止技术审评。对技术审评通过的化学仿制药注册申请，待市场独占期到期前将相关化学仿制药注册申请转入行政审批环节。

挑战专利成功是指化学仿制药申请人提交四类声明，且根据其提出的宣告专利权无效请求，相关专利权被宣告无效，因而使仿制药可获批上市。

第十二条 中药、生物制品上市许可持有人，按照本办法第二条、第三条、第四条、第七条，进行相关专利信息登记等。中药可登记中药组合物专利、中药提取物专利、医药用途专利，生物制品可登记活性成分的序列结构专利、医药用途专利。

中药同名同方药、生物类似药申请人按照本办法第六条进行相关专利声明。

第十三条 对中药同名同方药和生物类似药注册申请，国务院药品监督管理部门依据技术审评结论，直接作出是否批准上市的决定。对于人民法院或者国务院专利行政部门确认相关技术方案落入相关专利权保护范围的，相关药品在相应专利权有效期届满之后方可上市。

第十四条 化学仿制药、中药同名同方药、生物类似药等被批准上市后，专利权人或者利害关系人认为相关药品侵犯其相应专利权，引起纠纷的，依据《中华人民共和国专利法》等法律法规相关规定解决。已经依法批准的药品上市许可决定不予撤销，不影响其效力。

第十五条 提交不实声明等弄虚作假的、故意将保护范围与已获批上市药品无关或者不属于应当登记的专利类型的专利登记至中国上市药品专利信息登记平台、侵犯专利权人相关专利权或者其他给当事人造成损失的，依法承担相应责任。

第十六条 本办法自发布之日起施行。

附件2
《药品专利纠纷早期解决机制实施办法（试行）》政策解读

一、《药品专利纠纷早期解决机制实施办法（试行）》起草背景是什么？

药品专利纠纷早期解决机制是指将相关药品上市审批程序与相关药品专利纠纷解决程序相衔接的制度。中共中央办公厅、国务院办公厅印发的《关于深化审评审批制度改革鼓励药品医疗器械创新的意见》《关于强化知识产权保护的意见》均提出要探索建立药品专利链接制度。2020年10月，新修正的《中华人民共和国专利法》（以下简称《专利法》）第七十六条引入药品专利纠纷早期解决的有关规定，明确由国务院药品监督管理部门会同国务院专利行政部门制定药品上市许可审批与药品上市许可申请阶段专利纠纷解决的具体衔接办法，报国务院同意后实施。

为贯彻落实党中央、国务院决策部署，推动建立我国药品专利纠纷早期解决机制，国家药监局、国家知识产权局会同有关部门在新修正的《专利法》相关规定的框架下，就药品专利纠纷早期解决机制的具体制度认真研究，借鉴国际做法，在广泛征求业界、协会、专家等意见并完善后，制定了《药品专利纠纷早期解决机制实施办法（试行）》（以下简称《办法》）。

二、《办法》目的和主要内容是什么？

《办法》旨在为当事人在相关药品上市审评审批环节提供相关专利纠纷解决的机制，保护药品专利权人合法权益，降低仿制药上市后专利侵权风险。《办法》的主要内容包括：平台建设和信息公开制度、专利权登记制度、仿制药专利声明制度、司法链接和行政链接制度、批准等待期制度、药品审评审批分类处理制度、首仿药市场独占期制度等。

三、药品专利纠纷早期解决的途径有哪些？

《办法》规定，专利权人或者利害关系人对四类专利声明有异议的，可以就申请上市药品的相关技术方案是否落入相关专利权保护范围向人民法院提起诉讼或者向国务院专利行政部门请求行政裁决，即：司法途径和行政途径。在规定的期限内，专利权人可以自行选择途径。如果当事人选择向国务院专利行政部门请求行政裁决，对行政裁决不服又向人民法院提起行政诉讼的，等待期并不延长。

专利权人或者利害关系人未在规定期限内提起诉讼或请求行政裁决的，仿制药申请人可以按相关规定提起诉讼或者请求行政裁决，以确认其相关药品技术方案不落入相关专利权保护范围。

四、药品专利纠纷早期解决机制涵盖的相关药品专利有哪些？

可以在中国上市药品专利信息登记平台中登记的具体药品专利包括：化学药品（不含原料药）的药物活性成分化合物专利、含活性成分的药物组合物专利、医药用途专利；中药的中药组合物专利、中药提取物专利、医药用途专利；生物制品的活性成分的序列结构专利、医药用途专利。相关专利不包括中间体、代谢产物、晶型、制备方法、检测方法等的专利。

五、如何进行专利声明？

化学仿制药申请人、中药同名同方药申请人、生物类似药申请人提交药品上市许可申请时，应当对照已在中国上市药品专利信息登记平台公开的专利信息，针对被仿制药每一件相关的药品专利作出声明。仿制药申请被受理后10个工作日内，仿制药申请人应当将相应声明及声明依据通知上市许可持有人。其中，声明未落入相关专利权保护范围的，声明依据应当包括仿制药技术方案与相关专利的相关权利要求对比表及相关技术资料。除纸质资料外，仿制药申请人还应当向上市许可持有人在中国上市药品专利信息登记平台登记的电子邮箱发送声明及声明依据，并留存相关记录。

六、如何启动等待期？

专利权人或者利害关系人对化学仿制药注册申请的四类专利声明有异议的，可以自国家药品审评机构公开药品上市许可申请之日起45日内，就申请上市药品的相关技术方案是否落入相关专利权保护范围向人民法院提起诉讼或者向国务院专利行政部门请求行政裁决。专利权人或者利害关系人如在规定期限内提起诉讼或者请求行政裁决，应当自人民法院立案或者国务院专利行政部门受理之日起15个工作日内将立案或受理通知书副本提交国家药品审评机构，并通知仿制药申请人。收到人民法院立案或者国务院专利行政部门受理通知书副本后，国务院药品监督管理部门对化学仿制药注册申请设置9个月的等待期。

对化学仿制药申请人声明中国上市药品专利信息登记平台收录的被仿制药相关专利权应当被宣告无效的，如果专利权人或者利害关系人未就上市药品的相关技术方案是否落入相关专利权保护范围向人民法院提起诉讼或者向国务院专利行政部门请求行政裁决，不启动等待期。

七、未早期解决专利纠纷的，相关药品上市后如何处理？

未在中国上市药品专利信息登记平台登记相关专利信息的，不适用本办法；专利权人或者利害关系人未在规定期限内提起诉讼或者请求行政裁决的，不设置等待期。对此类未能早期解决专利纠纷的，相关药品获批上市后，如专利权人认为相关药品侵犯其相应专利权，引起纠纷的，依据《中华人民共和国专利法》等法律法规的规定解决。已经依法批准的药品上市许可决定不予撤销，不影响其效力。

中国科学院关于印发《中国科学院院属单位知识产权管理办法》的通知

（科发促字〔2020〕31号）

院属各单位、院机关各部门：

现将《中国科学院院属单位知识产权管理办法》印发给你们，请结合实际认真贯彻执行。本办法自印发之日起实施，《中国科学院研究机构知识产权管理暂行办法》（科发计字〔2008〕196号）同时废止。

中国科学院
2020年4月27日

中国科学院院属单位知识产权管理办法

第一章 总 则

第一条 为贯彻落实创新驱动发展战略，支撑和服务知识产权强国建设，"创新科技、报国为民"，有效促进中国科学院科技成果转移转化工作，根据国家有关法律法规和《中国科学院章程》有关规定，制定本办法。

第二条 本办法适用于中国科学院院属单位（以下简称"院属单位"）及其工作人员和相关人员。院属单位是指院直属的研究所（院）、学校、中心、台、站等从事科学技术研究开发、具有独立法人资格的事业单位。院内其他单位可参照执行。

工作人员是指院属单位在册正式职工、聘用人员、客座研究人员、劳务派遣人员、在读本科生、研究生、在站博士后以及进修、实习与代培人员等。

相关人员是指退休、解除聘用关系等离开院属单位后不满一年的或另有约定的人员。

第三条 本办法所称知识产权包括：

1. 专利权；
2. 著作权；
3. 商标专用权；
4. 植物新品种权；
5. 集成电路布图设计专有权；
6. 技术秘密。

第四条 科技促进发展局是中国科学院知识产权主管部门，负责院知识产权工作的指导、协调、组织和管理。

第二章 知识产权创造

第五条 中国科学院在重大项目的立

项、过程管理和验收等环节，要明确提出对知识产权的管理要求，加强对所形成知识产权的质量评估，推动项目产生更多高价值的知识产权。

第六条 院属单位要从源头上加强申请或登记前相关科技成果的披露管理以及知识产权的策划与管理，逐步建立完善科技成果披露制度和知识产权申请前评估制度。既要避免因丧失新颖性等无法获得保护，又要切实提升专利申请质量，积极培育标准必要专利，形成高价值专利或组合，支撑创新型产业发展。

对符合知识产权申请或登记条件的相关科技成果（包括技术秘密），发明人、设计人要依本单位的相关规定，报本单位知识产权管理部门审核后，及时提出申请或进行登记。

第七条 除因涉及国家安全、国家利益和重大社会公共利益而在项目任务书或者合同中另有约定以外，承担国家、院级项目获得的知识产权由承担任务的院属单位享有。

第八条 执行本单位的任务或者主要是利用本单位的物质技术条件所完成的发明创造是职务发明创造，依法取得的知识产权归所在院属单位。

院属单位可根据国家有关规定赋予科研人员职务科技成果所有权或长期使用权；院属单位与科研人员进行职务科技成果所有权分割的，要按照权利义务对等原则，明确各自承担的专利费用与获得的收益分配，由科研人员个人承担的专利费用不得使用财政经费支付。

第九条 院属单位与国内外组织或个人开展科技合作、接受委托开发、提供技术咨询服务等科技活动，要签订科技合作或委托开发或技术咨询服务合同或协议，并在合同或协议中明确约定相关知识产权的归属。

第十条 院属单位变更或终止后，由继承其权利义务的法人单位继受取得原有知识产权，并依法履行登记变更手续。

第十一条 依法取得知识产权后，职务发明人、设计人等完成人有在知识产权文件中署名和依法获得荣誉与奖励、报酬的权利。

第三章 知识产权运用

第十二条 中国科学院逐步建立"核心+网络"模式的知识产权运营工作体系，以中国科学院知识产权运营管理中心（以下简称"IP中心"）为核心，构建覆盖全院的知识产权运营服务网络；依托中国科学院控股有限公司，通过市场化机制补充并完善知识产权运营服务网络，协助院属单位开展知识产权转化与运用工作。

第十三条 院属单位应采取许可、转让、作价投资、共同实施或自行实施等方式，大力推动知识产权运用和转化实施工作。

院属单位获得授权3年以上无正当理由未转化实施的专利，由院主管部门指定相关机构开展评估与运营，扣除运营成本后，运营收益归知识产权所属院属单位。院属单位坚持自行运营的，需向院主管部门承诺在一定期限内完成运营并提出具体的工作方案及计划。

第十四条 院属单位将知识产权许可、转让或者作价投资，由单位自主决定是否进行资产评估；也可通过协议定价、在技术交易市场挂牌交易、拍卖等方式确定价格。通过协议定价的，应在本单位公示知识产权名称和拟交易价格等相关信息，公示时间不少于15日，依法依规办理。

第十五条　对于院属单位向国外机构、个人或国内的外资控股企业转让或许可知识产权，或者与其共同实施、作价投资知识产权的，应经本单位保密审核、报主管领导批准，并报国家有关部门审批，依法依规办理。

第十六条　院属单位转让国防和保密知识产权，要依据《国防专利条例》等相关规定执行，进行保密审核，并报主管领导批准，依法依规办理。

第十七条　知识产权的职务发明人、设计人等要配合本单位做好相关知识产权的转化运用，依据本单位知识产权管理办法或与本单位签订的协议享有相应的权益。该单位对上述活动要予以支持。

第十八条　院属单位采取许可、转让、作价投资、共同实施或自行实施等方式转化运用知识产权获得收益时，要依照《中华人民共和国促进科技成果转化法》等国家相关法律法规及院内相关规定对职务发明人、设计人，以及为转化运用做出重要贡献的科研、管理与支撑人员等，给予合理的奖励和报酬。

院属单位要对上述人员获得奖励和报酬的方式、数额和时限做出规定，并符合国家相关法律和政策的规定。

第四章　知识产权保护

第十九条　院属单位要加强知识产权保护，建立健全知识产权保护制度，密切监控知识产权侵权行为，及时采取有效的知识产权保护措施。

第二十条　院属单位要建立技术秘密登记制度，采取必要的保密措施，包括建立保密制度、订立保密协议及采取其他合理的措施保护本单位技术秘密。

第二十一条　经本单位保密审核认定应申请国防或保密知识产权的，要委托具有国防或保密资质的知识产权服务机构代理。

对需要解密的国防或保密知识产权，要经本单位知识产权管理部门和保密部门审核，并报主管领导批准，依法办理。

第二十二条　工作人员、相关人员剽窃、窃取、篡改、非法占有、假冒、擅自转让、变相转让以及许可使用，或者以其他方式侵害院属单位取得的知识产权合法权益的，院属单位要责令其改正，并视情况决定是否对直接责任人给予相应的处理。对无处理权的，院属单位要提请并协助有关行政部门依法做出处理，追究其法律责任；涉嫌犯罪的要移送司法机关追究刑事责任。

第二十三条　任何组织或个人未经中国科学院及院属单位授权或许可，剽窃、窃取、篡改、非法占有、假冒、擅自转让、变相转让以及许可使用，或者以其他方式侵害院属单位知识产权的，中国科学院及院属单位有权追究其法律责任。

第二十四条　院属单位要依法积极通过行政和法律诉讼等手段制止侵害本单位知识产权的行为，维护本单位合法权益。

从调解、仲裁、诉讼中获得的侵权赔偿或者补偿费，扣除调解、仲裁、诉讼等相应成本后的剩余部分，要作为院属单位许可他人实施知识产权的收益，按相关规定或协议奖励发明人、设计人，以及为维权做出重要贡献的人员。

第二十五条　院属单位及其工作人

员、相关人员不得侵犯其他组织或个人的知识产权。凡因侵犯其他组织或个人知识产权造成损失或受到法律诉讼的，由直接责任人承担责任。

第五章　知识产权管理

第二十六条　中国科学院在院所两级知识产权管理工作体系的基础上，进一步加强院级知识产权管理职能。

院级知识产权管理职能是贯彻落实国家知识产权战略部署，制定院知识产权战略规划与工作计划，指导院属单位开展知识产权创造、运用、保护和管理工作。

院属单位知识产权管理职能是贯彻落实院知识产权战略部署，制定本单位知识产权战略规划、管理办法和工作计划，组织和推进本单位知识产权创造、保护、运用和管理工作，并向院提交年度报告。

第二十七条　院属单位要建立健全知识产权规章制度和管理工作体系，应有一名所级领导分管知识产权工作，设立或指定专门部门承担本单位的知识产权管理职能。

鼓励院属单位贯彻《科研组织知识产权管理规范》（GB/T 33250—2016）标准，规范知识产权管理。支持有条件的院属单位探索建立健全专门的技术转移机构或知识产权管理运营机构，引进或培养专门的知识产权管理或法律事务人才。

第二十八条　院属单位要建立知识产权战略研究机制，将知识产权战略作为本单位科技创新规划的重要组成部分；制定有关考评体系和激励措施时，合理确定知识产权转化运用实际成效的权重，不得简单将专利申请量或授权量作为绩效考核、岗位聘任或职称评定等的考核指标；不再对专利申请给予资助奖励，逐步减少对专利授权的资助奖励。

第二十九条　中国科学院继续完善知识产权培训工作体系，进一步加强对院属单位知识产权工作分管领导、管理骨干、科技人员、知识产权专员等的知识产权培训，提高全院工作人员和相关人员的知识产权意识和能力。

第三十条　院属单位要实行科研项目知识产权全过程管理，将知识产权管理贯穿于项目的选题立项、组织实施、结题验收、成果转化等各个环节，并为重大科研项目配备知识产权专员，提供服务支撑工作。知识产权专员原则上应获得院颁发的资格证书。对于工作业绩突出的知识产权专员，院属单位要给予合理的奖励或报酬，并在绩效考核、岗位聘任或职称评定中给予优先考虑或适当倾斜。

第三十一条　院属单位要规范知识产权档案管理工作，在科研工作中及时建档归档。职务发明人、设计人及相关人员要将法律文件和相关技术资料及时上交。在院信息化建设总体框架下，院属单位要加强知识产权技术档案的信息化建设，提高知识产权管理的信息化水平。

第三十二条　院属单位与工作人员、相关人员签订聘用合同、劳动合同或者有关协议时，要包括知识产权保护、竞业限制等相关条款，明确双方的权利义务及违约责任。

院属单位派出参加学习、进修、合作研究的工作人员要做好技术档案、资料等的移交工作，未经书面许可不得将本单位的知识产权私自处置。在此期间工作获得的知识产权，其权利归属要由院属单位与接收组织通过合同约定。

第三十三条 工作人员在离职前,要将与研究工作有关的全部技术资料、实验材料、实验设备、样品、产品和有关技术秘密资料等交回所在院属单位。特殊岗要签订离职保密协议,包含知识产权的相关条款。

离职后,未经原院属单位书面许可,不得复制、发表、泄露、使用、许可或转让上述资料、材料和信息,不得利用其在原单位获得或掌握的知识产权或资料、材料和信息从事有损于原单位利益的活动。

第六章 附 则

第三十四条 院属单位要根据本办法制定或修订本单位知识产权管理办法或实施细则。

第三十五条 本办法由科技促进发展局负责解释,自印发之日起执行,《中国科学院研究机构知识产权管理暂行办法》(科发计字〔2008〕196号)同时废止。

中国科学院关于进一步加强院属单位知识产权保护工作的通知

(科发函字〔2021〕363号)

院属各单位：

为认真落实习近平总书记对中国科学院提出的"四个率先"和"两加快一努力"的要求，以及关于"保护知识产权就是保护创新"等系列重要讲话精神，规范院属单位的知识产权创造、保护、运用和管理工作，激发科技人员创新活力，强化国家战略科技力量，结合我院学风作风建设和《中国科学院院属单位知识产权管理办法》的要求，以及推进《科研组织知识产权管理规范》的工作进展，现就进一步加强院属单位知识产权保护工作提出以下要求。

一、关于职务科技成果管理

院属单位要加强科研项目知识产权全过程管理，特别是从源头上加强职务科技成果申请或登记前的披露管理，做好科研原始记录和技术资料的建档归档工作，涉密职务科技成果的披露要严格遵守保密有关规定。对于符合知识产权申请或登记条件的科技成果（包括技术秘密），由发明人、设计人按照本单位相关规定及时提出申请或进行登记。同时，加强申请前评估和获权后评价，切实提升知识产权质量，以便有效保护职务科技成果以及权属单位的合法权益。

二、关于战略高技术领域的知识产权保护

院属单位要加强对战略高技术领域职务科技成果的知识产权保护，特别是在执行委托研发任务或承担重点工程项目过程中，基于院属单位科研人员已有工作基础和长期工作积累而形成的知识产权，应在合同、协议或任务书中对知识产权权属及比例分配方案进行专门约定。

三、关于科技成果转化与对外合作过程中的知识产权保护

院属单位要加强知识产权转化运用工作，充分重视对外科技合作过程中形成的知识产权，特别是院属单位科研人员基本完成或已完成关键核心技术研发后，与企业合作开展成果转化时所涉及的知识产权，要提前与合作企业以书面合同或协议的方式，合理约定知识产权权属与收益分配方案；对于重大关键核心技术成果产业化，还要采取适宜的转化方式，充分合理体现院属单位所做出的贡献。若合作企业违约，经核实确认后侵权的，应及时采取有效措施追究其违约侵权责任，必要时应通过行政或司法仲裁等途径严格保护知识产权，切实维护院属单位与科研人员的合

法权益。

四、关于工作人员和兼职等相关人员的知识产权管理

院属单位要提升在编职工、项目聘用、客座研究、劳务派遣、在读学生、在站博士后以及兼职、双聘、进修、实习与代培等工作或相关人员的知识产权法律意识，维护院属单位的权益，特别是与工作人员解除聘用或劳动关系时，离职协议要包括知识产权保护、保密责任等相关条款，明确双方的权利义务及违约责任；必要时，应签署竞业限制协议。对于兼职和双聘人员，要做好审批、备案和日常管理，在兼职和聘用协议中明确约定工作内容、保密义务和知识产权归属等事宜，期间取得的科技成果要充分合理体现院属单位所做的贡献。对于上述工作或相关人员利用在院属单位获得或掌握的知识产权或资料、材料和信息，从事侵害院属单位权益活动的，院属单位要及时发出警示，责令其改正，并视情节依法依规追究其责任。

五、关于营造尊重和保护知识产权的良好氛围

院属单位要进一步弘扬科学家精神，加强科研诚信建设，营造尊重和保护知识产权的良好氛围，要深入开展多种形式的知识产权教育和培训，在科技创新中发挥好保护知识产权的导向作用，逐步建立以知识产权为核心的规范化、系统化、标准化科技成果管理体系，引导工作人员既要严格遵守知识产权规则，尊重他人知识产权合法权益，也要依法合规保护自身知识产权。在申报各类奖励或宣传重大创新成果时，要准确、完整、合理地表达我院所做出的贡献。

六、关于知识产权被侵权后的应对机制

院属单位应建立知识产权风险监控机制，发现任何组织或个人未经其授权或许可，剽窃、窃取、篡改、非法占有、假冒、擅自转让、变相转让以及许可使用，或者以其他方式侵害其知识产权的，应及时采取有效措施追究责任人的相关法律责任；必要时，应向院业务主管部门报告，以便其指导或协助院属单位开展调查处理，切实维护院属单位和我院合法权益。院属单位要高度重视知识产权保护工作，不断完善知识产权规章制度和管理工作体系，明确一名所级领导分管知识产权工作，并指定专门部门承担本单位的知识产权管理职能，认真落实主体责任。

中国科学院
2021年9月30日

中国科学院关于印发《中国科学院战略性先导科技专项管理办法》的通知

(科发规字〔2022〕29号)

院属各单位、院机关各部门：

为深入实施国家创新驱动发展战略，贯彻落实习近平总书记对我院提出的"四个率先""两加快一努力"目标要求，进一步优化和完善中国科学院战略性先导科技专项的管理，促进和推动重大成果产出，现对2017年发布的《中国科学院战略性先导科技专项管理办法》及相关管理实施细则等进行修订，印发给你们，请遵照执行。

附件：中国科学院战略性先导科技专项管理办法

中国科学院
2022年6月6日

附件：

中国科学院战略性先导科技专项管理办法（摘录）

……

第六章 知识产权与成果管理

第四十五条 先导专项实行知识产权全过程管理制度。依托单位和专项负责人全面负责所承担专项的知识产权管理工作。各级任务实施单位应建立知识产权保护工作的长效机制。

专项应按照《中国科学院院属单位知识产权管理办法》，实行知识产权专员制度，配备知识产权专员，协助专项负责人推进和落实知识产权管理的各项具体工作。

第四十六条 专项实施方案应对国内外知识产权情况和前景进行分析评估，制定知识产权策略。任务书应对各级任务实施单位知识产权归属及权益分配作出明确约定，充分体现权属单位和科研人员的合法权益。

第四十七条 各级任务实施单位应做好专项知识产权保护工作，建立严格的技术秘密保护制度，加强对发表论文、出版专著、申请专利、申报奖励等管理。

第四十八条 专项应动态跟踪国内外相关领域研发进展与知识产权情况，适时调整研发策略，进行高价值专利挖掘与专利战略布局，提升知识产权质量。

第四十九条 专项应及时分析总结知识产权工作进展情况，结合年度工作报告，提交至院级科技专项信息管理服务平台。涉及国家秘密的专项成果，按国家及院有关保密规定进行管理。

第五十条 各级任务实施单位应及时分析总结知识产权创造情况，形成知识产权清单，制定转移转化策略，积极推动科技成果转化和产业化，按照任务书及相关合同约定的知识产权归属及权益分配原则进行处理。鼓励专项将各类科技成果转化收益反哺后续科学研究。

第五十一条 与院外企事业单位开展技术合作，应明确约定知识产权归属及权益分配原则，切实保护我院合法权益。因未履行知识产权管理职责，造成知识产权流失或其他损失的，相关任务实施单位和相关任务负责人应承担相应的责任。

第五十二条 专项形成的研究成果在发表论文、出版专著、申请专利、申报奖励时，应优先标注"中国科学院战略性先导科技专项资助"及专项编号，英文标注"Supported by the Strategic Priority Research Program of the Chinese Academy of Sciences, Grant No.XDA/B/C0000000"，作为阶段考核和综合绩效评价的依据。

第五十三条 科学传播局会同业务局，积极做好先导专项成果宣传工作，按院有关成果发布规定客观准确发布专项产出的各类科技成果，积极做好科学普及等公益性工作，通过多种渠道宣传专项成果、传播科学思想、弘扬科学家精神。中国科学院适时将先导专项进展及成效等情况向国务院报告并向院内外通报。

…………

中国科学院科技促进发展局关于规范科技成果转化过程中使用中国科学院及院属单位品牌的通知

(科发促函字〔2023〕3号)

院属各单位:

为维护中国科学院学术声誉和社会形象,落实《中国科学院关于进一步加强院属单位知识产权保护工作的通知》(科发函字〔2021〕363号)文件精神,针对科技成果转化过程中发现的品牌保护风险和突出问题,结合我院科技成果转化实际,对院属单位科技成果转化过程中的加强品牌保护事宜通知如下。

一、院属单位应高度重视中国科学院及院属单位品牌的保护和防范风险工作

学术声誉和社会形象是科研机构赖以生存和发展的重要基础,院属单位要高度重视,压实责任,通过加强相关制度建设和宣传培训,规范管理,提升职工思想认识和责任意识,切实做好品牌保护并防范风险。

二、院属单位应在合作合同中规范中国科学院及院属单位品牌的保护条款并防范风险

院属单位通过技术开发、技术转让、技术许可、技术咨询或技术服务等方式进行科技成果转移转化的,应根据实际情况,在合同中约定对方当事人不得在商业活动中违规使用中国科学院及院属单位品牌的相关条款(详见附件)。

三、院属单位应加强在特定领域使用中国科学院及院属单位品牌的风险防控

院属单位及其科研人员不得以中国科学院、院属单位名义或以单位专业人员名义为科技成果转化合作企业的商品或服务进行商业代言,特别是在药品、医疗器械、保健食品等涉及国计民生的特定领域,严禁在商业宣传中对合作企业的产品或服务的功效、安全性作出断言或保证。科研人员应慎重以个人名义参与科技成果转化合作企业的商业活动,应始终秉持科学精神,坚持专业严谨负责的态度。

四、院属单位应加强对中国科学院及院属单位品牌使用的风险监测与处置

院属单位负责对本单位科技成果转化中使用中国科学院及本单位品牌的情况进行监督和检查,排查品牌风险,结合舆情监测部门的预警信息，及时发现并妥善处理违规使用中国科学院及院属单位品牌的情形，并就发现的问题进行及时彻底整改，于一个月内上报相关情况。

附件：技术合同中品牌保护参考条款

中国科学院科技促进发展局
2023年1月29日

附件

技术合同中品牌保护参考条款

参考条款1：未经中科院相关部门书面许可，不得将中科院品牌（包括但不限于中国科学院／中科院中英文全称／简称、中科院形象标识、中科院注册商标、中科院网络域名等）用于任何具体产品、商品或服务；不得将中科院形象标识、注册商标的整体或部分、或以变造方式，用于包括但不限于任何产品或服务商标、产品包装、商业广告、商业推广宣传或日常生活的陈设布置等；不得在任何产品或服务中包含"中国科学院（中科院）+出品、产品、成果、监制、授权、联合研发或合作品牌"等字样。

参考条款2：未经院属单位书面许可，不得使用院属单位的名称、简称、注册商标等进行商业宣传或推广活动，不得在产品或服务中出现"院属单位名称（简称）+出品、产品、成果、监制、授权、联合研发或合作品牌"等字样。

参考条款3：产品或者服务所涉技术来自于院属单位时，如需要对外宣传，应事先获得院属单位单独的书面许可，并且在宣传材料中准确描述技术所有方名称、技术名称、专利号、专利申请号或技术专有情况，以及该技术在产品或服务中的具体功能或作用等，不得虚构或夸大宣传。

参考条款4：除另有特别约定以外，技术开发、技术转让、技术许可、技术咨询或技术服务等民事合同关系不属于、也不构成任何形式的特许经营、合伙、代表、监督、管理、保证、代言或代理关系。

参考条款5：如违反合同约定使用中科院或院属单位品牌，或有其他损害中科院或院属单位品牌的行为，院属单位有权要求使用人立即整改或解除合同，并追究其法律责任。

上述条款仅供院属单位签订科技成果转化合同时参考使用。在科技成果转化品牌风险防范或维权过程中，如涉及疑难法律问题，院属单位可向中科院知识产权法律咨询服务平台进行咨询（联系方式：ipconsulting@ucas.ac.cn）。

第三部分

其他规范性文件

最高人民法院关于审理专利授权确权行政案件适用法律若干问题的规定（一）

（法释〔2020〕8号）

《最高人民法院关于审理专利授权确权行政案件适用法律若干问题的规定（一）》已于2020年8月24日由最高人民法院审判委员会第1810次会议通过，现予公布，自2020年9月12日起施行。

最高人民法院
2020年9月10日

为正确审理专利授权确权行政案件，根据《中华人民共和国专利法》《中华人民共和国行政诉讼法》等法律规定，结合审判实际，制定本规定。

第一条 本规定所称专利授权行政案件，是指专利申请人因不服国务院专利行政部门作出的专利复审请求审查决定，向人民法院提起诉讼的案件。

本规定所称专利确权行政案件，是指专利权人或者无效宣告请求人因不服国务院专利行政部门作出的专利无效宣告请求审查决定，向人民法院提起诉讼的案件。

本规定所称被诉决定，是指国务院专利行政部门作出的专利复审请求审查决定、专利无效宣告请求审查决定。

第二条 人民法院应当以所属技术领域的技术人员在阅读权利要求书、说明书及附图后所理解的通常含义，界定权利要求的用语。权利要求的用语在说明书及附图中有明确定义或者说明的，按照其界定。

依照前款规定不能界定的，可以结合所属技术领域的技术人员通常采用的技术词典、技术手册、工具书、教科书、国家或者行业技术标准等界定。

第三条 人民法院在专利确权行政案件中界定权利要求的用语时，可以参考已被专利侵权民事案件生效裁判采纳的专利权人的相关陈述。

第四条 权利要求书、说明书及附图中的语法、文字、数字、标点、图形、符号等有明显错误或者歧义，但所属技术领域的技术人员通过阅读权利要求书、说明书及附图可以得出唯一理解的，人民法院应当根据该唯一理解作出认定。

第五条 当事人有证据证明专利申请人、专利权人违反诚实信用原则，虚构、编造说明书及附图中的具体实施方式、技术效果以及数据、图表等有关技术内容，并据此主张相关权利要求不符合专利法有关规定的，人民法院应予支持。

第六条 说明书未充分公开特定技术内容，导致在专利申请日有下列情形之一的，人民法院应当认定说明书及与该特定技术内容相关的权利要求不符合专利法第二十六条第三款的规定：

（一）权利要求限定的技术方案不能实施的；

（二）实施权利要求限定的技术方案不能解决发明或者实用新型所要解决的技术问题的；

（三）确认权利要求限定的技术方案能够解决发明或者实用新型所要解决的技术问题，需要付出过度劳动的。

当事人仅依据前款规定的未充分公开的特定技术内容，主张与该特定技术内容相关的权利要求符合专利法第二十六条第四款关于"权利要求书应当以说明书为依据"的规定的，人民法院不予支持。

第七条 所属技术领域的技术人员根据说明书及附图，认为权利要求有下列情形之一的，人民法院应当认定该权利要求不符合专利法第二十六条第四款关于清楚地限定要求专利保护的范围的规定：

（一）限定的发明主题类型不明确的；

（二）不能合理确定权利要求中技术特征的含义的；

（三）技术特征之间存在明显矛盾且无法合理解释的。

第八条 所属技术领域的技术人员阅读说明书及附图后，在申请日不能得到或者合理概括得出权利要求限定的技术方案的，人民法院应当认定该权利要求不符合专利法第二十六条第四款关于"权利要求书应当以说明书为依据"的规定。

第九条 以功能或者效果限定的技术特征，是指对于结构、组分、步骤、条件等技术特征或者技术特征之间的相互关系等，仅通过其在发明创造中所起的功能或者效果进行限定的技术特征，但所属技术领域的技术人员通过阅读权利要求即可直接、明确地确定实现该功能或者效果的具体实施方式的除外。

对于前款规定的以功能或者效果限定的技术特征，权利要求书、说明书及附图未公开能够实现该功能或者效果的任何具体实施方式的，人民法院应当认定说明书和具有该技术特征的权利要求不符合专利法第二十六条第三款的规定。

第十条 药品专利申请人在申请日以后提交补充实验数据，主张依赖该数据证明专利申请符合专利法第二十二条第三款、第二十六条第三款等规定的，人民法院应予审查。

第十一条 当事人对实验数据的真实性产生争议的，提交实验数据的一方当事人应当举证证明实验数据的来源和形成过程。人民法院可以通知实验负责人到庭，就实验原料、步骤、条件、环境或者参数以及完成实验的人员、机构等作出说明。

第十二条 人民法院确定权利要求限定的技术方案的技术领域，应当综合考虑主题名称等权利要求的全部内容、说明书关于技术领域和背景技术的记载，以及该技术方案所实现的功能和用途等。

第十三条 说明书及附图未明确记载区别技术特征在权利要求限定的技术方案中所能达到的技术效果的，人民法院可以结合所属技术领域的公知常识，根据区别技术特征与权利要求中其他技术特征的关系，区别技术特征在权利要求限定的技术方案中的作用等，认定所属技术领域的技术人员所能确定的该权利要求实际解决的技术问题。

被诉决定对权利要求实际解决的技术问题未认定或者认定错误的，不影响人民法院对权利要求的创造性依法作出认定。

第十四条 人民法院认定外观设计专利产品的一般消费者所具有的知识水平和认知能力，应当考虑申请日时外观设计专利产品的设计空间。设计空间较大的，人民法院可以认定一般消费者通常不容易注意到不同设计之间的较小区别；设计空间较小的，人民法院可以认定一般消费者通常更容易注意到不同设计之间的较小区别。

对于前款所称设计空间的认定，人民法院可以综合考虑下列因素：

（一）产品的功能、用途；
（二）现有设计的整体状况；
（三）惯常设计；
（四）法律、行政法规的强制性规定；
（五）国家、行业技术标准；
（六）需要考虑的其他因素。

第十五条 外观设计的图片、照片存在矛盾、缺失或者模糊不清等情形，导致一般消费者无法根据图片、照片及简要说明确定所要保护的外观设计的，人民法院应当认定其不符合专利法第二十七条第二款关于"清楚地显示要求专利保护的产品的外观设计"的规定。

第十六条 人民法院认定外观设计是否符合专利法第二十三条的规定，应当综合判断外观设计的整体视觉效果。

为实现特定技术功能必须具备或者仅有有限选择的设计特征，对于外观设计专利视觉效果的整体观察和综合判断不具有显著影响。

第十七条 外观设计与相同或者相近种类产品的一项现有设计相比，整体视觉效果相同或者属于仅具有局部细微区别等实质相同的情形的，人民法院应当认定其构成专利法第二十三条第一款规定的"属于现有设计"。

除前款规定的情形外，外观设计与相同或者相近种类产品的一项现有设计相比，二者的区别对整体视觉效果不具有显著影响的，人民法院应当认定其不具有专利法第二十三条第二款规定的"明显区别"。

人民法院应当根据外观设计产品的用途，认定产品种类是否相同或者相近。确定产品的用途，可以参考外观设计的简要说明、外观设计产品分类表、产品的功能以及产品销售、实际使用的情况等因素。

第十八条 外观设计专利与相同种类产品上同日申请的另一项外观设计专利相比，整体视觉效果相同或者属于仅具有局部细微区别等实质相同的情形的，人民法院应当认定其不符合专利法第九条关于"同样的发明创造只能授予一项专利权"的规定。

第十九条 外观设计与申请日以前提出申请、申请日以后公告，且属于相同或者相近种类产品的另一项外观设计相比，整体视觉效果相同或者属于仅具有局部细微区别等实质相同的情形的，人民法院应当认定其构成专利法第二十三条第一款规定的"同样的外观设计"。

第二十条 根据现有设计整体上给出的设计启示，以一般消费者容易想到的设计特征转用、拼合或者替换等方式，获得与外观设计专利的整体视觉效果相同或者仅具有局部细微区别等实质相同的外观设计，且不具有独特视觉效果的，人民法院应当认定该外观设计专利与现有设计特征的组合相比不具有专利法第二十三条第二款规定的"明显区别"。

具有下列情形之一的，人民法院可以认定存在前款所称的设计启示：

（一）将相同种类产品上不同部分的设计特征进行拼合或者替换的；

（二）现有设计公开了将特定种类产品的设计特征转用于外观设计专利产品的；

（三）现有设计公开了将不同的特定种类产品的外观设计特征进行拼合的；

（四）将现有设计中的图案直接或者仅做细微改变后用于外观设计专利产品的；

（五）将单一自然物的特征转用于外观设计专利产品的；

（六）单纯采用基本几何形状或者仅做细微改变后得到外观设计的；

（七）使用一般消费者公知的建筑物、作品、标识等的全部或者部分设计的。

第二十一条 人民法院在认定本规定第二十条所称的独特视觉效果时，可以综合考虑下列因素：

（一）外观设计专利产品的设计空间；

（二）产品种类的关联度；

（三）转用、拼合、替换的设计特征的数量和难易程度；

（四）需要考虑的其他因素。

第二十二条 专利法第二十三条第三款所称的"合法权利"，包括就作品、商标、地理标志、姓名、企业名称、肖像，以及有一定影响的商品名称、包装、装潢等享有的合法权利或者权益。

第二十三条 当事人主张专利复审、无效宣告请求审查程序中的下列情形属于行政诉讼法第七十条第三项规定的"违反法定程序的"，人民法院应予支持：

（一）遗漏当事人提出的理由和证据，且对当事人权利产生实质性影响的；

（二）未依法通知应当参加审查程序的专利申请人、专利权人及无效宣告请求人等，对其权利产生实质性影响的；

（三）未向当事人告知合议组组成人员，且合议组组成人员存在法定回避事由而未回避的；

（四）未给予被诉决定对其不利的一方当事人针对被诉决定所依据的理由、证据和认定的事实陈述意见的机会的；

（五）主动引入当事人未主张的公知常识或者惯常设计，未听取当事人意见且对当事人权利产生实质性影响的；

（六）其他违反法定程序，可能对当事人权利产生实质性影响的。

第二十四条 被诉决定有下列情形之一的，人民法院可以依照行政诉讼法第七十条的规定，判决部分撤销：

（一）被诉决定对于权利要求书中的部分权利要求的认定错误，其余正确的；

（二）被诉决定对于专利法第三十一条第二款规定的"一件外观设计专利申请"中的部分外观设计认定错误，其余正确的；

（三）其他可以判决部分撤销的情形。

第二十五条 被诉决定对当事人主张的全部无效理由和证据均已评述并宣告权利要求无效，人民法院认为被诉决定认定该权利要求无效的理由均不能成立的，应当判决撤销或者部分撤销该决定，并可视情判决被告就该权利要求重新作出审查决定。

第二十六条 审查决定系直接依据生效裁判重新作出且未引入新的事实和理由,当事人对该决定提起诉讼的,人民法院依法裁定不予受理;已经受理的,依法裁定驳回起诉。

第二十七条 被诉决定查明事实或者适用法律确有不当,但对专利授权确权的认定结论正确的,人民法院可以在纠正相关事实查明和法律适用的基础上判决驳回原告的诉讼请求。

第二十八条 当事人主张有关技术内容属于公知常识或者有关设计特征属于惯常设计的,人民法院可以要求其提供证据证明或者作出说明。

第二十九条 专利申请人、专利权人在专利授权确权行政案件中提供新的证据,用于证明专利申请不应当被驳回或者专利权应当维持有效的,人民法院一般应予审查。

第三十条 无效宣告请求人在专利确权行政案件中提供新的证据,人民法院一般不予审查,但下列证据除外:

(一)证明在专利无效宣告请求审查程序中已主张的公知常识或者惯常设计的;

(二)证明所属技术领域的技术人员或者一般消费者的知识水平和认知能力的;

(三)证明外观设计专利产品的设计空间或者现有设计的整体状况的;

(四)补强在专利无效宣告请求审查程序中已被采信证据的证明力的;

(五)反驳其他当事人在诉讼中提供的证据的。

第三十一条 人民法院可以要求当事人提供本规定第二十九条、第三十条规定的新的证据。

当事人向人民法院提供的证据系其在专利复审、无效宣告请求审查程序中被依法要求提供但无正当理由未提供的,人民法院一般不予采纳。

第三十二条 本规定自2020年9月12日起施行。

本规定施行后,人民法院正在审理的一审、二审案件适用本规定;施行前已经作出生效裁判的案件,不适用本规定再审。

最高人民法院关于审理专利纠纷案件适用法律问题的若干规定

（2020年修正）

（2001年6月19日最高人民法院审判委员会第1180次会议通过 根据2013年2月25日最高人民法院审判委员会第1570次会议通过的《最高人民法院关于修改〈最高人民法院关于审理专利纠纷案件适用法律问题的若干规定〉的决定》第一次修正 根据2015年1月19日最高人民法院审判委员会第1641次会议通过的《最高人民法院关于修改〈最高人民法院关于审理专利纠纷案件适用法律问题的若干规定〉的决定》第二次修正 根据2020年12月23日最高人民法院审判委员会第1823次会议通过的《最高人民法院关于修改〈最高人民法院关于审理侵犯专利权纠纷案件应用法律若干问题的解释（二）〉等十八件知识产权类司法解释的决定》第三次修正）

为了正确审理专利纠纷案件，根据《中华人民共和国民法典》《中华人民共和国专利法》《中华人民共和国民事诉讼法》和《中华人民共和国行政诉讼法》等法律的规定，作如下规定：

第一条 人民法院受理下列专利纠纷案件：

1. 专利申请权权属纠纷案件；
2. 专利权权属纠纷案件；
3. 专利合同纠纷案件；
4. 侵害专利权纠纷案件；
5. 假冒他人专利纠纷案件；
6. 发明专利临时保护期使用费纠纷案件；
7. 职务发明创造发明人、设计人奖励、报酬纠纷案件；
8. 诉前申请行为保全纠纷案件；
9. 诉前申请财产保全纠纷案件；
10. 因申请行为保全损害责任纠纷案件；
11. 因申请财产保全损害责任纠纷案件；
12. 发明创造发明人、设计人署名权纠纷案件；
13. 确认不侵害专利权纠纷案件；
14. 专利权宣告无效后返还费用纠纷案件；
15. 因恶意提起专利权诉讼损害责任纠纷案件；
16. 标准必要专利使用费纠纷案件；
17. 不服国务院专利行政部门维持驳回申请复审决定案件；
18. 不服国务院专利行政部门专利权无效宣告请求决定案件；

19. 不服国务院专利行政部门实施强制许可决定案件；

20. 不服国务院专利行政部门实施强制许可使用费裁决案件；

21. 不服国务院专利行政部门行政复议决定案件；

22. 不服国务院专利行政部门作出的其他行政决定案件；

23. 不服管理专利工作的部门行政决定案件；

24. 确认是否落入专利权保护范围纠纷案件；

25. 其他专利纠纷案件。

第二条 因侵犯专利权行为提起的诉讼，由侵权行为地或者被告住所地人民法院管辖。

侵权行为地包括：被诉侵犯发明、实用新型专利权的产品的制造、使用、许诺销售、销售、进口等行为的实施地；专利方法使用行为的实施地，依照该专利方法直接获得的产品的使用、许诺销售、销售、进口等行为的实施地；外观设计专利产品的制造、许诺销售、销售、进口等行为的实施地；假冒他人专利的行为实施地。上述侵权行为的侵权结果发生地。

第三条 原告仅对侵权产品制造者提起诉讼，未起诉销售者，侵权产品制造地与销售地不一致的，制造地人民法院有管辖权；以制造者与销售者为共同被告起诉的，销售地人民法院有管辖权。

销售者是制造者分支机构，原告在销售地起诉侵权产品制造者制造、销售行为的，销售地人民法院有管辖权。

第四条 对申请日在2009年10月1日前（不含该日）的实用新型专利提起侵犯专利权诉讼，原告可以出具由国务院专利行政部门作出的检索报告；对申请日在2009年10月1日以后的实用新型或者外观设计专利提起侵犯专利权诉讼，原告可以出具由国务院专利行政部门作出的专利权评价报告。根据案件审理需要，人民法院可以要求原告提交检索报告或者专利权评价报告。原告无正当理由不提交的，人民法院可以裁定中止诉讼或者判令原告承担可能的不利后果。

侵犯实用新型、外观设计专利权纠纷案件的被告请求中止诉讼的，应当在答辩期内对原告的专利权提出宣告无效的请求。

第五条 人民法院受理的侵犯实用新型、外观设计专利权纠纷案件，被告在答辩期间内请求宣告该项专利权无效的，人民法院应当中止诉讼，但具备下列情形之一的，可以不中止诉讼：

（一）原告出具的检索报告或者专利权评价报告未发现导致实用新型或者外观设计专利权无效的事由的；

（二）被告提供的证据足以证明其使用的技术已经公知的；

（三）被告请求宣告该项专利权无效所提供的证据或者依据的理由明显不充分的；

（四）人民法院认为不应当中止诉讼的其他情形。

第六条 人民法院受理的侵犯实用新型、外观设计专利权纠纷案件，被告在答辩期间届满后请求宣告该项专利权无效的，人民法院不应当中止诉讼，但经审查认为有必要中止诉讼的除外。

第七条 人民法院受理的侵犯发明专利权纠纷案件或者经国务院专利行政部门审查维持专利权的侵犯实用新型、外观设计专利权纠纷案件，被告在答辩期间内请求宣告该项专利权无效的，人民法院可以不中止诉讼。

第八条 人民法院决定中止诉讼，专利权人或者利害关系人请求责令被告停止有关行为或者采取其他制止侵权损害继续扩大的措施，并提供了担保，人民法院经审查符合有关法律规定的，可以在裁定中止诉讼的同时一并作出有关裁定。

第九条 人民法院对专利权进行财产保全，应当向国务院专利行政部门发出协助执行通知书，载明要求协助执行的事项，以及对专利权保全的期限，并附人民法院作出的裁定书。

对专利权保全的期限一次不得超过六个月，自国务院专利行政部门收到协助执行通知书之日起计算。如果仍然需要对该专利权继续采取保全措施的，人民法院应当在保全期限届满前向国务院专利行政部门另行送达继续保全的协助执行通知书。保全期限届满前未送达的，视为自动解除对该专利权的财产保全。

人民法院对出质的专利权可以采取财产保全措施，质权人的优先受偿权不受保全措施的影响；专利权人与被许可人已经签订的独占实施许可合同，不影响人民法院对该专利权进行财产保全。

人民法院对已经进行保全的专利权，不得重复进行保全。

第十条 2001年7月1日以前利用本单位的物质技术条件所完成的发明创造，单位与发明人或者设计人订有合同，对申请专利的权利和专利权的归属作出约定的，从其约定。

第十一条 人民法院受理的侵犯专利权纠纷案件，涉及权利冲突的，应当保护在先依法享有权利的当事人的合法权益。

第十二条 专利法第二十三条第三款所称的合法权利，包括就作品、商标、地理标志、姓名、企业名称、肖像，以及有一定影响的商品名称、包装、装潢等享有的合法权利或者权益。

第十三条 专利法第五十九条第一款所称的"发明或者实用新型专利权的保护范围以其权利要求的内容为准，说明书及附图可以用于解释权利要求的内容"，是指专利权的保护范围应当以权利要求记载的全部技术特征所确定的范围为准，也包括与该技术特征相等同的特征所确定的范围。

等同特征，是指与所记载的技术特征以基本相同的手段，实现基本相同的功能，达到基本相同的效果，并且本领域普通技术人员在被诉侵权行为发生时无需经过创造性劳动就能够联想到的特征。

第十四条 专利法第六十五条规定的权利人因被侵权所受到的实际损失可以根据专利权人的专利产品因侵权所造成销售量减少的总数乘以每件专利产品的合理利润所得之积计算。权利人销售量减少的总数难以确定的，侵权产品在市场上销售的总数乘以每件专利产品的合理利润所得之积可以视为权利人因被侵权所受到的实际损失。

专利法第六十五条规定的侵权人因侵权所获得的利益可以根据该侵权产品在市场上销售的总数乘以每件侵权产品的合理利润所得之积计算。侵权人因侵权所获得的利益一般按照侵权人的营业利润计算，对于完全以侵权为业的侵权人，可以按照销售利润计算。

第十五条 权利人的损失或者侵权人

获得的利益难以确定，有专利许可使用费可以参照的，人民法院可以根据专利权的类型、侵权行为的性质和情节、专利许可的性质、范围、时间等因素，参照该专利许可使用费的倍数合理确定赔偿数额；没有专利许可使用费可以参照或者专利许可使用费明显不合理的，人民法院可以根据专利权的类型、侵权行为的性质和情节等因素，依照专利法第六十五条第二款的规定确定赔偿数额。

第十六条 权利人主张其为制止侵权行为所支付合理开支的，人民法院可以在专利法第六十五条确定的赔偿数额之外另行计算。

第十七条 侵犯专利权的诉讼时效为三年，自专利权人或者利害关系人知道或者应当知道权利受到损害以及义务人之日起计算。权利人超过三年起诉的，如果侵权行为在起诉时仍在继续，在该项专利权有效期内，人民法院应当判决被告停止侵权行为，侵权损害赔偿数额应当自权利人向人民法院起诉之日起向前推算三年计算。

第十八条 专利法第十一条、第六十九条所称的许诺销售，是指以做广告、在商店橱窗中陈列或者在展销会上展出等方式作出销售商品的意思表示。

第十九条 人民法院受理的侵犯专利权纠纷案件，已经过管理专利工作的部门作出侵权或者不侵权认定的，人民法院仍应当就当事人的诉讼请求进行全面审查。

第二十条 以前的有关司法解释与本规定不一致的，以本规定为准。

最高人民法院关于审理侵犯专利权纠纷案件应用法律若干问题的解释

（法释〔2009〕21号）

《最高人民法院关于审理侵犯专利权纠纷案件应用法律若干问题的解释》已于2009年12月21日由最高人民法院审判委员会第1480次会议通过，现予公布，自2010年1月1日起施行。

2009年12月28日

为正确审理侵犯专利权纠纷案件，根据《中华人民共和国专利法》、《中华人民共和国民事诉讼法》等有关法律规定，结合审判实际，制定本解释。

第一条 人民法院应当根据权利人主张的权利要求，依据专利法第五十九条第一款的规定确定专利权的保护范围。权利人在一审法庭辩论终结前变更其主张的权利要求的，人民法院应当准许。

权利人主张以从属权利要求确定专利权保护范围的，人民法院应当以该从属权利要求记载的附加技术特征及其引用的权利要求记载的技术特征，确定专利权的保护范围。

第二条 人民法院应当根据权利要求的记载，结合本领域普通技术人员阅读说明书及附图后对权利要求的理解，确定专利法第五十九条第一款规定的权利要求的内容。

第三条 人民法院对于权利要求，可以运用说明书及附图、权利要求书中的相关权利要求、专利审查档案进行解释。说明书对权利要求用语有特别界定的，从其特别界定。

以上述方法仍不能明确权利要求含义的，可以结合工具书、教科书等公知文献以及本领域普通技术人员的通常理解进行解释。

第四条 对于权利要求中以功能或者效果表述的技术特征，人民法院应当结合说明书和附图描述的该功能或者效果的具体实施方式及其等同的实施方式，确定该技术特征的内容。

第五条 对于仅在说明书或者附图中描述而在权利要求中未记载的技术方案，权利人在侵犯专利权纠纷案件中将其纳入专利权保护范围的，人民法院不予支持。

第六条 专利申请人、专利权人在专利授权或者无效宣告程序中，通过对权利要求、说明书的修改或者意见陈述而放弃的技术方案，权利人在侵犯专利权纠纷案件中又将其纳入专利权保护范围的，人民法院不予支持。

第七条 人民法院判定被诉侵权技术方案是否落入专利权的保护范围，应当审查权利人主张的权利要求所记载的全部技术特征。

被诉侵权技术方案包含与权利要求记载的全部技术特征相同或者等同的技术特征的，人民法院应当认定其落入专利权的保护范围；被诉侵权技术方案的技术特征与权利要求记载的全部技术特征相比，缺少权利要求记载的一个以上的技术特征，或者有一个以上技术特征不相同也不等同的，人民法院应当认定其没有落入专利权的保护范围。

第八条 在与外观设计专利产品相同或者相近种类产品上，采用与授权外观设计相同或者近似的外观设计的，人民法院应当认定被诉侵权设计落入专利法第五十九条第二款规定的外观设计专利权的保护范围。

第九条 人民法院应当根据外观设计产品的用途，认定产品种类是否相同或者相近。确定产品的用途，可以参考外观设计的简要说明、国际外观设计分类表、产品的功能以及产品销售、实际使用的情况等因素。

第十条 人民法院应当以外观设计专利产品的一般消费者的知识水平和认知能力，判断外观设计是否相同或者近似。

第十一条 人民法院认定外观设计是否相同或者近似时，应当根据授权外观设计、被诉侵权设计的设计特征，以外观设计的整体视觉效果进行综合判断；对于主要由技术功能决定的设计特征以及对整体视觉效果不产生影响的产品的材料、内部结构等特征，应当不予考虑。

下列情形，通常对外观设计的整体视觉效果更具有影响：

（一）产品正常使用时容易被直接观察到的部位相对于其他部位；

（二）授权外观设计区别于现有设计的设计特征相对于授权外观设计的其他设计特征。

被诉侵权设计与授权外观设计在整体视觉效果上无差异的，人民法院应当认定两者相同；在整体视觉效果上无实质性差异的，应当认定两者近似。

第十二条 将侵犯发明或者实用新型专利权的产品作为零部件，制造另一产品的，人民法院应当认定属于专利法第十一条规定的使用行为；销售该另一产品的，人民法院应当认定属于专利法第十一条规定的销售行为。

将侵犯外观设计专利权的产品作为零部件，制造另一产品并销售的，人民法院应当认定属于专利法第十一条规定的销售行为，但侵犯外观设计专利权的产品在该另一产品中仅具有技术功能的除外。

对于前两款规定的情形，被诉侵权人之间存在分工合作的，人民法院应当认定为共同侵权。

第十三条 对于使用专利方法获得的原始产品，人民法院应当认定为专利法第十一条规定的依照专利方法直接获得的产品。

对于将上述原始产品进一步加工、处理而获得后续产品的行为，人民法院应当认定属于专利法第十一条规定的使用依照该专利方法直接获得的产品。

第十四条 被诉落入专利权保护范围的全部技术特征，与一项现有技术方案中的相应技术特征相同或者无实质性差异的，人民法院应当认定被诉侵权人实施的技术属于专利法第六十二条规定的现有技术。

被诉侵权设计与一个现有设计相同或者无实质性差异的，人民法院应当认定被诉侵权人实施的设计属于专利法第六十二条规定的现有设计。

第十五条 被诉侵权人以非法获得的技术或者设计主张先用权抗辩的，人民法院不予支持。

有下列情形之一的，人民法院应当认定属于专利法第六十九条第（二）项规定的已经作好制造、使用的必要准备：

（一）已经完成实施发明创造所必需的主要技术图纸或者工艺文件；

（二）已经制造或者购买实施发明创造所必需的主要设备或者原材料。

专利法第六十九条第（二）项规定的原有范围，包括专利申请日前已有的生产规模以及利用已有的生产设备或者根据已有的生产准备可以达到的生产规模。

先用权人在专利申请日后将其已经实施或作好实施必要准备的技术或设计转让或者许可他人实施，被诉侵权人主张该实施行为属于在原有范围内继续实施的，人民法院不予支持，但该技术或设计与原有企业一并转让或者承继的除外。

第十六条 人民法院依据专利法第六十五条第一款的规定确定侵权人因侵权所获得的利益，应当限于侵权人因侵犯专利权行为所获得的利益；因其他权利所产生的利益，应当合理扣除。

侵犯发明、实用新型专利权的产品系另一产品的零部件的，人民法院应当根据该零部件本身的价值及其在实现成品利润中的作用等因素合理确定赔偿数额。

侵犯外观设计专利权的产品为包装物的，人民法院应当按照包装物本身的价值及其在实现被包装产品利润中的作用等因素合理确定赔偿数额。

第十七条 产品或者制造产品的技术方案在专利申请日以前为国内外公众所知的，人民法院应当认定该产品不属于专利法第六十一条第一款规定的新产品。

第十八条 权利人向他人发出侵犯专利权的警告，被警告人或者利害关系人经书面催告权利人行使诉权，自权利人收到该书面催告之日起一个月内或者自书面催告发出之日起二个月内，权利人不撤回警告也不提起诉讼，被警告人或者利害关系人向人民法院提起请求确认其行为不侵犯专利权的诉讼的，人民法院应当受理。

第十九条 被诉侵犯专利权行为发生在2009年10月1日以前的，人民法院适用修改前的专利法；发生在2009年10月1日以后的，人民法院适用修改后的专利法。

被诉侵犯专利权行为发生在2009年10月1日以前且持续到2009年10月1日以后，依据修改前和修改后的专利法的规定侵权人均应承担赔偿责任的，人民法院适用修改后的专利法确定赔偿数额。

第二十条 本院以前发布的有关司法解释与本解释不一致的，以本解释为准。

最高人民法院关于审理侵犯专利权纠纷案件应用法律若干问题的解释（二）

（2020年修正）

（2016年1月25日最高人民法院审判委员会第1676次会议通过　根据2020年12月23日最高人民法院审判委员会第1823次会议通过的《最高人民法院关于修改〈最高人民法院关于审理侵犯专利权纠纷案件应用法律若干问题的解释（二）〉等十八件知识产权类司法解释的决定》修正）

为正确审理侵犯专利权纠纷案件，根据《中华人民共和国民法典》《中华人民共和国专利法》《中华人民共和国民事诉讼法》等有关法律规定，结合审判实践，制定本解释。

第一条　权利要求书有两项以上权利要求的，权利人应当在起诉状中载明据以起诉被诉侵权人侵犯其专利权的权利要求。起诉状对此未记载或者记载不明的，人民法院应当要求权利人明确。经释明，权利人仍不予明确的，人民法院可以裁定驳回起诉。

第二条　权利人在专利侵权诉讼中主张的权利要求被国务院专利行政部门宣告无效的，审理侵犯专利权纠纷案件的人民法院可以裁定驳回权利人基于该无效权利要求的起诉。

有证据证明宣告上述权利要求无效的决定被生效的行政判决撤销的，权利人可以另行起诉。

专利权人另行起诉的，诉讼时效期间从本条第二款所称行政判决书送达之日起计算。

第三条　因明显违反专利法第二十六条第三款、第四款导致说明书无法用于解释权利要求，且不属于本解释第四条规定的情形，专利权因此被请求宣告无效的，审理侵犯专利权纠纷案件的人民法院一般应当裁定中止诉讼；在合理期限内专利权未被请求宣告无效的，人民法院可以根据权利要求的记载确定专利权的保护范围。

第四条　权利要求书、说明书及附图中的语法、文字、标点、图形、符号等存有歧义，但本领域普通技术人员通过阅读权利要求书、说明书及附图可以得出唯一理解的，人民法院应当根据该唯一理解予以认定。

第五条　在人民法院确定专利权的保护范围时，独立权利要求的前序部分、特征部分以及从属权利要求的引用部分、限定部分记载的技术特征均有限定作用。

第六条　人民法院可以运用与涉案专

利存在分案申请关系的其他专利及其专利审查档案、生效的专利授权确权裁判文书解释涉案专利的权利要求。

专利审查档案，包括专利审查、复审、无效程序中专利申请人或者专利权人提交的书面材料，国务院专利行政部门制作的审查意见通知书、会晤记录、口头审理记录、生效的专利复审请求审查决定书和专利权无效宣告请求审查决定书等。

第七条 被诉侵权技术方案在包含封闭式组合物权利要求全部技术特征的基础上增加其他技术特征的，人民法院应当认定被诉侵权技术方案未落入专利权的保护范围，但该增加的技术特征属于不可避免的常规数量杂质的除外。

前款所称封闭式组合物权利要求，一般不包括中药组合物权利要求。

第八条 功能性特征，是指对于结构、组分、步骤、条件或其之间的关系等，通过其在发明创造中所起的功能或者效果进行限定的技术特征，但本领域普通技术人员仅通过阅读权利要求即可直接、明确地确定实现上述功能或者效果的具体实施方式的除外。

与说明书及附图记载的实现前款所称功能或者效果不可缺少的技术特征相比，被诉侵权技术方案的相应技术特征是以基本相同的手段，实现相同的功能，达到相同的效果，且本领域普通技术人员在被诉侵权行为发生时无需经过创造性劳动就能够联想到的，人民法院应当认定该相应技术特征与功能性特征相同或者等同。

第九条 被诉侵权技术方案不能适用于权利要求中使用环境特征所限定的使用环境的，人民法院应当认定被诉侵权技术方案未落入专利权的保护范围。

第十条 对于权利要求中以制备方法界定产品的技术特征，被诉侵权产品的制备方法与其不相同也不等同的，人民法院应当认定被诉侵权技术方案未落入专利权的保护范围。

第十一条 方法权利要求未明确记载技术步骤的先后顺序，但本领域普通技术人员阅读权利要求书、说明书及附图后直接、明确地认为该技术步骤应当按照特定顺序实施的，人民法院应当认定该步骤顺序对于专利权的保护范围具有限定作用。

第十二条 权利要求采用"至少""不超过"等用语对数值特征进行界定，且本领域普通技术人员阅读权利要求书、说明书及附图后认为专利技术方案特别强调该用语对技术特征的限定作用，权利人主张与其不相同的数值特征属于等同特征的，人民法院不予支持。

第十三条 权利人证明专利申请人、专利权人在专利授权确权程序中对权利要求书、说明书及附图的限缩性修改或者陈述被明确否定的，人民法院应当认定该修改或者陈述未导致技术方案的放弃。

第十四条 人民法院在认定一般消费者对于外观设计所具有的知识水平和认知能力时，一般应当考虑被诉侵权行为发生时授权外观设计所属相同或者相近种类产品的设计空间。设计空间较大的，人民法院可以认定一般消费者通常不容易注意到不同设计之间的较小区别；设计空间较小的，人民法院可以认定一般消费者通常更容易注意到不同设计之间的较小区别。

第十五条 对于成套产品的外观设计专利，被诉侵权设计与其一项外观设计相同或者近似的，人民法院应当认定被诉侵权设计落入专利权的保护范围。

第十六条 对于组装关系唯一的组件产品的外观设计专利，被诉侵权设计与其组合状态下的外观设计相同或者近似的，人民法院应当认定被诉侵权设计落入专利权的保护范围。

对于各构件之间无组装关系或者组装关系不唯一的组件产品的外观设计专利，被诉侵权设计与其全部单个构件的外观设计均相同或者近似的，人民法院应当认定被诉侵权设计落入专利权的保护范围；被诉侵权设计缺少其单个构件的外观设计或者与之不相同也不近似的，人民法院应当认定被诉侵权设计未落入专利权的保护范围。

第十七条 对于变化状态产品的外观设计专利，被诉侵权设计与变化状态图所示各种使用状态下的外观设计均相同或者近似的，人民法院应当认定被诉侵权设计落入专利权的保护范围；被诉侵权设计缺少其一种使用状态下的外观设计或者与之不相同也不近似的，人民法院应当认定被诉侵权设计未落入专利权的保护范围。

第十八条 权利人依据专利法第十三条诉请在发明专利申请公布日至授权公告日期间实施该发明的单位或者个人支付适当费用的，人民法院可以参照有关专利许可使用费合理确定。

发明专利申请公布时申请人请求保护的范围与发明专利公告授权时的专利权保护范围不一致，被诉技术方案均落入上述两种范围的，人民法院应当认定被告在前款所称期间内实施了该发明；被诉技术方案仅落入其中一种范围的，人民法院应当认定被告在前款所称期间内未实施该发明。

发明专利公告授权后，未经专利权人许可，为生产经营目的使用、许诺销售、销售在本条第一款所称期间内已由他人制造、销售、进口的产品，且该他人已支付或者书面承诺支付专利法第十三条规定的适当费用的，对于权利人关于上述使用、许诺销售、销售行为侵犯专利权的主张，人民法院不予支持。

第十九条 产品买卖合同依法成立的，人民法院应当认定属于专利法第十一条规定的销售。

第二十条 对于将依照专利方法直接获得的产品进一步加工、处理而获得的后续产品，进行再加工、处理的，人民法院应当认定不属于专利法第十一条规定的"使用依照该专利方法直接获得的产品"。

第二十一条 明知有关产品系专门用于实施专利的材料、设备、零部件、中间物等，未经专利权人许可，为生产经营目的将该产品提供给他人实施了侵犯专利权的行为，权利人主张该提供者的行为属于民法典第一千一百六十九条规定的帮助他人实施侵权行为的，人民法院应予支持。

明知有关产品、方法被授予专利权，未经专利权人许可，为生产经营目的积极诱导他人实施了侵犯专利权的行为，权利人主张该诱导者的行为属于民法典第一千一百六十九条规定的教唆他人实施侵权行为的，人民法院应予支持。

第二十二条 对于被诉侵权人主张的现有技术抗辩或者现有设计抗辩，人民法院应当依照专利申请日时施行的专利法界定现有技术或者现有设计。

第二十三条 被诉侵权技术方案或者外观设计落入在先的涉案专利权的保护范围，被诉侵权人以其技术方案或者外观设计被授予专利权为由抗辩不侵犯涉案专利权的，人民法院不予支持。

第二十四条 推荐性国家、行业或者地方标准明示所涉必要专利的信息，被诉侵权人以实施该标准无需专利权人许可为由抗辩不侵犯该专利权的，人民法院一般不予支持。

推荐性国家、行业或者地方标准明示所涉必要专利的信息，专利权人、被诉侵权人协商该专利的实施许可条件时，专利权人故意违反其在标准制定中承诺的公平、合理、无歧视的许可义务，导致无法达成专利实施许可合同，且被诉侵权人在协商中无明显过错的，对于权利人请求停止标准实施行为的主张，人民法院一般不予支持。

本条第二款所称实施许可条件，应当由专利权人、被诉侵权人协商确定。经充分协商，仍无法达成一致的，可以请求人民法院确定。人民法院在确定上述实施许可条件时，应当根据公平、合理、无歧视的原则，综合考虑专利的创新程度及其在标准中的作用、标准所属的技术领域、标准的性质、标准实施的范围和相关的许可条件等因素。

法律、行政法规对实施标准中的专利另有规定的，从其规定。

第二十五条 为生产经营目的使用、许诺销售或者销售不知道是未经专利权人许可而制造并售出的专利侵权产品，且举证证明该产品合法来源的，对于权利人请求停止上述使用、许诺销售、销售行为的主张，人民法院应予支持，但被诉侵权产品的使用者举证证明其已支付该产品的合理对价的除外。

本条第一款所称不知道，是指实际不知道且不应当知道。

本条第一款所称合法来源，是指通过合法的销售渠道、通常的买卖合同等正常商业方式取得产品。对于合法来源，使用者、许诺销售者或者销售者应当提供符合交易习惯的相关证据。

第二十六条 被告构成对专利权的侵犯，权利人请求判令其停止侵权行为的，人民法院应予支持，但基于国家利益、公共利益的考量，人民法院可以不判令被告停止被诉行为，而判令其支付相应的合理费用。

第二十七条 权利人因被侵权所受到的实际损失难以确定的，人民法院应当依照专利法第六十五条第一款的规定，要求权利人对侵权人因侵权所获得的利益进行举证；在权利人已经提供侵权人所获利益的初步证据，而与专利侵权行为相关的账簿、资料主要由侵权人掌握的情况下，人民法院可以责令侵权人提供该账簿、资料；侵权人无正当理由拒不提供或者提供虚假的账簿、资料的，人民法院可以根据权利人的主张和提供的证据认定侵权人因侵权所获得的利益。

第二十八条 权利人、侵权人依法约定专利侵权的赔偿数额或者赔偿计算方法，并在专利侵权诉讼中主张依据该约定确定赔偿数额的，人民法院应予支持。

第二十九条 宣告专利权无效的决定作出后，当事人根据该决定依法申请再审，请求撤销专利权无效宣告前人民法院作出但未执行的专利侵权的判决、调解书的，人民法院可以裁定中止再审审查，并中止原判决、调解书的执行。

专利权人向人民法院提供充分、有效的担保，请求继续执行前款所称判决、调解书的，人民法院应当继续执行；侵权人向人民法院提供充分、有效的反担保，请求中止执行的，人民法院应当准许。人民法院生效裁判未撤销宣告专利权无效的决定的，专利权人应当赔偿因继续执行给对方造成的损失；宣告专利权无效的决定被人民法院生效裁判撤销，专利权仍有效的，人民法院可以依据前款所称判决、调解书直接执行上述反担保财产。

第三十条　在法定期限内对宣告专利权无效的决定不向人民法院起诉或者起诉后生效裁判未撤销该决定，当事人根据该决定依法申请再审，请求撤销宣告专利权无效前人民法院作出但未执行的专利侵权的判决、调解书的，人民法院应当再审。当事人根据该决定，依法申请终结执行宣告专利权无效前人民法院作出但未执行的专利侵权的判决、调解书的，人民法院应当裁定终结执行。

第三十一条　本解释自2016年4月1日起施行。最高人民法院以前发布的相关司法解释与本解释不一致的，以本解释为准。

知识产权认证管理办法

（国家认证认可监督管理委员会、国家知识产权局公告2018年第5号）

第一章 总 则

第一条 为了规范知识产权认证活动，提高其有效性，加强监督管理，根据《中华人民共和国专利法》《中华人民共和国商标法》《中华人民共和国著作权法》《中华人民共和国认证认可条例》《认证机构管理办法》等法律、行政法规以及部门规章的规定，制定本办法。

第二条 本办法所称知识产权认证，是指由认证机构证明法人或者其他组织的知识产权管理体系、知识产权服务符合相关国家标准或者技术规范的合格评定活动。

第三条 知识产权认证包括知识产权管理体系认证和知识产权服务认证。

知识产权管理体系认证是指由认证机构证明法人或者其他组织的内部知识产权管理体系符合相关国家标准或者技术规范要求的合格评定活动。

知识产权服务认证是指由认证机构证明法人或者其他组织提供的知识产权服务符合相关国家标准或者技术规范要求的合格评定活动。

第四条 国家认证认可监督管理委员会（以下简称国家认监委）、国家知识产权局按照统一管理、分工协作、共同实施的原则，制定、调整和发布认证目录、认证规则，并组织开展认证监督管理工作。

第五条 知识产权认证坚持政府引导、市场驱动，实行目录式管理。

第六条 国家鼓励法人或者其他组织通过开展知识产权认证提高其知识产权管理水平或者知识产权服务能力。

第七条 知识产权认证采用统一的认证标准、技术规范和认证规则，使用统一的认证标志。

第八条 在中华人民共和国境内从事知识产权认证及其监督管理适用本办法。

第二章 认证机构和认证人员

第九条 从事知识产权认证的机构（以下简称认证机构）应当依法设立，符合《中华人民共和国认证认可条例》、《认证机构管理办法》规定的条件，具备从事知识产权认证活动的相关专业能力要求，并经国家认监委批准后，方可从事批准范围内的认证活动。

国家认监委在批准认证机构资质时，涉及知识产权专业领域问题的，可以征求国家知识产权局意见。

第十条 认证机构可以设立分支机构、办事机构，并自设立之日起30日之内向国家认监委和国家知识产权局报送相关信息。

第十一条 认证机构从事认证审核

（审查）的人员应当为专职认证人员，满足从事知识产权认证活动所需的相关知识与技能要求，并符合国家认证人员职业资格的相关要求。

第三章　行为规范

第十二条　认证机构应当建立风险防范机制，对其从事认证活动可能引发的风险和责任，采取合理、有效的防范措施。

第十三条　认证机构不得从事与其认证工作相关的咨询、代理、培训、信息分析等服务以及产品开发和营销等活动，不得与认证咨询机构和认证委托人在资产、管理或者人员上存在利益关系。

第十四条　认证机构及其认证人员对其从业活动中所知悉的国家秘密、商业秘密和技术秘密负有保密义务。

第十五条　认证机构应当履行以下职责：

（一）在批准范围内开展认证工作；

（二）对获得认证的委托人出具认证证书，允许其使用认证标志；

（三）对认证证书、认证标志的使用情况进行跟踪检查；

（四）对认证的持续符合性进行监督审核；

（五）受理有关的认证申诉和投诉。

第十六条　认证机构应当建立保证认证活动规范有效的内部管理、制约、监督和责任机制，并保证其持续有效。

第十七条　认证机构应当对分支机构实施有效管理，规范其认证活动，并对其认证活动承担相应责任。

分支机构应当建立与认证机构相同的管理、制约、监督和责任机制。

第十八条　认证机构应当依照《认证机构管理办法》的规定，公布并向国家认监委报送相关信息。

前款规定的信息同时报送国家知识产权局。

第十九条　认证机构应当建立健全人员管理制度以及人员能力准则，对所有实施审核（审查）和认证决定等认证活动的人员进行能力评价，保证其能力持续符合准则要求。

认证人员应当诚实守信，恪尽职守，规范运作。

第二十条　认证机构及其认证人员应当对认证结果负责并承担相应法律责任。

第四章　认证实施

第二十一条　认证机构从事认证活动，应当按照知识产权认证基本规范、认证规则的规定从事认证活动，作出认证结论，确保认证过程完整、客观、真实，不得增加、减少或者遗漏认证基本规范、认证规则规定的程序要求。

第二十二条　知识产权管理体系认证程序主要包括对法人或者其他组织经营过程中涉及知识产权创造、运用、保护和管理等文件和活动的审核，获证后的监督审核，以及再认证审核。

知识产权服务认证程序主要包括对提供知识产权服务的法人或者其他组织的服务质量特性、服务过程和管理实施评审，获证后监督审查，以及再认证评审。

第二十三条　被知识产权行政管理部门或者其他部门责令停业整顿，或者纳入国家信用信息失信主体名录的认证委托人，认证机构不得向其出具认证证书。

第二十四条　认证机构应当对认证全过程做出完整记录，保留相应认证记录、认证资料，并归档留存。认证记录应当真实、准确，以证实认证活动得到有效实施。

第二十五条 认证机构应当在认证证书有效期内，对认证证书持有人是否持续满足认证要求进行监督审核。初次认证后的第一次监督审核应当在认证决定日期起12个月内进行，且两次监督审核间隔不超过12个月。每次监督审核内容无须与初次认证相同，但应当在认证证书有效期内覆盖整个体系的审核内容。

认证机构根据监督审核情况做出认证证书保持、暂停或者撤销的决定。

第二十六条 认证委托人对认证机构的认证决定或者处理有异议的，可以向认证机构提出申诉或者投诉。对认证机构处理结果仍有异议的，可以向国家认监委或者国家知识产权局申诉或者投诉。

第五章 认证证书和认证标志

第二十七条 知识产权认证证书（以下简称认证证书）应当包括以下基本内容：

（一）认证委托人的名称和地址；
（二）认证范围；
（三）认证依据的标准或者技术规范；
（四）认证证书编号；
（五）认证类别；
（六）认证证书出具日期和有效期；
（七）认证机构的名称、地址和机构标志；
（八）认证标志；
（九）其他内容。

第二十八条 认证证书有效期为3年。

有效期届满需再次认证的，认证证书持有人应当在有效期届满3个月前向认证机构申请再认证，再认证的认证程序与初次认证相同。

第二十九条 知识产权认证采用国家推行的统一的知识产权认证标志（以下简称认证标志）。认证标志的样式由基本图案、认证机构识别信息组成。知识产权管理体系认证基本图案见图1所示，知识产权服务认证体系的基本图案见图2所示，其中ABCDE代表机构中文或者英文简称：

图1 知识产权管理体系认证基本图案

图2 知识产权服务认证基本图案

第三十条 认证证书持有人应当正确使用认证标志。

认证机构应当按照认证规则的规定，针对不同情形，及时作出认证证书的变更、暂停或者撤销处理决定，且应当采取有效措施，监督认证证书持有人正确使用认证证书和认证标志。

第三十一条 认证机构应当向公众提供查询认证证书有效性的方式。

第三十二条 任何组织和个人不得伪造、变造、冒用、非法买卖和转让认证证书和认证标志。

第六章 监督管理

第三十三条 国家认监委和国家知识产权局建立知识产权认证监管协同机制，对知识产权认证机构实施监督检查，发现违法违规行为的，依照《认证认可条例》、《认证机构管理办法》等法律法规的规定进行查处。

第三十四条 地方各级质量技术监督部门和各地出入境检验检疫机构（以下统称地方认证监管部门）、地方知识产权行政管理部门依照各自法定职责，建立相应的监管协同机制，对所辖区域内的知识产权认证活动实施监督检查，查处违法违规行为，并及时上报国家认监委和国家知识产权局。

第三十五条 认证机构在资质审批过程中存在弄虚作假、隐瞒真实情况或者不再符合认证机构资质条件的，由国家认监委依法撤销其资质。

第三十六条 认证人员在认证过程中出具虚假认证结论或者认证结果严重失实的，依照国家关于认证人员的相关规定处罚。

第三十七条 认证机构、认证委托人和认证证书持有人应当对认证监管部门实施的监督检查工作予以配合，对有关事项的询问和调查如实提供相关材料和信息。

第三十八条 违反有关认证认可法律法规的违法行为，从其规定予以处罚。

第三十九条 任何组织和个人对知识产权认证违法违规行为，有权向各级认证监管部门、各级知识产权行政管理部门举报。各级认证监管部门、各级知识产权行政管理部门应当及时调查处理，并为举报人保密。

第七章 附 则

第四十条 本办法由国家认监委、国家知识产权局负责解释。

第四十一条 本办法自2018年4月1日起施行。国家认监委和国家知识产权局于2013年11月6日印发的《知识产权管理体系认证实施意见》（国认可联〔2013〕56号）同时废止。

企业知识产权管理规范

（GB/T 29490—2013）

Enterprise intellectual property management

前　言

本标准按照 GB/T 1.1—2009 给出的规则起草。

本标准由国家知识产权局提出并归口。

本标准起草单位：国家知识产权局、中国标准化研究院。

本标准主要起草人：马维野、雷筱云、马鸿雅、刘海波、徐俊峰、唐恒、常利民、袁雷峰、张杰军、张艳、杨哲、黄晶、韩奎国、岳高峰。

引　言

0.1　概述

本标准提供基于过程方法的企业知识产权管理模型，指导企业策划、实施、检查、改进知识产权管理体系。

0.2　过程方法

利用资源将输入转化为输出的任何一项或一组活动可视为一个过程。通常，一个过程的输出将直接成为下一个过程的输入。企业知识产权管理体系是企业管理体系的重要组成部分，该体系作为一个整体过程，包括知识产权管理的策划、实施、检查、改进四个环节，如图1所示。

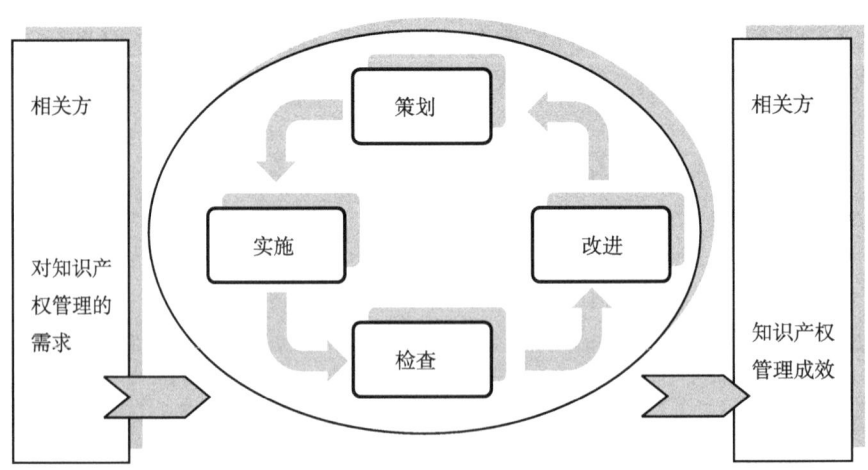

图1　基于过程方法的企业知识产权管理模型

企业知识产权管理体系的输入是企业经营发展对知识产权管理的需求，一般包括：

a）开发新产品，研发新技术；
b）提高产品附加值，扩大市场份额；
c）防范知识产权风险，保障投资安全；
d）提高生产效率，增加经济效益。

通过持续实施并改进知识产权管理体系，输出一般包括：

a）激励创造知识产权，促进技术创新；
b）灵活运用知识产权，改善市场竞争地位；
c）全面保护知识产权，支撑企业持续发展；
d）系统管理知识产权，提升企业核心竞争力。

本标准采用过程方法：

a）策划：理解企业知识产权管理需求，制定知识产权方针和目标；
b）实施：在企业的业务环节（产品的立项、研究开发、采购、生产、销售和售后）中获取、维护、运用和保护知识产权；
c）检查：监控和评审知识产权管理效果；
d）改进：根据检查结果持续改进知识产权管理体系。

0.3 原则

本标准提出企业知识产权管理的指导原则：

a）战略导向

统一部署经营发展、科技创新和知识产权战略，使三者互相支撑、互相促进。

b）领导重视

最高管理者的支持和参与是知识产权管理的关键，最高管理层应全面负责知识产权管理。

c）全员参与

知识产权涉及企业各业务领域和各业务环节，应充分发挥全体员工的创造性和积极性。

0.4 影响因素

企业实施本标准应考虑以下因素：

a）经济和社会发展状况，法律和政策要求；
b）企业的发展需求、竞争策略、所属行业特点；
c）企业的经营规模、组织结构、产品及核心技术。

企业知识产权管理规范

1 范围

本标准规定了企业策划、实施、检查、改进知识产权管理体系的要求。本标准适用于有下列愿望的企业：

a）建立知识产权管理体系；
b）运行并持续改进知识产权管理体系；
c）寻求外部组织对其知识产权管理体系的评价。

事业单位、社会团体等其他组织，可参照本标准相关要求执行。

2 规范性引用文件

下列文件对于本文件的应用是必不可少的。凡是注日期的引用文件，仅注日期的版本适用于本文件。凡是不注日期的引用文件，其最新版本（包括所有的修改单）适用于本文件。

GB/T 19000—2008　质量管理体系　基础和术语

GB/T 21374—2008　知识产权文献与信息　基本词汇

3 术语和定义

GB/T 19000—2008 和 GB/T 21374—2008 界定的以及下列术语和定义适用于本文件。

3.1 知识产权　intellectual property

在科学技术、文学艺术等领域中，发明者、创造者等对自己的创造性劳动成果依法享有的专有权，其范围包括专利、商标、著作权及相关权、集成电路布图设计、地理标志、植物新品种、商业秘密、传统知识、遗传资源以及民间文艺等。

[GB/T 21374—2008，术语和定义 3.1.1]

3.2 过程　process

将输入转化为输出的相互关联或相互作用的一组活动。

[GB/T 19000—2008，定义 3.4.1]

3.3 产品　product

过程的结果。

注1：有下列四种通用的产品类别：

——服务（如运输）；

——软件（如计算机程序、字典）；

——硬件（如发动机机械零件）；

——流程性材料（如润滑油）。

许多产品由分属于不同产品类别的成分构成，其属性是服务、软件、硬件或流程性材料取决于产品的主导成分。例如：产品"汽车"是由硬件（如轮胎）、流程性材料（如燃料、冷却液）、软件（如发动机控制软件、驾驶员手册）和服务（如销售人员所做的操作说明）所组成。

注2：服务通常是无形的，并且是在供方和顾客接触面上需要完成至少一项活动的结果。服务的提供可涉及，例如：

——在顾客提供的有形产品（如需要维修的汽车）上所完成的活动；

——在顾客提供的无形产品（如为准备纳税申报单所需的损益表）上所完成的活动；

——无形产品的交付（如知识传授方面的信息提供）；

——为顾客创造氛围（如在宾馆和饭店）。

软件由信息组成，通常是无形产品，并可以方法、报告或程序的形式存在。

硬件通常是有形产品，其量具有计数的特性。流程性材料通常是有形产品，其量具有连续的特性。硬件和流程性材料经常被称为货物。

[GB/T 19000—2008，定义 3.4.2]

3.4 体系　system

相互关联或相互作用的一组要素。

[GB/T 19000—2008，定义 3.2.1]

3.5 管理体系　management system

建立方针和目标并实现这些目标的体系。

注：一个组织的管理体系可包括若干个不同的管理体系，如质量管理体系、财

务管理体系或环境管理体系。

［GB/T 19000—2008，定义 3.2.2］

3.6 知识产权方针 intellectual property policy

知识产权工作的宗旨和方向。

3.7 知识产权手册 intellectual property manual

规定知识产权管理体系的文件。

4 知识产权管理体系

4.1 总体要求

企业应按本标准的要求建立知识产权管理体系，实施、运行并持续改进，保持其有效性，并形成文件。

4.2 文件要求

4.2.1 总则

知识产权管理体系文件应包括：

a）知识产权方针和目标；

b）知识产权手册；

c）本标准要求形成文件的程序和记录。

注：本标准出现的"形成文件的程序"，是指建立该程序，形成文件，并实施和保持。一个文件可以包括一个或多个程序的要求；一个形成文件的程序的要求可以被包含在多个文件中。

4.2.2 文件控制

知识产权管理体系文件是企业实施知识产权管理的依据，应确保：

a）发布前经过审核和批准，修订后再发布前重新审核和批准；

b）文件中的相关要求明确；

c）按文件类别、秘密级别进行管理；

d）易于识别、取用和阅读；

e）对因特定目的需要保留的失效文件予以标记。

4.2.3 知识产权手册

编制知识产权手册并保持其有效性，具体内容包括：

a）知识产权机构设置、职责和权限的相关文件；

b）知识产权管理体系的程序文件或对程序文件的引用；

c）知识产权管理体系过程之间相互关系的表述。

4.2.4 外来文件与记录文件

编制形成文件的程序，规定记录的标识、贮存、保护、检索、保存和处置所需的控制。对外来文件和知识产权管理体系记录文件应予以控制并确保：

a）对行政决定、司法判决、律师函件等外来文件进行有效管理，确保其来源与取得时间可识别；

b）建立、保持和维护记录文件，以证实知识产权管理体系符合本标准要求，并有效运行；

c）外来文件与记录文件完整，明确保管方式和保管期限。

5 管理职责

5.1 管理承诺

最高管理者是企业知识产权管理的第一责任人，应通过以下活动实现知识产权管理体系的有效性：

a）制定知识产权方针；

b）制定知识产权目标；

c）明确知识产权管理职责和权限，确保有效沟通；

d）确保资源的配备；

e）组织管理评审。

5.2 知识产权方针

最高管理者应批准、发布企业知识产

权方针，并确保方针：

a）符合相关法律和政策的要求；

b）与企业的经营发展相适应；

c）在企业内部得到有效运行；

d）在持续适宜性方面得到评审；

e）形成文件，付诸实施，并予以保持；

f）得到全体员工的理解。

5.3 策划

5.3.1 知识产权管理体系策划

最高管理者应确保：

a）理解相关方的需求，对知识产权管理体系进行策划，满足知识产权方针的要求；

b）知识产权获取、维护、运用和保护活动得到有效运行和控制；

c）知识产权管理体系得到持续改进。

5.3.2 知识产权目标

最高管理者应针对企业内部有关职能和层次，建立并保持知识产权目标，并确保：

a）形成文件并且可考核；

b）与知识产权方针保持一致，内容包括对持续改进的承诺。

5.3.3 法律和其他要求

最高管理者应批准建立、实施并保持形成文件的程序，以便：

a）识别和获取适用的法律和其他要求，并建立获取渠道；

b）及时更新有关法律和其他要求的信息，并传达给员工。

5.4 职责、权限和沟通

5.4.1 管理者代表

最高管理者应在企业最高管理层中指定专人作为管理者代表，授权其承担以下职责：

a）确保知识产权管理体系的建立、实施和保持；

b）向最高管理者报告知识产权管理绩效和改进需求；

c）确保全体员工对知识产权方针和目标的理解；

d）落实知识产权管理体系运行和改进需要的各项资源；

e）确保知识产权外部沟通的有效性。

5.4.2 机构

建立知识产权管理机构并配备专业的专职或兼职工作人员，或委托专业的服务机构代为管理，承担以下职责：

a）制定企业知识产权发展规划；

b）建立知识产权管理绩效评价体系；

c）参与监督和考核其他相关管理机构；

d）负责企业知识产权的日常管理工作。

其他管理机构负责落实与本机构相关的知识产权工作。

5.4.3 内部沟通

建立沟通渠道，确保知识产权管理体系有效运行。

5.5 管理评审

5.5.1 评审要求

最高管理者应定期评审知识产权管理体系的适宜性和有效性。

5.5.2 评审输入

评审输入应包括：

a）知识产权方针、目标；

b）企业经营目标、策略及新产品、新业务规划；

c）企业知识产权基本情况及风险评估信息；

d）技术、标准发展趋势；

e）前期审核结果。

5.5.3 评审输出
评审输出应包括：

a）知识产权方针、目标改进建议；

b）知识产权管理程序改进建议；

c）资源需求。

6 资源管理

6.1 人力资源

6.1.1 知识产权工作人员
明确知识产权工作人员的任职条件，并采取适当措施，确保从事知识产权工作的人员满足相应的条件。

6.1.2 教育与培训
组织开展知识产权教育培训，包括以下内容：

a）规定知识产权工作人员的教育培训要求，制定计划并执行；

b）组织对全体员工按业务领域和岗位要求进行知识产权培训，并形成记录；

c）组织对中、高层管理人员进行知识产权培训，并形成记录；

d）组织对研究开发等与知识产权关系密切的岗位人员进行知识产权培训，并形成记录。

6.1.3 人事合同
通过劳动合同、劳务合同等方式对员工进行管理，约定知识产权权属、保密条款；明确发明创造人员享有的权利和负有的义务；必要时应约定竞业限制和补偿条款。

6.1.4 入职
对新入职员工进行适当的知识产权背景调查，以避免侵犯他人知识产权；对于研究开发等与知识产权关系密切的岗位，应要求新入职员工签署知识产权声明文件。

6.1.5 离职
对离职的员工进行相应的知识产权事项提醒；涉及核心知识产权的员工离职时，应签署离职知识产权协议或执行竞业限制协议。

6.1.6 激励
明确员工知识产权创造、保护和运用的奖励和报酬；明确员工造成知识产权损失的责任。

6.2 基础设施
根据需要配备相关资源，以确保知识产权管理体系的运行：

a）软硬件设备，如知识产权管理软件、数据库、计算机和网络设施等；

b）办公场所。

6.3 财务资源
应设立知识产权经常性预算费用，以确保知识产权管理体系的运行：

a）用于知识产权申请、注册、登记、维持、检索、分析、评估、诉讼和培训等事项；

b）用于知识产权管理机构运行；

c）用于知识产权激励；

d）有条件的企业可设立知识产权风险准备金。

6.4 信息资源
应编制形成文件的程序，以规定以下方面所需的控制：

a）建立信息收集渠道，及时获取所属领域、竞争对手的知识产权信息；

b）对信息进行分类筛选和分析加工，并加以有效利用；

c）在对外信息发布之前进行相应审批；

d）有条件的企业可建立知识产权信息数据库，并有效维护和及时更新。

7 基础管理

7.1 获取
应编制形成文件的程序，以规定以下方面所需的控制：

a）根据知识产权目标，制定知识产权获取的工作计划，明确获取的方式和途径；

b）在获取知识产权前进行必要的检索和分析；

c）保持知识产权获取记录；

d）保障发明创造人员的署名权。

7.2 维护
应编制形成文件的程序，以规定以下方面所需的控制：

a）建立知识产权分类管理档案，进行日常维护；

b）知识产权评估；

c）知识产权权属变更；

d）知识产权权属放弃；

e）有条件的企业可对知识产权进行分级管理。

7.3 运用

7.3.1 实施、许可和转让
应编制形成文件的程序，以规定以下方面所需的控制：

a）促进和监控知识产权的实施，有条件的企业可评估知识产权对企业的贡献；

b）知识产权实施、许可或转让前，应分别制定调查方案，并进行评估。

7.3.2 投融资
投融资活动前，应对相关知识产权开展尽职调查，进行风险和价值评估。在境外投资前，应针对目的地的知识产权法律、政策及其执行情况，进行风险分析。

7.3.3 企业重组
企业重组工作应满足以下要求：

a）企业合并或并购前，应开展知识产权尽职调查，根据合并或并购的目的设定对目标企业知识产权状况的调查内容；有条件的企业可进行知识产权评估。

b）企业出售或剥离资产前，应对相关知识产权开展调查和评估，分析出售或剥离的知识产权对本企业未来竞争力的影响。

7.3.4 标准化
参与标准化工作应满足以下要求：

a）参与标准化组织前，了解标准化组织的知识产权政策；将包含专利和专利申请的技术方案向标准化组织提案时，应按照知识产权政策要求披露并作出许可承诺；

b）牵头制定标准时，应组织制定标准工作组的知识产权政策和工作程序。

7.3.5 联盟及相关组织
参与或组建知识产权联盟及相关组织应满足以下要求：

a）参与知识产权联盟或其他组织前，应了解其知识产权政策，并进行评估；

b）组建知识产权联盟时，应遵循公平、合理且无歧视的原则，制定联盟知识产权政策；主要涉及专利合作的联盟可围绕核心技术建立专利池。

7.4 保护

7.4.1 风险管理
应编制形成文件的程序，以规定以下方面所需的控制：

a）采取措施，避免或降低生产、办公设备及软件侵犯他人知识产权的风险；

b）定期监控产品可能涉及他人知识产权的状况，分析可能发生的纠纷及其对企业的损害程度，提出防范预案；

c）有条件的企业可将知识产权纳入企业风险管理体系，对知识产权风险进行识别和评测，并采取相应风险控制措施。

7.4.2 争议处理

应编制形成文件的程序，以规定以下方面所需的控制：

a）及时发现和监控知识产权被侵犯的情况，适时运用行政和司法途径保护知识产权；

b）在处理知识产权纠纷时，评估通过诉讼、仲裁、和解等不同处理方式对企业的影响，选取适宜的争议解决方式。

7.4.3 涉外贸易

涉外贸易过程中的知识产权工作包括：

a）向境外销售产品前，应调查目的地的知识产权法律、政策及其执行情况，了解行业相关诉讼，分析可能涉及的知识产权风险；

b）向境外销售产品前，应适时在目的地进行知识产权申请、注册和登记；

c）对向境外销售的涉及知识产权的产品可采取相应的边境保护措施。

7.5 合同管理

加强合同中知识产权管理：

a）应对合同中有关知识产权条款进行审查，并形成记录；

b）对检索与分析、预警、申请、诉讼、侵权调查与鉴定、管理咨询等知识产权对外委托业务应签订书面合同，并约定知识产权权属、保密等内容；

c）在进行委托开发或合作开发时，应签订书面合同，约定知识产权权属、许可及利益分配、后续改进的权属和使用等；

d）承担涉及国家重大专项等政府支持项目时，应了解项目相关的知识产权管理规定，并按照要求进行管理。

7.6 保密

应编制形成文件的程序，以规定以下方面所需的控制：

a）明确涉密人员，设定保密等级和接触权限；

b）明确可能造成知识产权流失的设备，规定使用目的、人员和方式；

c）明确涉密信息，规定保密等级、期限和传递、保存及销毁的要求；

d）明确涉密区域，规定客户及参访人员活动范围等。

8 实施和运行

8.1 立项

立项阶段的知识产权管理包括：

a）分析该项目所涉及的知识产权信息，包括各关键技术的专利数量、地域分布和专利权人信息等；

b）通过知识产权分析及市场调研相结合，明确该产品潜在的合作伙伴和竞争对手；

c）进行知识产权风险评估，并将评估结果、防范预案作为项目立项与整体预算的依据。

8.2 研究开发

研究开发阶段的知识产权管理包括：

a）对该领域的知识产权信息、相关文献及其他公开信息进行检索，对项目的技术发展状况、知识产权状况和竞争对手状况等进行分析；

b）在检索分析的基础上，制定知识产权规划；

c）跟踪与监控研究开发活动中的知识产权，适时调整研究开发策略和内容，避免或降低知识产权侵权风险；

d）督促研究人员及时报告研究开发成果；

e）及时对研究开发成果进行评估和确认，明确保护方式和权益归属，适时形成知识产权；

f）保留研究开发活动中形成的记录，并实施有效的管理。

8.3　采购

采购阶段的知识产权管理包括：

a）在采购涉及知识产权的产品过程中，收集相关知识产权信息，以避免采购知识产权侵权产品，必要时应要求供方提供知识产权权属证明；

b）做好供方信息、进货渠道、进价策略等信息资料的管理和保密工作；

c）在采购合同中应明确知识产权权属、许可使用范围、侵权责任承担等。

8.4　生产

生产阶段的知识产权管理包括：

a）及时评估、确认生产过程中涉及产品与工艺方法的技术改进与创新，明确保护方式，适时形成知识产权；

b）在委托加工、来料加工、贴牌生产等对外协作的过程中，应在生产合同中明确知识产权权属、许可使用范围、侵权责任承担等，必要时应要求供方提供知识产权许可证明；

c）保留生产活动中形成的记录，并实施有效的管理。

8.5　销售和售后

销售和售后阶段的知识产权管理包括：

a）产品销售前，对产品所涉及的知识产权状况进行全面审查和分析，制定知识产权保护和风险规避方案；

b）在产品宣传、销售、会展等商业活动前制定知识产权保护或风险规避方案；

c）建立产品销售市场监控程序，采取保护措施，及时跟踪和调查相关知识产权被侵权情况，建立和保持相关记录；

d）产品升级或市场环境发生变化时，及时进行跟踪调查，调整知识产权策略和风险规避方案，适时形成新的知识产权。

9　审核和改进

9.1　总则

策划并实施以下方面所需的监控、审查和改进过程：

a）确保产品、软硬件设施设备符合知识产权有关要求；

b）确保知识产权管理体系的适宜性；

c）持续改进知识产权管理体系，确保其有效性。

9.2　内部审核

应编制形成文件的程序，确保定期对知识产权管理体系进行内部审核，满足本标准的要求。

9.3　分析与改进

根据知识产权方针、目标以及检查、分析的结果，制定和落实改进措施。

科研组织知识产权管理规范

（GB/T 33250—2016）

Intellectual property management for research and development organizations

前 言

本标准按照 GB/T 1.1—2009 给出的规则起草。

本标准由国家知识产权局提出。

本标准由全国知识管理标准化技术委员会（SAC/TC 554）归口。

本标准起草单位：国家知识产权局、中国科学院、中国标准化研究院。

本标准主要起草人：贺化、马维野、雷筱云、严庆、马鸿雅、徐俊峰、陈明媛、张立、唐炜、刘海波、李锡玲、李小娟、张雪红、李东亚、韩奎国、岳高峰。

引 言

科研组织是国家创新体系的重要组成部分，知识产权管理是科研组织创新管理的基础性工作，也是科研组织科技成果转化的关键环节。制定并推行科研组织知识产权管理标准，引导科研组织建立规范的知识产权管理体系，充分发挥知识产权在科技创新过程中的引领和支撑作用，对于激发广大科研人员的创新活力、增强科研组织创新能力具有至关重要的意义。

本标准指导科研组织依据法律法规，基于科研组织的职责定位和发展目标，制定并实施知识产权战略。科研组织根据自身发展需求、创新方向及特点等，在实施过程中可对本标准的内容进行适应性调整，建立符合实际的知识产权管理体系。通过实施本标准，实现全过程知识产权管理，增强科研组织技术创新能力，提升知识产权质量和效益，促进知识产权的价值实现。

科研组织知识产权管理规范

1 范围

本标准规定了科研组织策划、实施和运用、检查、改进知识产权管理体系的要求。

本标准适用于中央或地方政府建立或出资设立的科研组织的知识产权管理。其他性质科研组织可参照执行。

2 规范性引用文件

下列文件对于本文件的应用是必不可少的。凡是注日期的引用文件，仅注日期的版本适用于本文件。凡是不注日期的引用文件，其最新版本（包括所有的修改单）适用于本文件。

GB/T 19000—2008 质量管理体系 基础和术语

GB/T 29490—2013 企业知识产权管理规范

3 术语和定义

GB/T 19000—2008、GB/T 29490—2013界定的以及下列术语和定义适用于本文件。为了便于使用，以下重复列出了GB/T 19000—2008、GB/T 29490—2013中的某些术语和定义。

3.1 科研组织 research and development organization

有明确的任务和研究方向，有一定学术水平的业务骨干和一定数量的研究人员，具有开展研究、开发等学术工作的基本条件，主要进行科学研究与技术开发活动，并且在行政上有独立的组织形式，财务上独立核算盈亏，有权与其他单位签订合同，在银行有独立账户的单位。

3.2 知识产权 intellectual property

自然人或法人对其智力活动创造的成果依法享有的权利，主要包括专利权、商标权、著作权、集成电路布图设计权、地理标志权、植物新品种权、未披露的信息专有权等。

3.3 管理体系 management system

建立方针和目标并实现这些目标的体系。

注：一个组织的管理体系可包括若干个不同的管理体系，如质量管理体系、财务管理体系或环境管理体系。

［GB/T 19000—2008，定义3.2.2］

3.4 知识产权方针 intellectual property policy

知识产权工作的宗旨和方向。

［GB/T 29490—2013，定义3.6］

3.5 知识产权手册 intellectual property manual

规定知识产权管理体系的文件。

［GB/T 29490—2013，定义3.7］

3.6 员工 staff

在科研组织任职的人员、临时聘用人员、实习人员，以科研组织名义从事科研活动的博士后、访问学者和进修人员等。

3.7 知识产权记录文件 intellectual property recording document

记录组织知识产权管理活动、行为和工作等的文件，是知识产权管理情况的原始记录。

3.8 科研项目 research project

由科研组织或其直属机构承担，在一定时间周期内进行科学技术研究活动所实施的项目。

3.9 项目组 project team

完成科研项目的组织形式，是隶属于科研组织的、相对独立地开展研究开发活动的科研单元。

3.10 专利导航 patent-based navigation

在科技研发、产业规划和专利运营等活动中，通过利用专利信息等数据资源，分析产业发展格局和技术创新方向，明晰产业发展和技术研发路径，提高决策科学性的一种模式。

3.11 知识产权专员 intellectual property specialist

具有一定知识产权专业能力,在科研项目中承担知识产权工作的人员。

4 总体要求

4.1 总则

应按本标准的要求建立、实施、运行知识产权管理体系,持续改进保持其有效性,并形成知识产权管理体系文件,包括:

a) 知识产权方针和目标;

b) 知识产权手册;

c) 本标准要求形成文件的程序和记录。

注1:本标准出现的"形成文件的程序",是指建立该程序,形成文件,并实施和保持。一个文件可以包括一个或多个程序的要求;一个形成文件的程序的要求可以被包含在多个文件中。

注2:上述各类文件可以是纸质文档,也可以是电子文档或音像资料。

4.2 知识产权方针和目标

应制定知识产权方针和目标,形成文件,由最高管理者发布并确保:

a) 符合法律法规和政策的要求;

b) 与科研组织的使命定位和发展战略相适应;

c) 知识产权目标可考核并与知识产权方针保持一致;

d) 在持续适宜性方面得到评审;

e) 得到员工、学生的理解和有效执行。

4.3 知识产权手册

编制知识产权手册并应保持其有效性,包括:

a) 知识产权组织管理的相关文件;

b) 人力资源、科研设施、合同、信息管理和资源保障的知识产权相关文件;

c) 知识产权获取、运用、保护的相关文件;

d) 知识产权外来文件和知识产权记录文件;

e) 知识产权管理体系文件之间相互关系的表述。

4.4 文件管理

知识产权管理体系文件应满足以下要求:

a) 文件内容完整、表述明确,文件发布前需经过审核、批准;文件更新后再发布前,要重新进行审核、批准;

b) 建立、保持和维护知识产权记录文件,以证实知识产权管理体系符合本标准要求;

c) 按文件类别、秘密级别进行管理,易于识别、取用和阅读,保管方式和保管期限明确;

d) 对行政决定、司法判决、律师函件等外来文件进行有效管理;

e) 因特定目的需要保留的失效文件,应予以标记。

5 组织管理

5.1 最高管理者

最高管理者是科研组织知识产权管理第一责任人,负责:

a) 制定、批准发布知识产权方针;

b) 策划并批准知识产权中长期和近期目标;

c) 决定重大知识产权事项;

d) 定期评审并改进知识产权管理体系;

e）确保资源配备。

5.2 管理者代表

最高管理者可在最高管理层中指定专人作为管理者代表，总体负责知识产权管理事务：

a）统筹规划知识产权工作，审议知识产权规划，指导监督执行；

b）审核知识产权资产处置方案；

c）批准发布对外公开或提交重要的知识产权文件；

d）协调涉及知识产权管理部门之间的关系；

e）确保知识产权管理体系的建立、实施、保持和改进。

5.3 知识产权管理机构

建立知识产权管理机构，并配备专职工作人员，承担以下职责：

a）拟定知识产权规划并组织实施；

b）拟定知识产权政策文件并组织实施，包括知识产权质量控制，知识产权运用的策划与管理等；

c）建立、实施和运行知识产权管理体系，向最高管理者或管理者代表提出知识产权管理体系的改进需求建议；

d）组织开展与知识产权相关的产学研合作和技术转移活动；

e）建立专利导航工作机制，参与重大科研项目的知识产权布局；

f）建立知识产权资产清单，建立知识产权资产评价及统计分析体系，提出知识产权重大资产处置方案；

g）审查合同中的知识产权条款，防范知识产权风险；

h）培养、指导和评价知识产权专员；

i）负责知识产权日常管理工作，包括知识产权培训，知识产权信息备案，知识产权外部服务机构的遴选、协调、评价工作等。

注：重大科研项目由科研组织自行认定。

5.4 知识产权服务支撑机构

建立知识产权服务支撑机构，可设在科研组织中负责信息文献的部门，或聘请外部服务机构，承担以下职责：

a）受知识产权管理机构委托，为建立、实施与运行知识产权管理体系提供服务支撑；

b）为知识产权管理机构提供服务支撑；

c）为科研项目提供专利导航服务；

d）负责知识产权信息及其他数据文献资源收集、整理、分析工作。

5.5 研究中心

研究中心应配备知识产权管理人员，协助研究中心负责人，承担本机构知识产权管理工作，具体包括以下职责：

a）拟定知识产权计划并组织实施；

b）统筹承担科研项目的知识产权工作；

c）知识产权日常管理，包括统计知识产权信息并报送知识产权管理机构备案等；

d）确保与知识产权管理机构的有效沟通，定期向其报告知识产权工作情况。

注：研究中心是指科研组织直接管理的实验室、研究室等机构。

5.6 项目组

5.6.1 项目组长

项目组长负责所承担科研项目的知识产权管理，包括：

a）根据科研项目要求，确定知识产权管理目标并组织实施；

b）确保科研项目验收时达到知识产权考核的要求；

c）设立项目组知识产权专员。

5.6.2 知识产权专员

协助项目组长进行科研项目知识产权管理，负责：

a）专利导航工作；

b）知识产权信息管理，并定期向研究中心报告科研项目的知识产权情况；

c）组织项目组人员参加知识产权培训；

d）项目组知识产权事务沟通。

6 基础管理

6.1 人力资源管理

6.1.1 员工权责

通过人事合同明确员工的知识产权权利与义务，包括：

a）与员工约定知识产权权属、奖励报酬、保密义务等；

b）建立职务发明奖励报酬制度，依法对发明人给予奖励和报酬，对为知识产权运用做出重要贡献的人员给予奖励；

c）明确员工造成知识产权损失的责任。

6.1.2 入职和离职

加强入职、离职人员的知识产权管理，包括：

a）对新入职员工进行适当的知识产权背景调查，形成记录；

b）对于与知识产权关系密切岗位，应要求新入职员工签署知识产权声明文件；

c）对离职、退休的员工进行知识产权事项提醒，明确有关职务发明的权利和义务；

d）涉及核心知识产权的员工离职时，应签署知识产权协议或竞业限制协议。

6.1.3 培训

组织开展知识产权培训，包括：

a）制定知识产权培训计划；

b）组织中、高层管理人员的知识产权培训；

c）组织知识产权管理人员的知识产权培训；

d）组织项目组长、知识产权专员的专项培训；

e）组织员工的知识产权培训。

6.1.4 项目组人员管理

加强项目组人员的知识产权管理，包括：

a）针对重大科研项目进行项目组人员知识产权背景调查；必要时签署保密协议；

b）在论文发表、学位答辩、学术交流等学术事务前，应进行信息披露审查；

c）在项目组人员退出科研项目时，进行知识产权提醒。

6.1.5 学生管理

加强学生的知识产权管理，包括：

a）组织对学生进行知识产权培训，提升知识产权意识；

b）学生进入项目组，应进行知识产权提醒；

c）在学生发表论文、进行学位答辩、学术交流等学术事务前，应进行信息披露审查；

d）学生因毕业等原因离开科研组织时，可签署知识产权协议或保密协议。

6.2 科研设施管理

加强科研设施的知识产权管理，包括：

a）采购实验用品、软件、耗材时进

行知识产权审查；

b）处理实验用过物品时应进行相应的知识产权检查；

c）在仪器设备管理办法中明确知识产权要求，对外租借仪器设备时，应在租借合同中约定知识产权事务；

d）国家重大科研基础设施和大型科研仪器向社会开放时，应保护用户身份信息以及在使用过程中形成的知识产权和科学数据，要求用户在发表著作、论文等成果时标注利用科研设施仪器情况。

6.3 合同管理

加强合同中的知识产权管理，包括：

a）对合同中的知识产权条款进行审查，并形成记录；

b）检索与分析、预警、申请、诉讼、侵权调查与鉴定、管理咨询等知识产权对外委托业务应签订书面合同，并约定知识产权权属、保密等内容；

c）在进行委托开发或合作开发时，应签订书面合同，明确约定知识产权权属、许可及利益分配、后续改进的权属和使用、发明人的奖励和报酬、保密义务等；

d）承担涉及国家重大专项等政府项目时，应理解该项目的知识产权管理规定，并按照要求进行管理。

6.4 信息管理

加强知识产权信息管理，包括：

a）建立信息收集渠道，及时获取所属领域、产业发展、有关主体的知识产权信息；

b）建立专利信息分析利用机制，对信息进行分类筛选和分析加工，形成产业发展、技术领域、专利布局等有关情报分析报告，并加以有效利用；

c）建立信息披露的知识产权审查机制。

7 科研项目管理

7.1 分类

根据科研项目来源和重要程度等对科研项目进行分类管理；科研项目应实行立项、执行、结题验收全过程知识产权管理，重大科研项目应配备知识产权专员。

7.2 立项

立项阶段的知识产权管理包括：

a）确认科研项目委托方的知识产权要求，制定知识产权工作方案，并确保相关人员知悉；

b）分析该科研项目所属领域的发展现状和趋势、知识产权保护状况和竞争态势，进行知识产权风险评估；

c）根据分析结果，优化科研项目研发方向，确定知识产权策略。

7.3 执行

执行阶段的知识产权管理包括：

a）搜集和分析与科研项目相关的产业市场情报及知识产权信息等资料，跟踪与监控研发活动中的知识产权动态，适时调整研发策略和知识产权策略，持续优化科研项目研发方向；

b）定期做好研发记录，及时总结和报告研发成果；

c）及时对研发成果进行评估和确认，明确保护方式和权益归属，适时形成知识产权；

d）对研发成果适时进行专利挖掘，形成有效的专利布局；

e）研发成果对外发布前，进行知识产权审查，确保发布的内容、形式和时间符合要求；

f）根据知识产权市场化前景初步确

立知识产权运营模式。

7.4 结题验收

结题验收阶段的知识产权管理包括：

a）分析总结知识产权完成情况，确认科研项目符合委托方要求；

b）提交科研项目成果的知识产权清单，成果包括但不限于专利、文字作品、图形作品和模型作品、植物新品种、计算机软件、商业秘密、集成电路布图设计等；

c）整理科研项目知识产权成果并归档；

d）开展科研项目产出知识产权的分析，提出知识产权维护、开发、运营的方案建议。

8 知识产权运用

8.1 评估与分级管理

评估与分级管理中应满足以下要求：

a）构建知识产权价值评估体系和分级管理机制，建立知识产权权属放弃程序；

b）建立国家科研项目知识产权处置流程，使其符合国家相关法律法规的要求；

c）组成评估专家组，定期从法律、技术、市场维度对知识产权进行价值评估和分级；

d）对于有产业化前景的知识产权，建立转化策略，适时启动转化程序，需要二次开发的，应保护二次开发的技术成果，适时形成知识产权；

e）评估知识产权转移转化过程中的风险，综合考虑投资主体、共同权利人的利益；

f）建立知识产权转化后发明人、知识产权管理和转化人员的激励方案；

g）科研组织在对科研项目知识产权进行后续管理时，可邀请项目组选派代表参与。

8.2 实施和运营

实施和运营过程中应满足以下要求：

a）制定知识产权实施和运营策略与规划；

b）建立知识产权实施和运营控制流程；

c）明确权利人、发明人和运营主体间的收益关系。

8.3 许可和转让

许可和转让过程中应满足以下要求：

a）许可和转让前进行知识产权尽职调查，确保相关知识产权的有效性；

b）知识产权许可和转让应签订书面合同，明确双方的权利和义务，其中许可合同应当明确规定许可方式、范围、期限等；

c）监控许可和转让流程，预防与控制许可和转让风险，包括合同的签署、备案、执行、变更、中止与终止，以及知识产权权属的变更等。

8.4 作价投资

作价投资过程中应满足以下要求：

a）调查技术需求方以及合作方的经济实力、管理水平、所处行业、生产能力、技术能力、营销能力等；

b）根据需要选择有资质的第三方进行知识产权价值评估；

c）签订书面合同，明确受益方式和比例。

9 知识产权保护

应做好知识产权保护工作，防止被侵权和知识产权流失：

a）规范科研组织的名称、标志、徽章、域名及服务标记的使用，需要商标保护的及时申请注册；

b）规范著作权的使用和管理，建立在核心期刊上发表学术论文的统计工作机制，明确员工和学生在发表论文时标注主要参考文献、利用国家重大科研基础设施和大型科研仪器情况的要求；

c）加强未披露的信息专有权的保密管理，规定涉密信息的保密等级、期限和传递、保存及销毁的要求，明确涉密人员、设备、区域；

d）明确职务发明创造、委托开发、合作开发以及参与知识产权联盟、协同创新组织等情况下的知识产权归属、许可及利益分配、后续改进的权属等事项；

e）建立知识产权纠纷应对机制，制定有效的风险规避方案；及时发现和监控知识产权风险，避免侵犯他人知识产权；及时跟踪和调查相关知识产权被侵权的情况，适时通过行政和司法途径主动维权，有效保护自身知识产权。

10 资源保障

10.1 条件保障

根据需要配备相关资源，支持知识产权管理体系的运行，包括：

a）软硬件设备，如知识产权管理软件、计算机和网络设施等；

b）办公场所。

10.2 财务保障

设立经常性预算费用，用于：

a）知识产权申请、注册、登记、维持；

b）知识产权检索、分析、评估、运营、诉讼；

c）知识产权管理机构、服务支撑机构运行；

d）知识产权管理信息化；

e）知识产权信息资源；

f）知识产权激励；

g）知识产权培训；

h）其他知识产权工作。

11 检查和改进

11.1 检查监督

定期开展检查监督，根据监督检查的结果，对照知识产权方针、目标，制定和落实改进措施，确保知识产权管理体系的适宜性和有效性。

11.2 评审改进

最高管理者应定期评审知识产权管理体系的适宜性和有效性，制定和落实改进措施，确保与科研组织的战略方向一致。

高等学校知识产权管理规范

（GB/T 33251—2016）

Intellectual property management for higher education institutions

前言

本标准按照 GB/T 1.1—2009 给出的规则起草。

本标准由国家知识产权局提出。

本标准由全国知识管理标准化技术委员会（SAC/TC 554）归口。

本标准起草单位：国家知识产权局、教育部、中国标准化研究院。

本标准主要起草人：贺化、马维野、雷筱云、周静、马鸿雅、陈明媛、徐俊峰、张立、李昶、王欣、王燕、唐恒、岳高峰。

引言

高等学校是科技创新的重要主体，知识产权管理是高等学校创新管理的基础性工作，也是高等学校科技成果转化的关键环节。制定并实施高等学校知识产权管理规范，对于激发高等学校创新活力、增强创新能力具有重要意义。

本标准指导高等学校依据法律法规，基于自身状况和发展战略，将知识产权有效地融合到高等学校的科学研究、社会服务、人才培养、文化传承创新中，制定并实施知识产权战略。高等学校根据自身发展需求、创新方向及特点等，在实施过程中可对本标准的内容进行适应性调整，建立符合实际的知识产权管理体系。通过实施本标准，实现全过程知识产权管理，提高科技创新能力，促进科技创新成果的价值实现。

高等学校知识产权管理规范

1 范围

本标准规定了高等学校知识产权的文件管理、组织管理、资源管理、获取、运用、保护、检查和改进等要求。

本标准适用于我国各类高等学校的知识产权管理，其他教育组织可参照执行。

2 规范性引用文件

下列文件对于本文件的应用是必不可少的。凡是注日期的引用文件，仅注日期的版本适用于本文件。凡是不注日期的引用文件，其最新版本（包括所有的修改单）适用于本文件。

GB/T 19000 质量管理体系 基础和术语

3 术语和定义

GB/T 19000 界定的以及下列术语和定义适用于本文件。

3.1 知识产权 intellectual property

自然人或法人对其智力活动创造的成果依法享有的权利，主要包括专利权、商标权、著作权、集成电路布图设计权、地理标志权、植物新品种权、未披露的信息专有权等。

3.2 教职员工 faculty and staff

高等学校任职的教师、职员、临时聘用人员、实习人员，以高等学校名义从事科研活动的博士后、访问学者和进修人员等。

3.3 学生 student

被学校依法录取、具有学籍的受教育者。

3.4 科研项目 research project

由高等学校或其直属机构承担，在一定时间周期内进行科学技术研究活动所实施的项目。

3.5 项目组 project team

完成科研项目的组织形式，是隶属于高等学校的、相对独立地开展研究开发活动的科研单元。

3.6 知识产权专员 intellectual property specialist

具有一定知识产权专业能力，在科研项目中承担知识产权工作的人员。

3.7 专利导航 patent-based navigation

在科技研发、产业规划和专利运营等活动中，通过利用专利信息等数据资源，分析产业发展格局和技术创新方向，明晰产业发展和技术研发路径，提高决策科学性的一种模式。

4 文件管理

4.1 文件类型

知识产权文件包括：

a）知识产权组织管理相关文件；

b）人力资源、财务资源、基础设施、信息资源管理过程中的知识产权文件；

c）知识产权获取、运用、保护等文件；

d）知识产权相关的记录文件、外来文件。

注1：上述各类文件可以是纸质文档，也可以是电子文档或音像资料。

注2：外来文件包括法律法规、行政决定、司法判决、律师函件等。

4.2 文件控制

知识产权文件是高等学校实施知识产权管理的依据，应确保：

a）发布前经过审核和批准；

b）文件内容表述明确、完整；

c）保管方式和保管期限明确；

d）按文件类别、秘密级别进行管理，易于识别、取用和阅读；

e）对因特定目的需要保留的失效文

件予以标记。

5 组织管理

5.1 校长

校长（或院长）是高等学校知识产权工作的第一责任人，承担以下职责：

a）批准和发布高等学校知识产权目标；

b）批准和发布知识产权政策、规划；

c）审核或在其职责范围内决定知识产权重大事务；

d）明确知识产权管理职责和权限，确保有效沟通；

e）确保知识产权管理的保障条件和资源配备。

5.2 管理委员会

成立有最高管理层参与的知识产权管理委员会，全面负责知识产权管理事务，承担以下职责：

a）拟定与高等学校科学研究、社会服务、人才培养、文化传承创新相适应的知识产权长期、中期和短期目标；

b）审核知识产权政策、规划，并监督执行情况；

c）建立知识产权绩效评价体系，将知识产权作为高等学校绩效考评的评价指标之一；

d）提出知识产权重大事务决策议案；

e）审核知识产权重大资产处置方案；

f）统筹协调知识产权管理事务。

5.3 管理机构

建立知识产权管理机构，配备专职工作人员，并承担以下职责：

a）拟定知识产权工作规划并组织实施；

b）拟定知识产权政策文件并组织实施，包括知识产权质量控制，知识产权运用的策划与管理等；

c）提出知识产权绩效评价体系的方案；

d）建立专利导航工作机制，参与重大科研项目的知识产权布局；

e）建立知识产权资产清单和知识产权资产评价及统计分析体系，提出知识产权重大资产处置方案；

f）审查合同中的知识产权条款，防范知识产权风险；

g）培养、指导和评价知识产权专员；

h）负责知识产权日常管理，包括知识产权培训，知识产权信息备案，知识产权外部服务机构遴选、协调、评价工作等。

注：重大科研项目由高等学校自行确定。

5.4 服务支撑机构

建立知识产权服务支撑机构，可设在图书馆等高等学校负责信息服务的部门，或聘请外部服务机构，承担以下职责：

a）受知识产权管理机构委托，提供知识产权管理工作的服务支撑；

b）为知识产权重大事务、重大决策提供服务支撑；

c）开展重大科研项目专利导航工作，依需为科研项目提供知识产权服务支持；

d）受知识产权管理机构委托，建设、维护知识产权信息管理平台，承担知识产权信息利用培训和推广工作；

e）承担知识产权信息及其他数据文献情报收集、整理、分析工作。

5.5 学院（系）

各校属学院（系）、直属机构应配备知识产权管理人员，协助院系、科研机构负责人承担本部门以下职责：

a）知识产权计划拟订和组织实施；

b）知识产权日常管理，包括统计知识产权信息并报送知识产权管理机构备案等。

注：科研机构包括重点实验室、工程中心、工程实验室以及校设研究中心等。

5.6 项目组

5.6.1 项目组长

项目组长负责所承担科研项目的知识产权管理，包括：

a）根据科研项目要求，确定知识产权管理目标并组织实施；

b）管理科研项目知识产权信息；

c）定期报告科研项目的知识产权工作情况；

d）组织项目组人员参加知识产权培训。

5.6.2 知识产权专员

重大科研项目应配备知识产权专员，负责：

a）科研项目专利导航工作；

b）协助项目组长开展知识产权管理工作。

5.7 知识产权顾问

根据知识产权管理需要，可聘请有关专家为学校知识产权顾问，为知识产权重大事务提供决策咨询意见。

6 资源管理

6.1 人力资源

6.1.1 人事合同

人事合同中应明确知识产权内容，包括：

a）在劳动合同、聘用合同、劳务合同等各类合同中约定知识产权权属、奖励报酬、保密义务等；明确发明创造人员享有的权利和承担的义务，保障发明创造人员的署名权；明确教职员工造成知识产权损失的责任；

b）对新入职教职员工进行适当的知识产权背景调查，形成记录；对于与知识产权关系密切的岗位，应要求新入职教职员工签署知识产权声明文件；

c）对离职、退休的教职员工进行知识产权事项提醒，明确有关职务发明的权利和义务；涉及核心知识产权的教职员工离职、退休时，应签署知识产权协议，进一步明确约定知识产权归属和保密责任。

6.1.2 培训

组织开展知识产权培训，包括以下内容：

a）制定知识产权培训计划；

b）组织对知识产权管理人员、知识产权服务支撑机构人员、知识产权专员等进行培训；

c）对承担重大科研项目的科研人员进行知识产权培训；

d）组织对教职员工进行知识产权培训。

6.1.3 激励与评价

建立激励与评价机制，包括：

a）建立符合知识产权工作特点的职称评定、岗位管理、考核评价制度，将知识产权工作状况作为对相关院系、科研机构及教职员工进行评价、科研资金支持的重要内容和依据之一；

b）建立职务发明奖励报酬制度，依法对发明人给予奖励和报酬，对为知识产权运用做出重要贡献的人员给予奖励。

6.1.4 学生管理

加强学生的知识产权管理，包括：

a）组织对学生进行知识产权培训，提升知识产权意识；

b）学生进入项目组，应对其进行知识产权提醒；

c）学生因毕业等原因离开高等学校时，可签署知识产权协议或保密协议；

d）根据需要面向学生开设知识产权课程。

6.2 财务资源

设立经常性预算费用，可用于：

a）知识产权申请、注册、登记、维持；

b）知识产权检索、分析、评估、运营、诉讼；

c）知识产权管理机构运行；

d）知识产权管理信息化；

e）知识产权信息资源；

f）知识产权激励；

g）知识产权培训；

h）其他知识产权工作。

6.3 资源保障

加强知识产权管理的资源保障，包括：

a）建立知识产权管理信息化系统；

b）根据需要配备软硬件设备、教室、办公场所相关资源，保障知识产权工作的运行。

6.4 基础设施

加强基础设施的知识产权管理，包括：

a）采购实验设备、软件、用品、耗材时明确知识产权条款，处理实验用过物品时进行相应的知识产权检查，避免侵犯知识产权；

b）国家重大科研基础设施和大型科研仪器向社会开放时，应保护用户身份信息以及在使用过程中形成的知识产权和科学数据，要求用户在发表著作、论文等成果时标注利用科研设施仪器的情况；

c）明确可能造成泄密的设备，规定使用目的、人员和方式；明确涉密区域，规定参访人员的活动范围等。

6.5 信息资源

加强信息资源的知识产权管理：

a）建立信息收集渠道，及时获取知识产权信息；

b）对知识产权信息进行分类筛选和分析加工，并加以有效利用；

c）明确涉密信息，规定保密等级、期限和传递、保存、销毁的要求；

d）建立信息披露的知识产权审查机制，避免出现侵犯知识产权情况或造成知识产权流失。

7 知识产权获取

7.1 自然科学类科研项目

7.1.1 选题

选题阶段的知识产权管理包括：

a）建立信息收集渠道，获取拟研究选题的知识产权信息；

b）对信息进行分类筛选和分析加工，把握技术发展趋势，确定研究方向和重点。

7.1.2 立项

立项阶段的知识产权管理包括：

a）进行专利信息、文献情报分析，确定研究技术路线，提高科研项目立项起点；

b）识别科研项目知识产权需求，进行知识产权风险评估，确定知识产权目标；

c）在签订科研项目合同时，明确知

识产权归属、使用、处置、收益分配等条款；

d）对项目组人员进行培训，必要时可与项目组人员签订知识产权协议，明确保密条款；

e）重大科研项目应明确专人负责专利信息、文献情报分析工作。

7.1.3 实施

实施阶段的知识产权管理包括：

a）跟踪科研项目研究领域的专利信息、文献情报，适时调整研究方向和技术路线；

b）及时建立、保持和维护科研过程中的知识产权记录文件；

c）项目组成员在发布与本科研项目有关的信息之前，应经项目组负责人审查；

d）使用其他单位管理的国家重大科研基础设施和大型科研仪器时，应约定保护身份信息以及在使用过程中形成的知识产权和科学数据等内容；

e）及时评估研究成果确定保护方式，适时形成知识产权；对于有重大市场前景的科研项目，应以运用为导向，做好专利布局、商业秘密保护等。

7.1.4 结题

结题阶段的知识产权管理包括：

a）提交科研项目成果的知识产权清单，包括但不限于专利、文字作品、图形作品和模型作品、植物新品种、计算机软件、商业秘密、集成电路布图设计等；

b）依据科研项目知识产权需求和目标，形成科研项目知识产权评价报告；

c）提出知识产权运用建议。

7.2 人文社会科学类科研项目

加强人文社会科学类科研项目管理，特别是创作过程中产生的职务作品的著作权管理，包括：

a）在签订科研项目合同时，应签订著作权归属协议或在合同中专设著作权部分，明确约定作品著作权的归属，署名，著作权的行使，对作品的使用与处置、收益分配，涉及著作权侵权时的诉讼、仲裁解决途径等；

b）对项目组人员进行培训，并与项目组人员签订职务作品著作权协议，约定作品的权利归属；必要时应采取保密措施，避免擅自先期发表、许可、转让等；

c）创作完成时提交科研项目成果，包括但不限于论文、著作、教材、课件、剧本、视听作品、计算机程序等。

注：自然科学一般包括理学、工学、农学和医学；人文社会科学一般包括哲学、经济学、法学、教育学、文学、历史学、军事学、管理学和艺术学。

7.3 其他

加强其他方面的知识产权管理，包括：

a）规范校名、校标、校徽、域名及服务标记的使用，需要商标保护的应及时申请注册；

b）建立非职务发明专利申请前登记工作机制；

c）规范著作权的使用和管理，加强学位论文和毕业设计的查重检测工作，明确教职员工和学生在发表论文时标注主要参考文献、利用国家重大科研基础设施和大型科研仪器情况的要求。

8 知识产权运用

8.1 分级管理

加强知识产权分级管理，包括：

a）基于知识产权价值分析，建立分级管理机制；

b）结合项目组建议，从法律、技术、市场维度对知识产权进行价值分析，形成知识产权分级清单；

c）根据分级清单，确定不同级别知识产权的处置方式与状态控制措施。

8.2 策划推广

加强知识产权策划推广，包括：

a）基于分级清单，对于有转化前景的知识产权，评估其应用前景，包括潜在用户、市场价值、投资规模等；评估转化过程中的风险，包括权利稳定性、市场风险等；

b）根据应用前景和风险的评估结果，综合考虑投资主体、权利人的利益，制定转化策略；

c）通过展示、推介、谈判等建立与潜在用户的合作关系；

d）结合市场需求，进行知识产权组合并推广；

e）鼓励利用知识产权创业。

8.3 许可和转让

在知识产权许可或转让时，应遵循下列要求：

a）许可或转让前确认知识产权的法律状态及权利归属，确保相关知识产权的有效性；

b）调查被许可方或受让方的实施意愿，防止恶意申请许可与购买行为；

c）许可或转让应签订书面合同，明确双方的权利和义务；

d）监控许可或转让过程，包括合同的签署、备案、变更、执行、中止与终止，以及知识产权权属的变更等，预防与控制交易风险。

8.4 作价投资

在利用知识产权作价投资时，应遵循下列要求：

a）调查合作方的经济实力、管理水平、生产能力、技术能力、营销能力等实施能力；

b）对知识产权进行价值评估；

c）明确受益方式和分配比例。

9 知识产权保护

9.1 合同管理

加强合同中的知识产权管理，包括：

a）对合同中有关知识产权的条款进行审查；

b）检索与分析、申请、诉讼、管理咨询等知识产权对外委托业务应签订书面合同，并约定知识产权权属、保密等内容；

c）明确参与知识产权联盟、协同创新组织等情况下的知识产权归属、许可转让及利益分配、后续改进的权益归属等事项。

9.2 风险管理

规避知识产权风险，主动维护自身权益，包括：

a）及时发现和监控知识产权风险，制定有效的风险规避方案，避免侵犯他人知识产权；

b）及时跟踪和调查相关知识产权被侵权的情况，建立知识产权纠纷应对机制；

c）在应对知识产权纠纷时，评估通过行政处理、司法诉讼、仲裁、调解等不同处理方式对高等学校产生的影响，选取适宜的争议解决方式，适时通过行政和司法途径主动维权；

d）加强学术交流中的知识产权管理，

避免知识产权流失。

10　检查和改进

10.1　检查监督

定期开展检查监督，确保知识产权管理活动的有效性。

10.2　绩效评价

根据高等学校的知识产权绩效评价体系要求，定期对校属部门、学院（系）、直属机构等进行绩效评价。

10.3　改进提高

根据检查、监督和绩效评价的结果，对照知识产权目标，制定和落实改进措施。

装备承制单位知识产权管理要求

（GJB 9158—2017）

Intellectual property rights management for eligible equipment contractor

前 言

本标准由中央军委装备发展部综合计划局提出。

本标准起草单位：中央军委装备发展部国防知识产权局、中国船舶工业综合技术经济研究院。

本标准主要起草人：方海鸥、欧宁、王丽军、温振宁、黎鑫、陈兆旺、王然、李永春、贾玉岗、母晓波、杨洪杰、艾芳、李天煜、袁鑫。

引 言

0.1 概述

本标准提供基于过程方法的装备承制单位知识产权管理模型，指导装备承制单位策划、实施、检查、改进知识产权管理体系。

0.2 过程方法

利用资源将输入转化为输出的任何一项或一组活动可视为一个过程。通常，一个过程的输出将直接成为下一个过程的输入。装备承制单位知识产权管理体系是装备承制单位管理体系的重要组成部分，该体系作为一个整体过程，包括知识产权管理的策划、实施、检查和改进四个环节，如图1所示。

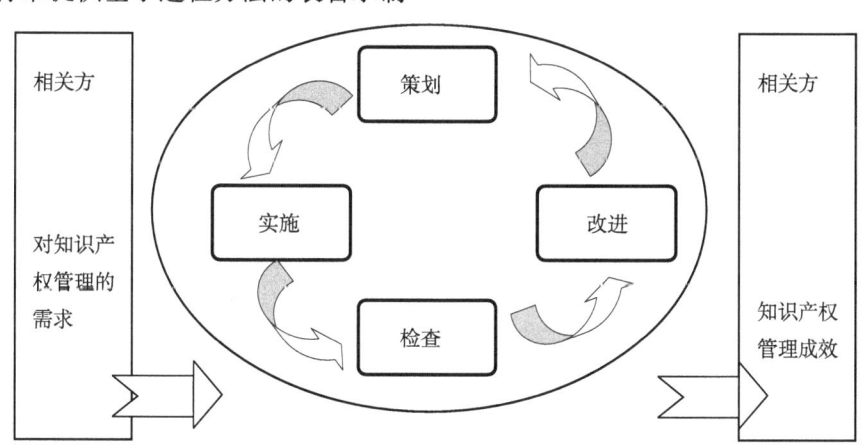

图1 基于过程方法的装备承制单位知识产权管理模型

装备承制单位知识产权管理体系的输入是装备承制单位可持续发展以及承担装备采购任务对知识产权管理的需求，一般包括：

a）开发新产品，研发新技术；

b）提高产品附加值，扩大市场份额；

c）防范知识产权风险，保障投资安全；

d）提高生产效率，增加经济效益；

e）加强组织知识管理，提升承担军品科研生产任务的能力；

f）促进军民技术转移，提高装备经费使用效益。

通过持续实施并改进知识产权管理体系，输出一般包括：

a）激励创造知识产权，促进技术创新；

b）灵活运用知识产权，改善市场竞争地位；

c）全面保护知识产权，支撑装备承制单位持续发展；

d）系统管理知识产权，提升核心竞争力。

本标准采用过程方法：

a）策划：理解装备承制单位知识产权管理需求，制定知识产权方针和目标；

b）实施：在装备承制单位的业务环节（产品的立项、研究开发、采购、生产、销售和售后），以及在承担装备采购任务（装备预先研究、型号研制、生产、维修保障等）中获取、维护、运用、保护和管理知识产权；

c）检查：监控和评审知识产权管理效果；

d）改进：根据检查结果持续改进知识产权管理体系。

0.3 原则

本标准提出装备承制单位知识产权管理的指导原则：

a）战略导向：统一部署可持续发展、科技创新和知识产权战略，使三者互相支撑、互相促进；

b）领导重视：最高管理者的支持和参与是知识产权管理的关键，最高管理层应全面负责知识产权管理；

c）全员参与：知识产权涉及装备承制单位各业务领域和业务环节，应充分发挥全体员工的创造性和积极性。

0.4 影响因素

装备承制单位实施本标准应考虑以下因素：

a）经济和社会发展状况，法律和政策要求；

b）装备承制单位的发展需求、竞争策略、所属行业特点；

c）装备承制单位性质、规模、组织结构、产品及核心技术。

装备承制单位知识产权管理要求

1 范围

本标准规定了装备承制单位策划、实施、检查、改进知识产权管理体系的要求。本标准适用于有下列愿望的装备承制单位：

a）建立知识产权管理体系；

b）运行并持续改进知识产权管理体系；

c）寻求外部组织（包括装备采购任务下达方）对其知识产权管理体系的评价。

2 术语和定义

下列术语和定义适用于本标准。

2.1 装备 equipment

实施和保障军事行动的武器、武器系统和军事技术器材等的统称。

2.2 装备承制单位 eligible equipment contractor

承担装备及配套产品科研、生产、修理、技术服务等任务的单位。

2.3 知识产权 intellectual property rights

自然人或法人对其智力活动创造的成果依法享有的权利，主要包括专利权、商标权、著作权、集成电路布图设计权、地理标志权、植物新品种权、未披露的信息专有权等。

2.4 国防专利 national defense patent

涉及国防利益以及对国防建设具有潜在作用需要保密的发明专利。

2.5 过程 process

将输入转化为输出的相互关联或相互作用的一组活动。

［GB/T 19000—2008，定义 3.4.1］

2.6 产品 product

过程的结果。

注1：有下列四种通用的产品类别：

——服务（如运输）；

——软件（如计算机程序、字典）；

——硬件（如发动机机械零件）；

——流程性材料（如润滑油）。

许多产品由分属于不同产品类别的成分构成，其属性是服务、软件、硬件或流程性材料取决于产品的主导成分。例如：产品"汽车"是由硬件（如轮胎）、流程性材料（如燃料、冷却液）、软件（如发动机控制软件、驾驶员手册）和服务（如销售人员所做的操作说明）所组成。

注2：服务通常是无形的，并且是在供方和顾客接触面上需要完成至少一项活动的结果。服务的提供可涉及，例如：

——在顾客提供的有形产品（如需要维修的汽车）上所完成的活动；

——在顾客提供的无形产品（如为准备纳税申报单所需的损益表）上所完成的活动；

——无形产品的交付（如知识传授方面的信息提供）；

——为顾客创造氛围（如在宾馆和饭店）。

软件由信息组成，通常是无形产品，并可以方法、报告或程序的形式存在。

硬件通常是有形产品，其量具有计数的特性。流程性材料通常是有形产品，其量具有连续的特性。硬件和流程性材料经常被称为货物。

［GB/T 19000—2008，定义 3.4.2］

2.7 体系 system

相互关联或相互作用的一组要素。

［GB/T 19000—2008，定义 3.2.1］

2.8 管理体系 management system

建立方针和目标并实现这些目标的体系。

注：一个组织的管理体系可包括若干个不同的管理体系，如质量管理体系、财务管理体系或环境管理体系。

［GB/T 19000—2008，定义3.2.2］

2.9 知识产权方针 intellectual property policy

知识产权工作的宗旨和方向。

［GB/T 29490—2013，定义3.6］

2.10 知识产权手册 intellectual property manual

规定知识产权管理体系的文件。

［GB/T 29490—2013，定义3.7］

3 知识产权管理体系

3.1 总体要求

装备承制单位应按本标准的要求建立知识产权管理体系，实施、运行并持续改进，保持其有效性，并形成文件。

3.2 文件要求

3.2.1 总则

知识产权管理体系文件应包括：

a）知识产权方针和目标；

b）知识产权手册；

c）本标准要求形成文件的程序和记录。

注：本标准出现的"形成文件的程序"，是指建立该程序，形成文件，并实施和保持。一个文件可以包括一个或多个程序的要求；一个形成文件的程序的要求可以被包含在多个文件中。

3.2.2 文件控制

知识产权管理体系文件是装备承制单位实施知识产权管理的依据，应确保：

a）发布前经过审核和批准，修订后再发布前重新审核和批准；

b）文件中的相关要求明确；

c）按文件类别、秘密级别进行管理；

d）易于识别、取用和阅读；

e）对因特定目的需要保留的失效文件予以标记。

3.2.3 知识产权手册

编制知识产权手册并保持其有效性，具体内容包括：

a）知识产权机构设置、职责和权限的相关文件；

b）知识产权管理体系的程序文件或对程序文件的引用；

c）知识产权管理体系过程之间相互关系的表述。

3.2.4 外来文件与记录文件

编制形成文件的程序，规定记录的标识、贮存、保护、检索、保存和处置所需的控制。对外来文件和知识产权管理体系记录文件应予以控制并确保：

a）对行政决定、司法判决、律师函件等外来文件进行有效管理，确保其来源与取得时间可识别；

b）建立、保持和维护记录文件，以证实知识产权管理体系符合本标准要求，并有效运行；

c）外来文件与记录文件完整，明确保管方式和保管期限。

4 管理职责

4.1 管理承诺

最高管理者是装备承制单位知识产权管理的第一责任人，应通过以下活动实现知识产权管理体系的有效性：

a）制定知识产权方针；

b）制定知识产权目标；

c）明确知识产权管理职责和权限，确保有效沟通

d）确保资源的配备；

e）组织管理评审。

4.2 知识产权方针

最高管理者应批准、发布装备承制单位知识产权方针,并确保方针:

a)符合相关法律和政策的要求;

b)与装备承制单位可持续发展相适应;

c)与装备承制单位所承担的装备采购任务相适应;

d)在装备承制单位内部得到有效运行;

e)在持续适宜性方面得到评审;

f)形成文件,付诸实施,并予以保持;

g)得到全体员工的理解。

4.3 策划

4.3.1 知识产权管理体系策划

最高管理者应确保:

a)理解相关方的要求,对知识产权管理体系进行策划,满足知识产权方针的要求;

b)知识产权获取、维护、运用和保护活动得到有效运行和控制;

c)知识产权管理体系得到持续改进。

4.3.2 知识产权目标

最高管理者应针对单位内部有关职能和层次,以及承担装备采购任务情况,建立并保持知识产权目标,并确保:

a)形成文件并且可考核;

b)与知识产权方针保持一致,内容包括对持续改进的承诺。

4.3.3 法律和其他要求

最高管理者应批准建立、实施并保持形成文件的程序,以便:

a)识别和获取适用的法律和其他要求,并建立获取渠道;

b)及时更新有关法律和其他要求的信息,并传达给员工。

4.4 职责、权限和沟通

4.4.1 管理者代表

最高管理者应在装备承制单位最高管理层中指定专人作为管理者代表,授权其承担以下职责:

a)确保知识产权管理体系的建立、实施和保持;

b)向最高管理者报告知识产权管理绩效和改进需求;

c)确保全体员工对知识产权方针和目标的理解;

d)落实知识产权管理体系运行和改进需要的各项资源;

e)确保知识产权外部沟通的有效性。

4.4.2 机构

建立知识产权管理机构并配备专业的专职或兼职工作人员,或委托专业的服务机构代为管理,承担以下职责:

a)制定装备承制单位知识产权发展规划;

b)建立知识产权管理绩效评价体系;

c)参与监督和考核其他相关管理机构;

d)负责装备承制单位知识产权的日常管理工作。

其他管理机构负责落实与本机构相关的知识产权工作。

4.4.3 内部沟通

建立沟通渠道,确保知识产权管理体系有效运行。

4.5 管理评审

4.5.1 评审要求

最高管理者应定期评审知识产权管理体系的适宜性和有效性。

4.5.2 评审输入

评审输入应包括：

a）知识产权方针、目标；

b）承担装备采购任务的情况及其知识产权创造、运用、保护和管理情况；

c）装备承制单位经营目标、策略及新产品、新业务规划；

d）装备承制单位知识产权基本情况及风险评估信息；

e）技术、标准发展趋势；

f）前期审核结果。

4.5.3 评审输出

评审输出应包括：

a）知识产权方针、目标改进建议；

b）知识产权管理程序改进建议；

c）资源需求。

5 资源管理

5.1 人力资源

5.1.1 知识产权工作人员

明确知识产权工作人员的任职条件，并采取适当措施，确保从事知识产权工作的人员满足相应的条件。

5.1.2 教育与培训

组织开展知识产权教育培训，包括以下内容：

a）规定知识产权工作人员的教育培训要求，制定计划并执行；

b）组织对全体员工按业务领域和岗位要求进行知识产权培训，并形成记录；

c）组织对中、高层管理人员进行知识产权培训，并形成记录；

d）组织对研究开发等与知识产权关系密切的岗位人员进行知识产权培训，并形成记录。

5.1.3 人事合同

通过劳动合同、劳务合同等方式对员工进行管理，约定知识产权权属、保密条款；明确发明创造人员享有的权利和负有的义务；必要时应约定竞业限制和补偿条款。

5.1.4 入职

对新入职员工进行适当的知识产权背景调查，以避免侵犯他人知识产权；对于研究开发等与知识产权关系密切的岗位，应要求新入职员工签署知识产权声明文件。

5.1.5 离职

对离职的员工进行相应的知识产权事项提醒；涉及核心知识产权的员工离职时，应签署离职知识产权协议或执行竞业限制协议。

5.1.6 激励

明确员工知识产权创造、保护和运用的奖励和报酬；明确员工造成知识产权损失的责任。

5.2 基础设施

根据需要配备相关资源，以确保知识产权管理体系的运行：

a）软硬件设备，如知识产权管理软件、数据库、计算机、网络设施和密码保险柜等；

b）办公场所。

5.3 财务资源

应设立知识产权经常性预算费用，以确保知识产权管理体系的运行：

a）用于知识产权申请、注册、登记、维持、检索、分析、评估、诉讼和培训等事项；

b）用于知识产权管理机构运行；

c）用于知识产权激励；

d）有条件的装备承制单位可设立知识产权风险准备金。

5.4 信息资源

应编制形成文件的程序，以规定以下方面所需的控制：

a）建立信息收集渠道，及时获取所属领域、竞争对手的知识产权信息；

b）对信息进行分类筛选和分析加工，并加以有效利用；

c）在对外信息发布之前进行相应审批；

d）装备承制单位应建立知识产权信息数据库，并有效维护和及时更新。

6 基础管理

6.1 获取

应编制形成文件的程序，以规定以下方面所需的控制：

a）根据知识产权目标，制定知识产权获取的工作计划，明确获取的方式和途径；

b）在获取知识产权前进行必要的检索和分析；

c）保持知识产权获取记录；

d）开展职务发明内部登记，记录职务发明名称、发明日期、技术内容、发明人信息等；

e）保障发明创造人员的署名权及其他合法权益。

6.2 维护

应编制形成文件的程序，以规定以下方面所需的控制：

a）建立知识产权分类管理档案，进行日常维护；

b）知识产权评估；

c）知识产权权属变更；

d）知识产权权属放弃；

e）装备承制单位应对知识产权进行分级管理。

6.3 运用

6.3.1 实施、许可和转让

应编制形成文件的程序，以规定以下方面所需的控制：

a）促进和监控知识产权的实施，装备承制单位应评估知识产权对单位的贡献；

b）知识产权实施、许可或转让前，应分别制定调查方案，并进行评估；

c）涉及国防安全的知识产权（含国防专利），禁止以独占许可方式许可他人实施，涉及转让、权属放弃的，应履行相关审批手续；向境外许可、转让，或在境外实施的，应当确保国家秘密不被泄漏，保证国防和军队建设不受影响，并履行相关审批手续。

6.3.2 投融资

应编制形成文件的程序，以规定以下方面所需的控制：

a）投融资活动前，应对相关知识产权开展尽职调查，进行风险和价值评估。在境外投资前，应针对目的地的知识产权法律、政策及其执行情况，进行风险分析。

b）涉及国防安全的知识产权（含国防专利）参与境外投融资的，应当确保国家秘密不被泄漏，保证国防和军队建设不受影响，并履行相关审批手续。

6.3.3 单位重组

装备承制单位重组工作应满足以下要求：

a）合并或并购前，应开展知识产权尽职调查，根据合并或并购的目的设定对目标单位知识产权状况的调查内容；装备承制单位应进行知识产权评估；

b）出售或剥离资产前，应对相关知识产权开展调查和评估，分析出售或剥离的知识产权对本单位未来竞争力的影响；

c）对于装备采购任务下产生的知识产权，装备承制单位应采取措施，确保重组、合并活动不影响装备采购任务下达方的相关知识产权权益。

6.3.4 标准化

参与标准化工作应满足以下要求：

a）参与标准化组织前，了解标准化组织的知识产权政策；将包含专利和专利申请的技术方案向标准化组织提案时，应按照知识产权政策要求披露并作出许可承诺；

b）牵头制定标准时，应组织制定标准工作组的知识产权政策和工作程序。

6.3.5 联盟及相关组织

参与或组建知识产权联盟及相关组织应满足以下要求：

a）参与知识产权联盟或其他组织前，应了解其知识产权政策，并进行评估；

b）组建知识产权联盟时，应遵循公平、合理且无歧视的原则，制定联盟知识产权政策；主要涉及专利合作的联盟可围绕核心技术建立专利池。

6.4 保护

6.4.1 风险管理

应编制形成文件的程序，以规定以下方面所需的控制：

a）采取措施，避免或降低生产、办公设备及软件侵犯他人知识产权的风险；

b）定期监控产品可能涉及他人知识产权的状况，分析可能发生的纠纷及其对单位的损害程度，提出防范预案；

c）装备承制单位应将知识产权纳入单位风险管理体系，对知识产权风险进行识别和评测，并采取相应风险控制措施。

6.4.2 争议处理

应编制形成文件的程序，以规定以下方面所需的控制：

a）及时发现和监控知识产权被侵犯的情况，适时运用行政和司法途径保护知识产权；

b）在处理知识产权纠纷时，评估通过诉讼、仲裁、和解等不同处理方式对装备承制单位的影响，选取适宜的争议解决方式。

6.4.3 涉外贸易

涉外贸易过程中的知识产权工作包括：

a）向境外销售产品前，应调查目的地的知识产权法律、政策及其执行情况，了解行业相关诉讼，分析可能涉及的知识产权风险；

b）向境外销售产品前，应适时在目的地进行知识产权申请、注册和登记；

c）向境外销售产品前，应开展知识产权谈判，签订知识产权保护条款，明确知识产权使用范围和期限；

d）对向境外销售的涉及知识产权的产品可采取相应的边境保护措施；

e）产品参加国际展览，应开展参展地知识产权分析，做好知识产权保护和保密工作。

6.5 保密

应编制形成文件的程序，以规定以下方面所需的控制：

a）明确涉密人员，设定保密等级和接触权限；

b）明确可能造成知识产权流失的设

备，规定使用目的、人员和方式；

c）明确涉密信息，规定保密等级、期限和传递、保存及销毁的要求；

d）明确涉密区域，规定客户及参访人员活动范围等。

7 合同管理

7.1 一般要求

加强合同中知识产权管理：

a）应对合同中有关知识产权条款进行审查，并形成记录；

b）对检索与分析、预警、申请、诉讼、侵权调查与鉴定、管理咨询等知识产权对外委托业务应签订书面合同，并约定知识产权权属、保密等内容；

c）在进行委托开发或合作开发时，应签订书面合同，约定知识产权权属、许可及利益分配、后续改进的权属和使用等；

d）承担涉及国家重大专项、装备采购任务等政府和军队支持项目时，应了解项目相关的知识产权管理规定，并按照要求进行管理。

7.2 装备投标书

装备采购合同投标书应明确：

a）拥有自有知识产权情况；

b）本领域国内外专利情况、技术缺项及突破口，以及知识产权预期目标；

c）知识产权侵权风险及防范措施。

单一来源装备采购合同订立前，应参照开展相关工作。

7.3 装备采购合同

涉及装备预先研究、型号研制、购置、维修保障的合同，应按照有关法律法规规定及装备采购任务下达方的要求，约定知识产权目标、权利归属、许可使用范围，发明报告义务，全寿命周期的知识产权保障，以及知识产权权利瑕疵保证、责任承担等条款。

8 实施和运行

8.1 一般要求

8.1.1 立项

立项阶段的知识产权管理包括：

a）分析该项目所涉及的知识产权信息，包括各关键技术的专利数量、地域分布和专利权人信息等；

b）通过知识产权分析及市场调研相结合，明确该产品潜在的合作伙伴和竞争对手；

c）进行知识产权风险评估，并将评估结果、防范预案作为项目立项与整体预算的依据。

8.1.2 研究开发

研究开发阶段的知识产权管理包括：

a）对该领域的知识产权信息、相关文献及其他公开信息进行检索，对项目的技术发展状况、知识产权状况和竞争对手状况等进行分析；

b）在检索分析的基础上，制定知识产权规划；

c）跟踪与监控研究开发活动中的知识产权，适时调整研究开发策略和内容，避免或降低知识产权侵权风险；

d）督促研究人员及时报告研究开发成果；

e）及时对研究开发成果进行评估和确认，明确保护方式和权益归属，适时形成知识产权；

f）保留研究开发活动中形成的记录，并实施有效的管理。

8.1.3 采购

采购阶段的知识产权管理包括：

a）在采购涉及知识产权的产品过程中，收集相关知识产权信息，以避免采购知识产权侵权产品，必要时应要求供方提供知识产权权属证明；

b）做好供方信息、进货渠道、进价策略等信息资料的管理和保密工作；

c）在采购合同中应明确知识产权权属、许可使用范围、侵权责任承担等。

8.1.4 生产

生产阶段的知识产权管理包括：

a）及时评估、确认生产过程中涉及产品与工艺方法的技术改进与创新，明确保护方式，适时形成知识产权；

b）在对外协作的过程中，应在生产合同中明确知识产权权属、许可使用范围、侵权责任承担等，必要时应要求供方提供知识产权许可证明；

c）保留生产活动中形成的记录，并实施有效的管理。

8.1.5 销售和售后

销售和售后阶段的知识产权管理包括：

a）产品销售前，对产品所涉及的知识产权状况进行全面审查和分析，制定知识产权保护和风险规避方案；

b）在产品宣传、销售、会展等商业活动前制定知识产权保护或风险规避方案；

c）建立产品销售市场监控程序，采取保护措施，及时跟踪和调查相关知识产权被侵权情况，建立和保持相关记录；

d）产品升级或市场环境发生变化时，及时进行跟踪调查，调整知识产权战略和风险规避方案，适时形成新的知识产权。

8.2 装备采购各阶段知识产权管理

8.2.1 预先研究

预先研究知识产权工作要求：

a）立项：应开展知识产权检索分析，形成与项目有关的自有知识产权清单，拟定知识产权目标；

b）合同订立：要求见7.3；

c）合同履行：应就合同中确定的关键技术已经公开或者已通过其他途径获得的情况报告装备采购任务下达方；

d）合同验收：应向装备采购任务下达方提供专利、技术资料、软件著作权等知识产权的产生和使用信息。

8.2.2 型号研制

型号研制知识产权工作要求：

a）论证阶段：应开展知识产权检索分析，形成与项目有关的自有知识产权清单，拟定知识产权目标；

b）合同订立：总包和分包合同中应包含知识产权条款，要求见7.3；

c）方案阶段：应开展知识产权管理方案策划；

d）工程研制阶段：应开展知识产权保护和布局，对合同中确定的关键技术已经公开或者已通过其他途径获得的情况报告装备采购任务下达方；

e）定型阶段：应向装备采购任务下达方提供专利、技术资料、软件著作权等知识产权的产生和使用信息。

8.2.3 生产

装备生产知识产权工作要求：

a）合同订立：总包和分包合同中应包含知识产权条款，要求见7.3；

b）妥善管理、保护与装备生产有关的专利、技术资料、软件著作权等知识产权；

c）装备交接过程中，应向装备采购任务下达方一并提交知识产权相关资料并保证其准确完整。

8.2.4 维修保障

装备维修保障知识产权工作要求：

a）健全维修保障技术服务机制，不应以保护知识产权为由拒绝提供售后服务，影响装备维修保障的实施；

b）妥善管理、保护与装备维修保障有关的专利、技术资料、软件著作权等知识产权。

9 审核和改进

9.1 总则

策划并实施以下方面所需的监控、审查和改进过程：

a）确保产品、软硬件设施设备符合知识产权有关要求；

b）确保知识产权管理体系的适宜性；

c）持续改进知识产权管理体系，确保其有效性。

9.2 内部审核

应编制形成文件的程序，确保定期对知识产权管理体系进行内部审核，满足本标准的要求。

9.3 分析与改进

根据知识产权方针、目标以及检查、分析的结果，制定和落实改进措施。

《专利导航指南》系列国家标准（摘录）

（GB/T 39551—2020）

专利导航指南
第1部分：总则

（GB/T 39551.1—2020）

Patent navigation guide — Part 1: General principles

前 言

本文件按照 GB/T 1.1—2020《标准化工作导则 第1部分：标准化文件的结构和起草规则》的规定起草。

本文件是 GB/T 39551《专利导航指南》的第1部分。GB/T 39551 已经发布了以下部分：
——第1部分：总则；
——第2部分：区域规划；
——第3部分：产业规划；
——第4部分：企业经营；
——第5部分：研发活动；
——第6部分：人才管理；
——第7部分：服务要求。

请注意本文件的某些内容可能涉及专利。本文件的发布机构不承担识别专利的责任。

本文件由全国知识管理标准化技术委员会（SAC/TC 554）提出并归口。

本文件起草单位：国家知识产权局。

本文件主要起草人：贺化、雷筱云、李昶、陈明媛、马鸿雅、姬翔、张勇、陆介平、刘凤朝、张艳、陈宇超。

引 言

0.1 概述

专利导航是在我国深化创新驱动发展中，基于产业发展和技术创新的需求，在充分运用专利信息资源方面总结出的一系列新理念、新机制、新方法和新模式。推动构建专利数据与各类数据资源相融合的专利导航决策机制，有助于提升知识产权治理能力，加快技术、人才、数据等要素市场化配置，更好地服务于各级政府创新决策和市场主体创新活动，加快构建现代产业体系，支撑高质量发展。制定并实施专利导航指南，对于规范和引导专利导航服务，培育和拓展专利导航深度应用场景，推动和加强专利导航成果落地实施具有重要意义。

GB/T 39551 用于组织开展和具体实

施专利导航项目，依据本文件的规范指导，专利导航的组织实施、服务等各类应用主体可根据实际需求选择适用专项专利导航指南，并按照服务要求开展专利导航，在实施专利导航过程中，各类应用主体可对照 GB/T 39551 的规范性指导，遵循信息采集、数据处理、专利导航分析等业务流程，输出专利导航成果，并确保成果有效运用。

0.2 主要内容及逻辑关系

专利导航指南由总则、专项指南和服务要求组成。如图1所示。

a）总则提供了专利导航的通用指导；

b）各专项指南针对特定的应用场景，提供了各具体类别专利导航的通用指导；

c）区域规划类专利导航、产业规划类专利导航、企业经营类专利导航分别对应支撑区域、产业、企业的创新发展决策；相关成果输出均可作为其他类别专利导航的前置输入和重要参考；

d）研发活动类专利导航、人才管理类专利导航可单独实施，也可组合实施，并可被其他类别专利导航引用；

e）服务要求对服务主体开展专利导航做出规定。

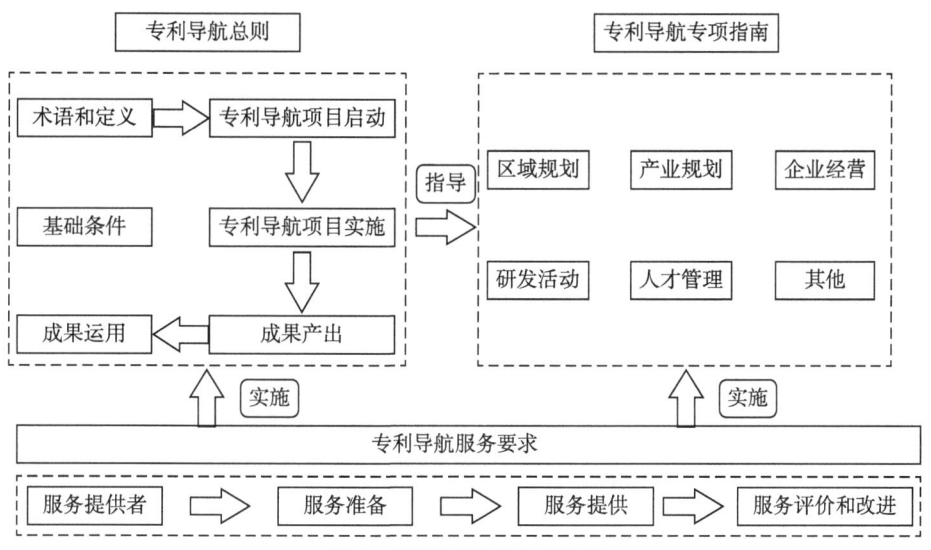

图1 专利导航指南内容框架

专利导航指南
第1部分：总则

1 范围

本文件提供了专利导航的通用指导。

本文件适用于：

——专利导航的组织实施；

——专利导航的服务和培训。

2 规范性引用文件

下列文件中的内容通过文中的规范性引用而构成本文件必不可少的条款。其中，注日期的引用文件，仅该日期对应的版本适用于本文件；不注日期的引用文件，其最新版本（包括所有的修改单）适用于本文件

GB/T 21374—2008　知识产权文献与信息　基本词汇

3 术语和定义

GB/T 21374—2008 界定的以及下列术语和定义适用于本文件。为了便于使用，以下重复列出了 GB/T 21374—2008 中的某些术语和定义。

3.1　专利导航　patent navigation

在宏观决策、产业规划、企业经营和创新活动中，以专利数据为核心深度融合各类数据资源，全景式分析区域发展定位、产业竞争格局、企业经营决策和技术创新方向，服务创新资源有效配置，提高决策精准度和科学性的新型专利信息应用模式。

3.2　专利导航项目　patent navigation project

以项目管理方式实施和开展的专利导航活动。

3.3　区域规划类专利导航　patent navigation for regional planning

支撑区域规划决策的专利导航。

3.4　产业规划类专利导航　patent navigation for industrial planning

支撑产业创新发展规划决策的专利导航。

3.5　企业经营类专利导航　patent navigation for business operation

支撑企业投资并购、上市、技术创新、产品开发等经营活动决策的专利导航。

3.6　研发活动类专利导航　patent navigation for research and development

支撑研发立项评价、辅助研发过程决策的专利导航。

3.7　人才管理类专利导航　patent navigation for talent management

支撑人才遴选、人才评价等人才管理决策的专利导航。

3.8　专利合作条约（PCT）最低文献量　PCT minimum documentation

为获得国际检索单位资格所必须拥有的或可利用的、符合《专利合作条约实施细则》"最低限度文献"要求的专利文献和非专利文献的收藏。

［来源：GB/T 21374—2008，3.2.35，有修改］

4 基础条件

4.1　信息资源

开展专利导航宜具备以下信息资源：

——世界知识产权组织规定的专利合作条约（PCT）最低文献量专利数据资源及相应的检索工具；

——与专利导航需求密切相关的产业、科技、教育、经济、法律、政策、标准等信息资源；

——与专利导航需求密切相关的企业、高等学校和科研组织等信息资源。

4.2　人力资源

4.2.1　概述

组织开展和具体实施专利导航工作宜

由专业人员负责项目管理、信息采集、数据处理、导航分析和质量控制等工作。

4.2.2 项目管理人员

项目管理人员宜具备下列条件：

——熟悉专利导航业务，具有专利导航项目工作经验；

——具备良好的分析理解能力，能准确判断导航目的、把握项目需求；

——具备良好的项目统筹规划能力和团队组织协调能力；

——具备良好的项目进度、成本、质量控制能力。

项目管理人员中的主要负责人宜具备3年以上专利导航项目管理及实施工作经验，具备较强的资源调配能力。

4.2.3 信息采集人员

信息采集人员宜具备下列条件：

——熟练使用专利检索工具，具备项目所涉及技术领域专利信息的检索与获取能力；

——具备相关产业、科技、经济、法律、政策、标准等信息的检索与获取能力。

4.2.4 数据处理人员

数据处理人员宜具备下列条件：

——熟练使用数据处理工具；

——熟悉数据清洗、标引方法；

——具备中文及外文文献的阅读理解能力。

4.2.5 专利导航分析人员

专利导航分析人员宜具备下列条件：

——了解项目所涉及专利导航成果应用领域的背景知识；

——具备项目所涉及技术领域的理解能力；

——具备挖掘数据关联性、建立专利导航分析模型、发现高价值信息的能力；

——具备通过文字、图表等形式表达专利导航分析成果的能力。

4.2.6 质量控制人员

质量控制人员宜具备下列条件：

——具备严谨认真的工作态度和良好的沟通协调能力；

——熟悉专利导航业务，具备5年以上专利导航等项目研究管理工作经验；

——熟悉专利导航质量控制需考虑的因素；

——掌握专利导航质量的评价检测方法。

5 专利导航项目启动

5.1 概述

专利导航项目启动包括确定项目负责人、需求分析、组建项目团队和制定实施方案等内容。

5.2 确定项目负责人

根据项目的目标、复杂程度、实施特点等因素，确定项目负责人。

5.3 需求分析

需求分析包括：

a）以资料调研、专家访谈、座谈研讨等方式，收集项目需求素材；

b）对需求素材进行甄别、提炼、分析，形成明确的专利导航项目需求分析报告。

5.4 项目团队组建

项目团队组建包括：

a）项目负责人根据需求分析报告确定各类人员人选，包括信息采集人员、数据处理人员、专利导航分析人员、质量控制人员以及其他项目管理人员；必要时可聘请外部专家；

b）明确项目团队组织模式和任务分工等。

5.5 实施方案制定

实施方案制定包括：

a）制定项目进度计划，确定关键性时间节点，确保项目按期推进；

b）制定人员分工计划，明确参与人员任务分工，确保项目职责清晰；

c）制定成本管理计划，合理分配各类别经费支出，确保项目支出科学有效；

d）制定质量控制计划，明确各环节质量需求，确保项目质量达到需求目标；

e）制定风险控制计划，排查主要风险点并做好风险控制预案，确保项目实施平稳可控。

6 专利导航项目实施

6.1 概述

专利导航项目实施一般包含信息采集、数据处理、专利导航分析等流程。根据专利导航分析需要，可重复进行信息采集、数据处理工作。

6.2 信息采集

6.2.1 概述

根据项目需求分析报告，开展针对性的信息检索，采集相关信息。

6.2.2 输入

5.3 b）中提及的输出的专利导航项目需求分析报告。

6.2.3 步骤与方法

信息采集的步骤与方法一般包括：

a）对专利信息进行采集：

1）根据需求特点，选择专利数据库；

2）商定技术分解表；

3）制定检索策略，选取检索要素，构建检索式，根据检索初步结果适时调整检索策略；

4）对检索结果进行检索质量评估，达到预期查全率和查准率时，可以终止检索。

b）对非专利信息进行采集：

1）选择信息来源；

2）采集与专利导航项目目标相关联的信息；

3）对采集结果的完整性和准确性进行评估，达到预期时，可以终止检索。

6.2.4 输出

信息采集的输出一般包括：

——检索的数据库类别及范围；

——检索策略及检索式；

——检索获得的原始数据。

6.2.5 质量控制

信息采集质量控制宜确保：

——数据来源的可靠性，包括工具书、统计年鉴、政府公开信息等可靠性较高的信息来源；

——数据的时效性；

——数据的全面性和准确性，可以借助抽样方法，对样本数据进行查全率和查准率评估。

6.3 数据处理

6.3.1 概述

根据专利导航分析的需要将采集到的专利信息和非专利信息按照特定的格式进行数据整理，通过清洗、筛选、标引等方式对检索到的原始数据进行规范化处理，生成内容完整、形式规范的数据信息。

6.3.2 输入

6.2.4 中提及的输出的检索获得的原始数据。

6.3.3 步骤与方法

数据处理的步骤与方法一般包括下列

几项。

a）数据去重去噪。去除原始数据中的噪声数据和重复数据。

b）数据项规范化。对数据项的格式和/或内容进行规范化加工处理，使处理后的数据符合后续分析需求。

c）数据标引。根据不同的专利导航分析目标，增加新的标识，以满足深度分析的目的。例如，对规范后的专利数据增加技术分支、技术功效等标识。

6.3.4 输出

数据处理的输出一般包括：

——数据处理的方法和过程信息；

——规范的数据信息。

6.3.5 质量控制

数据处理质量控制宜确保：

a）数据去重去噪的准确率；

b）数据格式规范；

c）数据标引与项目需求有效关联。

6.4 专利导航分析

6.4.1 概述

基于规范的数据信息，挖掘数据关联关系，建立针对需求的专利导航分析模型，采用适当的分析方法，得出分析结论的过程。区域布局、产业规划、企业经营、研发活动、人才管理等专项专利导航指南分别提供了专利导航分析模型，可结合需求灵活适用。

6.4.2 输入

专利导航分析输入一般包括：

——5.3 b）中提及的专利导航项目需求分析报告；

——6.3.4 中提及的输出的规范的数据信息。

6.4.3 步骤与方法

专利导航分析步骤与方法一般包括：

a）围绕项目需求分析报告，结合数据特点，挖掘数据关联关系；

b）基于数据关联关系，建立专利导航分析模型；

c）选择支撑专利导航分析模型的适当分析指标，对数据进行定量、定性分析，可采用可视化方式呈现；

d）根据分析结果，进行综合分析和系统解读，得出分析结论；经评估，分析结论不满足目标需求的，应继续挖掘数据关联关系或回溯至信息采集，直至满足目标需求；

e）撰写专利导航分析报告。

6.4.4 输出

专利导航分析输出一般包括：

——专利导航的决策建议；

——相关过程信息。

6.4.5 质量控制

专利导航分析质量控制宜确保：

——专利导航分析模型的有效性及分析方法的恰当性；

——分析结论的可靠性，可通过自我评价、需求方评价、第三方评价等方式进行检验。

7 成果产出

7.1 概述

专利导航项目的成果产出宜包括可支撑决策的分析结论，可以分析报告或数据集等形式呈现。

7.2 分析报告

专利导航分析报告的内容包括：

——项目需求分析；

——信息采集范围及策略；

——数据处理过程与方法；

——专利导航分析模型和分析过程；

——结论和建议。

7.3 数据集

专利导航数据集包括：

——规范的数据信息；

——专利导航分析中形成的其他相关数据信息。

7.4 质量控制

成果产出质量控制宜确保：

——整体研究的系统性，包括研究目标明确、项目需求得以满足、决策建议具有可操作性等；

——分析方法的科学性，包括使用的工具、方法合理，分析论证的过程可靠、逻辑严谨等；

——成果呈现的规范性，包括成果的表达准确、内容完整、重点突出等。

8 成果运用

8.1 工作机制

专利导航成果运用工作机制宜包括以下内容：

——建立成果运用的相关规定和工作流程，确定责任部门、参与单位；

——制定成果运用的组织实施方案；

——对成果运用的实际效果进行评价和跟踪。

8.2 运用方式

可采用以下一种或多种途径应用专利导航的决策建议：

——指导制定区域规划或产业规划在内的各类政策文件；

——嵌入企业经营的全过程管理，例如在企业战略制定实施、投资并购、上市、技术创新、产品开发等活动中以内部文件或合同等形式予以固化；

——支撑制定人才管理、研发活动等活动的实施方案；

——专利导航全部或部分研究成果在一定范围内公开，如通过召开专利导航发布会、开放专利导航数据库等方式向公众提供信息。

9 绩效评价

9.1 评价主体

评价主体可包括以下一个或多个：

——经济、产业或科技主管部门；

——企业管理者代表；

——专利导航成果需求方。

9.2 评价方法

采取以关键绩效指标为核心的目标管理评价方法。

9.3 评价内容

评价内容可包括以下一项或多项内容：

——采用程度，包括专利导航项目成果的采用主体及应用层级、采用内容及应用范围等；

——经济效益，包括专利导航项目成果在增加经营收入、增强竞争实力、减少经济损失、提升创新投入产出比等方面的经济效果；

——社会效益，包括专利导航项目成果在优化资源配置、改善产业结构、规划创新路径、提升创新水平、加强交流合作、形成示范效应等方面的社会效果。

专利导航指南
第 3 部分：产业规划

（GB/T 39551.3—2020）

Patent navigation guide — Part 3: Industrial planning

前 言

本文件按照 GB/T 1.1—2020《标准化工作导则　第 1 部分：标准化文件的结构和起草规则》的规定起草。

本文件是 GB/T 39551《专利导航指南》的第 3 部分。GB/T 39551 已经发布了以下部分：
——第 1 部分：总则；
——第 2 部分：区域规划；
——第 3 部分：产业规划；
——第 4 部分：企业经营；
——第 5 部分：研发活动；
——第 6 部分：人才管理；
——第 7 部分：服务要求。

请注意本文件的某些内容可能涉及专利。本文件的发布机构不承担识别专利的责任。本文件由全国知识管理标准化技术委员会（SAC/TC 554）提出并归口。

本文件起草单位：国家知识产权局。

本文件主要起草人：贺化、雷筱云、张勇、李昶、陈明嫒、马鸿雅、姬翔、陈宇超。

专利导航指南
第 3 部分：产业规划

1 范围

本文件提供了产业规划类专利导航的通用指导。

本文件适用于：
——产业规划类专利导航的组织实施；
——产业规划类专利导航的服务和培训。

2 规范性引用文件

下列文件中的内容通过文中的规范性引用而构成本文件必不可少的条款。其中，注日期的引用文件，仅该日期对应的版本适用于本文件；不注日期的引用文件，其最新版本（包括所有的修改单）适用于本文件。

GB/T 39551.1—2020 专利导航指南 第1部分：总则

3 术语和定义

GB/T 39551.1—2020 界定的以及下列术语和定义适用于本文件。

3.1 专利控制力 patent control

通过运用某一专利（或专利组合），实现对技术、产品及其市场份额控制的力度。

4 基础条件

4.1 信息资源

除参照 GB/T 39551.1—2020 中 4.1 关于信息资源的规定外，信息资源还宜包括：

——产业环境相关信息，可包括国内外不同层面区域规划、产业规划、产业政策及产业平台等信息；

——产业相关统计数据；

——产业相关主要法人及自然人创新活动及市场活动信息。

4.2 人力资源

除满足 GB/T 39551.1—2020 中 4.2 关于人力资源的规定外，人力资源还宜包括产业分析人员，产业分析人员宜具备下列条件：

——近3年连续在相关产业领域或经济管理领域从业；

——具备相关产业领域情报搜集和研究分析能力；

——掌握产业分析研究方法。

5 专利导航项目启动

参照 GB/T 39551.1—2020 第5章关于项目启动的规定，产业规划类专利导航项目需求分析报告宜明确该区域的产业发展决策支撑所需信息的维度及其颗粒度。

6 专利导航项目实施

6.1 信息采集

除满足 GB/T 39551.1—2020 中 6.2 关于信息采集的规定外，质量控制还宜确保产业链解构及产业技术分解的合理性，信息采集输出还宜包括产业基本情况分析报告。产业基本情况分析报告可包括：

——产业整体态势，可包括产业发展历程、产业规模、产业结构、产业环境、产业相关主要法人及自然人等内容；

——产业规划类专利导航所面向区域的产业发展现状、面临问题的初步判断。

6.2 数据处理

参照 GB/T 39551.1—2020 中 6.3 关于数据处理的规定。

6.3 专利导航分析

6.3.1 产业发展方向分析

6.3.1.1 概述

用于判断全球产业发展态势和方向。

6.3.1.2 输入

6.1 和 6.2 输出的内容。

6.3.1.3 步骤与方法

产业发展方向分析的方法与步骤一般包括：

a）分析全球产业发展与专利布局的互动关系，可包括产业技术发展历程、全球产业转移趋势、产业链结构、产业链中主要企业、产品市场竞争等与专利布局的互动关系；

b）寻找全球产业链中具有较强专利控制力的各类主体，可对专利数据与各类主体市场活动数据进行关联分析；

c）通过分析全球范围内具有较强专

利控制力主体的相关活动，判断产业发展方向，所述相关活动可包括协同创新、专利布局、专利运用和保护等情况。

6.3.1.4 输出

产业发展方向分析报告，包括但不限于产业结构调整、产品开发、技术研发等最新发展方向。

6.3.1.5 质量控制

产业发展方向分析的质量控制宜确保：

——产业发展方向分析过程逻辑严谨、维度多样；

——产业发展方向判断的合理性，可引入外部专家进行论证。

6.3.2 区域的产业发展定位分析

6.3.2.1 概述

用于判断该区域的产业在全球和我国产业链中的定位。

6.3.2.2 输入

第5章、6.1、6.2、6.3.1.4输出的内容。

6.3.2.3 步骤与方法

区域产业发展定位分析的方法与步骤一般包括：

a）分析该区域的产业发展历史和现状；

b）通过将该区域的产业情况与全球及我国的产业发展总体情况进行对比，判断该区域产业的定位。

上述历史情况、当前现状及对比分析均可包括产业结构、产业集群、市场竞争、龙头或骨干企业、主要产品、关键技术研发、人才储备等分析角度。

6.3.2.4 输出

区域的产业发展定位分析报告，包括但不限于该区域的产业发展在产业结构、产业分工，以及企业、技术、人才、专利等方面的优势和风险。

6.3.2.5 质量控制

区域的产业发展定位分析质量控制宜确保：

——分析过程采用多维度方法，避免以简单的数量排名进行判断；

——分析结论得到该区域的产业主管部门或产业专家的原则认可。

6.3.3 区域的产业发展路径导航分析

6.3.3.1 概述

用于为该区域的产业发展提供具体路径指引。

6.3.3.2 输入

6.1、6.2、6.3.1.4、6.3.2.4输出的内容。

6.3.3.3 步骤与方法

区域产业发展路径导航分析的步骤与方法一般包括：

a）基于产业发展方向和该区域的产业发展定位，提出该区域产业结构优化的目标；

b）围绕产业结构优化的目标，发现、发掘该区域内具有较强实力或较大发展潜力的企业或其他创新主体，作为支持和培育对象；发现、发掘其他区域具有带动性或填补性的企业或其他创新主体，作为引进或合作对象；

c）围绕产业结构优化的目标，发现、发掘该区域内具有较强实力或较大发展潜力的创新人才或人才团队，作为支持和培养对象；发现、发掘其他区域具有引领性或填补性的创新人才或人才团队，作为引进或合作对象；

d）围绕产业结构优化的目标，从强化优势、跟踪赶超、填补空白、规避风险等角度分析技术发展的突破口和路径；发现、发掘其他区域对该区域的产业发展必不可少的技术及其所有者，作为技术引进、获得许可或未来协同创新的合作对象；

e）围绕产业结构优化的目标，结合该区域的产业专利布局结构，提出专利布局及专利运营的主要目标及路径。

6.3.3.4 输出

区域的产业发展路径建议，包括但不限于：

——该区域的产业结构优化目标；
——企业（高等学校、科研组织）培育及引进路径；
——人才培养及引进路径；
——技术创新及引进路径；
——专利布局及专利运营路径。

6.3.3.5 质量控制

区域产业发展路径导航分析的质量控制宜确保：

——为该区域的产业发展提出合适的目标选择及针对性路径建议；
——路径建议基于该区域的资源禀赋及产业发展实际，能够被落地实施。

7 成果产出

除满足 GB/T 39551.1—2020 第 7 章关于成果产出的规定外，可根据需要制作专利导航图谱，以可视化形式展现 6.3.1、6.3.2、6.3.3 的分析成果及其关联信息。

8 成果运用

参照 GB/T 39551.1—2020 第 8 章关于成果运用的规定。

9 绩效评价

参照 GB/T 39551.1—2020 第 9 章关于绩效评价的规定。

专利导航指南
第 5 部分：研发活动

（GB/T 39551.5—2020）

Patent navigation guide — Part 5: Research and development

前　言

本文件按照 GB/T 1.1-2020《标准化工作导则　第 1 部分：标准化文件的结构和起草规则》的规定起草。

本文件是 GB/T 39551《专利导航指南》的第 5 部分。GB/T 39551 已经发布了以下部分：

——第 1 部分：总则；
——第 2 部分：区域规划；
——第 3 部分：产业规划；
——第 4 部分：企业经营；
——第 5 部分：研发活动；
——第 6 部分：人才管理；
——第 7 部分：服务要求。

请注意本文件的某些内容可能涉及专利。本文件的发布机构不承担识别专利的责任。本文件由全国知识管理标准化技术委员会（SAC/TC 554）提出并归口。

本文件起草单位：国家知识产权局。

本文件主要起草人：贺化、雷筱云、陆介平、张勇、李昶、陈明媛、马鸿雅、姬翔、王宇航、黄岑宇、陈宇超。

专利导航指南
第5部分：研发活动

1 范围

本文件提供了研发活动类专利导航的通用指导。

本文件适用于：
—— 研发活动类专利导航的组织实施；
—— 研发活动类专利导航的服务和培训。

2 规范性引用文件

下列文件中的内容通过文中的规范性引用而构成本文件必不可少的条款。其中，注日期的引用文件，仅该日期对应的版本适用于本文件；不注日期的引用文件，其最新版本（包括所有的修改单）适用于本文件。

GB/T 39551.1—2020 专利导航指南 第1部分：总则

3 术语和定义

GB/T 39551.1—2020 界定的以及下列术语和定义适用于本文件。

3.1 研发主体 research and development body

从事研发活动的企业、高等学校或科研组织。

4 基础条件

4.1 信息资源

除参照 GB/T 39551.1—2020 中 4.1 关于信息资源的规定外，信息资源还宜包括：
—— 产业环境相关信息，包括产业规划、产业政策等信息；
—— 产业相关统计数据；
—— 产业相关主要法人及自然人创新活动及市场活动信息。

4.2 人力资源

除参照 GB/T 39551.1—2020 中 4.2 关于人力资源的规定外，人力资源还宜包括技术人员，技术人员宜具备下列条件：
—— 具备项目所属技术领域的教育背景；
—— 近3年连续在相关技术领域从业。

5 专利导航项目启动

除满足 GB/T 39551.1—2020 第5章关于项目启动的规定外，评价研发立项的专利导航项目需求分析素材还宜包括拟研发立项项目的基本情况；辅助研发过程的专利导航项目需求分析素材还宜包括在研项目的进展情况。拟研发立项项目的基本情况或在研项目的进展情况可包括研发主体提供的项目背景、技术方案、研发基础、研发人员组成、竞争情况、项目规划，以及经专家论证的关于技术先进性、技术前景、存在问题等素材。

6 评价研发立项的专利导航项目实施

6.1 概述

研发立项前，以专利数据为基础，对研发立项的必要性和可行性等进行评价，防范潜在风险。

6.2 信息采集

参照 GB/T 39551.1—2020 中 6.2 关于信息采集的规定。

6.3 数据处理

参照 GB/T 39551.1—2020 中 6.3 关于数据处理的规定。

6.4 评价研发立项的专利导航分析

6.4.1 输入

第 5 章、6.2 和 6.3 输出的内容。

6.4.2 步骤与方法

评价研发立项的专利导航分析的步骤与方法一般包括：

a）通过分析技术所在产业的政策环境、发展趋势、产业链结构、市场需求等情况，评价拟研发立项项目的产业发展环境；

b）通过分析技术所在产业的技术发展趋势、主要技术路线、替代技术发展状况、技术竞争强度等情况，评价拟研发立项项目的技术发展态势；

c）通过识别主要竞争对手并分析其技术目标和战略、技术路线、专利布局、可能的竞争行为等情况，评价拟研发立项项目的技术壁垒；

d）通过分析研发主体的发展历程、发展阶段、主营产品的种类及市场占有率、营收状况、主要研发人员情况等，评价研发主体的市场竞争实力；

e）通过分析研发主体与拟研发立项相关的技术构成、具有较高水平的专利（或专利组合）等，评价研发主体的技术储备及技术竞争实力；

f）综合分析拟研发立项项目的产业发展环境、技术发展态势、技术壁垒，以及研发主体的市场竞争实力，技术储备及技术竞争实力，评估立项风险并提出研发立项的必要性和可行性结论；

g）根据 f）所述结论，可进一步对拟研发立项的立项方案等提出优化建议。

6.4.3 输出

评价研发立项的专利导航分析报告，包括但不限于拟研发立项项目的基本情况，研发立项的必要性，可行性分析过程及结论。

6.4.4 质量控制

参照 GB/T 39551.1—2020 中 6.4.5 关于质量控制的规定。

7 辅助研发过程的专利导航项目实施

7.1 概述

研发过程中，以专利数据为基础，对在研项目的技术研发情况及其技术竞争环境进行综合分析，提出风险规避及技术方案优化的建议。

7.2 信息采集

参照 GB/T 39551.1—2020 中 6.2 关于信息采集的规定。

7.3 数据处理

参照 GB/T 39551.1—2020 中 6.3 关于数据处理的规定。

7.4 辅助研发过程的专利导航分析

7.4.1 输入

第 5 章、6.2 和 6.3 输出的内容。

7.4.2 步骤与方法

辅助研发过程的专利导航分析的步骤与方法一般包括：

a）通过分析技术所在产业的政策环境、发展趋势、产业链结构、市场需求等情况，评价在研项目当前的产业发展环境；

b）通过分析技术所在产业的技术发展趋势、主要技术路线、替代技术发展状况、技术竞争强度等情况，评价在研项目的技术发展态势；

c）识别并监测主要竞争对手，通过分析其技术路线、技术方案、专利布局、可能的竞争行为等情况，评估在研项目相关技术方案的专利风险；

d）通过分析在研项目相关技术领域的技术构成、总体趋势、专利技术活跃度、技术功效矩阵、具有较高水平的专利（或专利组合）等，综合判断该技术领域的重点和热点技术方向，为在研项目提供技术路线或技术方案的优化建议，并为可能涉及专利风险的技术方案提出规避设计建议；

e）综合分析在研项目的产业发展环境、技术发展态势、专利风险及技术方案的优化或规避设计建议，制定专利布局策略。

7.4.3 输出

辅助研发过程的专利导航分析报告，包括但不限于在研项目的基本情况、技术竞争情况、可能面临的风险，技术方案的优化或规避设计建议，专利布局策略。

7.4.4 质量控制

参照 GB/T 39551.1—2020 中 6.4.5 关于质量控制的规定。

8 成果产出

参照 GB/T 39551.1—2020 第 7 章关于成果产出的规定。

9 成果运用

参照 GB/T 39551.1—2020 第 8 章关于成果运用的规定。

10 绩效评价

参照 GB/T 39551.1—2020 第 9 章关于绩效评价的规定。

财政部关于印发《资产评估基本准则》的通知

（财资〔2017〕43号）

党中央有关部门，国务院各部委、各直属机构，全国人大常委会办公厅，全国政协办公厅，高法院，高检院，各民主党派中央，有关人民团体，各省、自治区、直辖市、计划单列市财政厅（局），新疆生产建设兵团财务局，有关单位：

为规范资产评估执业行为，保护资产评估当事人合法权益和公共利益，维护社会主义市场经济秩序，根据《中华人民共和国资产评估法》等有关规定，财政部制定了《资产评估基本准则》，现予印发，自2017年10月1日起施行。

财政部
2017年8月23日

附件

资产评估基本准则

第一章 总则

第一条 为规范资产评估行为，保证执业质量，明确执业责任，保护资产评估当事人合法权益和公共利益，根据《中华人民共和国资产评估法》、《资产评估行业财政监督管理办法》等制定本准则。

第二条 资产评估机构及其资产评估专业人员开展资产评估业务应当遵守本准则。法律、行政法规和国务院规定由其他评估行政管理部门管理，应当执行其他准则的，从其规定。

第三条 本准则所称资产评估机构及其资产评估专业人员是指根据资产评估法和国务院规定，按照职责分工由财政部门监管的资产评估机构及其资产评估专业人员。

第二章 基本遵循

第四条 资产评估机构及其资产评估专业人员开展资产评估业务应当遵守法律、行政法规的规定，坚持独立、客观、公正的原则。

第五条 资产评估机构及其资产评估专业人员应当诚实守信，勤勉尽责，谨慎从业，遵守职业道德规范，自觉维护职业形象，不得从事损害职业形象的活动。

第六条 资产评估机构及其资产评估专业人员开展资产评估业务，应当独立进行分析和估算并形成专业意见，拒绝委托人或者其他相关当事人的干预，不得直接以预先设定的价值作为评估结论。

第七条 资产评估专业人员应当具备相应的资产评估专业知识和实践经验，能够胜任所执行的资产评估业务，保持和提高专业能力。

第三章 资产评估程序

第八条 资产评估机构及其资产评估专业人员开展资产评估业务，履行下列基本程序：明确业务基本事项、订立业务委托合同、编制资产评估计划、进行评估现场调查、收集整理评估资料、评定估算形成结论、编制出具评估报告、整理归集评估档案。

资产评估机构及其资产评估专业人员不得随意减少资产评估基本程序。

第九条 资产评估机构受理资产评估业务前，应当明确下列资产评估业务基本事项：

（一）委托人、产权持有人和委托人以外的其他资产评估报告使用人；

（二）评估目的；

（三）评估对象和评估范围；

（四）价值类型；

（五）评估基准日；

（六）资产评估报告使用范围；

（七）资产评估报告提交期限及方式；

（八）评估服务费及支付方式；

（九）委托人、其他相关当事人与资产评估机构及其资产评估专业人员工作配合和协助等需要明确的重要事项。

资产评估机构应当对专业能力、独立性和业务风险进行综合分析和评价。受理资产评估业务应当满足专业能力、独立性和业务风险控制要求，否则不得受理。

第十条 资产评估机构执行某项特定业务缺乏特定的专业知识和经验时，应当采取弥补措施，包括利用专家工作等。

第十一条 资产评估机构受理资产评估业务应当与委托人依法订立资产评估委托合同，约定资产评估机构和委托人权利、义务、违约责任和争议解决等内容。

第十二条 资产评估专业人员应当根据资产评估业务具体情况编制资产评估计划，包括资产评估业务实施的主要过程及时间进度、人员安排等。

第十三条 执行资产评估业务，应当对评估对象进行现场调查，获取资产评估业务需要的资料，了解评估对象现状，关注评估对象法律权属。

第十四条 资产评估专业人员应当根据资产评估业务具体情况收集资产评估业务需要的资料。包括：委托人或者其他相关当事人提供的涉及评估对象和评估范围等资料；从政府部门、各类专业机构以及市场等渠道获取的其他资料。

委托人和其他相关当事人依法提供并保证资料的真实性、完整性、合法性。

第十五条 资产评估专业人员应当依法对资产评估活动中使用的资料进行核查和验证。

第十六条 确定资产价值的评估方法包括市场法、收益法和成本法三种基本方法及其衍生方法。

资产评估专业人员应当根据评估目的、评估对象、价值类型、资料收集等情况，分析上述三种基本方法的适用性，依法选择评估方法。

第十七条 资产评估专业人员应当在评定、估算形成评估结论后，编制初步资产评估报告。

第十八条 资产评估机构应当对初步资产评估报告进行内部审核后出具资产评估报告。

第十九条 资产评估机构应当对工作底稿、资产评估报告及其他相关资料进行整理，形成资产评估档案。

第四章 资产评估报告

第二十条 资产评估机构及其资产评估专业人员出具的资产评估报告应当符合法律、行政法规等相关规定。

第二十一条 资产评估报告的内容包括：标题及文号、目录、声明、摘要、正文、附件。

第二十二条 资产评估报告正文应当包括下列内容：

（一）委托人及其他资产评估报告使用人；

（二）评估目的；

（三）评估对象和评估范围；

（四）价值类型；

（五）评估基准日；

（六）评估依据；

（七）评估方法；

（八）评估程序实施过程和情况；

（九）评估假设；

（十）评估结论；

（十一）特别事项说明；

（十二）资产评估报告使用限制说明；

（十三）资产评估报告日；

（十四）资产评估专业人员签名和资产评估机构印章。

第二十三条 资产评估报告载明的评估目的应当唯一。

第二十四条 资产评估报告应当说明选择价值类型的理由，并明确其定义。

第二十五条 资产评估报告载明的评估基准日应当与资产评估委托合同约定的评估基准日一致，可以是过去、现在或者未来的时点。

第二十六条 资产评估报告应当以文字和数字形式表述评估结论，并明确评估结论的使用有效期。

第二十七条 资产评估报告的特别事项说明包括：

（一）权属等主要资料不完整或者存在瑕疵的情形；

（二）未决事项、法律纠纷等不确定因素；

（三）重要的利用专家工作情况；

（四）重大期后事项。

第二十八条 资产评估报告使用限制说明应当载明：

（一）使用范围。

（二）委托人或者其他资产评估报告使用人未按照法律、行政法规规定和资产评估报告载明的使用范围使用资产评估报告的，资产评估机构及其资产评估专业人员不承担责任。

（三）除委托人、资产评估委托合同中约定的其他资产评估报告使用人和法律、行政法规规定的资产评估报告使用人之外，其他任何机构和个人不能成为资产评估报告的使用人。

（四）资产评估报告使用人应当正确理解评估结论。评估结论不等同于评估对象可实现价格，评估结论不应当被认为是对评估对象可实现价格的保证。

第二十九条 资产评估报告应当履行内部审核程序，由至少2名承办该项资产评估业务的资产评估专业人员签名并加盖资产评估机构印章。

法定评估业务资产评估报告应当履行内部审核程序，由至少2名承办该项资产评估业务的资产评估师签名并加盖资产评估机构印章。

第五章 资产评估档案

第三十条 资产评估档案包括工作底稿、资产评估报告以及其他相关资料。

资产评估档案应当由资产评估机构妥善管理。

第三十一条 工作底稿应当真实完整、重点突出、记录清晰，能够反映资产评估程序实施情况、支持评估结论。工作底稿分为管理类工作底稿和操作类工作底稿。

管理类工作底稿是指在执行资产评估业务过程中，为受理、计划、控制和管理资产评估业务所形成的工作记录及相关资料。

操作类工作底稿是指在履行现场调查、收集资产评估资料和评定估算程序时所形成的工作记录及相关资料。

第三十二条 资产评估档案保存期限不少于15年。属于法定资产评估业务的，不少于30年。

第三十三条 资产评估档案的管理应当严格执行保密制度。除下列情形外，资产评估档案不得对外提供：

（一）财政部门依法调阅的；

（二）资产评估协会依法依规调阅的；

（三）其他依法依规查阅的。

第六章 附 则

第三十四条 中国资产评估协会根据本准则制定资产评估执业准则和职业道德准则。资产评估执业准则包括各项具体准则、指南和指导意见。

第三十五条 本准则自2017年10月1日起施行。2004年2月25日财政部发布的《关于印发〈资产评估准则——基本准则〉和〈资产评估职业道德准则——基本准则〉的通知》（财企〔2004〕20号）同时废止。

中评协关于印发《资产评估执业准则——无形资产》的通知

（中评协〔2017〕37号）

各省、自治区、直辖市、计划单列市资产评估协会（注册会计师协会）：

为贯彻落实《资产评估法》，规范资产评估执业行为，保证资产评估执业质量，保护资产评估当事人合法权益和公共利益，在财政部指导下，中国资产评估协会根据《资产评估基本准则》，对《资产评估准则——无形资产》进行了修订，制定了《资产评估执业准则——无形资产》，现予印发，自2017年10月1日起施行。

请各地方协会将《资产评估执业准则——无形资产》及时转发资产评估机构，组织资产评估机构和资产评估专业人员进行学习和培训，并将执行过程中发现的问题及时上报中国资产评估协会。

附件：《资产评估执业准则——无形资产》

中国资产评估协会
2017年9月8日

附件

资产评估执业准则——无形资产

第一章 总 则

第一条 为规范无形资产评估行为，保护资产评估当事人合法权益和公共利益，根据《资产评估基本准则》制定本准则。

第二条 本准则所称无形资产，是指特定主体拥有或者控制的，不具有实物形态，能持续发挥作用并且能带来经济利益的资源。

第三条 本准则所称无形资产评估，是指资产评估机构及其资产评估专业人员遵守法律、行政法规和资产评估准则，根据委托对评估基准日特定目的下的无形资产价值进行评定和估算，并出具资产评估报告的专业服务行为。

第四条 涉及土地使用权、矿业权、水域使用权等的评估另行规范。

第五条 执行无形资产评估业务，应当遵守本准则。

第二章 基本遵循

第六条 资产评估机构及其资产评

估专业人员开展无形资产评估业务,应当遵守法律、行政法规的规定,坚持独立、客观、公正的原则,诚实守信,勤勉尽责,谨慎从业,遵守职业道德规范,自觉维护职业形象,不得从事损害职业形象的活动。

第七条　资产评估机构及其资产评估专业人员开展无形资产评估业务,应当独立进行分析和估算并形成专业意见,拒绝委托人或者其他相关当事人的干预,不得直接以预先设定的价值作为评估结论。

第八条　执行无形资产评估业务,应当具备无形资产评估的专业知识和实践经验,能够胜任所执行的无形资产评估业务。

执行某项特定业务缺乏特定的专业知识和经验时,应当采取弥补措施,包括利用专家工作及相关报告等。

第九条　执行企业价值评估中的无形资产评估业务,应当了解在对持续经营前提下的企业价值进行评估时,无形资产作为企业资产组成部分的价值可能有别于作为单项资产的价值,其价值取决于它对企业价值的贡献程度。

第十条　执行无形资产评估业务,应当根据评估业务具体情况,对评估对象进行现场调查,收集权属证明、财务会计信息和其他资料并进行核查验证、分析整理。

第十一条　执行无形资产评估业务,应当合理使用评估假设和限制条件。

第三章　评估对象

第十二条　执行无形资产评估业务,应当要求委托人明确评估对象,关注评估对象的权利状况及法律、经济、技术等具体特征。

第十三条　执行无形资产评估业务,应当根据具体经济行为,谨慎区分可辨认无形资产和不可辨认无形资产,单项无形资产和无形资产组合。

第十四条　可辨认无形资产包括专利权、商标权、著作权、专有技术、销售网络、客户关系、特许经营权、合同权益、域名等。不可辨认无形资产是指商誉。

第十五条　执行无形资产评估业务,应当要求委托人根据评估对象的具体情况与评估目的,对无形资产进行合理的分离或者合并,恰当进行单项无形资产或者无形资产组合的评估。

第十六条　执行无形资产评估业务,通常关注评估对象的产权因素、获利能力、成本因素、市场因素、有效期限、法律保护、风险因素等相关因素。

第四章　操作要求

第十七条　执行无形资产评估业务,应当明确评估对象、评估目的、评估基准日、评估范围、价值类型和资产评估报告使用人。

第十八条　执行无形资产评估业务,通常关注以下事项:

(一)无形资产权利的法律文件、权属有效性文件或者其他证明资料;

(二)无形资产持续的可辨识经济利益;

(三)无形资产的性质和特点,历史取得和目前的使用状况;

(四)无形资产的剩余经济寿命和法定寿命,无形资产的保护措施;

(五)无形资产实施的地域范围、领域范围与获利方式;

（六）无形资产以往的交易、质押、出资情况；

（七）无形资产实施过程中所受到的法律、行政法规或者其他限制；

（八）类似无形资产的市场价格信息；

（九）宏观经济环境；

（十）行业状况及发展前景；

（十一）企业状况及发展前景；

（十二）其他相关信息。

第十九条 无形资产与其他资产共同发挥作用时，应当分析这些资产对无形资产价值的影响。

第二十条 执行无形资产评估业务，通常关注宏观经济政策、行业政策、经营条件、生产能力、市场状况等各项因素对无形资产效能发挥的制约，关注其对无形资产价值产生的影响。

第五章 评估方法

第二十一条 确定无形资产价值的评估方法包括市场法、收益法和成本法三种基本方法及其衍生方法。

执行无形资产评估业务，资产评估专业人员应当根据评估目的、评估对象、价值类型、资料收集等情况，分析上述三种基本方法的适用性，选择评估方法。

第二十二条 采用收益法评估无形资产时应当：

（一）在获取无形资产相关信息的基础上，根据该无形资产或者类似无形资产的历史实施情况及未来应用前景，结合无形资产实施或者拟实施企业经营状况，重点分析无形资产经济收益的可预测性，考虑收益法的适用性；

（二）估算无形资产带来的预期收益，区分评估对象无形资产和其他无形资产与其他资产所获得的收益，分析与之有关的预期变动、收益期限，与收益有关的成本费用、配套资产、现金流量、风险因素；

（三）保持预期收益口径与折现率口径一致；

（四）根据无形资产实施过程中的风险因素及货币时间价值等因素估算折现率；

（五）综合分析无形资产的剩余经济寿命、法定寿命及其他相关因素，确定收益期限。

第二十三条 采用市场法评估无形资产时应当：

（一）考虑该无形资产或者类似无形资产是否存在活跃的市场，考虑市场法的适用性；

（二）收集类似无形资产交易案例的市场交易价格、交易时间及交易条件等交易信息；

（三）选择具有比较基础的可比无形资产交易案例；

（四）收集评估对象近期的交易信息；

（五）对可比交易案例和评估对象近期交易信息进行必要调整。

第二十四条 采用成本法评估无形资产时应当：

（一）根据无形资产形成的全部投入，考虑无形资产价值与成本的相关程度，考虑成本法的适用性；

（二）确定无形资产的重置成本，无形资产的重置成本包括合理的成本、利润和相关税费；

（三）确定无形资产贬值。

第二十五条 对同一无形资产采用多种评估方法时，应当对所获得的各种测算结果进行分析，形成评估结论。

第六章 披露要求

第二十六条 无论单独出具无形资产评估报告，还是将无形资产评估作为资产评估报告的组成部分，都应当在资产评估报告中披露必要信息，使资产评估报告使用人能够正确理解评估结论。

第二十七条 无形资产评估报告应当说明下列内容：

（一）无形资产的性质、权利状况及限制条件；

（二）无形资产实施的地域限制、领域限制及法律法规限制条件；

（三）与无形资产相关的宏观经济和行业的前景；

（四）无形资产的历史、现实状况与发展前景；

（五）评估依据的信息来源；

（六）其他必要信息。

第二十八条 无形资产评估报告应当说明有关评估方法的下列内容：

（一）评估方法的选择及其理由；

（二）各重要参数的来源、分析、比较与测算过程；

（三）对测算结果进行分析，形成评估结论的过程；

（四）评估结论成立的假设前提和限制条件。

第七章 附　则

第二十九条 本准则自2017年10月1日起施行。中国资产评估协会于2008年11月28日发布的《关于印发〈资产评估准则——无形资产〉和〈专利资产评估指导意见〉的通知》（中评协〔2008〕217号）中的《资产评估准则——无形资产》同时废止。

中评协关于印发修订《知识产权资产评估指南》的通知

（中评协〔2017〕44号）

各省、自治区、直辖市、计划单列市资产评估协会（注册会计师协会）：

为贯彻落实《资产评估法》，规范资产评估执业行为，保证资产评估执业质量，保护资产评估当事人合法权益和公共利益，在财政部指导下，中国资产评估协会根据《资产评估基本准则》，对《知识产权资产评估指南》进行了修订，现予印发，自2017年10月1日起施行。

请各地方协会将《知识产权资产评估指南》及时转发资产评估机构，组织资产评估机构和资产评估专业人员进行学习和培训，并将执行过程中发现的问题及时上报中国资产评估协会。

附件：《知识产权资产评估指南》

中国资产评估协会
2017年9月8日

附件：

知识产权资产评估指南

第一章 总 则

第一条 为规范知识产权资产评估行为，保护资产评估当事人合法权益和公共利益，根据《资产评估执业准则——无形资产》制定本指南。

第二条 本指南所称知识产权资产，是指知识产权权利人拥有或者控制的，能够持续发挥作用并且带来经济利益的知识产权权益。知识产权资产包括专利权、商标专用权、著作权、商业秘密、集成电路布图设计和植物新品种等。

第三条 本指南所称知识产权资产评估，是指资产评估机构及其资产评估专业人员遵守法律、行政法规和资产评估准则，根据委托对评估基准日特定目的下的知识产权资产价值进行评定和估算，并出具资产评估报告的专业服务行为。

第四条 执行知识产权资产评估业务，应当遵守本指南。

第二章 基本遵循

第五条 资产评估机构及其资产评估

专业人员开展知识产权资产评估业务，应当遵守法律、行政法规的规定，坚持独立、客观、公正的原则，诚实守信，勤勉尽责，谨慎从业，遵守职业道德规范，自觉维护职业形象，不得从事损害职业形象的活动。

第六条 资产评估机构及其资产评估专业人员开展知识产权资产评估业务，应当独立进行分析和估算并形成专业意见，拒绝委托人或者其他相关当事人的干预，不得直接以预先设定的价值作为评估结论。

第七条 执行知识产权资产评估业务，应当具备知识产权资产评估的专业知识和实践经验，能够胜任所执行的知识产权资产评估业务。

执行某项特定业务缺乏特定的专业知识和经验时，应当采取弥补措施，包括利用专家工作及相关报告等。

第八条 资产评估机构应当关注知识产权资产评估业务的复杂性，根据自身的资产评估专业人员配备、专业知识和经验，审慎考虑是否有能力受理知识产权资产评估业务。

第九条 执行知识产权资产评估业务，应当明确评估对象、评估范围、评估目的、评估基准日、价值类型和资产评估报告使用人。

第十条 知识产权资产评估目的通常包括转让、许可使用、出资、质押、诉讼、财务报告等。

第十一条 执行知识产权资产评估业务，应当充分考虑评估目的、市场条件、评估对象自身条件等因素，恰当选择价值类型。

第十二条 执行知识产权资产评估业务，应当对资产评估活动中使用的资料进行核查验证。

第十三条 执行知识产权资产评估业务，应当合理使用评估假设。

第十四条 执行知识产权资产评估业务，应当关注宏观经济政策、行业政策、经营条件、生产能力、市场状况、产品生命周期等各项因素对知识产权资产效能发挥的作用，以及对知识产权资产价值产生的影响。

第十五条 执行知识产权资产评估业务，应当关注知识产权资产的基本情况：

（一）知识产权资产权利的法律文件、权属有效性文件或者其他证明资料；

（二）知识产权资产特征和使用状况，历史沿革以及评估与交易情况；

（三）知识产权资产实施的地域范围、领域范围、获利能力与获利方式，知识产权资产是否能给权利人带来显著、持续的可辨识经济利益；

（四）知识产权资产的法定寿命和剩余经济寿命，知识产权资产的保护措施；

（五）知识产权资产实施过程中所受到的法律、行政法规或者其他限制；

（六）类似知识产权资产的市场价格信息；

（七）其他相关信息。

第十六条 执行知识产权资产评估业务，应当要求委托人明确评估对象，并关注评估对象的权利状况以及法律、经济、技术等具体特征。

知识产权资产通常与其他资产共同发挥作用，执行知识产权资产评估业务应当根据评估对象的具体情况和评估目的分析、判断知识产权资产的作用，恰当进行单项知识产权资产或者知识产权资产组合的评估，合理确定知识产权资产的价值。

第十七条 专利资产是指专利权利人拥有或者控制的，能够持续发挥作用并且带来经济利益的专利权益。专利资产评估业务的评估对象是指专利资产权益，包括专利所有权和专利使用权。专利使用权是指专利实施许可权，具体形式包括专利权独占许可、独家许可、普通许可和其他许可形式。

执行专利资产评估业务，应当明确专利资产的权利属性。评估对象为专利所有权的，应当关注专利权是否已经许可他人使用以及使用权的具体形式，并关注其对专利所有权价值的影响。评估对象为专利使用权的，应当明确专利使用权的许可形式、许可内容及许可期限。

第十八条 商标资产是指商标权利人拥有或者控制的，能够持续发挥作用并且能带来经济利益的注册商标权益。注册商标包括商品商标、服务商标、集体商标、证明商标。商标资产评估涉及的商标通常为商品商标和服务商标。

商标资产评估对象是指受法律保护的注册商标资产权益，包括商标专用权、商标许可权。评估对象为商标专用权的，应当关注商标是否已经许可他人使用以及具体许可形式评估对象为商标许可权的，应当明确该权利的具体许可形式、内容和期限。

第十九条 著作权资产，是指著作权权利人拥有或者控制的，能够持续发挥作用并且带来经济利益的著作权财产权益和与著作权有关权利的财产权益。著作权资产评估对象是指著作权中的财产权益以及与著作权有关权利的财产权益。

著作权财产权利种类包括：复制权、发行权、出租权、展览权、表演权、放映权、广播权、信息网络传播权、摄制权、改编权、翻译权、汇编权以及著作权人享有的其他财产权利。

与著作权评估有关的权利通常包括：出版者对其出版的图书、期刊的版式设计的权利，表演者对其表演享有的权利，录音、录像制作者对其制作的录音、录像制品享有的权利，广播电台、电视台对其制作的广播、电视所享有的权利以及由法律、行政法规规定的其他与著作权有关的权利。

著作权资产的财产权利形式包括著作权人享有的权利，以及转让或者许可他人使用的权利。许可使用形式包括法定许可和授权许可；授权许可形式包括专有许可、非专有许可和其他形式许可等。

执行著作权资产评估业务，应当明确著作权资产的权利形式。当评估对象为著作权许可使用权时，应当明确具体许可形式、内容和期限。

执行著作权资产评估业务，还应当关注原创著作权和衍生著作权之间的权利关系以及著作权与有关权利之间的关系。

第二十条 商业秘密，是指不为公众所知悉、能为权利人带来经济利益、具有实用性并经权利人采取保密措施的技术信息和经营信息，包括设计、程序、产品配方、制作工艺、制作方法、管理诀窍、客户名单、货源情报、产销策略、招投标中的标底及标书内容等信息。设计、程序、产品配方、制作工艺、制作方法等在实务中通常称为专有技术或者技术诀窍。

执行商业秘密资产评估业务，应当关注商业秘密的保密级别、保密期限、应用范围等，同时应当考虑权利人对商业秘密采取的保护措施，如竞业禁止协议等对商业秘密价值的影响。

第二十一条 集成电路布图设计，是指集成电路中至少有一个是有源元件的两个以上元件和部分或者全部互连线路的三维配置，或者为制造集成电路而准备的上述三维配置。其中，集成电路是指半导体集成电路，即以半导体材料为基片，将至少有一个是有源元件的两个以上元件和部分或者全部互连线路集成在基片之中或者基片之上，以执行某种电子功能的中间产品或者最终产品。

集成电路布图设计资产评估对象是指集成电路布图设计资产的权益，包括专有权和许可他人使用的权利。

集成电路布图设计权利人享有下列专有权：

（一）对受保护的布图设计的全部或者其中任何具有独创性的部分进行复制；

（二）将受保护的布图设计、含有该布图设计的集成电路或者含有该集成电路的物品投入商业利用。

集成电路布图设计权利人可以将其专有权转让或者许可他人使用其布图设计。

在执行集成电路布图设计资产评估业务时，应当关注是否存在反向工程、强制许可、独立创作的相同设计等情况，并考虑其对评估结论的影响。

第二十二条 植物新品种是指经过人工培育的或者对发现的野生植物加以开发，具备新颖性、特异性、一致性和稳定性，并有适当命名的植物品种。

植物新品种资产评估对象是指相关权利人拥有或控制的，能够持续发挥作用并且能带来经济利益的由农业部门或者林业部门授予的植物新品种权益。

执行涉外转让植物新品种资产评估业务，应当要求委托人提供包括相关审批机关予以登记的证明、相关审批机关同意转让的批准回复以及相关审批机关发布的转让公告等经济行为依据。

执行植物新品种资产评估业务，应当关注植物新品种是否已经由相关部门审定、以及审定对植物新品种应用范围的限制。

第二十三条 确定知识产权资产价值的评估方法包括市场法、收益法和成本法三种基本方法及其衍生方法。

执行知识产权资产评估业务，应当根据评估目的、评估对象、价值类型、资料收集等情况，分析上述三种基本方法的适用性，选择评估方法。

第二十四条 编制知识产权资产评估报告应当反映知识产权资产的特点，通常包括下列内容：

（一）知识产权资产的性质、权利状况及限制条件；

（二）知识产权资产实施的地域限制、领域限制及法律限制条件；

（三）宏观经济和行业前景；

（四）知识产权资产应用的历史、现实状况与发展前景；

（五）知识产权资产的获利期限；

（六）评估依据的信息来源；

（七）其他必要信息。

第二十五条 知识产权资产评估报告应当明确说明评估过程和依据，通常包括下列内容：

（一）价值类型的选择及其定义；

（二）评估方法的选择及其理由；

（三）各重要参数的来源、分析、比较与测算过程；

（四）对测算结果进行分析，形成评估结论的过程；

（五）评估结论成立的假设前提和限制条件；

（六）可能影响评估结论的特别事项。

第三章　以转让或者许可使用为目的的知识产权资产评估

第二十六条　执行以转让或者许可使用为目的的知识产权资产评估业务，应当知晓评估对象通常为知识产权资产的所有权或者使用权，并要求委托人明确评估对象。

第二十七条　执行以转让或者许可使用为目的的知识产权资产评估业务，应当考虑评估目的、市场条件、评估对象自身条件等因素，恰当选择价值类型。以出资、转让、许可使用等交易为目的的通常选择市场价值或者投资价值。

第二十八条　执行以转让为目的的知识产权资产评估业务，应当关注委托人已经确定的转让方式和转让价款的支付方式等因素，确定其对评估结论的影响，并在资产评估报告中披露转让方式等事项。

第二十九条　执行以许可使用为目的的知识产权资产评估业务，应当关注许可使用的具体形式、许可使用费支付方式、许可使用期限和范围等，确定其对评估结论的影响，并在资产评估报告中披露许可使用的具体形式、许可使用费支付方式、许可使用期限和范围等。

第四章　以出资为目的的知识产权资产评估

第三十条　执行以出资为目的的知识产权资产评估业务，应当熟悉知识产权管理部门以及工商行政管理部门关于知识产权出资的有关规定。

第三十一条　以出资为目的的知识产权资产评估业务包括：

（一）工商行政管理部门受理的有限责任公司或者股份有限公司设立或者增资时，对作为股东或者发起人出资的知识产权资产进行的评估；

（二）工商行政管理部门受理的其他非公司法人类型企业所涉及的以知识产权资产出资的资产评估；

（三）法律、行政法规规定的其他需要进行知识产权资产评估的事项。

第三十二条　知识产权出资应当符合《中华人民共和国公司法》、《中华人民共和国公司登记管理条例》、《公司注册资本登记管理规定》等法律、行政法规的要求。

执行知识产权资产出资评估业务应当关注评估对象是否可以用于出资，但不得对评估对象是否可以作为出资资产进行确认或者发表意见。

第三十三条　对重组、改制企业的知识产权资产进行评估时，应当关注的内容通常包括：

（一）资产的权利人与出资人是否一致；

（二）出资人的经济行为是否需经有权机构批准，并经相关管理部门审查同意；

（三）设定他项权利的资产是否与其相对应的负债分离；

（四）企业重组、改制方案以及批复文件和相关法律意见书等。

第三十四条　执行知识产权出资资产评估业务应当关注评估对象可使用期限对

其价值的影响，并结合知识产权资产法定保护期限以及受益期限评估其价值。

第三十五条 采用收益法评估知识产权资产时，应当结合出资目的实现后评估对象合理的生产规模、市场份额、技术及管理水平等因素，综合判断未来收益预测的合理性。

第三十六条 对以包含知识产权的资产负债组合出资的，应当依据同口径的可靠财务数据，分别选用适当的评估方法对各项资产和负债价值进行评估，以资产组合方式列示其价值。

第五章 以质押为目的的知识产权资产评估

第三十七条 执行以质押为目的的知识产权资产评估业务，应当熟悉《中华人民共和国担保法》、《中华人民共和国物权法》以及知识产权管理部门、金融管理部门关于知识产权质押融资的相关规定。

第三十八条 执行知识产权资产质押评估业务应当关注出质知识产权需要具备的以下基本条件：

（一）出质人拥有完整、合法、有效的相关知识产权权利，产权关系明晰；

（二）出质的知识产权具有一定的价值，可以依法转让；

（三）以专利权出质的，应当符合国家知识产权局关于专利权质押登记的相关规定；以商标专用权出质的，应当符合工商行政管理局关于注册商标专用权质权登记的相关规定；以著作权出质的，应当符合国家版权局关于著作权质权登记的相关规定；

（四）构成知识产权组合的各单项知识产权，如果共同出质设定为质押对象，应当符合相关行政主管部门质押登记的有关规定；

（五）符合其他法律、行政法规的要求。

第三十九条 执行知识产权资产质押评估业务应当关注出质知识产权的具体情况：

（一）在评估共有知识产权时，应当关注知识产权共有人是否一致同意将该知识产权进行质押；

（二）评估对象是否存在合同约定的出质限制，包括时间、地域方面的限制以及存在质押、诉讼等权利限制；

（三）涉及知识产权质物处置评估时，应当关注与质押知识产权资产实施和运用不可分割的其他资产是否一并处置。

第四十条 执行知识产权资产质押评估业务应当关注评估对象是否可以用于出质，但不得对评估对象是否可以作为出质资产进行确认或者发表意见。

第四十一条 委托人将评估基准日设定在确定贷款审批发放或者作出其他质押融资决策之前的，为了解知识产权资产在通常条件下能够合理实现的价值并以此确定贷款额度，可以委托评估其市场价值或者其他类型的价值。

委托人将评估基准日设定在出质人违约、拟处置知识产权资产时，为确定处置底价或者可变现价值提供参考依据，可以委托评估其市场价值或清算价值。

第四十二条 执行知识产权资产质押评估业务应当关注知识产权资产质押风险对资产评估报告相关信息披露的特殊要求，并对相关事项作出充分披露。

第四十三条 需要在存在重大不确定因素情况下作出评估相关判断的，应当保持必要的谨慎，尽可能充分估计知识产权资产在处置时可能受到的限制、未来可能发生的风险和损失，并在资产评估报告中作出必要的风险提示。法定优先受偿权利等情况的书面查询资料，应当作为资产评估报告的附件。

第四十四条 跟踪评估出质知识产权市场价值或者其他类型的价值，应当对知识产权实施市场已经发生的变化予以充分考虑和说明。

第六章 以诉讼为目的的知识产权资产评估

第四十五条 执行以诉讼为目的的知识产权资产评估业务，应当熟悉国家司法部门和知识产权管理部门有关知识产权诉讼的规定。

第四十六条 执行以诉讼为目的的知识产权资产评估业务，应当与委托人和相关当事人进行充分沟通，了解案情基本情况，并且通过现场调查和资料收集等确认评估对象和评估范围，诉讼评估的知识产权资产通常为涉案资产或者其他相关经济利益。

其他相关经济利益是指一方当事人的行为给另一方当事人造成的经济损失以及费用增加等，通常包括侵权损失、资产损害，以及由于个人或者法人经营、合同纠纷等行为引起的相关经济利益变化。

第四十七条 执行以诉讼为目的的知识产权资产评估业务，应当提醒委托人根据评估对象和具体案件的不同，合理确定评估基准日。评估基准日可以是过去或者现在的某一时点。

第四十八条 执行以诉讼为目的的知识产权资产评估业务，应当根据评估目的、评估对象、案件具体情况以及所处阶段的不同，合理确定涉案知识产权资产评估的价值类型。

第四十九条 执行以诉讼为目的的知识产权资产评估业务，应当尽可能要求委托人和其他相关当事人提供相关资料，并要求其对资料的真实性、完整性、合法性进行确认，同时通过市场调查、专家访谈等方式收集评估资料。

第五十条 执行以诉讼为目的的知识产权资产评估业务，应当尽可能在委托人、其他相关当事人的配合下进行现场调查。

现场调查时应当保留必要的文字、语音、照片、影像等资料，以书面形式记录调查的时间、地点、过程、结果等，并与参加现场调查的委托人、其他相关当事人等共同确认。

如果调查时出现委托人或者其他相关当事人不在现场，或者相关人员不予配合等情况，则应详细记录现场情况，收集必要的证据资料，并在资产评估报告中予以披露。

第五十一条 编制以诉讼为目的的知识产权资产评估报告，应当重点披露下列内容：

（一）是否存在资产评估委托合同（委托要约）对资产评估基本事项约定不明确，或者评估对象和评估范围与资产评估委托合同（委托要约）约定不一致的情形；

（二）涉案知识产权资产以及其他相关经济利益的具体内容以及价值构成；

（三）现场调查和资料收集过程中委托人和其他相关当事人的配合情况；

（四）其他可能影响正确理解评估结

论和资产评估报告使用的事项。

第七章　以财务报告为目的的知识产权资产评估

第五十二条　执行以财务报告为目的的知识产权评估业务，应当提醒委托人根据项目具体情况以及会计准则要求，合理确定评估对象。评估对象可以是单项知识产权资产，也可以是知识产权资产组合或者与其他有形和无形资产组成的资产组。

第五十三条　执行会计准则规定的合并对价分摊事项涉及的知识产权资产评估业务，购买方取得的被购买方拥有的但在其财务报表上未确认的知识产权资产被确认为无形资产的，需要满足以下条件之一：

（一）源于合同性权利或者其他法定权利；

（二）能够从被购买方资产分离或者划分出来，并能单独或者与相关合同、资产和负债一起，用于出售、转移、授予许可、租赁或者交换。

第五十四条　执行会计准则规定的合并对价分摊事项涉及的知识产权资产评估业务，如果知识产权资产是不可分离的或者其市场价值不能可靠计量，应当将该项知识产权资产所在的最小资产组作为评估对象；如果与知识产权资产相联系资产的单独市场价值能可靠计量，并且各单项资产具有相同或者近似的使用寿命，可以将该项知识产权资产所在的最小资产组作为评估对象。

第五十五条　执行会计准则规定的减值测试涉及的知识产权资产评估业务应当知晓，使用寿命不确定的知识产权资产一般每年都进行减值测试，而使用寿命确定的知识产权资产只有在存在明显的减值迹象时才进行减值测试。

第八章　附　则

第五十六条　本指南自 2017 年 10 月 1 日起施行。中国资产评估协会于 2015 年 12 月 31 日发布的《关于印发〈知识产权资产评估指南〉的通知》（中评协〔2015〕82 号）同时废止。

中评协关于印发修订《专利资产评估指导意见》的通知

（中评协〔2017〕49号）

各省、自治区、直辖市、计划单列市资产评估协会（注册会计师协会）：

为贯彻落实《资产评估法》，规范资产评估执业行为，保证资产评估执业质量，保护资产评估当事人合法权益和公共利益，在财政部指导下，中国资产评估协会根据《资产评估基本准则》，对《专利资产评估指导意见》进行了修订，现予印发，自2017年10月1日起施行。

请各地方协会将《专利资产评估指导意见》及时转发资产评估机构，组织资产评估机构和资产评估专业人员进行学习和培训，并将执行过程中发现的问题及时上报中国资产评估协会。

附件：《专利资产评估指导意见》

中国资产评估协会
2017年9月8日

附件：

专利资产评估指导意见

第一章 总 则

第一条 为规范专利资产评估行为，保护资产评估当事人的合法权益和公共利益，根据《资产评估执业准则——无形资产》制定本指导意见。

第二条 本指导意见所称专利资产，是指专利权人拥有或者控制的，能持续发挥作用并且能带来经济利益的专利权益。

第三条 本指导意见所称专利资产评估，是指资产评估机构及其资产评估专业人员遵守法律、行政法规和资产评估准则，根据委托对评估基准日特定目的下的专利资产价值进行评定和估算，并出具资产评估报告的专业服务行为。

第四条 执行专利资产评估业务，应当遵守本指导意见。

第二章 基本遵循

第五条 资产评估机构及其资产评估专业人员开展专利权资产评估业务，应当遵守法律、行政法规的规定，坚持独立、客观、公正的原则，诚实守信，勤勉尽责，谨慎从业，遵守职业道德规范，自觉维护职业形象，不得从事损害职业形象的活动。

第六条 资产评估机构及其资产评估专业人员开展专利资产评估业务，应当独立进行分析和估算并形成专业意见，拒绝委托人或者其他相关当事人的干预，不得直接以预先设定的价值作为评估结论。

第七条 执行专利资产评估业务，应当具备专利资产评估的专业知识和实践经验，能够胜任所执行的专利资产评估业务。

执行某项特定业务缺乏特定的专业知识和经验时，应当采取弥补措施，包括利用专家工作及相关报告等。

第八条 执行企业价值评估中的专利资产评估业务，应当了解在对持续经营前提下的企业价值进行评估时，专利资产作为企业资产的组成部分的价值可能有别于作为单项资产的价值，其价值取决于它对企业价值的贡献程度。

第九条 执行专利资产评估业务，应当在考虑评估目的、市场条件、评估对象自身条件等因素的基础上，选择价值类型。

以质押为目的可以选择市场价值或者市场价值以外的价值类型，以交易为目的通常选择市场价值或者投资价值，以财务报告为目的通常根据会计准则相关要求选择相应的价值类型。

第十条 执行专利资产评估业务，应当确定评估假设和限制条件。

第三章 资产评估对象

第十一条 专利资产评估业务的评估对象是指专利资产权益，包括专利所有权和专利使用权。专利使用权是指专利实施许可权，具体包括专利权独占许可、独家许可、普通许可和其他许可形式。

执行专利资产评估业务，应当明确专利资产的权利属性。评估对象为专利所有权的，应当关注专利权是否已经许可他人使用及使用权的具体形式，并关注其对专利所有权价值的影响。评估对象为专利使用权的，应当明确专利使用权的许可形式、许可内容及许可期限。

第十二条 执行专利资产评估业务，应当要求委托人明确专利资产的基本状况。专利资产的基本状况通常包括：

（一）专利名称；

（二）专利类别；

（三）专利申请的国别或者地区；

（四）专利申请号或者专利号；

（五）专利的法律状态；

（六）专利申请日；

（七）专利授权日；

（八）专利权利要求书所记载的主权利要求；

（九）专利使用权利。

第十三条 执行专利资产评估业务，应当关注专利的法律状态。专利的法律状态通常包括专利申请人或者专利权人及其变更情况，专利所处的专利审批阶段、年费缴纳情况、专利权的终止、专利权的恢复、专利权的质押，以及是否涉及法律诉讼或者处于复审、宣告无效状态。

第十四条 执行专利资产评估业务，应当关注专利资产的技术状况、实施状况及获利状况。

第十五条 执行专利资产评估业务，应当在要求委托人根据评估对象的具体情况和评估目的对专利资产进行合理的分离或者合并的基础上，恰当进行单项专利资产或者专利资产组合的评估。

第十六条 执行质押、诉讼目的的专利资产评估业务，应当要求委托人提交由国家知识产权局出具的专利登记簿副本。评估对象为实用新型、外观设计专利的，应当要求委托人提供专利检索报告，当实用新型、外观设计专利数量较多时，应当选取部分专利由委托人提供检索报告。

第四章 操作要求

第十七条 执行专利资产评估业务，应当对专利及其实施情况进行调查，包括必要的现场调查、市场调查，并收集相关信息、资料等。

调查过程收集的相关信息、资料包括：

（一）专利资产的权利人及实施企业基本情况；

（二）专利证书、最近一期的专利缴费凭证；

（三）专利权利要求书、专利说明书及其附图；

（四）专利技术的研发过程、技术实验报告，专利资产所属技术领域的发展状况、技术水平、技术成熟度、同类技术竞争状况、技术更新速度等有关信息、资料；如果技术效果需要检测，还应当收集相关产品检测报告；

（五）与分析专利产品的适用范围、市场需求、市场前景及市场寿命、相关行业政策发展状况、宏观经济、同类产品的竞争状况、专利产品的获利能力等相关的信息、资料；

（六）以往的评估和交易情况，包括专利权转让合同、实施许可合同及其他交易情况。

第十八条 执行专利资产评估业务，应当尽可能获取与专利资产相关的财务数据及专利实施企业经审计的财务报表，对专利资产的相关财务数据进行分析。

第十九条 执行专利资产评估业务，应当分析下列事项及其对专利资产价值的影响：

（一）专利权利要求书、专利说明书及其附图的内容；

（二）专利权利要求书所记载的专利技术产品与其实施企业所生产产品的对应性。

第二十条 执行专利资产评估业务，应当对影响专利资产价值的法律因素进行分析，通常包括专利资产的权利属性及权利限制、专利类别、专利的法律状态、专利剩余法定保护期限、专利的保护范围等。资产评估专业人员应当关注专利所有权与使用权的差异、专利使用权的具体形式、以往许可和转让的情况对专利资产价值的影响。

资产评估专业人员应当关注发明、实用新型、外观设计的审批条件、审批程序、保护范围、保护期限、审批阶段的差异对专利资产价值的影响。

资产评估专业人员应当关注专利所处审批阶段，专利是否涉及法律诉讼或者处于复审、宣告无效状态，以及专利有效性维持情况对专利资产价值的影响。

第二十一条 执行专利资产评估业务，应当对影响专利资产价值的技术因素进行分析，通常包括替代性、先进性、创新性、成熟度、实用性、防御性、垄断性等。

第二十二条 对影响专利资产价值的

经济因素进行分析时，通常包括专利资产的取得成本、获利状况、许可费、类似资产的交易价格、市场应用情况、市场规模情况、市场占有率、竞争情况等。

第二十三条　当专利资产与其他资产共同发挥作用时，资产评估专业人员应当分析专利资产的作用，确定该专利资产的价值。

第二十四条　执行专利资产评估业务，应当关注经营条件等对专利资产作用和价值的影响。

第二十五条　执行专利资产法律诉讼评估业务，应当关注相关案情基本情况、经过质证的资料以及专利权的历史诉讼情况。

第二十六条　确定专利资产价值的评估方法包括市场法、收益法和成本法三种基本方法及其衍生方法。

执行专利资产评估业务，应当根据评估目的、评估对象、价值类型、资料收集等情况，分析上述三种基本方法的适用性，选择评估方法。

第二十七条　运用收益法进行专利资产评估时，应当收集专利产品的相关收入、成本、费用等数据。

资产评估专业人员应当对委托人或者其他相关当事人提供的专利未来实施情况和收益状况的预测进行分析、判断和调整，确信相关预测的合理性。

资产评估专业人员应当根据专利资产的具体情况选择收益口径。

第二十八条　采用收益法进行专利资产评估时，应当确定预期收益。

专利资产的预期收益应当是专利的使用而额外带来的收益，可以通过增量收益、节省许可费、收益分成或者超额收益等方式估算。确定预期收益时，应当区分并剔除与委托评估的专利资产无关的业务产生的收益，并关注专利产品或者服务所属行业的市场规模、市场地位及相关企业的经营情况。

第二十九条　采用收益法进行专利资产评估时应当合理确定专利资产收益期限。收益期限可以通过分析专利资产的技术寿命、技术成熟度、专利法定寿命及与专利资产相关的合同约定期限等确定。

第三十条　采用收益法进行专利资产评估时应当合理确定折现率。折现率可以通过分析评估基准日的利率、投资回报率，以及专利实施过程中的技术、经营、市场、资金等因素确定。专利资产折现率可以采用无风险报酬率加风险报酬率的方式确定。专利资产折现率应当与预期收益的口径保持一致。

第三十一条　采用市场法进行专利资产评估时，应当收集足够的可比交易案例，并对专利资产与可比交易案例之间的各种差异因素进行分析、比较和调整。

第三十二条　采用成本法进行专利资产评估时，应当合理确定专利资产的重置成本。重置成本包括合理的成本、利润和相关税费等。

确定专利资产重置成本时，应当确定形成专利资产所需的直接成本、间接费用、合理的利润及相关的税费等。

第三十三条　采用成本法进行专利资产评估时，应当合理确定贬值。

第五章　披露要求

第三十四条　编制专利资产评估报告应当反映专利资产的特点，通常包括下列内容：

（一）评估对象的详细情况，通常包括专利资产的权利属性、使用权具体形式、法律状态、专利申请号及专利权利要求等；

（二）专利资产的技术状况和实施状况；

（三）对影响专利资产价值的法律因素、技术因素、经济因素的分析过程；

（四）专利的实施经营条件；

（五）使用的评估假设和限制条件；

（六）专利权许可、转让、诉讼、无效请求及质押情况；

（七）有关评估方法的主要内容，包括评估方法的选取及其理由，评估方法中的运算和逻辑推理方式，各重要参数的来源、分析、比较与测算过程，对测算结果进行分析并形成评估结论的过程；

（八）其他必要信息。

第六章 附 则

第三十五条 本指导意见自2017年10月1日起施行。中国资产评估协会于2008年11月28日发布的《关于印发〈资产评估准则——无形资产〉和〈专利资产评估指导意见〉的通知》（中评协〔2008〕217号）中的《专利资产评估指导意见》同时废止。

中评协关于印发修订《著作权资产评估指导意见》的通知

(中评协〔2017〕50号)

各省、自治区、直辖市、计划单列市资产评估协会（注册会计师协会）：

为贯彻落实《资产评估法》，规范资产评估执业行为，保证资产评估执业质量，保护资产评估当事人合法权益和公共利益，在财政部指导下，中国资产评估协会根据《资产评估基本准则》，对《著作权资产评估指导意见》进行了修订，现予印发，自2017年10月1日起施行。

请各地方协会将《著作权资产评估指导意见》及时转发资产评估机构，组织资产评估机构和资产评估专业人员进行学习和培训，并将执行过程中发现的问题及时上报中国资产评估协会。

附件：《著作权资产评估指导意见》

中国资产评估协会
2017年9月8日

附件：

著作权资产评估指导意见

第一章 总 则

第一条 为规范著作权资产评估行为，保护资产评估当事人合法权益和公共利益，根据《资产评估执业准则——无形资产》制定本指导意见。

第二条 本指导意见所称著作权资产，是指著作权权利人拥有或者控制的，能够持续发挥作用并且能带来经济利益的著作权的财产权益和与著作权有关权利的财产权益。

第三条 本指导意见所称著作权资产评估，是指资产评估机构及其资产评估专业人员遵守法律、行政法规和资产评估准则，根据委托对评估基准日特定目的下的著作权资产价值进行评定和估算，并出具资产评估报告的专业服务行为。

第四条 执行著作权资产评估业务，应当遵守本指导意见。

第二章 基本遵循

第五条 资产评估机构及其资产评估专业人员开展著作权资产评估业务，应当遵守法律、行政法规的规定，坚持独立、客观、公正的原则，诚实守信，勤勉尽责，谨慎从业，遵守职业道德规范，自觉维护职业形象，不得从事损害职业形象的活动。

第六条 资产评估机构及其资产评估专业人员开展著作权资产评估业务，应当独立进行分析和估算并形成专业意见，拒绝委托人或者其他相关当事人的干预，不得直接以预先设定的价值作为评估结论。

第七条 执行著作权资产评估业务，应当具备著作权资产评估的专业知识和实践经验，能够胜任所执行的著作权资产评估业务。

执行某项特定业务缺乏特定的专业知识和经验时，应当采取弥补措施，包括利用专家工作及相关报告等。

第八条 执行企业价值评估中的著作权资产评估业务，应当了解在对持续经营前提下的企业价值进行评估时，著作权资产作为企业资产的组成部分的价值可能有别于作为单项资产的价值，其价值取决于它对企业价值的贡献程度。

第九条 执行著作权资产评估业务，应当在考虑评估目的等因素的基础上，恰当选择价值类型。

以质押为目的可以选择市场价值或者市场价值以外的价值类型，以交易为目的通常选择市场价值或者投资价值，以财务报告为目的通常根据会计准则相关要求选择相应的价值类型。

第十条 执行著作权资产评估业务，应当确定评估假设和限制条件。

第三章 资产评估对象

第十一条 著作权资产评估对象是指著作权中的财产权益以及与著作权有关权利的财产权益。

第十二条 著作权资产的财产权利形式包括著作权人享有的权利和转让或者许可他人使用的权利。

许可使用形式包括法定许可和授权许可；授权许可形式包括专有许可、非专有许可和其他形式许可等。

第十三条 执行著作权资产评估业务，应当明确著作权资产的权利形式。当评估对象为著作权许可使用权时，应当明确具体许可形式、内容和期限。

第十四条 著作权财产权利种类包括：复制权、发行权、出租权、展览权、表演权、放映权、广播权、信息网络传播权、摄制权、改编权、翻译权、汇编权以及著作权人享有的其他财产权利。这些权利是和特定作品（产品）相关联的。由于作品自身特性，并不是每一种作品都具有这些财产权利。

与著作权评估有关的权利通常包括：出版者对其出版的图书、期刊的版式设计权利，表演者对其表演享有的权利，录音、录像制作者对其制作的录音、录像制品享有的权利，广播电台、电视台对其制作的广播、电视所享有的权利以及由法律、行政法规规定的其他与著作权有关的权利。

第十五条 执行著作权资产评估业务，应当关注评估对象的基本状况以及在时间、地域和其他方面的限制条件，评估对象涉及的作品在著作权法中所属的作品类别，作品的发表状况、使用状态、登记情况以及著作权的保护期限。

第十六条 执行著作权资产评估业务，应当要求委托人明确著作权资产评估对象的组成形式。著作权资产评估对象通常有下列组成形式：

（一）单个著作权中的单项财产权利；

（二）单个著作权中的多项财产权利的组合；

（三）分属于不同著作权的单项或者多项财产权利的组合；

（四）著作权中财产权和与著作权有关权利的财产权益的组合；

（五）在权利客体不可分割或者不需要分割的情况下，著作权资产与其他无形资产的组合。

第十七条 执行著作权资产评估业务，应当关注著作权的法律状态。著作权的法律状态包括著作权权利人信息、权利人变更情况、著作权质押情况和涉及诉讼情况等。

第十八条 执行质押目的著作权资产评估业务，应当要求委托人提交由著作权登记机关出具的登记证书；执行出资目的著作权资产评估业务，应当关注著作权的登记情况。

第四章 操作要求

第十九条 执行著作权资产评估业务，应当对享有著作权的作品相关情况进行调查，包括必要的现场调查、市场调查，并收集相关信息、资料等。

调查过程收集的相关信息、资料通常包括：

（一）作品作者和著作权权利人的基本情况；

（二）作品基本情况，包括作品创作完成时间、首次发表时间、复制、发行、出租、展览、表演、放映、广播、信息网络传播、摄制、改编、翻译、汇编等使用情况；

（三）作品的类别，包括文字作品，口述作品，音乐、戏剧、曲艺、舞蹈、杂技艺术作品，美术、建筑作品，摄影作品，电影作品和以类似摄制电影的方法创作的作品，工程设计图、产品设计图、地图、示意图等图形作品和模型作品，计算机软件，法律、行政法规规定的其他作品；

（四）作品的创作形式，包括原创或者各种形式的改编、翻译、注释、整理等；

（五）作品的题材类型、体裁特征等情况；

（六）著作权和与著作权有关权利的情况及其登记情况；

（七）各种权利限制情况，包括相关财产权利在时间、地域方面的限制以及质押、诉讼等方面的限制；

（八）与作品相关的其他无形资产权利的情况；

（九）作品的创作成本、费用支出；

（十）著作权资产以往的评估和交易情况，包括转让、许可使用以及其他形式的交易情况；

（十一）著作权权利维护情况；

（十二）宏观经济发展和相关行业政策与作品市场发展状况；

（十三）作品的使用范围、市场需求、同类产品的竞争状况；

（十四）作品使用、收益的可能性和方式；

（十五）同类作品近期的市场交易及成交价格情况。

第二十条 执行著作权资产评估业务，应当了解与著作权资产共同发挥作用的其他因素，并重点关注下列情况：

（一）著作权资产与相关有形资产以及其他无形资产共同发挥作用；

（二）原创作品著作权与演绎作品著作权共同发挥作用；

（三）著作权和与著作权有关权利共同发挥作用。

当存在与评估对象共同发挥作用的其他因素时，应当分析这些因素对著作权资产价值的影响。

第二十一条 执行著作权法律诉讼资产评估业务，应当关注相关案情基本情况，经过质证的资料，以及著作权的历史诉讼情况。

第二十二条 确定著作权资产价值的评估方法包括市场法、收益法和成本法三种基本方法及其衍生方法。

执行著作权资产评估业务，应当根据评估目的、评估对象、价值类型、资料收集等情况，分析上述三种基本方法的适用性，选择评估方法。

第二十三条 采用收益法进行著作权资产评估时，应当根据著作权资产对应作品的运营模式估计评估对象的预期收益，并关注相关经营情况。著作权资产的预期收益通常通过分析计算增量收益、节省许可费和超额收益等途径实现。

第二十四条 执行著作权资产评估业务，应当关注该作品演绎出新作品并产生衍生收益的可能性。当具有充分证据证明该作品在可预见的未来可能会演绎出新作品并产生衍生收益时，应当谨慎、恰当地考虑这种衍生收益对著作权资产价值的影响。

第二十五条 当原创作品的演绎作品尚未形成时，应当了解其衍生收益的产生在评估基准日具有较大的不确定性，可以按或有资产评估衍生收益对应的著作权资产价值。

第二十六条 采用收益法进行著作权资产评估时，应当确定资产的剩余经济寿命。剩余经济寿命可以通过综合考虑法律保护期限、相关合同约定期限、作品类别、创作完成时间、首次发表时间以及作品的权利状况等因素确定。

第二十七条 采用收益法进行著作权资产评估时应当合理确定折现率。折现率可以通过分析评估基准日的利率、投资回报率，以及著作权实施过程中的技术、经营、市场、生命周期等因素确定。著作权资产折现率可以采用无风险报酬率加风险报酬率的方式确定。著作权资产折现率口径应当与预期收益的口径保持一致。

第二十八条 采用市场法进行著作权资产评估时应当：

（一）考虑该著作权资产或者类似著作权资产是否存在活跃的市场，恰当考虑市场法的适用性；

（二）收集类似著作权资产交易案例的市场交易价格、交易时间及交易条件等交易信息；

（三）选择具有比较基础的可比著作权资产交易案例；

（四）收集评估对象近期的交易信息；

（五）对可比交易案例和评估对象近期交易信息进行必要调整。

第二十九条 采用成本法进行著作权资产评估时，应当合理确定作品的重置成本。作品重置成本包括直接成本、间接费用、合理利润及相关税费等。

第三十条 采用成本法进行著作权资产评估时，应当采用适当方法合理确定评估对象的贬值。

第五章 披露要求

第三十一条 编制著作权资产评估报告应当反映著作权资产的特点，通常包括下列内容：

（一）作者和著作权权利人的基本情况；

（二）评估对象的具体组成情况，包括作品基本情况、作品的类别、作品的创作形式、涉及的演绎作品等情况；

（三）评估对象包含的财产权利限制条件；

（四）与著作权有关的权利情况；

（五）著作权和与著作权有关权利事项登记情况；

（六）作品含有其他无形资产的情况；

（七）作品产生收益的方式；

（八）著作权剩余法定保护期限以及剩余经济寿命；

（九）对著作权资产价值影响因素的分析过程；

（十）著作权资产许可、转让、诉讼以及质押等情况；

（十一）其他必要信息。

第六章 附 则

第三十二条 本指导意见自2017年10月1日起施行。中国资产评估协会于2010年12月18日发布的《关于印发〈著作权资产评估指导意见〉的通知》（中评协〔2010〕215号）同时废止。

中评协关于印发修订《商标资产评估指导意见》的通知

(中评协〔2017〕51号)

各省、自治区、直辖市、计划单列市资产评估协会(注册会计师协会):

为贯彻落实《资产评估法》,规范资产评估执业行为,保证资产评估执业质量,保护资产评估当事人合法权益和公共利益,在财政部指导下,中国资产评估协会根据《资产评估基本准则》,对《商标资产评估指导意见》进行了修订,现予印发,自2017年10月1日起施行。

请各地方协会将《商标资产评估指导意见》及时转发资产评估机构,组织资产评估机构和资产评估专业人员进行学习和培训,并将执行过程中发现的问题及时上报中国资产评估协会。

附件:《商标资产评估指导意见》

中国资产评估协会

2017年9月8日

附件:

商标资产评估指导意见

第一章 总 则

第一条 为规范商标资产评估行为,保护资产评估当事人合法权益和公共利益,根据《资产评估执业准则——无形资产》制定本指导意见。

第二条 本指导意见所称商标资产,是指商标权利人拥有或者控制的,能够持续发挥作用并且能带来经济利益的注册商标权益。

第三条 本指导意见所称商标资产评估,是指资产评估机构及其资产评估专业人员遵守法律、行政法规和资产评估准则,根据委托对评估基准日特定目的下的商标资产价值进行评定和估算,并出具资产评估报告的专业服务行为。

第四条 执行商标资产评估业务,应当遵守本指导意见。

第二章 基本遵循

第五条 资产评估机构及其资产评估专业人员开展商标资产评估业务,遵守法律、行政法规的规定,坚持独立、客观、公正的原则，诚实守信，勤勉尽责，谨慎从业，遵守职业道德规范，自觉维护职业形象，不得从事损害职业形象的活动。

第六条 资产评估机构及其资产评估专业人员开展商标资产评估业务，应当独立进行分析和估算并形成专业意见，拒绝委托人或者其他相关当事人的干预，不得直接以预先设定的价值作为评估结论。

第七条 执行商标资产评估业务，应当具备商标资产评估的专业知识和实践经验，能够胜任所执行的商标资产评估业务。

执行某项特定业务缺乏特定的专业知识和经验时，应当采取弥补措施，包括利用专家工作及相关报告等。

第八条 执行企业价值评估中的商标资产评估业务，应当了解在对持续经营前提下的企业价值进行评估时，商标资产作为企业资产的组成部分的价值可能有别于作为单项资产的价值，其价值取决于它对企业价值的贡献程度。

第九条 执行商标资产评估业务，应当在考虑评估目的等因素的基础上，恰当选择价值类型。

以质押为目的可以选择市场价值或者市场价值以外的价值类型，以交易为目的通常选择市场价值或者投资价值，以财务报告为目的通常根据会计准则相关要求选择相应的价值类型。

第十条 执行商标资产评估业务，应当合理确定评估假设和限制条件。

第三章 评估对象

第十一条 商标资产评估对象是指受法律保护的注册商标权益。

执行商标资产评估业务，应当明确商标资产的权利属性。评估对象为商标专用权的，应当关注商标是否已经许可他人使用及具体许可形式。评估对象为商标许可权时，应当明确该权利的具体许可形式、内容和期限。

第十二条 注册商标包括商品商标、服务商标、集体商标、证明商标。商标资产评估涉及的商标通常为商品商标和服务商标。

第十三条 执行商标资产评估业务，应当要求委托人明确商标的基本状况，通常包括：

（一）商标的文字、图形、字母、数字、三维标志和颜色组合及其说明，商标注册号、注册期限及核准的注册类别；

（二）商标的取得，包括原始取得和继受取得，以及商标注册、转让和继承程序办理情况；

（三）指定使用注册商标的商品或者服务项目；

（四）在类似商品或者服务上注册的相同或者近似的商标情况。

第十四条 执行商标资产评估业务，应当关注商标资产的法律状态。商标资产的法律状态通常包括商标注册人及变更情况，商标续展情况，商标专用权质押情况，商标专用权权属纠纷及涉及诉讼情况等。

第十五条 执行商标资产评估业务，应当根据具体情况将评估对象确定为单一商标或者商标组合。

对商标专用权评估时，应当将商标注册人在相同或者类似商品和服务上注册的相同或者近似的商标作为商标组合。

第十六条 执行商标许可权资产评估业务，应当要求委托人提供商标登记机关的备案资料或者有关商标许可约定的书面文件。

第十七条 执行注册商标专用权质押资产评估业务，应当关注注册商标专用权的历史质押记录，以及对相同或者类似商品或者服务上注册的相同或者近似商标一并办理质权登记的情况。

第四章 操作要求

第十八条 执行商标资产评估业务，应当对商标资产相关情况进行调查，包括必要的现场调查、市场调查，并收集相关资料等。

调查过程中收集的相关资料通常包括：

（一）商标注册人和商标使用人的基本情况；

（二）商标的权属及登记情况；包括注册、变更、许可、续展、质押、纠纷及诉讼等；

（三）对商标的知晓程度；

（四）相关商品或者服务的销售渠道和销售网络等；

（五）商标使用的持续时间；

（六）商标宣传工作的持续时间、程度、费用和地理范围；

（七）与使用该商标的商品或者服务相关的著作权、专利、专有技术等其他无形资产权利的情况；

（八）宏观经济发展和相关行业政策与商标商品或者服务市场发展状况；

（九）商标商品或者服务的使用范围、市场需求、同类商品或者服务的竞争状况；

（十）商标使用、收益的可能性和方式；包括实施企业财务状况、行业竞争地位、未来发展规划等；

（十一）近似商标近期的市场交易情况；

（十二）商标以往的评估及交易情况；

（十三）商标权利维护方面的情况，包括权利维护方式、效果、成本费用等。

第十九条 执行商标资产评估业务，应当尽可能获取与商标资产使用相关的财务数据或者经审计的财务报表，对商标资产的相关财务数据进行必要的分析。

第二十条 执行商标资产评估业务，应当了解商标资产与相关有形资产以及专利权、专有技术和著作权等无形资产共同发挥作用的情况，并考虑其对商标资产价值的影响。

第二十一条 执行商标资产评估业务，应当分析商标商品或者服务的市场需求，关注商标的美誉度、认知度以及商标商品或者服务在相关行业的市场竞争力等因素对商标资产价值的影响。

第二十二条 执行注册商标专用权法律诉讼资产评估业务，应当关注相关案情基本情况，经过质证的资料，以及注册商标专用权的历史诉讼情况。

第二十三条 确定商标资产价值的评估方法包括市场法、收益法和成本法三种基本方法及其衍生方法。

执行商标资产评估业务，应当根据评估目的、评估对象、价值类型、资料收集等情况，分析上述三种基本方法及其衍生方法的适用性，选择评估方法。

第二十四条 运用收益法进行商标资产评估时，应当合理确定预期收益。

商标资产的预期收益应当是因商标的使用而额外带来的收益，可以通过增量收益、节省许可费、收益分成或者超额收益等方式估算。确定预期收益时，应当区分并剔除与商标无关的业务产生的收益，并关注商标商品或者服务所属行业的市场规模、市场地位及相关企业的经营情况。

第二十五条 采用收益法评估商标资产时，应当根据具体情况选择恰当的收益口径。可以按照销售收入、利润或者现金流等口径估算商标资产预期产生的收益。

第二十六条 采用收益法评估商标资产时，应当合理确定商标资产收益期限。收益期限可以通过分析商标商品或者服务所属行业的发展趋势，通过综合考虑法律保护期限、相关合同约定期限、商标商品的产品寿命、商标商品或者服务的市场份额及发展潜力、商标未来维护费用、所属行业及企业的发展状况、商标注册人的经营年限等因素确定。

第二十七条 采用收益法进行商标资产评估时，应当合理确定折现率。折现率可以通过分析评估基准日的利率、投资回报率，以及商标商品生产、销售实施过程中的技术、经营、市场等因素确定。商标资产折现率应当有别于企业或者其他资产折现率。商标资产折现率可以采用无风险报酬率加风险报酬率的方式确定。商标资产折现率口径应当与预期收益的口径保持一致。

第二十八条 采用市场法进行商标资产评估时，应当对收集的可比交易案例与评估对象进行比较，分析时可以从交易时间、权利种类或形式、交易方的关系、获利能力、竞争能力、预计收益期限、商标维护费用、风险程度等方面的差异进行比较。

第二十九条 采用成本法进行商标资产评估时，应当考虑商标资产价值与成本的相关程度，恰当考虑成本法的适用性。

商标重置成本包括合理成本、利润和相关税费等。

第三十条 采用成本法进行商标资产评估时，应当关注评估对象的贬值。

第五章 披露要求

第三十一条 编制商标资产评估报告应当反映商标资产的特点，通常包括下列内容：

（一）商标注册人的基本情况；

（二）商标的基本情况；

（三）商标商品或者服务的基本情况；

（四）商标商品或者服务的生产、销售中涉及的著作权、专利、专有技术等其他无形资产情况；

（五）商标资产产生收益的方式；

（六）商标剩余法定保护期限以及预计收益期限；

（七）对影响商标资产价值因素的分析过程；

（八）使用的评估假设和限制条件；

（九）商标资产许可、转让、诉讼以及质押等情况；

（十）其他必要说明。

第六章 附　则

第三十二条 本指导意见自 2017 年 10 月 1 日起施行。中国资产评估协会于 2011 年 12 月 30 日发布的《关于印发〈商标资产评估指导意见〉的通知》（中评协〔2011〕228 号）同时废止。

第四部分

相关立法（摘录）

中华人民共和国民法典（摘录）

（2020年5月28日第十三届全国人民代表大会第三次会议通过）

第一编　总　则

第一章　基本规定

第一条　为了保护民事主体的合法权益，调整民事关系，维护社会和经济秩序，适应中国特色社会主义发展要求，弘扬社会主义核心价值观，根据宪法，制定本法。

第二条　民法调整平等主体的自然人、法人和非法人组织之间的人身关系和财产关系。

第三条　民事主体的人身权利、财产权利以及其他合法权益受法律保护，任何组织或者个人不得侵犯。

第四条　民事主体在民事活动中的法律地位一律平等。

第五条　民事主体从事民事活动，应当遵循自愿原则，按照自己的意思设立、变更、终止民事法律关系。

第六条　民事主体从事民事活动，应当遵循公平原则，合理确定各方的权利和义务。

第七条　民事主体从事民事活动，应当遵循诚信原则，秉持诚实，恪守承诺。

第八条　民事主体从事民事活动，不得违反法律，不得违背公序良俗。

第九条　民事主体从事民事活动，应当有利于节约资源、保护生态环境。

第十条　处理民事纠纷，应当依照法律；法律没有规定的，可以适用习惯，但是不得违背公序良俗。

第十一条　其他法律对民事关系有特别规定的，依照其规定。

第十二条　中华人民共和国领域内的民事活动，适用中华人民共和国法律。法律另有规定的，依照其规定。

第二章　自然人

第一节　民事权利能力和民事行为能力

第十三条　自然人从出生时起到死亡时止，具有民事权利能力，依法享有民事权利，承担民事义务。

第十四条　自然人的民事权利能力一律平等。

第十五条　自然人的出生时间和死亡时间，以出生证明、死亡证明记载的时间为准；没有出生证明、死亡证明的，以户籍登记或者其他有效身份登记记载的时间为准。有其他证据足以推翻以上记载时间的，以该证据证明的时间为准。

第十六条 涉及遗产继承、接受赠与等胎儿利益保护的，胎儿视为具有民事权利能力。但是，胎儿娩出时为死体的，其民事权利能力自始不存在。

第十七条 十八周岁以上的自然人为成年人。不满十八周岁的自然人为未成年人。

第十八条 成年人为完全民事行为能力人，可以独立实施民事法律行为。

十六周岁以上的未成年人，以自己的劳动收入为主要生活来源的，视为完全民事行为能力人。

第十九条 八周岁以上的未成年人为限制民事行为能力人，实施民事法律行为由其法定代理人代理或者经其法定代理人同意、追认；但是，可以独立实施纯获利益的民事法律行为或者与其年龄、智力相适应的民事法律行为。

第二十条 不满八周岁的未成年人为无民事行为能力人，由其法定代理人代理实施民事法律行为。

第二十一条 不能辨认自己行为的成年人为无民事行为能力人，由其法定代理人代理实施民事法律行为。

八周岁以上的未成年人不能辨认自己行为的，适用前款规定。

第二十二条 不能完全辨认自己行为的成年人为限制民事行为能力人，实施民事法律行为由其法定代理人代理或者经其法定代理人同意、追认；但是，可以独立实施纯获利益的民事法律行为或者与其智力、精神健康状况相适应的民事法律行为。

第二十三条 无民事行为能力人、限制民事行为能力人的监护人是其法定代理人。

第二十四条 不能辨认或者不能完全辨认自己行为的成年人，其利害关系人或者有关组织，可以向人民法院申请认定该成年人为无民事行为能力人或者限制民事行为能力人。

被人民法院认定为无民事行为能力人或者限制民事行为能力人的，经本人、利害关系人或者有关组织申请，人民法院可以根据其智力、精神健康恢复的状况，认定该成年人恢复为限制民事行为能力人或者完全民事行为能力人。

本条规定的有关组织包括：居民委员会、村民委员会、学校、医疗机构、妇女联合会、残疾人联合会、依法设立的老年人组织、民政部门等。

第二十五条 自然人以户籍登记或者其他有效身份登记记载的居所为住所；经常居所与住所不一致的，经常居所视为住所。

第二节 监 护

第二十六条 父母对未成年子女负有抚养、教育和保护的义务。

成年子女对父母负有赡养、扶助和保护的义务。

第二十七条 父母是未成年子女的监护人。

未成年人的父母已经死亡或者没有监护能力的，由下列有监护能力的人按顺序担任监护人：

（一）祖父母、外祖父母；

（二）兄、姐；

（三）其他愿意担任监护人的个人或者组织，但是须经未成年人住所地的居民委员会、村民委员会或者民政部门同意。

第二十八条 无民事行为能力或者限制民事行为能力的成年人，由下列有监护能力的人按顺序担任监护人：

（一）配偶；

（二）父母、子女；

（三）其他近亲属；

（四）其他愿意担任监护人的个人或者组织，但是须经被监护人住所地的居民委员会、村民委员会或者民政部门同意。

第二十九条 被监护人的父母担任监护人的，可以通过遗嘱指定监护人。

第三十条 依法具有监护资格的人之间可以协议确定监护人。协议确定监护人应当尊重被监护人的真实意愿。

第三十一条 对监护人的确定有争议的，由被监护人住所地的居民委员会、村民委员会或者民政部门指定监护人，有关当事人对指定不服的，可以向人民法院申请指定监护人；有关当事人也可以直接向人民法院申请指定监护人。

居民委员会、村民委员会、民政部门或者人民法院应当尊重被监护人的真实意愿，按照最有利于被监护人的原则在依法具有监护资格的人中指定监护人。

依据本条第一款规定指定监护人前，被监护人的人身权利、财产权利以及其他合法权益处于无人保护状态的，由被监护人住所地的居民委员会、村民委员会、法律规定的有关组织或者民政部门担任临时监护人。

监护人被指定后，不得擅自变更；擅自变更的，不免除被指定的监护人的责任。

第三十二条 没有依法具有监护资格的人的，监护人由民政部门担任，也可以由具备履行监护职责条件的被监护人住所地的居民委员会、村民委员会担任。

第三十三条 具有完全民事行为能力的成年人，可以与其近亲属、其他愿意担任监护人的个人或者组织事先协商，以书面形式确定自己的监护人，在自己丧失或者部分丧失民事行为能力时，由该监护人履行监护职责。

第三十四条 监护人的职责是代理被监护人实施民事法律行为，保护被监护人的人身权利、财产权利以及其他合法权益等。

监护人依法履行监护职责产生的权利，受法律保护。

监护人不履行监护职责或者侵害被监护人合法权益的，应当承担法律责任。

因发生突发事件等紧急情况，监护人暂时无法履行监护职责，被监护人的生活处于无人照料状态的，被监护人住所地的居民委员会、村民委员会或者民政部门应当为被监护人安排必要的临时生活照料措施。

第三十五条 监护人应当按照最有利于被监护人的原则履行监护职责。监护人除为维护被监护人利益外，不得处分被监护人的财产。

未成年人的监护人履行监护职责，在作出与被监护人利益有关的决定时，应当根据被监护人的年龄和智力状况，尊重被监护人的真实意愿。

成年人的监护人履行监护职责，应当最大程度地尊重被监护人的真实意愿，保障并协助被监护人实施与其智力、精神健康状况相适应的民事法律行为。对被监护人有能力独立处理的事务，监护人不得干涉。

第三十六条 监护人有下列情形之一

的，人民法院根据有关个人或者组织的申请，撤销其监护人资格，安排必要的临时监护措施，并按照最有利于被监护人的原则依法指定监护人：

（一）实施严重损害被监护人身心健康的行为；

（二）怠于履行监护职责，或者无法履行监护职责且拒绝将监护职责部分或者全部委托给他人，导致被监护人处于危困状态；

（三）实施严重侵害被监护人合法权益的其他行为。

本条规定的有关个人、组织包括：其他依法具有监护资格的人，居民委员会、村民委员会、学校、医疗机构、妇女联合会、残疾人联合会、未成年人保护组织、依法设立的老年人组织、民政部门等。

前款规定的个人和民政部门以外的组织未及时向人民法院申请撤销监护人资格的，民政部门应当向人民法院申请。

第三十七条 依法负担被监护人抚养费、赡养费、扶养费的父母、子女、配偶等，被人民法院撤销监护人资格后，应当继续履行负担的义务。

第三十八条 被监护人的父母或者子女被人民法院撤销监护人资格后，除对被监护人实施故意犯罪的外，确有悔改表现的，经其申请，人民法院可以在尊重被监护人真实意愿的前提下，视情况恢复其监护人资格，人民法院指定的监护人与被监护人的监护关系同时终止。

第三十九条 有下列情形之一的，监护关系终止：

（一）被监护人取得或者恢复完全民事行为能力；

（二）监护人丧失监护能力；

（三）被监护人或者监护人死亡；

（四）人民法院认定监护关系终止的其他情形。

监护关系终止后，被监护人仍然需要监护的，应当依法另行确定监护人。

第三节 宣告失踪和宣告死亡

第四十条 自然人下落不明满二年的，利害关系人可以向人民法院申请宣告该自然人为失踪人。

第四十一条 自然人下落不明的时间自其失去音讯之日起计算。战争期间下落不明的，下落不明的时间自战争结束之日或者有关机关确定的下落不明之日起计算。

第四十二条 失踪人的财产由其配偶、成年子女、父母或者其他愿意担任财产代管人的人代管。

代管有争议，没有前款规定的人，或者前款规定的人无代管能力的，由人民法院指定的人代管。

第四十三条 财产代管人应当妥善管理失踪人的财产，维护其财产权益。

失踪人所欠税款、债务和应付的其他费用，由财产代管人从失踪人的财产中支付。

财产代管人因故意或者重大过失造成失踪人财产损失的，应当承担赔偿责任。

第四十四条 财产代管人不履行代管职责、侵害失踪人财产权益或者丧失代管能力的，失踪人的利害关系人可以向人民法院申请变更财产代管人。

财产代管人有正当理由的，可以向人民法院申请变更财产代管人。

人民法院变更财产代管人的，变更后的财产代管人有权请求原财产代管人及时移交有关财产并报告财产代管情况。

第四十五条 失踪人重新出现，经本人或者利害关系人申请，人民法院应当撤销失踪宣告。

失踪人重新出现，有权请求财产代管人及时移交有关财产并报告财产代管情况。

第四十六条 自然人有下列情形之一的，利害关系人可以向人民法院申请宣告该自然人死亡：

（一）下落不明满四年；

（二）因意外事件，下落不明满二年。

因意外事件下落不明，经有关机关证明该自然人不可能生存的，申请宣告死亡不受二年时间的限制。

第四十七条 对同一自然人，有的利害关系人申请宣告死亡，有的利害关系人申请宣告失踪，符合本法规定的宣告死亡条件的，人民法院应当宣告死亡。

第四十八条 被宣告死亡的人，人民法院宣告死亡的判决作出之日视为其死亡的日期；因意外事件下落不明宣告死亡的，意外事件发生之日视为其死亡的日期。

第四十九条 自然人被宣告死亡但是并未死亡的，不影响该自然人在被宣告死亡期间实施的民事法律行为的效力。

第五十条 被宣告死亡的人重新出现，经本人或者利害关系人申请，人民法院应当撤销死亡宣告。

第五十一条 被宣告死亡的人的婚姻关系，自死亡宣告之日起消除。死亡宣告被撤销的，婚姻关系自撤销死亡宣告之日起自行恢复。但是，其配偶再婚或者向婚姻登记机关书面声明不愿意恢复的除外。

第五十二条 被宣告死亡的人在被宣告死亡期间，其子女被他人依法收养的，在死亡宣告被撤销后，不得以未经本人同意为由主张收养行为无效。

第五十三条 被撤销死亡宣告的人有权请求依照本法第六编取得其财产的民事主体返还财产；无法返还的，应当给予适当补偿。

利害关系人隐瞒真实情况，致使他人被宣告死亡而取得其财产的，除应当返还财产外，还应当对由此造成的损失承担赔偿责任。

第四节　个体工商户和农村承包经营户

第五十四条 自然人从事工商业经营，经依法登记，为个体工商户。个体工商户可以起字号。

第五十五条 农村集体经济组织的成员，依法取得农村土地承包经营权，从事家庭承包经营的，为农村承包经营户。

第五十六条 个体工商户的债务，个人经营的，以个人财产承担；家庭经营的，以家庭财产承担；无法区分的，以家庭财产承担。

农村承包经营户的债务，以从事农村土地承包经营的农户财产承担；事实上由农户部分成员经营的，以该部分成员的财产承担。

第三章　法　人

第一节　一般规定

第五十七条 法人是具有民事权利能力和民事行为能力，依法独立享有民事权利和承担民事义务的组织。

第五十八条 法人应当依法成立。

法人应当有自己的名称、组织机构、住所、财产或者经费。法人成立的具体条件和程序，依照法律、行政法规的规定。

设立法人，法律、行政法规规定须经有关机关批准的，依照其规定。

第五十九条 法人的民事权利能力和民事行为能力，从法人成立时产生，到法人终止时消灭。

第六十条 法人以其全部财产独立承担民事责任。

第六十一条 依照法律或者法人章程的规定，代表法人从事民事活动的负责人，为法人的法定代表人。

法定代表人以法人名义从事的民事活动，其法律后果由法人承受。

法人章程或者法人权力机构对法定代表人代表权的限制，不得对抗善意相对人。

第六十二条 法定代表人因执行职务造成他人损害的，由法人承担民事责任。

法人承担民事责任后，依照法律或者法人章程的规定，可以向有过错的法定代表人追偿。

第六十三条 法人以其主要办事机构所在地为住所。依法需要办理法人登记的，应当将主要办事机构所在地登记为住所。

第六十四条 法人存续期间登记事项发生变化的，应当依法向登记机关申请变更登记。

第六十五条 法人的实际情况与登记的事项不一致的，不得对抗善意相对人。

第六十六条 登记机关应当依法及时公示法人登记的有关信息。

第六十七条 法人合并的，其权利和义务由合并后的法人享有和承担。

法人分立的，其权利和义务由分立后的法人享有连带债权，承担连带债务，但是债权人和债务人另有约定的除外。

第六十八条 有下列原因之一并依法完成清算、注销登记的，法人终止：

（一）法人解散；

（二）法人被宣告破产；

（三）法律规定的其他原因。

法人终止，法律、行政法规规定须经有关机关批准的，依照其规定。

第六十九条 有下列情形之一的，法人解散：

（一）法人章程规定的存续期间届满或者法人章程规定的其他解散事由出现；

（二）法人的权力机构决议解散；

（三）因法人合并或者分立需要解散；

（四）法人依法被吊销营业执照、登记证书，被责令关闭或者被撤销；

（五）法律规定的其他情形。

第七十条 法人解散的，除合并或者分立的情形外，清算义务人应当及时组成清算组进行清算。

法人的董事、理事等执行机构或者决策机构的成员为清算义务人。法律、行政法规另有规定的，依照其规定。

清算义务人未及时履行清算义务，造成损害的，应当承担民事责任；主管机关或者利害关系人可以申请人民法院指定有关人员组成清算组进行清算。

第七十一条 法人的清算程序和清算组职权，依照有关法律的规定；没有规定的，参照适用公司法律的有关规定。

第七十二条 清算期间法人存续，但是不得从事与清算无关的活动。

法人清算后的剩余财产，按照法人章程的规定或者法人权力机构的决议处理。

法律另有规定的,依照其规定。

清算结束并完成法人注销登记时,法人终止;依法不需要办理法人登记的,清算结束时,法人终止。

第七十三条 法人被宣告破产的,依法进行破产清算并完成法人注销登记时,法人终止。

第七十四条 法人可以依法设立分支机构。法律、行政法规规定分支机构应当登记的,依照其规定。

分支机构以自己的名义从事民事活动,产生的民事责任由法人承担;也可以先以该分支机构管理的财产承担,不足以承担的,由法人承担。

第七十五条 设立人为设立法人从事的民事活动,其法律后果由法人承受;法人未成立的,其法律后果由设立人承受,设立人为二人以上的,享有连带债权,承担连带债务。

设立人为设立法人以自己的名义从事民事活动产生的民事责任,第三人有权选择请求法人或者设立人承担。

第二节 营利法人

第七十六条 以取得利润并分配给股东等出资人为目的成立的法人,为营利法人。

营利法人包括有限责任公司、股份有限公司和其他企业法人等。

第七十七条 营利法人经依法登记成立。

第七十八条 依法设立的营利法人,由登记机关发给营利法人营业执照。营业执照签发日期为营利法人的成立日期。

第七十九条 设立营利法人应当依法制定法人章程。

第八十条 营利法人应当设权力机构。

权力机构行使修改法人章程,选举或者更换执行机构、监督机构成员,以及法人章程规定的其他职权。

第八十一条 营利法人应当设执行机构。

执行机构行使召集权力机构会议,决定法人的经营计划和投资方案,决定法人内部管理机构的设置,以及法人章程规定的其他职权。

执行机构为董事会或者执行董事的,董事长、执行董事或者经理按照法人章程的规定担任法定代表人;未设董事会或者执行董事的,法人章程规定的主要负责人为其执行机构和法定代表人。

第八十二条 营利法人设监事会或者监事等监督机构的,监督机构依法行使检查法人财务,监督执行机构成员、高级管理人员执行法人职务的行为,以及法人章程规定的其他职权。

第八十三条 营利法人的出资人不得滥用出资人权利损害法人或者其他出资人的利益;滥用出资人权利造成法人或者其他出资人损失的,应当依法承担民事责任。

营利法人的出资人不得滥用法人独立地位和出资人有限责任损害法人债权人的利益;滥用法人独立地位和出资人有限责任,逃避债务,严重损害法人债权人的利益的,应当对法人债务承担连带责任。

第八十四条 营利法人的控股出资人、实际控制人、董事、监事、高级管理人员不得利用其关联关系损害法人的利益;利用关联关系造成法人损失的,应当承担赔偿责任。

第八十五条 营利法人的权力机构、执行机构作出决议的会议召集程序、表决方式违反法律、行政法规、法人章程，或者决议内容违反法人章程的，营利法人的出资人可以请求人民法院撤销该决议。但是，营利法人依据该决议与善意相对人形成的民事法律关系不受影响。

第八十六条 营利法人从事经营活动，应当遵守商业道德，维护交易安全，接受政府和社会的监督，承担社会责任。

第三节 非营利法人

第八十七条 为公益目的或者其他非营利目的成立，不向出资人、设立人或者会员分配所取得利润的法人，为非营利法人。

非营利法人包括事业单位、社会团体、基金会、社会服务机构等。

第八十八条 具备法人条件，为适应经济社会发展需要，提供公益服务设立的事业单位，经依法登记成立，取得事业单位法人资格；依法不需要办理法人登记的，从成立之日起，具有事业单位法人资格。

第八十九条 事业单位法人设理事会的，除法律另有规定外，理事会为其决策机构。事业单位法人的法定代表人依照法律、行政法规或者法人章程的规定产生。

第九十条 具备法人条件，基于会员共同意愿，为公益目的或者会员共同利益等非营利目的设立的社会团体，经依法登记成立，取得社会团体法人资格；依法不需要办理法人登记的，从成立之日起，具有社会团体法人资格。

第九十一条 设立社会团体法人应当依法制定法人章程。

社会团体法人应当设会员大会或者会员代表大会等权力机构。

社会团体法人应当设理事会等执行机构。理事长或者会长等负责人按照法人章程的规定担任法定代表人。

第九十二条 具备法人条件，为公益目的以捐助财产设立的基金会、社会服务机构等，经依法登记成立，取得捐助法人资格。

依法设立的宗教活动场所，具备法人条件的，可以申请法人登记，取得捐助法人资格。法律、行政法规对宗教活动场所有规定的，依照其规定。

第九十三条 设立捐助法人应当依法制定法人章程。

捐助法人应当设理事会、民主管理组织等决策机构，并设执行机构。理事长等负责人按照法人章程的规定担任法定代表人。

捐助法人应当设监事会等监督机构。

第九十四条 捐助人有权向捐助法人查询捐助财产的使用、管理情况，并提出意见和建议，捐助法人应当及时、如实答复。

捐助法人的决策机构、执行机构或者法定代表人作出决定的程序违反法律、行政法规、法人章程，或者决定内容违反法人章程的，捐助人等利害关系人或者主管机关可以请求人民法院撤销该决定。但是，捐助法人依据该决定与善意相对人形成的民事法律关系不受影响。

第九十五条 为公益目的成立的非营利法人终止时，不得向出资人、设立人或者会员分配剩余财产。剩余财产应当按照法人章程的规定或者权力机构的决议用于公益目的；无法按照法人章程的规定或者权力机构的决议处理的，由主管机关主持转给宗旨相同或者相近的法人，并向社会公告。

第四节 特别法人

第九十六条 本节规定的机关法人、农村集体经济组织法人、城镇农村的合作经济组织法人、基层群众性自治组织法人，为特别法人。

第九十七条 有独立经费的机关和承担行政职能的法定机构从成立之日起，具有机关法人资格，可以从事为履行职能所需要的民事活动。

第九十八条 机关法人被撤销的，法人终止，其民事权利和义务由继任的机关法人享有和承担；没有继任的机关法人的，由作出撤销决定的机关法人享有和承担。

第九十九条 农村集体经济组织依法取得法人资格。

法律、行政法规对农村集体经济组织有规定的，依照其规定。

第一百条 城镇农村的合作经济组织依法取得法人资格。

法律、行政法规对城镇农村的合作经济组织有规定的，依照其规定。

第一百零一条 居民委员会、村民委员会具有基层群众性自治组织法人资格，可以从事为履行职能所需要的民事活动。

未设立村集体经济组织的，村民委员会可以依法代行村集体经济组织的职能。

第四章 非法人组织

第一百零二条 非法人组织是不具有法人资格，但是能够依法以自己的名义从事民事活动的组织。

非法人组织包括个人独资企业、合伙企业、不具有法人资格的专业服务机构等。

第一百零三条 非法人组织应当依照法律的规定登记。

设立非法人组织，法律、行政法规规定须经有关机关批准的，依照其规定。

第一百零四条 非法人组织的财产不足以清偿债务的，其出资人或者设立人承担无限责任。法律另有规定的，依照其规定。

第一百零五条 非法人组织可以确定一人或者数人代表该组织从事民事活动。

第一百零六条 有下列情形之一的，非法人组织解散：

（一）章程规定的存续期间届满或者章程规定的其他解散事由出现；

（二）出资人或者设立人决定解散；

（三）法律规定的其他情形。

第一百零七条 非法人组织解散的，应当依法进行清算。

第一百零八条 非法人组织除适用本章规定外，参照适用本编第三章第一节的有关规定。

第五章 民事权利

第一百零九条 自然人的人身自由、人格尊严受法律保护。

第一百一十条 自然人享有生命权、身体权、健康权、姓名权、肖像权、名誉权、荣誉权、隐私权、婚姻自主权等权利。

法人、非法人组织享有名称权、名誉权和荣誉权。

第一百一十一条 自然人的个人信息受法律保护。任何组织或者个人需要获取他人个人信息的，应当依法取得并确保信息安全，不得非法收集、使用、加工、传输他人个人信息，不得非法买卖、提供或者公开他人个人信息。

第一百一十二条 自然人因婚姻家庭关系等产生的人身权利受法律保护。

第一百一十三条 民事主体的财产权利受法律平等保护。

第一百一十四条 民事主体依法享有物权。

物权是权利人依法对特定的物享有直接支配和排他的权利，包括所有权、用益物权和担保物权。

第一百一十五条 物包括不动产和动产。法律规定权利作为物权客体的，依照其规定。

第一百一十六条 物权的种类和内容，由法律规定。

第一百一十七条 为了公共利益的需要，依照法律规定的权限和程序征收、征用不动产或者动产的，应当给予公平、合理的补偿。

第一百一十八条 民事主体依法享有债权。

债权是因合同、侵权行为、无因管理、不当得利以及法律的其他规定，权利人请求特定义务人为或者不为一定行为的权利。

第一百一十九条 依法成立的合同，对当事人具有法律约束力。

第一百二十条 民事权益受到侵害的，被侵权人有权请求侵权人承担侵权责任。

第一百二十一条 没有法定的或者约定的义务，为避免他人利益受损失而进行管理的人，有权请求受益人偿还由此支出的必要费用。

第一百二十二条 因他人没有法律根据，取得不当利益，受损失的人有权请求其返还不当利益。

第一百二十三条 民事主体依法享有知识产权。

知识产权是权利人依法就下列客体享有的专有的权利：

（一）作品；

（二）发明、实用新型、外观设计；

（三）商标；

（四）地理标志；

（五）商业秘密；

（六）集成电路布图设计；

（七）植物新品种；

（八）法律规定的其他客体。

第一百二十四条 自然人依法享有继承权。

自然人合法的私有财产，可以依法继承。

第一百二十五条 民事主体依法享有股权和其他投资性权利。

第一百二十六条 民事主体享有法律规定的其他民事权利和利益。

第一百二十七条 法律对数据、网络虚拟财产的保护有规定的，依照其规定。

第一百二十八条 法律对未成年人、老年人、残疾人、妇女、消费者等的民事权利保护有特别规定的，依照其规定。

第一百二十九条 民事权利可以依据民事法律行为、事实行为、法律规定的事件或者法律规定的其他方式取得。

第一百三十条 民事主体按照自己的意愿依法行使民事权利，不受干涉。

第一百三十一条 民事主体行使权利时，应当履行法律规定的和当事人约定的义务。

第一百三十二条 民事主体不得滥用民事权利损害国家利益、社会公共利益或者他人合法权益。

第六章 民事法律行为

第一节 一般规定

第一百三十三条 民事法律行为是民事主体通过意思表示设立、变更、终止民事法律关系的行为。

第一百三十四条 民事法律行为可以基于双方或者多方的意思表示一致成立，也可以基于单方的意思表示成立。

法人、非法人组织依照法律或者章程规定的议事方式和表决程序作出决议的，该决议行为成立。

第一百三十五条 民事法律行为可以采用书面形式、口头形式或者其他形式；法律、行政法规规定或者当事人约定采用特定形式的，应当采用特定形式。

第一百三十六条 民事法律行为自成立时生效，但是法律另有规定或者当事人另有约定的除外。

行为人非依法律规定或者未经对方同意，不得擅自变更或者解除民事法律行为。

第二节 意思表示

第一百三十七条 以对话方式作出的意思表示，相对人知道其内容时生效。

以非对话方式作出的意思表示，到达相对人时生效。以非对话方式作出的采用数据电文形式的意思表示，相对人指定特定系统接收数据电文的，该数据电文进入该特定系统时生效；未指定特定系统的，相对人知道或者应当知道该数据电文进入其系统时生效。当事人对采用数据电文形式的意思表示的生效时间另有约定的，按照其约定。

第一百三十八条 无相对人的意思表示，表示完成时生效。法律另有规定的，依照其规定。

第一百三十九条 以公告方式作出的意思表示，公告发布时生效。

第一百四十条 行为人可以明示或者默示作出意思表示。

沉默只有在有法律规定、当事人约定或者符合当事人之间的交易习惯时，才可以视为意思表示。

第一百四十一条 行为人可以撤回意思表示。撤回意思表示的通知应当在意思表示到达相对人前或者与意思表示同时到达相对人。

第一百四十二条 有相对人的意思表示的解释，应当按照所使用的词句，结合相关条款、行为的性质和目的、习惯以及诚信原则，确定意思表示的含义。

无相对人的意思表示的解释，不能完全拘泥于所使用的词句，而应当结合相关条款、行为的性质和目的、习惯以及诚信原则，确定行为人的真实意思。

第三节 民事法律行为的效力

第一百四十三条 具备下列条件的民事法律行为有效：

（一）行为人具有相应的民事行为能力；

（二）意思表示真实；

（三）不违反法律、行政法规的强制性规定，不违背公序良俗。

第一百四十四条 无民事行为能力人

实施的民事法律行为无效。

第一百四十五条 限制民事行为能力人实施的纯获利益的民事法律行为或者与其年龄、智力、精神健康状况相适应的民事法律行为有效；实施的其他民事法律行为经法定代理人同意或者追认后有效。

相对人可以催告法定代理人自收到通知之日起三十日内予以追认。法定代理人未作表示的，视为拒绝追认。民事法律行为被追认前，善意相对人有撤销的权利。撤销应当以通知的方式作出。

第一百四十六条 行为人与相对人以虚假的意思表示实施的民事法律行为无效。

以虚假的意思表示隐藏的民事法律行为的效力，依照有关法律规定处理。

第一百四十七条 基于重大误解实施的民事法律行为，行为人有权请求人民法院或者仲裁机构予以撤销。

第一百四十八条 一方以欺诈手段，使对方在违背真实意思的情况下实施的民事法律行为，受欺诈方有权请求人民法院或者仲裁机构予以撤销。

第一百四十九条 第三人实施欺诈行为，使一方在违背真实意思的情况下实施的民事法律行为，对方知道或者应当知道该欺诈行为的，受欺诈方有权请求人民法院或者仲裁机构予以撤销。

第一百五十条 一方或者第三人以胁迫手段，使对方在违背真实意思的情况下实施的民事法律行为，受胁迫方有权请求人民法院或者仲裁机构予以撤销。

第一百五十一条 一方利用对方处于危困状态、缺乏判断能力等情形，致使民事法律行为成立时显失公平的，受损害方有权请求人民法院或者仲裁机构予以撤销。

第一百五十二条 有下列情形之一的，撤销权消灭：

（一）当事人自知道或者应当知道撤销事由之日起一年内、重大误解的当事人自知道或者应当知道撤销事由之日起九十日内没有行使撤销权；

（二）当事人受胁迫，自胁迫行为终止之日起一年内没有行使撤销权；

（三）当事人知道撤销事由后明确表示或者以自己的行为表明放弃撤销权。

当事人自民事法律行为发生之日起五年内没有行使撤销权的，撤销权消灭。

第一百五十三条 违反法律、行政法规的强制性规定的民事法律行为无效。但是，该强制性规定不导致该民事法律行为无效的除外。

违背公序良俗的民事法律行为无效。

第一百五十四条 行为人与相对人恶意串通，损害他人合法权益的民事法律行为无效。

第一百五十五条 无效的或者被撤销的民事法律行为自始没有法律约束力。

第一百五十六条 民事法律行为部分无效，不影响其他部分效力的，其他部分仍然有效。

第一百五十七条 民事法律行为无效、被撤销或者确定不发生效力后，行为人因该行为取得的财产，应当予以返还；不能返还或者没有必要返还的，应当折价补偿。有过错的一方应当赔偿对方由此所受到的损失；各方都有过错的，应当各自承担相应的责任。法律另有规定的，依照其规定。

第四节 民事法律行为的附条件和附期限

第一百五十八条 民事法律行为可

以附条件，但是根据其性质不得附条件的除外。附生效条件的民事法律行为，自条件成就时生效。附解除条件的民事法律行为，自条件成就时失效。

第一百五十九条 附条件的民事法律行为，当事人为自己的利益不正当地阻止条件成就的，视为条件已经成就；不正当地促成条件成就的，视为条件不成就。

第一百六十条 民事法律行为可以附期限，但是根据其性质不得附期限的除外。附生效期限的民事法律行为，自期限届至时生效。附终止期限的民事法律行为，自期限届满时失效。

第七章 代 理

第一节 一般规定

第一百六十一条 民事主体可以通过代理人实施民事法律行为。

依照法律规定、当事人约定或者民事法律行为的性质，应当由本人亲自实施的民事法律行为，不得代理。

第一百六十二条 代理人在代理权限内，以被代理人名义实施的民事法律行为，对被代理人发生效力。

第一百六十三条 代理包括委托代理和法定代理。

委托代理人按照被代理人的委托行使代理权。法定代理人依照法律的规定行使代理权。

第一百六十四条 代理人不履行或者不完全履行职责，造成被代理人损害的，应当承担民事责任。

代理人和相对人恶意串通，损害被代理人合法权益的，代理人和相对人应当承担连带责任。

第二节 委托代理

第一百六十五条 委托代理授权采用书面形式的，授权委托书应当载明代理人的姓名或者名称、代理事项、权限和期限，并由被代理人签名或者盖章。

第一百六十六条 数人为同一代理事项的代理人的，应当共同行使代理权，但是当事人另有约定的除外。

第一百六十七条 代理人知道或者应当知道代理事项违法仍然实施代理行为，或者被代理人知道或者应当知道代理人的代理行为违法未作反对表示的，被代理人和代理人应当承担连带责任。

第一百六十八条 代理人不得以被代理人的名义与自己实施民事法律行为，但是被代理人同意或者追认的除外。

代理人不得以被代理人的名义与自己同时代理的其他人实施民事法律行为，但是被代理的双方同意或者追认的除外。

第一百六十九条 代理人需要转委托第三人代理的，应当取得被代理人的同意或者追认。

转委托代理经被代理人同意或者追认的，被代理人可以就代理事务直接指示转委托的第三人，代理人仅就第三人的选任以及对第三人的指示承担责任。

转委托代理未经被代理人同意或者追认的，代理人应当对转委托的第三人的行为承担责任；但是，在紧急情况下代理人为了维护被代理人的利益需要转委托第三人代理的除外。

第一百七十条 执行法人或者非法人组织工作任务的人员，就其职权范围内的事项，以法人或者非法人组织的名义实施的民事法律行为，对法人或者非法人组织发生效力。

法人或者非法人组织对执行其工作任务的人员职权范围的限制，不得对抗善意相对人。

第一百七十一条 行为人没有代理权、超越代理权或者代理权终止后，仍然实施代理行为，未经被代理人追认的，对被代理人不发生效力。

相对人可以催告被代理人自收到通知之日起三十日内予以追认。被代理人未作表示的，视为拒绝追认。行为人实施的行为被追认前，善意相对人有撤销的权利。撤销应当以通知的方式作出。

行为人实施的行为未被追认的，善意相对人有权请求行为人履行债务或者就其受到的损害请求行为人赔偿。但是，赔偿的范围不得超过被代理人追认时相对人所能获得的利益。

相对人知道或者应当知道行为人无权代理的，相对人和行为人按照各自的过错承担责任。

第一百七十二条 行为人没有代理权、超越代理权或者代理权终止后，仍然实施代理行为，相对人有理由相信行为人有代理权的，代理行为有效。

第三节 代理终止

第一百七十三条 有下列情形之一的，委托代理终止：

（一）代理期限届满或者代理事务完成；

（二）被代理人取消委托或者代理人辞去委托；

（三）代理人丧失民事行为能力；

（四）代理人或者被代理人死亡；

（五）作为代理人或者被代理人的法人、非法人组织终止。

第一百七十四条 被代理人死亡后，有下列情形之一的，委托代理人实施的代理行为有效：

（一）代理人不知道且不应当知道被代理人死亡；

（二）被代理人的继承人予以承认；

（三）授权中明确代理权在代理事务完成时终止；

（四）被代理人死亡前已经实施，为了被代理人的继承人的利益继续代理。

作为被代理人的法人、非法人组织终止的，参照适用前款规定。

第一百七十五条 有下列情形之一的，法定代理终止：

（一）被代理人取得或者恢复完全民事行为能力；

（二）代理人丧失民事行为能力；

（三）代理人或者被代理人死亡；

（四）法律规定的其他情形。

第八章 民事责任

第一百七十六条 民事主体依照法律规定或者按照当事人约定，履行民事义务，承担民事责任。

第一百七十七条 二人以上依法承担按份责任，能够确定责任大小的，各自承担相应的责任；难以确定责任大小的，平均承担责任。

第一百七十八条 二人以上依法承担连带责任的，权利人有权请求部分或者全部连带责任人承担责任。

连带责任人的责任份额根据各自责任大小确定；难以确定责任大小的，平均承担责任。实际承担责任超过自己责任份额的连带责任人，有权向其他连带责任人追偿。

连带责任，由法律规定或者当事人约定。

第一百七十九条 承担民事责任的方式主要有：

（一）停止侵害；
（二）排除妨碍；
（三）消除危险；
（四）返还财产；
（五）恢复原状；
（六）修理、重作、更换；
（七）继续履行；
（八）赔偿损失；
（九）支付违约金；
（十）消除影响、恢复名誉；
（十一）赔礼道歉。

法律规定惩罚性赔偿的，依照其规定。

本条规定的承担民事责任的方式，可以单独适用，也可以合并适用。

第一百八十条 因不可抗力不能履行民事义务的，不承担民事责任。法律另有规定的，依照其规定。

不可抗力是不能预见、不能避免且不能克服的客观情况。

第一百八十一条 因正当防卫造成损害的，不承担民事责任。

正当防卫超过必要的限度，造成不应有的损害的，正当防卫人应当承担适当的民事责任。

第一百八十二条 因紧急避险造成损害的，由引起险情发生的人承担民事责任。

危险由自然原因引起的，紧急避险人不承担民事责任，可以给予适当补偿。

紧急避险采取措施不当或者超过必要的限度，造成不应有的损害的，紧急避险人应当承担适当的民事责任。

第一百八十三条 因保护他人民事权益使自己受到损害的，由侵权人承担民事责任，受益人可以给予适当补偿。没有侵权人、侵权人逃逸或者无力承担民事责任，受害人请求补偿的，受益人应当给予适当补偿。

第一百八十四条 因自愿实施紧急救助行为造成受助人损害的，救助人不承担民事责任。

第一百八十五条 侵害英雄烈士等的姓名、肖像、名誉、荣誉，损害社会公共利益的，应当承担民事责任。

第一百八十六条 因当事人一方的违约行为，损害对方人身权益、财产权益的，受损害方有权选择请求其承担违约责任或者侵权责任。

第一百八十七条 民事主体因同一行为应当承担民事责任、行政责任和刑事责任的，承担行政责任或者刑事责任不影响承担民事责任；民事主体的财产不足以支付的，优先用于承担民事责任。

第九章 诉讼时效

第一百八十八条 向人民法院请求保护民事权利的诉讼时效期间为三年。法律另有规定的，依照其规定。

诉讼时效期间自权利人知道或者应当知道权利受到损害以及义务人之日起计算。法律另有规定的，依照其规定。但是，自权利受到损害之日起超过二十年的，人民法院不予保护，有特殊情况的，人民法院可以根据权利人的申请决定延长。

第一百八十九条 当事人约定同一债

务分期履行的，诉讼时效期间自最后一期履行期限届满之日起计算。

第一百九十条 无民事行为能力人或者限制民事行为能力人对其法定代理人的请求权的诉讼时效期间，自该法定代理终止之日起计算。

第一百九十一条 未成年人遭受性侵害的损害赔偿请求权的诉讼时效期间，自受害人年满十八周岁之日起计算。

第一百九十二条 诉讼时效期间届满的，义务人可以提出不履行义务的抗辩。

诉讼时效期间届满后，义务人同意履行的，不得以诉讼时效期间届满为由抗辩；义务人已经自愿履行的，不得请求返还。

第一百九十三条 人民法院不得主动适用诉讼时效的规定。

第一百九十四条 在诉讼时效期间的最后六个月内，因下列障碍，不能行使请求权的，诉讼时效中止：

（一）不可抗力；

（二）无民事行为能力人或者限制民事行为能力人没有法定代理人，或者法定代理人死亡、丧失民事行为能力、丧失代理权；

（三）继承开始后未确定继承人或者遗产管理人；

（四）权利人被义务人或者其他人控制；

（五）其他导致权利人不能行使请求权的障碍。

自中止时效的原因消除之日起满六个月，诉讼时效期间届满。

第一百九十五条 有下列情形之一的，诉讼时效中断，从中断、有关程序终结时起，诉讼时效期间重新计算：

（一）权利人向义务人提出履行请求；

（二）义务人同意履行义务；

（三）权利人提起诉讼或者申请仲裁；

（四）与提起诉讼或者申请仲裁具有同等效力的其他情形。

第一百九十六条 下列请求权不适用诉讼时效的规定：

（一）请求停止侵害、排除妨碍、消除危险；

（二）不动产物权和登记的动产物权的权利人请求返还财产；

（三）请求支付抚养费、赡养费或者扶养费；

（四）依法不适用诉讼时效的其他请求权。

第一百九十七条 诉讼时效的期间、计算方法以及中止、中断的事由由法律规定，当事人约定无效。

当事人对诉讼时效利益的预先放弃无效。

第一百九十八条 法律对仲裁时效有规定的，依照其规定；没有规定的，适用诉讼时效的规定。

第一百九十九条 法律规定或者当事人约定的撤销权、解除权等权利的存续期间，除法律另有规定外，自权利人知道或者应当知道权利产生之日起计算，不适用有关诉讼时效中止、中断和延长的规定。存续期间届满，撤销权、解除权等权利消灭。

第十章 期间计算

第二百条 民法所称的期间按照公历年、月、日、小时计算。

第二百零一条 按照年、月、日计算期间的，开始的当日不计入，自下一日开始计算。

按照小时计算期间的，自法律规定或者当事人约定的时间开始计算。

第二百零二条 按照年、月计算期间的，到期月的对应日为期间的最后一日；没有对应日的，月末日为期间的最后一日。

第二百零三条 期间的最后一日是法定休假日的，以法定休假日结束的次日为期间的最后一日。

期间的最后一日的截止时间为二十四时；有业务时间的，停止业务活动的时间为截止时间。

第二百零四条 期间的计算方法依照本法的规定，但是法律另有规定或者当事人另有约定的除外。

第二编 物 权

第一分编 通 则

第一章 一般规定

…………

第二百零七条 国家、集体、私人的物权和其他权利人的物权受法律平等保护，任何组织或者个人不得侵犯。

…………

第二分编 所有权

第四章 一般规定

第二百四十条 所有权人对自己的不动产或者动产，依法享有占有、使用、收益和处分的权利。

…………

第五章 国家所有权和集体所有权、私人所有权

…………

第二百五十九条 履行国有财产管理、监督职责的机构及其工作人员，应当依法加强对国有财产的管理、监督，促进国有财产保值增值，防止国有财产损失；滥用职权，玩忽职守，造成国有财产损失的，应当依法承担法律责任。

违反国有财产管理规定，在企业改制、合并分立、关联交易等过程中，低价转让、合谋私分、擅自担保或者以其他方式造成国有财产损失的，应当依法承担法律责任。

…………

第四分编 担保物权

第十八章 质 权

第一节 动产质权

第四百二十五条 为担保债务的履行，债务人或者第三人将其动产出质给债权人占有的，债务人不履行到期债务或者发生当事人约定的实现质权的情形，债权人有权就该动产优先受偿。

前款规定的债务人或者第三人为出质人，债权人为质权人，交付的动产为质押财产。

第四百二十六条 法律、行政法规禁止转让的动产不得出质。

第四百二十七条 设立质权，当事人应当采用书面形式订立质押合同。

质押合同一般包括下列条款：
（一）被担保债权的种类和数额；

（二）债务人履行债务的期限；
（三）质押财产的名称、数量等情况；
（四）担保的范围；
（五）质押财产交付的时间、方式。

第四百二十八条 质权人在债务履行期限届满前，与出质人约定债务人不履行到期债务时质押财产归债权人所有的，只能依法就质押财产优先受偿。

第四百二十九条 质权自出质人交付质押财产时设立。

第四百三十条 质权人有权收取质押财产的孳息，但是合同另有约定的除外。

前款规定的孳息应当先充抵收取孳息的费用。

第四百三十一条 质权人在质权存续期间，未经出质人同意，擅自使用、处分质押财产，造成出质人损害的，应当承担赔偿责任。

第四百三十二条 质权人负有妥善保管质押财产的义务；因保管不善致使质押财产毁损、灭失的，应当承担赔偿责任。

质权人的行为可能使质押财产毁损、灭失的，出质人可以请求质权人将质押财产提存，或者请求提前清偿债务并返还质押财产。

第四百三十三条 因不可归责于质权人的事由可能使质押财产毁损或者价值明显减少，足以危害质权人权利的，质权人有权请求出质人提供相应的担保；出质人不提供的，质权人可以拍卖、变卖质押财产，并与出质人协议将拍卖、变卖所得的价款提前清偿债务或者提存。

第四百三十四条 质权人在质权存续期间，未经出质人同意转质，造成质押财产毁损、灭失的，应当承担赔偿责任。

第四百三十五条 质权人可以放弃质权。债务人以自己的财产出质，质权人放弃该质权的，其他担保人在质权人丧失优先受偿权益的范围内免除担保责任，但是其他担保人承诺仍然提供担保的除外。

第四百三十六条 债务人履行债务或者出质人提前清偿所担保的债权的，质权人应当返还质押财产。

债务人不履行到期债务或者发生当事人约定的实现质权的情形，质权人可以与出质人协议以质押财产折价，也可以就拍卖、变卖质押财产所得的价款优先受偿。

质押财产折价或者变卖的，应当参照市场价格。

第四百三十七条 出质人可以请求质权人在债务履行期限届满后及时行使质权；质权人不行使的，出质人可以请求人民法院拍卖、变卖质押财产。

出质人请求质权人及时行使质权，因质权人怠于行使权利造成出质人损害的，由质权人承担赔偿责任。

第四百三十八条 质押财产折价或者拍卖、变卖后，其价款超过债权数额的部分归出质人所有，不足部分由债务人清偿。

第四百三十九条 出质人与质权人可以协议设立最高额质权。

最高额质权除适用本节有关规定外，参照适用本编第十七章第二节的有关规定。

第二节 权利质权

第四百四十条 债务人或者第三人有权处分的下列权利可以出质：

（一）汇票、本票、支票；
（二）债券、存款单；
（三）仓单、提单；

（四）可以转让的基金份额、股权；

（五）可以转让的注册商标专用权、专利权、著作权等知识产权中的财产权；

（六）现有的以及将有的应收账款；

（七）法律、行政法规规定可以出质的其他财产权利。

……

第四百四十四条 以注册商标专用权、专利权、著作权等知识产权中的财产权出质的，质权自办理出质登记时设立。

知识产权中的财产权出质后，出质人不得转让或者许可他人使用，但是出质人与质权人协商同意的除外。出质人转让或者许可他人使用出质的知识产权中的财产权所得的价款，应当向质权人提前清偿债务或者提存。

……

第四百四十六条 权利质权除适用本节规定外，适用本章第一节的有关规定。

……

第三编 合 同

第一分编 通 则

第一章 一般规定

第四百六十三条 本编调整因合同产生的民事关系。

第四百六十四条 合同是民事主体之间设立、变更、终止民事法律关系的协议。

婚姻、收养、监护等有关身份关系的协议，适用有关该身份关系的法律规定；没有规定的，可以根据其性质参照适用本编规定。

第四百六十五条 依法成立的合同，受法律保护。

依法成立的合同，仅对当事人具有法律约束力，但是法律另有规定的除外。

第四百六十六条 当事人对合同条款的理解有争议的，应当依据本法第一百四十二条第一款的规定，确定争议条款的含义。

合同文本采用两种以上文字订立并约定具有同等效力的，对各文本使用的词句推定具有相同含义。各文本使用的词句不一致的，应当根据合同的相关条款、性质、目的以及诚信原则等予以解释。

第四百六十七条 本法或者其他法律没有明文规定的合同，适用本编通则的规定，并可以参照适用本编或者其他法律最相类似合同的规定。

在中华人民共和国境内履行的中外合资经营企业合同、中外合作经营企业合同、中外合作勘探开发自然资源合同，适用中华人民共和国法律。

第四百六十八条 非因合同产生的债权债务关系，适用有关该债权债务关系的法律规定；没有规定的，适用本编通则的有关规定，但是根据其性质不能适用的除外。

第二章 合同的订立

第四百六十九条 当事人订立合同，可以采用书面形式、口头形式或者其他形式。

书面形式是合同书、信件、电报、电传、传真等可以有形地表现所载内容的形式。

以电子数据交换、电子邮件等方式能够有形地表现所载内容，并可以随时调取查用的数据电文，视为书面形式。

第四百七十条 合同的内容由当事人约定，一般包括下列条款：

（一）当事人的姓名或者名称和住所；

（二）标的；

（三）数量；

（四）质量；

（五）价款或者报酬；

（六）履行期限、地点和方式；

（七）违约责任；

（八）解决争议的方法。

当事人可以参照各类合同的示范文本订立合同。

第四百七十一条 当事人订立合同，可以采取要约、承诺方式或者其他方式。

第四百七十二条 要约是希望与他人订立合同的意思表示，该意思表示应当符合下列条件：

（一）内容具体确定；

（二）表明经受要约人承诺，要约人即受该意思表示约束。

第四百七十三条 要约邀请是希望他人向自己发出要约的表示。拍卖公告、招标公告、招股说明书、债券募集办法、基金招募说明书、商业广告和宣传、寄送的价目表等为要约邀请。

商业广告和宣传的内容符合要约条件的，构成要约。

第四百七十四条 要约生效的时间适用本法第一百三十七条的规定。

第四百七十五条 要约可以撤回。要约的撤回适用本法第一百四十一条的规定。

第四百七十六条 要约可以撤销，但是有下列情形之一的除外：

（一）要约人以确定承诺期限或者其他形式明示要约不可撤销；

（二）受要约人有理由认为要约是不可撤销的，并已经为履行合同做了合理准备工作。

第四百七十七条 撤销要约的意思表示以对话方式作出的，该意思表示的内容应当在受要约人作出承诺之前为受要约人所知道；撤销要约的意思表示以非对话方式作出的，应当在受要约人作出承诺之前到达受要约人。

第四百七十八条 有下列情形之一的，要约失效：

（一）要约被拒绝；

（二）要约被依法撤销；

（三）承诺期限届满，受要约人未作出承诺；

（四）受要约人对要约的内容作出实质性变更。

第四百七十九条 承诺是受要约人同意要约的意思表示。

第四百八十条 承诺应当以通知的方式作出；但是，根据交易习惯或者要约表明可以通过行为作出承诺的除外。

第四百八十一条 承诺应当在要约确定的期限内到达要约人。

要约没有确定承诺期限的，承诺应当依照下列规定到达：

（一）要约以对话方式作出的，应当即时作出承诺；

（二）要约以非对话方式作出的，承诺应当在合理期限内到达。

第四百八十二条 要约以信件或者电报作出的，承诺期限自信件载明的日期或者电报交发之日开始计算。信件未载明日期的，自投寄该信件的邮戳日期开始计算。要约以电话、传真、电子邮件等快速通讯方式作出的，承诺期限自要约到达受要约人时开始计算。

第四百八十三条 承诺生效时合同成立，但是法律另有规定或者当事人另有约定的除外。

第四百八十四条 以通知方式作出的承诺，生效的时间适用本法第一百三十七条的规定。

承诺不需要通知的，根据交易习惯或者要约的要求作出承诺的行为时生效。

第四百八十五条 承诺可以撤回。承诺的撤回适用本法第一百四十一条的规定。

第四百八十六条 受要约人超过承诺期限发出承诺，或者在承诺期限内发出承诺，按照通常情形不能及时到达要约人的，为新要约；但是，要约人及时通知受要约人该承诺有效的除外。

第四百八十七条 受要约人在承诺期限内发出承诺，按照通常情形能够及时到达要约人，但是因其他原因致使承诺到达要约人时超过承诺期限的，除要约人及时通知受要约人因承诺超过期限不接受该承诺外，该承诺有效。

第四百八十八条 承诺的内容应当与要约的内容一致。受要约人对要约的内容作出实质性变更的，为新要约。有关合同标的、数量、质量、价款或者报酬、履行期限、履行地点和方式、违约责任和解决争议方法等的变更，是对要约内容的实质性变更。

第四百八十九条 承诺对要约的内容作出非实质性变更的，除要约人及时表示反对或者要约表明承诺不得对要约的内容作出任何变更外，该承诺有效，合同的内容以承诺的内容为准。

第四百九十条 当事人采用合同书形式订立合同的，自当事人均签名、盖章或者按指印时合同成立。在签名、盖章或者按指印之前，当事人一方已经履行主要义务，对方接受时，该合同成立。

法律、行政法规规定或者当事人约定合同应当采用书面形式订立，当事人未采用书面形式但是一方已经履行主要义务，对方接受时，该合同成立。

第四百九十一条 当事人采用信件、数据电文等形式订立合同要求签订确认书的，签订确认书时合同成立。

当事人一方通过互联网等信息网络发布的商品或者服务信息符合要约条件的，对方选择该商品或者服务并提交订单成功时合同成立，但是当事人另有约定的除外。

第四百九十二条 承诺生效的地点为合同成立的地点。

采用数据电文形式订立合同的，收件人的主营业地为合同成立的地点；没有主营业地的，其住所地为合同成立的地点。当事人另有约定的，按照其约定。

第四百九十三条 当事人采用合同书形式订立合同的，最后签名、盖章或者按指印的地点为合同成立的地点，但是当事人另有约定的除外。

第四百九十四条 国家根据抢险救灾、疫情防控或者其他需要下达国家订货任务、指令性任务的，有关民事主体之间应当依照有关法律、行政法规规定的权利和义务订立合同。

依照法律、行政法规的规定负有发出要约义务的当事人，应当及时发出合理的要约。

依照法律、行政法规的规定负有作出承诺义务的当事人，不得拒绝对方合理的订立合同要求。

第四百九十五条 当事人约定在将来一定期限内订立合同的认购书、订购书、预订书等，构成预约合同。

当事人一方不履行预约合同约定的订立合同义务的，对方可以请求其承担预约合同的违约责任。

第四百九十六条 格式条款是当事人为了重复使用而预先拟定，并在订立合同时未与对方协商的条款。

采用格式条款订立合同的，提供格式条款的一方应当遵循公平原则确定当事人之间的权利和义务，并采取合理的方式提示对方注意免除或者减轻其责任等与对方有重大利害关系的条款，按照对方的要求，对该条款予以说明。提供格式条款的一方未履行提示或者说明义务，致使对方没有注意或者理解与其有重大利害关系的条款的，对方可以主张该条款不成为合同的内容。

第四百九十七条 有下列情形之一的，该格式条款无效：

（一）具有本法第一编第六章第三节和本法第五百零六条规定的无效情形；

（二）提供格式条款一方不合理地免除或者减轻其责任、加重对方责任、限制对方主要权利；

（三）提供格式条款一方排除对方主要权利。

第四百九十八条 对格式条款的理解发生争议的，应当按照通常理解予以解释。对格式条款有两种以上解释的，应当作出不利于提供格式条款一方的解释。格式条款和非格式条款不一致的，应当采用非格式条款。

第四百九十九条 悬赏人以公开方式声明对完成特定行为的人支付报酬的，完成该行为的人可以请求其支付。

第五百条 当事人在订立合同过程中有下列情形之一，造成对方损失的，应当承担赔偿责任：

（一）假借订立合同，恶意进行磋商；

（二）故意隐瞒与订立合同有关的重要事实或者提供虚假情况；

（三）有其他违背诚信原则的行为。

第五百零一条 当事人在订立合同过程中知悉的商业秘密或者其他应当保密的信息，无论合同是否成立，不得泄露或者不正当地使用；泄露、不正当地使用该商业秘密或者信息，造成对方损失的，应当承担赔偿责任。

第三章 合同的效力

第五百零二条 依法成立的合同，自成立时生效，但是法律另有规定或者当事人另有约定的除外。

依照法律、行政法规的规定，合同应当办理批准等手续的，依照其规定。未办理批准等手续影响合同生效的，不影响合同中履行报批等义务条款以及相关条款的效力。应当办理申请批准等手续的当事人未履行义务的，对方可以请求其承担违反该义务的责任。

依照法律、行政法规的规定，合同的变更、转让、解除等情形应当办理批准等手续的，适用前款规定。

第五百零三条 无权代理人以被代理人的名义订立合同，被代理人已经开始履行合同义务或者接受相对人履行的，视为对合同的追认。

第五百零四条 法人的法定代表人或者非法人组织的负责人超越权限订立的合

同，除相对人知道或者应当知道其超越权限外，该代表行为有效，订立的合同对法人或者非法人组织发生效力。

第五百零五条 当事人超越经营范围订立的合同的效力，应当依照本法第一编第六章第三节和本编的有关规定确定，不得仅以超越经营范围确认合同无效。

第五百零六条 合同中的下列免责条款无效：

（一）造成对方人身损害的；

（二）因故意或者重大过失造成对方财产损失的。

第五百零七条 合同不生效、无效、被撤销或者终止的，不影响合同中有关解决争议方法的条款的效力。

第五百零八条 本编对合同的效力没有规定的，适用本法第一编第六章的有关规定。

第四章 合同的履行

第五百零九条 当事人应当按照约定全面履行自己的义务。

当事人应当遵循诚信原则，根据合同的性质、目的和交易习惯履行通知、协助、保密等义务。

当事人在履行合同过程中，应当避免浪费资源、污染环境和破坏生态。

第五百一十条 合同生效后，当事人就质量、价款或者报酬、履行地点等内容没有约定或者约定不明确的，可以协议补充；不能达成补充协议的，按照合同相关条款或者交易习惯确定。

第五百一十一条 当事人就有关合同内容约定不明确，依据前条规定仍不能确定的，适用下列规定：

（一）质量要求不明确的，按照强制性国家标准履行；没有强制性国家标准的，按照推荐性国家标准履行；没有推荐性国家标准的，按照行业标准履行；没有国家标准、行业标准的，按照通常标准或者符合合同目的的特定标准履行。

（二）价款或者报酬不明确的，按照订立合同时履行地的市场价格履行；依法应当执行政府定价或者政府指导价的，依照规定履行。

（三）履行地点不明确，给付货币的，在接受货币一方所在地履行；交付不动产的，在不动产所在地履行；其他标的，在履行义务一方所在地履行。

（四）履行期限不明确的，债务人可以随时履行，债权人也可以随时请求履行，但是应当给对方必要的准备时间。

（五）履行方式不明确的，按照有利于实现合同目的的方式履行。

（六）履行费用的负担不明确的，由履行义务一方负担；因债权人原因增加的履行费用，由债权人负担。

第五百一十二条 通过互联网等信息网络订立的电子合同的标的为交付商品并采用快递物流方式交付的，收货人的签收时间为交付时间。电子合同的标的为提供服务的，生成的电子凭证或者实物凭证中载明的时间为提供服务时间；前述凭证没有载明时间或者载明时间与实际提供服务时间不一致的，以实际提供服务的时间为准。

电子合同的标的物为采用在线传输方式交付的，合同标的物进入对方当事人指定的特定系统且能够检索识别的时间为交付时间。

电子合同当事人对交付商品或者提供服务的方式、时间另有约定的，按照其约定。

第五百一十三条 执行政府定价或者政府指导价的，在合同约定的交付期限内政府价格调整时，按照交付时的价格计价。逾期交付标的物的，遇价格上涨时，按照原价格执行；价格下降时，按照新价格执行。逾期提取标的物或者逾期付款的，遇价格上涨时，按照新价格执行；价格下降时，按照原价格执行。

第五百一十四条 以支付金钱为内容的债，除法律另有规定或者当事人另有约定外，债权人可以请求债务人以实际履行地的法定货币履行。

第五百一十五条 标的有多项而债务人只需履行其中一项的，债务人享有选择权；但是，法律另有规定、当事人另有约定或者另有交易习惯的除外。

享有选择权的当事人在约定期限内或者履行期限届满未作选择，经催告后在合理期限内仍未选择的，选择权转移至对方。

第五百一十六条 当事人行使选择权应当及时通知对方，通知到达对方时，标的确定。标的确定后不得变更，但是经对方同意的除外。

可选择的标的发生不能履行情形的，享有选择权的当事人不得选择不能履行的标的，但是该不能履行的情形是由对方造成的除外。

第五百一十七条 债权人为二人以上，标的可分，按照份额各自享有债权的，为按份债权；债务人为二人以上，标的可分，按照份额各自负担债务的，为按份债务。

按份债权人或者按份债务人的份额难以确定的，视为份额相同。

第五百一十八条 债权人为二人以上，部分或者全部债权人均可以请求债务人履行债务的，为连带债权；债务人为二人以上，债权人可以请求部分或者全部债务人履行全部债务的，为连带债务。

连带债权或者连带债务，由法律规定或者当事人约定。

第五百一十九条 连带债务人之间的份额难以确定的，视为份额相同。

实际承担债务超过自己份额的连带债务人，有权就超出部分在其他连带债务人未履行的份额范围内向其追偿，并相应地享有债权人的权利，但是不得损害债权人的利益。其他连带债务人对债权人的抗辩，可以向该债务人主张。

被追偿的连带债务人不能履行其应分担份额的，其他连带债务人应当在相应范围内按比例分担。

第五百二十条 部分连带债务人履行、抵销债务或者提存标的物的，其他债务人对债权人的债务在相应范围内消灭；该债务人可以依据前条规定向其他债务人追偿。

部分连带债务人的债务被债权人免除的，在该连带债务人应当承担的份额范围内，其他债务人对债权人的债务消灭。

部分连带债务人的债务与债权人的债权同归于一人的，在扣除该债务人应当承担的份额后，债权人对其他债务人的债权继续存在。

债权人对部分连带债务人的给付受领迟延的，对其他连带债务人发生效力。

第五百二十一条 连带债权人之间的份额难以确定的，视为份额相同。

实际受领债权的连带债权人，应当按比例向其他连带债权人返还。

连带债权参照适用本章连带债务的有关规定。

第五百二十二条 当事人约定由债务人向第三人履行债务，债务人未向第三人履行债务或者履行债务不符合约定的，应当向债权人承担违约责任。

法律规定或者当事人约定第三人可以直接请求债务人向其履行债务，第三人未在合理期限内明确拒绝，债务人未向第三人履行债务或者履行债务不符合约定的，第三人可以请求债务人承担违约责任；债务人对债权人的抗辩，可以向第三人主张。

第五百二十三条 当事人约定由第三人向债权人履行债务，第三人不履行债务或者履行债务不符合约定的，债务人应当向债权人承担违约责任。

第五百二十四条 债务人不履行债务，第三人对履行该债务具有合法利益的，第三人有权向债权人代为履行；但是，根据债务性质、按照当事人约定或者依照法律规定只能由债务人履行的除外。

债权人接受第三人履行后，其对债务人的债权转让给第三人，但是债务人和第三人另有约定的除外。

第五百二十五条 当事人互负债务，没有先后履行顺序的，应当同时履行。一方在对方履行之前有权拒绝其履行请求。一方在对方履行债务不符合约定时，有权拒绝其相应的履行请求。

第五百二十六条 当事人互负债务，有先后履行顺序，应当先履行债务一方未履行的，后履行一方有权拒绝其履行请求。先履行一方履行债务不符合约定的，后履行一方有权拒绝其相应的履行请求。

第五百二十七条 应当先履行债务的当事人，有确切证据证明对方有下列情形之一的，可以中止履行：

（一）经营状况严重恶化；

（二）转移财产、抽逃资金，以逃避债务；

（三）丧失商业信誉；

（四）有丧失或者可能丧失履行债务能力的其他情形。

当事人没有确切证据中止履行的，应当承担违约责任。

第五百二十八条 当事人依据前条规定中止履行的，应当及时通知对方。对方提供适当担保的，应当恢复履行。中止履行后，对方在合理期限内未恢复履行能力且未提供适当担保的，视为以自己的行为表明不履行主要债务，中止履行的一方可以解除合同并可以请求对方承担违约责任。

第五百二十九条 债权人分立、合并或者变更住所没有通知债务人，致使履行债务发生困难的，债务人可以中止履行或者将标的物提存。

第五百三十条 债权人可以拒绝债务人提前履行债务，但是提前履行不损害债权人利益的除外。

债务人提前履行债务给债权人增加的费用，由债务人负担。

第五百三十一条 债权人可以拒绝债务人部分履行债务，但是部分履行不损害债权人利益的除外。

债务人部分履行债务给债权人增加的费用，由债务人负担。

第五百三十二条 合同生效后，当事人不得因姓名、名称的变更或者法定代表人、负责人、承办人的变动而不履行合同义务。

第五百三十三条 合同成立后，合同的基础条件发生了当事人在订立合同时无法预见的、不属于商业风险的重大变化，继续履行合同对于当事人一方明显不公平的，受不利影响的当事人可以与对方重新协商；在合理期限内协商不成的，当事人可以请求人民法院或者仲裁机构变更或者解除合同。

人民法院或者仲裁机构应当结合案件的实际情况，根据公平原则变更或者解除合同。

第五百三十四条 对当事人利用合同实施危害国家利益、社会公共利益行为的，市场监督管理和其他有关行政主管部门依照法律、行政法规的规定负责监督处理。

第五章 合同的保全

第五百三十五条 因债务人怠于行使其债权或者与该债权有关的从权利，影响债权人的到期债权实现的，债权人可以向人民法院请求以自己的名义代位行使债务人对相对人的权利，但是该权利专属于债务人自身的除外。

代位权的行使范围以债权人的到期债权为限。债权人行使代位权的必要费用，由债务人负担。

相对人对债务人的抗辩，可以向债权人主张。

第五百三十六条 债权人的债权到期前，债务人的债权或者与该债权有关的从权利存在诉讼时效期间即将届满或者未及时申报破产债权等情形，影响债权人的债权实现的，债权人可以代位向债务人的相对人请求其向债务人履行、向破产管理人申报或者作出其他必要的行为。

第五百三十七条 人民法院认定代位权成立的，由债务人的相对人向债权人履行义务，债权人接受履行后，债权人与债务人、债务人与相对人之间相应的权利义务终止。债务人对相对人的债权或者与该债权有关的从权利被采取保全、执行措施，或者债务人破产的，依照相关法律的规定处理。

第五百三十八条 债务人以放弃其债权、放弃债权担保、无偿转让财产等方式无偿处分财产权益，或者恶意延长其到期债权的履行期限，影响债权人的债权实现的，债权人可以请求人民法院撤销债务人的行为。

第五百三十九条 债务人以明显不合理的低价转让财产、以明显不合理的高价受让他人财产或者为他人的债务提供担保，影响债权人的债权实现，债务人的相对人知道或者应当知道该情形的，债权人可以请求人民法院撤销债务人的行为。

第五百四十条 撤销权的行使范围以债权人的债权为限。债权人行使撤销权的必要费用，由债务人负担。

第五百四十一条 撤销权自债权人知道或者应当知道撤销事由之日起一年内行使。自债务人的行为发生之日起五年内没有行使撤销权的，该撤销权消灭。

第五百四十二条 债务人影响债权人的债权实现的行为被撤销的，自始没有法律约束力。

第六章 合同的变更和转让

第五百四十三条 当事人协商一致，可以变更合同。

第五百四十四条 当事人对合同变更的内容约定不明确的，推定为未变更。

第五百四十五条 债权人可以将债权

的全部或者部分转让给第三人,但是有下列情形之一的除外:

(一)根据债权性质不得转让;
(二)按照当事人约定不得转让;
(三)依照法律规定不得转让。

当事人约定非金钱债权不得转让的,不得对抗善意第三人。当事人约定金钱债权不得转让的,不得对抗第三人。

第五百四十六条 债权人转让债权,未通知债务人的,该转让对债务人不发生效力。

债权转让的通知不得撤销,但是经受让人同意的除外。

第五百四十七条 债权人转让债权的,受让人取得与债权有关的从权利,但是该从权利专属于债权人自身的除外。

受让人取得从权利不因该从权利未办理转移登记手续或者未转移占有而受到影响。

第五百四十八条 债务人接到债权转让通知后,债务人对让与人的抗辩,可以向受让人主张。

第五百四十九条 有下列情形之一的,债务人可以向受让人主张抵销:

(一)债务人接到债权转让通知时,债务人对让与人享有债权,且债务人的债权先于转让的债权到期或者同时到期;
(二)债务人的债权与转让的债权是基于同一合同产生。

第五百五十条 因债权转让增加的履行费用,由让与人负担。

第五百五十一条 债务人将债务的全部或者部分转移给第三人的,应当经债权人同意。

债务人或者第三人可以催告债权人在合理期限内予以同意,债权人未作表示的,视为不同意。

第五百五十二条 第三人与债务人约定加入债务并通知债权人,或者第三人向债权人表示愿意加入债务,债权人未在合理期限内明确拒绝的,债权人可以请求第三人在其愿意承担的债务范围内和债务人承担连带债务。

第五百五十三条 债务人转移债务的,新债务人可以主张原债务人对债权人的抗辩;原债务人对债权人享有债权的,新债务人不得向债权人主张抵销。

第五百五十四条 债务人转移债务的,新债务人应当承担与主债务有关的从债务,但是该从债务专属于原债务人自身的除外。

第五百五十五条 当事人一方经对方同意,可以将自己在合同中的权利和义务一并转让给第三人。

第五百五十六条 合同的权利和义务一并转让的,适用债权转让、债务转移的有关规定。

第七章 合同的权利义务终止

第五百五十七条 有下列情形之一的,债权债务终止:

(一)债务已经履行;
(二)债务相互抵销;
(三)债务人依法将标的物提存;
(四)债权人免除债务;
(五)债权债务同归于一人;
(六)法律规定或者当事人约定终止的其他情形。

合同解除的,该合同的权利义务关系终止。

第五百五十八条 债权债务终止后,当事人应当遵循诚信等原则,根据交易习惯履行通知、协助、保密、旧物回收等义务。

第五百五十九条 债权债务终止时，债权的从权利同时消灭，但是法律另有规定或者当事人另有约定的除外。

第五百六十条 债务人对同一债权人负担的数项债务种类相同，债务人的给付不足以清偿全部债务的，除当事人另有约定外，由债务人在清偿时指定其履行的债务。

债务人未作指定的，应当优先履行已经到期的债务；数项债务均到期的，优先履行对债权人缺乏担保或者担保最少的债务；均无担保或者担保相等的，优先履行债务人负担较重的债务；负担相同的，按照债务到期的先后顺序履行；到期时间相同的，按照债务比例履行。

第五百六十一条 债务人在履行主债务外还应当支付利息和实现债权的有关费用，其给付不足以清偿全部债务的，除当事人另有约定外，应当按照下列顺序履行：

（一）实现债权的有关费用；

（二）利息；

（三）主债务。

第五百六十二条 当事人协商一致，可以解除合同。

当事人可以约定一方解除合同的事由。解除合同的事由发生时，解除权人可以解除合同。

第五百六十三条 有下列情形之一的，当事人可以解除合同：

（一）因不可抗力致使不能实现合同目的；

（二）在履行期限届满前，当事人一方明确表示或者以自己的行为表明不履行主要债务；

（三）当事人一方迟延履行主要债务，经催告后在合理期限内仍未履行；

（四）当事人一方迟延履行债务或者有其他违约行为致使不能实现合同目的；

（五）法律规定的其他情形。

以持续履行的债务为内容的不定期合同，当事人可以随时解除合同，但是应当在合理期限之前通知对方。

第五百六十四条 法律规定或者当事人约定解除权行使期限，期限届满当事人不行使的，该权利消灭。

法律没有规定或者当事人没有约定解除权行使期限，自解除权人知道或者应当知道解除事由之日起一年内不行使，或者经对方催告后在合理期限内不行使的，该权利消灭。

第五百六十五条 当事人一方依法主张解除合同的，应当通知对方。合同自通知到达对方时解除；通知载明债务人在一定期限内不履行债务则合同自动解除，债务人在该期限内未履行债务的，合同自通知载明的期限届满时解除。对方对解除合同有异议的，任何一方当事人均可以请求人民法院或者仲裁机构确认解除行为的效力。

当事人一方未通知对方，直接以提起诉讼或者申请仲裁的方式依法主张解除合同，人民法院或者仲裁机构确认该主张的，合同自起诉状副本或者仲裁申请书副本送达对方时解除。

第五百六十六条 合同解除后，尚未履行的，终止履行；已经履行的，根据履行情况和合同性质，当事人可以请求恢复原状或者采取其他补救措施，并有权请求赔偿损失。

合同因违约解除的，解除权人可以请求违约方承担违约责任，但是当事人另有约定的除外。

主合同解除后，担保人对债务人应当承担的民事责任仍应当承担担保责任，但是担保合同另有约定的除外。

第五百六十七条 合同的权利义务关系终止，不影响合同中结算和清理条款的效力。

第五百六十八条 当事人互负债务，该债务的标的物种类、品质相同的，任何一方可以将自己的债务与对方的到期债务抵销；但是，根据债务性质、按照当事人约定或者依照法律规定不得抵销的除外。

当事人主张抵销的，应当通知对方。通知自到达对方时生效。抵销不得附条件或者附期限。

第五百六十九条 当事人互负债务，标的物种类、品质不相同的，经协商一致，也可以抵销。

第五百七十条 有下列情形之一，难以履行债务的，债务人可以将标的物提存：

（一）债权人无正当理由拒绝受领；

（二）债权人下落不明；

（三）债权人死亡未确定继承人、遗产管理人，或者丧失民事行为能力未确定监护人；

（四）法律规定的其他情形。

标的物不适于提存或者提存费用过高，债务人依法可以拍卖或者变卖标的物，提存所得的价款。

第五百七十一条 债务人将标的物或者将标的物依法拍卖、变卖所得价款交付提存部门时，提存成立。

提存成立的，视为债务人在其提存范围内已经交付标的物。

第五百七十二条 标的物提存后，债务人应当及时通知债权人或者债权人的继承人、遗产管理人、监护人、财产代管人。

第五百七十三条 标的物提存后，毁损、灭失的风险由债权人承担。提存期间，标的物的孳息归债权人所有。提存费用由债权人负担。

第五百七十四条 债权人可以随时领取提存物。但是，债权人对债务人负有到期债务的，在债权人未履行债务或者提供担保之前，提存部门根据债务人的要求应当拒绝其领取提存物。

债权人领取提存物的权利，自提存之日起五年内不行使而消灭，提存物扣除提存费用后归国家所有。但是，债权人未履行对债务人的到期债务，或者债权人向提存部门书面表示放弃领取提存物权利的，债务人负担提存费用后有权取回提存物。

第五百七十五条 债权人免除债务人部分或者全部债务的，债权债务部分或者全部终止，但是债务人在合理期限内拒绝的除外。

第五百七十六条 债权和债务同归于一人的，债权债务终止，但是损害第三人利益的除外。

第八章 违约责任

第五百七十七条 当事人一方不履行合同义务或者履行合同义务不符合约定的，应当承担继续履行、采取补救措施或者赔偿损失等违约责任。

第五百七十八条 当事人一方明确表示或者以自己的行为表明不履行合同义务的，对方可以在履行期限届满前请求其承担违约责任。

第五百七十九条 当事人一方未支付价款、报酬、租金、利息，或者不履行其他金钱债务的，对方可以请求其支付。

第五百八十条 当事人一方不履行非金钱债务或者履行非金钱债务不符合约定的，对方可以请求履行，但是有下列情形之一的除外：

（一）法律上或者事实上不能履行；

（二）债务的标的不适于强制履行或者履行费用过高；

（三）债权人在合理期限内未请求履行。

有前款规定的除外情形之一，致使不能实现合同目的的，人民法院或者仲裁机构可以根据当事人的请求终止合同权利义务关系，但是不影响违约责任的承担。

第五百八十一条 当事人一方不履行债务或者履行债务不符合约定，根据债务的性质不得强制履行的，对方可以请求其负担由第三人替代履行的费用。

第五百八十二条 履行不符合约定的，应当按照当事人的约定承担违约责任。对违约责任没有约定或者约定不明确，依据本法第五百一十条的规定仍不能确定的，受损害方根据标的的性质以及损失的大小，可以合理选择请求对方承担修理、重作、更换、退货、减少价款或者报酬等违约责任。

第五百八十三条 当事人一方不履行合同义务或者履行合同义务不符合约定的，在履行义务或者采取补救措施后，对方还有其他损失的，应当赔偿损失。

第五百八十四条 当事人一方不履行合同义务或者履行合同义务不符合约定，造成对方损失的，损失赔偿额应当相当于因违约所造成的损失，包括合同履行后可以获得的利益；但是，不得超过违约一方订立合同时预见到或者应当预见到的因违约可能造成的损失。

第五百八十五条 当事人可以约定一方违约时应当根据违约情况向对方支付一定数额的违约金，也可以约定因违约产生的损失赔偿额的计算方法。

约定的违约金低于造成的损失的，人民法院或者仲裁机构可以根据当事人的请求予以增加；约定的违约金过分高于造成的损失的，人民法院或者仲裁机构可以根据当事人的请求予以适当减少。

当事人就迟延履行约定违约金的，违约方支付违约金后，还应当履行债务。

第五百八十六条 当事人可以约定一方向对方给付定金作为债权的担保。定金合同自实际交付定金时成立。

定金的数额由当事人约定；但是，不得超过主合同标的额的百分之二十，超过部分不产生定金的效力。实际交付的定金数额多于或者少于约定数额的，视为变更约定的定金数额。

第五百八十七条 债务人履行债务的，定金应当抵作价款或者收回。给付定金的一方不履行债务或者履行债务不符合约定，致使不能实现合同目的的，无权请求返还定金；收受定金的一方不履行债务或者履行债务不符合约定，致使不能实现合同目的的，应当双倍返还定金。

第五百八十八条 当事人既约定违约金，又约定定金的，一方违约时，对方可以选择适用违约金或者定金条款。

定金不足以弥补一方违约造成的损失的，对方可以请求赔偿超过定金数额的损失。

第五百八十九条 债务人按照约定履

行债务，债权人无正当理由拒绝受领的，债务人可以请求债权人赔偿增加的费用。

在债权人受领迟延期间，债务人无须支付利息。

第五百九十条 当事人一方因不可抗力不能履行合同的，根据不可抗力的影响，部分或者全部免除责任，但是法律另有规定的除外。因不可抗力不能履行合同的，应当及时通知对方，以减轻可能给对方造成的损失，并应当在合理期限内提供证明。

当事人迟延履行后发生不可抗力的，不免除其违约责任。

第五百九十一条 当事人一方违约后，对方应当采取适当措施防止损失的扩大；没有采取适当措施致使损失扩大的，不得就扩大的损失请求赔偿。

当事人因防止损失扩大而支出的合理费用，由违约方负担。

第五百九十二条 当事人都违反合同的，应当各自承担相应的责任。

当事人一方违约造成对方损失，对方对损失的发生有过错的，可以减少相应的损失赔偿额。

第五百九十三条 当事人一方因第三人的原因造成违约的，应当依法向对方承担违约责任。当事人一方和第三人之间的纠纷，依照法律规定或者按照约定处理。

第五百九十四条 因国际货物买卖合同和技术进出口合同争议提起诉讼或者申请仲裁的时效期间为四年。

第二分编　典型合同

第九章　买卖合同

....

第六百条 出卖具有知识产权的标的物的，除法律另有规定或者当事人另有约定外，该标的物的知识产权不属于买受人。

....

第二十章　技术合同

第一节　一般规定

第八百四十三条 技术合同是当事人就技术开发、转让、许可、咨询或者服务订立的确立相互之间权利和义务的合同。

第八百四十四条 订立技术合同，应当有利于知识产权的保护和科学技术的进步，促进科学技术成果的研发、转化、应用和推广。

第八百四十五条 技术合同的内容一般包括项目的名称，标的的内容、范围和要求，履行的计划、地点和方式，技术信息和资料的保密，技术成果的归属和收益的分配办法，验收标准和方法，名词和术语的解释等条款。

与履行合同有关的技术背景资料、可行性论证和技术评价报告、项目任务书和计划书、技术标准、技术规范、原始设计和工艺文件，以及其他技术文档，按照当事人的约定可以作为合同的组成部分。

技术合同涉及专利的，应当注明发明创造的名称、专利申请人和专利权人、申请日期、申请号、专利号以及专利权的有效期限。

第八百四十六条 技术合同价款、报酬或者使用费的支付方式由当事人约定，可以采取一次总算、一次总付或者一次总算、分期支付，也可以采取提成支付或者提成支付附加预付入门费的方式。

约定提成支付的，可以按照产品价

格、实施专利和使用技术秘密后新增的产值、利润或者产品销售额的一定比例提成，也可以按照约定的其他方式计算。提成支付的比例可以采取固定比例、逐年递增比例或者逐年递减比例。

约定提成支付的，当事人可以约定查阅有关会计账目的办法。

第八百四十七条 职务技术成果的使用权、转让权属于法人或者非法人组织的，法人或者非法人组织可以就该项职务技术成果订立技术合同。法人或者非法人组织订立技术合同转让职务技术成果时，职务技术成果的完成人享有以同等条件优先受让的权利。

职务技术成果是执行法人或者非法人组织的工作任务，或者主要是利用法人或者非法人组织的物质技术条件所完成的技术成果。

第八百四十八条 非职务技术成果的使用权、转让权属于完成技术成果的个人，完成技术成果的个人可以就该项非职务技术成果订立技术合同。

第八百四十九条 完成技术成果的个人享有在有关技术成果文件上写明自己是技术成果完成者的权利和取得荣誉证书、奖励的权利。

第八百五十条 非法垄断技术或者侵害他人技术成果的技术合同无效。

第二节　技术开发合同

第八百五十一条 技术开发合同是当事人之间就新技术、新产品、新工艺、新品种或者新材料及其系统的研究开发所订立的合同。

技术开发合同包括委托开发合同和合作开发合同。

技术开发合同应当采用书面形式。

当事人之间就具有实用价值的科技成果实施转化订立的合同，参照适用技术开发合同的有关规定。

第八百五十二条 委托开发合同的委托人应当按照约定支付研究开发经费和报酬，提供技术资料，提出研究开发要求，完成协作事项，接受研究开发成果。

第八百五十三条 委托开发合同的研究开发人应当按照约定制定和实施研究开发计划，合理使用研究开发经费，按期完成研究开发工作，交付研究开发成果，提供有关的技术资料和必要的技术指导，帮助委托人掌握研究开发成果。

第八百五十四条 委托开发合同的当事人违反约定造成研究开发工作停滞、延误或者失败的，应当承担违约责任。

第八百五十五条 合作开发合同的当事人应当按照约定进行投资，包括以技术进行投资，分工参与研究开发工作，协作配合研究开发工作。

第八百五十六条 合作开发合同的当事人违反约定造成研究开发工作停滞、延误或者失败的，应当承担违约责任。

第八百五十七条 作为技术开发合同标的的技术已经由他人公开，致使技术开发合同的履行没有意义的，当事人可以解除合同。

第八百五十八条 技术开发合同履行过程中，因出现无法克服的技术困难，致使研究开发失败或者部分失败的，该风险由当事人约定；没有约定或者约定不明确，依据本法第五百一十条的规定仍不能确定的，风险由当事人合理分担。

当事人一方发现前款规定的可能致使研究开发失败或者部分失败的情形时，应当及时通知另一方并采取适当措施减少损失；没有及时通知并采取适当措施，致使损失扩大的，应当就扩大的损失承担责任。

第八百五十九条 委托开发完成的发明创造，除法律另有规定或者当事人另有约定外，申请专利的权利属于研究开发人。研究开发人取得专利权的，委托人可以依法实施该专利。

研究开发人转让专利申请权的，委托人享有以同等条件优先受让的权利。

第八百六十条 合作开发完成的发明创造，申请专利的权利属于合作开发的当事人共有；当事人一方转让其共有的专利申请权的，其他各方享有以同等条件优先受让的权利。但是，当事人另有约定的除外。

合作开发的当事人一方声明放弃其共有的专利申请权的，除当事人另有约定外，可以由另一方单独申请或者由其他各方共同申请。申请人取得专利权的，放弃专利申请权的一方可以免费实施该专利。

合作开发的当事人一方不同意申请专利的，另一方或者其他各方不得申请专利。

第八百六十一条 委托开发或者合作开发完成的技术秘密成果的使用权、转让权以及收益的分配办法，由当事人约定；没有约定或者约定不明确，依据本法第五百一十条的规定仍不能确定的，在没有相同技术方案被授予专利权前，当事人均有使用和转让的权利。但是，委托开发的研究开发人不得在向委托人交付研究开发成果之前，将研究开发成果转让给第三人。

第三节　技术转让合同和技术许可合同

第八百六十二条 技术转让合同是合法拥有技术的权利人，将现有特定的专利、专利申请、技术秘密的相关权利让与他人所订立的合同。

技术许可合同是合法拥有技术的权利人，将现有特定的专利、技术秘密的相关权利许可他人实施、使用所订立的合同。

技术转让合同和技术许可合同中关于提供实施技术的专用设备、原材料或者提供有关的技术咨询、技术服务的约定，属于合同的组成部分。

第八百六十三条 技术转让合同包括专利权转让、专利申请权转让、技术秘密转让等合同。

技术许可合同包括专利实施许可、技术秘密使用许可等合同。

技术转让合同和技术许可合同应当采用书面形式。

第八百六十四条 技术转让合同和技术许可合同可以约定实施专利或者使用技术秘密的范围，但是不得限制技术竞争和技术发展。

第八百六十五条 专利实施许可合同仅在该专利权的存续期限内有效。专利权有效期限届满或者专利权被宣告无效的，专利权人不得就该专利与他人订立专利实施许可合同。

第八百六十六条 专利实施许可合同的许可人应当按照约定许可被许可人实施专利，交付实施专利有关的技术资料，提供必要的技术指导。

第八百六十七条 专利实施许可合同的被许可人应当按照约定实施专利，不得许可约定以外的第三人实施该专利，并按照约定支付使用费。

第八百六十八条 技术秘密转让合同的让与人和技术秘密使用许可合同的许可人应当按照约定提供技术资料，进行技术指导，保证技术的实用性、可靠性，承担保密义务。

前款规定的保密义务，不限制许可人申请专利，但是当事人另有约定的除外。

第八百六十九条 技术秘密转让合同的受让人和技术秘密使用许可合同的被许可人应当按照约定使用技术，支付转让费、使用费，承担保密义务。

第八百七十条 技术转让合同的让与人和技术许可合同的许可人应当保证自己是所提供的技术的合法拥有者，并保证所提供的技术完整、无误、有效，能够达到约定的目标。

第八百七十一条 技术转让合同的受让人和技术许可合同的被许可人应当按照约定的范围和期限，对让与人、许可人提供的技术中尚未公开的秘密部分，承担保密义务。

第八百七十二条 许可人未按照约定许可技术的，应当返还部分或者全部使用费，并应当承担违约责任；实施专利或者使用技术秘密超越约定的范围的，违反约定擅自许可第三人实施该项专利或者使用该项技术秘密的，应当停止违约行为，承担违约责任；违反约定的保密义务的，应当承担违约责任。

让与人承担违约责任，参照适用前款规定。

第八百七十三条 被许可人未按照约定支付使用费的，应当补交使用费并按照约定支付违约金；不补交使用费或者支付违约金的，应当停止实施专利或者使用技术秘密，交还技术资料，承担违约责任；实施专利或者使用技术秘密超越约定的范围的，未经许可人同意擅自许可第三人实施该专利或者使用该技术秘密的，应当停止违约行为，承担违约责任；违反约定的保密义务的，应当承担违约责任。

受让人承担违约责任，参照适用前款规定。

第八百七十四条 受让人或者被许可人按照约定实施专利、使用技术秘密侵害他人合法权益的，由让与人或者许可人承担责任，但是当事人另有约定的除外。

第八百七十五条 当事人可以按照互利的原则，在合同中约定实施专利、使用技术秘密后续改进的技术成果的分享办法；没有约定或者约定不明确，依据本法第五百一十条的规定仍不能确定的，一方后续改进的技术成果，其他各方无权分享。

第八百七十六条 集成电路布图设计专有权、植物新品种权、计算机软件著作权等其他知识产权的转让和许可，参照适用本节的有关规定。

第八百七十七条 法律、行政法规对技术进出口合同或者专利、专利申请合同另有规定的，依照其规定。

第四节　技术咨询合同和技术服务合同

第八百七十八条 技术咨询合同是当事人一方以技术知识为对方就特定技术项目提供可行性论证、技术预测、专题技术调查、分析评价报告等所订立的合同。

技术服务合同是当事人一方以技术知识为对方解决特定技术问题所订立的合同，不包括承揽合同和建设工程合同。

第八百七十九条 技术咨询合同的委托人应当按照约定阐明咨询的问题，提供技术背景材料及有关技术资料，接受受托人的工作成果，支付报酬。

第八百八十条 技术咨询合同的受托人应当按照约定的期限完成咨询报告或者解答问题，提出的咨询报告应当达到约定的要求。

第八百八十一条 技术咨询合同的委托人未按照约定提供必要的资料，影响工作进度和质量，不接受或者逾期接受工作成果的，支付的报酬不得追回，未支付的报酬应当支付。

技术咨询合同的受托人未按期提出咨询报告或者提出的咨询报告不符合约定的，应当承担减收或者免收报酬等违约责任。

技术咨询合同的委托人按照受托人符合约定要求的咨询报告和意见作出决策所造成的损失，由委托人承担，但是当事人另有约定的除外。

第八百八十二条 技术服务合同的委托人应当按照约定提供工作条件，完成配合事项，接受工作成果并支付报酬。

第八百八十三条 技术服务合同的受托人应当按照约定完成服务项目，解决技术问题，保证工作质量，并传授解决技术问题的知识。

第八百八十四条 技术服务合同的委托人不履行合同义务或者履行合同义务不符合约定，影响工作进度和质量，不接受或者逾期接受工作成果的，支付的报酬不得追回，未支付的报酬应当支付。

技术服务合同的受托人未按照约定完成服务工作的，应当承担免收报酬等违约责任。

第八百八十五条 技术咨询合同、技术服务合同履行过程中，受托人利用委托人提供的技术资料和工作条件完成的新的技术成果，属于受托人。委托人利用受托人的工作成果完成的新的技术成果，属于委托人。当事人另有约定的，按照其约定。

第八百八十六条 技术咨询合同和技术服务合同对受托人正常开展工作所需费用的负担没有约定或者约定不明确的，由受托人负担。

第八百八十七条 法律、行政法规对技术中介合同、技术培训合同另有规定的，依照其规定。

……

第六编 继 承

第一章 一般规定

……

第一千一百二十二条 遗产是自然人死亡时遗留的个人合法财产。

依照法律规定或者根据其性质不得继承的遗产，不得继承。

……

第七编 侵权责任

第二章 损害赔偿

……

第一千一百八十五条 故意侵害他人知识产权，情节严重的，被侵权人有权请求相应的惩罚性赔偿。

……

中华人民共和国公司法（摘录）

（2018年修正）

（1993年12月29日第八届全国人民代表大会常务委员会第五次会议通过　根据1999年12月25日第九届全国人民代表大会常务委员会第十三次会议《关于修改〈中华人民共和国公司法〉的决定》第一次修正　根据2004年8月28日第十届全国人民代表大会常务委员会第十一次会议《关于修改〈中华人民共和国公司法〉的决定》第二次修正　2005年10月27日第十届全国人民代表大会常务委员会第十八次会议修订　根据2013年12月28日第十二届全国人民代表大会常务委员会第六次会议《关于修改〈中华人民共和国海洋环境保护法〉等七部法律的决定》第三次修正　根据2018年10月26日第十三届全国人民代表大会常务委员会第六次会议《关于修改〈中华人民共和国公司法〉的决定》第四次修正）

……

第二十七条　股东可以用货币出资，也可以用实物、知识产权、土地使用权等可以用货币估价并可以依法转让的非货币财产作价出资；但是，法律、行政法规规定不得作为出资的财产除外。

对作为出资的非货币财产应当评估作价，核实财产，不得高估或者低估作价。法律、行政法规对评估作价有规定的，从其规定。

……

中华人民共和国对外贸易法（摘录）

（2022年修正）

（1994年5月12日第八届全国人民代表大会常务委员会第七次会议通过 2004年4月6日第十届全国人民代表大会常务委员会第八次会议修订 根据2016年11月7日第十二届全国人民代表大会常务委员会第二十四次会议《关于修改〈中华人民共和国对外贸易法〉等十二部法律的决定》第一次修正 根据2022年12月30日第十三届全国人民代表大会常务委员会第三十八次会议《关于修改〈中华人民共和国对外贸易法〉的决定》第二次修正）

……

第五章 与对外贸易有关的知识产权保护

第二十八条 国家依照有关知识产权的法律、行政法规，保护与对外贸易有关的知识产权。

进口货物侵犯知识产权，并危害对外贸易秩序的，国务院对外贸易主管部门可以采取在一定期限内禁止侵权人生产、销售的有关货物进口等措施。

第二十九条 知识产权权利人有阻止被许可人对许可合同中的知识产权的有效性提出质疑、进行强制性一揽子许可、在许可合同中规定排他性返授条件等行为之一，并危害对外贸易公平竞争秩序的，国务院对外贸易主管部门可以采取必要的措施消除危害。

第三十条 其他国家或者地区在知识产权保护方面未给予中华人民共和国的法人、其他组织或者个人国民待遇，或者不能对来源于中华人民共和国的货物、技术或者服务提供充分有效的知识产权保护的，国务院对外贸易主管部门可以依照本法和其他有关法律、行政法规的规定，并根据中华人民共和国缔结或者参加的国际条约、协定，对与该国家或者该地区的贸易采取必要的措施。

……

中华人民共和国电子签名法

（2019年修正）

（2004年8月28日第十届全国人民代表大会常务委员会第十一次会议通过　根据2015年4月24日第十二届全国人民代表大会常务委员会第十四次会议《关于修改〈中华人民共和国电力法〉等六部法律的决定》第一次修正　根据2019年4月23日第十三届全国人民代表大会常务委员会第十次会议《关于修改〈中华人民共和国建筑法〉等八部法律的决定》第二次修正）

第一章　总　则

第一条　为了规范电子签名行为，确立电子签名的法律效力，维护有关各方的合法权益，制定本法。

第二条　本法所称电子签名，是指数据电文中以电子形式所含、所附用于识别签名人身份并表明签名人认可其中内容的数据。

本法所称数据电文，是指以电子、光学、磁或者类似手段生成、发送、接收或者储存的信息。

第三条　民事活动中的合同或者其他文件、单证等文书，当事人可以约定使用或者不使用电子签名、数据电文。

当事人约定使用电子签名、数据电文的文书，不得仅因为其采用电子签名、数据电文的形式而否定其法律效力。

前款规定不适用下列文书：

（一）涉及婚姻、收养、继承等人身关系的；

（二）涉及停止供水、供热、供气等公用事业服务的；

（三）法律、行政法规规定的不适用电子文书的其他情形。

第二章　数据电文

第四条　能够有形地表现所载内容，并可以随时调取查用的数据电文，视为符合法律、法规要求的书面形式。

第五条　符合下列条件的数据电文，视为满足法律、法规规定的原件形式要求：

（一）能够有效地表现所载内容并可供随时调取查用；

（二）能够可靠地保证自最终形成时起，内容保持完整、未被更改。但是，在数据电文上增加背书以及数据交换、储存和显示过程中发生的形式变化不影响数据电文的完整性。

第六条　符合下列条件的数据电文，视为满足法律、法规规定的文件保存要求：

（一）能够有效地表现所载内容并可

供随时调取查用；

（二）数据电文的格式与其生成、发送或者接收时的格式相同，或者格式不相同但是能够准确表现原来生成、发送或者接收的内容；

（三）能够识别数据电文的发件人、收件人以及发送、接收的时间。

第七条 数据电文不得仅因为其是以电子、光学、磁或者类似手段生成、发送、接收或者储存的而被拒绝作为证据使用。

第八条 审查数据电文作为证据的真实性，应当考虑以下因素：

（一）生成、储存或者传递数据电文方法的可靠性；

（二）保持内容完整性方法的可靠性；

（三）用以鉴别发件人方法的可靠性；

（四）其他相关因素。

第九条 数据电文有下列情形之一的，视为发件人发送：

（一）经发件人授权发送的；

（二）发件人的信息系统自动发送的；

（三）收件人按照发件人认可的方法对数据电文进行验证后结果相符的。

当事人对前款规定的事项另有约定的，从其约定。

第十条 法律、行政法规规定或者当事人约定数据电文需要确认收讫的，应当确认收讫。发件人收到收件人的收讫确认时，数据电文视为已经收到。

第十一条 数据电文进入发件人控制之外的某个信息系统的时间，视为该数据电文的发送时间。

收件人指定特定系统接收数据电文的，数据电文进入该特定系统的时间，视为该数据电文的接收时间；未指定特定系统的，数据电文进入收件人的任何系统的首次时间，视为该数据电文的接收时间。

当事人对数据电文的发送时间、接收时间另有约定的，从其约定。

第十二条 发件人的主营业地为数据电文的发送地点，收件人的主营业地为数据电文的接收地点。没有主营业地的，其经常居住地为发送或者接收地点。

当事人对数据电文的发送地点、接收地点另有约定的，从其约定。

第三章 电子签名与认证

第十三条 电子签名同时符合下列条件的，视为可靠的电子签名：

（一）电子签名制作数据用于电子签名时，属于电子签名人专有；

（二）签署时电子签名制作数据仅由电子签名人控制；

（三）签署后对电子签名的任何改动能够被发现；

（四）签署后对数据电文内容和形式的任何改动能够被发现。

当事人也可以选择使用符合其约定的可靠条件的电子签名。

第十四条 可靠的电子签名与手写签名或者盖章具有同等的法律效力。

第十五条 电子签名人应当妥善保管电子签名制作数据。电子签名人知悉电子签名制作数据已经失密或者可能已经失密时，应当及时告知有关各方，并终止使用该电子签名制作数据。

第十六条 电子签名需要第三方认证的，由依法设立的电子认证服务提供者提供认证服务。

第十七条 提供电子认证服务，应当具备下列条件：

（一）取得企业法人资格；
（二）具有与提供电子认证服务相适应的专业技术人员和管理人员；
（三）具有与提供电子认证服务相适应的资金和经营场所；
（四）具有符合国家安全标准的技术和设备；
（五）具有国家密码管理机构同意使用密码的证明文件；
（六）法律、行政法规规定的其他条件。

第十八条 从事电子认证服务，应当向国务院信息产业主管部门提出申请，并提交符合本法第十七条规定条件的相关材料。国务院信息产业主管部门接到申请后经依法审查，征求国务院商务主管部门等有关部门的意见后，自接到申请之日起四十五日内作出许可或者不予许可的决定。予以许可的，颁发电子认证许可证书；不予许可的，应当书面通知申请人并告知理由。

取得认证资格的电子认证服务提供者，应当按照国务院信息产业主管部门的规定在互联网上公布其名称、许可证号等信息。

第十九条 电子认证服务提供者应当制定、公布符合国家有关规定的电子认证业务规则，并向国务院信息产业主管部门备案。

电子认证业务规则应当包括责任范围、作业操作规范、信息安全保障措施等事项。

第二十条 电子签名人向电子认证服务提供者申请电子签名认证证书，应当提供真实、完整和准确的信息。

电子认证服务提供者收到电子签名认证证书申请后，应当对申请人的身份进行查验，并对有关材料进行审查。

第二十一条 电子认证服务提供者签发的电子签名认证证书应当准确无误，并应当载明下列内容：
（一）电子认证服务提供者名称；
（二）证书持有人名称；
（三）证书序列号；
（四）证书有效期；
（五）证书持有人的电子签名验证数据；
（六）电子认证服务提供者的电子签名；
（七）国务院信息产业主管部门规定的其他内容。

第二十二条 电子认证服务提供者应当保证电子签名认证证书内容在有效期内完整、准确，并保证电子签名依赖方能够证实或者了解电子签名认证证书所载内容及其他有关事项。

第二十三条 电子认证服务提供者拟暂停或者终止电子认证服务的，应当在暂停或者终止服务九十日前，就业务承接及其他有关事项通知有关各方。

电子认证服务提供者拟暂停或者终止电子认证服务的，应当在暂停或者终止服务六十日前向国务院信息产业主管部门报告，并与其他电子认证服务提供者就业务承接进行协商，作出妥善安排。

电子认证服务提供者未能就业务承接事项与其他电子认证服务提供者达成协议的，应当申请国务院信息产业主管部门安排其他电子认证服务提供者承接其业务。

电子认证服务提供者被依法吊销电子认证许可证书的，其业务承接事项的处理按照国务院信息产业主管部门的规定执行。

第二十四条 电子认证服务提供者应当妥善保存与认证相关的信息，信息保存期限至少为电子签名认证证书失效后五年。

第二十五条 国务院信息产业主管部门依照本法制定电子认证服务业的具体管理办法，对电子认证服务提供者依法实施监督管理。

第二十六条 经国务院信息产业主管部门根据有关协议或者对等原则核准后，中华人民共和国境外的电子认证服务提供者在境外签发的电子签名认证证书与依照本法设立的电子认证服务提供者签发的电子签名认证证书具有同等的法律效力。

第四章　法律责任

第二十七条 电子签名人知悉电子签名制作数据已经失密或者可能已经失密未及时告知有关各方、并终止使用电子签名制作数据，未向电子认证服务提供者提供真实、完整和准确的信息，或者有其他过错，给电子签名依赖方、电子认证服务提供者造成损失的，承担赔偿责任。

第二十八条 电子签名人或者电子签名依赖方因依据电子认证服务提供者提供的电子签名认证服务从事民事活动遭受损失，电子认证服务提供者不能证明自己无过错的，承担赔偿责任。

第二十九条 未经许可提供电子认证服务的，由国务院信息产业主管部门责令停止违法行为；有违法所得的，没收违法所得；违法所得三十万元以上的，处违法所得一倍以上三倍以下的罚款；没有违法所得或者违法所得不足三十万元的，处十万元以上三十万元以下的罚款。

第三十条 电子认证服务提供者暂停或者终止电子认证服务，未在暂停或者终止服务六十日前向国务院信息产业主管部门报告的，由国务院信息产业主管部门对其直接负责的主管人员处一万元以上五万元以下的罚款。

第三十一条 电子认证服务提供者不遵守认证业务规则、未妥善保存与认证相关的信息，或者有其他违法行为的，由国务院信息产业主管部门责令限期改正；逾期未改正的，吊销电子认证许可证书，其直接负责的主管人员和其他直接责任人员十年内不得从事电子认证服务。吊销电子认证许可证书的，应当予以公告并通知工商行政管理部门。

第三十二条 伪造、冒用、盗用他人的电子签名，构成犯罪的，依法追究刑事责任；给他人造成损失的，依法承担民事责任。

第三十三条 依照本法负责电子认证服务业监督管理工作的部门的工作人员，不依法履行行政许可、监督管理职责的，依法给予行政处分；构成犯罪的，依法追究刑事责任。

第五章　附　则

第三十四条 本法中下列用语的含义：

（一）电子签名人，是指持有电子签名制作数据并以本人身份或者以其所代表的人的名义实施电子签名的人；

（二）电子签名依赖方，是指基于对电子签名认证证书或者电子签名的信赖从事有关活动的人；

（三）电子签名认证证书，是指可证实电子签名人与电子签名制作数据有联系的数据电文或者其他电子记录；

（四）电子签名制作数据，是指在电子签名过程中使用的，将电子签名与电子签名人可靠地联系起来的字符、编码等数据；

（五）电子签名验证数据，是指用于验证电子签名的数据，包括代码、口令、算法或者公钥等。

第三十五条 国务院或者国务院规定的部门可以依据本法制定政务活动和其他社会活动中使用电子签名、数据电文的具体办法。

第三十六条 本法自2005年4月1日起施行。

中华人民共和国刑法（摘录）

（2020年修正）

（1979年7月1日第五届全国人民代表大会第二次会议通过 1997年3月14日第八届全国人民代表大会第五次会议修订 根据1998年12月29日第九届全国人民代表大会常务委员会第六次会议通过的《全国人民代表大会常务委员会关于惩治骗购外汇、逃汇和非法买卖外汇犯罪的决定》、1999年12月25日第九届全国人民代表大会常务委员会第十三次会议通过的《中华人民共和国刑法修正案》、2001年8月31日第九届全国人民代表大会常务委员会第二十三次会议通过的《中华人民共和国刑法修正案（二）》、2001年12月29日第九届全国人民代表大会常务委员会第二十五次会议通过的《中华人民共和国刑法修正案（三）》、2002年12月28日第九届全国人民代表大会常务委员会第三十一次会议通过的《中华人民共和国刑法修正案（四）》、2005年2月28日第十届全国人民代表大会常务委员会第十四次会议通过的《中华人民共和国刑法修正案（五）》、2006年6月29日第十届全国人民代表大会常务委员会第二十二次会议通过的《中华人民共和国刑法修正案（六）》、2009年2月28日第十一届全国人民代表大会常务委员会第七次会议通过的《中华人民共和国刑法修正案（七）》、2009年8月27日第十一届全国人民代表大会常务委员会第十次会议通过的《全国人民代表大会常务委员会关于修改部分法律的决定》、2011年2月25日第十一届全国人民代表大会常务委员会第十九次会议通过的《中华人民共和国刑法修正案（八）》、2015年8月29日第十二届全国人民代表大会常务委员会第十六次会议通过的《中华人民共和国刑法修正案（九）》、2017年11月4日第十二届全国人民代表大会常务委员会第三十次会议通过的《中华人民共和国刑法修正案（十）》和2020年12月26日第十三届全国人民代表大会常务委员会第二十四次会议通过的《中华人民共和国刑法修正案（十一）》修正）

第二编 分 则

第三章 破坏社会主义市场经济秩序罪

第七节 侵犯知识产权罪

第二百一十三条 未经注册商标所有人许可，在同一种商品、服务上使用与其注册商标相同的商标，情节严重的，处三年以下有期徒刑，并处或者单处罚金；情节特别严重的，处三年以上十年以下有期徒刑，并处罚金。

第二百一十四条 销售明知是假冒注册商标的商品，违法所得数额较大或者有其他严重情节的，处三年以下有期徒刑，并处或者单处罚金；违法所得数额巨大或者有其他特别严重情节的，处三年以上十年以下有期徒刑，并处罚金。

第二百一十五条 伪造、擅自制造他人注册商标标识或者销售伪造、擅自制造的注册商标标识，情节严重的，处三年以下有期徒刑，并处或者单处罚金；情节特别严重的，处三年以上十年以下有期徒刑，并处罚金。

第二百一十六条 假冒他人专利，情节严重的，处三年以下有期徒刑或者拘役，并处或者单处罚金。

第二百一十七条 以营利为目的，有下列侵犯著作权或者与著作权有关的权利的情形之一，违法所得数额较大或者有其他严重情节的，处三年以下有期徒刑，并处或者单处罚金；违法所得数额巨大或者有其他特别严重情节的，处三年以上十年以下有期徒刑，并处罚金：

（一）未经著作权人许可，复制发行、通过信息网络向公众传播其文字作品、音乐、美术、视听作品、计算机软件及法律、行政法规规定的其他作品的；

（二）出版他人享有专有出版权的图书的；

（三）未经录音录像制作者许可，复制发行、通过信息网络向公众传播其制作的录音录像的；

（四）未经表演者许可，复制发行录有其表演的录音录像制品，或者通过信息网络向公众传播其表演的；

（五）制作、出售假冒他人署名的美术作品的；

（六）未经著作权人或者与著作权有关的权利人许可，故意避开或者破坏权利人为其作品、录音录像制品等采取的保护著作权或者与著作权有关的权利的技术措施的。

第二百一十八条 以营利为目的，销售明知是本法第二百一十七条规定的侵权复制品，违法所得数额巨大或者有其他严重情节的，处五年以下有期徒刑，并处或者单处罚金。

第二百一十九条 有下列侵犯商业秘密行为之一，情节严重的，处三年以下有期徒刑，并处或者单处罚金；情节特别严重的，处三年以上十年以下有期徒刑，并处罚金：

（一）以盗窃、贿赂、欺诈、胁迫、电子侵入或者其他不正当手段获取权利人的商业秘密的；

（二）披露、使用或者允许他人使用以前项手段获取的权利人的商业秘密的；

（三）违反保密义务或者违反权利人有关保守商业秘密的要求，披露、使用或者允许他人使用其所掌握的商业秘密的。

明知前款所列行为，获取、披露、使用或者允许他人使用该商业秘密的，以侵犯商业秘密论。本条所称权利人，是指商业秘密的所有人和经商业秘密所有人许可的商业秘密使用人。

第二百一十九条之一 为境外的机构、组织、人员窃取、刺探、收买、非法提供商业秘密的，处五年以下有期徒刑，并处或者单处罚金；情节严重的，处五年以上有期徒刑，并处罚金。

第二百二十条 单位犯本节第二百一十三条至第二百一十九条之一规定之罪的，对单位判处罚金，并对其直接负责的主管人员和其他直接责任人员，依照本节各该条的规定处罚。

…………

全国人民代表大会常务委员会
关于维护互联网安全的决定

(2011年修订)

(2000年12月28日第九届全国人民代表大会常务委员会第十九次会议通过　根据2011年1月8日《国务院关于废止和修改部分行政法规的决定》修订)

我国的互联网，在国家大力倡导和积极推动下，在经济建设和各项事业中得到日益广泛的应用，使人们的生产、工作、学习和生活方式已经开始并将继续发生深刻的变化，对于加快我国国民经济、科学技术的发展和社会服务信息化进程具有重要作用。同时，如何保障互联网的运行安全和信息安全问题已经引起全社会的普遍关注。为了兴利除弊，促进我国互联网的健康发展，维护国家安全和社会公共利益，保护个人、法人和其他组织的合法权益，特作如下决定：

一、为了保障互联网的运行安全，对有下列行为之一，构成犯罪的，依照刑法有关规定追究刑事责任：

（一）侵入国家事务、国防建设、尖端科学技术领域的计算机信息系统；

（二）故意制作、传播计算机病毒等破坏性程序，攻击计算机系统及通信网络，致使计算机系统及通信网络遭受损害；

（三）违反国家规定，擅自中断计算机网络或者通信服务，造成计算机网络或者通信系统不能正常运行。

二、为了维护国家安全和社会稳定，对有下列行为之一，构成犯罪的，依照刑法有关规定追究刑事责任：

（一）利用互联网造谣、诽谤或者发表、传播其他有害信息，煽动颠覆国家政权、推翻社会主义制度，或者煽动分裂国家、破坏国家统一；

（二）通过互联网窃取、泄露国家秘密、情报或者军事秘密；

（三）利用互联网煽动民族仇恨、民族歧视，破坏民族团结；

（四）利用互联网组织邪教组织、联络邪教组织成员，破坏国家法律、行政法规实施。

三、为了维护社会主义市场经济秩序和社会管理秩序，对有下列行为之一，构成犯罪的，依照刑法有关规定追究刑事责任：

（一）利用互联网销售伪劣产品或者对商品、服务作虚假宣传；

（二）利用互联网损害他人商业信誉和商品声誉；

（三）利用互联网侵犯他人知识产权；

（四）利用互联网编造并传播影响证券、期货交易或者其他扰乱金融秩序的虚假信息；

（五）在互联网上建立淫秽网站、网页，提供淫秽站点链接服务，或者传播淫秽书刊、影片、音像、图片。

四、为了保护个人、法人和其他组织的人身、财产等合法权利，对有下列行为之一，构成犯罪的，依照刑法有关规定追究刑事责任：

（一）利用互联网侮辱他人或者捏造事实诽谤他人；

（二）非法截获、篡改、删除他人电子邮件或者其他数据资料，侵犯公民通信自由和通信秘密；

（三）利用互联网进行盗窃、诈骗、敲诈勒索。

五、利用互联网实施本决定第一条、第二条、第三条、第四条所列行为以外的其他行为，构成犯罪的，依照刑法有关规定追究刑事责任。

六、利用互联网实施违法行为，违反社会治安管理，尚不构成犯罪的，由公安机关依照《治安管理处罚法》予以处罚；违反其他法律、行政法规，尚不构成犯罪的，由有关行政管理部门依法给予行政处罚；对直接负责的主管人员和其他直接责任人员，依法给予行政处分或者纪律处分。

利用互联网侵犯他人合法权益，构成民事侵权的，依法承担民事责任。

七、各级人民政府及有关部门要采取积极措施，在促进互联网的应用和网络技术的普及过程中，重视和支持对网络安全技术的研究和开发，增强网络的安全防护能力。有关主管部门要加强对互联网的运行安全和信息安全的宣传教育，依法实施有效的监督管理，防范和制止利用互联网进行的各种违法活动，为互联网的健康发展创造良好的社会环境。从事互联网业务的单位要依法开展活动，发现互联网上出现违法犯罪行为和有害信息时，要采取措施，停止传输有害信息，并及时向有关机关报告。任何单位和个人在利用互联网时，都要遵纪守法，抵制各种违法犯罪行为和有害信息。人民法院、人民检察院、公安机关、国家安全机关要各司其职，密切配合，依法严厉打击利用互联网实施的各种犯罪活动。要动员全社会的力量，依靠全社会的共同努力，保障互联网的运行安全与信息安全，促进社会主义精神文明和物质文明建设。

致　谢

本书由中国科学院科技促进发展局和成都文献情报中心共同完成，是作者团队多年从事知识产权管理运营工作实践经验的总结。在书稿编制过程中，得到了多位领导、专家、同事、朋友的关心、指导、帮助与支持，没有他们的鼎力支持与热心帮助，不会有本书的出版。在此，谨向他们致以最衷心的感谢。

特别感谢中国科学院科技促进发展局文亚局长、武斌副局长、陈文开副局长，成都文献情报中心曲建升书记、邓勇主任等多位领导的关心与支持；感谢李顺德教授、肖尤丹教授、崔勇主任等多位专家的指导与建议；感谢潘成利处长、田永生处长、周俊旭处长等多位同志的帮助与鼓励。全书编写从启动到付梓历时近两年，编委会成员许轶等为书稿编写付出了辛勤劳作；尹娟编辑严谨细致的审校促进了本书的顺利出版，在此对所有参与编写、审校的同志们一并致以诚挚的感谢。

最后，祈盼本书的出版发行能为广大知识产权从业者更加便利地学习和运用知识产权法律制度提供支持与帮助，为广大知识产权管理运营工作者提供有益参考，为社会公众提高知识产权意识、有效利用知识产权法律制度，略尽绵薄之力。同时，由于作者水平有限，难免存在不足与疏漏，敬祈广大读者朋友不吝批评指正。

编　者

2023 年 5 月